suhrkamp taschenbuch 25

W0190968

Sophie Auguste Friederike von Anhalt-Zerbst, geboren 1729, wurde als Katharina II. im Jahre 1762 Kaiserin von Rußland. Sie war mit Voltaire und Diderot befreundet und galt den Aufklärern als aufgeklärte Monarchin. Ihre tatsächlichen Reformversuche zur Erneuerung Rußlands blieben jedoch stecken, die Leibeigenschaft verschlimmerte sich sogar noch. Der große Kosakenaufstand Pugatschows brachte sie beinah zu Fall. Ihre Außenpolitik war beherrscht durch Kriege gegen Türken und Schweden und durch die drei Teilungen Polens. Sie starb 1796, sieben Jahre nach Beginn der Französischen Revolution.

In ihren Memoiren, die hier in einer fesselnden Auswahl geboten werden, schildert sie ihr Leben von den frühesten Kindheitstagen bis zum Beginn des verwickelten und intrigenreichen Aufstiegs zu ungeahnter Macht. Diese Aufzeichnungen waren jedoch für die Öffentlichkeit bestimmt und zeichnen daher das Bild, das Katharina ihren Zeitgenossen und der Nachwelt von sich geben wollte. Um das Verhältnis dieser Memoiren zur tatsächlichen Geschichte zu verdeutlichen, hat Hedwig Fleischhacker für diese Ausgabe eine Einleitung *Zur Gestalt der Memoiren* und ein Nachwort *Zur Person Katharinas II.* geschrieben.

Inhaltsverzeichnis

Aus dem Französischen und Russischen übersetzt
und herausgegeben von Erich Boehme.

suhrkamp taschenbuch 25
Erste Auflage 1972
© dieser Ausgabe Suhrkamp Verlag Frankfurt am Main 1972
Lizenzausgabe des Insel Verlages
Suhrkamp Taschenbuch Verlag
Alle Rechte vorbehalten, insbesondere das des öffentlichen
Vortrags, der Übertragung durch Rundfunk oder Fernsehen
und der Übersetzung, auch einzelner Teile.
Satz: Georg Wagner, Nördlingen
Druck: Ebner, Ulm. Printed in Germany
Umschlag nach Entwürfen
von Willy Fleckhaus und Rolf Staudt

Katharina II.
in ihren Memoiren

Einleitung und Nachwort
von Hedwig Fleischhacker

Suhrkamp

Zur Gestalt der Memoiren

Alexander Puschkin schrieb 1822 in seinen »Historischen Bemerkungen«: »Wenn regieren bedeutet, die Schwächen der menschlichen Seele zu kennen und auszunützen, dann verdient Katharina in dieser Hinsicht die Bewunderung der Nachwelt.« Er sprach von Katharinas »grausamem Despotismus unter der Maske der Milde und Duldsamkeit«, von der »abstoßenden Gaukelei ihrer Beziehungen zu den Philosophen«, von der »Nichtigkeit ihrer Gesetzgebung«. Er nannte Katharinas Instruktion (für die Kommission zur Abfassung des Entwurfs zu einem neuen Gesetzbuch)· »heuchlerisch« und beklagte »die Farce, die so unwürdig mit unseren Abgeordneten gespielt wurde«. Er nannte die Kaiserin »Tartuffe in Weiberrock und Krone«. – Diese Bemerkungen wurden 1910 in einer Gesamtausgabe der Werke Puschkins zum erstenmal gedruckt und auch seither vermutlich nur von Spezialisten gelesen.

In seinem Roman »Die Hauptmannstochter« zeichnet Puschkin im letzten Kapitel ein anziehendes Genrebild Katharinas: Die Frühaufsteherin, in leutseligem Incognito – weißes Morgenkleid, Nachthaube, Seelenwärmer – führt im öffentlich zugänglichen Park von Tsarskoje Selo ihren Hund spazieren. Als »Dame, die bei Hof verkehrt«, erfährt sie auf einer Gartenbank das Schicksal der Hauptmannstochter, die nach Petersburg gekommen ist, um für ihren Bräutigam zu bitten, der in den Aufstand Pugatschows verwickelt und verurteilt worden war. Eine Stunde später, beim Frisiertisch-Empfang, überreicht sie als Kaiserin dem Mädchen das Begnadigungsschreiben. »Die Hauptmannstochter« wurde seit dem ersten Erscheinen (1836) ein vielgelesenes Buch. Auch die russischen Kinder des 19. Jahrhunderts bildeten auf Rat der Lehrer »Geist und Gefühl« an diesem Roman.

Warum hat Puschkin Katharina, die er privat so scharf verurteilte, für die Öffentlichkeit reizend gemalt? Wollte der stets politisch gefährdete Dichter dem Zensor Zucker geben? Oder brauchte er eine dea ex machina? Vielleicht lassen sich tiefere Gründe finden. Auch in der Sowjetunion ist »Die Hauptmannstochter« ein Lieblingsbuch geblieben.

Katharina II. von Rußland war Tochter eines Fürsten Christian August von Anhalt-Zerbst und einer Prinzessin aus dem Haus Holstein-Gottorp. Sie wurde 1729 geboren und Sophie Auguste Friederike getauft. Ihre Kindheit in Deutschland beschreibt sie teils so, als wäre sie die Duodezprinzessin geblieben, – ein halber Gotha an fürstlichen Namen steckt in den Seiten – teils wie eine Mutter, vielleicht weil sie Mutterliebe einst vermißte, die alles, was das Kind betrifft, notiert. Gefährliche Krankheiten und kleine Unfälle werden erzählt, Aussprüche des enfant terrible, frühe Anfechtungen im Glauben, Prophezeiungen künftiger Größe, Wildfangtaten – die für Augenblicke unbeaufsichtigte kleine Sophie läuft eine große vierteilige steinerne Treppe hinunter und hinauf, die zurückkommende Erzieherin findet das Kind jedesmal an dem Platz, an dem sie es verlassen hat. Katharinas Bericht, daß sie oft nachts auf ihren Kissen »Postreiten« spielte, bis sie »die Kräfte verließen«, liest ihre jüngste Biographin als Schulmädchenreport, als auch der Kaiserin noch unbewußtes Eingeständnis früher Sinnlichkeit.

Bewußt reflektiert Katharina über ihre Erziehung. Eine Gouvernante bemühte sich, das Kind immer so erscheinen zu lassen, »daß ich und auch sie« den Eltern gefallen konnten, »so kam es, daß ich für meine jungen Jahre schon recht versteckt war«. 1740 hörte die elfjährige Sophie »das erstemal, wie jemand eine Tatsache abstritt.« – Die Erziehungsfehler an der Prinzessin kamen der Großfürstin und der Kaiserin zugute.

Man kann den Memoiren glauben, daß schon der kindliche Ehrgeiz der Neunjährigen, nicht erst der rückschauende der Schreiberin, sie für ihren Vetter Herzog Karl Peter Ulrich von Holstein »bestimmte« – einen Knaben, dem dynastische Mißgeschicke zweier Herrscherhäuser des Nordens Aussicht auf zwei Throne gaben – der auch tatsächlich 1743 zum Kronprinzen Schwedens gewählt wurde, als er schon Großfürst Pjotr Feodorowitsch von Rußland war. Und zweifellos »erriet« die noch nicht fünfzehnjährige Sophie im Januar 1744 den Zweck der Einladung und der Reise an den Hof der Kaiserin Jelisaweta Petrowna von Rußland.

Aufklärung oder auch nur Ansichten über die staatsrechtliche Seite der Thronfolge in Rußland bieten Katharinas Memoiren nicht. Man kann auch nicht verlangen, daß sie, die in diesem Jahrhundert der Thronwirren die glatteste Usurpation beging, über die Rechte ihrer Vorgänger laut nachdachte. Aber man kann ihre Machtergreifung nur verstehen, wenn man einen Blick auf die seit 1725 wankenden Thronstufen wirft[1] – auf gefestigten hätte sie kaum Fuß fassen können.

Peter I. der Große, in allen seinen Gesetzen Schätzer der Leistung, nicht der Herkunft, hatte 1722 verfügt: »Es soll jederzeit im Willen des regierenden Herrschers liegen, die Nachfolge, wem er will, zu geben, und den Bestimmten, wenn er irgendeiner Untauglichkeit gewahr wird, wieder zu entfernen.« – Beispiele aus dem Alten Testament und aus der russischen Geschichte sprechen nur von einer Auswahl unter Söhnen. Aber der Propagandist Peters I., Erzbischof Feofan Prokopowitsch, kommentierte im »Recht des Monarchenwillens«: »Sieht der Herrscher keinen seiner Söhne zur Herrschaft tauglich, so hat er vor Gott die Pflicht, von anderer Seite her einen Geeigneten zu finden«. Stirbt der Monarch, ohne den Nachfolger bestimmt zu haben, müssen die Untertanen sich bemühen, »zu erraten, was der Wille des Herrschers war, oder sein konnte.« Nur falls Bestimmungen des Herrschers weder gegeben noch zu erschließen waren, sollte die Primogenitur gelten. Erzbischof Feofan hatte die originelle Staatsweisheit Peters des Großen an die Grenze der Utopie geführt, aber der Kaiser ließ diesen Kommentar drucken. Er starb 1725 nach seinen Söhnen. Seine letzte unvollendete Zeile: »Übergebt alles ...«, bleibt unergänzbar.
Im Ratespiel um die Nachfolge siegte der neue, von Peter geschaffene Adel: Die feierliche Krönung seiner Gattin im Vorjahr beweise den Willen des Kaisers, sie zur Nachfolgerin zu machen. Die Kaiserin-Witwe Katharina wurde *Katharina I.* Sie starb 1727. Unter dem Druck des allgemeinen Legitimitätsgefühls und des Obersten Geheimen Rats (einer Regierungsstelle, in der petrinischer und altmoskauischer Adel vertreten war) hatte sie in ihrem Testament ihren Stiefenkel Pjotr Alexejewitsch zum Nachfolger bestimmt und, falls dieser zweite Peter ohne Erben sterben sollte, ihre Töchter Anna Petrowna und Jelisaweta Petrowna und deren Nachkommen. Männliche Erben waren bevorzugt, nichtorthodoxe ausgeschlossen. Die Frage, ob Katharina im Sinne des Thronfolgegesetzes Peters des Großen eine Reihenfolge von

Erben bestimmen durfte, blieb unerörtert, jetzt und später. *Peter II.* starb 1730 an den Pocken, vierzehnjährig, ohne Erben. In der Zwischenzeit hatte der alte moskauische Geburtsadel im Obersten Geheimen Rat das politische Übergewicht erlangt. Er schritt, ohne staatsrechtliche Basis, zur Kaiserwahl. Die Töchter Katharinas I. wurden als Bastarde, sie waren vor der gesetzlichen Ehe geboren, ausgeschlossen. In einer jüngeren Tochter des Halbbruders Peters des Großen, Iwans V. (bis zu seinem Tod 1696 nomineller Mitherrscher), *Anna Iwanowna*, verwitwete Herzogin von Kurland, erkannten die Herren die brauchbarste Dynastin. Das Legitimitätsgefühl des Obersten Geheimen Rats spottete diesmal allen Tatsachen. In den Adern der Töchter Katharinas I. floß echtes, nachträglich legitimiertes Romanowblut. Die Gattin des »idiot impotent« Iwan V. verdankte ihre robusten Töchter einem Kammerherrn Juschkow.

1740, kurz vor ihrem Tod, machte Kaiserin Anna vom petrinischen Thronfolgegesetz Gebrauch und bestimmte – unfeststellbar ob den geeignetsten – einen Säugling zum Nachfolger, *Iwan (VI.)* Antonowitsch, Sohn ihrer Nichte Anna Leopoldowna, einer mecklenburgischen Prinzessin und des Prinzen Anton Ulrich von Braunschweig. Ihren Günstling, den in Rußland verhaßten Kurländer Biron (Bühren), bestellte die Kaiserin zum Regenten. Die in Petersburg führenden Deutschen sägten einander die Äste ab. Münnich, der seit Peters I. Zeiten hochverdiente Feldmarschall, stürzte den minderwertigen Biron, Anna Leopoldowna wurde Regentin. Ostermann, der seit den Friedensverhandlungen Peters I. mit Schweden hochverdiente Außenminister, verdrängte Münnich. Die Regentin und ihr Gatte ließen es geschehen. Die Eltern Iwans VI. erfreuten sich festen Schlafs, politisch und physisch. In der Nacht zum 2. November 1741[2] trugen Gardistenhände Jelisaweta Petrowna über den Schnee in den Palast, die Tsarewna holte selbst den Kaiser aus der Wiege, küßte ihn: »Armes Kind, du bist ohne Schuld«, weckte dann auch die Regentin, ließ sich zur Kaiserin ausrufen.

1730 hatte die Garde eine Machtbeschränkung Anna Iwanownas verhindert. Jetzt hatte sie eine Kaiserin gemacht, *Jelisaweta Petrowna*. Elisabeth dankte wie Anna durch Adelsprivilegien.

Schon im Frühjahr 1742 ließ die Kaiserin ihren holsteinischen Neffen kommen, aus trauernder Familienliebe um ihre tote Schwester Anna Petrowna, seine Mutter, und um einen toten

Bräutigam, Prinz Karl von Holstein – und zur Sicherung ihrer Herrschaft. Nur ein männlicher Erbe konnte das russische Legitimitätsgefühl auf die Dauer befriedigen. Bei ihrer Thronbesteigung hatte sich Elisabeth auf das Testament ihrer Mutter berufen, nach dessen Wortlaut Karl Peter Ulrich durch sein Geschlecht bevorzugt, durch sein lutherisches Bekenntnis ausgeschlossen war. Nach seinem Übertritt zur Orthodoxie, als Pjotr Feodorowitsch, hatte der Neffe nach jeder Regel das Vorrecht auf die Krone, die seine Tante trug.

Auch die Braut Peters wählte Elisabeth (zwar beraten durch Friedrich II. von Preußen) aus übertragener Zärtlichkeit, Sophie von Anhalt-Zerbst war mütterlicherseits eine leibliche Nichte des betrauerten Bräutigams der Kaiserin – und aus Raison. Sophie war eine arme Prinzessin, Tochter eines einflußlosen Mannes. Ein Großneffe sollte dem Thron Elisabeths die endgültige Stütze geben. Denn die Kaiserin fürchtete Iwan VI. Zwei Verschwörungen zu seinen Gunsten waren entdeckt worden. Elisabeth wußte lange nicht, wohin mit ihm und seinen Eltern.

Während ihrer Reise nach Rußland erfuhr Prinzessin Sophie, daß die braunschweigische Familie in Dünamünde interniert war. »Kaiserin Elisabeth hatte zu Beginn ihrer Regierung beschlossen, sie in ihre Heimat zurückzuschicken, und das wäre auch das Beste gewesen«, notiert Katharina in den Memoiren. Wie jedermann am Petersburger Hof stritt sie die Tatsache ab, daß der Antonowitsch Kaiser gewesen war, sie nannte Iwan VI. den »kleinen Prinzen Iwan«. Die beiläufige Erwähnung der ersten Mißgeschicke der unglücklichen braunschweigischen Familie geriet der Memoirenschreiberin zwischen die Erwähnung »der Mäntel und Kragen aus Zobelpelz«, die Elisabeth den Zerbstischen Damen entgegengeschickt hatte, und die Erinnerung an ihr unstillbares Gelächter über die Aufforderung eines Hofherrn beim Einsteigen in die russischen Reiseschlitten (sie waren nur zum Liegen eingerichtet), die Beine zu werfen: »Il faut enjamber, enjambez donc!«

Großfürstin Jekaterína Alexejewna

Auch Katharinas Bericht über ihre Großfürstinnenzeit liest sich wie eine lange Plauderstunde.

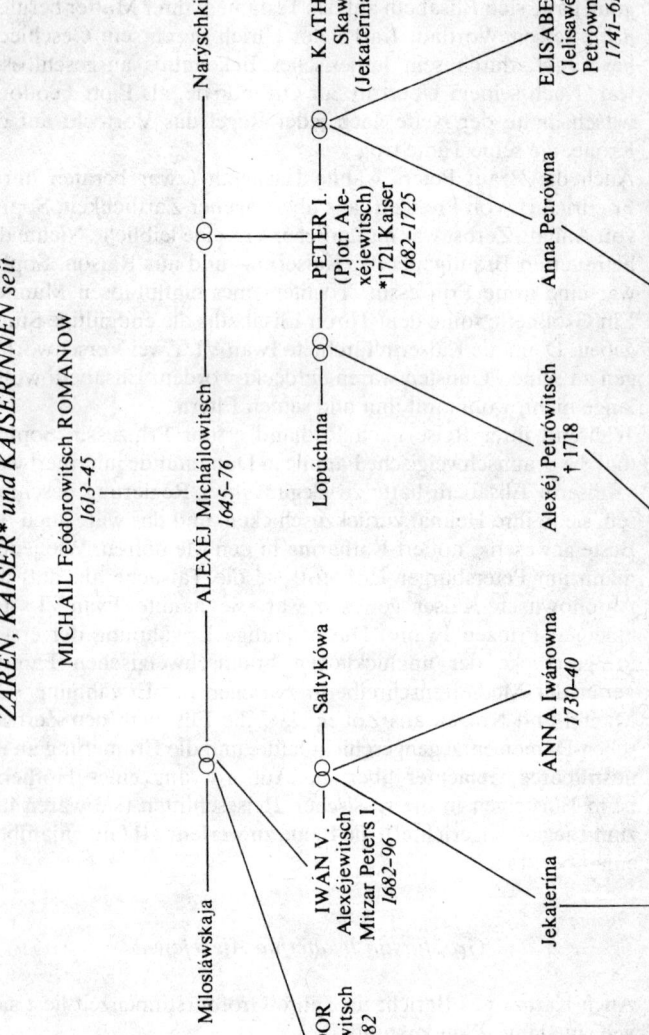

ZAREN, KAISER* und KAISERINNEN seit

MICHÁIL Feodorowitsch ROMANOW
1613-45

ALEXÉJ Michájlowitsch
1645-76

Miloslawskaja — ALEXÉJ Michájlowitsch — Narýschkina

FÉODOR Alexéjewitsch
1676-82

IWÁN V. Alexéjewitsch Mitzar Peters I.
1682-96

Saltykówa

PETER I. (Pjotr Alexéjewitsch)
*1721 Kaiser
1682-1725

Lopúchina

KATHARINA I. Skawrónskaja (Jekaterina Alexéjewna)

ANNA Iwanowna
1730-40

Jekaterina

Alexéj Petrówitsch † 1718

Anna Petrówna

ELISABETH (Jelisawéta Petrówna)
1741-61

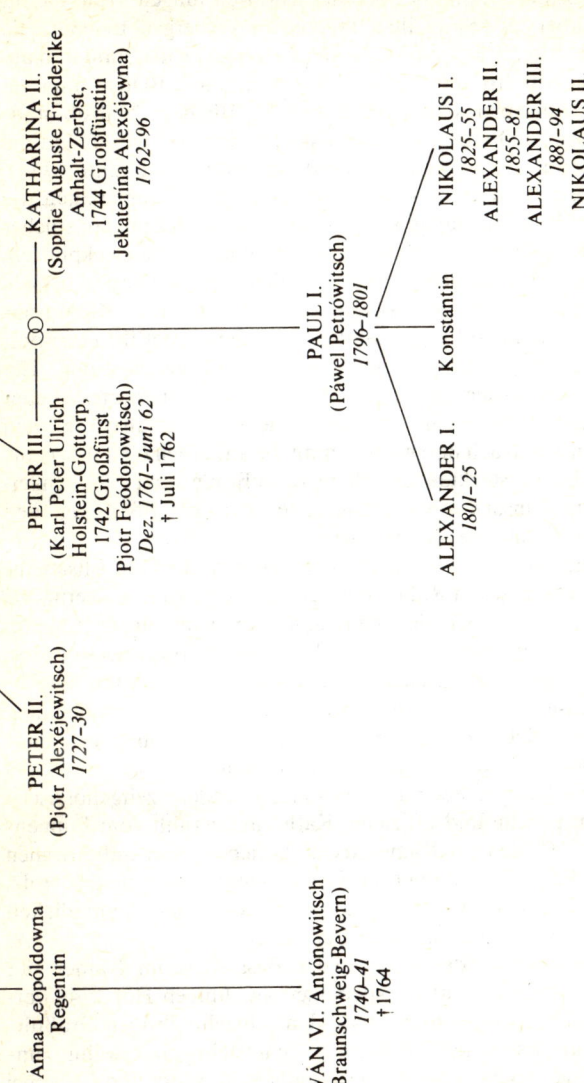

Anna Leopóldowna
Regentin

IWÁN VI. Antónowitsch
(Braunschweig-Bevern)
1740–41
† 1764

PETER II.
(Pjotr Alexéjewitsch)
1727–30

PETER III. ──── KATHARINA II.
(Karl Peter Ulrich   (Sophie Auguste Friederike
Holstein-Gottorp,   Anhalt-Zerbst,
1742 Großfürst   1744 Großfürstin
Pjotr Feódorowitsch)   Jekaterina Alexéjewna)
Dez. 1761–Juni 62   *1762–96*
† Juli 1762

∞

PAUL I.
(Páwel Petrówitsch)
1796–1801

ALEXANDER I.   Konstantin
1801–25

NIKOLAUS I.
1825–55
ALEXANDER II.
1855–81
ALEXANDER III.
1881–94
NIKOLAUS II.
1894–1917

Die Selbstdarstellung der bedauernswerten jungen Frau, die oft weint, aber aus Stolz ihre Tränen zu verbergen trachtet, die lebensdurstig, frustriert, schikaniert, tapfer leidet und schlau, kühn sich wehrt, die, lange Backfisch, bald Blaustrumpf im Blinde-Kuh-Spiel Erholung findet, in Büchern Selbstbestätigung, ist glaubhaft. Der Großfürst Pjotr Feodorowitsch und die Großfürstin – seit ihrem Übertritt zur Orthodoxie (Juni 1744), Jekaterina Alexejewna – lebten in den beiden Hauptstädten wie in einem Prinzengefängnis mit allem verbotenen Zubehör solcher Haft, Kassibern, eingeschmuggelten Waren, Versteckplätzen, nächtlichen Ausbrüchen und heimlichen Besuchern. Größere Freiheit auf den Sommersitzen, Jagen, Reiten rettet Katharinas Gesundheit. Ihr oft eingestandener Ehrgeiz rettet ihr ebensooft betontes, angeboren heiteres Naturell vor Verzweiflung. Ein Selbstmordversuch mit stumpfer Schere durch ein hartes Mieder ist eine, fast ganz aufrichtig gestandene, Show unerträglichen Überdrusses. Nach und nach kommt die äußerlich Geduldige, die innerlich »Versteckte« zu vollem Bewußtsein ihrer Möglichkeiten, zum Einsatz ihrer Kräfte. Die Bedrohte flößt, jagt den Gegnern Furcht ein – oder gewinnt sie für sich.

Auch die verstreuten Striche der Memoiren zum Bild Elisabeths sind im historischen Rahmen unterzubringen. Eine Kaiserin, die nicht dumm ist, aber träg, launenhaft, unregelmäßig, fromm und abergläubisch zugleich, bald zärtlich, bald taktlos, rücksichtslos, immer liebebedürftig, eitel und eifersüchtig, furchtsam, manchmal grausam – mit allen diesen Eigenschaften eine Erscheinung, die »man nicht zum erstenmal sehen konnte, ohne von ihrer Schönheit und Majestät überrascht zu sein«.

Auch Katharinas Peter-Bild bestätigen andere zeitgenössische Quellen, private und offizielle. Katharina erzählt vom Puppenspiel des Gatten im Kameradschaftsehebett, von militärischen Spielen Peters im Zimmer mit Lakaien und Soldaten »aus Holz, Blei, Stärke oder Wachs«, sie spricht von Peters Unmäßigkeit und seinem herausfordernden Benehmen.

Eine Instruktion, die der Kanzler Bestúshew im Namen der Kaiserin für neue Aufsichtspersonen am Jungen Hof 1746 verfaßte, befahl dem Hofmarschall, den achtzehnjährigen Großfürsten »beim Essen und Trinken« zu beaufsichtigen, erwähnt »unanständige Späße und Ausgelassenheit in Wort und Tat« bei Tisch, »nämlich Begießen der Kleider und Gesichter der armen

Bedienenden«. Der Hofmarschall soll auch »auf jede Weise das Spielen mit Jägern und Soldaten und anderem Spielzeug« hintanhalten und vor allem dahin wirken, daß der Großfürst »öffentlich sich immer ernsthaft, höflich und angenehm zeige, ohne lächerliche Verstellung und Gemeinheit in Worten und Mienen . . .« Mit dem Begriff »Verstellung« übertrifft der Kanzler den Scharfblick der Selbstbiographin Katharina, die alle Possen Peters für ernstgemeint hält.

Katharina war von ihrem Eintreffen in Rußland an entschlossen, sich anzupassen, »den Anstand zu wahren«, mehr noch, Wahlrussin zu werden. Kaum drei Monate nach ihrer Ankunft hatte sie ihrem streng lutherischen Vater geschrieben, daß sie »fast keinen Unterschied zwischen dem griechischen und dem lutherischen Glauben finde«. Peter hatte im Konvertitenunterricht »über jeden Punkt gestritten« und blieb lutherisch gesinnt. Daß er »Atheist« war, wie Katharina urteilt, ist durch nichts nachzuweisen – gewiß nicht durch seinen späteren Ukas über Einziehung der Kirchengüter, eine Maßnahme, die seit Peter dem Großen auf der Tagesordnung stand, die Katharina dann durchführte – auch nicht durch sein schlechtes Benehmen gegenüber der Geistlichkeit. Der Großfürst wollte ein Spielkloster einrichten. Sein Großvater, Peter der Große, hatte mit einem »Saufpatriarchen« in einer »Allerbesoffensten Synode« gezecht. Skandalös war auch Peters Verehrung für Friedrich II. von Preußen. Bald wäre der Großfürst lieber als Herzog in Holstein geblieben, bald lieber König von Schweden geworden, bald bedauerte er, daß er gehindert sei, in Friedrichs Armee zu dienen. Niemand bemerkte die Ähnlichkeit des Enkels mit dem Großvater. Auch Peter der Große hatte einem »Kenich« gedient, allerdings einem Untertan, einer Spielmajestät, der er noch den Sieg von Poltawa untertänigst meldete.

Es ist nicht möglich, die genaue Grenze zwischen Katharinas Verstecktheit und ihrer Selbsttäuschung zu finden. Es ist ganz unmöglich, die Grenze zwischen Peters Überzeugung und seiner »lächerlichen Verstellung« zu ziehen. Vielleicht waren auch die Confidencen des Gatten, seine Schwärmereien für andere Frauen, nicht nur Katharina betont die Häßlichkeit der Damen, anfangs nur Verstellung. Vielleicht wollte der erotisch frühreife – elfjährig hatte er Katharinas schöner Mutter den Hof gemacht – sexuell lang gehemmte Mann seine Frau über Eifersucht zur

Liebe bringen. Von Anfang an gefällt es ihm auch, in seiner Vorstellung oder Verstellung Katharina zu anderen Männern in intime Beziehung zu setzen. Beide Hoheiten liebten einen Kammerlakaien Andrej Tschernyschow. Peter nannte Katharina und Andrej Braut und Bräutigam. Wollte dieser Scherz die beiden prüfen? Die Probe wurde fast zu schwer. Einmal entfährt Peter ein unverstelltes Wort: »Ich wollte, Sie liebten mich wie Tschernyschow«. Katharinas Memoiren überliefern diesen Schrei nach Liebe und ihre schlaue Antwort: welchen der drei Lakaien dieses Namens sie angeblich liebe? Der feige Großfürst antwortete: »Peter Tschernyschow«. Im Dezember 1746 nahm der Pädagoge des Großfürsten, Jakob Stählin, einem Zwerg seines Schülers ein Billet ab: »Madame, ich bitte Sie, sich nicht die Ungelegenheit zu machen, heute Nacht mit mir zu schlafen . . . Ihr sehr unglücklicher Gatte, den Sie niemals dieses Namens würdigen.« Und Stählin, nicht Katharina, erzählt, daß Peter seine Spielfestung in Oranienbaum Katharinenburg nannte und dort den ersten Hochzeitstag rauschend feierte. Katharina nahm die Parade des »amusementcorps« ab – auch Peter I. hatte noch als Neunzehnjähriger mit seinen Spielregimentern exerziert, aus denen allerdings die Garden hervorgingen. Pjotr Feodorowitsch war eine Karikatur seines Großvaters.

Intime Zärtlichkeit zu heucheln war die sonst versteckte Katharina unfähig. Aber sie bemühte sich »mit fester Enschlossenheit«, den Gatten zu unterstützen, hoffte wiederholt auf seine Besserung, behielt auch ein »vortreffliches Wort« des Großfürsten im Gedächtnis: Hätte man einen so ausgezeichneten Mann wie Graf Bernes (den Wiener Botschafter) um sich, »würde man sich schämen, Dummheiten zu machen«.

Katharinas Memoiren zeigen ein Ehepaar, das jahrelang politisch harmonierte. Bestushews Instruktion von 1746 für die Hofmeisterin der Großfürstin beweist die Hand der siebzehnjährigen Katharina an der Politik: »Da Ihre Hoheit zwecks um so vergnügteren Lebens mit öffentlichen, staatlichen und anderen Angelegenheiten nicht beschwert ist, wird sie um so vernünftiger handeln, wenn sie sich in die hiesigen staatlichen und in die holsteinischen Angelegenheiten nicht einmischen wird«. Während der Hofmarschall Peters verhindern sollte, daß »Zelte, Trommeln, Flinten, Uniformen« in die Zimmer des Großfürsten »geschleppt« wurden, sollte Katharinas Hofmarschallin schärfere Augen haben, beobachten, ob Kavaliere und Kammerfrauen der Großfürstin etwas ins Ohr flüsterten, heimliche Briefe, Bücher oder Zettel übergaben. Die kühne Katharina machte die Fracktasche eines Hofmusicus zum Postfach.

1748 machte der Junge Hof dem schwedischen Gesandten deutlich, daß er die Politik der Kaiserin Elisabeth, die ihren Gesandten in Schweden gegen die Stärkung der königlichen Gewalt arbeiten ließ, mißbillige – Thronfolger in Schweden war Peters und Katharinas Onkel Adolf Friedrich von Holstein geworden. »Die Interessen des geliebten Onkels sind auch die meinen«, schrieb Katharina im verbotenen Briefwechsel mit ihrer Mutter. 1750 verhandelt Katharina mit Graf Bernes über holsteinische Angelegenheiten: Sie wünsche nicht, daß Peter Schwäche zeige – und beweist durch ihre Beschützerrolle, daß er schwach ist. Seit 1754 etwa erledigt Katharina mit schriftlicher Vollmacht des Gatten die holsteinischen Regierungspapiere (in ihren Memoiren ist dieses Arrangement in das Jahr 1757 geraten).

Das politische und intrigante Einverständnis der Hoheiten spottete dem Wunschbild der Kaiserin Elisabeth und des Kanzlers Bestushew von einer Großfürstin, die »zur würdigen Gemahlin unseres geliebten Neffen und zu ihrer jetzigen Würde... aus keiner anderen Absicht und Erwartung erhöht wurde, als einzig, damit sie Seine Hoheit zu wirklicher Liebe anrege und dadurch unserem Reich der erwünschte Erbe und Sproß unseres allerhöchsten Hauses geboren werde...«.

1752 begann als Begleiter des Kammerherrn Lew Naryschkin der Kavalier Sergej Saltykow oft am Jungen Hof zu erscheinen. Saltykow wurde Berater des Großfürsten in sexualhygienischen Fragen und erster Sexualpartner der dreiundzwanzigjährigen Großfürstin. Peter schielte unter der Narrenkappe auf das Dreieckverhältnis: »Meine Frau und Saltykow betrügen Tschoglokow« – Tschoglokow, Peters Hofmarschall, war in Katharina verliebt. Peter wiederholte seinen Witz und fügte vorsichtig hinzu, daß seine Frau Saltykow nur amüsant finde, »tatsächlich« aber beide, Tschoglokow und Saltykow, auslache.

Wer war der pater semper incertus des 1754 geborenen Großfürsten Pawel Petrowitsch? Eine der jüngsten Biographien Katharinas sagt: bestimmt Saltykow – eine andere: mit Sicherheit Peter. Aber Eltern und Umgebung wußten das anscheinend selbst nicht genau, nicht aus Liederlichkeit, sondern aus Staatsraison. Man kann Bilder vergleichen, Ähnlichkeit Pauls mit einem Medaillon Saltykows finden – Katharina sagt allerdings in ihren Memoiren, Saltykow sei »schön wie der Tag« gewesen – ebenso Ähnlichkeit mit einem Kinderportrait Katharinas oder mit dem Zerbstischen Großvater. Das kluge Zwergengesicht Pauls I. wird wie eine Karikatur Peters des Großen aussehen. Auch Pauls Herrschereigenschaften werden wahrscheinlich machen, daß er ebenso wie Peter III. ein Kümmerer aus der Deszendenz Peters I. war. Kaiserin Jelisaweta Petrowna nahm Paul noch in der Stunde seiner Geburt an sich, liebte ihn, nicht nur als Stütze ihres Throns. Das Kind erwiderte ihre Liebe. Elisabeth, die »Großmutter«, hatte später auch genug Einsicht, dem Knaben einen der klügsten Männer ihrer Regierung zum Erzieher zu geben, Nikita Iwanowitsch Panin.

1752 hatte Katharinas Leidenschaft für Saltykow auch ihren politischen Instinkt geschärft. Sie suchte und gewann den entscheidenden Bundesgenossen, den Kanzler Alexej Petrowitsch Bestushew – um die Zahl der Gegner Saltykows zu vermindern, sagt sie an einer Stelle ihrer Memoiren, an anderer, um dem Großfürsten behilflich zu sein. Die beiden Zwecke schlossen einander nicht aus. Katharinas erster Mittelsmann an den Kanzler war ein Beamter der holsteinischen Kanzlei Peters. Bestushew mochte die Fähigkeiten Katharinas schon erkannt haben, er wußte über sie Bescheid, als hätte er in ihren »Zimmern gelebt«. Er vergaß, daß er 1744 eine Großfürstin aus sächsischem Haus vorgezogen hätte. Er vergaß seine Instruktion von 1746. Die beiden stärksten Charaktere am russischen Hof wirken seither zusammen, einer will den anderen beherrschen, sie versuchen gelegentlich einander zu erpressen. Aber Katharina bewundert Bestushew, »diesen Mann von Eisen, der mich ganz für sich haben will... er allein kann folgerichtig handeln«. Dieses Geständnis der politischen Faszination steht nicht in den Memoiren, die den Kanzler nur blaß und unfreundlich zeichnen. Die zusammenfassende Schilderung komplexer Charaktere lag Katharina nicht. Ihr zweiter Liebhaber, der Pole Graf Stanislaw Poniatowski, verstand diese Kunst. Der musische Graf bewunderte Bestushews künstlerischen Instinkt, die »unkorrekten, aber von Feuer und Energie erfüllten Sätze«, anscheinend auch »das Lachen eins Satans...« Er war manchmal großmütiger Handlungen fähig, eben deshalb, weil er das Schöne jeder Art fühlte. Aber es schien ihm so natürlich, alles zu beseitigen, was seine Absichten durchkreuzte, daß die Mittel ihn niemals abhielten. Er hat Millionen zurückgewiesen, aber von einem befreundeten Fürsten zu nehmen, gehörte nach ihm nicht nur zu den Spielregeln, sondern stellte eine Art Huldigung vor der Macht seiner Nation dar, deren Ruhm er auf seine Art tatsächlich suchte.«

Bestushew machte den Grafen Poniatowski zum Boten einer Palastverschwörung: der Entwürfe zu einem Manifest beim Tode Elisabeths, das Peter de jure zum Kaiser und Katharina zur Mitregentin erklären sollte. Poniatowski beschreibt die Großfürstin mit Entzücken, eine Frau in ihrer Blüte, »die von den närrischesten und kindischesten Spielen mit gleicher Leichtigkeit zur Chifferntafel überwechselte.«

Der polnische Graf war im Sommer 1755 als Sekretär des englischen Botschafters Sir Charles Hanbury Williams nach Rußland gekommen. Im Oktober berichtete Sir Charles nach London, der Großfürst sage oft zu seinen Leuten, er verstehe nichts von den Geschäften, seine Frau aber verstehe alles.

Elisabeth war krank. Katharina belauert die Fortschritte des Kreislaufleidens der Kaiserin als »Trost für jene, die keinen anderen haben«. Selbst der sanfte Poniatowski ruft aus: »O könnte sie doch sterben!« – »Wenn man die Güte haben wird, zu sterben, wird alles nach Noten gehen«, meinte Williams.

Aber im Januar 1756 beginnt die Verschiebung der politischen Diagonalen Europas, das renversement des alliances: Preußen, bisher Bundesgenosse Frankreichs gegen Österreich und England, verständigt sich mit England, Österreich mit Frankreich – Vorspiel des Siebenjährigen Krieges. Sir Charles soll die Spitze des englisch-russischen Bündnisses von Preußen weg gegen Österreich und Frankreich rücken. Bestushew wird unsicher. Er ist seit seiner Kanzlerschaft englisch orientiert, aber er mißtraut Friedrich II., diesem »eilfertigen König«. Die starke Hofpartei der Schuwalow ist für das Bündnis mit Frankreich. Der Mäzen Iwan Schuwalow, Favorit der Kaiserin, ist kulturell und politisch französisch gesinnt – Bestushew nennt ihn »Monsieur Pompadour«. Bestushew will hartnäckig sein »System« aufrechterhalten, »wider Wind und Strom«, spottet der Gesandte des Wiener Hofs.

Sir Charles Williams bemüht sich, zwischen Friedrich II. und dem Jungen Hof Gedanken und Gefälligkeiten zu vermitteln. Befragt nach der Haltung der kaiserlichen Hoheiten »bei einem Todesfall«, antwortet Katharina: »Der Großfürst ist preußisch zum Sterben, und das allein aus militärischem Geschmack . . .«.

Ein angeblicher Ausspruch des Vizekanzlers Worontzow, Haupt der französischen Partei, wird kolportiert: Die Stellungnahme des Großfürsten in der französischen Angelegenheit sei überraschend, er müsse doch wissen, daß der »Prinz Iwan nicht weit von hier sei«.

Iwan Antonowitsch war 1757, als zwar unwahrscheinliche Gerüchte von preußischen Absichten, ihn aus Cholmogory am Weißen Meer zu entführen, immerhin bewiesen, daß sein Aufenthaltsort bekannt geworden war, nach Schlüsselburg, nahe Petersburg gebracht worden. Mitte der vierziger Jahre, während lebensgefährlicher Krankheiten des Großfürsten Peter, hatte Elisabeth erwogen, falls Peter stirbt, Iwan zu ihrem Nachfolger einzusetzen – das dynamische Thronfolgegesetz Peters I. war zur Prothese der Herrschaftsrechte seiner Tochter geworden. In der Nähe der Kaiserin wäre Iwan VI. allerdings ein zu verlockender Gegenkaiser legitimistischer Unterströmungen gewesen. Elisabeth dachte daran, das Kind Iwan dem damals befreundeten Friedrich II. von Preußen zur Erziehung und sicheren Verwahrung zu geben. Jetzt, eineinhalb Jahrzehnte später, während des außenpolitischen Kurswechsels, drohte man dem widerspenstigen prussophilen Peter mit dem seit fast zwei Jahrzehnten gefangenen Iwan.

»Oh, wie die Hoheiten mir leid tun!« ruft der englische Konsul Wolff, als der Beschluß der Kaiserin, einen französischen Gesandten anzunehmen, bekannt wird. »Hunde bellen den Mond an«, schreibt die unerschrockene Katharina an Williams. Zur politischen Haltung der »Frau Großfürstin« läßt sie den englischen Botschafter wissen, »daß diese niemals etwas raten wird, als was sie zum Ruhme und im Interesse Rußlands zu sein glaubt, für welches sie eine ebenso starke Leidenschaft besitzt wie sie ein Spartaner für Lakedämonien besaß«. Der Schlußsatz: »Jedoch kennt sie auch das ganze Bedürfnis dieses Landes, im Inneren gut geordnet zu werden«, ist ein ausgezeichnet sichtbar verstecktes Bekenntnis zum Frieden mit Preußen.

Die kranke Elisabeth entscheidet sich gegen Preußen–England, für Österreich–Frankreich. Geht es der Kaiserin schlechter, entwirft Katharina ein Programm für die Todesstunde und teilt Williams diese »Träume« mit: Zwar wären die beiden Großfürsten, Peter und Paul, »besser und sicherer behütet, wenn sie beisammen bleiben, als wenn einer von ihnen mich begleitet . . .«. Katharina kennt ihren Mut und Peters Feigheit im gefährlichen Augenblick. Sie ist zu klug, um jetzt schon die Alleinherrschaft an sich reißen zu wollen – ihr Soloauftritt vor dem öffentlichen Auge soll nur eine Vorschau geben.

Katharina hat an Sir Charles über sechzig Briefe geschrieben. In ihren Memoiren erwähnt sie den Botschafter nur als glänzenden Gesellschafter, der, wie sie später erfahren habe, seinerseits ihre Dialogkunst lobte. Vom Gatten erzählen die Memoiren aus dieser Zeit nur noch häßliche häusliche Szenen: Peter zieht den Säbel gegen Katharina, resigniert aber sogleich vor ihrer spöttischen Überlegenheit. Im Briefwechsel mit Williams schreibt Katharina: »Der Großfürst beginnt seine antirussischen Gefühle sehr zu wandeln und ist hinsichtlich vieler Dinge sehr vernünftig geworden«. Williams spricht mit Wärme von Peter, mit Verehrung, Katharina wie von einem achtungsvoll Bevormundeten.

Unter den Beurteilern Peters zeigt der feinfühlige Poniatowski Verständnis für die seelischen Hintergründe der »Verstellung« des Großfürsten. Der Pole Stanislaus fand Peters Auslassungen über die russische Nation »in niedrigem burlesken Stil, aber manchmal in wirklich unterhaltender Weise« gebracht – und revanchierte sich mit Spott über die sächsische Herrschaft in Polen. Peters »bißchen Hirn« brachte der Alkohol schnell in Unordnung . . . Aber er war nicht dumm, sondern närrisch . . . es fehlte ihm nicht eine gewisse Art von Geist.« – »Arlecchino finto principe«, nennt Poniatowski den Großfürsten – principe finto arlecchino, wäre noch passender.

Mit den gleichen Ausdrücken, die Poniatowski zur Kennzeichnung Peters verwendet, entsteht aus Katharinas Feder der Kammerherr des Jungen Hofs, Lew Alexandrowitsch Naryschkin, ihr Faktotum, ihr »sechster Finger«, Intrigant und Spaßmacher: ». . . es fehlte ihm durchaus nicht an Geist, er war der geborene Harlekin.« Die Verstellung Peters entging Katharina, seine Possen ödeten sie an. Lew Naryschkins Scherze fand sie »unvergleichlich«, die tiefen Klippen seines Witzes unter dem Wortgeplätscher entgingen ihr anscheinend auch. Wenn Lew »zum Beispiel« von Geschichte sprach, pflegte er zu sagen, er liebe Geschichte nicht, die Geschichte bringe, »wenn Geschichte gut sein solle, dann müßte sie frei von Geschichten sein. Geschichte werde sonst zu schwülstigem Gerede.« Lew hätte mit seinem komischen Talent viel Geld verdienen können, bemerkt die amüsierte Katharina, »wäre er nicht von Geburt der gewesen, der er nun einmal war.« Von Geburt war Lew Alexandrowitsch Neffe Peters I., dessen Mutter eine Naryschkina war. Der Kaiser hatte in seinen letzten Lebensjahren seinen zwanzig Jahre jüngeren Vetter Alexander Naryschkin, Lews Vater, einen der Reform eifrig ergebenen Mann, als eventuellen Thronfolger beobachtet. Großfürst Peter und der Kammerherr Lew Naryschkin waren Neffe und Onkel, verwandtes Narrenblut verschiedenster Mischung rollte in Peter I., seinem Enkel Peter, seinem Neffen Lew.

Katharinas erste Liaison war arrangiert gewesen. Hatte etwa eine Abart, eine in Rußland nicht seltene Konstruktion dynastischen Gefühls mitgespielt, als die Hofmarschallin Tschoglokowa der Großfürstin zwei Herren zur Auswahl anbieten durfte, deren Namen frühere Zarinnen getragen hatten, Lew Naryschkin und Sergej Saltykow – die Gattin Iwans V., Urgroßmutter Iwans VI., war eine Saltykowa gewesen.

Der Harlekin Pjotr Fjodorowitsch, Zyniker des point d'honneur, »beehrte« auch den zweiten Favoriten seiner Gattin, Poniatowski, mit seiner Gunst – spielte dem Grafen einmal einen Streich, ließ ihn in Oranienbaum beim Verlassen des Pavillons der Großfürstin festnehmen, schickte ihn in einer Kutsche, die »ganz verglast wie eine Laterne« war, nach Petersburg zurück – fand dann Gefallen an Vierecksoupers. Auch seine Dauerfavoritin, die »häßliche großbusige« (Stählin), die »dicke, formlose, breitschnauzige, geschwollene« (Bolotow) Jelisaweta Worontzowa wirkte zugunsten Poniatowskis.

Aber vor der Geburt der Großfürstin Anna begann Peter im Freundeskreis zu schmollen: »Gott weiß, woher meiner Frau ihre Schwangerschaft kommt ...«. Katharina erfährt sofort von dieser Bemerkung, erschrickt nur einen Augenblick, im nächsten befiehlt sie dem Zuträger, Lew Naryschkin, von Peter einen Eid zu verlangen, daß er seine Frau nicht berührt habe, und von diesem Eid dem »Großinquisitor des Reichs« (Chef der Geheimen Kanzlei) Alexander Schuwalow Mitteilung zu machen. Katharinas neueste Methode war, Gefahren durch Drohung die Spitze zu brechen. »Scheren Sie sich zum Teufel, und reden wir nicht mehr davon!« schrie Peter Lew Naryschkin an.

Seine besten Narrenkunststücke leistete Peter, wenn er gegebene

Ebenen vertauschte. In der Wochenstube vom 9. Dezember 1757 erscheint er in seiner holsteinischen Uniform, »einen riesigen Degen an der Seite«: Weil es Katharina schlecht gehe, sei er ihr zu Hilfe geeilt, es sei Pflicht eines holsteinischen Offiziers, seinem Eid gemäß das herzogliche Haus gegen alle Feinde zu verteidigen. Kein Beispiel der hintergründigen Tollheit Peters könnte Katharina weniger erfunden haben, sie war nicht einmal fähig es zu begreifen, verstand nur »leicht, daß er betrunken war«. Aber er war nicht sinnlos betrunken. Er spielte mit verwechselten Tatsachen. Ein Offizier hat nicht zu fragen, welcher Herkunft die Kinder des Herrscherhauses sind. Er bietet militärische Hilfe in einer Gefahr, die mit Waffen nicht zu entscheiden ist. Aber Katharina schwebte nicht nur als Wöchnerin in Gefahr, sondern auch als Großfürstin, der holsteinische Offizier bot der Herzogin von Holstein Schutz an. Peter war sein eigener Hofnarr.

Nicht die Geburt der Großfürstin Anna, einer Tochter Poniatowskis, gefährdete Peters und Katharinas Position in Rußland, die Kaiserin nahm auch dieses Kind sogleich an sich. Beide Hoheiten waren in den Verdacht des Landesverrats geraten, als der Feldmarschall Apraxin nach dem russischen Sieg über Friedrich II. bei Jägersdorf im Sommer 1757 den Rückzug angetreten hatte. Dem vielkommentierten Tatbestand scheint der Schluß des österreichischen Botschafters Esterhazy an nächsten zu kommen: ». . . daß der erfolgte Rückmarsch unmittelbar aus einer mit der großfürstlichen Herrschaft und dem Großkanzler habenden Intrige herrühre . . . ist nicht die geringste Vermutung obhanden . . . die Ursache der so spät eröffneten Campagne aber ist eigentlich dem Jungen Hof und dem Grafen Bestushew zuzuschreiben.« Den Feldherrn Apraxin und Lieven, die verhaftet wurden, waren Hauptrollen beim Arrangement des Thronwechsels zugedacht gewesen.

Der Sturz des Kanzlers Bestushew am 14. Februar 1758 zerschmetterte beinahe die Großfürstin. Peter hatte sich rechtzeitig in Sicherheit gebracht, Versöhnung mit seiner kaiserlichen Tante gesucht oder gefunden. Katharina will das Gerücht, daß sie nach Hause geschickt werden soll, schon gehindert wird, sich öffentlich zu zeigen, widerlegen, ins Hoftheater gehen. Peter, der sich mit ihren Hofdamen, seine Favoritin ist unter ihnen, unterhalten will, verbietet, Katharinas Wagen vorfahren zu lassen. Katharina erklärt, sie werde zu Fuß gehen, ». . . außerdem werde ich die Kaiserin bitten, mich zu meiner Mutter zurückzuschikken!« Die Großfürstin kann die schuldlos Gekränkte mimen, Bestushew hat sie wissen lassen, daß er alle belastenden Papiere verbrannte. Ihre aufgefangenen Briefe an den Feldmarschall Apraxin sind harmlos.

Katharina wiederholt die Bitte, heimgeschickt zu werden, in einer Unterredung mit Elisabeth. Sie hat die Höhe ihrer Intrigenkunst erreicht, sie fordert, was man ihr droht, weil sie weiß, daß die Forderung die Unerfüllbarkeit der Drohung deutlich macht. Elisabeth wird sogleich unsicher: »Aber welchen Grund soll ich der Welt angeben . . .«. Weder die Kaiserin noch der mitanwesende Großfürst waren fähig, im Dialog mit der Großfürstin zu bestehen. Man mag Katharina glauben, daß Peters Beitrag zur Auseinandersetzung ungefähr in der wiederholten Erklärung, sie sei entsetzlich schlecht, bestand.

Inmitten des Berichts über eine nächste Unterredung mit der Kaiserin brechen Katharinas Memoiren ab. Die Depeschen der ausländischen Gesandten in Petersburg werden um so wichtiger für die Beleuchtung der folgenden Entwicklung. Katharina, nach der Abberufung Sir Charles außenpolitisch isoliert, sucht dem österreichischen Vertreter, Graf Esterhazy zu suggerieren, daß sie in die augenblicklichen Widerwärtigkeiten zum Teil deshalb geraten sei, »weilen für das kaiserlich-königliche Interesse jederzeit aufrichtig gesinnet«. Esterhazy unterschätzte Katharina, ihre Tatkraft war stärker als ihre Lüge.

Die Aussöhnung zwischen Tante und Neffe dauerte nicht lange, Peter erklärte in Anwesenheit des versammelten Kadettenkorps vor einem preußischen Gefangenen, dem Flügeladjutanten Friedrichs II. Graf Schwerin, feierlich: er wünsche dem König von Preußen »um so mehreren succes, als er ihn für einen Beschützer der teutschen Freiheit ansehe, er, Großfürst, könne auch nicht ruhen, bis er unter einem so großen Held eine Campagne mitgemacht haben würde, hoffte auch, die Zeit noch zu erleben«. Elisabeth verzweifelte endgültig an ihrem Neffen, sagte nicht nur, schrieb auch in Briefen: »Der Teufel soll ihn holen!« Die Kaiserin und die Schuwalow spielen mit dem Gedanken, Peter die Nachfolge zu entziehen, auf den siebenjährigen Großfürsten Paul zu übertragen. Der französische Vertreter Breteuil lenkt Graf Michail Ilarionowitch Worontzow, seit Bestushews Sturz Kanzler, auf dieses Thema. Worontzow gibt verlegen zu, die Großfürstin wäre fähig, der Kaiserin einen solchen Gedanken einzugeben. Elisabeths Favorit, Iwan Schuwalow, fragt den Erzieher des Großfürsten Paul, Nikita Panin: »Was er denke . . . manche neigten dazu, daß man dem Großfürsten und seiner Gemahlin aufsage . . . andere wollen nur den Vater fortschicken, aber die Mutter mit dem Sohn behalten . . .« Panin verstellte sich vor Schuwalow, suchte aber nach dem Gespräch sogleich die Großfürstin auf. Eine Regentschaft Katharinas für Paul war Panins Plan. In einem gleichzeitigen Aperçu beglückwünscht sich Katharina »zu der wachsenden Gunst« Elisabeths. In ihren Memoiren schreibt sie: »Gott sei Dank unternahmen die Favoriten nichts.« Sie ließ ihre Zeit reifen.

Kaiserin Katharina

Am Weihnachtstag 1761 stirbt Jelisaweta Petrowna. Peter III. tritt die Regierung an. In seinem Manifest vermissen die Petersburger die Namen Paul und Katharina. Die Eidesformel verpflichtet auf »Seine Kaiserliche Majestät . . . und nach ihm auf die von der Macht des Selbstherrschers erwählten Nachfolger«. Peter III. hatte »den unverzeihlichen Fehler begangen . . . nicht nur seinen Sohn nicht zum Nachfolger zu bestimmen, sondern ihn nicht einmal mit einem Wort zu erwähnen«, schreibt der junge Offizier Andrej Bolotow. Bolotow war »betroffen«, wie »alle Russen«. Der tiefere Sinn der petrinischen Thronfolgeordnung, nie zur Wirkung gekommen, wurde nicht mehr verstanden.
Peters III. Regierung ist eine rasante Abfolge von Großmuttaten, entscheidenden Gesetzen und gefährlichen bis tödlichen Possen. Der Kaiser tröstet den untröstlichen Favoriten Iwan Schuwalow, er werde ihn schon um des Andenkens seiner Tante willen nicht verlassen. Aber im Leichenzug treibt Seine Majestät Harlekinaden. Peter holt die Verbannten seiner Tante zurück – Münnich, Biron . . . Er hebt die Geheime Kanzlei auf, diese Folterkammer für Angeklagte und Denunzianten oft albernster Majestätsverbrechen, er will als persönlicher Richter »ein Beispiel geben, wie man durch milde Untersuchung, nicht durch Blutvergießen die echte Wahrheit von Verleumdung trennen kann . . .«
Er wird für kurze Zeit populär. Der Senat bietet ihm eine goldene Statue an, als er am 17. Januar 1762 die »Gnadenurkunde über

die Adelsfreiheit« ankündigt: »Die Adeligen sollen nach eigenem Willen dienen, wann und so lange sie wollen«.

Katharina hatte als Großfürstin in den »Träumen« von ihrer Herrschaft sich vorgenommen, das »schlecht befolgte Gesetz«, das seit Anna Iwanowna den Adeligen gestattete, »den Dienst mit vierzig oder fünfundvierzig Jahren oder noch früher zu verlassen... unbedingt zu erneuern«. Peter verschenkte ganz, wovon sie sparsam austeilen wollte, sie raste. Sie konnte die Tatsache nicht abstreiten, sie bestritt deren Bedeutung. Sie schrie Begeisterte an: »Wart ihr etwa leibeigen? Konnte man euch bis heute verkaufen?« Der junge Offizier Bolotow bemerkte zu Peters Gnadenurkunde, daß der »ganze russische Adel bis zu dieser Zeit an Händen und Füßen gebunden war«. Der englische Botschafter Keith, Nachfolger Williams, sagte, der Kaiser habe den russischen Adeligen aus einem »Sklaven« in einen wirklichen »Gentleman« verwandelt. Katharina hatte ein Privileg lächerlich zu machen versucht, das das entscheidenste Gesetz für Rußlands innere Entwicklung bis zur Aufhebung der Leibeigenschaft hundert Jahre später, 1861, blieb. Unter den Leibeigenen verbreitete sich sofort das Gerücht, die Überzeugung, daß der Kaiser auch ihnen die Freiheit gegeben habe, der Adel aber dieses Gesetz unterschlug. Gegen Bauernunruhen wird sich einer der ersten Ukase Katharinas II. richten.

Der endgültige Wortlaut des Privilegs vom 18. Februar 1762 deutet die »Adelsfreiheit« als Endphase der petrinischen Adelsreform. Lern- und Dienstzwang sei notwendig gewesen, um das öffentliche Bewußtsein zu veredeln, »der nicht abzumessende Nutzen dieser Absicht« sei jetzt erreicht. Aber der Kaiser hofft, daß seine »Freigebigkeit« den Adel »ermuntern«, werde, sich vom Dienst »nicht zu entfernen...«, auch seine Kinder »in nützlichen Wissenschaften zum Wohle des Vaterlandes« zu unterweisen, denn alle jene, die »nirgendwo Dienst getan haben... befehlen wir zu verachten und zu vernichten«, auch sollen sie bei Hof und bei öffentlichen Anlässen »nicht geduldet werden«. Alle zeitgenössischen Versuche, Peters geistige Initiative zu diesem Gesetz zu leugnen, sind widerlegbar, es ist die originellste kaiserliche Willensäußerung seit den Gesetzen Peters des Großen, es spricht mit der Stimme eines Enkels Peters I., es erwartet spontane Hingabe an die öffentlichen Aufgaben und droht dem »Müßiggang« mit sozialem Tod.

Dieser Schlußpassus in der Formulierung ihrer »Freiheit« hinderte die Adeligen nicht, den Abschied zu nehmen. Viele taten es, wenige wie Fürst Schtscherbatow oder Bolotow, um sich Studien und Wirtschaft zu widmen. Die Drohung des Spenders der Freiheit minderte nur seine Popularität.

Auch das Hofleben konnte kaum gefallen, wenn nach hübschen Hofkonzerten, bei denen der Kaiser »recht schön und geläufig« Geige spielte, »Bacchus« oder Seine Majestät die Gäste in den Garten trieb, »die ersten Männer des Staats mit Orden und Sternen geschmückt auf einem Bein hüpfend einander in die Kehrseite treten« und zu Fall bringen sollten – ein amusement, zu dem auch Peter der Große fähig gewesen wäre – wenn nach solchen Scherzen plötzliche Händel und Haftbefehle des betrunkenen Kaisers Abwechslung boten.

Die allgemeine Stimmung, die einer Verschwörung ermöglichte, ihn zu stürzen, schuf Peter III. durch Übertreibung, Karikierung des preußischen Militärreglements, durch Drohungen, die verwöhnten Garderegimenter aufzulösen, durch seinen Beschluß, schon im ersten Regierungsjahr für sein Holstein einen russischen Krieg gegen Dänemark zu führen – und durch die öffentlichen Exzesse seiner Verehrung für Friedrich II. Der Kaiser kniete vor dem Bild des Königs, erklärte, daß er den Willen Friedrichs gleich dem Willen Gottes achte. Er behauptet vor etwa zwanzig entsetzten Zuhörern, der Sekretär Wolkow habe ihm alle russischen Operationspläne zur Weitergabe an den König von Preußen mitgeteilt. Aber dieser angebliche Verrat des Großfürsten gehört zur immer skandalöseren Verstellung des Kaisers. Die Korrespondenz Friedrichs des Großen bestätigt ihn nicht. Im Gegenteil, Wolkow galt in Preußen als von Österreich bestochener Feind. Beim Regierungsantritt Peters kannte Friedrich »die Denkungsart des Großfürsten uns gegenüber, nachdem er den Thron bestiegen hat, noch nicht.« Der englische Vertreter in Petersburg Keith sollte Friedrichs Gratulation und Wünsche zur Beilegung der Zwietracht »vor allem bei der Kaiserin von Rußland« geschickt anbringen.

Katharina erzählt von ihren Aufgaben unter Peter III. nur die Betrauung mit der Leitung der Trauerfeierlichkeiten für Elisabeth. Sechs Wochen lang konnte sie ihre Pietät zur Schau stellen und sich so »sehr angenehm machen«. Sie erzählt nicht, daß sie auch bei anderen öffentlichen Anlässen, auch bei einem so hohen wie der Wasserweihe, allein im kaiserlichen Schmuck die Majestät verkörpern durfte, während Peter in Oberstenuniform gleichsam zu ihrem Gefolge gehörte, ihr Offiziere als seine Kameraden vorstelle. Bei solchen Schauspielen fiel den Zeitgenossen endlich ein, daß auch Peter der Große gern anderen den kaiserlichen Platz eingeräumt hatte, man erkannte die Karikatur des Großvaters, denn: ». . . um notfalls in ihm den Kaiser erkennen zu lassen, wußte Peter I. Mittel anzuwenden, die Peter III. fehlten.«

Katharina konnte bei ihren öffentlichen Auftritten Popularität gewinnen. Wie sonst hätten die Gardesoldaten ihr »Mütterchen« so lieben gelernt, daß sie es im Juni nicht »verlassen« wollten, als sie in den Krieg gegen Dänemark ziehen sollten. Das erste Ergebnis der Beziehungen Katharinas zu dem Offizier der Garde Grigorij Grigorjewitsch Orlow war ein Sohn, am 11. April 1762 geboren, der spätere Graf Bobrinskij. Hatte Katharina in der Mode der Zeit und der Verschwiegenheit ihrer Diener die Schwangerschaft verhüllen können? Oder hatte Peter sie geschont – ein Mann, der unter Anweisungen zur religiösen Toleranz an den Synod schrieb: »Der Ehebruch soll von niemandem verurteilt werden, denn auch Christus hat ihn nicht verurteilt«, der davon schwärmte, alle Paare bei Hof neu zusammenzugeben, zum Beispiel, Gräfin Stroganowa, die treue Freundin seiner Favoritin, durch eine Ehe mit dem preußischen Gesandten Goltz zu belohnen. Satire und Absicht sind nicht zu trennen.

Peter ließ Drohungen hören: Er werde Katharina ins Kloster sperren – auch Peter der Große hatte seine erste, »widersetzliche« Frau ins Kloster gesperrt – er werde die Worontzowa heiraten. Aber er hatte auch mit der Worontzowa Zwist, die Favoritin bat die Kaiserin um Vermittlung.

Der Kaiser besuchte eine Schulstunde des kleinen Großfürsten Paul: »Meiner Treu, ich glaube, der Lausbub weiß mehr als wir alle«, versprach, den Achtjährigen zum Unteroffizier der Garde zu befördern (Höchste Auszeichnung nach Peters Geschmack, sein eigenes Avancement unter seinem Vater, den er mit elf Jahren verlor, bezeichnete der Kaiser als seine schönste Erinnerung) – drohte, Paul als Bastard zu enterben und »faßte eine Absicht« auf Iwan Antonowitsch, äußerte wiederholt den Gedanken, Iwan zu seinem Nachfolger zu bestimmen. Er besuchte Iwan – und fand einen seit 1742 von seinen Eltern getrennten, in Cholmogóry am Weißen Meer, später in Schlüsselburg als Kaspar Hauser aufgewachsenen jungen Mann. Der närrische Kaiser traf einen »verwilderten« Kaiser.

Rechnet man alle Berichte der Zeitgenossen über das Verhalten Peters III. gegenüber seiner Frau zusammen, ergibt sich eine Mischung von Beleidigungen und Auszeichnungen – wie schon früher. Nur war die Mischung des Selbstherrschers stärker, schärfer als der Cocktail, den der Großfürst der Großfürstin serviert hatte. Mercy d'Argenteau war zugegen, als der Kaiser der Kaiserin dankte, weil sie einmal ausnahmsweise bis zwei Uhr nacht beim Gelage blieb. Katharina erinnert sich nur einer Beschimpfung an großer Tafel. Weil sie bei einem Toast auf die kaiserliche Familie nicht aufgestanden war, rief Peter ihr über den Tisch: »Dura!« (dummes Weib) zu. Am Abend dieses Tages gab er Befehl, Katharina zu verhaften. War auch dieser Befehl Verstellung? Er nahm ihn auf Bitten des Mutterbruders Katharinas, Georg von Holstein, sogleich zurück. Eine Familientradition der Fürsten Golitzyn sagt, daß Peter in derselben Nacht Katharina kniend um Verzeihung bat, ihre Hand küßte. Katharina sah in der vorangegangenen öffentlichen Beschimpfung »einen vorzüglichen Anlaß«, ihre Anhänger wissen zu lassen, »es sei an der Zeit« zu handeln.

Vergebens riet Friedrich der Große dem Kaiser ab, vor der Krönung am Feldzug gegen Dänemark teilzunehmen. Peter antwortete, wollten ihm die Russen Böses tun, hätten sie es längst tun können, »da ich mich allein dem Schutz Gottes überlasse, zu Fuß durch die Straßen gehe. Ich kann Sie versichern, wenn man nur richtig mit ihnen umzugehen versteht, darf man über diesen Punkt beruhigt sein.« Peter war auch überzeugt, »dieselben Russen«, die immer schon einem Herrn, nicht einer Herrin untertan sein wollten, würden ihm »die gemeine Feigheit nie verzeihn«, wenn er zu Hause bliebe.

Ein Termin der Verschwörer bestimmte den Tag des Ausmarsches der Garden in den unpopulären Feldzug zur Festnahme Peters. Das Plappermaul eines Gardekorporals: Ob denn der Kaiser nicht bald entthront werde? zwang sie zu improvisieren, ehe sie sich der Person Peters bemächtigt hatten, während der Kaiser sich in Oranienbaum aufhielt. Katharina befand sich in Peterhof, wo Peter sie zur traditionellen Vorfeier des Peter-Paultages treffen will, am 28. Juni. Katharinas Galatoilette hängt schon über dem Stuhl, als Aleksej Orlow sie um sechs Uhr früh weckt, ein Eingeweihter war verhaftet worden.

Katharina fährt nach Petersburg, geht zu den Garderegimentern, die ihr entgegenlaufen oder nachlaufen. Peter ergebene Offiziere halten Ansprachen an die Truppe: »Treue dem Enkel Peters des Großen!«, haben Anfangserfolg, erhalten die Antwort: »Wir wollen für ihn sterben!« Von denselben Lippen, die kurz darauf den Ruf: »Vivat die Kaiserin Jekatarina Alexejewna, unsere Selbstherrscherin!« wiederholen. Der Major Wojejkow wirft seinen Degen weg: »Geht zum Teufel, Kanaillen, Verräter!« Der Klerus kommt Katharina mit Kreuz und Segen entgegen. In der Kasanschen Kathedrale hört sie zum erstenmal das Gebet für die Selbstherrscherin Katharina II. Nikita Panin, bekannt für sein enormes Schlafbedürfnis, erreicht die Selbstherrscherin erst im Winterpalast. Er bringt seinen Zögling, den Großfürsten Paul, im Nachtgewand mit, aber schon zu spät für seinen Plan, Katharina nur zur Regentin für Paul I. zu machen.

Gegen zwei Uhr mittag kommt Peter III. in vornehmer heiterer Gesellschaft in Peterhof an, findet Katharinas Galakleid über dem Stuhl, beginnt die Frau zu suchen, in allen Zimmern, unter Betten und Matratzen, im Garten. Um drei Uhr bringt ein Leutnant aus Petersburg das Feuerwerk für den Abend und die erste Nachricht von Hochrufen auf die Selbstherrscherin Katharina, denen er keine Bedeutung beigemessen habe. Der Achtziger Münnich , der »russische Scipio« gibt den Rat eines Helden: der Kaiser solle sofort mit kleiner vornehmer Suite nach Petersburg fahren, vor Garden und Volk treten. Der Enkel Peters des Großen versäumt an diesem Tag der Massensuggestion alle Chancen, trinkt, beschließt um 11 Uhr nachts mit Herren und Damen in Kronstadt Verteidigung zu suchen. Bei seiner Ankunft ist die Festung bereits auf Katharina vereidigt. Er kehrt nach Oranienbaum zurück, entläßt seine holsteinische Scheintruppe in ihre Quartiere, läßt sich von den Husaren Aleksej Orlows umzingeln, schreibt Briefe an Katharina.

Katharina II. hat von diesen Briefen Peters III. nur die Abdankungsurkunde, die sie ihm zur Unterschrift schickte, der Welt gezeigt: er wünsche »weder unumschränkt noch sonst in irgendeiner Weise« über Rußland zu herrschen. Mercy d'Argenteau will von einem Brief des Kaisers wissen, der Katharina die Mitregentschaft anbot – nach altem Plan Bestushews. Von allen Verbannten Elisabeths hatte Peter nur Bestushew nicht zurückgeholt. Drei letzte Briefe eigener Konzeption Peters an Katharina sind erhalten: »... Ich bin mir nicht bewußt, Sie jemals beleidigt zu haben« – »Ich bitte noch, mich, der ich Ihren Willen in allem erfüllt habe, ins Ausland zu entlassen.« – »Wenn Sie nicht unbedingt einen Menschen umbringen wollen, der schon unglücklich genug ist... lassen Sie mir meinen einzigen Trost, Jelisaweta Romanowna (Worontzowa)...« Hatte der Gestürzte immer noch jenes unbewußte Vertrauen in seine Frau, das Katharina in den Memoiren erwähnt? Oder schätzte sein schwacher Wirklichkeitssinn die Katastrophe wie eine häusliche Szene ein?

Friedrich der Große hatte recht, als er die Fürstin Daschkowa, die in den Umsturztagen neben Katharina fuhr, ritt, schlief, »la mouche vaniteuse du coche« nannte. Er irrte mit der Meinung, daß Katharina »jung, schwach, unerfahren, isoliert« war, daß kühne Männer, die Brüder Orlow – vier: Grigorij, Alexej, Feodor, Iwan – »alles getan haben.« Mercy d'Argenteau hielt einen Kollegen für den entscheidenden Mann, Panin – ein noch größerer Irrtum.

Man darf Katharina glauben, daß die Verschwörung aus einzelnen Gruppen bestand, »die eine wußte nichts von der anderen.« Vorsichtige hatten ihren Anteil vor Hitzigen verleugnet – Nikita Panin vor seiner Nichte, der Fürstin Daschkowa. Der Hetman Graf Kirill Razumowskij, nach dem Sturz Bestushews und Apraxins der einzige entschlossene Anhänger Katharinas in einflußreicher Position, Befehlshaber der Ismajlower (am Umsturztag fuhr Katharina zuerst zur Kaserne seines Regiments), Präsident der Akademie der Wissenschaften (dort ließ er Katharinas Manifeste drucken) – hatte sich vor den Brüdern Orlow uninteressiert an Umsturzplänen gestellt. Katharina selbst war Protagonist. Voraussetzung des Gelingens war ihr Temperament – und Peters Temperament, »der sich entthronen ließ, wie ein Kind, das man schlafen schickt.« Dieses Bild Friedrichs des Großen stimmt wieder.

Katharina hat Peter nicht ins Ausland entlassen. Sie hielt ihn auf dem kleinen Landsitz Ropscha unter Aufsicht Alexej Orlows gefangen und ließ ihm in Schlüsselburg »anständige und entsprechende Gemächer« vorbereiten. Auch die Gegenwart der Gräfin Worontzowa gewährte sie ihm nicht. »Er hatte mich übrigens nur um seine Mätresse, seinen Hund, seinen Neger und seine Violine« – die Reihenfolge befremdet – »gebeten, aber um einen Skandal zu vermeiden und die Erregung seiner Bewachung nicht zu vermehren, hatte ich ihm nur die drei letzten Dinge gesandt«, schrieb Katharina an ihren früheren Liebhaber, Graf Stanislaw Poniatowski.

Am 6. Juli erhielt Katharina einen Brief Alexej Orlows: ». . . Wir sind verloren, wenn Du nicht Gnade für uns hast, Mütterchen, er weilt nicht mehr auf dieser Welt! Aber niemand hat das gedacht, und wie sollten wir auf den Gedanken kommen, die Hände gegen den Kaiser zu erheben! Aber, Kaiserin, das Unglück ist geschehn! Er kam bei Tisch mit Fürst Feodor (Bariatinskij) in Streit. Wir konnten sie nicht mehr auseinanderbringen, und schon war er nicht mehr. Wir erinnern uns selber nicht, was wir getan haben, aber wir alle bis zum letzten sind schuldig und haben den Tod verdient . . .« Katharina hat diesen Zettel leicht auffindbar verwahrt. Als Paul I. noch in ihrer Todesstunde das Dokument fand, las er es als Beweis der Unschuld seiner Mutter am Tod seines Vaters. Am 28. Juni, während der Ungewißheit über den Aufenthaltsort Peters, hatte Katharina dem Gouverneur von Riga handschriftlichen Befehl erteilt, den »gewesenen Kaiser«, falls er in Livland erscheine, lebend oder tot zurückzubringen – eine Maßnahme unter dem Druck des Tages. Zeugnisse, die Katharinas Schuld oder Mitschuld oder Unschuld an der Ermordung Peters III. eindeutig klären, gibt es nicht. In dubio pro reo ist ein Gebot forensischer Gerechtigkeit. Geschichtsschreibung ist kein Gerichtsverfahren. Ein überzeugtes: Ich weiß es nicht, bei gegebenem Anlaß steht dem Historiker doch nicht übel an?

Der Zecher Peter III. soll mit einer Serviette erdrosselt worden sein. (Helbig)

In ihrem Manifest über den Tod des Kaisers benützte die Kaiserin die Bulletins Alexej Orlows über Peters Gesundheitszustand während der Woche vor dem Mord: ». . . Unser Scheusal ist sehr krank geworden, und es hat ihn unvermutet eine Kolik befallen. Und ich fürchte, daß er diese Nacht am Ende stirbt, und fürchte mich noch mehr davor, er könne wieder aufleben . . . weil er wirklich für uns alle sehr gefährlich ist, deshalb, weil er manchmal so redet, als ob er noch seine bisherige Stellung hätte . . .« – ». . . Ich fürchte mich vor dem Zorn Eurer Majestät, daß Sie nicht etwas

Furchtbares über uns zu denken geruhen, daß wir die Ursache seien des Todes Ihres Bösewichts... er ist jetzt so krank, daß ich nicht glaube, daß er bis zum Abend leben wird... wovon schon das ganze hiesige Kommando weiß und Gott bittet, daß wir ihn möglichst bald loswerden...« Katharinas Manifest erklärte, daß Peter nach einem »schon früher oft vorgekommenen Hämorrhoidenanfall« an einer Kolik starb. Sie wiederholte diese Krankengeschichte ausführlich in ihrem Brief vom 2. August 1762 an Poniatowski.

Zwei Jahre später, 1764, als Iwan VI. Antonowitsch bei einem fast gelingenden Befreiungsversuch laut Befehl von Nikita Panins Hand für solchen Fall von seinen Wächtern getötet wird, widerspricht Katharina der Meinung Madame Geoffrins, daß die Angelegenheit besser verschwiegen worden wäre: »Dem russischen Reich... mußte gesagt werden, daß er tot ist« – zweifellos. 1762 und 1763 waren in den Gardekasernen, die Katharina zur Kaiserin ausgerufen hatten, Hochrufe auf Iwan VI. gehört worden. Der legitimistische Wunsch, daß sie Iwan heiraten solle, war der Kaiserin zu Ohren gekommen. »Das Manifest und der Kopf des Verräters (Mirowitsch) haben allem Geschwätz ein Ende gemacht.«

Auch 1762 sorgte Katharina dafür, daß das russische Reich vom Tod eines legitimen Herrschers, »dieser unvermuteten göttlichen Fügung«, sich überzeugte. Sie ermahnte alle treuen Untertanen, vom Kaiser am offenen Sarg Abschied zu nehmen. Sie mochte hoffen, daß ärgerliche Blicke auf die holsteinische Uniform des Leichnams die Schärpe um den Hals und die Schwärze des Gesichts übersahen.

Nach dem Tod Peters III. und Iwans VI. hatte Katharina nur noch zwei Rivalen ihrer Selbstherrschaft, ihren Sohn Paul und eine Adelsminderheit, die wünschte, die Oberste Gewalt zu beschränken. Beide Gefahren verkörperten sich zunächst in Nikita Panin, der »mehr aus Vorsicht als aus Treue« Aktionen gegen Katharina unterließ. Der heranwachsende Pawel scheiterte als Thronprätendent und später als Kaiser an Eigenschaften, die ihn als »Petrowitsch« so wahrscheinlich machen.

Editorische Bemerkungen des Übersetzers und Herausgebers der erstmals 1913 im Insel Verlag erschienenen Ausgabe

Man darf die Memoiren Katharinas nicht als wirklich ungekünstelte Lebenserinnerungen, als eine zuverlässige Geschichtsquelle betrachten, denn Katharina schrieb immer mit Berechnung, immer mit dem Wunsch, einen bestimmten Eindruck zu erzielen, und sie erzählte die Ereignisse erst, nachdem viele Jahre verflossen waren, die ihr mannigfaltige Erfahrungen gebracht hatten und ihre Anschauungen wesentlich umformen mußten.

Zahlreiche chronologische Irrtümer kann man deshalb nur natürlich finden, aber es gibt auch absichtliche Entstellungen und Verdrehungen. Das ist gerade das Interessante an diesen Memoiren, daß sie kein fertiges Ganzes sind, nicht in einem Zuge geschrieben, sondern daß sie eigentlich nur eine Reihe von Bruchstücken darstellen, die zu ganz verschiedenen Zeiten begonnen und wieder fortgelegt wurden, und daß uns auf die Weise oft ganz verschieden gefärbte Berichte Katharinas über dieselben Ereignisse vorliegen. So kann man die Glaubwürdigkeit der Schreiberin oft an ihren eigenen Aufzeichnungen nachprüfen.

Das erste Fragment der Memoiren ist seit 1859 bekannt gewesen, seit Alexander Herzen die ›Memoiren der Kaiserin Katharina, von ihr selbst geschrieben‹ herausgab.[3]

Obwohl man von Anfang an erkannt hatte, daß die Memoiren ganz unverkennbar den Stempel der Echtheit und Unmittelbarkeit trugen, konnten Zweifel daran natürlich nicht früher endgültig verstummen, als bis Katharinas eigenhändige Manuskripte zugänglich wurden. Im Jahre 1907 erschienen als zwölfter Band der von der Petersburger Akademie der Wissenschaften besorgten Ausgabe der ›Werke der Kaiserin Katharina II.‹ die ›Autobiographischen Aufzeichnungen‹ auf Grund der hauptsächlich im Staatsarchiv und in der Kaiserlichen Privatbibliothek im Winterpalast zu Petersburg aufbewahrten Manuskripte. Hier sind also die Memoiren zum ersten Male nach den eigenhändigen Handschriften der Kaiserin abgedruckt, und damit erledigen sich auch die Bedenken wegen der Echtheit.

Die Memoiren im eigentlichen Sinne bestehen aus sieben französisch geschriebenen Stücken, von denen Herzen eines, das umfangreichste und am sorgfältigsten ausgearbeitete, herausgeben könnte, und aus zwei russischen. Nach Abschriften waren bisher außer dem 1859 gedruckten noch ein französisches und die beiden russischen Stücke veröffentlicht worden, fünf Stücke wurden also durch die Ausgabe der Akademie überhaupt zum ersten Male bekannt. Auf dieser Ausgabe der Akademie beruht unsere 1913 erschienene deutsche Ausgabe. Sie enthält die genannten neun Stücke, und zwar mit Einfügung aller der Stellen, die in der Ausgabe der Akademie unterdrückt wurden. Von der großen Menge der kleineren Bruchstücke, Notizen und Zettel wurde einiges in den Anmerkungen mitgeteilt, was im Zusammenhang mit den Memoiren ein Interesse beanspruchen darf. Außerdem wurden aus Katharinas Briefwechsel möglichst alle wichtigen Erinnerungen an die in den Memoiren geschilderten Zeiten herausgesucht, soweit sie die Erzählung ergänzen oder berichtigen können, und wir haben nach Möglichkeit die Chronologie festgestellt und berichtigt, und Berichtigungen und Bestätigungen auch aus anderen Quellen gesammelt.

Eine genaue Durcharbeitung der Memoiren namentlich bezüglich des gegenseitigen Verhältnisses der einzelnen Stücke und der Entstehungszeit steht noch aus; immerhin können wir uns ein leidlich klares Bild nach den in der Erzählung selbst enthaltenen Hinweisen machen. (Die Numerierung der Ausgabe der Akademie ist nicht chronologisch, es empfiehlt sich aber, sie einstweilen beizubehalten.)

Stück V scheint am frühesten entstanden zu sein: man muß wohl an die Jahre 1754 bis 1756 denken. Es beginnt mit Katharinas Geburt (1729) und führt die Erzählung bis 1754. Mancherlei Anzeichen sprechen dafür, daß es für einen Ausländer geschrieben wurde – vielleicht für Poniatowski.

Stück VI ist während Peters Regierung entstanden. Es erzählt sehr kurz von Katharinas Geburt und Kindheit und berichtet dann nur über das Jahr 1758.

Stück I trägt die Überschrift ›Memoiren, begonnen am 21. April 1771‹, und eine Widmung an die Gräfin Bruce, geborene Gräfin Rumiantzow. Es beginnt auch wieder mit Katharinas Geburt, schildert sehr ausführlich ihre Kindheit und Jugend in Deutsch-

land, die Berufung nach Rußland und führt die Erzählung bis zum Morgen nach der Hochzeit (1745).

Stück II ist überschrieben ›Memoiren, fortgesetzt im Jahre 1791. Zweiter Teil‹ und ist Baron Tscherkasow gewidmet. Es ist die unmittelbare Fortsetzung von Stück I und führt bis zum Dezember 1748.

Stück III ist überschrieben ›Dritter Teil‹. Es setzt Stück II fort und reicht bis 1750. Weil bei dem Manuskript dieses Stückes, an dem Katharina nach mehreren Anzeichen schon in den siebziger Jahren gearbeitet haben muß, sich ein Blatt gefunden hat mit dem Titel ›Memoiren, begonnen im Jahre 1790. Erster Teil‹, muß man vielleicht annehmen, daß die in den siebziger Jahren angefangene Arbeit an den drei zusammenhängenden Stücken I bis III, von 1790 an, einer neuen Durchsicht unterzogen wurde.

Stück IV gehört den letzten Lebensjahren der Kaiserin an: es ist das Stück, das Herzen 1859 nach einer ihm zugekommenen Abschrift veröffentlicht hat, die, wie sich jetzt herausstellt, an vielen Stellen ungenau gewesen ist. Das Stück unterscheidet sich von den anderen durch größere sprachliche Sorgfalt, auch rein äußerlich durch genaue Paginierung und Kapiteltitel an den Rändern. Es ist von allen das tendenziöseste Stück, I bis III sind, weil am intimsten, vielleicht auch am verläßlichsten. Das Stück IV beginnt mit einem Einleitungswort, in dem Katharina sagt, das Glück sei nicht blind, sondern ein Ergebnis aus Eigenschaften, Charakter und Handlungsweise, was an zwei schlagenden Beispielen, nämlich Peter III. und Katharina II., nachgewiesen werden soll. Es folgt eine ausführliche Schilderung von Peters Jugend und Berufung nach Rußland, dann wird ganz kurz von Katharinas Eintreffen berichtet, und die Erzählung, vielfach Stück II und III wiederholend, bis zum Jahre 1758 geführt.

Stück VII ist kurz nach Peters Tod geschrieben; es berichtet über Katharinas Thronbesteigung (1762).

Die beiden russischen Stücke sind nicht vor 1794 entstanden: das erste erzählt von Kaiserin Elisabeths Tod und Begräbnis (1761/1762), das zweite von Katharinas ersten Regierungsjahren (1762-1768).

In der vorliegenden Ausgabe haben wir unter Vermeidung aller Wiederholungen die fortlaufende Erzählung von Katharinas Geburt an herausgehoben. Wir bringen Stück I und II vollständig, den größten Teil von III, die Fortsetzung in der Fassung von

IV, das erste russische Stück, Stück VII, und das zweite russische Stück. Manches aus der ersten Hälfte von IV wird an der zeitlich entsprechenden Stelle im Verlaufe der Erzählung von I, II und namentlich III mitgeteilt; auch aus V ist einiges aufgenommen worden. Hinzugefügt wurde an passender Stelle eine Charakteristik der Kaiserin Elisabeth nach einer Aufzeichnung von Katharinas Hand, sowie ihre Darstellung des Endes Peters III. aus einem Briefe an Graf Poniatowski.

Die Ausgabe der Akademie gibt den Text ohne Erläuterungen, als philologisch genauen Abdruck der Handschriften, – unsere Ausgabe hat ihn durch Einteilung in Absätze und Zerlegung allzu unübersichtlicher Sätze lesbarer gemacht. Die Anmerkungen bringen Erklärungen und Richtigstellungen, vor allem chronologische Angaben, die vom Tage des Eintreffens in Petersburg an für die Ereignisse in Rußland nach altem Stil gegeben sind. Ferner ist versucht worden, nach Möglichkeit die erwähnten Personen wirklich zu identifizieren: die Ergebnisse dieser vielfach sehr mühevollen Nachforschungen wurden teils in den Anmerkungen mitgeteilt, teils nur dem Namenverzeichnis nutzbar gemacht.

Erich Boehme

Katharinas Memoiren

Ich wurde geboren am 21. April/2. Mai 1729 (also heute vor 42 Jahren) in Stettin in Pommern[4].

Man hat mir erzählt, es sei gar nicht so sehr freudig begrüßt worden, daß ich zuerst erschien, weil ein Sohn erwartet wurde. Mein Vater zeigte aber mehr Befriedigung als seine Umgebung. Meine Mutter wäre bei meiner Geburt fast gestorben und schwebte noch lange nachher zwischen Tod und Leben.

Als Amme bekam ich die erst neunzehnjährige Frau eines preußischen Soldaten; die soll hübsch und lebhaft gewesen sein.

Die Sorge für mich wurde einer Dame, der Witwe eines Herrn v. Hohendorf, anvertraut; sie war Gesellschafterin meiner Mutter. Wie man mir erzählt hat, verstand diese Dame gar nicht recht mit mir fertig zu werden und machte mich sehr eigensinnig. Auch mit meiner Mutter konnte sie sich nicht recht stellen und wurde bald entlassen, weil sie eine barsche Person war und gern ihre Stimme erhob. Sie brachte es dahin, daß ich nie tat, was ich sollte, wenn es mir nicht wenigstens dreimal, und zwar mit sehr nachdrücklicher Stimme gesagt wurde.

Im Alter von zwei Jahren wurde ich einer französischen Emigrantin übergeben. Sie hieß Madeleine Cardel[5], hatte ein einnehmendes und schmeichelndes Wesen, galt aber für ein wenig falsch. Sie trug große Sorge, mich vor meinem Vater und meiner Mutter immer so erscheinen zu lassen, daß ich, und sie auch, ihnen gefallen konnte. So kam es, daß ich für meine jungen Jahre schon recht versteckt war. Mein Vater, den ich weniger häufig sah, hielt mich für einen Engel; meine Mutter kümmerte sich nicht viel um mich. Sie schenkte anderthalb Jahre nach mir einem Sohn[6] das Leben, den sie abgöttisch liebte. Ich war nur geduldet und wurde oft streng und hart behandelt und nicht immer gerecht; ich fühlte das, ohne jedoch über meine Empfindungen schon ganz klar zu sein.

Als ich etwa vier Jahre alt war, heiratete Madeleine Cardel einen Advokaten namens Colhard[7], und ich ging in die Hände ihrer jüngeren Schwester Elisabeth über. Diese war, das kann ich wohl sagen, ein Muster von Tugend und Klugheit. Sie besaß Seelenadel, Geistesbildung, ein ausgezeichnetes Herz; sie war geduldig, sanft, heiter, gerecht, beständig, kurzum so, daß man nur allen Kindern jemand wie sie wünschen könnte.

Auf Frau Colhards Hochzeit betrank ich mich bei Tisch und wollte dann nicht ohne sie zu Bette gehen; ich brüllte so, daß man mich forttragen und bei meinen Eltern zu Bett bringen mußte.

Babet Cardel mißfiel mir anfangs sehr; sie liebkoste mich nicht und schmeichelte mir nicht, wie ihre Schwester. Jene hatte mir durch Schenken und Versprechen von Zuckerwerk und Konfekt zwar die Zähne verdorben, aber doch erreicht, mich leidlich lesen zu lehren, ohne daß ich buchstabieren konnte. Babet Cardel, die den falschen Glanz weniger liebte als ihre Schwester, setzte mich wieder hinter das Abc und ließ mich so lange buchstabieren, bis sie glaubte, ich hätte es nicht mehr nötig.

Ich bekam einen Schreiblehrer und einen Tanzmeister. Für den Schreiblehrer mußte ich mit Tinte die Buchstaben nachziehen, die er mit Bleistift vormalte, und der Tanzmeister ließ mich auf dem Tische schreiten und Pas machen. Aber ich glaube, das war fortgeworfenes Geld, denn richtig lernte ich Schreiben und Tanzen erst viel später. Solche verfrühte Erziehung führt eben gewöhnlich zu nichts.

Als ich drei Jahre alt war, nahmen mich meine Eltern zu meiner Großmutter[8] nach Hamburg mit. Das einzige Erlebnis meiner Reise, an das ich mich erinnere, war ein Besuch der deutschen Oper. Ich sah da eine Schauspielerin, die in blauen, goldgestickten Samt gekleidet war. Sie hatte ein weißes Schnupftuch in der Hand; als ich sah, daß sie sich damit die Augen trocknete, fing ich an zu weinen und so aufrichtig zu heulen, daß ich nach Hause geschickt werden mußte.[9] Diese Szene hat sich meinem Gedächtnis so fest eingeprägt, daß ich mich noch jetzt daran erinnere.

Nach Stettin zurückgekehrt, hätte ich mich beinahe auf folgende Weise umgebracht. Ich spielte im Zimmer meiner Mutter, in dem ein Schrank voll Spielzeug und Puppen stand, zu welchem ich den Schlüssel hatte. Eines Tages stellte ich es so geschickt an, daß der Schrank auf mich fiel und mich unter sich begrub, so daß meine Mutter dachte, ich müßte zermalmt sein. Sie sprang auf und eilte zu mir, aber ein glücklicher Zufall hatte es so gefügt, daß die Schranktüren offen standen, und ich lag gesund und heil darunter, ohne Schaden genommen zu haben, bis auf den Schrecken. Ein andermal hätte ich mir fast ein Auge mit der Schere ausgestochen, die Spitze verletzte mir das Lid.

Ich erinnere mich, die Jahreszahl 1733 in einem Brief an meine

Mutter geschrieben zu haben, die damals verreist war. Auch entsinne ich mich, daß ich in demselben Jahre in Braunschweig den König Friedrich Wilhelm gesehen habe. Ich wurde in das Zimmer geführt, in dem er sich aufhielt; nachdem ich ihm eine Reverenz gemacht hatte, soll ich geradeaus zu meiner Mutter, die neben ihrer Tante, der verwitweten Herzogin von Braunschweig[10], saß, gegangen sein und zu ihr gesagt haben: »Weshalb trägt der König einen so kurzen Rock? Er ist doch reich genug, um einen längeren zu haben?« Er wollte wissen, was ich gesagt hatte, und man mußte es ihm erzählen; er soll zwar gelacht, aber sich doch nicht darüber gefreut haben[11].

Im Jahre 1734 wurde meine Mutter von einem zweiten Sohne entbunden[12]. Der ältere hinkte und lebte nur dreizehn Jahre; er starb am Fleckfieber[13]. Erst nach seinem Tode wurde auch der Grund seines Leidens klar, das ihm nicht gestattet hatte ohne Krücken zu gehen, und wegen dessen man ihm beständig neue Heilmittel gegeben und die berühmtesten Ärzte von Deutschland befragt hatte. Die rieten, ihn ins Bad nach Aachen, Teplitz und Karlsbad zu schicken, aber er kam jedesmal ebenso lahm zurück, wie er abgereist war, und sein Bein wurde kleiner in dem Maße, wie er wuchs. Nach seinem Tode wurde er seziert, und es stellte sich heraus, daß seine Hüfte verrenkt war und daß das schon in seiner zartesten Jugend geschehen sein müsse. Man erinnerte sich, wie er mit anderthalb Jahren einmal so große Hitze gehabt hat, daß man an ein hitziges Fieber dachte, und daß er nachher nicht mehr hatte gehen können. Offenbar mußte man annehmen, daß die Frauen, deren Sorgfalt er anvertraut war, ihn hatten fallen lassen und er sich hierbei eine Hüftverrenkung zugezogen hatte, ohne daß sie selbst oder andere es rechtzeitig genug bemerkt hätten, um die entsprechenden Mittel anzuwenden.

Im Jahre 1736 wurde meine Mutter von einer zweiten Tochter entbunden, die einige Wochen später starb.[14]

Bis zum Alter von sieben Jahren war ich eigentlich nie krank. Nur hatte ich häufig an Kopf und Händen den Ausschlag, wie er bei Kindern häufig ist, der in Rußland zolotucha[15] heißt, und den kurieren zu wollen so sehr gefährlich ist. Man wandte also auch bei mir kein Mittel dagegen an. Wenn der Ausschlag sich am Kopfe zeigte, so wurden mir die Haare geschoren, der Kopf eingepudert, und ich mußte eine Mütze tragen. Erschien er an den Händen, so zog man mir Handschuhe an, die ich nicht eher wieder ablegte, als bis die Schorfe fielen.

Mit sieben Jahren bekam ich einen schweren Husten. Es war Sitte, uns jeden Abend und jeden Morgen niederknien zu lassen, um unser Morgen- oder Abendgebet zu verrichten. Eines Abends, als ich kniend betete, mußte ich so heftig husten, daß die Anstrengung mich auf die linke Seite fallen ließ und ich Stiche fühlte, die mir fast den Atem nahmen. Jemand stürzte zu mir, und ich wurde ins Bett getragen, das ich drei Wochen hütete. Ich lag immer auf der linken Seite und hatte Husten, Stiche und sehr starke Hitze. Einen richtigen Arzt gab es nicht in der Nähe; man gab mir Heilmittel, aber weiß Gott, wie die beschaffen waren. Endlich, nach langen Leiden, konnte ich aufstehen, und als ich angekleidet wurde, zeigte sich, daß ich fast die Form eines Z angenommen hatte: meine rechte Schulter war höher als die linke, die Wirbelsäule hatte Zickzackform und die linke Seite war hohl. Meine Frauen und die meiner Mutter, bei denen sich jene Rat holten, beschlossen, meine Eltern darauf aufmerksam zu machen. Als erstes in der Angelegenheit wurde allen strengstes Stillschweigen über meinen Zustand auferlegt. Meine Eltern waren sehr unglücklich, daß eines ihrer Kinder lahm, das andere krumm sein sollte.

Schließlich, nachdem man in größter Heimlichkeit einige Sachverständige befragt hatte, wurde beschlossen, einen geschickten Menschen zu suchen, der Verrenkungen zu heilen wüßte. Man suchte vergebens, denn man hatte Abscheu, den einzigen, der darin Geschick besaß, zu rufen, weil das der Henker des Ortes war. Lange dauerte das Schwanken; schließlich aber wurde beschlossen, ihn doch ganz heimlich zu holen. Nur Babet Cardel und ein Kammermädchen wurden ins Vertrauen gezogen. Der Mensch untersuchte mich und ordnete dann an, es sollte mir jeden Morgen um sechs Uhr ein Mädchen, das noch nüchternen Magens war, im Bett die Schulter, dann die Wirbelsäule mit ihrem Speichel einreiben. Dann fertigte er selbst eine Art Schnürbrust an, die ich Tag und Nacht nicht ablegte, außer um die Wäsche zu wechseln. Er kam alle zwei Tage frühmorgens, um mich wieder zu untersuchen. Außerdem ließ er mich ein großes schwarzes Band tragen, das um den Hals ging, von der rechten Schulter um den rechten Arm lief und am Rücken befestigt war. Kurz, ich weiß nicht, ob ich keine Veranlagung hatte krumm zu werden, oder ob es diese Mittel bewirkten, jedenfalls nach anderthalb Jahren solcher Behandlung war wieder Hoffnung für mich, gesund zu werden. Ich habe die unbequeme Schnürbrust erst im Alter von zehn oder elf Jahren abgelegt.

Als ich sieben Jahre alt war, nahm man mir alle Puppen und anderen Spielsachen fort und sagte, ich sei nun ein großes Mädchen, und sie paßten sich nicht mehr für mich. Ich hatte Puppen niemals geliebt, aber spielen tat ich deshalb nicht weniger damit. Meine Hände, mein Taschentuch, alles, was ich fand, diente mir als Spielzeug. Ich lebte also so weiter wie vorher, und anscheinend nahm man mir das Spielzeug nur der guten Form wegen, denn man ließ mich ruhig gewähren.

Frühzeitig war mein gutes Gedächtnis bemerkt worden, deshalb wurde ich beständig mit Auswendiglernen gequält. Das nannte man Gedächtnispflege; ich glaube aber, es war eher eine Schwächung. Erst waren es Bibelsprüche, dann besonders verfertigte Stücke, oder auch Fabeln von Lafontaine, die ich auswendig lernen und aufsagen mußte. Wenn ich etwas vergessen hatte, wurde ich gescholten; ich glaube aber, es wäre nicht menschenmöglich, alles das zu behalten, was ich auswendig lernen mußte; ich halte es auch nicht der Mühe für wert. Ich besitze noch jetzt eine deutsche Bibel, in der mit roter Tinte alle Sprüche unterstrichen sind, die ich auswendig wissen mußte.

Ich bekam einen Lehrer, der mich in der Religion unterwies und in Geschichte und Geographie unterrichtete[16]; Französisch[17] und Deutsch habe ich aus dem Gebrauch erlernt. Ich fragte eines Tages diesen geistlichen Herrn, – denn mein Lehrer war Pastor, – welche von den christlichen Krichen die älteste sei. Er nannte mir die griechische und meinte, diese entspreche nach seiner Überzeugung am meisten dem Glauben der Apostel. Von diesem Augenblick an empfand ich eine große Achtung vor der griechischen Kirche und wünschte immer sehr, mich über ihre Lehre und ihre Riten zu unterrichten. Und jetzt bin ich das Oberhaupt dieser Kirche!

Ich erinnere mich an mehrere Streitigkeiten mit meinem Lehrer, für die ich beinahe die Rute bekommen hätte. Die erste entstand deshalb, weil ich es ungerecht fand, daß Titus, Mark Aurel und alle großen Männer des Altertums, die doch auch tugendhaft gewesen sind, verdammt sein sollen, weil sie das Heil nicht gekannt hatten. Ich stritt hartnäckig und mit Wärme und hielt an meiner Überzeugung fest gegen den Geistlichen, der die seine auf Bibelstellen stützte, während ich nur die Gerechtigkeit gelten ließ. Er nahm schließlich seine Zuflucht zu den Überzeugungsmitteln des heiligen Nikolaus; das heißt, er beklagte sich bei Babet Cardel und wollte, die Rute solle mich überzeugen. Dazu war aber Babet Cardel nicht bevollmächtigt; sie sagte nur sanft, ein Kind dürfe nicht rechthaberisch sein gegen einen ehrwürdigen Pastor, und ich müsse mich seiner Meinung unterordnen. Babet Cardel war reformiert und der Pastor sehr entschieden lutherisch. Der zweite Streit drehte sich um das, was vor unserer Welt gewesen war. Er sagte mir: »das Chaos«, und ich wollte wissen, was dieses Chaos sei. Nichts, was er sagte, befriedigte mich, und schließlich wurden wir beide böse und Babet Cardel wurde zur Hilfe gerufen. Den dritten Zank hatten wir mit dem Herrn Pastor über die Beschneidung; er wollte mir die Sache aber nicht erklären. Babet gebot mir diesmal Schweigen. Ihr gab ich endlich nach. Sie lachte verschmitzt und führte mir mit größter Freundlichkeit Gründe an, denen ich nicht wiederstehen konnte. Ich muß zugeben, daß ich mein ganzes Leben diese Art behalten habe, nur auf Gründe und Freundlichkeit zu hören. Jedem Widerstand habe ich immer Widerstand entgegengesetzt.

Der geistliche Herr hätte mich fast schwermütig gemacht, so viel erzählte er mir vom Jüngsten Gericht und wie schwer es sei, erlöst zu werden. Einmal im Herbst ging ich jeden Tag um die Dämmerstunde in eine Fensternische, um mich auszuweinen. Zuerst bemerkte niemand meine Tränen, aber dann sah es Babet Cardel und wollte die Veranlassung wissen. Es wurde mir schwer, ihr zu beichten, aber schließlich gestand ich den Grund, und sie war klug genug, dem Pastor zu verbieten, mich in Zukunft mit solchen Schrecknissen einzuschüchtern.

Ich wurde in allerlei weiblichen Arbeiten unterwiesen, bekümmerte mich aber darum nicht mehr, als um die Lektüre. Ich hätte gern geschrieben und auch gezeichnet, aber im Zeichnen wurde ich fast gar nicht unterrichtet, weil es an einem Lehrer fehlte. Babet hatte ein besonderes Mittel, mich an die Arbeit zu fesseln und mit mir zu machen, was sie wollte. Sie las gern; wenn nun meine Schulstunden zu Ende waren, und ich sie zufriedengestellt hatte, las sie mir vor, wenn nicht, so las sie nur für sich. Es war dann ein großer Schmerz für mich, wenn sie mir nicht die Ehre antat, mich zu ihrer Lektüre zuzulassen.

Babet unterrichtete mich im Gesang. Sie hatte eine schöne Stimme, sang gern und war musikalisch. Nach sieben Jahren unnützer Mühe erklärte sie, ich hätte weder Stimme noch musikalische Veranlagung, und sie hat sich in beidem nicht geirrt. Niemals habe ich jemand meine Stimme loben hören. Die einzige Ausnahme war ein Lautenmacher, namens Belogradskij, der mir versicherte und es auch anderen gegenüber aufrecht erhielt, meine Stimme sei ein vollendeter Kontraalt. Wir haben oft darüber lachen müssen! Ich muß sagen, Musik war für mein Ohr selten mehr als Geräusch. Ich kam einmal mit einem italienischen Musiker zusammen, der mir in zwei Stunden beibringen wollte, eine Arie zu singen. Ich habe den Versuch gemacht, aber es kam nichts dabei heraus. Eigentümlich ist, daß ich Noten lesen kann, und wenn ich mitten in einem Konzert hinter einen der Musiker trete, kann ich die Stelle zeigen, die er spielt.

Meine Mutter, Johanna Elisabeth von Holstein-Gottorp, hatte sich im Jahre 1727 im Alter von fünfzehn Jahren mit meinem Vater, Christian August von Anhalt-Zerbst, vermählt; er war damals 42 Jahre.[18] Anscheinend lebten sie ganz vorzüglich zusammen, trotz dieses großen Altersunterschiedes und obwohl ihre Neigungen recht verschiedenartig waren. So war zum Beispiel mein Vater sehr sparsam, meine Mutter dagegen recht verschwenderisch und freigebig. Meine Mutter liebte Vergnügungen und die große Welt außerordentlich, mein Vater schätzte die Zurückgezogenheit. Sie war heiter und mutwillig, er ernst und von großer Sittenstrenge. Aber in einem glichen sie sich vollkommen: sie erfreuten sich beide größter Volkstümlichkeit, sie hatten eine feste religiöse Grundlage und hielten die Gerechtigkeit hoch, namentlich mein Vater. Ich habe niemals einen in Grundsätzen wie Taten ehrenhafteren Mann gekannt.[19] Meine Mutter galt für klüger und geistvoller als mein Vater; aber er war ein Mann von rechtem und gediegenem Sinne mit reichen Kenntnissen. Er las gern, meine Mutter ebenfalls, aber alles, was sie wußte, war sehr oberflächlich. Ihr Geist und ihre Schönheit hatten ihr einen großen Ruf eingetragen, überdies beherrschte sie den Ton der großen Welt besser als mein Vater.

Meine Mutter war von einer Patin und Verwandten, der Herzogin Elisabeth Sophie Marie von Braunschweig-Lüneburg, erzogen worden.[20] Diese hatte sie auch verheiratet und ausgestattet. Meine Mutter verbrachte in jedem Jahr einige Monate bei der Herzogin, die in Braunschweig im Grauenhof²¹ wohnte, weshalb sie in Deutschland allgemein nur die Herzogin vom Grauenhof hieß. Sie wurde über achtzig Jahre alt und starb um das Jahr 1767 oder 1768.²² Seit meinem achten Jahre pflegte meine Mutter mich auf alle ihre Reisen, und namentlich zu dieser Herzogin mitzunehmen.

Dort habe ich die verwitwete Prinzessin von Preußen²³, die Schwester des Herzogs Karl, den Herzog und seine Gemahlin²⁴, die Schwester des großen Königs Friedrich von Preußen, gesehen und kennen gelernt. Die andern Schwestern des Herzogs, die ich gekannt habe, waren außer Königin Elisabeth Christine von Preußen, damals schon verheiratet, Prinzession Antoinette²⁵, später mit dem Herzog von Sachsen-Koburg vermählt; Prinzessin Charlotte, die als Äbtissin von Gandersheim starb²⁶; Prinzessin Therese, nach ihrer Schwester Äbtissin desselben Klosters, und Prinzessin Juliane Marie, später Königin von Dänemark.²⁷ Von den Prinzen, ihren Brüdern, kannte ich Prinz Ludwig, der Vormund des Statthalters von Holland²⁸ gewesen ist, Prinz Ferdinand, der sich einen großen Namen gemacht hat als Befehlshaber der Armee der Verbündeten, Prinz Albert und Prinz Franz²⁹, die beide im Kriege geblieben sind. Ich war mit den jüngsten von ihnen sozusagen zusammen erzogen worden, die älteren habe ich gekannt, als ich noch Kind und sie schon erwachsen waren.

In Braunschweig habe ich auch die berühmte Großmutter³⁰ des Herzogs Karl kennen gelernt, die soviel Fürsten zu Enkeln gehabt hat. Sie stammte aus dem Hause Öttingen und war noch im Alter von über siebzig Jahren eine sehr schöne Frau. Von ihren drei Töchtern war eine³¹ vermählt mit Kaiser Karl VI., die zweite³² mit dem Sohne Peters des Großen und die dritte³³ mit dem Herzog Albert von Braunschweig; folglich waren Maria Theresia, die römische Kaiserin, Kaiser Peter II. von Rußland, Königin Elisabeth Christine von Preußen und Königin Juliane von Dänemark ihre Enkelkinder. Ihre Urenkel und Urenkelinnen werden Europa mit Monarchen versorgen: die österreichischen Prinzessinen einerseits, die Prinzen andrerseits und drittens der Prinz von Preußen.

Ich kannte dort auch die ganze Linie Braunschweig-Bevern. Es gab da eine Prinzessin Marianne³⁴, meine vertraute Freundin, die sehr schön zu werden versprach. Meine Mutter hatte sie sehr lieb und weissagte ihr Kronen. Sie ist aber unverheiratet gestorben. Eines Tages kam mit dem Fürstbischof von Corvey[35] ein Mönch aus dem Hause Mengden[36] nach Braunschweig, der sich damit abgab, die Zukunft nach den Gesichtszügen vorherzusagen. Er hörte, wie meine Mutter die Prinzessin lobte und was sie ihr prophezeite; er sagte ihr, er fände keine einzige Krone in den Gesichtszügen der Prinzessin, aber zum wenigsten drei über meiner Stirn. Die Ereignisse haben diese Prophezeiung bestätigt!

Der Hof von Braunschweig besaß damals wahrhaft königlichen Glanz. Das machten seine vielen prächtigen Gebäude mit ihrer Ausstattung, die höfische Lebensordnung, die vielen Menschen jeder Art, die dem Hofe angehörten, und die große Menge von Fremden, die beständig da waren, sowie die Pracht und Großartigkeit der ganzen Lebensführung. Bälle, Opernaufführungen, Konzerte, Jagden, Spazierfahrten, Gastmähler wechselten Tag für Tag ab. Das habe ich während aller dieser Jahre wenigstens drei oder vier Monate in Braunschweig gesehen, von meinem achten bis zu meinem fünfzehnten Lebensjahre. Der preußische Hof war nicht annähernd so genau geregelt und machte nicht denselben Eindruck von Großartigkeit wie der des Herzogs von Braunschweig.

Auf der Reise von Stettin nach Braunschweig oder auf dem Rückwege fuhr meine Mutter gewöhnlich über Zerbst oder Berlin, und nahm dort Aufenthalt, besonders wenn mein Vater sich an einem dieser Orte befand. Ich erinnere mich, im Alter von acht Jahren[37] mit meiner Mutter zum ersten Male bei der seligen Königin[38], der Mutter König Friedrichs des Großen, gewesen zu sein; der König, ihr Gemahl, lebte damals noch. Ihre vier Kinder, der elfjährige Prinz Heinrich, der siebenjährige Prinz Ferdinand, Prinzessin Ulrike[39], später Königin von Schweden, und Prinzessin Amalie, beide in heiratsfähigem Alter, waren bei ihr; der König war abwesend. Bei dieser Zusammenkunft entstand beim Spiel meine Freundschaft mit Prinz Heinrich von Preußen, wenigstens wüßte ich keinen früheren Zeitpunkt zu nennen. Wir haben uns wiederholt dahin geeinigt, daß ihr Ursprung auf diese erste Zusammenkunft in der Kindheit zurückgeht.

Meine Mutter hätte lieber ständig in Berlin, als sonst irgendwo gelebt. Mein Vater dachte anders, auch zogen ihn seine Pflichten bald nach Hause nach Zerbst, bald nach Stettin, wo er Kommandant, später Gouverneur war.

Im Hause meines Vaters lebte ein gewisser Bolhagen, der Untergouverneur meines Vaters gewesen, dann sein Ratgeber und
schließlich sein vertrauter Freund geworden war. Mein Vater tat
fast nichts, ohne ihn wenigstens zu befragen. Meine Mutter
machte sich weniger aus ihm, und weil er sehr sparsam war, und
sie also nicht immer gleicher Ansicht waren, fand sie den alten
Untergebenen oft allzu widerspenstig, und in erregten Aufwall-
ungen warf sie ihm auch manchmal vor, er habe keine Liebe für
sie. Ich weiß nicht, was daran war, ich war noch zu jung, um
darüber zu urteilen, aber die Leute im Hause meinten, auf der
einen Seite wäre es viel üble Laune, und auf der anderen ginge
der Eifer auch manchmal zu weit. Ich weiß nur sicher, daß dieser
Herr Bolhagen, der sehr alt und schwach war, im Erdgeschoß
wohnte und von da jeden Abend um fünf Uhr nach dem dritten
Stockwerk kam, wo wir wohnten, und daß er in meinem und
meiner Brüder Zimmer wenigstens anderthalb Stunden damit verbrachte, uns zu erzählen, was er auf seinen Reisen gesehen hatte,
und er verband das immer mit moralischen Betrachtungen. Er
sprach gut und besaß Geist und widmete sich sehr eifrig unserer
Erziehung. In allem, was ich von ihm gehört habe, habe ich ihn
nie anders als redlich gefunden. Man sagte auch immer, er liebe
die Kinder meines Vaters, wie seine eigenen.
Die erste ehrgeizige Regung, die ich in mir gefühlt habe, hat Herr
Bolhagen angefacht. Im Jahre 1736 las er in meinem Zimmer in
der Zeitung den Bericht von der Hochzeit der Prinzessin Auguste
von Sachsen-Gotha, meiner Cousine im zweiten Grade, mit dem
Prinzen von Wales[40], dem Sohne König Georgs II. von England.
Er sagte darüber zu Mademoiselle Cardel: »Wissen Sie, diese
Prinzessin ist wirklich viel schlechter erzogen als unsere, sie ist
auch nicht hübsch, und trotzdem ist sie nun bestimmt, Königin
von England zu werden![41] Wer weiß, was aus unserer noch
wird?« Er fing dann an, mir Weisheit, alle christlichen Tugenden
und Sittenstrenge zu predigen, damit ich würdig wäre, eine Krone
zu tragen, wenn mir je eine beschieden sein sollte. Diese Krone
ging mir nun nicht mehr aus dem Kopf, und sie hat mich seitdem
viel beschäftigt.
Ich weiß wirklich nicht recht, ob ich als Kind tatsächlich häßlich
war, aber ich erinnere mich wohl, daß mir das oft gesagt worden
ist, und ich müsse deshalb versuchen, innere Vorzüge und Geist
zu zeigen. Bis zum Alter von vierzehn oder fünfzehn Jahren war

ich von meiner Häßlichkeit fest überzeugt, deshalb habe ich mich tatsächlich mehr bemüht innere Vorzüge zu erwerben und war weniger auf mein Äußeres bedacht. Ich habe ein sehr häßliches Bild von mir gesehen, gemalt, als ich zehn Jahre alt war. Wenn es mir wirklich ähnlich war, so hat man nichts Falsches gesagt.

Meine Mutter fuhr oft von Zerbst nach Quedlinburg. Die Äbtissin der Abtei war ihre Tante[42], und die ältere Schwester meiner Mutter war hier Pröpstin. Die beiden holsteinischen Prinzessinnen, die unverheiratet bleiben und in ein und demselben Hause leben mußten, zankten sich beständig und sahen sich manchmal mehrere Jahre nicht. Meine Mutter hat oft versucht, zwischen ihnen zu vermitteln, und mehrere Male ist ihr das auch gelungen.

Die Pröpstin Prinzessin Hedwig Sophie Augusta war eine große Hundefreundin und liebte besonders die sogenannten Möpse. Als Kind wunderte ich mich einmal, in ihrem Zimmer, das höchstens vier Quadratklafter maß, sechzehn Möpse zu finden. Viele von den Kötern hatten Junge, die auch in dem Zimmer hausten, wo sich meine Tante gewöhnlich aufhielt: sie schliefen hier, fraßen und machten ihre Schmutzereien. Ein Mädchen war angestellt, sie zu putzen, und diese Aufgabe hielt sie den ganzen Tag in Bewegung. Außerdem wohnte noch eine große Zahl von Papageien in demselben Zimmer: von den Wohlgerüchen, die da herrschten, kann man sich eine Vorstellung machen! Wenn die Prinzessin ausfuhr, hatte sie immer wenigstens einen Papagei und ein halbes Dutzend Hunde in ihrem Wagen; die letzteren begleiteten sie sogar zur Kirche. Nie habe ich jemand gesehen, der Tiere so liebte wie sie; sie war den Tag über völlig mit ihnen beschäftigt und rührte sich fast nur für sie. Daher war sie auch recht beleibt geworden, was bei ihrer kleinen Figur sehr häßlich wirkte und sie noch mehr entstellte. Die Prinzessin mochte vielleicht ihre Vorzüge haben, wenn sie sich nur etwas Mühe gegeben hätte. Sie schrieb deutsch und französisch die schönste Handschrift, die ich je bei einer Frau gesehen habe.

Eine andere Tante von mir[43], die Schwester meines Vaters, war der vollständige Gegensatz zu der eben beschriebenen. Sie war älter als fünfzig, sehr groß und so mager, daß ich mit elf Jahren eine stärkere Taille hatte als sie; sie war aber auch sehr stolz auf ihre schlanke Figur. Um sechs Uhr früh erhob sie sich, schnürte sich sorgfältig sofort nach dem Aufstehen und nahm die Schnürbrust erst ab, wenn sie zu Bette ging. Sie pflegte zu behaupten, sie wäre sehr schön gewesen, aber ein Unfall, der ihr zugestoßen, habe ihre Schönheit beeinträchtigt. Als sie zehn Jahre alt war, hatte ihr Pudermantel Feuer gefangen, und dabei war der untere Teil des Gesichts schwer verletzt worden, derart, daß das Kinn und die untere Hälfte der Wangen verbrannt und davon entstellende Narben zurückgeblieben waren, was tatsächlich gräßlich aussah. Sie war gut und freundlich, aber wenn sie etwas wollte, auch sehr starrköpfig. Sie hatte auf sämtliche deutsche Prinzen, die ihr unter die Augen gekommen waren, ernstliche Ansprüche erhoben, und es hatte für sie nur an deren Bereitwilligkeit gefehlt, um sich gut zu verheiraten. Sie stickte wundervoll und liebte Vögel sehr. Aus gutem Herzen nahm sie sich hauptsächlich solcher an, denen irgendein Unglück zugestoßen war. Ich habe in ihrem Zimmer eine Drossel gesehen, die nur einen Fuß hatte, eine Lerche mit einem losen Flügel, einen einäugigen Stieglitz, eine Henne, der vom Hahn der halbe Kopf zerhackt worden war, einen Hahn, dem die Katze die Schwanzfedern ausgerissen hatte, eine einseitig gelähmte Nachtigall, einen Papagei, der seine Füße nicht gebrauchen konnte und deswegen auf dem Bauche lag, und viele andere Vögel jeder Art, die in ihrem Zimmer herumliefen und -flogen.

Ich war ein sehr lebhaftes und auch recht mutwilliges Kind, und ich erinnere mich, daß ich diese Prinzessin einmal schwer gekränkt habe, was sie mir auch nie verziehen hat. Ich war nämlich für wenige Augenblicke allein in ihrem Zimmer geblieben, und da kam ich auf den Gedanken, ein Fenster zu öffnen. Natürlich flog die Hälfte der Menagerie davon. Als dann meine Tante wieder in ihr Zimmer kam, fand sie fast nur noch ihre kleinen Krüppel vor. Sie konnte sich denken, wie das gekommen war, und das Zimmer war mir in Zukunft verschlossen.

Meine Lebhaftigkeit war damals sehr groß. Ich wurde immer früh zu Bett gebracht; und wenn die Frauen meiner Umgebung und Mademoiselle Cardel dachten, ich schliefe, gingen sie in ein anderes Zimmer, um da ihre schönen Gespräche zu führen, bis ihnen die Sehnsucht nach ihren Betten kam. Ich stellte mich also sofort schlafend, damit sie gingen, und wenn ich allein war, setzte ich mich rittlings auf mein Kissen und galoppierte in meinem Bett bis mich die Kräfte verließen. Ich erinnere mich, manchmal derar-

tigen Lärm in meinem Bett gemacht zu haben, daß die Frauen
herbeiliefen, um zu sehen, was es gebe. Dann fanden sie mich
ruhig liegend, und ich tat, als schliefe ich. Niemals hat man mich
abgefaßt und niemals gewußt, daß ich in meinem Bett auf meinen
Kissen Postreiten spielte.

Sehr gern weilte ich in einem ländlichen Schloß meines Vaters in
Anhalt, das seine Apanage war. Es hieß Dornburg und lag nicht
nur schön, sondern war auch innen und außen so hübsch wie
möglich hergerichtet. Wenn meine Schulstunden vorbei waren,
ging Babet Cardel mit mir spazieren, aber ich machte mir noch in
anderer Weise Bewegung, wovon Babet nichts wußte. Sie war
den ganzen Tag mit mir zusammen und schlief auch in meinem
Zimmer, das sie nur verließ, um ihre Notdurft zu verrichten; zu
diesem Zweck mußte sie einen kleinen Korridor durchschreiten.
Bis sie zurückkam, lief ich eine große vierteilige steinerne Treppe
hinunter und herauf und nahm meinen Platz wieder ein. Babet
kam immer später als ich, und fand mich da, wo sie mich verlassen
hatte. Sie war allerdings recht beleibt, aber doch flink und
behende für ihren Umfang. Ich war flüchtig wie eine Feder.

Im Jahre 1739, wenn ich mich recht erinnere, starb Herzog Karl
Friedrich von Schleswig-Holstein.[44] Er war das Haupt des Hauses meiner Mutter und durch seine Mutter[45] ein Neffe König
Karls XII. von Schweden. Er hatte begründete Ansprüche auf
die Krone von Schweden. Seine Gemahlin war die älteste Tochter
Peters des Großen[46], die im Jahre 1728 einen Sohn[47] hinterließ,
der berechtigt war, Ansprüche auf die russische Kaiserkrone zu
erheben. Prinz Adolf Friedrich von Holstein-Gottorp, der älteste
Bruder meiner Mutter, damals Bischof von Lübeck, war der
natürliche Vormund dieses Erben der Kronen der beiden großen
nordischen Reiche. Deshalb wollte meine Mutter gerade in diesem Jahre ihre Familie besuchen.

Aber bevor ich von der Reise berichte, will ich noch erwähnen,
daß im Mai dieses Jahres auch König Friedrich Wilhelm von
Preußen starb.[48] Ich glaube, niemals hat ein Volk mehr Freude
bezeugt, als bei dieser Todesnachricht das seine. Auf den Straßen
umarmten und beglückwünschten sich die Vorübergehenden zum
Tode des Königs, dem sie allerhand Beinamen anhängten; kurz,
er war gehaßt und verabscheut von klein und groß. Er war
streng, roh, geizig und leidenschaftlich; trotzdem besaß er sicherlich große Eigenschaften als König, aber ich glaube, er war

sowohl in seinem öffentlichen wie in seinem privaten Leben wenig liebenswürdig.

Sein Sohn, der Kronprinz, der ihm nachfolgte und dem schon seine Zeitgenossen den Namen Friedrich der Große geben, war geliebt und geachtet, und die Freude über seine Thronbesteigung war groß.

Meine Mutter, die wußte, daß der Berliner Hof Trauerhofroben anlegen würde, hatte sich eine solche anfertigen lassen, eine andere für Fräulein v. Kayn, ihre Gesellschaftsdame, und eine für mich. Sie wollte die Stettiner Damen veranlassen, dasselbe zu tun. Die wollten aber nicht, und das stiftete Zwietracht zwischen allen Damen der Stadt und meiner Mutter, die ihre Robe an einem oder zwei Sonntagen trug und dann nicht wieder anlegte. Einige Zeit später, als mein Vater im Namen des Königs von Preußen die Huldigung Pommerns entgegengenommen hatte, reiste meine Mutter nach Berlin und wurde dort gesprächsweise nach der Geschichte mit der Hofrobe gefragt. Sie leugnete die Tatsache; ich war dabei und wunderte mich sehr darüber; es war das erstemal, daß ich hörte, wie jemand eine Tatsache abstritt. Ich dachte in meinem Innern: wie ist es möglich, daß meine Mutter etwas vergessen hat, was sich so kürzlich zugetragen hat? Ich war nahe daran, sie zu erinnern; doch hielt ich mich zurück, und das ist wohl ganz gut gewesen!

Im Anfang des Sommers[49] ging meine Mutter nach Hamburg zu ihrer Mutter Albertine Friederike von Baden-Durlach, Witwe des Bischofs von Lübeck, Christian Augusts von Holstein-Gottorp. Hier war ein Teil ihrer Familie vereinigt, nämlich ihre Schwester, Prinzessin Anna, und ihre Brüder, die Prinzen August und Georg Ludwig, und sie nahm mich mit. Niemals hatte ich so viel Freiheit und Ungebundenheit wie da. Ich tat, was ich wollte, ich lief vom Morgen bis zum Abend in allen Ecken des Hauses herum und war überall willkommen. Mademoiselle Babet hatte uns nicht begleitet, und genau genommen kümmerte sich niemand um mich. Ich fand viel Gefallen an den Kammerfrauen meiner Großmutter und denen meiner Tante, nur meine eigene fürchtete ich. Das war wirklich eine mürrische, unberechenbare und launische Person; sie verstand es vorzüglich, mich beim Frisieren an den Haaren zu ziehen, wenn ich am Abend zuvor nicht die Ehre gehabt hatte, ihr zu gefallen.

Nach kurzem Aufenthalt in Hamburg, wo es alle Tage neue

Vergnügungen gab, reiste meine Großmutter mit ihren Kindern nach Eutin, der Residenz des Fürstbischofs von Lübeck, des Administrators von Holstein. Der Prinz hatte aus Kiel sein Mündel, den damals elfjährigen Herzog Karl Peter Ulrich, dorthin mitgebracht. Hier sah ich also den Herzog, der später mein Gemahl geworden ist, zum erstenmal! Er erschien damals wohlerzogen und geweckt, doch war schon die Neigung für den Wein bemerkbar und Widerwillen gegen alles, was ihm irgendwie unbequem war. Meiner Mutter trat er näher, aber mich konnte er nicht leiden; er war eifersüchtig auf die Freiheit, die ich genoß, während er von Lehrern umringt war und jeder seiner Schritte geregelt und gezählt war.[50]

Ich kümmerte mich wenig um ihn, denn ich war zu sehr beschäftigt: zweimal am Tage zwischen den Mahlzeiten machte ich mit den Frauen meiner Großmutter Milchsuppe, die ich dann verzehrte. Bei Tisch war ich sehr bescheiden bis zum Dessert; Konfitüren und Früchte beschlossen dann meine Mahlzeit. Weil ich gesund war, bemerkte man meine Lebensweise nicht einmal, und ich hütete mich, davon zu reden.

Von Eutin kehrten meine Großmutter und meine Mutter nach Hamburg zurück; meine Mutter reiste dann nach Braunschweig weiter und begab sich von da über Zerbst nach Berlin und Stettin. Der Tod des Königs hatte vieles am Berliner Hofe verändert; man lebte dort nur noch dem Vergnügen. Eine Menge Fremder kam von allen Seiten, und der erste Karneval da war sehr glanzvoll.

Meine Mutter hatte in dem Jahre auf der Rückreise nach Stettin ein eigenartiges Abenteuer. Die Sache war im Dezember, gegen fünf Uhr nachmittags: es herrschte so starkes Schneetreiben, daß der Postillion den Weg verlor; er schlug deshalb meiner Mutter vor, abzuspannen und mit den Pferden in irgendeinem nahen Dorf Führer zu suchen. Meine Mutter war einverstanden, er spannte also seine Pferde aus und ließ uns zurück. In unserem Reisewagen war meine Mutter, dann ich, Fräulein Kayn und eine Kammerfrau; außerdem ließ meine Mutter noch zwei Lakaien einsteigen, weil sie fürchtete, sie könnten erfrieren. Endlich, bei Tagesanbruch, kam der Postillion mit Führern zurück, aber es kostete endlose Mühe, den Wagen aus dem Schnee zu befreien, in dem er wie begraben war. Der Winter 1740 war sehr streng, man verglich ihn mit dem von 1709, dem schlimmsten, den es seit Menschengedenken gegeben hatte.

Während unseres diesjährigen Aufenthaltes in Braunschweig hatte ich ein eigenartiges Erlebnis. Ich schlief in demselben sehr kleinen Zimmer mit Fräulein v. Kayn, der Gesellschaftsdame meiner Mutter. Mein Bett stand an der Wand, das ihre in geringer Entfernung von meinem, und nur ein schmaler Gang trennte unsere beiden Betten; ein anderer Gang blieb frei zwischen den Fenstern und dem Bett von Fräulein v. Kayn. Auf einem Tische zwischen den Fenstern stand eine Wasserkanne und ein Becken aus Silber und ein Nachtlicht. Die einzige Tür des Zimmers befand sich am Fußende der Betten, und sie war geschlossen. Gegen Mitternacht wurde ich plötzlich dadurch wach, daß sich jemand neben mich in mein Bett legte; ich schlug die Augen auf und sah, daß es Fräulein v. Kayn war. Ich fragte sie, wieso sie in meinem Bett liege! Sie sagte zu mir: »Um Gottes willen, lassen Sie mich und schlafen Sie ruhig!« Ich wollte wissen, was sie veranlaßte, ihr Bett zu verlassen, um bei mir zu schlafen, denn ich sah, daß sie vor Schreck zitterte und fast sprachlos war. Als ich sie drängte, sagte sie schließlich: »Sehen Sie denn nicht, was in dem Zimmer vorgeht und was da auf dem Tisch ist?« und zog sich die Decke über das Gesicht. Nun erhob ich mich im Bett auf die Knie und langte mit meinem Arm über sie hinweg, um den Vorhang aufzuziehen und zu sehen, was es gäbe. Aber ich hörte und sah tatsächlich gar nichts: die Tür war geschlossen, Kerze, silberne Kanne und Becken auf dem Tisch. Ich sagte ihr, was ich sah, und sie wurde etwas ruhiger; wenige Augenblicke danach erhob sie sich, um den Riegel an der Tür vorzuschieben, die aber geschlossen war. Ich schlief wieder ein, und am nächsten Morgen sah sie elend und ganz verstört aus. Ich wollte jetzt wissen weshalb, und was sie in der Nacht zu sehen geglaubt hatte; aber sie antwortete nur, sie könne das nicht sagen. Ich wußte, daß sie an Gespenster und Visionen glaubte und daß sie sehr oft behauptete, Erscheinungen zu haben. Sie pflegte zu sagen, sie sei ein Sonntagskind, und wer an einem anderen Wochentage geboren sei, habe kein so gutes Gesicht wie sie. Ich erzählte meiner Mutter von dem Erlebnis, die an Fräulein v. Kayns Erzählungen schon gewöhnt war. Manchmal aber hat sie meine Mutter doch erschreckt und in Unruhe versetzt. Ich habe mich oft gewundert, daß mich dieses Abenteuer nicht schreckhaft gemacht hat.

Im Oktober dieses Jahres starb die Kaiserin Anna von Rußland und bald danach der römische Kaiser Karl VI.[51] Der letztere

Todesfall hätte beinahe einen Teil von Deutschland erschüttert; aber er störte nicht den Berliner Karneval, der mir jetzt sehr gefiel. Ich war damals elf Jahre alt und ziemlich groß für mein Alter.

Ich glaube, im Jahre 1741 verheiratete sich Prinz August Wilhelm von Preußen mit der Prinzessin Luise von Braunschweig-Lüneburg.[52] Ich habe an dieser Hochzeit teilgenommen, bei der auch der Herzog Karl Eugen von Württemberg und seine beiden Brüder zugegen waren.[53] Der Herzog war ein Jahr älter als ich, seine Brüder waren noch kleine Jungen. Prinz Heinrich von Preußen zeichnete mich damals sehr aus, das heißt auf jedem Ball tanzten wir entweder ein Menuett oder eine Contredanse zusammen.[54] Da hörte ich eines Tages, daß die Herzogin Philippine Charlotte von Braunschweig, die Schwester des Prinzen, meiner Mutter etwas über das Interesse ihres Bruders für mich zuflüsterte; erst dadurch begann ich zu merken, daß mir Aufmerksamkeiten erwiesen wurden. In meiner Unschuld hatte ich gar nicht darauf geachtet. Außerdem glaubte ich nicht von mir, ich könne gefallen, und verwandte keine Sorgfalt auf Putz, denn man hatte mir einen Abscheu gegen jede Koketterie eingeflößt. Ich wußte nicht einmal, was das war, und kannte nur das Wort.

Zu Anfang des Jahres 1742[55] erlitt mein Vater in Stettin einen Schlaganfall auf der linken Seite. Zu dieser Zeit brach der Erste Schlesische Krieg aus, und ich erinnere mich, daß er noch zu Bett lag, als eine große Zahl österreichischer Offiziere nach Stettin gebracht wurden, die um die Mitte des Winters in Glogau in Schlesien von den Truppen des Königs von Preußen zu Gefangenen gemacht worden waren.[56] Als es ihm besser ging, bekam er Befehl, Stettin zu verlassen und mit seinem Regiment ein Beobachtungslager bei Brandenburg zu beziehen.[57] Meine Mutter begleitete ihn bis in das Lager und ging dann nach Dornburg. Dort spielte ich Schreiblehrerin meiner Brüder; ich schrieb damals eine recht hübsche Hand.

Seit dem Tage, da ich damals Stettin verließ, habe ich meinen Geburtsort nicht wieder gesehen.[58] Aber bevor ich ihn verlasse, muß ich noch die folgende Geschichte berichten. Ich wohnte im dritten Stockwerk des Schlosses im Flügel links, wenn man in den Hof tritt; mein Zimmer lag gerade neben der Kirche, eine steinerne Geheimtreppe diente als Verbindung. Sehr oft hörte man abends und nachts in der Kirche die Orgel spielen, ohne daß man wußte, wie das kam; es wurden sogar Nachforschungen angestellt, um es zu erfahren. Die Sache setzte alle Bewohner des Schlosses sehr in Schrecken. Ich für meinen Teil glaube, es waren die Bedienten meines Vaters, unter denen es wohl Leute gab, die zu solchen Scherzen fähig waren.

Während des Sommers reiste meine Mutter wieder ins Lager, wo ich den alten Fürsten Leopold von Anhalt-Dessau sah, der das Lager befehligte, auch die Fürstin, seine Gemahlin, eine Apothekerstochter[59], und seine beiden Töchter, Prinzessin Wilhelmine und Prinzessin Henriette.

Meine Mutter wurde in diesem Jahre schwanger. Meine Großmutter mit ihrer Tochter, Prinzessin Anna von Holstein, besuchte sie in Dornburg, das nur zwei Meilen von Zerbst entfernt ist. Dort hielt sich zufällig bei dem regierenden Fürsten von Anhalt-Zerbst der Prinz Wilhelm von Sachsen-Gotha, sein Neffe, auf. Der Prinz, der hinkte, saß in der Kirche immer neben mir. Sei es nun, daß mein Gesang, der aber niemals jemand entzückt hat, ihm gefallen hatte, oder daß die Sache anders lag: jedenfalls wurde behauptet, er wollte mich heiraten, mein Vater hätte ihn aber abgewiesen; darauf habe er meinem Vater vorgeschlagen, ihm die Hand meiner sechsunddreißigjährigen Tante, Prinzessin Anna von Holstein, zu geben. Mein Vater wies ihn an meine Großmutter und meine Tante. Die Heirat kam zustande[60]; die Verlobung wurde in Zerbst geschlossen.

Wenige Wochen später starb mein ältester Bruder im Alter von zwölf Jahren.[61] Meine Mutter war untröstlich, und es war die Gegenwart der ganzen Familie nötig, um ihr diesen Schmerz tragen zu helfen. Meine Großmutter reiste dann wieder ab, und meine Mutter ging nach Berlin, wo sie einer Tochter[62] das Leben schenkte, die im Jahre 1745 gestorben ist. Während sie in den Wochen war, empfing mein Vater die Nachricht, daß sein rechter Vetter, der regierende Fürst Johann August von Anhalt-Zerbst[63], im Sterben liege. Er begab sich zu ihm, und nach seinem Tode ergriff er in seinem eigenen und im Namen seines älteren Bruders, des Fürsten Johann Ludwig, der in Jever lebte, Besitz von dem Fürstentum Anhalt-Zerbst. Für das Haus Anhalt gilt nicht das Recht der Primogenitur; alle Prinzen eines Zweiges von Anhalt haben ein Recht auf Teilung, und sie haben so oft geteilt, daß fast nichts mehr zu teilen übrigbleibt. Aus diesem Grunde erkennen die jüngeren Söhne im Interesse des Hauses allgemein den Ältesten als Regierenden an und begnügen sich mit einer Apanage. Weil aber mein Vater Kinder hatte und sein älterer Bruder unverheiratet war, regierten sie gemeinsam.

Als meine Mutter wiederhergestellt war, folgte sie meinem Vater[64], um sich in Zerbst einzurichten. Es lebten also in einem Hause Fürst Johann Ludwig, mein Vater, meine Mutter, meine Tante[65] (die Schwester meines Vaters), die Witwe des Fürsten Johann August aus dem Hause Württemberg-Weiltingen[66], mein Bruder Friedrich August, der sich so viel eigenartige Heldentaten in der Welt geleistet hat, ich, und meine eben erst geborene Schwester Elisabeth.

Es wurde behauptet, die Eintracht in der Familie sei nicht immer sehr groß. Namentlich meine Tante wurde beschuldigt, manchmal Zwietracht zwischen den beiden Brüdern zu säen, die doch den besten Willen hatten, im Frieden miteinander zu leben, und alle dazu nötigen Eigenschaften besaßen. Aber gleich wie dem sei, äußerlich war davon nichts zu bemerken.[67]

Im Jahre 1743 erhielt meine Mutter in Dornburg die Nachricht, daß ihr Bruder, Prinz Adolf Friedrich, zum Kronprinzen von Schweden erwählt war, an Stelle seines Mündels, des Herzogs Karl Peter Ulrich. Dieser hatte auf die Krone von Schweden verzichtet, hatte den griechischen Glauben angenommen, den Namen Peter erhalten und war mit dem Titel Großfürst zum Thronfolger des Allrussischen Reiches und Nachfolger der Kaiserin Elisabeth ernannt worden. Diese beiden Nachrichten verursachten große Freude im Hause meiner Eltern aus mehr als einem Grunde. Vorher hatte man im Spaß manchmal darüber gestritten, wem man mich zur Frau geben würde, und wenn der Name des jungen Herzogs von Holstein genannt wurde, sagte meine Mutter: »Nicht dem; der braucht eine Frau, die durch Ansehen oder die Macht ihrer Familie seine Rechte und Ansprüche unterstützen kann, und deshalb paßt meine Tochter nicht für ihn.« Und um die Wahrheit zu sagen, man einigte sich einstweilen noch auf keine Partie, es gab immer ein Wenn und ein Aber. In der Tat drängte ja auch nichts, denn ich war doch noch sehr jung. Nach diesen unerwarteten Veränderungen aber hieß es nicht mehr, ich passe nicht für den russischen Großfürsten; man schwieg und lächelte. Das setzte mir etwas in den Kopf, und in meinem Innersten bestimmte ich mich für ihn, und zwar deshalb, weil von allen vorgeschlagenen Partien diese die glänzendste war.

Meine Eltern, sowie mein Onkel und meine Tante, die Geschwister meines Vaters, machten in diesem Jahre eine Reise durch die Herrschaft Jever, die dem Hause Zerbst gehört[68] und auf welche die Töchter Erbansprüche haben. Mein Bruder und ich reisten mit. Der letzte Fürst von Ostfriesland[69], der mit einer Prinzessin von Brandenburg-Bayreuth[70] verheiratet war, kam aus seiner Residenz Aurich nach Jever, um uns zu besuchen, desgleichen die Gräfin von Bentinck, Tochter des Grafen von Aldenburg, eines unehelichen Sohnes des letzten Grafen von Oldenburg.[71] Diese Dame hat in der Welt viel Aufsehen gemacht; ich glaube, wenn sie ein Mann gewesen wäre, hätte sie sich wohl ausgezeichnet, aber als Frau stand sie ein wenig zu sehr über dem, was die Welt sagt. Sie hatte eine Figur wie ein Mannweib, war häßlich, besaß aber Geist und Bildung.

Mein Vater ging mit der ganzen Familie nach Aurich zum Fürsten von Ostfriesland; dessen Schloß war schön und sein Hofstaat recht zahlreich. Die Fürstin, die keine Kinder hatte, widmete sich mit Sorgfalt der Erziehung einer kleinen Komtesse Solms, die elf Jahre alt sein mochte und schon engelschön war.

Nach kurzem Aufenthalt in Jever, wo ich in einer Art Turm wohnte, den eine Gräfin Marie[72] innegehabt hatte, welche die Herrin des ganzen umliegenden Landes gewesen war, aber nur ein einziges Zimmer hatte, reisten wir nach Varel zur Mutter der Gräfin von Bentinck, der Witwe des Grafen von Aldenburg[73], die aus dem Hause Hessen-Homburg stammte. Frau von Bentinck kam uns zu Pferde entgegen. Ich hatte niemals Frauen reiten sehen; und war entzückt darüber. Sie ritt wie ein Stallmeister. In Varel angelangt, machte ich Freundschaft mit ihr; das mißfiel aber meiner Mutter und noch mehr meinem Vater. Wir hatten allerdings recht eigenartig angefangen. Frau von Bentinck hatte sich kaum umgekleidet, als sie nach oben ging. Ich war bei ihrer Toilette zugegen gewesen und verließ sie nicht; sie legte sich gar keinen Zwang an, zeigte sich einen Augenblick im Zimmer ihrer Mutter, wo auch die meine war, und sofort fingen wir an, im Vorzimmer einen Steiermärker zu tanzen. Das lockte alles an die Tür, uns zuzuschauen, und ich bekam böse Schelte für dieses Benehmen. Trotzdem ging ich am nächsten Tage unter dem Vorwande eines Besuchs wieder in Frau von Bentincks Zimmer, die ich entzückend fand. Und wie sollte sie mir auch anders erscheinen? Ich zählte vierzehn Jahre, sie ritt, tanzte, wenn sie in der Stimmung war, sang, lachte, sprang wie ein Kind, obgleich sie damals gut dreißig Jahre war. Von ihrem Manne lebte sie schon getrennt. Ich sah in ihrem Zimmer ein bildschönes dreijähriges Kind und fragte, wer es sei. Sie erklärte lachend, es sei der Bruder eines Fräulein Donop, das bei ihr lebte; aber ihren anderen Bekannten sagte sie ohne Umstände, das Kind[74] gehöre ihr selbst und sie habe es von ihrem Läufer. Sie setzte dem Kinde manchmal ihren Hut auf und sagte: »Seht, wie es mir ähnlich ist!« Ich habe das auch mit angesehen, aber weil ich mir nichts Böses dabei dachte, drang ich in sie, das Kind mit ihrer Haube zu ihrer Mutter heraufzuschicken. Sie erwiderte: »Meine Mutter liebt das Kind nicht«, aber ich drang weiter in sie, und sie ließ es mit herauftragen, als wir selbst gingen. Als die alte Dame das Kind von weitem sah, machte sie ein Zeichen, es fortzubringen.

In einem der Gemächer war ein Porträt des Grafen Bentinck, der ein sehr schöner Mann gewesen sein mußte. Die Gräfin sah es an und sagte: »Wenn er nicht mein Gemahl gewesen wäre, hätte ich ihn wahnsinnig geliebt!«

Nach dem Diner kehrte ich in das Zimmer der Gräfin zurück, die mir versprochen hatte, mich am Nachmittag reiten zu lassen. Die Schwierigkeit war nur, die Erlaubnis von meinem Vater zu bekommen, ohne die ich es nicht gewagt hätte. Die Gräfin übernahm die Verhandlungen und erlangte die Erlaubnis durch ihre Aufdringlichkeit. So setzte sie mich auf das Pferd, und ich machte mehrere Runden im Schloßhof. Von dem Tage an wurde diese Leibesübung meine Hauptleidenschaft für sehr lange Zeit; wenn ich meine Pferde sah, ließ ich alles für sie im Stiche.

Meine Eltern verließen Varel bald wieder und kehrten nach Jever zurück. Ich glaube, das geschah zum Teil, um mich den Klauen dieser Frau zu entreißen: sie leistete meiner natürlichen Lebhaftigkeit zuviel Vorschub, die ohnehin sehr dazu neigte überhandzunehmen und notwendigerweise gezügelt werden mußte, denn im Alter von vierzehn Jahren ist man für vorsichtige oder weise Überlegungen nicht sehr empfänglich.

Von Jever kehrten mein Vater, sein Bruder der Fürst, seine Schwester und mein Bruder nach Hause zurück. Meine Mutter ging nach Hamburg, und ich begleitete sie dorthin zu meiner Großmutter. Bei der befand sich ihr Sohn, der Fürstbischof von Lübeck, sowie dessen Brüder, die Prinzen August und Georg Ludwig, und Schwester, Prinzessin Anna, mit ihrem Gemahl,

Prinz Wilhelm von Sachsen-Gotha. Man erwartete hier die feierliche Gesandtschaft der schwedischen Stände, die den zum
Thronfolger von Schweden gewählten Fürstbischof abholen
sollte (richtiger gesagt, die Bedingungen des zwischen Schweden
und Rußland geschlossenen Friedens ernannten ihn zum Thronfolger von Schweden). Die Gesandten kamen sofort nach uns an,
mit zahlreichem Gefolge. Es waren die Senatoren Löwen und
Wrangel; ihr Gesandtschaftssekretär war der Graf Barck; von
den Schweden, die sie begleiteten, erinnere ich mich nur an die
Grafen Fersen, Ungern-Sternberg, Gyllenborg und Horn, und an
Baron Ribbing. Der Thronfolger reiste mit ihnen ab, nachdem er
Abschied von seiner Familie genommen hatte, die er nicht mehr
wiedergesehen hat.

Damals war Baron Korff in Hamburg, ein Kurländer in russischen Diensten; er hatte eine Gräfin Skawronskij geheiratet.
Meine Großmutter ließ mich von dem berühmten Denner malen,
und General Korff ließ sich von dem Bilde eine Kopie machen,
die er mitnahm nach Rußland. Ein Jahr zuvor hatte Graf Sievers,
damals Kammerjunker der Kaiserin Elisabeth, dem König von
Preußen das Band des St. Andreas-Ordens nach Berlin gebracht.
Er hatte es eines Morgens, bevor er es dem König überreichte,
meiner Mutter gezeigt, die gerade da war, und hatte mich zu sehen
verlangt. Meine Mutter ließ mich kommen, halb frisiert, wie ich
war. Offenbar mußte meine Häßlichkeit geringer geworden sein,
denn die Herren Sievers und Korff schienen mit meinem
Aussehen ganz zufrieden zu sein. Beide nahmen mein Porträt mit,
und man flüsterte sich ins Ohr, das geschehe auf Befehl der
Kaiserin. Das mißfiel mir nicht, aber beinahe hätte ein Zwischenfall alle ehrgeizigen Pläne stark ins Schwanken gebracht.

Mein Onkel, Prinz Georg Ludwig, der vor zwei oder drei Jahren
aus sächsischen in königlich preußische Dienste übergetreten
war, kam, sooft er irgend konnte, in das Haus meiner Mutter. Sie
war über seine Aufmerksamkeiten entzückt und pflegte anerken-
nend zu sagen, niemand von ihren Geschwistern bewiese ihr mehr
freundschaftliche Gesinnung. Wenn meine Mutter ausging, oder
wenn sie Besuch hatte oder schrieb, was sie sehr oft tat, so kam
er in mein Zimmer. Er war zehn Jahre älter als ich und von sehr
heiterem Temperament, wie ich auch. Ich dachte mir nichts Böses
dabei und hatte ihn sehr gern; er erwies mir ungezählte Freundlichkeiten. Babet Cardel war die erste, die gegen die Aufmerk-

samkeiten meines Onkels Einspruch erhob. Als wir in Berlin waren, fand sie, er hielte mich von meinen Studien ab. Allerdings kam er kaum aus meinem Zimmer. Er reiste aber dann bald ab, und so hatte die Sache damit ihr Bewenden.

Als wir alle in Hamburg versammelt waren, wo Babet fehlte, die bei meiner Schwester geblieben war, wurden die Bemühungen meines Onkels immer dringlicher. Ich hielt das für gute Freundschaft, und wir waren fast unzertrennlich. Von Hamburg reisten wir nach Braunschweig, und unterwegs sagte mein Onkel zu mir: »Ich werde da in einer schwierigen Lage sein; ich werde kaum so frei mit Ihnen sprechen können, wie ich es gewohnt bin.« Ich entgegnete ihm: »Und warum denn?« »Deshalb«, sagte er, »weil das zu Klatschereien führen würde, die wir vermeiden müssen.« Ich sagte darauf nochmals: »Aber weshalb denn?« Er wollte mir nicht antworten und änderte tatsächlich in Braunschweig sehr merklich sein Benehmen: er sah mich seltener und sprach weniger mit mir. Er wurde nachdenklich, zerstreut, nahm mich aber dafür gern abends im Zimmer meiner Mutter beiseite in eine Fensternische und beklagte sich über sein Geschick und den Zwang, unter dem er litte. Eines Tages entschlüpfte ihm, sein größter Kummer wäre, mein Onkel zu sein. Bis dahin hatte ich ihn in vollster Unschuld immer getröstet, so gut ich konnte, ohne den Grund seiner Kümmernisse zu kennen, und war höchlichst erstaunt über diese Reden. Ich fragte ihn also, was ich getan habe, ob ich ihn etwa gegen mich erzürnt hätte? Er antwortete mir: »Nicht im entferntesten, aber die Sache ist die, daß ich Sie zu lieb habe.« Ich dankte ihm aufrichtig für seine Freundschaft, aber er wurde jetzt böse und sagte schroff: »Sie sind ein Kind, mit dem man überhaupt nicht reden kann.« Ich wollte mich entschuldigen und bat ihn, den Grund seines Kummers zu nennen, von dem ich nichts verstand, und drang sehr in ihn. »Nun schön«, sagte er, »würden Sie genug Freundschaft für mich besitzen, um mich auf meine Weise zu trösten?« Ich versicherte ihn dessen und daß er nicht daran zweifeln dürfe. »Dann versprechen Sie mir also, mich zu heiraten.« Das traf mich wie ein Blitzstrahl aus heiterem Himmel; derartiges hatte ich ganz und gar nicht erwartet. Meine Freundschaft war rein, und ich hatte ihn gern als den Bruder meiner Mutter, an den ich gewöhnt war und der mir viele Freundlichkeiten erwiesen hatte. Die Liebe kannte ich gar nicht und hätte sie nie bei ihm vermutet. Er sah, daß ich verblüfft war, und schwieg; ich aber sagte: »Sie scherzen, Sie sind mein Onkel; meine Eltern werden es nicht wünschen.« »Und Sie ebenfalls nicht«, antwortete er. Meine Mutter rief mich, und für diesen Abend hatte die Sache ihr Bewenden.

Er wandte aber seine Augen nicht mehr von mir, und sein Eifer wurde größer als je; dagegen fühlte ich mich jetzt gezwungener als früher mit ihm. Bei der ersten passenden Gelegenheit nahm er die Unterhaltung wieder auf und sprach mir von seiner leidenschaftlichen Liebe für mich ohne jede Zurückhaltung. Er sah damals sehr gut aus, und er hatte schöne Augen. Er kannte meine Gemütsart, ich war an ihn gewöhnt; so kam es, daß er mir gefiel, und ich wich ihm nicht aus. Er brachte es dahin, daß ich einwilligte, ihn zu heiraten, sofern meine Eltern uns kein Hindernis in den Weg legten. Später erfuhr ich, daß meine Mutter das alles gewußt hatte. Es war unmöglich, daß sie seine Annäherungen nicht bemerkte, und wenn sie nicht mit ihm einverstanden gewesen wäre, hätte sie sicherlich seine Bemühungen nicht geduldet. Diese Erwägungen habe ich viele Jahre später angestellt; damals kamen sie mir nicht in den Sinn.

Nach meiner Einwilligung gab sich mein Onkel der ganzen Kraft seiner Leidenschaft hin, die gewaltig war: er lauerte auf die Augenblicke, mich zu küssen, er wußte sie herbeizuführen, aber bis auf ein paar zärtliche Umarmungen ging alles höchst unschuldig zu. Inzwischen blieb er nachdenklich und zerstreut; oft hielt er sich in meiner Nähe, ohne ein Wort zu sprechen; ich versuchte ihn aufzuwecken, aber er seufzte und stöhnte nur. Ich verstand nichts von diesem Benehmen. Er war ein schüchterner Liebhaber, ganz in sich selbst verschlossen; er trank und aß nicht, verlor den Schlaf und vor allem seine natürliche Heiterkeit. Ich wußte nicht mehr, was ich mit ihm machen sollte. Bevor er Braunschweig verließ, mußte ich ihm versprechen, ihn nicht zu vergessen. Nicht vertragen konnte er es, wenn man den Namen des Prinzen Heinrich von Preußen aussprach, weil er glaubte, dieser hätte eine Neigung für mich. Ich habe übrigens niemals recht gewußt, was daran war.

Mein Onkel reiste von Braunschweig ab, und wir wandten uns nach Zerbst. In diesem Winter wollte meine Mutter nicht nach Berlin gehen.

Die Mutter Peters III., eine Tochter Peters I., starb ungefähr zwei Monate, nachdem sie ihm das Leben geschenkt hatte, in der kleinen Stadt Kiel in Holstein an der Schwindsucht und aus Gram darüber, daß sie dort leben mußte und sich auch noch dazu so schlecht verheiratet hatte.[75] Karl Friedrich, Herzog von Holstein, ein Neffe König Karls XII. von Schweden, war ein schwacher Fürst, dazu häßlich, klein, kränklich und arm (man vergleiche das ›Tagebuch‹ von Bergholz in ›Büschings Magazin‹).[76] Er starb im Jahre 1739 und ließ den Sohn, der damals etwa elf Jahre alt war, unter der Vormundschaft seines Vetters Adolf Friedrich zurück, des Bischofs von Lübeck und Herzogs von Holstein, der später König von Schweden wurde, – er war, von der Kaiserin Elisabeth empfohlen, auf Grund der Bedingungen des Friedens von Åbo gewählt worden. Die Erziehung Peters III. leitete sein Oberhofmarschall Brümmer, ein geborener Schwede. Unter diesem stand der Oberkammerherr Bergholz, der Verfasser des obengenannten ›Tagebuchs‹, und vier Kammerherren, von denen zwei, nämlich Adlerfelt, der Verfasser einer Geschichte Karls XII.[77], und Wachtmeister, Schweden waren, zwei andere, Wolf und Mardefeld, Holsteiner.

Der junge Herzog wurde für den schwedischen Thron erzogen, an einem Hof, der viel zu groß für das Land war, in dem er sich befand, und auch in mehrere Parteien zerfiel, die sich alle untereinander haßten. Eine jede wollte natürlich auf den jungen Fürsten, den sie bilden sollte, beherrschenden Einfluß ausüben, und infolgedessen suchten sie alle ihre eigenen Abneigungen gegen ihre Feinde auch ihm einzuflößen.

Der junge Fürst haßte Brümmer aus tiefster Seele; er fürchtete ihn und warf ihm übermäßige Strenge vor.

Bergholz, den Freund und Augendiener Brümmers, verachtete er und liebte niemand aus seiner Umgebung, denn sie alle waren ihm nur unbequem.

Seit Peter III. zehn Jahre alt war, zeigte er eine Neigung zum Trunk. Man zwang ihn, übermäßig viel zu repräsentieren, und ließ ihn Tag und Nacht nicht aus den Augen. Während seiner Kindheit und der ersten Jahre seines Aufenthaltes in Rußland liebte er zwei Kammerdiener am meisten, den Livländer Kramer und den Schweden Romberg. Der letztere war ihm besonders wert: es war das ein ziemlich grober, roher Mensch, der unter Karl XII. Dragoner gewesen war.

Brümmer und daher auch Bergholz, der nur mit Brümmers Augen sah, waren dem fürstlichen Vormund und Administrator ergeben. Alle anderen waren mit ihm sehr unzufrieden, und noch mehr mit seiner Umgebung.

Als die Kaiserin Elisabeth den russischen Thron bestiegen hatte, schickte sie den Kammerherrn Korff nach Holstein, um ihren Neffen holen zu lassen. Der Prinz-Administrator ließ ihn sofort abreisen in Begleitung des Oberhofmarschalls Brümmer, des Oberkammerherrn Bergholz und des Kammerherrn Dücker, eines Neffen des letzteren. Die Freude der Kaiserin bei seiner Ankunft war groß. Sie hatte beschlossen, den Herzog zu ihrem Nachfolger zu ernennen. Vor allem mußte er aber den griechischen Glauben annehmen.

Die Feinde des Oberhofmarschalls Brümmer, nämlich der Großkanzler Graf Bestushew und der verstorbene Graf Panin, der lange Zeit russischer Gesandter in Schweden gewesen war, behaupteten, überzeugende Beweise in Händen zu haben, daß Brümmer, seit er sah, daß die Kaiserin entschlossen war, ihren Neffen zum Thronfolger zu ernennen, sich ebensoviel Mühe gab, Geist und Herz seines Schülers zu verderben, als er es sich hatte angelegen sein lassen, ihn der Krone von Schweden würdig zu machen. Aber ich habe an dieser Abscheulichkeit immer gezweifelt und bin der Ansicht, daß die verfehlte Erziehung Peters III. auf das Zusammentreffen unglücklicher Umstände zurückzuführen ist ...

Als der holsteinische Hof in Rußland angelangt war, folgte ihm bald eine schwedische Gesandtschaft, welche kam, die Kaiserin um ihren Neffen zu bitten, der schwedischer Thronerbe werden sollte. Aber Elisabeth, die ihre Absichten schon in den Präliminarien des Friedens von Åbo ausgesprochen hatte, wie oben berichtet, antwortete dem schwedischen Reichstage, sie habe ihren Neffen zum russischen Thronerben bestimmt und hielte sich an die Präliminarien des Friedens von Åbo, der den Prinzen-Administrator von Holstein zum Kronerben von Schweden mache.

Dieser Prinz hatte einen älteren Bruder[78] gehabt, mit dem die Kaiserin nach dem Tode Peters I. verlobt gewesen war. Die Heirat war aber nicht zustande gekommen, denn einige Wochen nach der Verlobung starb der Prinz an den Pocken. Die Kaiserin hatte ihm eine sehr innige Erinnerung bewahrt, die sie seiner ganzen Familie gegenüber bewies.

Peter III. wurde also zum Nachfolger Elisabeths und russischen Großfürsten ernannt, nachdem er sein Glaubensbekenntnis nach dem Ritus der griechischen Kirche abgelegt hatte.[79] Sein Lehrer wurde Simeon Teodorskij, der spätere Erzbischof von Pleskau. Peter war im lutherischen Glauben getauft und erzogen worden, dem strengsten und am wenigsten toleranten, den es gibt. Schon seit seiner Kindheit war er immer jedem Unterricht abhold gewesen. Ich habe von seiner Umgebung in Kiel gehört, es habe immer die größte Mühe gekostet, durchzusetzen, daß er an den Sonn- und Feiertagen zur Kirche ging und die Andachtsübungen erfüllte, die man ihm auferlegte, und er trug meist völligen Unglauben zur Schau. Mit Simeon Teodorskij erlaubte sich Seine Kaiserliche Hoheit über jeden Punkt zu streiten; oft wurde seine Umgebung gerufen, um dem ein Ende zu machen und die Erbitterung zu besänftigen, mit der er den Streit führte. Erst nach vielen Verdrießlichkeiten unterwarf er sich dem, was seine Tante, die Kaiserin, wünschte. Doch gab er häufig zu verstehen, sei es nun aus Vorurteil, aus Gewohnheit oder aus Widerspruchsgeist, daß er es vorgezogen hätte nach Schweden zu gehen, statt in Rußland zu bleiben.

Er behielt Brümmer, Bergholz und seine holsteinische Umgebung bis zu seiner Verheiratung um sich. Der Form wegen gab man ihm einige Lehrer. Der eine, Herr Isaak Weselowskij, war für die russische Sprache da; der kam anfangs selten zu ihm und dann später überhaupt nicht mehr. Der andere, Professor Stählin, sollte ihn in Mathematik und Geschichte unterrichten; er spielte aber eigentlich nur mit ihm und war beinahe ein Hanswurst. Der eifrigste Lehrer war der Ballettmeister Landé, der ihn im Tanzen unterwies.

In seinen inneren Gemächern beschäftigte sich damals der Groß-fürst ausschließlich damit, eine Anzahl Domestiken, die ihm zu seinem persönlichen Dienst gegeben waren, militärisch einzuexer-zieren. Er verlieh ihnen Rang und Auszeichnungen und degra-dierte sie auch, ganz wie es ihm in den Kopf kam. Es waren Dummejungenspiele und ständige Kindereien. Im allgemeinen war er eben noch sehr kindisch, obwohl er sechzehn Jahre alt wurde, als sich im Jahre 1744 der Hof in Moskau befand.

Am 1. Januar 1744 saßen wir bei Tisch, als meinem Vater ein großes Paket Briefe überbracht wurde. Er riß den ersten Umschlag auf und gab meiner Mutter einige für sie bestimmte Sachen. Ich saß neben ihr und erkannte die Handschrift des Oberhofmarschalls des Herzogs von Holstein, jetzigen russischen Großfürsten. Das war ein schwedischer Edelmann namens Brümmer. Meine Mutter hatte ihm seit 1739 einige Male geschrieben, und er hatte ihr geantwortet. Sie öffnete den Brief, und ich sah die Worte: »Mit der Prinzessin, Dero ältesten Tochter.« Ich ließ mir das gesagt sein, den Rest erriet ich, und es stellte sich heraus, daß ich richtig geahnt hatte. Meine Mutter wurde von ihm im Auftrage der Kaiserin Elisabeth eingeladen, nach Rußland zu kommen, unter dem Vorwand, Ihrer Majestät zu danken für alle Gnadenbeweise, die sie der Familie meiner Mutter erwiesen hatte. Tatsächlich hatte meine Großmutter von ihr eine Pension von zehntausend Rubel bezogen; der Fürstbischof, der Bruder meiner Mutter, war von ihr zum schwedischen Thronfolger gemacht worden, und meine Mutter hatte das mit Diamanten besetzte Porträt der Kaiserin erhalten, nach der Geburt meiner Schwester Elisabeth, deren Patin die Monarchin gewesen war.[80] Als wir von Tisch aufgestanden waren, schlossen sich meine Eltern ein, und es gab großes Gelaufe im Hause: dieser und jener wurde gerufen, aber mir sagte man kein Wort. Drei Tage verliefen so.

Seit der letzten Hamburger Reise kümmerte sich meine Mutter viel mehr um mich als früher. Das hatte mich auch ihr gegenüber kühner gemacht. Zwei Gründe hatten dazu beigetragen. Der erste war, daß der oben erwähnte Graf Henning Adolf Gyllenborg täglich im Hause meiner Großmutter gewesen war und so Gelegenheit gehabt hatte, meine Mutter und mich näher kennen zu lernen. Er sah, daß meine Mutter mich nicht sehr beachtete, und sagte eines Tages zu ihr: »Madame, Sie kennen das Kind nicht; ich versichere Sie, es hat mehr Geist und Vorzüge, als Sie ihm zutrauen; ich bitte Sie darum, sich mehr mit dem Mädchen zu beschäftigen als bisher. Ihre Tochter verdient das in jeder Hinsicht!« Graf Gyllenborg erhob immer mein Gemüt mit schönen Sentenzen und den edelsten Lebensregeln, die man jungen Leuten nur geben kann. Ich nahm alles eifrig auf und hatte meinen Nutzen davon. Der zweite Grund, der für mich im Herzen meiner Mutter wirkte, war die Zuneigung meines Onkels, der mich ihr sehr nachdrücklich auf die Seele gebunden hatte. Sie sah jetzt in mir schon ihre künftige Schwägerin. Ich weiß nicht und habe niemals gewußt, ob sie sich ihm gegenüber irgendwie verpflichtet hatte, aber ich glaubte das annehmen zu dürfen, denn ich weiß, sie wollte meinen Vater von der Reise nach Rußland abbringen, und ich war es, der beide schließlich bestimmte, sich dazu zu entschließen.

Das kam so. Nach drei Tagen ging ich morgens in das Zimmer meiner Mutter und erzählte ihr, der Brief, den sie zu Neujahr bekommen hatte, habe alles im Hause in Aufruhr versetzt. Sie fragte mich, was man davon spräche. Ich antwortete ihr, man sage verschiedenes, aber ich für meinen Teil glaube schon zu wissen, was er enthalte. Sie wollte hören, was ich davon wußte; und ich sagte, es sei eine Einladung von der russischen Kaiserin, nach Rußland zu kommen, und daß vor allen Dingen ich sie begleiten solle. Nun wollte sie wissen, woher ich die Kenntnis habe. Ich sagte: »Durch Wahrsagerei!«, und weil kurz vorher von einem Menschen gesprochen worden war, der behauptete, alles aus Punkten und Ziffern wahrsagen zu können, sagte ich, ich verstände die Kunst dieses Mannes auch. Sie fing an zu lachen und meinte: »Schön, mein Fräulein, wenn du so weise bist, kannst du ja den Rest dieses politischen Briefes von zwölf Seiten auch noch herausbringen!« Ich erwiderte, ich würde daran arbeiten; und am Nachmittag brachte ich ihr einen Zettel, auf den ich die Worte geschrieben hatte:

»Die Vorzeichen sprechen:
Peter III. wird dein Gemahl.«[81]

Meine Mutter las das und schien etwas überrascht. Ich ergriff die Gelegenheit und stellte ihr vor, wenn man aus Rußland wirklich solche Vorschläge mache, dürften wir sie nicht abweisen, denn schließlich sei das doch ein Glück für mich. Sie meinte, wir liefen da auch manche Gefahr, wenn man bedenke, wie wenig geordnet die Verhältnisse dort seien. Ich entgegnete, der liebe Gott würde schon für die Ordnung sorgen, wenn solches sein Wille sei. Ich besäße den Mut, mich allem auszusetzen, und die Stimme meines Herzens sage mir, es würde alles gut gehen.[82] Sie konnte die Frage nicht unterdrücken: »Aber was wird mein Bruder Georg sagen?« (Das war das erstemal, daß sie mir davon sprach.) Ich wurde rot und antwortete: »Er kann doch nur mein Glück und

mein Bestes wünschen!« Sie schwieg und ging, mit meinem Vater
zu sprechen, der die ganze Sache und auch die Reise ablehnen
wollte. Er wollte mit mir selbst reden, oder vielmehr, meine
Mutter bat ihn darum. Ich setzte ihm auseinander, da es sich um
mich handle, müsse er mir erlauben, ihn darauf aufmerksam zu
machen, daß doch die Reise zu nichts verpflichte. Einmal dort
angelangt, würden meine Mutter und ich sehen, ob es ratsam sei,
lieber zurückzukehren oder nicht. Schließlich überredete ich ihn,
die Erlaubnis zu der Reise zu geben. Er gab mir eine schriftliche
Instruktion für mein Benehmen mit[83], und wir reisten mit ihm
nach Berlin ab.[84]

Vor der Abreise hatte ich einen kleinen Auftritt mit Mademoiselle
Cardel, den ersten, der zwischen uns vorgefallen ist, und auch
den letzten, denn wir haben uns nicht wiedergesehen. Ich hatte
Mademoiselle Babet sehr gern und hatte für sie keine Geheim-
nisse, ausgenommen die Liebe meines Onkels, von der zu
erzählen ich mich gehütet hatte, das war ja selbstverständlich.
Meine Eltern hatten mir tiefstes Schweigen über die russische
Reise angeraten. Babet sah, daß ich häufiger als sonst mein
Zimmer verließ, um zu meiner Mutter zu gehen, und fragte mich
über die Reise und den bei Tisch angekommenen Brief. Ich
antwortete, darüber könne ich ihr nichts sagen. Darauf sagte sie:
»Wenn Sie mich lieb hätten, würden Sie mir auch sagen, was Sie
davon wissen, oder es ist Ihnen verboten worden, darüber zu
sprechen.« Ich entgegnete: »Liebe Freundin, meinen Sie, es wäre
schön von mir, etwas zu sagen, was mir verboten wurde?« Babet
war still und schmollte ein wenig; aber ich sagte nichts und sah,
daß sie das ärgerte. Es tat mir leid, aber in diesem Augenblick
waren meine Grundsätze stärker als meine Freundschaft.

Ein Jahr zuvor hatte ich ihr einen Freundschaftsbeweis gegeben,
der sie sehr gerührt hatte. Sie hatte in Dornburg ein Viertags-
fieber gehabt. Meine Mutter hatte mir verboten, Babet während
der Fieberanfälle zu besuchen, weil sie fürchtete, ich könnte
durch die schlechte Luft krank werden. Trotz dieses Verbotes lief
ich so oft zu ihr, als ich entrinnen konnte, und erwies ihr alle
erdenkliche Fürsorge. Ich erinnere mich, daß ich ihr eines Tages
den Tee bereitete, als ihr Stubenmädchen fortgegangen war, ein
andermal gab ich ihr die Medizin ein; kurz, ich erwies ihr alle
kleinen Dienste, die in meiner Macht standen.

Als der Tag der Abreise gekommen war, verabschiedete ich mich von Babet. Wir weinten beide, und ich wiederholte ihr immer wieder, wir reisten nur nach Berlin.

In Berlin fand es meine Mutter nicht schicklich für mich, mich bei Hofe oder sonstwie in der Öffentlichkeit zu zeigen. Aber es kam anders. Der König von Preußen, durch dessen Hände alle aus Rußland für meine Mutter einlaufenden Briefe gegangen waren, wußte über den Grund der Reise meiner Eltern nach Berlin ganz genau Bescheid. Die Sache lag nämlich so. Am russischen Hofe gab es damals zwei Parteien, die des Grafen Bestushew, der den Großfürsten mit einer sächsischen Prinzessin vermählen wollte, mit der Tochter Augusts II., Königs von Polen, die dann den Kurfürsten von Bayern geheiratet hat.[85] Die andere war die sogenannte französische Partei, zu der Brümmer, der Oberhofmarschall des Großfürsten, gehörte, ferner Graf Lestocq, Herr General Rumiantzow und mehrere andere, lauter Freunde des französischen Gesandten Marquis de la Chétardie. Dieser hätte lieber eine Tochter des Königs von Frankreich nach Rußland verheiratet, aber seine Freunde wagten nicht, sich durch einen solchen Vorschlag bloßzustellen. Davon wollte die Kaiserin nichts wissen. Auch Graf Bestushew, der damals großen Einfluß auf sie hatte, riet ihr davon ab; er hatte nicht viel übrig für Frankreich. Man wählte deshalb den Mittelweg, mich der Kaiserin Elisabeth vorzuschlagen. Der Gesandte des Königs von Preußen[86] und so auch sein Herr wurden in das Vertrauen gezogen. Anscheinend aus Rücksicht auf Graf Bestushew, damit der nicht dächte, es geschehe in der ausgesprochenen Absicht, ihm entgegenzuarbeiten (wie es sich aber tatsächlich verhielt), setzte man das Gerücht in Umlauf, man ließe mich ohne Wissen des Herrn de la Chétardie (der die Seele der Sache war) kommen, um die Heirat einer der französischen Prinzessinnen mit dem Großfürsten zu umgehen. In Wahrheit hatte dieser aber erst an mich zu denken gestattet, nachdem er alle Hoffnung auf Erfolg für eine der Töchter des Königs, seines Herrn, verloren hatte.

Als der König von Preußen, der genau wußte, wohin die Reise ging, erfuhr, daß ich in Berlin angekommen sei, wollte er mich auf jeden Fall sehen. Meine Mutter gab vor, ich sei krank. Zwei Tage darauf ließ er sie zum Diner bei der Königin, seiner Gemahlin, einladen und bat sie persönlich, mich mitzubringen. Meine Mutter versprach es ihm zwar, aber an dem angesetzten Tage ging sie doch allein zu Hofe. Als der König sie sah, fragte er nach meinem

Befinden. Sie antwortete, ich sei krank. Darauf entgegnete er, er wisse wohl, das sei nicht wahr. Sie sagte nun, ich sei nicht in Toilette, worauf er versetzte, er würde bis zum nächsten Tage mit dem Diner auf mich warten. Schließlich sagte meine Mutter, ich hätte kein Hofkleid. Er befahl, eine seiner Schwestern solle mir eins schicken. Jetzt sah meine Mutter ein, daß doch keine Ausrede angenommen wurde, und ließ mir bestellen, ich solle mich ankleiden und ins Schloß kommen.

Ich mußte also Toilette machen und wurde drei Uhr nachmittags damit fertig. Endlich traf ich im Schloß ein; der König empfing mich im Vorzimmer der Königin. Er zog mich ins Gespräch und geleitete mich bis in die Gemächer der Königin. Ich war schüchtern und verlegen. Schließlich setzten wir uns zur Tafel, von der wir uns erst spät erhoben.

Als wir aufgestanden waren, näherte sich mir Prinz Ferdinand von Braunschweig, der Bruder der Königin, den ich gut und seit langem kannte und der damals keinen Schritt vom König von Preußen wich. Er sagte zu mir: »Heute abend werden Sie bei der Redoute im Opernhaus meine Dame am Tische des Königs sein.« Ich antwortete ihm, es würde mir ein großes Vergnügen sein. Wieder zu Hause angelangt, berichtete ich meiner Mutter von der Einladung des Prinzen von Braunschweig, und sie sagte: »Das ist sonderbar, denn ich bin an den Tisch der Königin geladen.«

Einen der Tische hatte man meinem Vater gegeben, um da die Honneurs zu machen, so daß ich allein am Tische des Königs saß. Meine Mutter fuhr erst zur Prinzessin von Preußen und mit ihr zusammen auf die Redoute.

Ich erging mich den ganzen Abend mit der älteren Gräfin Henkel, die Hofdame der Prinzessin von Preußen war, und als ich ihr erzählt hatte, daß ich beim Souper am Tische des Königs sitzen müsse, führte sie mich in den Saal, in dem gespeist werden sollte. Kaum war ich eingetreten, als mir der Prinz von Braunschweig entgegentrat und meine Hand ergriff. Er führte mich an das Ende der Tafel, und weil die anderen Paare auch kamen, schob er sich so geschickt immer weiter nach vorn, daß er mich gerade neben den König setzte. Wie ich diesen als meinen Nachbar sah, wollte ich mich zurückziehen, aber der hieß mich bleiben, und während des ganzen Abends sprach er andauernd mit mir und sagte mir viel Verbindliches. Ich zog mich, so gut es ging, aus der Affäre. Doch machte ich dem Prinzen von Braunschweig ernsthaft einige

Vorwürfe, daß er mich neben den König gesetzt hatte; er aber wandte das ins Scherzhafte.[87]

Schließlich wurde die Tafel aufgehoben, und wir reisten von Berlin angeblich nach Stettin ab.[88] Nahe Stettin nahm mein Vater sehr zärtlichen Abschied von mir.[89] Es war das letztemal, daß ich ihn sah, und ich weinte bitterlich.

Meine Mutter reiste weiter durch Preußen und Kurland unter dem Namen einer Gräfin, – den Namen habe ich vergessen.[90] Das Gefolge war nur klein; Fräulein v. Kayn, ihre Hofdame, Herr v. Lattorf, ihr Kammerherr, vier Zofen, ein Kammerdiener, ein paar Bediente und ein Koch machten es aus.

In Kurland sah ich den schrecklichen Kometen, der im Jahre 1744 erschien. Ich habe nie einen größeren gesehen, und man hätte meinen sollen, daß er der Erde sehr nahe war.[91]

Als wir in Mitau angelangt waren[92], ließ sich Herr Wojejkow, jetzt Generalgouverneur von Kijew, bei meiner Mutter melden. Er war damals Oberst und befehligte die russischen Truppen in Kurland. Meine Mutter empfing ihn als Gräfin, aber er war sichtlich vom russischen Hofe benachrichtigt und fragte an, ober er sie unter diesem oder unter einem anderen Namen in Riga anmelden solle. Meine Mutter antwortete ihm, wenn er Befehl habe, ihr diese Frage vorzulegen, so müsse sie ihm auch mitteilen, daß ihr Name nach Überschreitung der Grenze von Kurland ein anderer sein werde. Er zog sich mit diesem Bescheid zurück und sandte nach Riga.

Am nächsten Tage begleitete er uns nach Riga; dort erwarteten uns die Hofequipagen, der Kammerherr Semion Kirillowitsch Naryschkin, jetzt Oberjägermeister, Herr Owtzyn, damals Leutnant bei der Garde; Küche, Bedienung und Equipagen vom Hofe. Der Magistrat von Riga erschien zu unserem Empfang, es wurde Salut gefeuert, und wir fuhren in städtischen Karossen über die Düna. Als wir den Wagen verlassen hatten, überreichte Herr Naryschkin meiner Mutter und mir im Auftrage der Kaiserin Elisabeth Mäntel und Kragen aus Zobelpelz.

Am nächsten Tage machte uns Marschall Lacy seinen Besuch, mit ihm die Vornehmsten der Stadt, unter anderen General Wasilij Feodorowitsch Saltykow, der deshalb hier war, weil er im Schloß Dünamünde mit der Bewachung des Prinzen Anton Ulrich von Braunschweig und seiner Gemahlin Prinzessin Anna von Mecklenburg mit ihren Kindern und Gefolge betraut war.

Kaiserin Elisabeth hatte zu Beginn ihrer Regierung beschlossen, sie in ihre Heimat zurückzuschicken, und das wäre auch das beste gewesen, was sie hätte tun können. Als sie aber in Riga angelangt waren, befahl die Kaiserin, die Reise bis auf weiteren Befehl aufzuschieben. Dieser neue Befehl kam wenige Tage, nachdem wir Riga berührt hatten, und anstatt die unglückliche Familie außer Landes zu schicken, holte man sie wieder zurück und sandte sie nach Ranenburg,[93] einer Stadt, die der berühmte Fürst Menschikow jenseits von Moskau hatte bauen lassen. Dort wurden der kleine Prinz Johann,[94] Julia Mengden (die Vertraute der Prinzessin) und Herr Heimburg (der Favorit des Prinzen) von dem Prinzen und der Prinzessin getrennt, die nach kurzem Aufenthalt von Ranenburg nach Cholmogory[95] gebracht wurden.

Nachdem wir in Riga den Besuch aller vornehmen Personen beiderlei Geschlechts empfangen hatten, reisten wir in Schlitten nach St. Petersburg ab.[96] Ich war recht ungeschickt beim Einsteigen in diese Schlitten, in denen man liegen muß. Herr Naryschkin, der uns begleitete, und den ich schon aus Hamburg gut kannte, sagte mir da, um mich in den Schlitten steigen zu lehren: »Die Beine werfen, Sie müssen die Beine werfen!«[97] Dieser Ausdruck, den ich nie hatte aussprechen hören, machte mich unterwegs so viel lachen, daß ich nicht daran denken konnte, ohne immer von neuem loszulachen.

Wir kamen durch Dorpat,[98] wo noch alle Spuren der Beschießung der Stadt bei ihrer Eroberung durch Peter I. sichtbar waren.[99] Wir wohnten dort in einem Hause, das dem Fürsten Menschikow gehört hatte, und reisten von da weiter nach Narwa und dann nach Petersburg, wo wir bei unserer Ankunft[100] gegen Mittag mit Kanonendonner empfangen und sofort in den Winterpalast geleitet wurden. Dort fanden wir unten an der Treppe alle vor, die noch nicht dem Hofe nach Moskau gefolgt waren, an ihrer Spitze den Generalleutnant Fürst Wasilij Nikititsch Repnin, den die Kaiserin als Höchstkommandierenden in St. Petersburg gelassen hatte. Im Vestibül kamen uns die vier Hofdamen, die uns auf Befehl der Kaiserin auf der Reise Gesellschaft leisten sollten, entgegen, nämlich Fräulein Mengden, die Schwester Julias, später mit Graf Lestocq vermählt, Fräulein Karr, die spätere Gemahlin des Fürsten Peter Golitzyn, Fräulein Saltykow, später die Gattin des Gardemajors Fürst Matwej Gagarin, und Prinzessin

Repnin, die sich später mit Peter Petrowitsch Naryschkin vermählte.

Als wir in unseren Gemächern waren, stellte man meiner Mutter und mir die ganze Stadt vor, dann lud Naryschkin zum Diner ein, wen er für würdig befand. Von den Anwesenden weiß ich außer Fürst Repnin nur noch den Senator Fürst Jusupow und Graf Michael Petrowitsch Bestushew (den Bruder des Vizekanzlers Grafen Alexej Bestushew; er war Oberhofmarschall gewesen, ging damals als Gesandter, ich glaube nach Schweden[101], was eine Art Verbannung war, und man flüsterte sich zu, die Aktien seines Bruders bei Hofe stünden schlecht), den General Luberas, die Marinekapitäne Polianskij und Korsakow, die vier Hofdamen. Viele andere habe ich vergessen.

Nach der Tafel ließ Herr von Naryschkin zu unserer Unterhaltung die Elefanten kommen, die Tahmasp-Kuli-Chan (auch Schah Nadir genannt) der Kaiserin geschenkt hatte. Es gab ihrer vierzehn in Petersburg, und sie machten allerhand Kunststücke im Schloßhof. Dann schlug uns Herr Naryschkin eine Spazierfahrt vor. Es war das in der Karnevalswoche, russisch maslenitza genannt. Wir gingen die Stadt zu beschauen und auch die Rutschbahnen, die dazu da sind, um in großen offenen Gefährten auf Kufen herunterzurutschen.

Wir kehrten dann in den Palast zurück, wo wir alle Damen versammelt fanden (Gräfin Bestushew, die Frau des Vizekanzlers, hatte uns am Morgen besucht, weil sie nach Riga abreiste; sie machte auf uns den Eindruck einer ein bißchen verrückten und ungewöhnlichen Frau, die sie auch war). Wir setzten uns zum Spiel, und dann kam der Marquis de la Chétardie, ein alter Bekannter meiner Mutter, der in St. Petersburg geblieben war. Er gab meiner Mutter den Rat, zu eilen, um in Moskau bis zum 10. Februar, dem Geburtstage des Großfürsten einzutreffen. Meine Mutter bat Herrn von Naryschkin, die Abreise zu beschleunigen, und in der Tat reisten wir auch zwei Tage danach ab.

An diesem ersten Tage hatte ich nähere Bekanntschaft mit den Damen Karr und Saltykow gemacht, und die schlugen vor, mir am nächsten Tage die Frisur so zu machen, wie sie sie trugen. Bei Hofe und in der Stadt ahmte man sie zwar nach, aber wir wußten nicht, daß die Kaiserin diese Mode nicht liebte, welche Prinzessin Anna von Braunschweig erfunden hatte. Man konnte sich aber auch wirklich nichts Garstigeres denken. Die Haare wurden ungepudert und ungebrannt einfach um den Kopf oberhalb der Ohren die Schläfen entlang gelegt. Man zog eine ganz kleine Locke, aus der noch einige gekräuselte Haare herausgezupft wurden, bis zur Mitte der Wange hinunter und machte daraus eine Schmachtlocke, die man in dem Grübchen der Backe mit etwas Leim anklebte. Dann legte man ein sehr breites Band einmal gefaltet rund um den Kopf, ungefähr anderthalb Finger über dem Toupet. Dieses Band endigte in Knoten über den Ohren, die Enden hingen auf den Hals herab. In die Knoten steckte man auf beiden Seiten Blumen, die sehr steif vier Fingerbreit oder mehr über den Ohren in die Höhe standen; kleinere Blumen hingen von da bis auf die Schmachtlocken in der Mitte der Backen hinab. Außerdem ließ man eine Menge Bänder, immer vom selben Stück, auf Hals und Büste herabhängen, und man brauchte wenigstens zwanzig Arschin[102] Band zu diesem lächerlichen Ausputz. Vier hängende Locken bildeten den Chignon.

Nach der Abreise von Petersburg[103] stieß unterwegs der Schlitten, in dem sich meine Mutter mit mir befand, bei einer Wendung gegen ein Haus, und dabei fiel ein eiserner Haken an dem Fuhrwerk meiner Mutter auf Kopf und Schulter. Sie behauptete, schwer verletzt zu sein; es war aber äußerlich nichts zu sehen, nicht einmal blaue Flecken. Dieser Zwischenfall verzögerte die Reise um ein paar Stunden.

Wir reisten Tag und Nacht, und am Ende des dritten befanden wir uns in Wseswiatskoje. Die Kaiserin hatte uns bis hierher den Kammerjunker Herrn Sievers entgegengeschickt, um meine Mutter zu begrüßen. Er sagte Herrn Naryschkin, Ihre Majestät wünsche, wir sollten Moskau bei Nacht durchqueren; ich sage, wir sollten Moskau durchqueren, weil sich das kaiserliche Schloß am Ende der Stadt befand, jenseits der Jauza (wo noch jetzt eines steht, an derselben Stelle, denn jenes brannte 1753 ab). Man mußte durch ganz Moskau hindurch, um dorthin zu gelangen. Wir warteten also bis fünf oder sechs Uhr abends mit dem Aufbruch, und während des Wartens machte jeder, so gut er konnte, Toilette; ich erinnere mich, ich trug ein glattanschließendes Kleid ohne Reifrock aus rosa Moiré mit Silber.

Als wir von dort aufbrachen, warf Herr Schriever, den meine Mutter als Legationssekretär in Berlin gekannt hatte, und der mit

Sievers gekommen war, ihr ein Papier in den Schlitten, das sie mit großer Spannung las. Es war aber wirklich interessant, denn es enthielt Charakterbeschreibungen fast aller besonders wichtigen Personen bei Hofe und ebenso derjenigen, die unsere Umgebung bildeten oder bilden sollten; desgleichen den Grad der Gunst, in dem die verschiedenen Favoriten standen.

Gegen sieben oder acht Uhr abends am 9. Februar 1744 kamen wir im Annenhofpalast[104] an, den der Hof damals bewohnte. Dieser Palast brannte 1753 nieder, wie ich oben gesagt habe; er wurde in sechs Wochen neu erbaut und brannte 1771 wieder ab, als die Pest in der Stadt wütete.

Unten an der großen Treppe fanden wir den Prinzen von Hessen-Homburg, damals General-Adjutant der Kaiserin, Feldmarschall, Oberstleutnant des Izmajlowskij-Garderegimentes und Kapitänleutnant der Leib-Kompagnie, an der Spitze des ganzen Hofes. Er reichte meiner Mutter die Hand und führte uns in die für uns bestimmten Gemächer. Nur wenige Augenblicke später erschien daselbst der Großfürst mit seinem Hofstaat und gegen zehn Uhr Graf Lestocq, der meiner Mutter meldete, die Kaiserin ließe sie zu ihrer Ankunft beglückwünschen und Ihre Majestät bitte Ihre Durchlaucht, in ihre Gemächer zu kommen. Der Großfürst reichte meiner Mutter die Hand und der Prinz von Hessen nahm die meine. Als wir durch das Vorzimmer kamen, wurden uns die Damen und Herren des Hofstaates vorgestellt. Nachdem wir alle Gemächer durchschritten hatten, wurden wir in das Audienzzimmer der Kaiserin geleitet.

Auf der Schwelle ihres Paradeschlafzimmers trat uns die Kaiserin entgegen. Ich muß sagen, man konnte sie nicht zum ersten Male sehen, ohne von ihrer Schönheit und ihrem majestätischen Auftreten überrascht zu sein. Sie war groß und obwohl sie recht beleibt war, störte das nicht und gab ihren Bewegungen keine Unfreiheit. Auch der Kopf war sehr schön. Sie trug an diesem Tage einen gewaltigen Reifrock, wie sie es liebte, wenn sie große Toilette machte, was sie übrigens nur tat, wenn sie sich öffentlich zeigte.

Ihr Kleid war aus Silberbrokat mit Goldtressen besetzt; sie trug eine schwarze Feder auf dem Kopfe, die seitwärts gerade aufgesteckt war, und viele Diamanten in einer Frisur aus eigenem Haar.

Meine Mutter begrüßte sie und dankte ihr für die zahlreichen

Gnadenbeweise, die sie unserer Familie erwiesen hatte. Darauf trat die Kaiserin in ihr Schlafgemach und ließ uns gleichfalls eintreten. Es waren Stühle da zum Sitzen, aber weder sie noch infolgedessen jemand anders nahm Platz.

Nach einer etwa halbstündigen Unterhaltung entließ sie uns, indem sie die Annahme äußerte, wir würden wohl von der Reise angegriffen sein. Während sie mit meiner Mutter sprach, unterhielt sich der Großfürst mit mir.[105] Er geleitete uns wieder in unsere Gemächer, wo er mit uns, seinem Hofstaat und vielen anderen Personen, an die ich mich nicht mehr erinnere, soupierte. Ich saß zur Linken des Großfürsten, und zu meiner Linken saß der Oberhofmeister der Kaiserin, Graf Münnich[106], der Bruder des gleichnamigen Marschalls, der sich seit dem Regierungsantritt der Kaiserin Elisabeth damals als Verbannter in Sibirien befand. (Ich erinnere mich an meinen Tischnachbarn dieses Tages, weil ich mich sehr wunderte über seine eigentümliche Art immer mit geschlossenen Augen und sehr langsam zu sprechen. Übrigens war er ein sehr gebildeter und rechtschaffener Mann, wenn auch ein wenig pedantisch. Er wurde später die Zielscheibe für manchen Spott des Hofes, weil er die eigentümliche Angewohnheit hatte, aller Welt die Briefe seiner Frau vorzulesen; er fing bei der Kaiserin an und hörte mit den Pagen auf, wenn er keine anderen Zuhörer fand.) Während des Soupers kam die Kaiserin an die Tür des Gemaches, um unerkannt zuzuschauen, wie wir speisten. Nach der Tafel zogen sich alle zurück.

Am nächsten Tage, dem 10. Februar, dem Freitag der ersten Woche der großen Fasten, war der Geburtstag des Großfürsten. Es war höchste Gala: gegen elf Uhr morgens wurden wir aufgefordert, in die Gemächer der Kaiserin zu kommen. Wir begaben uns dorthin; in allen Vorzimmern, die wir durchschreiten mußten, um nach dem Paradeschlafzimmer der Kaiserin zu gelangen, waren viele Menschen versammelt; wir trafen dort Frau von Worontzow und von Tschoglokow, beide Verwandte der Kaiserin Katharina I.

Einige Augenblicke später trat die Kaiserin in großer Toilette aus ihrem Ankleidezimmer; sie trug ein braunes mit Silber gesticktes Kleid und war ganz, das heißt an Kopf, Hals und Büste, mit Juwelen beladen. Ihr folgte der Oberjägermeister Graf Alexej Grigorjewitsch Razumowskij. Das war einer der schönsten Männer, die ich in meinem Leben je gesehen habe. Er trug auf einem goldenen Teller die Abzeichen des Ordens der Heiligen Katharina. Ich stand der Tür etwas näher als meine Mutter; die Kaiserin hing mir den St. Katharinen-Orden um und tat dann meiner Mutter dieselbe Ehre an, worauf sie uns beide küßte. Gräfin Worontzow heftete meiner Mutter den Stern an und Frau Tschoglokow mir. Die Kaiserin begab sich durch ihre kleinen Gemächer zur Messe, und wir blieben in ihrem Audienzzimmer. Nach der Messe wurden wir aufgefordert, uns in die Gemächer des Großfürsten zu begeben; wenige Augenblicke, nachdem wir dort eingetreten waren, erschien auch die Kaiserin. Sie erzählte uns, sie bereite sich auf die Kommunion vor und würde auch am selben Tage noch zur Beichte gehen, um am folgenden das heilige Abendmahl zu empfangen. Nachdem sie sich zurückgezogen hatte, speisten wir beim Großfürsten mit einem großen Teil seines Hofstaates.

Ich vergaß zu erzählen, daß wir auf dem Wege von den Gemächern der Kaiserin in die des Großfürsten die Bekanntschaft der Prinzessin von Hessen-Homburg, geborenen Prinzessin Trubetzkoj, machten, sowie aller Damen des Hofes und der Stadtgesellschaft.

Am folgenden Tage ließ man uns in die Schloßkapelle kommen, um bei der Kommunion der Kaiserin zugegen zu sein.

Am Sonntag war abends Cour und ein Konzert bei der Kaiserin.

Die ersten Tage unseres Aufenthaltes in Moskau gingen mit Besuchen hin, die empfangen und gemacht werden mußten. Abends kam der Großfürst zum Kartenspiel zu uns[107]; die fremden Gesandten und viele Mitglieder der Hofgesellschaft stellten sich gleichfalls ein. Die Kaiserin kam ein- oder zweimal. Später ging sie mit einem ausgewählten Gefolge nach dem Troitza-Kloster[108] und besuchte uns, um sich zu verabschieden. Sie trug an diesem Tage ein langärmeliges Kleid aus schwarzem Samt mit allen russischen Orden, das heißt dem St. Andreas-Orden als Schärpe, dem St. Alexander-Orden um den Hals und dem St. Katharinen-Orden an der linken Seite.

Am zehnten Tage nach unserer Ankunft in Moskau[109] sollten wir beim Großfürsten dinieren. Ich kleidete mich an; als ich fertig war, überfiel mich ein heftiger Schüttelfrost; ich sagte es meiner Mutter, die Verweichlichung nicht schätzte und glaubte, es wäre nichts von Bedeutung. Aber der Schüttelfrost nahm so zu, daß sie schließlich als erste mir den Rat gab, mich zu Bett zu legen. Ich entkleidete mich, ging zu Bett und schlief ein und verlor dann so vollkommen das Bewußtsein, daß ich mich an so gut wie nichts erinnere, was in den siebenundzwanzig Tagen dieser schrecklichen Krankheit vorgefallen ist. Der Hofarzt Boerhaave[110], ein Neffe des großen Boerhaave[111], wurde gerufen und erkannte gleich an meinem hohen Fieber und den Schmerzen, die ich in der rechten Seite fühlte, eine ausgesprochene Pleuritis. Aber er konnte meine Mutter nicht überreden, ihm zu gestatten, mir zur Ader zu lassen. Als sie sah, daß ich hohes Fieber hatte, meinte sie, ich würde die Pocken bekommen, die ich noch nicht gehabt hatte. Es geschah also nichts für mich, nur einige warme Umschläge bekam ich, die mir vom Dienstag bis zum Sonnabend auf die Seite gelegt wurden.

Boerhaave hatte unterdessen an Graf Lestocq über die Sachlage geschrieben, und als dieser das der Kaiserin meldete, kehrte sie vom Troitza-Kloster am Sonnabend abend um sieben Uhr[112] zurück und kam schnurstracks aus ihrem Wagen in mein Zimmer, gefolgt von Graf Lestocq, Graf Razumowskij und dessen Chirurg Werre. Sie setzte sich auf das Kopfende meines Bettes und hielt mich in den Armen, während man mir zur Ader ließ. In diesem Augenblick kam ich ein wenig zu mir und sah, wie alles um mich herum beschäftigt war; ich bemerkte auch, daß meine Mutter in großer Bekümmernis war. Ich verfiel aber sofort wieder in Bewußtlosigkeit. Die Kaiserin schickte mir nach dem Aderlaß Ohrringe und eine Brillantenschleife im Werte von 25 000 Rubel. Man ließ mir sechzehnmal zur Ader, bevor der Abszeß aufbrach. Endlich am Abend vor Palmsonntag brach ich ihn aus.[113] Die Ärzte Sanchez und Boerhaave verließen mich nicht, und nächst Gott habe ich ihren Bemühungen die Erhaltung meines Lebens zu verdanken.

Ich erinnere mich, daß die Kaiserin, der Großfürst und nach ihrem Beispiel der ganze Hof meiner Mutter und ebenso mir bei dieser Gelegenheit tausenderlei Aufmerksamkeiten erwiesen, obwohl es Leute gab, an ihrer Spitze der Vizekanzler Bestushew, die schon damals versuchten, meine Mutter in den Augen der Kaiserin herabzusetzen. Das war sehr leicht, denn diese neigte von Natur zur Eifersucht gegen alle Frauen, vor denen sie sich nicht genügend in acht nahm. Man hatte ihr den Widerstand, den meine Mutter gegen den Aderlaß gezeigt hatte, und der doch nur großer Besorgtheit entsprang, als Mangel an Liebe zu mir ausgelegt. Um besser dahinter zu kommen, was daran war, und unter dem Vorwand noch größerer Sorgfalt befahl die Kaiserin der Gräfin Rumiantzow, bei uns zu wohnen.

Wenn mir zur Ader gelassen wurde, verriegelte Lestocq die Türen, und man ließ mir viermal während zweimal vierundzwanzig Stunden doppelt zur Ader. Meine Mutter war sehr empfindlich und sah das nicht ohne Betrübnis. Wenn sie in diesen Augenblicken eintreten wollte, wurde ihr gesagt, die Kaiserin bäte sie, in ihrem Zimmer zu bleiben. Das nahm sie natürlich übel und bildete sich ein, alle Welt hätte sich verschworen, sie von ihrer Tochter fern zu halten.

Dazu kam noch das Gejammer und Gerede der Gevatterinnen, welche die Dinge nur verschlimmerten. So zum Beispiel konnte während meiner Rekonvaleszenz um Ostern herum meine Mutter nicht reiche Stoffe nach ihrem Geschmack finden, vielleicht auch gefiel ihr eben ein Stück Stoff, das mir gehörte, und sie bat mich in Gegenwart der Gräfin Rumiantzow darum. Infolge des Schwächezustandes, in dem ich mich befand, war ich noch nicht ganz im Besitze meiner fünf Sinne und zeigte wohl Neigung, es für mich zu behalten, weil es von meinem Onkel, dem Bruder meines Vaters, stammte. Doch trat ich es schließlich meiner Mutter ab. Die Geschichte wurde der Kaiserin gemeldet, und sie schickte mir zwei wundervolle Stoffe in derselben Farbe und war zornig auf meine Mutter, die angeblich rücksichtslos einer fast im Sterben Liegenden Schmerz verursacht hatte. Meine Mutter ihrerseits merkte, daß man sie kränken wollte, und wurde übellaunig.

Als ich wieder gesund war, fand ich überall große Veränderungen. Bisher hatte man lediglich von Festen, Vergnügungen und Behaglichkeit gesprochen, jetzt wurde nur noch von Streit und Zank, von Parteinahme und Feindschaft geredet.

Seit unserer Ankunft war uns zu ständiger Dienstleistung Herr Betzkij, damals Kammerherr des Großfürsten, und Fürst Alexander Trubetzkoj, sein Kammerjunker, beigegeben worden. Außerdem hatte Herr Naryschkin seinen Posten behalten, und einer der Kammerjunker der Kaiserin mit zwei von ihren Hofdamen taten bei uns abwechselnd Dienst. Meine Mutter schenkte allmählich Herrn Betzkij ihr Vertrauen, der für sie eine Verbindung mit dem Prinzen und der Prinzessin von Hessen-Homburg bedeutete. Er war ein natürlicher Bruder der Prinzessin als unehelicher Sohn des alten Marschalls Trubetzkoj von einer schwedischen Dame aus der Zeit seiner Gefangenschaft in Schweden unter Karl XII., nach der Schlacht bei Narwa. Diese Verbindung mißfiel vielen, namentlich dem Grafen Lestocq, ferner dem Oberhofmarschall des Großfürsten, Brümmer, der meine Mutter nach Rußland gebracht hatte, am meisten aber der Gräfin Rumiantzow, die meine Mutter bei der Kaiserin oft schlecht zu machen suchte.

Der Zank wurde vom Grafen Bestushew überall hingetragen, nach der abscheulichen Maxime, daß man teilen muß, um zu herrschen. Es gelang ihm vorzüglich, alle Gemüter aufzuregen; niemals hat es weniger Eintracht in der Stadt und bei Hofe gegeben, als solange er Minister war. Aber schließlich wurde er das Opfer seiner eigenen Ränke, wie es gewöhnlich den Menschen geht, die mehr auf ihre Intrigen bauen als auf Offenheit und Redlichkeit ihres Handelns.

Der Großfürst hatte mir während meiner Krankheit große Aufmerksamkeiten erwiesen. Als es mir besser ging, setzte er das fort. Ich schien ihm zu gefallen; ich kann aber weder sagen, daß er mir gefiel, noch daß er mir nicht gefiel. Ich verstand nur zu gehorchen, und verheiraten mußte mich meine Mutter; ich glaube aber, in Wahrheit lag mir an der russischen Krone mehr als an seiner Person.

Er war damals sechzehn Jahre alt. Bevor er die Pocken gehabt hatte, war er ganz hübsch, aber sehr klein und sehr kindlich. Er pflegte mich von Spielsachen und Soldaten zu unterhalten, mit denen er sich von früh bis spät beschäftigte. Ich hörte ihm aus Höflichkeit und Gefälligkeit zu, und oft gähnte ich, ohne recht zu wissen warum. Aber ich verließ ihn nicht, und er dachte auch, er müsse mit mir sprechen; weil er nur von Dingen sprach, die ihm selbst Freude machten, unterhielt er sich sehr gut, wenn er lange mit mir sprach. Viele hielten das für eine wirkliche Zuneigung, namentlich diejenigen, die meine Heirat wünschten. Wir kannten aber nie unter uns die Sprache der Zärtlichkeit. Es war doch wohl nicht meine Sache, sie in Gang zu bringen, meine Bescheidenheit hätte mir das nicht erlaubt, selbst wenn ich so empfunden hätte, und mein natürlicher Seelenstolz reichte hin, um mich zu verhindern, die ersten Schritte zu tun. Er aber dachte auch gar nicht daran, was, offengestanden, mich nicht gerade zu seinen Gunsten einnahm. Denn wie wohlerzogen ein Mädchen auch sein mag, es wird doch immer gern Schmeichelworte und Zärtlichkeiten hören, namentlich von jemand, von dem sie solche anhören darf, ohne zu erröten!

Nach meiner Krankheit zeigte ich mich zum ersten Male wieder öffentlich am 21. April 1744, meinem Geburtstage; ich wurde fünfzehn Jahre alt.

Nach diesem Tage wünschte die Kaiserin und der Großfürst, der Bischof Simeon Teodorskij von Pleskau sollte mich besuchen und mit mir über die Dogmen der griechischen Kirche sprechen. Der Großfürst meinte, der würde mich überzeugen, wovon ich schon seit meinem Eintritt in das Reich fest überzeugt war, daß die himmlische Krone von der irdischen nicht getrennt werden könne. Ich hörte den Bischof von Pleskau demütig und ohne ihm je zu widersprechen an.

Übrigens war ich in der lutherischen Religion von einem Kirchenmann namens Wagner, einem Geistlichen im Regiment meines Vaters, unterrichtet worden, der mir oft gesagt hatte, jeder Christ dürfe bis zu seiner ersten Kommunion die Religion wählen, die ihm die überzeugendste schiene. Ich war noch nicht zur Kommunion gegangen, also fand ich, der Bischof habe in jeder Hinsicht recht. Er ließ meinen Glauben nicht geringer werden, stärkte mich im Dogma, und meine Bekehrung kostete ihn keine Mühe. Oft fragte er mich, ob ich Einwände zu machen oder Zweifel zu äußern hätte; aber meine Antwort war immer kurz und zufriedenstellend für ihn, weil mein Entschluß feststand.

Im Frühjahr dieses Jahres[114] ging die Kaiserin, die seit einiger Zeit mit meiner Mutter nicht auf dem besten Fuße zu stehen schien, wieder in das Troitza-Kloster, wohin ihr der Großfürst, meine Mutter und ich folgten. Der Archimandrit[115] des Klosters war damals gerade in hoher Gnade bei der Kaiserin; er begleitete sie mit den Bischöfen von Moskau und Petersburg überall hin, sogar in die Komödie und auf Maskeraden, unmaskiert natürlich. Als wir in Troitza angelangt waren, kam Graf Lestocq in das Zimmer meiner Mutter; er sah bestürzt aus und sagte zu ihr: »Madame, Sie können sich zur Abreise rüsten und Ihre Sachen packen!« Meine Mutter fragte ihn, was diese Reden zu bedeuten hätten? Er antwortete ihr, die Kaiserin wäre gewaltig erzürnt gegen sie; Marquis de la Chétardie sei verhaftet und aus Moskau ausgewiesen worden. Man habe in seinen Papieren Belastendes gegen meine Mutter gefunden, sie habe die Kaiserin schwer beleidigt. Meine Mutter bat ihn, ihr zu einer Aussprache mit der

Kaiserin zu verhelfen, damit sie wenigstens vor ihrer Abreise erfahren könne, wessen man sie anklage und wessen sie schuldig sei. Diese Aussprache fand statt; die Kaiserin und meine Mutter blieben lange allein, und sie kamen nach dieser Unterredung beide hochrot wieder zum Vorschein. Meine Mutter hatte geweint, und sie glaubte die Kaiserin besänftigt zu haben. Aber diese vergaß nicht so leicht, und sie hat meiner Mutter ihre Zuneigung nie wieder geschenkt. Es gab auch wirklich zu viel Menschen und Verhältnisse, welche die beiden auseinanderbrachten.

Alles, was ich aus den verschiedenen Redereien, die ich über den Gegenstand hörte, herausbringen konnte, beschränkt sich eigentlich auf das, was ich hier berichte. Vor der Thronbesteigung der Kaiserin Elisabeth hatte sich der Marquis de la Chétardie, damals Gesandter des französischen Hofes in Rußland, aus Haß gegen die Regentin[116], aber auch aus Neigung und Berechnung eng an die damalige Prinzessin Elisabeth angeschlossen. Er besuchte sie oft, blieb lange bei ihr, und nur Graf Lestocq, damals ihr Leibarzt, war Zeuge ihrer Unterhaltungen. Ich weiß das von Frau Tschoglokow, die damals Hofdame der Prinzessin war. Marquis de la Chétardie, der mit Lestocq intim befreundet war, wußte von der vorbereitenden Revolution, welche die Prinzessin Elisabeth auf den Thron heben sollte; er lieh sogar Lestocq Geld, das ihm später zurückerstattet wurde. Aber Lestocq verheimlichte ihm Stunde und Tag, weil Marquis de la Chétardie sich hatte so weit gehen lassen, zu sagen, er würde am Tage der Thronbesteigung der Prinzessin Elisabeth die russische Armee, die man als der Regentin ergeben beargwöhnte, durch die Schweden angreifen lassen, um, wie er sagte, die Thronbesteigung zu erleichtern, die man nämlich nicht für so einfach hielt, wie sie nachher tatsächlich war. Er folgte darin sicher seinen Instruktionen, er säete Unruhe und bemühte sich, die Kräfte Rußlands dadurch zu schwächen, daß er die Feinde des Landes aufhetzte, die Armee, welche sozusagen die Hauptstadt deckte, in dem Augenblick anzugreifen, für den er den Ausbruch des Bürgerkrieges erhoffte. Aber Gott hatte es anders gefügt! Lestocq war so klug, einen Teil seiner Pläne vor Marquis de la Chétardie geheimzuhalten. Weil der Gesandte schon abberufen war, reiste er wenige Tage nach der Thronbesteigung der Kaiserin reich beschenkt ab.

Der französische Hof schickte ihn dann als Privatmann nach Rußland zurück, aber er hatte ein Beglaubigungsschreiben als Gesandter und als Minister zweiten Ranges in der Tasche, um es vorzuweisen, wenn er das für dienlich und zweckmäßig halten würde. Während seiner Abwesenheit hatten sich die Dinge sehr geändert. Die Kaiserin hatte eingesehen, daß die Interessen des Reiches nicht dieselben waren, die ihr als Prinzessin einige Zeit am Herzen gelegen hatten. Herr de la Chétardie fand also die Türen, die ihm offen gewesen waren, verschlossen. Er nahm das übel und schrieb an seinen Hof, ohne sich in seinen Ausdrücken zu mäßigen oder Personen zu schonen. Er hatte sich eingebildet, die Kaiserin und die Geschäfte in der Hand zu haben, und hatte sich darin getäuscht! Sein Stil war bitter und beißend. Nun hatte er in diesem Ton auch mit meiner Mutter, als seiner alten Bekannten, gesprochen: die hatte gelacht, und auch ihrerseits manches zum Lachen beigetragen, hatte ihm wohl auch allerlei anvertraut, womit sie glaubte unzufrieden sein zu dürfen. Es hatten also zwischen ihnen über diese Dinge Gespräche stattgefunden, die man unter anständigen Menschen nicht weitergehen läßt. Herr de la Chétardie benutzte sie aber für die Depeschen an seinen Hof; Vizekanzler Bestushew ließ seine Briefe abfangen und dechiffrieren und unterbreitete dann alles der Kaiserin. Herr de la Chétardie wurde verhaftet, des Landes verwiesen[117], und die Kaiserin geriet in einen schrecklichen Zorn gegen meine Mutter. Befriedigung hatte von all dem nur Graf Bestushew; es gelang ihm auf die Weise, die Karten immer mehr durcheinander zu bringen.

Aber die Partei, die sich für meine Heirat interessierte, brachte die Dinge doch wieder leidlich in Ordnung, und nach der Rückkehr des Hofes nach Moskau[118] begann man, sich mit meinem Glaubenswechsel und meiner Verlobung zu beschäftigen. Für die erstere Zeremonie wurde der 28. Juni, für die andere der 29. Juni, der St. Peterstag, angesetzt.

Der Bischof von Pleskau hatte mein Glaubensbekenntnis verfaßt und auch ins Deutsche übersetzt. Ich lernte es russisch auswendig wie ein Papagei, denn bisher kannte ich eigentlich nur ein paar alltägliche Ausdrücke, doch wurde ich seit meiner Ankunft, das heißt seit Februar, von dem heutigen Senator Adadurow in der Landessparte unterrichtet.[119]

Der Bischof von Pleskau, mit dem ich mein Glaubensbekenntnis einübte, hatte die ukrainische Aussprache an sich, Herr Adadurow sprach so aus, wie es in Rußland eben gebräuchlich ist.

So gab ich den beiden Herren Gelegenheit, mich zu verbessern, weil jeder wollte, ich sollte nach seiner Weise aussprechen. Als ich sah, daß sie unter sich uneins waren, erzählte ich das dem Großfürsten, der mir riet, Adadurow zu folgen, »denn«, sagte er, »Sie würden mit der ukrainischen Aussprache die Leute zum Lachen bringen.« Er hieß mich mein Bekenntnis aufsagen, und ich tat es, erst mit ukrainischer Aussprache und dann russisch. Der Großfürst empfahl mir, die letztere Aussprache zu wählen, was ich auch tat, gegen die Meinung des Bischofs von Pleskau, der behauptete, er sei im Recht.

Für die letzten drei Tage vor dem 28. Juni legte mir der Bischof Fasten auf. Als ich am 28. frühmorgens aufstand, schickte die Kaiserin nach mir und wünschte, ich sollte mich in ihren Gemächern ankleiden lassen.

Niemand wußte, wer meine Patin sein würde. Die Kaiserin konnte es nicht sein, weil sie dieses Amt bei dem Großfürsten gehabt hatte und weil nach dem Ritus der griechischen Kirche sich zwei Menschen nicht heiraten dürfen, welche gleiche Paten gehabt haben. Alle Welt legte es darauf an, meine Patin zu sein. Die Prinzessin von Hessen wollte es gern, die Fürstin Tscherkasskij, die Witwe des Großkanzlers, noch viel mehr, auch verschiedene andere, die ich nicht alle aufzählen kann. Frau Izmajlow, die Favoritin der Kaiserin, hat mir selbst erzählt, sie habe sich erkühnt, am Morgen dieses Tages Ihre Majestät zu fragen, ob sie auch nicht vergessen habe, daß eine Patin nötig sei, und daß Ihre Majestät dieses Amt nicht ausüben könne. Die Kaiserin habe ihr entgegnet, es werde sich alles zu seiner Zeit und an seinem Ort finden. Sie hat mir auch erzählt, daß alle Damen von Rang für dieses Amt in Betracht gezogen werden wollten.

Als ich angekleidet war, ging ich zur Beichte, und sobald es Zeit war, zur Kirche zu gehen, holte mich die Kaiserin selbst ab. Sie hatte mir ein dem ihrigen gleiches Kleid machen lassen, Karmoisin mit Silber, und in großer Prozession zogen wir durch alle Gemächer hindurch, in denen eine unzählige Menge von Menschen Aufstellung genommen hatte, zur Kirche. An der Tür mußte ich auf einem Kissen niederknien. Dann befahl die Kaiserin, mit der Zeremonie noch zu warten; sie durchschritt die Kirche und entfernte sich in ihre Gemächer. Eine Viertelstunde später kehrte sie zurück und führte an der Hand die Äbtissin des Nowodewit-schij-Klosters, die wenigstens achtzig Jahre alt war und im Geruche großer Heiligkeit stand. Sie stellte sie also als meine Patin neben mich, und jetzt begann die Zeremonie. Wie man sagte, habe ich mein Glaubensbekenntnis bestens abgelegt, ich soll laut und deutlich und sehr gut und korrekt gesprochen haben.[120] Als ich am Ende war, sah ich, daß viele Anwesende Tränen vergossen, unter ihnen auch die Kaiserin. Ich bewahrte gute Haltung und wurde dafür gelobt. Nach der Messe holte mich die Kaiserin und führte mich zur Kommunion.

Als wir die Kirche verlassen hatten und wieder im Gemach der Kaiserin waren, beschenkte sie mich mit einem Kollier und einem Schmuck für die Büste von Brillanten.[121]

Am selben Abend begab sich der ganze Hof vom Annenhofpalast nach dem Kreml. Am nächsten Morgen sandte mir die Kaiserin ihr Porträt sowie das des Großfürsten als Armband mit Brillanten, der Großfürst schickte mir eine Taschenuhr und einen prachtvollen Fächer. Als ich angekleidet war, führte mich meine Mutter zur Kaiserin, wo wir den Großfürsten schon vorfanden. Ihre Kaiserliche Majestät verließ ihre Gemächer mit großem Gefolge und begab sich zu Fuß in die Kathedrale, wo ich durch den Erzbischof von Nowgorod[122], der mir am Tage zuvor das Glaubensbekenntnis abgenommen hatte, mit dem Großfürsten verlobt wurde.[123]

Hier in der Kirche, gleich nach der Verlobung, erhielt ich den Titel ›Großfürstin‹ mit dem Prädikat ›Kaiserliche Hoheit‹.

(Stück V)

Nach der Messe wurde aus Kanonen Salut gefeuert. Um Mittag dinierte die Kaiserin mit dem Großfürsten und mir auf dem Thron in dem Saale, der ›Granowitaja Palata‹ heißt. Meine Mutter hatte den Anspruch gestellt, bei dem Diner zugegen zu sein, worauf man ihr antwortete, sie könne nur einen Platz über den anderen Damen haben, aber sie verlangte auf dem Throne, nur eine Stufe niedriger, zu sitzen. Als das Lord Tyrawley gehört hatte, erklärte er, als Vertreter eines gekrönten Hauptes werde er dann auch dort Platz nehmen. Ihr wurde also ein Tisch an der Stelle gedeckt, von wo früher die Zarischen Prinzessinnen bei feierlichen Gelegenheiten zuzuschauen pflegten: das ist ein kleiner Raum gegenüber dem Thron hoch oben hinter einer Glaswand. Sie speiste also da sozusagen inkognito, denn die Prinzessin von Homburg und mehrere andere Damen nahmen an dem Mahle teil.

Am Abend fand am Fuße des Thrones ein Ball statt, auf einem Teppich, auf dem von den Damen nur die Kaiserin, meine Mutter, ich und die Prinzessin von Hessen tanzten, von den Herren nur der Großfürst, der englische Gesandte, Holstein, der dänische Gesandte[124], und der Prinz von Hessen. Die übrige Gesellschaft tanzte zur Rechten. Wir erstickten fast infolge der Hitze und des Menschengewühls; der Saal ist nämlich so gebaut, daß in der Mitte ein großer Pfeiler das Gewölbe stützt und fast den vierten Teil des Raumes einnimmt.

(Stück I)

Als Fürst Nikita Jurjewitsch Trubetzkoj, damals General-Prokuror des Senats, von der Kaiserin den Befehl bekam, dem Senat den Ukas aufsetzen zu lassen für die Titel, die mir die Kaiserin verlieh, fragte er, ob das Wort naslednitza, welches das Thronfolgerecht ausdrückt, hinzugefügt werden sollte? Die Kaiserin verneinte das. Aber er hat während seines ganzen Lebens versucht, sich vor meiner Mutter und mir wegen dieser Frage etwas zugute zu tun. Das weiß auch seine Familie, aber schließlich hat er, mit Ausnahme dieser Frage, niemals in der Sache etwas getan oder zu tun gewagt, und ich habe es immer für das genommen, was es war, nämlich einfach für die Handlung eines Höflings.

Seit diesem Tage hatte ich den Vortritt vor meiner Mutter; ich muß allerdings sagen, daß ich die Gelegenheiten vermied, soweit ich konnte. Auch wurde mir jetzt die Hand geküßt. Viele taten das gleichfalls bei meiner Mutter, manche unterließen es aber auch, so zum Beispiel der Großkanzler Bestushew. Meine Mutter hielt das für Böswilligkeit von seiner Seite, und das trug wieder zur Verschlimmerung des Haders zwischen ihnen bei.

Am 17. Juli 1744 befeierte die Kaiserin in Moskau den, ich glaube ein Jahr vorher, mit den Schweden geschlossenen Frieden.[125] Sie begab sich dazu wieder in den Kreml und ging nach einem feierlichen Tedeum in der Kathedrale nach der ›Granowitaja Palata‹, dem alten Audienzsaal, wo sie Beförderungen und

Auszeichnungen in großer Menge bekanntgab. Ich nenne hier diejenigen, an die ich mich erinnere, viele andere habe ich vergessen. Marschall Lacy bekam einen Degen mit Diamanten; Vizekanzler Graf Bestushew wurde zum Großkanzler ernannt; Kammerherr Worontzow wurde Vizekanzler und Graf, die Kammerjunker Hendrikow, Skawronskij, Tschoglokow Kammerherren; Gräfin Rumiantzow und Frau Naryschkin wurden Staatsdamen; Prinzessin Kantemir, die Tochter der Prinzessin von Hessen, Kammerfräulein; die Herren Brümmer, Lestocq und Rumiantzow bekamen den Grafentitel, die beiden ersten von dem Römischen Kaiser Karl VII., der letztere von der Kaiserin.

Mein Hofstaat wurde gebildet und ihm die folgenden Personen zugeteilt: Fürst Alexander Michajlowitsch Golitzyn, jetzt Feldmarschall, wurde mein Kammerherr zusammen mit Graf Jefimowskij und dem jüngeren Grafen Hendrikow; als Kammerjunker gab man mir Graf Zachar Grigorjewitsch Tschernyschow, jetzt General en Chef und Vizepräsident des Kriegskollegiums, Herrn Villebois, danach Feldzeugmeister der Artillerie, und Graf Andrej Bestushew, den Sohn des Großkanzlers.

Nachdem dieses Friedensfest durch Bälle, Maskeraden, Feuerwerke, Illuminationen, Opern und Komödien wenigstens acht Tage lang befeiert worden war, reiste die Kaiserin nach Kijew ab.[126] Der Großfürst, meine Mutter und ich waren ein paar Tage vor ihr aufgebrochen.[127]

Auf dieser Reise entstanden arge Mißhelligkeiten in unserem Gefolge, und zwar gab es folgendes. Der Großfürst sollte seinen Wagen benutzen mit seinem Gouverneur Graf Brümmer, dem Oberkammerherrn Bergholz und seinem Oberjägermeister Herrn Bredahl, also den Herren, die mit seiner Erziehung betraut waren. Ich fuhr zusammen mit meiner Mutter, mit Gräfin Rumiantzow und mit Fräulein v. Kayn, der Hofdame meiner Mutter. Der Großfürst, der sich in seinem Wagen mit den Pädagogen langweilte, wollte mit meiner Mutter und mir fahren, und er rief als vierten irgendeinen von den Herren des Gefolges zu sich. Meistenteils war das entweder Fürst Golitzyn oder Graf Tschernyschow, meine Kavaliere, die ebenso lebhaft und ausgelassen waren wie wir. Meine Mutter wiederum langweilte es, auf einer so langdauernden Reise mit drei Kindern allein zu sein. Damit nun jedermann zu seinem Rechte käme, ließ sie in einen von den Wagen, in denen sich unsere Betten befanden, Bretter und Kissen hineinlegen, so daß acht bis zehn Personen in ihm sitzen konnten. Als dieses Gefährt fertig war, wollten wir es nicht mehr verlassen, und außer meiner Mutter, dem Großfürsten und mir ließen wir in ihm nur solche Personen Platz nehmen, die uns gut zu unterhalten und zu erheitern verstanden: vom Morgen bis zum Abend lachten wir nur, spielten und machten Dummheiten.

Die Gräfin Rumiantzow, die Herren Brümmer und Bergholz und Fräulein v. Kayn wurden dabei nie zugezogen, was sie sehr übelnahmen. Sie mißbilligten, kritisierten und schalten alles, was wir taten. Zu vieren fuhren sie zusammen in einem Wagen, und während wir uns lustig unterhielten, gaben sie sich ihrer bösen Laune hin und machten sich gegenseitig auf unsere Kosten gallig. Natürlich wußten wir das in unserm Wagen und machten uns nur darüber lustig.

Wir kamen durch die Städte Serpuchow, Tula, Sewsk, erreichten die Ukraine, passierten Gluchow, Baturin, Neshin und kamen schließlich nach Kozeletz[128], wo sich Graf Razumowskij ein großes Haus hatte bauen lassen.

Hier warteten wir drei Wochen lang auf die Kaiserin. Auf jeder Station waren achthundert Pferde; die Kaiserin kampierte die meiste Zeit, sie ging auch zu Fuß und jagte sehr oft. Endlich, am 15. August kam sie in Kozeletz an. Hier gab es nun nichts mehr als immerzu Musik und Tanz. Auch gespielt wurde, und zwar derartig hoch, daß manchmal an die vierzig- bis fünfzigtausend Rubel auf den verschiedenen Spieltischen rollten.

Nachdem wir einige Zeit in Kozeletz zugebracht hatten, brachen wir nach Kijew auf. Die Kaiserin war vorausgefahren: wir erreichten sie im Lager am diesseitigen Dnjeprufer. Der Blick von hier auf die Stadt Kijew an der anderen Seite ist wunderbar. Am 29. August 1744 überschritt die Kaiserin mit uns die Brücke über den Dnjepr und zog in Kijew ein. Hier, wie in allen Städten, die wir seit Moskau berührt hatten, kam uns der Klerus der Stadt entgegen. Sobald die Kirchenfahnen sichtbar wurden, verließen wir die Wagen, und unser Einzug in die Städte erfolgte zu Fuß hinter dem Kreuz.

Die Kaiserin begab sich in das Petscherskij-Kloster und in die Kirche, in der sich das angeblich von St. Lukas gemalte wundertätige Bild der Heiligen Jungfrau befindet. In meinem ganzen Leben hatte noch nichts solchen Eindruck auf mich gemacht, wie die großartige Pracht dieser Kirche, in der alle Heiligenbilder mit Gold, Silber und Juwelen bedeckt sind. Die Kirche selbst ist geräumig und zeigt den gotischen Stil, der Kirchen ein viel erhabeneres Aussehen verleiht, als man ihnen jetzt gibt, wo allzuviel Licht und zu große Fenster sie in nichts mehr von Ball- oder Gartensälen unterscheiden lassen.

Am folgenden Tage wurde das Fest des St. Alexander Newskij-Ordens durch eine feierliche Messe begangen, bei der wir gegen die damalige Sitte in Hofroben erscheinen mußten, obwohl die Kaiserin in Moskau angeordnet hatte, wir sollten keine großen Toiletten mitnehmen.

In Kijew trafen wir Graf Flemming, der vom König von Polen an die Kaiserin abgesandt war, um ihr bei der Ankunft an der Grenze des Königreiches seine Grüße zu entbieten.

Der 5. September, der Namenstag der Kaiserin, wurde auch in Kijew mit großem Prunk gefeiert. Sonst wurden alle Tage zum Besuche der Kirchen und Klöster verwandt, oder auch für Ausflüge, wobei die Kaiserin sich nach der einen, der Großfürst, meine Mutter und ich nach der anderen Seite wandten. Die Kaiserin wünschte nicht, daß ich oder der Großfürst die Höhlen besuchte; sie fand die Luft feucht und schlecht.

Gegen Ende unseres Aufenthaltes in Kijew besuchte die Kaiserin mit uns ein Kloster, wo Komödie gespielt werden sollte. Die Komödie fing gegen sieben Uhr abends an. Wir mußten durch die Kirche gehen, um in das Theater zu gelangen. Die Komödie bestand eigentlich aus mehreren. Es gab Prologe, Ballette, eine Komödie, in der Mark Aurel seinen Günstling aufknüpfen ließ, eine Kampfszene, in der Kosaken die Polen schlugen, einen Fischzug auf dem Dnjepr und Chöre ohne Zahl. Die Kaiserin hielt aus bis gegen zwei Uhr morgens; dann aber ließ sie fragen, ob es bald zu Ende ginge. Die Antwort lautete, es sei noch nicht die Hälfte erledigt, aber wenn Ihre Majestät Befehl gäbe, würde man sofort aufhören. Sie ließ sagen, es solle ein Ende gemacht werden; man erbat jetzt nur die Erlaubnis, noch ein Feuerwerk abbrennen zu dürfen, und zwar auf dem Theater, das im Freien aufgebaut war, dem gegenüber die Kaiserin mit dem ganzen Hof unter einem Zeltdach saß, hinter welchem die Wagen standen. Die Kaiserin gestattete, das Feuerwerk abzubrennen; aber was geschah? Die ersten losgelassenen Raketen flogen gerade in und auf das Zelt und dahinter; die Pferde scheuten; die Menschen im

Zelt wußten nicht wohin. Die Verwirrung war groß und hätte leicht gefährliche Folgen haben können; man hörte also mit dem verhängnisvollen Feuerwerk auf, und alle Anwesenden entfernten sich etwas verängstigt, obwohl ich nichts davon gehört habe, daß jemand verletzt wurde.

Wenige Tage später[129] brach die Kaiserin und der ganze Hof wieder nach Moskau auf. Unterwegs trafen wir Frau Leontjew, die Tochter der Gräfin Rumiantzow, mit ihrem Gemahl. Wir nötigten sie in unseren Wagen. Das versöhnte aber nicht etwa ihre Mutter, – im Gegenteil es ärgerte diese nur noch mehr, wie die Tochter selbst zugab.

Als wir wieder nach Kozeletz kamen, nahmen wir da kurzen Aufenthalt. Hier hatte meine Mutter einen erregten Auftritt mit dem Großfürsten, der zwar für den Augenblick keine Folgen hatte, aber doch seine Spuren hinterließ. Die Sache ging so zu. Meine Mutter saß in ihrem Zimmer und schrieb, als er bei ihr eintrat. Neben ihr auf einem Stuhle stand ihr Schmuckkästchen, in dem sie alles Wichtige, auch Briefe, aufzubewahren pflegte. Er war damals sehr lebhaft, und wie er so im Zimmer umhertollte, stieß er an das Kästchen an (meine Mutter hatte ihn gebeten, es nicht zu berühren) und warf es auf die Erde. Meine Mutter dachte im ersten Augenblick, er habe das absichtlich getan. Er wollte erst um Verzeihung bitten, weil er aber sah, daß die Entschuldigung nicht angenommen wurde, wurde er nun auch ärgerlich. Ich trat in das Zimmer, gerade als der Auftritt seinen Höhepunkt erreicht hatte, und er wandte sich jetzt an mich, um mir seine Unschuld darzulegen. Ich sah mich also zwischen zwei Feuern, und weil ich es mit keinem verderben wollte, schwieg ich, aber mein Schweigen brachte beide auf. Es hätte wenig gefehlt, so wäre ich noch gescholten worden. Meine Mutter schmollte mit mir; den Großfürsten wußte ich schon zu versöhnen. Als meine Mutter fortgegangen war, erzählte er mir, wie sich die Sache zugetragen hatte, und zwar so unbefangen, daß ich an der Wahrheit der Tatsachen nicht zweifeln konnte. Ich kannte ja auch die Aufgeregtheit meiner Mutter, deren erste Impulse immer sehr heftig waren. Aber es blieb zwischen dem Großfürsten und meiner Mutter eine innere Spannung bestehen, die seitdem immer noch gewachsen ist. Als wir wieder in Moskau waren[130], wurden die Vergnügungen für den Herbst und Winter festgesetzt: Opern, Komödien und Maskeraden.

Um diese Zeit hielt es die Kaiserin für angebracht, mir drei Hofdamen zu geben, und die ihrigen hörten auf, bei mir Dienst zu tun. Sie wählte zu diesem Zwecke die beiden Prinzessinen Gagarin, Prinzessin Nastasia, die als Braut des Fürsten Golitzyn, des jetzigen Feldmarschalls, starb, und Prinzessin Darja, die seine Frau wurde, – sowie Fräulein Koscheliow, der später ein kleines Malheur zustieß.

Ich tanzte damals so gern, daß ich morgens von sieben bis neun Uhr tanzte, unter dem Vorwand von Ballettstunden bei Landé, dem üblichen Tanzlehrer für Hof und Gesellschaft. Um vier Uhr nachmittags kam dann Landé wieder, und unter dem Vorwande von Proben tanzte ich wieder bis sechs Uhr. Dann kleidete ich mich zur Maskerade an, wo ich noch einen Teil der Nacht hindurch tanzte.

Damals war jeden Dienstag eine Art Maskerade bei Hof, die wohl nicht nach jedermanns Geschmack war, aber mir mit meinen fünfzehn Jahren gefiel sie sehr. Die Kaiserin hatte bestimmt, daß bei diesen Maskeraden, zu denen nur von ihr bezeichnete Personen Zutritt hatten, alle Männer als Frauen und alle Frauen als Männer gekleidet zu erscheinen hätten. Ich muß sagen, es konnte nichts Häßlicheres und gleichzeitig Lächerlicheres geben, als die meisten so vermummten Männer, und nichts Jämmerlicheres als die Frauen in Männerkleidung. Wirklich gut sah allein die Kaiserin aus, der die Männerkleidung am besten stand; so kostümiert war sie tatsächlich sehr schön. Bei diesen Maskeraden waren die Männer im allgemeinen in einer hündischen Laune, und die Frauen liefen beständig Gefahr, von diesen schrecklichen Kolossen umgestoßen zu werden, denn die gingen höchst ungeschickt mit ihren riesigen Reifröcken um. Man wurde immerwährend angestoßen, denn wie sehr man sich auch zusammennahm, man fand sich immer wieder zwischen ihnen, weil die Gewohnheit es mit sich brachte, daß sich die Damen den Reifröcken näherten.

Auf einem dieser Bälle habe ich einmal einen sehr spaßhaften Fall getan. Der sehr große Herr Sievers, damals Kammerherr, in einem Reifrock, den ihm die Kaiserin gegeben hatte, tanzte die Polonaise mit mir. Hinter mir tanzte die Gräfin Hendrikow und wurde durch den Reifrock von Sievers umgeworfen, als der mir beim Wenden die Hand reichte; im Fallen stieß sie mich wieder derartig, daß ich glatt unter Sievers Reifrock fiel, der an meiner Seite hochgekommen war. Herr Sievers verwickelte sich in den langen Kleidern, die ganz in Unordnung geraten waren, und so lagen wir alle drei auf dem Boden und ich gerade unter seinem Rock. Ich kam um vor Lachen und versuchte, mich zu erheben, aber man mußte uns aufheben kommen, weil wir alle drei in Herrn Sievers' Kleider derartig verwickelt waren, daß keiner aufstehen konnte, ohne die beiden anderen wieder zu Falle zu bringen.

Bei diesen Maskeraden fiel es auf, daß die alte Gräfin Rumiantzow häufige Unterhaltungen mit der Kaiserin hatte, und daß diese zu meiner Mutter sehr kühl war. Es gehörte nicht viel dazu, um zu erraten, daß Frau Rumiantzow die Kaiserin aufstachelte und ihr auch den Groll beizubringen suchte, den sie selbst seit der ukrainischen Reise in ihrem Inneren gegen die Insassen des Wagens nährte, von dem ich erzählt habe. Daß sie nicht schon früher damit angefangen hatte, kam nur daher, weil sie sich bisher zu angelegentlich dem hohen Spiel gewidmet hatte, das bis jetzt im Gange gewesen war; sie ging dabei immer erst als letzte fort. Das Spiel hatte nun aufgehört, und ihre schlechte Laune kannte keine Zügel mehr.

Weil ich ganz arglos war, schloß ich mich enger an die zweite Tochter der Gräfin Rumiantzow an, die jetzige Gräfin Bruce, die zwei Jahre älter war als ich.[131] Auf meine Bitten schlief sie oft in meinem Zimmer und auch in meinem Bett, und dann verging die ganze Nacht mit Springen, Tanzen und Narreteien; oft schliefen wir erst gegen Morgen ein, so argen Unfug trieben wir. Ihre Mutter wußte das, aber trotzdem blieben mir deren Bissigkeiten und Klatschereien nicht erspart; die Sucht, sich unentbehrlich zu machen, beherrschte sie trotz allem.

Eines Tages im Theater kam Graf Lestocq in unsere Loge, nachdem wir ihn einen Augenblick vorher noch sehr lebhaft und aufgeregt mit der Kaiserin in deren Loge hatten sprechen sehen. Er meldete uns, sie sei sehr aufgebracht darüber, daß meine Mutter und ich Schulden hätten. Sie habe seit meiner Verlobung für meinen Unterhalt die Summe von 30 000 Rubel ausgesetzt, sie hätte als Prinzessin niemals so viel gehabt, sie wisse aber, daß ich trotzdem schon Schulden habe. Sie habe das alles, sagte er, mit großer Bitterkeit gesagt und schiene sehr erzürnt zu sein. Ich entschuldigte mich, so gut ich konnte, und sagte ihm, ich hätte für die ersten sechs Monate nicht mehr als 15 000 Rubel bekommen, und meine Schulden würden zu Ende des Jahres bezahlt werden.

Er machte mir alle die Vorhaltungen, die ihm augenscheinlich die Kaiserin aufgetragen hatte. Ich hatte damals 12-13 000 Rubel Schulden, nicht mehr.[132]

In Wahrheit lag die Sache übrigens so, daß ich wohl überhaupt keine Schulden gehabt hätte, wenn ich nicht meiner Mutter, der Gräfin Rumiantzow, dem Großfürsten und vielen anderen beständig Geschenke gemacht hätte. Ich war damals so freigebig, daß ich mich immer schämte, etwas nicht zu schenken, was jemand gefiel. Die Kaiserin mißbilligte diese Geschenke, und sie hatte nicht unrecht. Ich hätte sehr wohl ohne sie auskommen können. Aber ich hatte nun einmal die Gewohnheit angefangen und gab sie auch bis zu meiner Thronbesteigung nicht wieder auf; doch bin ich allmählich zurückhaltender geworden, je nach den Umständen.

Solche Geschenke hatten ihren Grund in einem festen Prinzip, in einer natürlichen Großzügigkeit im Geben und der Verachtung des Reichtums, den ich nie für etwas anderes gehalten habe, als eben für ein Mittel, sich zu verschaffen, was einem gefällt.

Als ich fühlte, daß ich in Rußland festen Fuß gefaßt hatte, stellte ich folgende Erwägung an, oder vielmehr ich kam zu dem Entschluß, den ich nie auch nur einen Augenblick aus dem Gesicht verloren habe:

    1. dem Großfürsten zu gefallen,
    2. der Kaiserin zu gefallen,
    3. der Nation zu gefallen.

Ich hätte gern alle drei Punkte erfüllt, und wenn mir das nicht gelungen ist, so liegt es daran, daß der Gegenstand nicht so beschaffen war, oder auch die Vorsehung hat es nicht gewollt. Denn in Wahrheit habe ich nichts unterlassen, um es zu erreichen: Gefälligkeit, Demut, Respekt, das Bestreben zu gefallen, das Bestreben gutzutun, aufrichtige Zuneigung, alles ist von meiner Seite vom Jahre 1744 bis 1761 angewendet worden. Ich gestehe, als ich die Hoffnung auf Erfolg bezüglich des ersten Punktes aufgab, da verdoppelte ich mein Bemühen, um desto eifriger die beiden letzten zu erfüllen. Mehr als einmal ist es mir wohl im zweiten Punkt geglückt; im dritten war mir Erfolg beschieden, im vollsten Sinne, ohne jede Einschränkung zu irgendwelcher Zeit. So durfte ich wohl glauben, meinen Vorsatz leidlich gut erfüllt zu haben. Das, was ich noch zu sagen habe, wird das schon Gesagte noch besser beleuchten. Dieser Vorsatz ist übrigens in meinem Kopfe entstanden, als ich fünfzehn Jahre alt war, ohne daß irgend jemand mit dahin gewirkt hätte. Ich könnte höchstens sagen, er folgte aus meiner Erziehung. Wenn ich aber offen meine Meinung sagen soll, so betrachte ich ihn doch als Kind meines Geistes und meiner Seele und schreibe ihn nur mir allein zu. Ich habe ihn nie aus den Augen verloren, und alles, was ich überhaupt getan habe, steht damit in Zusammenhang, und mein ganzes Leben war ein Mühen um die Mittel, dieses zu erreichen.[133]

Im Herbst[134] erkrankte der Großfürst an den Masern, was die Kaiserin und uns alle sehr beunruhigte. Er wuchs zwar nach der Krankheit bedeutend, aber sein Geist blieb immer sehr kindlich. Er vergnügte sich damit, in seinem Zimmer seine Kammerdiener, Lakaien, Zwerge und Kavaliere militärisch auszubilden, (ich glaube, ich hatte auch meine Rangstufe). Er ließ sie exerzieren und drillte sie, aber soweit wie möglich geschah das ohne Wissen seiner Erzieher. Wirklich vernachlässigten ihn die einerseits sehr, behandelten ihn auf der anderen Seite aber schroff und ungeschickt, und überließen ihn oft der Dienerschaft, namentlich wenn sie nicht mit ihm fertig wurden. War das nun schlechte Erziehung oder natürliche Anlage, jedenfalls ist es Tatsache, daß er in seinen Begierden und Leidenschaften nicht zu bändigen war. Ich werde noch oft davon zu sprechen haben und will hier nur hinzufügen, daß ich damals die Vertraute seiner Kindereien war. Es war ja auch schließlich nicht meine Sache, ihn zu bessern, also ließ ich ihn reden und machen.

Im Dezember 1744 wurde dem Hofe befohlen, sich zur Reise nach Petersburg zu rüsten. Der Großfürst, meine Mutter und ich reisten voraus.[135] Etwa auf halbem Wege, als wir in dem Dorfe Chotilowo angelangt waren, wurde der Großfürst krank. Er hatte sich schon zwei Tage zuvor nicht wohl gefühlt, was man auf eine Verdauungsstörung geschoben hatte. Wir blieben vierundzwanzig Stunden an diesem Orte.

Am nächsten Tage gegen Mittag betrat ich mit meiner Mutter das Zimmer des Großfürsten und trat an sein Bett. Seine Ärzte nahmen meine Mutter beiseite, einen Augenblick später rief sie mich, führte mich aus dem Zimmer, ließ anspannen und reiste mit mir ab. Ich bat sie, mir doch zu sagen, was diese plötzliche Abreise bedeute, und sie erzählte mir jetzt, der Großfürst habe die Pocken. Ich hatte sie noch nicht gehabt. Sie brachte mich fort und ließ die Gräfin Rumiantzow und Fräulein v. Kayn bei dem Großfürsten zurück, um für ihn zu sorgen, bis die Kaiserin, die uns überholt hatte und an die ein Kurier nach Petersburg geschickt war, andere Bestimmungen getroffen haben würde.

In der Nacht nach unserer Abreise von Chotilowo trafen wir die Kaiserin, die in größter Eile aus Petersburg kam und auf dem Wege zum Großfürsten war. Sie ließ ihren großen Schlitten auf der Landstraße neben dem unseren anhalten und befragte meine Mutter nach dem Zustande des Großfürsten. Diese gab ihr Bescheid, und einen Augenblick später fuhr die Kaiserin weiter nach Chotilowo und wir nach Petersburg. Die Kaiserin blieb bei dem Großfürsten während der ganzen Zeit seiner Krankheit und kam erst nach sechs Wochen mit ihm zusammen zurück.

Als meine Mutter mit mir in Petersburg angekommen war[136] und dort sah, daß die Kaiserin Befehl gegeben hatte, sie sollte von den meinen getrennte Gemächer bewohnen, bildete sie sich ein, das geschähe, um sie von mir fernzuhalten. Ich glaube aber nicht, daß es in solcher Absicht geschah, sondern nur um ihr sowohl wie mir eine möglichst bequeme Wohnung zu geben. Denn genau besehen, lag zwischen ihrer Wohnung und meiner nur ein Speisesaal. Allerdings hatte sie in Moskau mit mir dieselbe Flucht von Gemächern bewohnt, und ich schlief neben ihr, während meine Zimmer hier ganz abseits lagen. Diese Verteilung der Zimmer betrübte und ärgerte meine Mutter.

Allmählich kam auch der Rest des Hofes nach Petersburg; auch die fremden Gesandten, unter ihnen Graf Henning Adolf Gyllenborg, den wir von Hamburg kannten und der noch als Abgesandter des schwedischen Hofes nach Moskau gekommen war, um dem russischen Hofe die Vermählung des Thronfolgers von Schweden mit der Prinzessin Luise Ulrike von Preußen anzuzeigen. Sie alle besuchten uns jeden Tag morgens wie abends.

Die Damen beschäftigten sich damals mit nichts anderem als mit Putz, und der Luxus ging so weit, daß man sich wenigstens zweimal am Tage umkleidete Die Kaiserin selbst liebte sehr, sich zu putzen, und zog fast nie dasselbe Kleid zweimal an, wechselte aber mehrere Male am Tage ihren Anzug. Natürlich richtete sich alles eben nach diesem Beispiel. Spiel und Toilette füllten den Tag aus. Weil ich das Prinzip hatte, den Menschen, mit denen ich leben mußte, zu gefallen, nahm ich ihre Sitten und Gewohnheiten an. Ich wollte Russin sein, um von den Russen geliebt zu werden.

Außerdem war ich fünfzehn Jahre alt, und es mißfällt in dem Alter nicht, sich zu putzen.

Graf Gyllenborg sah, wie ich blindlings alles bei Hofe mitmachte; und weil er mich wohl in Hamburg verständiger gefunden hatte, als ich ihm in Petersburg erschien, gestand er mir eines Tages, wie sehr ihn die gewaltige Veränderung wundere, die er an mir bemerkte. »Wie kommt das nur«, sagte er, »daß Ihre Seele, die in Hamburg stark und tüchtig war, sich von diesem Hofe, an dem Luxus und Vergnügungssucht herrschen, derartig verweichlichen läßt? Sie denken ja nur noch an Putz! Besinnen Sie sich wieder auf Ihre Natur und Ihre Anlagen! Ihre Talente sind Ihnen gegeben, um Großes zu leisten, und Sie lassen sich zu allen diesen Kindereien herab! Ich möchte wetten, daß Sie kein Buch in der Hand gehabt haben, seit Sie in Rußland sind!« Er hatte schon ganz recht geraten, – aber in Deutschland hatte ich auch kaum mehr gelesen, als ich eben mußte.

Ich fragte ihn dann, was er mir zu lesen raten würde. Er nannte mir drei Bücher: erstens Plutarchs ›Lebensbeschreibungen berühmter Männer‹; zweitens das ›Leben Ciceros‹; drittens die ›Ursachen der Größe und des Verfalls der römischen Republik‹ von Montesquieu.

Ich versprach ihm, sie zu lesen, und ließ wirklich nach den Büchern suchen. Ich fand das ›Leben Ciceros‹ in deutscher Sprache[137] und las ein paar Seiten davon. Dann brachte man mir die ›Ursachen der Größe und des Verfalls der römischen Republik‹[138]; ich fing das Buch an und kam ins Träumen; ich konnte es nicht hintereinander lesen, es machte mich gähnen, ich dachte: »Das mag ja ein sehr gutes Buch sein«, warf es aber hin und ging wieder an meinen Toilettentisch. Plutarchs ›Lebensbeschreibungen berühmter Männer‹ konnte ich nicht auftreiben, ich habe sie erst zwei Jahre später gelesen.[139]

Ich hatte noch ein Gespräch mit Graf Gyllenborg, der anscheinend sehr wohl merkte, daß mein Geist doch nicht der frivolen Umgebung unterlag. Ich machte ihm den Vorschlag, ihm schriftlich ein Bild meines Geistes und Charakters zu entwerfen, denn ich behauptete, er kenne ihn nicht. Er nahm den Vorschlag an, und im Laufe des nächsten Tages schrieb ich eine Abhandlung, betitelt: ›Versuch eines Charakterbildes des fünfzehnjährigen Philosophen‹; so beliebte mich nämlich Graf Gyllenborg zu nennen. Ich habe den Aufsatz im Jahre 1757[140] wiedergefunden und muß gestehen, daß ich mich gewundert habe, wie gut ich schon mit fünfzehn Jahren die verstecktesten Falten meiner Seele kannte. Ich fand, die Arbeit war gründlich durchdacht, und ich hatte im Jahre 1757 kein Wort hinzuzufügen. Ich hatte in dreizehn Jahren nichts Neues an mir entdeckt, nichts, was ich nicht schon mit fünfzehn gewußt hätte. Den Aufsatz, der zu meinem großen Bedauern inzwischen verbrannt worden ist, übergab ich dem Grafen Gyllenborg. Er behielt ihn einige Tage und gab ihn mir dann zurück mit einem Begleitbrief, in dem er mir alle Gefahren vorstellte, denen mich mein Charakter aussetze. Ich gab ihm seinen Brief wieder, und nach einer langen Unterhaltung entfuhr ihm das Wort: »Wie schade, daß Sie heiraten wollen!« Ich wollte wissen, was er damit meinte, aber er mochte es mir nicht sagen.

Hinzufügen muß ich, daß er in allen unseren Unterhaltungen, die gewöhnlich im Zimmer meiner Mutter stattfanden, sich die allergrößte Mühe gab, meine Seele in den Grundsätzen der Tugend, Sitte und Weltklugheit zu stärken. Ich gestehe auch, je öfter er in diesem Ton zu mir sprach, desto mehr Vertrauen faßte ich zu ihm; ich nannte ihn ›meinen Freund, der mir die Wahrheit sagt‹. Ich habe ihm mein Leben lang viel freundschaftliche Gesinnung und Dankbarkeit bewahrt. Sicher bin ich ihm dafür verpflichtet, daß er meine Seele gefestigt und mich auf Tausende von Gefahren aufmerksam gemacht hat, denen sie ausgesetzt war an einem Hofe, dessen Denkweise niedrig und verderbt war.

Während der Abwesenheit der Kaiserin, als ich mit meiner Mutter allein in Petersburg war, erwies ich ihr die größte Hochachtung und so viel Aufmerksamkeit, wie ich nur konnte. Sie war sehr eng befreundet mit dem Prinzen und der Prinzessin von Hessen, deren Tochter, der Prinzessin Kantemir, und Herrn von Betzkij; ich wußte sehr wohl, daß diese so enge Freundschaft der Kaiserin mißfiel, und wenn ich ihnen gegenüber auch in jeder Weise höflich war, so hielt ich mich von der großen Intimität doch etwas fern. Meine Mutter nahm das nicht sehr gut auf. Sie sah darin mehr Weltklugheit, als Vertrauen zu ihr. So kam es auch, daß sie mir nicht das geringste hingehen ließ und meinte, alles, was ich für sie tat, sei nur meine Pflicht. Wenn sie sich also einbildete, daß ich es auch nur in der kleinsten Kleinigkeit fehlen ließ, so wurde mir das als Pflichtvergessenheit ausgelegt. Meine Stellung ihr gegenüber wurde von Tag zu Tag immer schwieriger, um so mehr, als sie sehr oft schlechter Laune war und ihre

Verstimmung häufig von unserer Umgebung bemerkt wurde. Ich muß sagen, ich gab mir alle Mühe, ihr jede nur erdenkliche Ehrerbietung zu bezeigen, und ich kam mit allen gut aus, ohne es mich merken zu lassen und ohne jemand zu sagen, daß das eben meine Absicht war, obwohl ich aus Prinzip so handelte.

Im Februar[141] trafen die Kaiserin und der Großfürst aus Chotilowo ein. Ich war erschreckt, als ich ihn sah, er war von den Pockennarben derartig entstellt, daß er nicht wiederzuerkennen war. Er war sehr gewachsen, aber ich sah sofort, daß er ebenso kindlich geblieben war, wie ich ihn verlassen hatte.

(Stück IV)

Am 9. Februar war ein Jahr seit meiner Ankunft am russischen Hofe verflossen. Am 10. Februar feierte die Kaiserin den Geburtstag des Großfürsten. Er trat in sein siebzehntes Jahr ein. Sie dinierte mit mir allein auf dem Throne; der Großfürst erschien an diesem Tage und auch lange später noch nicht öffentlich. Man hatte es eben nicht eilig, ihn in dem Zustande zu zeigen, in den ihn die Pocken versetzt hatten.

Die Kaiserin war während dieses Diners sehr gnädig zu mir. Sie sagte mir, die russichen Briefe, die ich ihr nach Chotilowo geschrieben hatte, hätten ihr große Freude gemacht (offengestanden, sie waren von Herrn Adadurow aufgesetzt, und ich hatte sie nur eigenhändig abgeschrieben), und es sei ihr bekannt, daß ich mir große Mühe gäbe, die Landessprache zu erlernen. Sie sprach Russisch mit mir und wünschte, ich sollte ihr auch in dieser Sprache antworten. Ich tat das auch, und sie war so gnädig, meine gute Aussprache zu loben. Dann gab sie mir zu verstehen, ich sei seit meiner Krankheit in Moskau sehr viel hübscher geworden. Mit einem Wort, während des ganzen Diners dachte sie lediglich daran, mir Beweise ihrer Liebe und Güte zu geben.

Ich kehrte von diesem Diner sehr fröhlich und ganz glücklich zurück, und alle Welt beglückwünschte mich. Die Kaiserin ließ sich mein Porträt holen, das der Maler Caravaque angefangen hatte, und behielt es in ihrem Zimmer. Es ist dasselbe, welches der Bildhauer Falconet mit nach Frankreich genommen hat[142]; es war mir sprechend ähnlich.

Kurz nach ihrer Rückkehr befand es die Kaiserin für gut, mir
plötzlich acht russische Kammerjungfern zu geben. Nur eine einzige von ihnen verstand Deutsch, – außer meiner eigenen natürlich, die ich mitgebracht hatte. Auf die Weise machte ich schnell
rasche Fortschritte in der russischen Sprache. Sie alle waren sehr
lebhafte junge Mädchen, und wir machten abends, wenn ich mich
zurückgezogen hatte, furchtbaren Lärm: Blindekuh war das
Lieblingsspiel dieser wilden Schar.

Ich lernte jetzt Klavizimbel spielen bei Araja[143], dem Leiter der
italienischen Kapelle der Kaiserin. Das heißt, wenn Araja kam,
spielte er, und ich sprang im Zimmer umher. Abends war der
Deckel meines Klavizimbels uns sehr nützlich; wir legten nämlich
Matratzen auf die Rücklehnen der Kanapees, und auf die
Matratzen den Klavizimbeldeckel: das war unsere Rutschbahn,
auf der wir dann hinabglitten.

Ich meinte ein sehr schönes Arrangement bei mir in meiner
Wohnung getroffen zu haben, als ich jedem der Mädchen, die mir
sehr gefielen, weil sie vergnügt waren und alles taten, was ich
wollte, ein Amt gab. Maria Petrowna Shukow, die mir am besten
gefiel, hatte den Schlüssel zu meinen Juwelen; Fräulein Schenk,
die ich mitgebracht hatte, sollte meine Wäsche unter sich haben;
Fräulein Balk die Spitzen, die ältere Skorochodow die Kleider,
die jüngere die Bänder, eine von den Zwerginnen Puder und
Kämme, die andere Schminke, Nadeln und Schönheitspflästerchen. Die beiden mit der Garderobe betrauten Mädchen sollten
sich um die Möbel meines Zimmers bekümmern. Die Gräfin
Rumiantzow lief hin und erzählte das der Kaiserin; ich wurde
deswegen getadelt, und es kam Befehl, alles sollte in Fräulein
Schenks Händen bleiben. Weshalb, weiß ich nicht!

Mit dem Frühjahr des Jahres 1745 begannen auch die Vorbereitungen für die Feier meiner Hochzeit. Ich hörte nur mit großem
Widerwillen den Tag nennen, und es machte mir keine Freude,
wenn man davon sprach.

(Stück IV)

In der ersten Woche der großen Fasten hatte ich einen höchst eigentümlichen Auftritt mit dem Großfürsten. Eines Morgens, als ich mit meinen Damen, die alle sehr fromm waren, in meinem Zimmer die Frühmesse hörte, die im Vorzimmer gesungen wurde, kam eine Gesandtschaft vom Großfürsten. Er schickte mir seinen Zwerg, um nach meinem Befinden fragen zu lassen und mir mitzuteilen, er würde wegen der Fasten an diesem Tage nicht zu mir kommen. Der Zwerg sah, wie wir alle die Gebete anhörten und sorgfältig die Fastenvorschriften nach unserem Ritus erfüllten. Ich antwortete dem Großfürsten durch den Zwerg mit dem üblichen Gruß, und dieser ging. Ob der Zwerg nun von dem Gesehenen wirklich erbaut war, oder ob er dadurch seinen teuern Herrn, der nichts weniger als fromm war, bewegen wollte, das gleiche zu tun, oder war es nur Übermut, jedenfalls hielt er vor seinem Herrn große Lobreden über die Frömmigkeit, die in meinen Gemächern herrsche, und versetzte ihn dadurch in sehr schlechte Laune gegen mich.

Als ich den Großfürsten zum ersten Male wiedersah, schmollte er mit mir, und nach dem Grunde gefragt, schalt er mich sehr wegen der übermäßigen Frömmigkeit, der ich mich nach seiner Meinung ergeben hatte. Ich fragte ihn, wer ihm das gesagt habe, worauf er mir seinen Zwerg als Augenzeugen nannte. Ich entgegnete ihm, ich täte nicht mehr, als sich gehöre und was alle täten, und man könne sich auch dem nicht entziehen, ohne Anstoß zu erregen. Aber er war entgegengesetzter Ansicht. Dieser Streit endete, wie fast jeder Streit zu enden pflegt, das heißt, jeder blieb bei seiner Meinung. Da seine Kaiserliche Hoheit bei der Messe mit niemand außer mir hätte reden können, so hörte er schließlich auf zu schmollen.

(Stück I)

In der ersten Woche der großen Fasten, als ich mich auf Beichte und Abendmahl vorbereitete, hatte ich eine große Aufregung. Eines Morgens gegen zehn Uhr ging ich zu meiner Mutter und fand sie mitten in ihrem Zimmer, auf dem Fußboden auf einer Matratze ausgestreckt, ohne Besinnung; ihre Frauen liefen aufgeregt durcheinander, und Graf Lestocq stand daneben, anscheinend sehr bestürzt. Ich schrie auf, als ich eintrat, und wollte wissen, was geschehen sei. Mit vieler Mühe konnte ich herausbringen, daß sie sich als Vorsichtsmaßregel hatte zur Ader lassen wollen. Der Arzt hatte an den Armen keinen Erfolg gehabt; er wollte es dann am Fuße versuchen und stellte sich an beiden Füßen gleich ungeschickt an. Meine Mutter, die noch dazu Angst vor dem Aderlaß hatte, war in Ohnmacht gefallen, und man mühte sich schon geraume Zeit ab, sie wieder zu sich zu bringen. Ich schickte überallhin nach Ärzten und Chirurgen; aber das Bewußtsein kehrte ihr schließlich wieder, und jene kamen erst hinterher an.

Als meine Mutter wieder zu sich gekommen war, befahl sie mir, in mein Zimmer zu gehen. Aus dem Ton und der Miene, mit der sie das sagte, erkannte ich, daß sie böse auf mich war. Ich weinte sehr und gehorchte erst, als sie ihren Befehl wiederholt hatte. Ich wandte mich an Fräulein v. Kayn, um die Ursache des Zornes meiner Mutter zu erfahren, die ich vergeblich zu erraten suchte. Fräulein v. Kayn sagte: »Ich weiß nichts davon, mit mir ist sie auch schon seit längerer Zeit böse.« Ich bat sie, herauszubringen, was mich beträfe; sie versprach es und fügte hinzu: »Ihre Umgebung redet ihr gegen jeden Menschen etwas ein; ihre Beziehungen mißfallen der Kaiserin; ich habe ihr die Wahrheit sagen wollen, aber ich wage nicht, es noch einmal zu versuchen: man will von mir nichts wissen.« Ich war weiter so aufmerksam um meine Mutter besorgt, wie ich nur konnte, und sie schien mir gegenüber in eine versöhnlichere Stimmung zu kommen. Doch setzte sie keinen Fuß mehr über meine Schwelle und sprach nur noch von gleichgültigen Dingen mit mir. Beides mußte natürlich auffallen.

Die Kaiserin sahen wir recht wenig, obwohl wir uns ebenso wie in Moskau abends gegen sechs Uhr alle in ihrem Vorzimmer einfanden. Außer an Sonn- und Feiertagen kam sie aber nicht aus ihren inneren Gemächern zum Vorschein. Meistenteils schlief sie zu dieser Zeit, oder es hieß, sie schliefe. Bei Nacht wachte sie mit ihren Intimen. Sie soupierte manchmal um zwei Uhr nachts, legte sich nach Sonnenaufgang zu Bett, dinierte um fünf oder sechs Uhr abends und hielt nach dem Diner ein bis zwei Stunden Siesta.

Dagegen mußten der Großfürst und ich das denkbar regelmäßigste Leben führen: wir dinierten um Punkt zwölf, soupierten um sechs, und um zehn war alles aus. Der Großfürst besuchte mich manchmal abends in meinem Zimmer, aber so sehr viel lag ihm nicht daran, zu mir zu kommen. Er spielte lieber bei sich mit Puppen, obwohl er damals schon über siebzehn Jahre alt war. Ich war sechzehn, er war also ein Jahr und drei Monate älter als ich.

(Ergänzungen)

Die Kaiserin Elisabeth war von der Natur mit großer Klugheit ausgestattet. Sie war sehr heiter und liebte die Vergnügungen im Übermaß. Ich glaube, sie besaß ein von Natur gutes Herz. Sie war erhabener Gefühle nicht bar, aber sie war sehr eitel. Sie wollte unbedingt in jeder Hinsicht glänzen und wünschte bewundert zu werden. Ich glaube, ihre leibliche Schönheit und ihre angeborene Faulheit hatten ihren ursprünglichen Charakter sehr verdorben.

Ihre Schönheit hätte eigentlich den Neid und die Eifersucht nicht in ihr aufkommen lassen sollen, die sie gegen alle nicht häßlichen Frauen hegte. Aber im Gegenteil, die übertriebene Sorge, ihre Schönheit nicht von einer anderen überschattet zu sehen, war für sie der Anlaß zu jener maßlosen Eifersucht, welche sie oft zu der Majestät unwürdigen Kleinlichkeiten hinriß.

Ihre Faulheit hatte sie abgehalten, sich gründlich zu beschäftigen und ihren Geist zu bilden, was in ihrer ersten Jugend arg vernachlässigt worden war. Ihr Vater hatte seine beiden Töchter anfangs als Bastarde behandelt. Seit ihrer zartesten Jugend hatten sie nur finnische Dienstmägde um sich gehabt, und später so eigentümliche Deutsche, daß die ihnen zum Spielzeug geworden waren. Schmeichler und Klatschbasen hatten schließlich das Privatleben der Prinzessin so kleinlich zu gestalten gewußt, daß ihre täglichen Beschäftigungen ein einziges Gewebe aus Launen, Frömmelei und Lockerheiten waren. Und weil sie keinen einzigen festen Grundsatz hatte, keinerlei ernsthafte und gediegene Beschäftigungen, so verfiel sie trotz ihrer großen Klugheit einer so großen Langeweile, daß sie in den letzten Jahren ihres Lebens kein anderes Mittel wußte, diese zu vertreiben, als soviel wie möglich zu schlafen. Die übrige Zeit mußte ihr eine dazu angestellte Frau Märchen erzählen[144].

Folgendes Leben führte die Kaiserin Elisabeth in Tzarskoje Selo. Sie nahm alle Kavaliere des Hofes mit und eine große Anzahl von Damen, die sich bei ihr großer Gunst erfreuten. Diese Damen wohnten zu vieren und auch zu mehreren in einem Zimmer, in dem auch ihre Zofen und alles, was sie mitgebracht hatten, sein mußten. Die meisten von diesen Damen waren sehr schlecht aufeinander zu sprechen, und das machte diesen gemeinschaftlichen Aufenthalt nicht gerade angenehm. Da denkt man gewiß, sie waren da als Gefolge der Kaiserin oder um ihr den Aufenthalt in diesem Schlosse angenehmer zu gestalten! Ganz und gar nicht! Sie sahen Ihre Kaiserliche Majestät nur höchst selten. Manchmal vergingen drei oder vier Wochen, ohne daß die Kaiserin ihre Gemächer verließ, und zu sich ließ sie sie auch nicht rufen.

Niemand wagte es, in die Stadt zu fahren, und die Verwandten derjenigen, die da waren, konnten sich nur ganz im geheimen nach ihrem Befinden erkundigen. Denn die Kaiserin liebte es nicht, daß jemand dorthin kam, der nicht aufgefordert war. Sogar Hofbeamte, die nicht zu ihrem Gefolge gehörten, wagten es nur verstohlenerweise, ihren Fuß dorthin zu setzen. Außerdem bestand ein strenges Verbot, irgend jemand aus dem Gefolge in den Garten hinter dem Palais, auf oder unter die Terrasse zu lassen, weil die Gemächer der Kaiserin dahinaus gingen.

Obwohl das Schloß schon in dem gegenwärtigen Zustand war, bewohnte doch Ihre Majestät die Untergeschosse, und wenn sie sich einmal dazu verstand, mit den Damen und Kavalieren ihres Gefolges zu dinieren, so wurde die Tafel in den hinteren Gemächern gedeckt, die zwischen den beiden Treppen liegen, von denen die eine nach dem Hof und die andere nach dem Garten führt. Seit die Bel-Etage vollendet war, ist sie nicht zehnmal da gewesen.

Um das Sonderliche vollzumachen, wußte man nie die Stunden, wann es Ihrer Majestät genehm sein würde, zu dinieren oder zu soupieren.

Es ist oft vorgekommen, daß die Höflinge bis zwei Uhr nach Mitternacht Karten gespielt hatten (das war ihr einziges Vergnügen), und dann, wenn sie gerade zu Bett gegangen und eingeschlafen waren, kam man sie wecken, um beim Souper Ihrer Majestät zugegen zu sein. Sie erschienen natürlich, und weil die Kaiserin sehr lange bei Tafel saß, und die Höflinge alle müde und halb im Schlaf waren und kein Wort sprachen, so ärgerte sich die Kaiserin und sagte »sie fühlen sich unter sich wohl, ich lasse sie nur sehr selten rufen, und trotzdem wollen sie nur gähnen und können mich nicht unterhalten«. Diese Soupers endeten manchmal damit, daß die Kaiserin verdrießlich ihre Serviette auf den Tisch warf und die Gesellschaft verließ.

Nun muß man aber hier auch noch anmerken, daß die Aufgabe, in Gegenwart Ihrer Majestät zu sprechen, nicht weniger schwierig war, als die Stunde ihrer Mahlzeiten zu wissen! Es gab eine Menge Themen, die sie nicht liebte. So durfte man z. B. nicht vom König von Preußen reden, nicht von Voltaire, nicht von Krankheiten, nicht von Toten, nicht von schönen Frauen, nicht von französischen Sitten, nicht von Wissenschaften. Alle diese Gegenstände mißfielen ihr. Ferner durfte man verschiedene abergläubische Einbildungen nicht verletzen. Auch war sie manchmal gegen gewisse Personen verstimmt, und war dann sehr geneigt, alles falsch aufzufassen, was diese sagten. Weil aber ihre Umgebung ihr mit Vorliebe gegen recht viele etwas einredete, so war niemand sicher, daß sie nicht etwas gegen ihn hatte. Das machte die Unterhaltung immer recht unerfreulich ...

(Stück I)

Eines Tages hatte ich mich in den Gemächern der Kaiserin einige Zeit mit dem Grafen Peter Schuwalow unterhalten, dessen Frau in sehr großer Gnade bei der Kaiserin stand. Als meine Mutter mit mir in ihre Gemächer zurückgekehrt war, machte sie mir heftige Vorwürfe wegen dieses Gespräches, weil ich angeblich gerade ihren geschworenen Feinden meine Gunst schenkte. Ich versuchte mich zu rechtfertigen: ich konnte es auf meinen Eid nehmen, daß mir von ihrer Feindschaft mit Graf Schuwalow nichts bekannt war. Überhaupt wußte ich gar nicht von den Zänkereien, die es gab, und allem, was sonst vorging. Als es schön wurde, siedelten wir in das Sommerpalais über. Dort wurden die Besuche des Großfürsten noch seltener. Ich muß sagen, dieser Mangel an Aufmerksamkeit und seine Kälte, sozusagen am Vorabend unserer Hochzeit, nahmen mich nicht gerade zu seinen Gunsten ein. Und je näher der Zeitpunkt herankam, desto weniger konnte ich mich der Einsicht verschließen, daß meine Ehe sehr unglücklich werden könne. Aber ich besaß zu viel

Stolz und zu viel Seelenwürde, um mich zu beklagen oder die Welt auch nur ahnen zu lassen, daß ich mich nicht geliebt glaubte. Ich achtete mich selbst zu hoch, um zu glauben, ich könne verächtlich sein. Auch hatte der Großfürst eine etwas freie Art des Verkehrs mit den Hofdamen der Kaiserin, die mir mißfiel, aber ich hütete mich, darüber zu sprechen, und niemand ahnte auch nur meine innersten Empfindungen. Ich versuchte mich eben dadurch zu zerstreuen, daß ich mit meinen Mädchen im Zimmer umhertollte.

Als es anfing, heiß zu werden, ging der Hof nach Peterhof; dort lief ich den ganzen Tag in den Gärten umher. Eines Abends nach dem Souper nahm ich meine Frauen und meine Hofdamen und ging bis ein Uhr nachts spazieren. Als wir zurückkamen, erzählte uns Fräulein Schenk, die zu Hause geblieben war, meine Mutter wäre inzwischen in mein Zimmer gekommen und hätte mich gesucht. Ich wollte gleich zu ihr gehen, aber man sagte mir, sie sei schon zu Bett gegangen und schliefe. Als ich am nächsten Tage aufgestanden und sie wach war, lief ich zu ihr; ich fand sie furchtbar zornig gegen mich, weil ich so spät spazieren gegangen war. Sie machte mir Vorwürfe, wie nie zuvor, die ich wirklich nicht verdiente. Ich bat sie, mich doch wenigstens anzuhören, aber in ihrer Aufregung sah sie lauter schreckliche Dinge, deren ich gänzlich unfähig war. Ich schwur bei allem, was mir heilig war, ich wäre bei ihr gewesen, um ihr zu sagen, daß ich spazieren gehen wolle; da ich sie aber nicht angetroffen (sie war zum Souper beim Prinzen von Hessen aufs Land gefahren), hätte ich alle meine Frauen mitgenommen, und wir wären im Garten spazieren gegangen. Es wäre kein einziger Mann, nicht einmal ein Bedienter, bei uns gewesen. Das war buchstäblich wahr.[145] Ich bat sie, doch alle, die dabei gewesen waren, zu befragen; sie würde sehen, daß ich auch nicht eine Silbe gelogen hätte. Trotzdem war der Zorn meiner Mutter so groß, daß ich ihr nicht einmal die Hand küssen durfte, was sie mir im ganzen Leben nur dieses eine Mal verweigert hat.[146]

Am nächsten Tage erzählte ich dem Großfürsten die ganze Geschichte, der bei der Sache nichts Böses fand. Es war auch tatsächlich nichts dabei! Aber vielleicht mißfiel meiner Mutter nur die späte Stunde des Spazierganges. Es mochte auch sein, weil sie wußte, daß die Kaiserin in ihren Launen gegen sich selbst sehr nachsichtig war, aber mehr als streng gegen andere, so fürchtete sie vielleicht, solche Streiche könnten mir in ihrer Meinung schaden.

Um St. Peter kehrte der ganze Hof von Peterhof nach der Stadt zurück. Wie ich mich erinnere, kam ich am Vorabend des Festes auf den Einfall, alle meine Hofdamen und Kammerjungfern bei mir in meinem Zimmer schlafen zu lassen. Ich ließ zu dem Zweck für mich und die ganze Gesellschaft die Betten auf dem Fußboden machen, und so brachten wir die Nacht zu. Bevor wir aber einschliefen, gab es unter uns einen großen Streit über den Unterschied der Geschlechter. Ich glaube, die meisten von uns waren noch vollkommen unschuldig; was mich betrifft, so kann ich schwören, daß ich trotz meiner sechzehn Jahre noch keine Ahnung hatte, worin dieser Unterschied bestand. Ich tat noch mehr, ich versprach meinen Mädchen, am nächsten Tage meine Mutter darüber zu befragen. Sie hörten sich das an, und wir schliefen schließlich ein. Am nächsten Tage stellte ich meiner Mutter tatsächlich einige Fragen, für die ich gescholten wurde.

Bald danach hatte ich einen neuen Einfall. Ich hatte mir das Toupet kurz schneiden lassen, weil ich es gebrannt tragen wollte, und hatte verlangt, meine Mädelschar sollte dasselbe tun. Viele von ihnen versuchten Widerstand zu leisten, andere weinten und meinten, sie würden aussehen wie die Haubenlerchen, aber schließlich erreichte ich doch bei allen das gebrannte Toupet.

Als endlich alle Vorbereitungen für meine Hochzeit beinahe erledigt waren, wurde sie auf den 21. August des Jahres 1745 festgesetzt. Die Kaiserin wünschte, der Großfürst und ich sollten vor der Zeremonie während der Fasten in diesem Monate zur Beichte und zum Abendmahl gehen. Wir gingen deshalb am 15. August mit der Kaiserin zur Kommunion in die Kathedrale der Mutter Gottes von Kazan.

Einige Tage später begleiteten wir die Kaiserin zu Fuß nach dem Alexander-Newskij-Kloster, wo der ganze Hof nach der Abendmesse soupierte.

Je näher mein Hochzeitstag herankam, desto trauriger wurde ich, und sehr oft mußte ich weinen, ohne recht zu wissen weshalb. Immerhin verbarg ich meine Tränen so gut es ging, aber meine Frauen, die stets um mich waren, mußten sie natürlich bemerken und bemühten sich, mich aufzuheitern.[147]

Am Tage vor dem 21. August siedelten wir aus dem Sommerpalais in den Winterpalast über. Bis dahin hatte ich in den Gärten des

Sommerpalais das steinerne Gebäude an der Fontanka hinter dem Pavillon Peters des Großen innegehabt.

Am Abend kam meine Mutter zu mir in mein Zimmer, wo wir eine lange, sehr freundschaftliche Unterredung hatten. Sie predigte mir viel über meine zukünftigen Pflichten; wir weinten ein wenig zusammen und trennten uns dann sehr zärtlich.[148]

An dem feierlichen Tage erhob ich mich um sechs Uhr morgens; um acht ließ mich die Kaiserin in ihre Gemächer kommen, wo ich angekleidet werden sollte. In ihrem Paradeschlafzimmer fand ich eine Toilette ausgelegt, und ihre Palastdamen waren schon versammelt. Man begann mich zu frisieren. Mein Kammerdiener Timofej Jewreinow brannte mir gerade das Toupet, als die Kaiserin eintrat. Ich erhob mich, um ihr die Hand zu küssen. Kaum hatte sie mich geküßt, als sie anfing, meinen Kammerdiener zu schelten, und ihm verbot, mir ein gebranntes Toupet zu machen. Sie wollte das Haar ganz glatt haben, weil sie glaubte, die Juwelen würden sich mit solchem Toupet nicht auf dem Kopf halten. Dann ging sie wieder. Aber mein Diener war ein Dickkopf und wollte sich sein gebranntes Toupet nicht nehmen lassen. Er überredete die Gräfin Rumiantzow, die gebrannte Haare sehr gern hatte und sie so glatt geleckt nicht leiden konnte, bei der Kaiserin zugunsten meines Toupets vorstellig zu werden. Nachdem die Gräfin drei- oder viermal zwischen der Kaiserin und dem Kammerdiener hin und her gelaufen war, während ich friedlich abwartete, was geschehen würde, ließ ihm schließlich die Kaiserin etwas erregt sagen, er solle tun, wie ihm gut schiene.

Als ich frisiert war, setzte die Kaiserin mir die großfürstliche Krone auf das Haupt und erlaubte mir dann, so viel von ihren und meinen Juwelen anzulegen, wie ich wollte. Sie entfernte sich, und die Palastdamen vollendeten meinen Anzug in Gegenwart meiner Mutter. Mein Kleid war aus Silberbrokat, mit Silberstickerei auf allen Nähten und erstaunlich schwer.

Gegen Mittag betrat der Großfürst das anstoßende Zimmer. Gegen drei Uhr geleitete die Kaiserin den Großfürsten und mich in ihrer Karosse in großer Gala nach der Kirche der Mutter Gottes von Kazan, wo uns der Bischof von Nowgorod traute. Der Fürstbischof von Lübeck hielt die Hochzeitskrone über dem Haupt des Großfürsten und der Oberjägermeister Graf Alexej Razumowskij über dem meinen. Er hat später auch bei meiner Krönung die Krone getragen.

Während der Predigt, die der Einsegnung unserer Ehe voranging, näherte sich die Gräfin Awdotja Iwanowna Tschernyschow (die Mutter der Grafen Peter, Zachar und Iwan), welche mit den anderen Staatsdamen hinter uns stand, dem Großfürsten und sagte ihm etwas ins Ohr. Ich hörte, wie er zu ihr sagte: »Scheren Sie sich fort! Solche Dummheit!« Dann wandte er sich mir zu und erzählte, sie hätte ihm geraten, während er vor dem Priester stehe, nicht den Kopf zu wenden; denn wer von uns beiden zuerst den Kopf wenden werde, müsse zuerst sterben, und sie wolle nicht, daß er das sei. Ich fand dieses Kompliment nicht gerade sehr freundlich für einen Hochzeitstag, aber ich ließ es mir nicht merken. Sie sah aber, daß er mir ihren guten Rat wiedererzählt hatte. Sie wurde rot und machte ihm Vorwürfe, die er mir auch wiedergab.

Man kehrte dann in den Winterpalast zurück, wo wir uns gegen sechs Uhr in der Galerie zum Festmahl setzten. Es war zu diesem Zwecke ein Baldachin aufgebaut. Unter diesem saß die Kaiserin, der Großfürst zu ihrer Rechten und ich zu ihrer Linken. Eine Stufe niedriger neben dem Großfürsten saß meine Mutter, und neben mir, meiner Mutter gegenüber, hatte mein Onkel, der Fürstbischof von Lübeck, der damals in Petersburg war, seinen Platz. Nach aufgehobener Tafel zog sich die Kaiserin in ihre Gemächer zurück, um so Zeit zu lassen, fortzuräumen und die Galerie für den Ball herzurichten. Als ich von der Tafel aufstand, fürchtete ich infolge der Schwere der Krone und der Juwelen Kopfweh, und ich bat die Gräfin Rumiantzow, mir für einen Augenblick die Krone abzunehmen. Ich dachte nicht, daß das Schwierigkeiten haben könne. Aber die Gräfin sagte, sie wage das nicht zu tun, und sie fürchte, dem könne irgendeine böse Vorbedeutung beigelegt werden. Weil sie aber sah, daß ich litt, ließ sie sich erbitten, mit der Kaiserin darüber zu sprechen, die erst nach einigem Zögern einwilligte. Man nahm mir also schließlich die Krone ab, bis alles für den Ball fertig war; dann wurde sie mir wieder aufgesetzt. Auf diesem Ball wurden nur Polonaisen getanzt, und er dauerte auch im ganzen nicht länger als eine Stunde.

Danach geleitete die Kaiserin den Großfürsten und mich in unsere Gemächer, die Damen entkleideten mich und brachten mich zwischen neun und zehn Uhr zu Bette. Ich bat die Prinzessin von Hessen, noch ein Weilchen bei mir zu bleiben, aber sie wollte darauf nicht eingehen.

Alle waren gegangen. Ich blieb mehr als zwei Stunden allein und wußte nicht, was ich tun sollte: sollte ich mich wieder erheben? sollte ich im Bette bleiben? Ich weiß nichts! Schließlich kam meine neue Kammerfrau, Frau Kruse, und berichtete mir mit großer Heiterkeit, der Großfürst erwarte sein Souper, das man ihm bald auftragen werde. Nachdem Seine Kaiserliche Hoheit gut gespeist hatte, kam er zu Bett, und als er sich niedergelegt hatte, fing er an, mir davon zu sprechen, welches Vergnügen es wohl einem seiner Kammerdiener machen würde, uns beide im Bette zu sehen. Dann schlief er ein und schlummerte sehr behaglich bis an den nächsten Morgen. Die Laken aus feiner Leinewand, auf denen ich lag, waren mir bei dem Sommerwetter höchst unbequem, und ich schlief infolgedessen sehr schlecht, um so mehr als mich beim Morgengrauen das Tageslicht recht störte. Denn das Bett hatte keine Vorhänge, obwohl es sonst sehr prächtig in rosa Samt mit Silberstickerei ausgestattet war.

Frau Kruse versuchte am nächsten Morgen uns junge Eheleute auszufragen. Ihre Hoffnungen erwiesen sich aber als trügerisch. Und in dem Zustand verblieben die Dinge während der neun folgenden Jahre ohne die geringste Änderung.

(Stück II)

Am Tage nach der Hochzeit nahmen wir die allgemeinen Glückwünsche im Winterpalast entgegen und fuhren dann zum Diner zur Kaiserin in das Sommerpalais. Sie hatte mir am Morgen ein Kissen mit einer wundervollen Smaragdengarnitur gebracht und dem Großfürsten eine von Saphiren geschickt, um sie mir zu überreichen. Am Abend war Ball im Winterpalast. Zwei Tage danach kam die Kaiserin zum Diner zu uns in den Winterpalast.

Die Hochzeitsfeierlichkeiten dauerten zehn Tage. Unter anderem[149] gab es eine Maskerade mit Quadrillen in verschiedenfarbigen Dominos, jede zu zwölf Paaren. Die erste Quadrille war die des Großfürsten in Rosa und Silber; die zweite, in Weiß und Gold, war die meine; die dritte, die meiner Mutter, in Blaßblau und Silber; die vierte, in Gelb und Silber, war die meines Onkels, des Fürstbischofs von Lübeck. Beim Eintritt in den Saal fanden wir die Anordnung, die einzelnen Quadrillen sollten nicht durcheinander kommen, sondern jede an der ihr angewiesenen Stelle des Saales tanzen. Für die meine war es sehr schwer, diesem Befehl Folge zu leisten, denn als der Ball eröffnet werden sollte, war kein einziger tanzfähiger Herr vorhanden. Es waren nur Leute von sechzig bis neunzig Jahren, an ihrer Spitze der Marschall Lacy, mein Partner. Diese unangenehme Sache brachte mich schon dem Weinen nahe; glücklicherweise traf ich aber den Hofmarschall, dem ich so erfolgreiche Vorstellungen machte, daß er einen Gegenbefehl erwirkte, mit der Erlaubnis für die Quadrillen, sich untereinander zu mischen.

Nie in meinem Leben habe ich ein trübseligeres und alberneres Vergnügen gesehen, als es diese Quadrillen waren. Es tanzten in einem gewaltigen Saale nur achtundvierzig Paare, darunter eine große Anzahl lahmer, gichtbrüchiger, altersschwacher Gestalten; alle übrigen waren Zuschauer in gewöhnlicher Kleidung und wagten nicht, sich unter die Quadrillen zu mischen. Die Kaiserin fand das aber so schön, daß sie es noch einmal wiederholen ließ. Nach dem Balle soupierten die Quadrillen. Ich hatte aber beinahe Tränen im Auge.

Während der Festlichkeit ließ die Kaiserin der Gräfin Rumiantzow, die seit meiner Krankheit bei mir geblieben war, sagen, sie dürfe nun wieder zu ihrem Gemahl zurückkehren. Darüber freute sich groß und klein bei Hofe.

Als die Feste ihr Ende erreicht hatten, fing man an, von der Abreise meiner Mutter zu sprechen. Seit meiner Hochzeit fühlte ich mich am wohlsten bei ihr. Ich suchte um so eifriger Gelegenheiten, bei ihr sein zu können, als mein Zuhause kaum angenehm zu nennen war. Der Großfürst hatte nur Kindereien im Kopf; er gab sich beständig mit Soldatenspielen ab, umgeben von seinen Domestiken, für die allein er etwas übrig hatte. In meinen Räumen durfte ich jetzt nicht mehr mit meinen Mädchen herumspringen; Frau Kruse verstand sie tödlich einzuschüchtern; sie verbot ihnen beinahe, mit mir zu sprechen.

Ich hätte gewiß meinen jungen Gemahl geliebt, wenn er nur liebenswürdig hätte sein wollen oder können. Aber ich kam schon in den ersten Tagen unserer Ehe zu einem bösen Schluß über ihn. Ich sagte mir: »Wenn du diesen Menschen liebst, wirst du das unglücklichste Geschöpf auf Gottes Erdboden: dein inneres Wesen würde Erwiderung verlangen. Der Mensch beachtet dich ja aber kaum! Er spricht fast nur von Puppen, und wenig fehlt daran, daß er jeder andern Frau mehr Aufmerksamkeit erweist, als dir. Du bist zu stolz, um deswegen Lärm zu schlagen, also, mit Zärtlichkeiten diesem Herrn gegenüber, nehmen Sie sich gefälligst zusammen! Denken Sie an sich selbst, Madame!« Dieser erste Eindruck, den so mein wachsweiches Herz empfing, blieb mir; und diese Erwägung ging mir niemals aus dem Kopfe. Aber ich hütete mich natürlich, ein Wort verlauten zu lassen über meinen festen Entschluß, niemals jemand hingebend zu lieben, der mir nicht mit einer uneingeschränkten Erwiderung lohnen würde. Aber wie mein Herz beschaffen war, hätte es ganz und völlig einem Gemahl angehört, der nur mich geliebt hätte und von dem ich nicht alle die Kränkungen hätte fürchten müssen, die mir von dem meinen beschieden waren. Immer habe ich Eifersucht, Zweifel, Mißtrauen und alles, was daraus folgt, für das größte Unglück gehalten, und stets war ich überzeugt, daß es nur vom Ehemanne abhängt, von seiner Frau geliebt zu werden, wenn diese ein gutes Herz und einen sanften Charakter hat. Gefälligkeit und angenehme Formen des Mannes werden immer ihr Herz gewinnen.

Wenn ich meine Mutter nicht aufsuchen konnte, zu der, beiläufig gesagt, der Großfürst nur widerwillig ging, so nahm ich in meinem Zimmer ein Buch zur Hand. Das erste, das mir in die Hände fiel, und auch das erste, das ich aus eigenem Antriebe ganz durchlas, war ›Tiran le Blanc‹:[150] mir gefiel die Prinzessin sehr, die eine so feine Haut hat, daß man ihr den Rotwein durch die Kehle fließen sieht, wenn sie trinkt. Meine Mutter kam manchmal, um den Abend bei mir zuzubringen, und damals hätte ich viel darum gegeben, wenn ich das Land mit ihr wieder hätte verlassen können.

Ich vergaß zu erzählen, daß am 5. September, ihrem Namenstag, die Kaiserin nach Gostilitzy, einem Landgut des Grafen Alexej Razumowskij, abreiste; den Großfürsten, meine Mutter und mich schickte sie nach Tzarskoje Selo. Wir brachten hier mehrere Tage zu, nicht ohne daß es viel Lärm und Mißhelligkeiten gegeben hätte; die Jugend wollte tanzen, springen und allerlei kindliche Spiele treiben, und die Alten hielten das nicht für das Richtige. Meine Mutter machte es so, daß sie das Zimmer überhaupt nicht verließ; ich teilte mich, – bald ging ich zu ihr, bald war ich bei den Lärmmachern.

In dieser Zeit gab mir meine Mutter gesprächsweise zu verstehen, daß sie von der Neigung ihres Bruders, des Prinzen Georg Ludwig, für mich gewußt hatte. Weil sie das aber nur so leichthin streifte, ahnte ich es mehr, als daß sie es sagte.

Als wir von der kleinen Reise heimgekehrt waren, wurde bestimmter von der Abreise meiner Mutter gesprochen. Die Kaiserin sandte ihr 60 000 Rubel, um ihre Schulden zu bezahlen; aber es stellte sich heraus, daß meine Mutter 70 000 Rubel mehr schuldig war, als ihr die Kaiserin geschickt hatte. Um meiner Mutter aus der Verlegenheit zu helfen, nahm ich ihre in Rußland eingegangenen Verpflichtungen auf mich. Das legte den Grund für die Schulden, die ich bei Lebzeiten der Kaiserin gemacht habe, und die bei ihrem Ableben auf die riesige Summe von 657 000 Rubel angeschwollen waren, welche ich erst nach meiner Thronbesteigung vierteljährlich abgezahlt habe. Ich habe mich darüber oft gegrämt, weil es mir unmöglich war, sie bei einem Einkommen von 30 000 Rubel zu bezahlen und weil ich in den letzten Tagen der Regierung der seligen Kaiserin in der traurigen Lage war, keinen Kredit mehr zu haben, nicht einmal, um mir zu Weihnachten ein Kleid machen zu lassen. An dem Tage starb die Kaiserin, was ich nicht hatte voraussehen können. Mein einziger Rettungsanker wären meine Diamanten gewesen, deren Wert weit mehr betrug als diese Summe; aber ich hätte nie gewagt, sie zu verkaufen oder zu verpfänden. Doch es hieße zu sehr vorgreifen, wollte ich an dieser Stelle noch länger davon sprechen. Ich nehme also den unterbrochenen Faden wieder auf.

Meine Mutter reiste ab[151], mit Geschenken beladen, ebenso wie ihr ganzes Gefolge. Der Großfürst und ich gaben ihr das Geleit bis nach Krasnoje Selo. Ich weinte sehr, und um mich nicht noch trauriger zu machen, reiste meine Mutter ab, ohne von mir Abschied genommen zu haben.

Einige Tage vor der Abreise hatte sie eine lange Unterredung mit der Kaiserin gehabt: Gott weiß, was sie sich zu sagen hatten. Ich habe nie wieder etwas davon erfahren, nur wurde mir von der Kaiserin der Zutritt zu ihrem Ankleidezimmer gestattet; das heißt, vormittags gegen zwölf und abends um fünf oder sechs, durfte ich mich dort, solange ich wollte, in Gesellschaft ihrer Kammerfrauen aufhalten, denn Ihre Majestät kam nicht immer zum Vorschein. Immerhin war diese Erlaubnis ein gewisser Gnadenbeweis, der aber nicht von langer Dauer war, wie man in der Folge sehen wird.

Wir kehrten nach Petersburg zurück. Als ich meine Gemächer betrat, fand ich Maria Petrowna Shukow nicht vor, der ich besonders wohlgewogen war. Ich fragte, wo sie sei. Meine anderen Frauen, deren niedergeschlagene und bestürzte Mienen mir auffielen, erzählten, ihre Mutter sei plötzlich krank geworden und hätte ihre Tochter holen lassen, als diese mit ihren Gefährtinnen bei Tische saß. Ich legte an diesem Abend der Sache keine weitere Bedeutung bei. Am nächsten Tage erkundigte ich mich wieder nach ihr, und sie sagten mir, sie habe nicht im Hause geschlafen. Mir kam das alles etwas sonderbar vor; denn meine Frauen hatten Tränen in den Augen. Ich konnte es möglich machen, Fräulein Balk (die später den Dichter Sumarokow geheiratet hat) unter vier Augen auszufragen. Sie beschwor mich, sie nicht zu verraten, was ich ihr auch versprach. Darauf erzählte sie mir, gerade als sie alle zusammen bei Tische saßen, sei ein Sergeant von der Garde und ein Kabinettskurier in das Zimmer getreten und hätten Fräulein Shikow mitgeteilt, ihre Mutter sei krank, und sie solle zu ihr kommen. Sie habe sich erbleichend erhoben, und während sie mit einem der Boten den Wagen bestieg, habe der andere ihrer Zofe Befehl gegeben, die Sachen ihrer Herrin zu packen. Man flüsterte sich zu, sie wäre verbannt worden, und man habe ihnen verboten, mir davon zu sprechen. Niemand wisse den Grund, aber man argwöhne, es sei deshalb, weil ich sie gern habe und auszeichne. Über alles dies war ich sehr erstaunt und bekümmert; mein Schmerz, einen Menschen nur deshalb unglücklich sehen zu müssen, weil ich ihn gern hatte, war sehr groß. Nur die Abreise meiner Mutter, die mich sehr traurig gestimmt hatte, bot mir einen Deckmantel, diesen zweiten Kummer zu verbergen. Ich sprach zu niemand ein Wort darüber, weil ich befürchten mußte, auch noch Fräulein Balk unglücklich zu machen. Jedoch vertraute ich mich dem Großfürsten an, dem das Mädchen auch leid tat, weil es lustig war und klüger als die anderen.

Am nächsten Tage siedelten wir mit der Kaiserin vom Sommerpalais in den Winterpalast über.[152] Kaum waren wir im Paradeschlafzimmer der Monarchin angelangt, als sie anfing die denkbar schlimmsten Dinge von Fräulein Shukow zu sagen. Sie behauptete, jene hätte zwei Liebeleien gehabt und meine Mutter hätte Ihre Majestät in der letzten Unterredung, welche sie mit ihr hatte, dringendst gebeten, das Mädchen aus meiner Nähe zu entfernen, denn ich hätte eine jugendliche Zuneigung für sie gefaßt, aber das Mädchen sei meines Wohlwollens unwürdig. Ich entgegnete gar nichts: ich war zu erstaunt und zu betrübt. Ihre Kaiserliche Majestät sprach mit so viel Groll und Zorn, daß sie davon ganz rot war und flammende Augen hatte. Erstens wußte ich nicht, ob Fräulein Shukow sich gut oder schlecht führte; man hatte sie mir beigegeben und sie war kaum sechs Monate dagewesen. Zweitens zeichnete ich sie zwar aus und bewies ihr mein Wohlwollen, aber ohne jede Überschwenglichkeit, ohne eine ausgesprochene Zuneigung, nur weil sie lustig war und weniger töricht als die anderen und wirklich höchst unschuldig. Drittens fand ich es sehr sonderbar, daß meine Mutter die Kaiserin gebeten haben sollte, das Mädchen zu entfernen. Denn sie hatte mir niemals ein Wort über mein Interesse für dasselbe gesagt, obwohl sie mich immer schonungslos und sehr aufrichtig schalt, wenn sie meinte, daß ich es verdiene. Hätte meine Mutter mit mir darüber gesprochen, so hätte ich, weil ich doch einmal gewohnt war ihr zu gehorchen, sicherlich mich sehr in acht genommen.

Ich habe niemals erfahren, ob meine Mutter Ihre Kaiserliche Majestät wirklich darum gebeten hat. Ich glaubte daran zweifeln zu müssen, denn ich weiß nicht, was meine Mutter hätte veranlassen können, mich so öffentlich zu betrüben und mich so vor der Kaiserin schlecht zu machen, wo sie doch die ganze Sache mit einem Worte hätte erledigen können. Andererseits muß ich zugeben, daß meine Mutter dem Mädchen gegenüber frostig war; das könnte sich aber daraus erklären, daß sie nicht mit ihm sprechen konnte, weil dieses nur Russisch verstand. Manchen wird es vielleicht wundern, daß ich an den Worten der Kaiserin zweifelte. Darauf kann ich nur entgegnen, daß meine Erfahrung mich gelehrt hatte, das, was die Monarchin im Zorn aussprach, nur mit Vorsicht hinzunehmen. Wie dem nun auch sei, man hätte in jedem Falle die Sache anders und besser anfassen können, um mein harmloses Interesse für das Mädchen in Grenzen zu halten, – wenn das der Zweck war.

Meine späteren Erfahrungen haben mich überzeugt, daß wirklich das einzige Verbrechen des Mädchens meine Zuneigung für sie und ihre vermutete Ergebenheit für mich war. Die Folgezeit hat diese Annahme bestätigt: alle die man desselben nur verdächtigte, sind während der achtzehn Jahre entweder verschickt oder entfernt worden, und ihre Zahl ist nicht gering gewesen. Ich werde Gelegenheit haben, davon bei den einzelnen Jahren noch zu sprechen.

Ein paar Wochen später wurde Graf Zachar Tschernyschow aus meiner Umgebung entfernt, um als Gesandter nach Regensburg zu gehen. Seine Mutter selbst hatte diese Entsendung vor der Kaiserin befürwortet, denn sie hatte zu ihr gesagt: »Ich habe Sorge, er könnte sich in die Großfürstin verlieben. Er blickt sie beständig an, und wenn ich das sehe, zittere ich vor Furcht, er könnte Torheiten begehen.«

Für den Herbst und Winter dieses Jahres wurde bestimmt, es sollten in jeder Woche zwei Maskenbälle stattfinden, einer bei Hofe und einer immer abwechselnd in einem der vornehmen Häuser der Stadt. Man tat so, als unterhielte man sich dabei gut, im Grunde aber langweilte sich alles zum Sterben auf diesen Bällen, die trotz der Maskierung doch steif und auch nur schlecht besucht waren, so daß bei Hof die Säle leer aussahen, die Häuser in der Stadt aber doch zu klein waren, um die wenigen erschienenen Gäste zu fassen. Man darf nämlich die damalige Stadt nicht mit dem Petersburg von heute messen. Gebäude aus Stein gab es nur auf der Millionnaja, der Lugowaja und dem Englischen Kai. Diese waren gewissermaßen der Vorhang, hinter dem sich die denkbar unerfreulichsten Holzbaracken verbargen. Das einzige Haus mit Damasteinrichtung war tatsächlich das der Prinzessin von Hessen; alle anderen hatten geweißte Mauern oder auch schlechte Tapeten aus Papier oder gemalter Leinwand.

In diesem Winter hatte ich am Tage vor dem Geburtstage der Kaiserin schlimmes Zahnweh; trotzdem kleidete ich mich an, um Ihrer Majestät meine Glückwünsche darzubringen, wie es die Sitte erheischte. In den Gemächern Ihrer Majestät traf ich den Marinekapitän Herrn Korsakow-Woin, einen unterhaltenden Mann, den die Monarchin sehr schätzte. Ich klagte ihm meine Zahnschmerzen, und er behauptete, er würde mich in einem Augenblick kurieren. Er holte einen großen eisernen Nagel und verlangte, ich sollte an der schmerzenden Stelle mit dem Nagel das Zahnfleisch zum Bluten bringen. Ich tat es, er nahm seinen Nagel und entfernte sich. Tatsächlich vergingen die Schmerzen über Nacht, und dieser Zahn hat mir seitdem nicht wieder wehgetan.

Wir lebten soweit ganz gut, ich und der Großfürst. Er liebte es, abends ein paar Herren oder Damen zum Souper bei sich zu sehen. Auch am Silvesterabend belustigten wir uns so in seinen Gemächern. Um Mitternacht erschien aber meine Kammerfrau Frau Kruse und forderte uns im Namen der Kaiserin auf, zu Bett zu gehen, weil es die Kaiserin unrecht fände, am Vorabend eines hohen Festes so spät aufzubleiben. Auf den Wink zog sich die ganze Gesellschaft ohne ein Wort des Widerspruches zurück. Trotzdem kam uns das eigentümlich vor, weil wir das unregelmäßige Leben, das unsere teure Tante selbst führte, doch kannten. Es handelte sich da wohl mehr um eine schlechte Laune, als um vernünftige Gründe.

Ich weiß nicht zu sagen, ob die Karnevalsbälle oder unsere Wohnverhältnisse die Schuld trugen, daß der Großfürst zu Ende des Winters, besser gesagt, zu Anfang des Jahres 1746 an einem hitzigen Fieber erkrankte. Jedenfalls bekam er es. Auf den Bällen tanzte er sehr viel und pflegte schweißbedeckt nach Hause zu kommen. Unsere Zimmer lagen sehr wunderlich: zwischen seinen und meinen Räumen befand sich ein großes Vestibül mit einer gewaltigen Treppe. Er schlief bei mir; kleidete sich aber bei sich aus und an.

Weil ich gerade von der Wohnung des Großfürsten spreche, muß ich noch eine Besonderheit erzählen, deren Sinn mir niemals klar geworden ist, welche die Kaiserin aber strengstens angeordnet hatte. Der Großfürst hatte drei Zimmer: in dem neben dem Vestibül gelegenen stand das Bett des Oberkammerherrn und Untergouverneurs Herrn Bergholz, der hier schlief, das zweite Zimmer war leer, aber im dritten stand das Bett des Oberhofmarschalls Brümmer, Gouverneurs des Großfürsten. Die beiden Herren begaben sich zu Bett, wenn sich der Großfürst zum Schlafen in meine Gemächer entfernte. Im Laufe des Tages kam Herr v. Brümmer niemals zum Großfürsten, aber Herr v. Bergholz hielt sich in dem ersten Vorzimmer auf, in welchem er schlief.

Herrn v. Brümmers Ansehen war damals im Sinken begriffen. Eines Tages nahm er mich beiseite und erzählte mir, er würde sicher entlassen werden, wenn ich ihn nicht stützte. Ich fragte ihn, welchen Weg er mir raten würde einzuschlagen, um Erfolg zu haben. Er meinte, er sähe kein anderes Mittel, als daß ich der Kaiserin gegenüber weniger schüchtern sein und deshalb öfter das Zimmer aufsuchen müsse, zu dem ich Zutritt hatte. Ich antwortete ihm, das würde keinen Zweck haben, weil die Kaiserin dort fast nie erschien, wenn ich da war. Was aber meine

Schüchternheit beträfe, so sei es schwierig, sie abzulegen einer Fürstin von so schwer ergründbarer Stimmung gegenüber, die sich nur sehr wenigen mitteile, im Gespräch mit der man stets Gefahr liefe, daß sie irgendein ihr mißfälliges Wort herausgriff, um über einen herzufallen und zu schimpfen. Ich war oft Zeuge, wie das dem Großfürsten im Gespräch mit ihr so ging. Deshalb befleißigte ich mich größter Zurückhaltung, und vor ihr erwog ich sorgfältig jedes Wort, bevor ich es aussprach. Er sprach noch zwei oder dreimal mit mir in demselben Sinne, aber ich hielt das, was er wünschte, für völlig ausgeschlossen. Ich bin auch heute noch fest überzeugt, daß ich mir viel eher den Zorn der Kaiserin zugezogen haben würde (wozu sie an sich schon allzusehr neigte), als daß es mir gelungen wäre, Herrn v. Brümmers gefallene Aktien wieder in die Höhe zu treiben. Übrigens haßte ihn der Großfürst von ganzem Herzen; es wäre also nur ein neuer Anlaß zu Frostigkeiten zwischen uns beiden geworden. Er liebte es schon nicht, daß ich mit Brümmer allzu angelegentliche Unterhaltungen führte.

Einige Zeit später erbaten die Herren v. Brümmer und v. Bergholz ihren Abschied und erhielten ihn bewilligt.[153]

Um diese Zeit fand ich einen Gardesergeanten, namens Trawin, der einverstanden war, nach Moskau zu gehen und Fräulein Shukow zu heiraten. Als die Kaiserin aber davon hörte, schickte sie den Befehl, das junge Paar nach Kizliar[154] zu verschicken. Weshalb, habe ich nie verstanden, es muß auch wieder so eine böse Laune gewesen sein.

Die Krankheit des Großfürsten dauerte etwa zwei Monate: man ließ ihn mehrere Male zur Ader, und er verursachte der Kaiserin viele Unruhe.

(Stück IV)

Die Kaiserin besuchte ihn mehrere Male am Tage; sie bemerkte, daß ich Tränen im Auge hatte, und sah das mit Wohlwollen.

Als ich eines Abends in einer kleinen Betkammer neben meinem Toilettenzimmer die Abendgebete las, trat Frau Izmajlow ein, welche sich großer Zuneigung der Kaiserin erfreute. Sie sagte mir, die Kaiserin wisse, daß ich über die Krankheit des Großfürsten sehr betrübt sei, und habe sie geschickt, mir zu sagen, ich solle auf Gott vertrauen und mich nicht grämen, sie werde mich keinesfalls verlassen. Sie fragte dann, was ich lese. Ich sagte ihr, die Abendgebete. Sie nahm mein Buch und meinte, ich würde mir die Augen verderben, wenn ich bei einer Kerze so kleine Schrift lese. Ich bat sie dann, Ihrer Kaiserlichen Majestät für ihre Güte gegen mich zu danken, und wir trennten uns sehr freundschaftlich, sie um ihre Botschaft auszurichten, ich um zu Bett zu gehen.

Am nächsten Tage schickte mir die Kaiserin ein Gebetbuch mit großen Buchstaben, um meine Augen zu schonen, wie sie sagte.

Das Zimmer, in das man den Großfürsten gebracht hatte, betrat ich, obwohl es neben dem meinen lag, nur wenn ich glaubte, nicht zu stören, weil ich bemerkte, daß er sich nicht viel aus meiner Anwesenheit machte, es vielmehr vorzog, mit seiner Umgebung allein zu bleiben, die mir, offen gestanden, nicht zusagte. Außerdem war ich nicht gewöhnt, meine Zeit ganz allein unter Männern zuzubringen.

(Stück II)

Meine natürliche Empfindsamkeit ließ mich an seinem Zustande Anteil nehmen, ich war aber ihm und der Kaiserin gegenüber sehr schüchtern und zurückhaltend. Sie schienen mir beide immer geneigt über mich herzufallen, und ich fürchtete, mich vor ihnen bloßzustellen. Andererseits hat mir aber der Grundatz, nie zur Last zu fallen, oft geschadet, weil er häufig der Grund war, daß ich beiseite gestanden habe, wenn ich dachte, der Fall könnte vielleicht eintreten. Mit etwas mehr Dreistigkeit und weniger Gefühlen wäre ich oft besser vorwärts gekommen. Aber meine natürliche Gefälligkeit hat mich oft vom Platze weichen lassen, wenn ich ihn ohne sie wohl gut behauptet hätte.

Während der Krankheit des Großfürsten erhielt die Kaiserin die Nachricht vom Tode der Prinzessin Anna von Braunschweig, die in Cholmogory an einem heftigen Fieber nach ihrer letzten Entbindung gestorben war[155]. Die Kaiserin weinte sehr bei dem Empfange dieser Nachricht und gab Befehl, die Leiche zur feierlichen Beisetzung nach Petersburg zu bringen. Etwa in der zweiten oder dritten Woche der Fasten traf die Leiche ein und wurde im Alexander-Newskij-Kloster beigesetzt.[156] Die Kaiserin nahm an der Feier teil, und ich begleitete sie in ihrem Wagen; sie weinte sehr während der ganzen Feierlichkeit. Prinzessin Anna wurde in dem Kloster zwischen ihrer Großmutter, der Tzarin Praskowja Feodorowna[157] und ihrer Mutter, der Herzogin von Mecklenburg[158], beigesetzt.

Während dieser Fasten ließ mir die Kaiserin durch Sievers sagen, sie würde es gern sehen, wenn ich sie innehielte. Ich antwortete, Ihre Majestät wäre mir zuvorgekommen, und ich hätte bereits die Absicht gehabt, sie um ihre Erlaubnis dafür zu bitten. Sievers erzählte mir, das habe Ihrer Majestät gefallen.

An Stelle der Herren v. Brümmer und Bergholz wurde im Jahre 1746 dem Großfürsten Fürst Wasilij Nikititsch Repnin beigegeben. Die Wahl der Kaiserin mißfiel weder dem Großfürsten, noch mir. Fürst Repnin war ein Mann von vornehmster, edler Gesinnung. Wir beide, der Großfürst und ich, bemühten uns, ihn zu gewinnen, und er seinerseits gab sich Mühe, uns in jeder Weise seinen guten Willen zu bezeigen. Er begann damit, bei dem Großfürsten eine gewähltere und vornehmere Gesellschaft einzuführen und die Lakaienumgebung von ihm zu entfernen.

Ich muß hier noch ein Begebnis aus diesem Winter berichten, das vielleicht zum Verständnis der Charaktere beitragen kann. Die Gemächer des Großfürsten, von denen ich oben gesprochen habe, stießen an ein Zimmer an, in dem die Kaiserin einen mechanischen Tisch hatte aufstellen lassen (in Rußland ›Ermitage‹ genannt). Hier speiste sie oft mit ihren intimsten Vertrauten: das waren oft ihre Kammerfrauen, Kirchensänger und sogar ihre Lakaien. Der Großfürst hatte sich in den Kopf gesetzt, zu sehen, was in diesem Zimmer vorging, und er bohrte Löcher in die Tür zwischen diesem und seinem Zimmer. Aber es war ihm nicht genug, nur allein durch die Löcher zu spähen: er wünschte, seine ganze Umgebung sollte den Anblick mit genießen. Ich machte ihn darauf aufmerksam, daß er Unannehmlichkeiten davon haben könne; ich tat ihm einmal den Gefallen und wollte mich dann nicht ein zweites Mal darauf einlassen. Er machte sich aber über mich lustig und rief sogar Frau Kruse hinzu. Sie sah, wie Graf Razumowskij im Schlafrock mit der Kaiserin dinierte.

Das war am Freitag. Am Sonntag morgen nach der Messe betrat die Kaiserin mein Zimmer und schalt den Großfürsten schrecklich wegen der Löcher, die er in die Tür gemacht hatte. Sie sagte geradeheraus, was ihr die Wut nur eingab, und hielt auch mit

Schimpfworten nicht zurück. Mir sagte sie gar nichts, aber Frau Kruse flüsterte mir ins Ohr, die Kaiserin habe erfahren, daß ich abgeraten hatte, die Löcher in die Tür zu bohren, und man wisse mir Dank dafür.

Zu Anfang des Frühjahrs zogen wir aus dem Winterpalast in das Sommerpalais. Der Großfürst fing jetzt an das Violinspiel zu erlernen, zuerst bei dem Musiker Wilde, dann bei einem anderen, namens Pierri. Er begeisterte sich sehr für die Musik, und es gab oft Konzerte in seinen Gemächern. Er hatte ein gutes Gehör, aber kannte keine Note; trotzdem hat er sein ganzes Leben in allen Konzerten mitgespielt, die er gab, nur vermöge seines guten Gehörs. Er tat sich viel auf seine Musik zugute; im Grunde kannte er aber nicht die ersten Elemente. Die Musiker wußten das ganz genau, aber sie ließen ihn reden und machen, weil sie ihren Profit dabei hatten.

(Stück IV)

Der Großfürst hatte bei meinem Eintreffen in Moskau drei Lakaien in seinen Gemächern, namens Tschernyschow; alle drei Söhne von Grenadieren aus der Leibkompagnie der Kaiserin. Diese hatte den Vätern den Leutnantsrang verliehen zur Belohnung dafür, daß sie ihr auf den Thron geholfen hatte. Der älteste Tschernyschow war ein Vetter der beiden anderen, die Brüder waren. Der Großfürst hatte sie alle drei sehr gern und war mit ihnen recht vertraut. Sie waren auch sehr dienstwillig. Alle drei waren groß und schön gewachsen, besonders der älteste. Der Großfürst bediente sich seiner für alle Aufträge und schickte ihn täglich mehrere Male zu mir. Ihm schüttete er auch sein Herz aus, wenn er keine Lust hatte, zu mir zu kommen.

Dieser Mensch war sehr eng befreundet mit meinem Kammerdiener Jewreinow, und häufig hörte ich auf diesem Wege Dinge, die ich sonst nicht erfahren hätte. Beide waren mir wirklich mit Herz und Seele ergeben, und oft habe ich von ihnen Aufklärungen über vielerlei Dinge bekommen, die ich mir auf anderem Wege nur schwer hätte verschaffen können. Ich entsinne mich nicht, in welchem Zusammenhange der älteste Tschernyschow eines Tages zum Großfürsten gesagt hatte, indem er von mir sprach: »wedj ona ne moja newesta, wascha, sie ist nicht meine Braut, sondern die Ihrige.« Über diese Worte hatte der Großfürst gelacht und sie mir wiedererzählt; seitdem beliebte es Seiner Kaiserlichen Hoheit, mich ›jewo newesta, seine Braut‹, zu nennen, und Andrej Tschernyschow nannte er im Gespräch mit mir ›wasch shenich, Ihr Bräutigam‹. Um diesen Scherzen ein Ende zu machen, schlug Andrej Tschernyschow nach meiner Hochzeit Seiner Kaiserlichen Hoheit vor, mich ›seine Mutter, matuschka‹, zu nennen, und ich nannte ihn ›synok, mein Sohn‹.

Es war aber zwischen dem Großfürsten und mir beständig von diesem ›Sohn‹ die Rede, denn er liebte den Menschen wie seinen Augapfel, und ich hatte ihn auch sehr gern. So fing das denn an, meine Leute zu wurmen, die einen aus Eifersucht, die anderen aus Furcht vor den Folgen, die es für sie und für uns haben könnte. Eines Tages, als bei Hofe Maskenball war, war ich in mein Zimmer gegangen, um mich umzukleiden. Da nahm mich mein Kammerdiener Timofej Jewreinow beiseite und sagte mir, er und meine sämtlichen Leute seien erschreckt über die Gefahr, in welche ich mich vor ihren Augen begäbe. Ich fragte ihn, was er meine, und er sagte: »Sie sprechen und beschäftigen sich ja nur noch mit Andrej Tschernyschow!« »Gut«, sagte ich in der Unschuld meines Herzens, »was ist denn dabei Schlimmes? Er ist doch mein Sohn! Der Großfürst hat ihn ebenso gern und noch mehr als ich, und er ist uns ergeben und treu.« »Ja«, antwortete er mir, »das ist wahr; der Großfürst kann tun, was ihm beliebt, aber Sie haben nicht dasselbe Recht. Was Sie Güte und Zuneigung nennen, weil der Mann Ihnen dient und treu ist, das nennen Ihre Leute Liebe!«

Als er dieses Wort ausgesprochen hatte, das ich so gar nicht erwartet hätte, war ich wie vom Donner gerührt, sowohl über das Urteil meiner Leute, das mir recht vorwitzig schien, wie auch über die Lage, in die ich geraten war, ohne es zu ahnen. Jewreinow erzählte mir, er habe seinem Freunde geraten, sich krank zu melden, um dem Gerede ein Ende zu machen. Jener folgte Jewreinows Rat, und seine angebliche Krankheit dauerte fast bis zum April. Der Großfürst nahm an der Krankheit des Mannes lebhaften Anteil und sprach mir fortwährend davon, ohne von der ganzen Geschichte etwas zu ahnen. Erst im Sommerpalais erschien Andrej Tschernyschow wieder. Ich konnte ihn nicht ansehen, ohne verlegen zu werden.

Unterdessen hatte es die Kaiserin angemessen gefunden, neue Anordnungen für die Hofbeamten zu treffen: sie taten in allen Gemächern abwechselnd Dienst, und folglich auch Andrej Tschernyschow ebenso wie die übrigen.

(Stück II)

Eines Sonnabends, am 24. Mai, als beim Großfürsten Konzert war, zog ich mich für einen Augenblick in mein Zimmer zurück, und weil es sehr heiß war, entschloß ich mich, meine Tür, die in den großen Saal des Sommerpalais zur Rechten des Thrones führte, zu öffnen. Er wurde gerade dekoriert und war voll von Arbeitern. Die Kaiserin war in Tzarskoje Selo, aber sie wurde an diesem Abend zurückerwartet. Ich sah von weitem einen Kammerdiener des Großfürsten, namens Andrej Tschernyschow, für den er seiner schönen Erscheinung wegen große Vorliebe hatte. Ich rief ihn an und sprach vier oder fünf Minuten mit ihm, wobei ich auf meiner Seite der geöffneten Tür meines Zimmers stand, und er in dem Saal. Als ich mich einmal umwandte, sah ich hinter mir den Kammerherrn Graf Devier stehen, den der Großfürst nach mir geschickt hatte, weil ich kommen sollte eine Arie anzuhören. Graf Devier hat mir einige Jahre später gestanden, daß er von der Kaiserin den Befehl hatte, unsere Schritte zu bespähen und ein wachsames Auge auf alles zu haben, was Andrej Tschernyschow tat. Ich schloß meine Tür, folgte Graf Devier, und der Abend verlief so weiter.

Am nächsten Tage, dem Sonntag, gingen wir zur Kirche. Als ich aus der Messe kam, übergab mir mein Kammerdiener Timofej Jewreinow ein Billett von Andrej Tschernyschow, das mich wissen ließ, er und zwei Vettern von ihm, die Hoflakaien waren, hätten soeben Befehl erhalten, als Leutnants nach Orenburg abzugehen.[159] Jewreinow fügte hinzu: »Er getraut sich nicht noch einmal das Zimmer des Großfürsten zu betreten, aber falls der Großfürst und Sie ihn sehen wollen: er ist in dem Vestibül zwischen Ihren Gemächern und dem Audienzzimmer des Großfürsten.«

Ich lief zum Großfürsten, und wir gingen beide zusammen durch das Vestibül, wo wir ihn in Tränen aufgelöst fanden. Der Großfürst war sehr betrübt, daß Tschernyschow entfernt wurde, und ich auch. Er schien viel Ergebenheit für uns beide zu besitzen, besonders aber für mich. Wir verabschiedeten uns sehr herzlich von ihm und weinten alle drei.

Dieses Begebnis ließ den Großfürsten und mich im Laufe des Tages trübe Erwägungen anstellen: in noch nicht einem Jahr war das der zweite Mensch, den wir gern sahen, der entfernt wurde. Alle unsere Bedienten waren bestürzt. Ich fühlte mich außerdem gar nicht wohl. Unter dem Vorwand eines Nachmittagschlafes, der damals bei Hofe ganz üblich war, legte ich mich zu Bett und weinte bitterlich.

Ein paar Stunden später erhob ich mich, um mich zur Cour anzukleiden. Frau Kruse erschien und meldete mir, der Großkanzler Graf Bestushew und Frau von Tschoglokow, Staatsdame und Verwandte der Kaiserin, wünschten mich zu sprechen. Über diesen Besuch war ich sehr verwundert. Ich ließ sie eintreten. Der Graf teilte mir mit, die Kaiserin habe die Dame zu meiner Oberhofmeisterin ernannt.[160] Sofort fing ich an noch jämmerlicher zu weinen. Ich wußte, daß Frau Tschoglokow als die boshafteste und launischste Frau bei Hofe galt. Ich antwortete ihnen, die Befehle Ihrer Kaiserlichen Majestät seien unumstößliches Gesetz für mich, und entließ sie.

Ich ersuchte Frau von Tschoglokow, mich bei Ihrer Majestät zu entschuldigen, weil ich wegen eines starken Kopfwehs, an dem ich seit einigen Tagen litt und weswegen mir am nächsten Tage zur Ader gelassen werden sollte, diesen Abend nicht die Ehre haben könne, ihr meine Ehrerbietung bei der Cour zu erweisen. Frau von Tschoglokow ging zur Kaiserin und kehrte nach einiger Zeit zurück, um mich wissen zu lassen, daß diesen Abend keine Cour stattfinden werde. Außerdem brachte sie mir als Einführung das angenehme Kompliment mit, die Kaiserin habe ihr aufgetragen, mir zu sagen, ich wäre sehr eigensinnig (wy, deskatj, otschen upriamy!). Ich wollte von Frau Tschoglokow wissen, weshalb und wieso ich von Ihrer Kaiserlichen Majestät des Eigensinns bezichtigt werde. Sie entgegnete mir, sie habe mir bestellt, was man ihr zu sagen aufgetragen; den Grund wisse sie nicht, und sie sei nicht in der Lage, Ihrer Majestät Fragen zu stellen. Ein neuer Grund zu Tränen für mich!

Ich strengte mein Nachdenken an, um herauszubringen, wieso ich eigensinnig sei. Mir schien, ich hatte immer aufs pünktlichste gehorcht. Den Großfürsten sah ich den ganzen Tag nicht: er kam nicht zu mir, und in dem Zustand, in dem ich mich befand, ging ich auch nicht zu ihm. Während meines ganzen Lebens habe ich stets meine Tränen zu verbergen gewußt, und zwar aus Stolz; ich habe es nie geschätzt, mich bemitleiden zu lassen. Hätte ich es oft über mich gewonnen, den traurigen Zustand zu zeigen, in dem ich mich befand, so hätte ich ihn wohl lindern können, aber mein Herz war zu stolz, um Mitgefühl, gleichviel bei wem, für mich zu suchen.

Am nächsten Morgen ließ man mir zur Ader. Kaum war mein Arm verbunden, als die Kaiserin in mein Zimmer trat: alle anderen zogen sich zurück, und wir blieben allein. Die Kaiserin begann das Gespräch damit, meine Mutter hätte sie versichert, ich heirate den Großfürsten aus Liebe; aber die hätte sie offenbar getäuscht, und sie wisse sehr wohl, daß ich einen anderen liebe.[161] Sie schalt mich hart, zornig und aufgeregt, ohne jedoch dabei den Namen dessen auszusprechen, den ich angeblich lieben sollte. Über diese ganz unerwartete Beleidigung war ich so verblüfft, daß ich kein Wort der Erwiderung fand. Ich brach in Tränen aus und empfand schreckliche Furcht vor der Kaiserin; ich sah den Augenblick, wo sie mich schlagen würde, wenigstens fürchtete ich ihn. Ich wußte, daß sie im Zorn ihre Frauen, ihre Umgebung schlug, manchmal sogar die Herren. Ich konnte mich dem nicht durch die Flucht entziehen, denn ich stand mit dem Rücken gegen eine Tür und sie gerade vor mir. Frau Kruse, wie immer sehr dienstfertig, wenn es galt, Schaden zu stiften, war fortgelaufen, um den Großfürsten aus dem Bette zu holen, offenbar, damit er Zeuge des Auftritts sein sollte. Er erschien im Schlafrock; aber Frau Kruse täuschte sich in ihren Berechnungen, denn sowie die Kaiserin ihn sah, mäßigte sie ihren Ton und redete mit ihm höchst liebevoll über gleichgültige Dinge. Mit mir sprach sie nicht mehr, sah mich auch nicht an, und nach kurzer Unterhaltung entfernte sie sich in ihre Gemächer. Der Großfürst zog sich in die seinen zurück. Mir schien, er war verstimmt gegen mich.

Ich blieb in meinem Zimmer zurück, ohne zu wagen, mein Herz einer lebenden Seele auszuschütten, und fühlte gleichsam ein scharfes Messer in meinem Innern.[162] Indessen trocknete ich meine Tränen und kleidete mich zum Diner an. Als es beendet war, warf ich mich, überwältigt wie ich war, angekleidet auf ein Kanapee und nahm ein Buch. Als ich ein Weilchen gelesen hatte, sah ich den Großfürsten bei mir eintreten; er schritt geradenweges zum Fenster. Ich erhob mich, ging zu ihm und fragte, was er habe und ob er mir zürne. Er wurde verlegen und sagte nach kurzem Stillschweigen: »Ich wünschte, Sie hätten für mich dieselbe Liebe wie für Tschernyschow!« Ich antwortete ihm: »Aber es gibt doch drei, welchen von ihnen liebe ich denn angeblich? Und von wem haben Sie das?« Er sagte: »Verraten Sie mich nicht und sagen Sie es niemand! Frau Kruse hat mir erzählt, Sie lieben Peter Tschernyschow.« Wie ich das hörte, freute ich mich sehr und entgegnete ihm: »Das ist ja eine schreckliche Verleumdung; ich habe fast nie in meinem Leben mit diesem Lakaien gesprochen. Eher hätte man mich verdächtigen können, eine Vorliebe für Ihren Günstling Andrej Tschernyschow zu haben. Sie wissen doch selbst, daß Sie den beständig zu mir schicken. Ich habe ihn jedesmal bei Ihnen gesehen, da habe ich auch mit ihm gesprochen, und wir beide haben doch immer mit ihm unsern Scherz gehabt!« Der Großfürst sagte darauf: »Ich gestehe Ihnen ganz offen, mir wurde es schwer, daran zu glauben. Gekränkt hat mich bei der Sache, daß Sie es mir nicht selbst anvertraut haben, wenn Sie eine Zuneigung für jemand anders als für mich gehabt hätten.« Das kam mir allerdings sehr eigentümlich vor, trotzdem dankte ich ihm für den herzlichen Ton, in dem er mit mir sprach, und wie mir schien, hatte ich seinen Verdacht beschwichtigt. Ich schwur ihm, niemals an Peter Tschernyschow gedacht zu haben, und das konnte ich ihm auch kühnlich schwören, denn es war die Wahrheit.

Ich weiß heute noch nicht, weshalb man ausgerechnet diesen im Verdacht hatte, während der ältere mit viel größerer Wahrscheinlichkeit hätte in Betracht kommen können. Denn ihn hatte ich wirklich gern, und der Großfürst selbst hatte durch seine Vorliebe für ihn die Veranlassung gegeben. Er sprach ja nur von ihm, sah nur ihn: kurz, der war wirklich unser beider Günstling. Das war eine höchst unschuldige, jugendliche Zuneigung, aber immerhin, es war eine! Auch war dieser Tschernyschow ein sehr hübscher Junge; sein Vetter konnte sich nicht mit ihm vergleichen. Eine von den guten Eigenschaften, die wir beide an Andrej Tschernyschow schätzten, war die, daß er verstand, Frau Kruse betrunken zu machen, wenn er wollte; er verschaffte uns dadurch die Möglichkeit, nach Herzenslust umherzuspringen und zu tollen, ohne ausgescholten zu werden.

Noch jemand befreite mich häufig von Frau Kruse, nämlich mein

Lieferant, der Kaufmann Schriever, der sie auf meinen Wunsch sehr oft zum Diner oder Souper einlud.

Ich habe allen Grund, anzunehmen, daß man sich damals viel Mühe gab, den Großfürsten und mich zu entzweien. Denn kurz darauf berichtete mir eines Tages Graf Devier geradeheraus von dem Interesse des Großfürsten für Fräulein Karr, eine Hofdame der Kaiserin, das er beobachtet haben wollte; dann vertraute er mir wieder die Bemühungen meines Gemahls um Fräulein Tatischtschew an.

Wieder ein paar Tage später meldete mir Frau Tschoglokow, die Kaiserin erließe es mir, fürderhin in ihr Toilettenzimmer zu kommen, zu dem mir meine Mutter den Zutritt verschafft hatte. Wenn ich Ihrer Majestät etwas mitzuteilen hätte, so sollte ich mich in Zukunft durch sie an die Kaiserin wenden. Ich antwortete ihr, ich ließe mir selbstverständlich nichts mehr angelegen sein, als den Befehlen und Wünschen Ihrer Kaiserlichen Majestät stets zu gehorchen. Im Grunde machte ich mir gar nichts daraus, in diesem Zimmer zwischen den Kammerzofen der Kaiserin herumzusitzen. Ich langweilte mich da, ging auch nur selten hin, wie irgend angänglich.

Einige Tage darauf ließ uns die Kaiserin mitteilen, sie reise nach Reval, und wir sollten sie begleiten. Wirklich reiste sie ab, und wir auch. Wir waren vier Personen im Wagen, nämlich der Großfürst, ich, mein Onkel, der Fürstbischof von Lübeck, und Frau Tschoglokow. Fürst Repnin, seine Frau und einige Kavaliere machten unser Gefolge aus. Das der Kaiserin war aber sehr groß.

Diese Reise war höchst unbehaglich wegen der schrecklichen Hitze, die herrschte, wie auch wegen des langsamen Vorwärtskommens, der schlechten Quartiere, und dann weil die Zeiten für Abfahrt, Ankunft und die Mahlzeiten in keiner Weise geregelt waren. Die Kaiserin nahm die Posthäuser für sich in Anspruch; uns wurden zum Schlafen und Ankleiden oft Räume angewiesen, in denen Brot gebacken wurde, also die Öfen eine unerträgliche Hitze ausströmten. Oder wir sollten Zelte haben, und die kamen immer zu spät an. Nie in meinem Leben habe ich so viel Strapazen und Unbequemlichkeiten ertragen müssen, wie auf dieser Reise im Gefolge der Kaiserin.

Außerdem herrschte in unserm Wagen dumpfe Langweile dank der schlechten Laune von Frau Tschoglokow, die alles übelnahm, sich über alles und jedes ärgerte, alles von der schlechten Seite ansah. Was sie sagte, schloß stets mit den Worten: »Ich werde der Kaiserin Bericht erstatten.« Ich fügte mich darein und schlief einfach während der ganzen Fahrt. Der Großfürst ertrug den Zustand weit weniger geduldig: ihn erboste das, er wollte allerhand kleine Spiele im Wagen spielen, aber Frau Tschoglokow erklärte, das schicke sich nicht. Wirklich lief sie damit zur Kaiserin und machte ein gewaltiges Verbrechen daraus. Ich weiß nicht, welche Antwort ihr die Kaiserin gab, aber nach der Ankunft in Reval hörte ich, daß sie im Kreise ihrer Vertrauten gesagt hatte, Frau Tschoglokow jammere ihr die Ohren voll mit allerhand Miseren und Kindereien, sie habe sich unter anderem darüber beklagt, daß wir kleine Spiele spielen wollten. Aber es lag doch nur an Ihrer Majestät, statt so boshafter Leute verständigere zu verwenden!

Endlich kamen wir in Reval an; ganz Estland war auf den Beinen! Der Einzug der Kaiserin in Katharinental erfolgte mit großem Pomp zwischen zwei und drei Uhr morgens[163] bei furchtbarem Regenwetter und in solcher Dunkelheit, daß überhaupt nichts zu sehen war. Wir waren alle sehr herausgeputzt, aber soviel ich weiß, hat uns niemand gesehen, denn der Wind hatte sämtliche Façkeln ausgeblasen, und sowie wir die Wagen verlassen hatten, zogen wir uns alle in unsere Gemächer zurück. Ich wohnte oben, links vom Saaleingang.

Vom Tage nach unserer Ankunft an wurde hoch gespielt: die Favoriten und Favoritinnen der Kaiserin, Graf Razumowskij und Gräfin Schuwalow, konnten nicht ohne das auskommen. Außerdem war das Spiel unentbehrlich an einem Hofe, an dem man die Kunst der Unterhaltung nicht kannte, wo man sich gegenseitig aufrichtig haßte, wo Lästern Geist war und wo das geringste ernste Wort als Verbrechen und Majestätsbeleidigung galt. Dunkle Ränke hielt man für Weltgewandtheit. Von Kunst und Wissenschaft wurde nicht gesprochen, denn alle waren gänzlich unwissend. Man konnte wetten, daß die Hälfte der Gesellschaft kaum lesen konnte, und ich bin nicht ganz sicher, ob ein Drittel des Schreibens kundig war!

Frau Tschoglokow versäumte nicht eine einzige Partie beim Spiel, und wenn sie verlor, wuchs ihre schlechte Laune. Da war übrigens noch etwas, was nicht weniger in der Hinsicht auf sie wirkte; ihr Gemahl, den sie närrisch liebte, war abwesend. Die Kaiserin hatte ihn nach Wien geschickt, um dem Hofe die Vermählung des Großfürsten mit mir anzuzeigen.[164] Aber der vielgeliebte Ehemann kam zurück, während wir in Reval waren. Obwohl er so geliebt wurde, war er ganz und gar nicht liebenswürdig. Er war der von Eigenliebe aufgeblasenste Mensch der Welt; er hielt sich für ungewöhnlich schön und klug. Ein alberner Geck war er, hochmütig und hämisch, und zum mindesten genau so boshaft wie seine Frau, die das nicht zu wenig war.

Während unseres Aufenthaltes in Reval gab es Zank zwischen den Tschoglokows und Fürst Repnin. Dieser hielt Freundschaft mit Frau Schuwalow; jene waren von Graf Bestushew angestellt worden, anscheinend, weil er keine Boshafteren gefunden hatte. Fürst Repnin richtete es so ein, daß Frau Schuwalow während des Spieles mir von der unerträglichen Launenhaftigkeit der Frau Tschoglokow sprach, über die sie sich gern lustig machte, wie auch über alle übrige Menschheit, auf die sie im Laufe des Tages zu sprechen kam. Frau Schuwalow gab sich auf dieser Reise viel Mühe, das Vertrauen der Kaiserin zu den Tschoglokows zu erschüttern; es gelang ihr aber doch nicht, sie zu verdrängen. Sie hatten sehr festen Boden gefaßt und wurden gut gestützt; sie ließen sich nur von den Eingebungen des Grafen Bestushew leiten. Doch hätte der Weiße-Adler-Orden, den Herr von Tschoglokow ohne Erlaubnis der Kaiserin in seiner Tasche aus Dresden mitgebracht hatte, diese beinahe erzürnt, als sie davon erfuhr. Aber Graf Bestushew und Frau Tschoglokow bemäntelten alles, und Tschoglokow erhielt die Erlaubnis, den Orden in Reval anzulegen.

Einige Tage nach unserer Ankunft in der estnischen Hauptstadt traf dort der Gesandte des Wiener Hofes ein, Herr Bretlach.[165] Er kam, um mit Graf Bestushew den berühmten Bündnisvertrag vom Jahre 1746 zwischen seinem und dem russischen Hof zu unterzeichnen, der zehn Jahre später, im Jahre 1756, schlecht verstanden und falsch ausgelegt, während des unfähigen Ministeriums Worontzow durch die Intrigen der Höfe von Wien, Frankreich und Sachsen aus Rußland, das nach dem Vertrage nur ein Bundesgenosse war, eine kriegführende Partei machte. Und zwar diejenige, die mit vollster Kraft gegen den König von Preußen losschlug, mit dem sie gar kein Zerwürfnis gehabt hatte und keinen einzigen Anlaß zum Kriege. Der wurde ihm auch nicht offiziell erklärt, sei es aus Nachlässigkeit oder weil man nichts in eine Kriegserklärung hineinzuschreiben gehabt hätte. Und trotzdem wurde er erbittert und hartnäckig sechs Jahre lang geführt. Herr Bretlach, voll Triumph über seine erledigte Aufgabe, sehr gefeiert und sehr stolz, folgte uns nach Rogerwyk[166], wo er sich nach den politischen Geschäften jeden Abend regelmäßig mit Graf Bestushew zusammen betrank.

Die Kaiserin beabsichtigte die Reise bis Riga auszudehnen: die Hofequipagen waren schon nach dieser Grenzstadt befördert worden, und alles rüstete zum Aufbruch, als sie plötzlich ihren Plan änderte und erklärte, sie würde die Flottenübungen ansehen und dann nach Petersburg zurückkehren. Niemand wußte, woher sich diese plötzliche Änderung schrieb. Doch argwöhnte man einen geheimen Grund und dunkle Beweggründe, von denen nicht gesprochen wurde. Ich habe das Geheimnis erst zwei Jahre nach meiner Thronbesteigung herausgebracht. Als ich einmal eines Morgens früh nach meiner Gewohnheit in einer alten Truhe voll staubiger und von Ratten halbzerfressener Papiere kramte, fand ich dabei ein langes deutsches Schreiben eines fanatischen und verrückten lutherischen Pastors, der die Kaiserin im Namen Gottes anflehte und ihr im Namen der heiligen Dreieinigkeit befahl, nicht bis Riga weiterzugehen, wo man ihr, nach seiner Behauptung, auflauerte, um sie umzubringen. Diesen Brief hatte der Verrückte nach Reval an die Kaiserin geschickt, die darüber ernsthaft erschrak und sich so aufregte, daß sie nach Petersburg zurückkehrte. Der Pastor wurde in die Festung gebracht, wo er als ein verrückter Schwärmer erkannt wurde. Das war alles.

Von Rogerwyk kehrten wir also nach Reval zurück, anstatt nach Riga zu gehen. Unterwegs jagte die Kaiserin, wobei sich ihr Pferd bäumte und sie Gefahr lief, einen gefährlichen Fall zu tun, aber wir kamen mit dem bloßen Schrecken davon. Der Großfürst begleitete sie auf dieser Jagd. Er jagte auch oft mit dem Grafen Razumowskij, der damals Oberjägermeister und Favorit der Kaiserin war. Ich wurde niemals zu diesen Jagdausflügen eingeladen, obwohl es bekannt war, daß ich leidenschaftlich gern ritt.

Ich blieb also allein zu Hause und durfte mich langweilen, oder auch ich war mit Frau von Tschoglokow zusammen, die fast nur unangenehmes Zeug redete. Kam das nun von der Lebensweise, oder war es innere Veranlagung, jedenfalls litt ich an hypochondrischen Anfällen, die mich oft weinen machten. Ich weiß nicht, ob trotz aller Mühe, die ich mir gab, meine Tränen zu verbergen,

Frau Tschoglokow oder meine Frauen sie doch bemerkten, man ließ jedenfalls den Doktor Boerhaave kommen, den die Kaiserin sehr schätzte. Er riet, mir zur Ader zu lassen; ich war damit einverstanden, und zu meinem großen Staunen schlug mir Frau Tschoglokow einen Spaziergang im Garten von Katharinental vor und übergab mir 3000 Rubel als Geschenk der Kaiserin. Wie man sich wohl denken kann, wies ich natürlich beides nicht zurück, und wirklich fühlte ich mich besser.

Ich war damals sehr mager, und nach der schweren Krankheit, die ich in Moskau durchgemacht hatte, fürchtete Boerhaave sieben Jahre lang, ich würde schwindsüchtig werden. Es ist erstaunlich, daß ich es nicht geworden bin, denn ich habe achtzehn Jahre lang ein Leben geführt, von dem zehn andere verrückt geworden und zwanzig an meiner Stelle vor Gram gestorben wären.

(Stück IV)

Der Großfürst faßte in Reval eine flüchtige Neigung für eine Frau Cedersparre; nach seiner steten Gepflogenheit versäumte er nicht, mir das anzuvertrauen.

(Stück II)

Einige Zeit später kehrten wir auf ebenso unbehagliche Weise nach Petersburg zurück, wie wir gekommen waren. In Narwa angelangt, wollten wir nicht in der Stadt bleiben, sondern draußen in Zelten übernachten. Die Kaiserin war vorausgefahren. Es hatte die ganze Nacht geregnet, und da, wo die Zelte aufgeschlagen waren, stand das Wasser einen halben Fuß hoch. Ich legte mich in mein Bett, das im Wasser stand. War nun die Feuchtigkeit mit daran schuld, oder nur die Anstrengungen der Reise, oder vielleicht auch beides, jedenfalls stand ich mit Halsschmerzen, Fieber und argem Kopfschmerz auf, und wir setzten die Reise fort. Ich kam krank nach Petersburg[167], aber ein paar Tage der Ruhe brachten mich wieder ganz in Ordnung.

Einige Tage später ging der Hof nach Peterhof, da exerzierte der Großfürst wieder mit allen seinen Kavalieren und Lakaien und richtete unter seinen Fenstern, halb heimlich, halb offen, eine Wache ein. Wir wohnten unten. Das Schloß war noch so, wie es

Peter der Große gebaut hatte. Nach ein paar Tagen bat der Großfürst die Kaiserin, die nach Gostilitzy ging[168], um die Erlaubnis, während der Abwesenheit ihrer Majestät nach Oranienbaum, das ihm gehörte, zu gehen. Sie gestattete es, und dort wurde nun alles militärisch. Die Kavaliere und er verbrachten den ganzen Tag auf Wache oder mit anderen militärischen Übungen, und ich saß allein mit Herrn und Frau Tschoglokow, dem Fürsten und der Fürstin Repnin und drei Hofdamen.

Das Leben wurde unerträglich. Als einziges Vergnügen spielte ich mit meinen Hofdamen Federball, während in einer Ecke des Zimmers Herr und Frau Tschoglokow quengelten und in der andern Fürst und Fürstin Repnin gähnten. Schließlich fand ich mich darein; ich ging den ganzen Tag mit der Flinte über der Schulter auf die Jagd, oder auch ich blieb in meinem Zimmer und las ein Buch, das gerade zur Hand war. Ich las damals nur Romane, die lediglich meine Phantasie erhitzten, was ich ganz und gar nicht nötig hatte. Ich war ohnehin schon lebhaft genug, und diese Lebhaftigkeit wurde noch vermehrt durch das abscheuliche Leben, das man mich führen ließ. Ich war beständig mir selbst überlassen. Langweile und Argwohn umgab mich von allen Seiten. Kein Vergnügen, keine Unterhaltung, keines Menschen Interesse, Gefälligkeit oder Aufmerksamkeit für mich milderten mir diese Langeweile.

Wir verließen Oranienbaum und gingen nach Peterhof[169]; dort ließ uns die Kaiserin sagen, wir sollten uns auf das Abendmahl vorbereiten. Das war sehr eigentümlich, bei uns nimmt es in der Regel niemand zweimal im Jahre, und wir hatten es zu Ostern getan. Ich blieb nicht lange im Zweifel, woher dieser plötzliche Eifer kam, uns zur Beichte zu schicken. Als der Augenblick da war, fragte mich mein Beichtvater, der Bischof von Pleskau, ob ich einen von den Tschernyschows geküßt hätte. Ich antwortete ihm: »Nein, mein Vater.« »Wie das?« entgegnete er; »man hat der Kaiserin gesagt, Sie haben Tschernyschow einen Kuß gegeben?« Ich erwiderte: »Das ist eine Verleumdung, mein Vater, das ist nicht wahr!« Meine Unbefangenheit ließ ihn an dem, was ich sagte, nicht zweifeln, und ihm entschlüpften die Worte: »Welch böse Menschen!« Er ermahnte mich, sehr auf meiner Hut zu sein und in Zukunft nie Veranlassung zu solchem Argwohn zu geben. Augenscheinlich ging er zur Kaiserin, ihr zu melden, was zwischen uns gesprochen war. Ich hörte nichts mehr davon.

Während wir in Peterhof waren, kam Graf Michael Worontzow mit seiner Gemahlin aus dem Auslande zurück. Er fand seinen Einfluß gewaltig gesunken. Man hatte ihm unter anderem zum Vorwurf gemacht, daß der König von Preußen in seinen Staaten für ihn den Unterhalt bestritten hatte. Aber Herr Graf von Worontzow war Vizekanzler von Rußland und konnte schon wegen seiner Stellung Höflichkeiten und Aufmerksamkeiten von fremden Höfen annehmen.

Während dieses ganzen Jahres litt ich beständig an Kopfschmerzen und Schlaflosigkeit. Frau Kruse brachte mir als angebliches Heilmittel jeden Abend, wenn ich im Bett lag, ein Glas Ungarwein, das ich mehrere Tage hintereinander jeden Abend regelmäßig hintergießen sollte. Ich wies dieses sogenannte Mittel gegen Schlaflosigkeit zurück, und Frau Kruse trank es statt meiner auf mein Wohl aus. Wieder in der Stadt angelangt, klagte ich Doktor Boerhaave über meine Leiden. Das war ein hochverständiger Mann; er wußte auch, welches Leben ich führen mußte, und kannte mein Verhältnis zu meinem Gatten, wie auch zu meiner Umgebung. Er bat mich eines Morgens, bevor ich frisiert war, ihm meinen Kopf zu zeigen und befühlte meinen Schädel sehr gründlich. Schließlich meinte er, obwohl ich doch siebzehn Jahre alt sei, habe mein Kopf noch die Verfassung wie bei einem sechsjährigen Kinde, ich müsse mich sehr in acht nehmen, dürfe mir nicht den oberen Teil des Kopfes erkälten; kurz, meine Schädelknochen hätten sich noch nicht geschlossen. Er meinte, die Knochen würden sich erst im Alter von fünfundzwanzig bis sechsundzwanzig Jahren schließen, und das sei der Grund meiner Kopfschmerzen. Ich folgte seinem Rat, und tatsächlich verlor sich die zwischen den Schädelknochen fühlbare Vertiefung erst, als ich fünfundzwanzig oder sechsundzwanzig Jahre alt war, wie er vorausgesagt hatte.

Nach der Rückkehr in die Stadt blieben wir nicht lange im Sommerpalais, sondern man ließ uns in den Winterpalast umziehen, in die Räume, welche die Kaiserin Anna innegehabt hatte. Die Zimmer des Herzogs von Kurland wies man dem Fürsten Repnin und den Tschoglokows an. Weil ihre Gemächer so nahe aneinanderlagen, fingen sie Hasardspiele an, auf die man damals ganz wild war. Die Kavaliere spielten mit, um ihnen gefällig zu sein. Frau Tschoglokow gewann gern, und ärgerte sich, wenn sie verlor. Das Spiel entzweite sie mit aller Welt, und war sie einmal mit jemand auseinandergekommen, so unterließ sie keine Gelegenheit, zu schaden. Da sie das Ohr der Kaiserin besaß, erzählte sie ihr die furchtbarsten Dinge von denen, die sie nicht leiden konnte. Eigentlich haßte sie jeden von vornherein; sie und ihr Mann waren überhaupt nur Galle. Das Spiel war also der Anlaß, daß sie in diesem Winter vielen Menschen Schaden zufügte, und allmählich gelang es ihr, die Entfernung aller ihr mißliebigen Personen durchzusetzen.

Doch war gerade dieser Winter leidlich angenehm; ich langweilte mich weniger als bisher. Mein Onkel, der Fürstbischof von Lübeck, war fast ständig in den Gemächern des Großfürsten, wo außerdem eine Anzahl von jungen Leuten sich einstellte, die immer nur herumtobten und tollten. Oft kam der Großfürst mit der ganzen Gesellschaft in meine inneren Gemächer, und Gott weiß, was wir da alles anstellten. Die Ungezwungensten in diesem Kreise waren damals Graf Peter Devier, Alexander Villebois, Fürst Alexander Golitzyn, Fürst Alexander Trubetzkoj, Sergej Saltykow, Fürst Peter Repnin (ein Neffe dessen, der dem Großfürsten beigegeben war; er war nur Gardeoffizier, hatte aber Zutritt dank der Protektion seines Onkels) und viele andere, von denen der älteste noch nicht dreißig Jahre alt war. Blindekuh war sehr beliebt, und oft tanzten wir den ganzen Abend, oder es war Konzert, dem immer ein Souper folgte. Das zog sogar Angehörige des großen Hofes an!

Eines schönen Tages in diesem Winter kam die Kaiserin plötzlich auf den Gedanken, allen Damen des Hofes zu befehlen, sich den Kopf rasieren zu lassen. Die Damen weinten, aber sie gehorchten sämtlich. Die Kaiserin schickte ihnen schwarze, schlecht gemachte Perücken, die sie tragen sollten, bis ihnen die Haare wieder wüchsen. Die Damen der Stadtgesellschaft wurden angewiesen, ja nicht ohne solche Perücken bei Hofe zu erscheinen. Sie mußten sie über ihrem eigenen Haar tragen und sahen noch viel schlechter aus als die Damen des Hofes. Die Haare unter den Perücken drückten diese hoch, während bei den Damen des Hofes, weil die Köpfe rasiert waren, die Perücken wenigstens besser auf die Köpfe paßten. Weil sich die Kaiserin wie alle hatte rasieren lassen, was ja der Anlaß gewesen war, daß die Damen sich dieser Operation unterziehen mußten, nahm ich an, die Reihe würde auch an mich kommen. Jedoch Frau Tschoglokow, welche sie über sich hatte ergehen lassen, meldete, mir erließe es die Kaiserin, weil meine Haare erst gerade wieder gewachsen waren. Denn nach meiner schweren Krankheit in Moskau waren mir die Haare ausgegangen, und mein Kopf war damals glatt wie meine Hand. Jetzt besaß ich die denkbar schönsten Haare; sie hatten natürliche Locken, ohne gebrannt zu werden, und waren also nicht kraus geworden. Als Grund ihres sehr gütigen Einfalles gab die Kaiserin an, sie hätte einmal am Tage eines Festes nicht den Puder aus ihren Haaren entfernen können, als sie ungepudert erscheinen wollte; sie hätte deshalb ihre Haare geschwärzt, und die Farbe sei nicht wieder herausgegangen. Ich weiß nicht, was daran war, aber alle Welt wußte, daß Ihre Majestät blond war und daß sie immer Haare, Brauen und sogar Wimpern schwarz färbte.

Im Dezember forderte uns die Kaiserin auf, sie auf einer Wallfahrt nach Tichwin zu begleiten, wo sich ein wundertätiges Muttergottesbild befindet. Als der Tag der Abreise gekommen war, warteten wir am Morgen lange auf den Aufbruch. Wir bekamen die Nachricht, die Reise sei bis zum Nachmittag verschoben; gegen Abend hörten wir, sie sei vorläufig ganz aufgegeben worden. Alle Welt war begierig, den Grund zu wissen: die Nachforschungen ergaben schließlich, daß Graf Razumowskij an der Gicht erkrankt war.

Um diese Zeit warb mein damaliger Kammerherr, jetziger Feldmarschall Fürst Alexander Golitzyn um die Hand meiner ältesten Hofdame, Prinzessin Anastasia Gagarin, die seit einigen Tagen an einem hitzigen Fieber daniederlag. Er hatte gerade die Zustimmung Ihrer Majestät zu der Heirat erhalten, als es der Prinzessin so schlecht ging, daß man ihr die Sakramente reichen mußte. Zwei Tage später starb sie. Ich weinte sehr um sie; sie war liebenswürdig und sehr hübsch gewesen. Die Kaiserin ernannte nun ihre ältere Schwester, Prinzessin Anna Gagarin, an ihrer Stelle. Sie wollte die Überführung der Leiche nach dem Newskij-Kloster mit ansehen; sie kam deshalb in meine Gemächer, und von der Tür aus sah sie den Trauerzug hinabziehen. Der Karneval ließ das Ereignis vergessen, und Fürst Golitzyn tröstete sich, indem er die Schwester der Verstorbenen, Prinzessin Darja, heiratete.

Jeden Nachmittag um sechs Uhr mußten wir uns in die große Galerie der Appartements der Kaiserin bemühen, angeblich um ihr unsere Ehrerbietung zu bezeugen. Man sah sie aber fast nie und traf meist auch nicht ihre Höflinge an. Die Damen kamen regelmäßig, und wir verbrachten mit ihnen eine oder zwei Stunden beim Spiel. Dieses Paradesitzen war die denkbar langweiligste Sache. Zweimal wöchentlich wurde französische Komödie gespielt; ein paarmal, aber nur selten, gab es Maskeraden. Immerhin war dieser Winter einer der besten in den etwa achtzehn Jahren, die ich so verlebte.

Nach Neujahr[170] fand die Reise nach Tichwin statt. Wir reisten über Schlüsselburg und Ladoga. Die Kaiserin hatte bestimmt, alle Damen sollten unterwegs Zobelmützen tragen, wie noch heute die Bürgerfrauen in vielen Provinzstädten. Die meine ging, ich weiß nicht wie, auf der Reise verloren, und Tschoglokow besorgte mir eine andere von einer Kaufmannsfrau. In Tichwin angelangt, begaben wir uns mit Ihrer Majestät in das Kloster, in dem sich das Bild befand.[171] Aber tatsächlich konnte es weder die Kaiserin noch sonst jemand sehen, denn es ist so schwarz, daß man weder in der Nähe noch von weitem auf dem Brett, auf das es gemalt sein soll, etwas erkennen kann. Die Kaiserin erzählte bei Tisch sehr andächtig, die Schweden hätten seinerzeit das Kloster belagert[172], aber Feuer vom Himmel hätte sie verjagt. Sie hätten sogar ihr Geschirr im Stiche gelassen, und die silbernen Platten des schwedischen Generals[173] seien noch im Kloster. Man hat uns die aber nicht gezeigt.

Wir sahen in dem Kloster einen Bischof, der seit den Zeiten der Kaiserin Anna dort als Verbannter lebte. Ich glaube, er blieb auch da.

Nach der Rückkehr befahl uns die Kaiserin, die Gemächer vom vorigen Jahr wieder zu beziehen, in denen sie bis dahin gewohnt hatte, weil sie einen Flügel aus Holz an den ihren hatte anbauen lassen, der sich von der Ecke des Winterpalastes bis zu den Gräben der Admiralität hinzog. Ich glaube, man eilte auch, uns aus unseren Gemächern herauszubringen, weil die fröhliche Stimmung, die da herrschte, den Tschoglokows mißfiel, die alles, was nicht langweilig war, ungehörig nannten. Sie sollten unter meinen Fenstern einen niedrigen Flügel bewohnen, der bisher als Küche gedient hatte.

Nur Fürst Repnin blieb in seinem Zimmer. Man wollte ihn allmählich von uns entfernen; diese Absicht bestand und wurde bald offenbar. Sein größtes Verbrechen war, daß er die Fröhlichkeit unterstützte und ihr Nahrung verschaffte. Herr Graf Bestushew und die Tschoglokows billigten das nicht und verstanden die Kaiserin in ihrem Sinne zu beeinflussen. Obwohl diese auch von Natur fröhlich veranlagt war, reizte man bei jeder Gelegenheit ihre Leidenschaften und namentlich ihre Eifersucht, die man immer mit dem besten Erfolge erweckte.

Als wir wieder in unseren Gemächern vom vorigen Jahre eingezogen waren, eröffneten sich neue Ausblicke. Zuerst gab mir Frau Tschoglokow zu wissen, daß meine Damen nicht mehr meine inneren Gemächer betreten dürften – sie kamen auch so schon kaum; daß ferner keine Herren Zutritt bei mir haben würden – die kamen ja aber niemals ohne den Großfürsten. Weil sie aber über diesen keine Autorität hatten, blieb bei ihm alles, wie es war. Ich nahm diesen im Namen der Kaiserin übermittelten Befehl mit Ergebung entgegen, aber fast mit Tränen in den Augen.

Während der Fasten dieses Jahres 1747 ging die Kaiserin nach Gostilitzy; wir hatten Befehl, sie zu begleiten, aber Fürst Repnin blieb in der Stadt. Dort wurde getanzt, und man belustigte sich ein wenig, weil die Kaiserin es so wünschte.

Nach der Rückkehr in die Stadt teilte man mir den Tod meines Vaters mit.[174] Ich weinte sehr und war so tieftraurig, daß ich krank wurde. Man bewilligte einige Tage für meine Tränen; man ließ mir zur Ader, und die Kaiserin besuchte mich. Als es mir besser ging, kam Frau Tschoglokow und sagte, die Kaiserin ließe mir befehlen, mit dem Weinen aufzuhören; mein Vater sei kein König gewesen und der Verlust wäre nicht so groß. Ich antwortete ihr: »Es ist wahr, daß mein Vater kein König war, aber er ist doch nun einmal mein Vater; ich darf doch wohl annehmen, daß es kein Verbrechen ist, ihn zu beweinen.« Sie sagte mir allerhand Unannehmlichkeiten; ich schwieg und ließ sie reden, aber nie konnte ich ihr das vergessen. Ich will annehmen, daß Frau Tschoglokow wohl ungefähr wiedergab, was die Kaiserin gesagt hatte, und aus Dummheit vielleicht nicht im richtigen Zusammenhang. Aber zur Ehre Ihrer Majestät kann ich nicht glauben, daß mir die Frau genau ausgerichtet hat, was man ihr zu sagen befohlen hatte; denn von Herzensgüte zeugte das gerade nicht! Mich machte diese Härte ganz verwirrt, und ich muß gestehen, daß ich heute noch nicht daran denken kann, ohne daß sich mein Herz dagegen aufbäumt. Die Trauer, die ich für meinen Vater anlegen sollte, wurde auf sechs Wochen herabgesetzt; und zwar sollte es schwarze Seide sein. Ich ließ sie alle reden und machen und gehorchte schweigend.

Ich hörte in diesem Winter von meinem Kammerdiener Timofej Jewreinow, daß Andrej Tschernyschow, den wir unterwegs nach Orenburg oder dort schon angelangt wähnten, und von dem man aus Moskau Nachrichten gehabt hatte, in die Geheime Kanzlei gebracht worden sei. Diese Geheime Kanzlei war damals der Schrecken und das Entsetzen von ganz Rußland. Der denkbar größte Zufall brachte dieses Geheimnis ans Licht, und zwar so. Ein Sekretär dieser Kanzlei, namens Nabokow, der mit einem ihm befreundeten Sekretär des Magistrats hinten auf dem Schlitten stand, in dem ihre Frauen aus der Messe zurückkehrten, sagte zu seinem Freunde, der ihn zum Mittagessen einlud: »Ich habe keine Zeit, ich muß mit meinem Chef Graf Alexander Schuwalow nach Rybatschja Sloboda (einem Landgute der Kaiserin, wo sie ein Schloß hatte); da gibt es Wild für uns.« Der Freund, ein Verwandter[175] meines Kammerdieners, erzählte dem diese Geschichte, und sie wurden neugierig, zu erfahren, was für Wild das sei; sie unternahmen also scheinbar einen Ausflug dorthin, zum Verwalter. Während sie dort waren, betrat ein Soldat das Zimmer, um eine goldene Uhr zu stellen, die mein Kammerdiener als Andrej Tschernyschow gehörig erkannte. Auch fiel ihm hier ein Gebetbuch in die Hand, das er erkannte und in dem er den Namen seines früheren Gefährten fand. Diese Entdeckung war ihm recht unbehaglich. Sie waren intim befreundet gewesen, er kam um vor Angst, der andere könne ihn nun durch ein unvorsichtiges Wort in seine Angelegenheit mithineinziehen. Vor allen Dingen flehte er mich in Gottes Namen an, kein Wort von dieser Entdeckung dem Großfürsten zu sagen, sie vielmehr strengstens vor ihm geheimzuhalten, denn dieser war sehr indiskret. Ich versprach ihm, zu schweigen, und hielt mein Wort.

Ich galt damals für so verschwiegen nicht nur bei meinen Leuten, sondern auch in weiteren Kreisen, daß mir jeder frei heraus sagte, was er dachte, ohne daß jemals einer Grund gehabt hätte, zu bereuen, offen gegen mich gewesen zu sein; solche Mitteilsamkeit mir gegenüber hatte nie böse Folgen.

Dieser Handlungsweise verdankte ich das Vertrauen und die Achtung vieler, und ich habe dadurch manches gehört, was mir zu wissen nützlich war. Viele Charaktere haben sich auch meinen Augen entschleiert, die ich sonst nie kennen gelernt hätte.

Einige Zeit später, als gerade die Kaiserin einen Ausflug auf das Land gemacht hatte, – wie sie das sehr häufig tat, – kam mir einmal nach Tisch der Gedanke, Frau Tschoglokow vorzuschlagen, aus Langeweile einen Gang durch die neuen Gemächer der Kaiserin zu machen, die wir noch nicht gesehen hatten. Frau Tschoglokow erwiderte mir Russisch: »Wie Sie wollen, kak izwolisch.« Ich nahm diese ziemlich zweideutige Antwort als ein unausgesprochenes Einverständnis, und tatsächlich machten der Großfürst, sie und ich die Runde durch die Appartements. Wir waren früher sehr oft in den alten Gemächern gewesen, also fand ich nichts dabei, die neuen besichtigen zu gehen. Als die Kaiserin kaum zurück war, kam Frau Tschoglokow, um mir in ihrem Namen gehörig den Kopf zu waschen. Sie sagte mir, die Kaiserin sei sehr ärgerlich, daß ich die Impertinenz und Kühnheit besessen hätte, ihre Gemächer anzusehen. Es sei ein Mangel an Respekt, ohne ihre Erlaubnis ihre Schwelle zu überschreiten. Sie gebrauchte noch viel ähnliche Ausdrücke, keine Entschuldigungen wurden angenommen, und die Sache endete damit, daß ich bitterlich weinte. Man beachte nun besonders, daß der Großfürst mich im Stiche ließ, während ich gescholten wurde, und oft noch seinerseits mich schalt, um sich angenehm zu machen!

Bald danach wurde Fürst Repnin aus der Umgebung des Großfürsten entfernt, und die Kaiserin ernannte Herrn Tschoglokow zu seinem Nachfolger. Das war wie ein Donnerschlag für uns; dieser Tschoglokow, dumm, stolz, boshaft, aufgeblasen, verschlossen, schweigsam, der nie ein freundliches Gesicht machte, war ein Gegenstand des Schreckens für jedermann, bis zu Frau Kruse[176]. Und doch war deren Schwester erste Kammerfrau und Favoritin der Kaiserin, und sie hatte die gewichtige Unterstützung des Hofmarschalls Sievers, der mit seiner Frau, einer Tochter von Frau Kruse, zu den Intimen Ihrer Majestät gehörte! Also sogar die so gut gestützte Frau Kruse zitterte doch, als sie von dieser höchst unangenehmen Ernennung hörte. Danach kann man wohl beurteilen, wie der Mann beschaffen war, den man uns gegeben hatte. Ich nehme an, er war von Graf Bestushew ausgewählt worden, weil der keinen boshafteren Menschen finden konnte. Schon in den ersten Tagen seiner Wirksamkeit erzählte man uns, drei oder vier Pagen, die der Großfürst sehr gerne hatte, seien verhaftet und in die Festung abgeführt worden. Neuer Anlaß zu Schrecken! Herr Tschoglokow verbot den Kavalieren das Betreten des Zimmers des Großfürsten, beschränkte ihn also darauf, allein mit ein oder zwei Kammerdienern zu sitzen, und wenn er bemerkte, daß er einen wohlwollend vor den anderen auszeichnete, so wurde der sofort entfernt oder auch in die Festung gebracht.

Inzwischen ließ die Kaiserin dem Fürstbischof von Lübeck seine Abreise nahelegen. Sie beschenkte ihn und sein Gefolge, und entließ ihn[177], um in Deutschland die Staaten des Großfürsten als dessen Statthalter zu regieren. Kurz vorher hatte Herr Bestushew, um den Thronfolger von Schweden zu verletzen (der während der Minderjährigkeit des Großfürsten Holstein verwaltete und ein Bruder des Fürstbischofs von Lübeck war), bei dem Wiener Hofe einen Dispens nachgesucht, um den Großfürsten vor dem durch die deutschen oder holsteinischen Gesetze festgelegten Zeitpunkte mündig erklären zu können. Sowie der Dispens eingetroffen war, erfolgte die Mündigkeitserklärung[178], und dann nötigte man den Großfürsten, alle Holsteiner zu verabschieden, unter ihnen auch so ganz unbedeutende wie Bredahl und Dücker.[179] Am schmerzlichsten bedauerte der Großfürst den Verlust seines Kammerintendanten Kramer, eines ordentlichen, ruhigen und ihm seit seiner Geburt ergebenen Mannes, der sehr verständig war und fähig, ihn vernünftig zu beraten. Diese Verabschiedung kostete den Großfürsten bittere Tränen. Ein anderer seiner Kamerdiener, namens Romberg, wurde in die Festung gesperrt.

So war der Großfürst von allen getrennt, die der Ergebenheit für ihn auch nur verdächtig waren, und weil er jetzt niemand mehr sein Herz ausschütten konnte, wandte er sich mir zu. Er kam oft zu mir in mein Zimmer. Er wußte, oder vielmehr er fühlte, daß ich der einzige Mensch war, mit dem er sprechen konnte, ohne daß man ihm jedes unbedeutende Wort als Verbrechen auslegte. Ich verstand seine Lage, und er tat mir leid. Deshalb gab ich mir Mühe, ihm jeden Trost zu spenden, der von mir abhing. Oft langweilten mich seine stundenlangen Besuche; sie ermüdeten mich auch, denn er setzte sich nie, und ich mußte immer im Zimmer mit ihm auf und ab laufen. Er ging schnell und nahm große Schritte, und es war nicht leicht für mich, neben ihm zu bleiben und obendrein höchst eingehende Erzählungen von militärischen Dingen über mich ergehen zu lassen. Von denen sprach er gern und konnte mit ihnen nie fertig werden, wenn er einmal angefangen hatte. Ich vermied es aber so gut ich konnte, ihn merken zu lassen, daß Langeweile und Müdigkeit mich oft überwältigten, denn ich wußte ja, daß es jetzt sein einziges Vergnügen war, mich in dieser Weise zu langweilen, ohne daß er sich dessen versah.

Ich las gern, und er las auch. Aber was las er? Geschichten von Straßenräubern, oder Romane, die nicht nach meinem Geschmack waren. Es waren auch wohl selten zwei Menschen geistig so verschieden wie wir beide. Unsere Neigungen hatten nichts gemeinsam; unsere Art zu denken und die Dinge zu betrachten war so verschieden, daß wir niemals in einem Punkt zum Einverständnis gelangt wären, hätte ich nicht meistens nachgegeben, um ihn nicht gerade vor den Kopf zu stoßen.

Doch gab es auch Augenblicke, da er auf mich hörte; aber das war immer, wenn ihn etwas bedrückte. Ich muß sagen, das war recht oft der Fall, denn im Grunde seines Herzens war er furchtsam und sein Kopf war nur schwach. Er besaß Scharfblick, aber kein Urteil. Er war sehr versteckt, wenn er es für nötig hielt, aber dabei höchst indiskret. Das ging so weit, daß, wenn er versprochen hatte, über eine Sache nicht zu reden, man sicher sein konnte, daß er sie durch eine Geste, eine Miene, durch seine Haltung oder auf andere Weise indirekt verraten würde. Ich glaube, diese Indiskretionen und ähnliche Unüberlegtheiten waren wohl der Grund, daß man so, wie ich erzählt habe, alle behandelte, die ihm dienten. Ich weiß wenigstens bis jetzt nichts anderes, denn ich habe ihre Verhöre noch nicht angesehen, die ich ja nur aus den Archiven zu nehmen brauchte.

Graf Bestushew hatte viel übrig für Herrn Pechlin Vater[180] Geheimrat beim Großfürsten für Holstein. Dessen Händen mußte der Großfürst die holsteinischen Angelegenheiten anvertrauen. Man gab ihm einen gewissen Herrn Brömbsen bei, den unsaubersten Menschen und abgefeimtesten Schurken, den es je gegeben hat.

Da wäre ich also beinahe bei dem Frühling des Jahres 1747 angelangt. Noch in diese Periode muß ich das Verbot der Kaiserin setzen, das mir verwehrte, an meine Mutter anders, als durch das Kollegium der Auswärtigen Angelegenheiten zu schreiben.[181] Das war so. Wenn ich einen Brief bekam – er war offenbar immer vorher erbrochen –, so mußte ich ihn an das Kollegium der Auswärtigen Angelegenheiten schicken, wo diese Briefe beantwortet wurden, und ich durfte nicht einmal angeben, was geschrieben werden sollte. Diese Bestimmung schmerzte mich sehr, wie man sich wohl denken kann; aber meine Mutter beunruhigte sich noch viel mehr darüber.

Ich kann auch ein anderes Erlebnis nicht verschweigen, das mir sehr eigentümlich schien. Während der Trauer für meinen Vater traf ich eines Nachmittags, als wir wie gewöhnlich in die Galerie gegangen waren, den Oberzeremoniemeister Graf Santi. Ich richtete das Wort an ihn, wie ich jeden ins Gespräch zu ziehen pflegte, und sprach einige Augenblicke mit ihm über gleichgültige Dinge.

Zwei Tage später bestellte mir Frau Tschoglokow von der Kaiserin, Ihre Majestät finde es sehr ungehörig, daß ich mir erlaubt hätte, mich zu beklagen, daß die fremden Botschafter und Gesandten mir nicht ihr Beileid zum Tode meines Vaters ausgesprochen hätten, und daß ich das gerade dem Grafen Santi gesagt hätte. Ich erwiderte Frau Tschoglokow, ich hätte auch nicht im entferntesten an derartiges gedacht; wenn Graf Santi das berichtet habe, habe er eben gelogen. Ich aber könne bei Gott schwören, daß ich nicht nur das nicht gesagt, sondern auch überhaupt nicht daran gedacht und dem Grafen Santi nichts dem Ähnliches angedeutet habe; und das war die reine Wahrheit. Frau Tschoglokow wiederholte mir noch einmal, mein Vater sei nicht König gewesen; ich entgegnete ihr, das wisse ich schon, ohne daß sie es mir noch einmal sage. Sie versprach, der Kaiserin zu melden, was ich gesagt, und berichtete mir dann, die Kaiserin werde Graf Santi noch einmal befragen, und wenn er gelogen habe, werde sie ihn bestrafen lassen.

Am nächsten Tage brachte sie mir ein Schreiben, in dem Santi zugab, er könne mich auch falsch verstanden haben. Aber dem konnte nicht so sein, denn in unserem Gespräch war von Gesandten überhaupt nicht die Rede gewesen, und auch von nichts Ähnlichem. Graf Worontzow überbrachte mir später die Entschuldigungen des Grafen Santi; er behauptete, Graf Bestushew habe ihn veranlaßt, etwas zu sagen, was ihm selbst nie in den Sinn gekommen wäre. Ich weiß nicht, wie sich die Sache wirklich verhielt; jedenfalls war diese Lügengeschichte sehr sonderbar.

Mit Anbruch des Frühjahrs siedelten wir in das Sommerpalais über. Ich legte weiter immer viel Wert darauf, mir die Zuneigung und das Vertrauen des Großfürsten zu erhalten. Wenn er nicht bei mir war, ging ich mit meinem Buch in sein Zimmer und las da, während er auf seiner Violine kratzte.

Frau Kruse war allmählich zuvorkommender gegen uns geworden

seit Frau Tschoglokows Anstellung, deren Unverschämtheit sie nur schwer ertrug. Sie hielt sich selbst für viel wichtiger, weil sie selbst doch Frau Tschoglokow erzogen hatte. Allerdings sprach das nicht für Frau Kruses erzieherische Talente. Auch glaube ich, sie war nur als Duenna gut; und das ist doch schließlich dasselbe Amt wie das des Zerberus, der nach der Sage der Hund des Vulkan ist und weiter nichts zu tun hat, als immer zu bellen.

Frau Kruse ging während dieses Sommers in ihrer Freundlichkeit sogar so weit, daß sie dem Großfürsten so viel Kinderspielzeug verschaffte, wie er nur wollte. Er liebte dergleichen ganz närrisch. Er konnte es aber nicht wagen, in seinem Zimmer damit zu spielen, ohne sich Herrn Tschoglokows Fragen auszusetzen; denn er kam häufig zu ihm herein, und er würde nicht verfehlt haben, sich genau zu befragen, wie und von wem er es ohne seine Erlaubnis bekommen habe. Das hätte unangenehme Folgen für Frau Kruse gehabt, und so konnte der Großfürst nur im Bette mit seinen Puppen spielen. Wenn er zur Nacht gespeist hatte, entkleidete er sich, kam in mein Zimmer und legte sich zu Bette. Ich mußte dasselbe tun, damit meine Kammerjungfern sich zurückzogen und die Türen geschlossen werden konnten. Dann brachte ihm Frau Kruse, die neben meinem Zimmer schlief, so viel Puppen und Spielsachen, daß das ganze Bett davon bedeckt war. Ich ließ sie gewähren, obwohl ich manchmal gescholten wurde, weil ich nicht genügendes Interesse für diese wundervolle Beschäftigung zeigte, die wohl und gut von zehn Uhr bis Mitternacht oder auch bis ein Uhr dauerte.

Durch den Schrecken, den sie einflößten, hatten die Tschoglokows ein eigenartiges Ergebnis erzielt. Alle Welt hatte sich gegen sie vereinigt, weil jeder für sich fürchtete. Alle verabscheuten sie, nur wenige standen ihnen bei, und noch weniger tat man, was jene befahlen, obgleich sie immer nur im Namen der Kaiserin sprachen.

Als wir in das Sommerpalais übersiedelten, wurde Graf Peter Devier und Herr Alexander Villebois entfernt; ersterer wurde Brigadier, der zweite Oberst in der Armee. Ich glaube, der Grund dieser Entfernung lag einzig darin, daß der Großfürst und ich mehr mit ihnen als mit andern sprachen, und daß man sie der Ergebenheit für den Großfürsten und für mich zieh: das galt als schreckliches Verbrechen und wurde nie verziehen.

Zu dieser Zeit kam der schwedische Gesandte Herr Wulfvenstjerna nach Petersburg. Das war wirklich der schönste Mann, den man sich nur denken konnte; alle Welt und namentlich die Frauen waren, ganz unschuldig übrigens, begeistert von seiner Erscheinung. Als ich ihn bei Tische loben hörte, tat ich das auch; daraus machte man mir wieder ein Verbrechen. Ich meine aber, man sollte junge Damen nicht schelten wegen so leicht hingeworfener Worte. Es ist das sicherste Mittel, sie auf jemand aufmerksam zu machen und vielleicht sogar ihnen dumme Gedanken in den Kopf zu setzen, wenn unnötige Wichtigkeit auf solche nicht überlegte Reden gelegt wird. Es ist sehr gefährlich, noch ungeformte Gefühle zu entwickeln, deren Keim doch jeder Mensch mit auf die Welt bringt.

Vom Sommerpalais gingen wir nach Peterhof. Der Großfürst wagte es nicht mehr, seine Leute zu drillen; in Peterhof unterhielt er sich nun damit, mir militärischen Schliff beizubringen. Dank seiner Bemühungen kann ich noch heute sämtliche Gewehrgriffe genau so präzise ausführen, wie der bestgedrillte Grenadier. Ich mußte auch stundenlang mit der Muskete über der Schulter an der Tür des Zimmers, das zwischen seinem und meinem lag, Schildwache stehen.

Wenn er mir gestattete, meinen Posten zu verlassen, so las ich. Meine Vorliebe für Romane verging; zufällig fielen mir die ›Briefe‹ der Frau von Sévigné in die Hand und machten mir viel Vergnügen.[182] Nachdem ich sie verschlungen hatte, las ich Voltaires Werke und kam nicht mehr von ihnen los. Als ich auch mit dieser Lektüre fertig war, suchte ich etwas Ähnliches, aber weil ich nichts Gleiches finden konnte, las ich einstweilen alles, was mir in die Hand kam.

Damals konnte man von mir behaupten, ich sei nie ohne ein Buch und nie ohne Kummer, aber immer ohne Vergnügen. Meine von Natur heitere Veranlagung litt indessen nicht unter diesen Verhältnissen; die Hoffnung oder die Aussicht, zwar nicht auf die himmlische, aber auf die irdische Krone hielt meinen Geist und meinen Mut aufrecht.

In Peterhof wurde das St. Petersfest gefeiert. Der Ball fand in dem kleinen Schloß Monplaisir statt, das Peter I. hatte bauen lassen, und es sollte im Freien gespeist werden, an der Fontäne des kleinen Parkes von Monplaisir. Die Tische dazu waren schon aufgestellt und gedeckt, als ein starker Regen das Fest störte. Tische und Speisen wurden nun in die beiden niedrigen Galerien von Monplaisir gebracht, und wir speisten da. Tischtücher und Servietten waren völlig durchnäßt, Saucen und Fleisch schwammen im Regenwasser.

Fast dieselbe Sache ereignete sich im Jahre zuvor in Reval, als die Kaiserin dort weilte. Sie hatte im Park von Katharinental eine große Tafel decken lassen, an der der ganze Adel Estlands, Herren und Damen, die Ehre haben sollte, mit Ihrer Majestät und dem ganzen Hof zu speisen; gegen Ende des Mahles löschte ein gewaltiger Regenguß die Kerzen aus und verjagte uns vom Tische.

Von Peterhof gingen wir nach Oranienbaum. Dieses Schloß war damals in einem rechten Zustand des Verfalles. Trotzdem wohnten wir da. Auch die Kaiserin kam mit uns zu Pferde hin, und die Gesandten von Wien und England. Ersterer war derselbe Herr Bretlach, von dem ich schon gesprochen habe, und der zweite Lord Hyndford, aus dem der andere mit Hilfe des Grafen Bestushew einen kompletten Säufer gemacht hatte. Sonst war er ein sehr verständiger Mensch, wie die Engländer gewöhnlich, wenn sie auch alle Sonderlinge sind. Er war Schotte.

Als Ihre Majestät in Oranienbaum soupiert hatte, begab sie sich zur Nacht nach Peterhof zurück. Die beiden Gesandten und Graf Bestushew blieben über Nacht in Oranienbaum, dinierten am anderen Tage bei uns und fuhren am Nachmittag nach der Stadt zurück.

Wir blieben etwa zehn Tage in Oranienbaum. Der Großfürst beschäftigte sich dort viel mit seinen Hunden, und ich lief mit der Flinte über der Schulter durch Wald und Tal. Hin und wieder ließ ich mein Gewehr durch den mich begleitenden Pagen tragen.

Einer meiner Pagen war jetzt Iwan Iwanowitsch Schuwalow. Ich sah ihn im Vorzimmer immer mit einem Buch in der Hand, und weil ich auch gern las, fiel er mir auf. Auf der Jagd sprach ich ihn mehrere Male an, der junge Mann schien mir Geist und auch Lerneifer zu besitzen. Deshalb ermunterte ich ihn in seinen Neigungen, die auch die meinen waren, und prophezeite ihm mehr als einmal, er würde schon seinen Weg machen, wenn er sich nur weiter bemühte, seine Kenntnisse zu vermehren. Er beklagte sich öfters, daß ihn seine Verwandten arg vernachlässigten. Damals war er achtzehn Jahre alt, sah sehr gut aus, war dienstbeflissen, sehr höflich, sehr aufmerksam und schien von sanfter Gemütsart zu sein. Ich nahm Interesse an ihm und lobte ihn vor seinen Verwandten, die alle in Gunst bei der Kaiserin standen. Dadurch verpflichtete ich ihn mir, denn er fühlte, daß ich ihm wohlwollte, und jene begannen ihn aufmerksamer zu behandeln. Übrigens war er sehr arm. Noch lange nachher, als er schon sein Glück gemacht hatte, was sehr schnell ging, hat er mir Dank gewußt, weil ich ihn zuerst bemerkt hatte, und aus Schmeichelei sagte er mir und ließ mir sagen, ich wäre der erste Ansporn für seine Laufbahn gewesen.

Seit Oranienbaum fing er an, der Prinzessin Anna Gagarin den Hof zu machen, die ich damals sehr gern hatte. Im nächsten Jahre wuchs seine Zuneigung so, daß er sie heiraten wollte. Er warf sich seinen Verwandten zu Füßen, um ihre Einwilligung zu erflehen, aber sie wollten nichts davon wissen. Ich weiß eigentlich nicht recht weshalb, denn diese Partie wäre damals ein Glück für ihn gewesen. Die Prinzessin Gagarin war nicht nur eine geistvolle Dame, sondern besaß auch über tausend Bauern. Es war wohl der große Altersunterschied, der bei jenen Widerspruch hervorrief. Denn er mochte damals achtzehn Jahre zählen, und sie war wenigstens zehn Jahre älter. Doch habe ich nie den eigentlichen Grund ihrer Weigerung erfahren.

Von Oranienbaum kehrten wir nach Peterhof zurück. Hier fiel es eines Abends dem Großfürsten ein, bei mir mit meinen Kammerjungfern und seinen Dienern nach einer langen Toberei Blindekuh zu spielen. Frau Tschoglokow kam und sah die Bescherung und setzte unserm ebenso unschuldigen wie lärmenden Vergnügen ein Ende; sie schalt alle aus und drohte allen Mitschuldigen mit dem Zorn der Kaiserin. Frau Kruse bekam ihr Teil ebenso wie die übrigen. Sie versuchte, ihr vorzustellen, daß gar keine Veranlassung vorlag, mit dem Zorn Ihrer Majestät zu drohen. Die ganze Gesellschaft war gespannt, zu sehen, wer das Schlachtfeld behaupten würde: Frau Kruse unterlag und wurde mit Entfernung bedroht, wie alle anderen, die es einstweilen vorzogen, sehr betrübt zu Bett zu gehen.

Man kann wirklich sagen, das größte Vergnügen der Frau Tschoglokow war, jedermann schelten und Grobheiten sagen zu können. Diese Neigung verdoppelte sich, wenn sie schwanger war, und nach ihrer Niederkunft fing sie dann wieder von neuem an. Von 1746 bis zum Tode ihres Gemahls, der im Jahre 1754 starb, haben wir sie eigentlich nur schwanger oder im Kindbett gesehen. Als wir wieder in der Stadt im Sommerpalais waren, fingen der

Großfürst und Frau Kruse wieder an, in meinem Bett mit Puppen zu spielen. Eines Abends, als sie ganz in ihre Spielerei vertieft waren, hörten wir, wie an die doppelt verschlossene Tür meines Schlafzimmers gepocht wurde. Frau Kruse fragte, wer da sei, und sie vernahm die schreckliche Stimme von Frau Tschoglokow, die ihr zu öffnen befahl. Sie zitterte vor Furcht, die Spielsachen, die über das ganze Bett zerstreut lagen, könnten entdeckt werden, und sprang mit einem großen Satz von der Tür nach dem Bette, aber der Großfürst und ich hatten unterdessen alles von den Spielsachen, was wir konnten, unter der Bettdecke versteckt. Frau Kruse brachte schnell noch den Rest in Sicherheit und ging die Tür zu öffnen. Frau Tschoglokow trat ein, schalt natürlich, daß sie hatte warten müssen, und wollte wissen weshalb. Frau Kruse, die immer gerüstet war, wenn es zu lügen galt, sagte, sie hätte nach dem Schlüssel in ihr Zimmer gehen müssen. Dann fragte Frau Tschoglokow, weshalb wir im Bett lägen, ohne zu schlafen. Sie erhielt eine kurze Antwort: der Großfürst sagte einfach, weil er keine Lust hätte. Frau Tschoglokow stellte noch einige ähnliche Fragen und verschwand dann wieder, ohne etwas zu finden, woran sie ihre schlechte Laune auslassen konnte, und ohne den Grund ihres Erscheinens anzugeben. Aber es hatte allen Anschein, daß sie von dem Spielzeug Wind bekommen hatte und Frau Kruse auf frischer Tat überraschen wollte. Die ließ sich nicht täuschen; sie wußte, um was es sich handelte.

Einige Tage später wurde ein Palastbeamter, ein guter Freund von Frau Kruse, dessen Gerichte der Großfürst sehr liebte, Knall und Fall fortgeschickt. Sie waren beide sehr betrübt darüber.

Zu Anfang des Winters empfingen wir Befehl, in den Winterpalast überzusiedeln. Der Großfürst und ich, die wir der Not gehorchend unzertrennlich geworden waren, machten einen kleinen Plan, wie wir den Winter verbringen wollten, und unser Geheimer Rat beschloß, wir wollten uns vorwiegend in einem Kabinett meiner Wohnung aufhalten, das eine schöne Aussicht hatte.

Bisher hingen da unsere Heiligenbilder. Die Hälfte der Bilder, die vier Wände bedeckten, sollte in die Gerätekammer verbannt werden, um für ein Kanapee Platz zu machen, das bis dahin in meinem Ankleidezimmer gestanden hatte. Die beiden andern Wände wurden nicht angerührt und blieben mit Heiligenbildern bedeckt. Hier wollte also der Großfürst auf seiner Violine

148

kratzen oder zum Fenster hinaussehen, ich aber mein Buch lesen oder auch mich mit einer Handarbeit beschäftigen.

Wir glaubten, gegen diesen Plan könnten bei seiner völligen Unschuld keinerlei Einsprüche gemacht werden. Ich befahl also meinem Kammerdiener Timofej Jewreinow mein Zimmer im Winterpalast dementsprechend einzurichten. Es ist mir nicht klar, weshalb er meine Befehle Frau Tschoglokow meldete; denn ich bin sicher, wenn er geschwiegen hätte, wäre die Sache ohne Widerspruch zustande gekommen. Aber gleichviel, ob er nun nicht wagte, ohne ihr Wissen die Möbel in meinem Zimmer anzurühren, oder ob es nur Geschwätzigkeit war, jedenfalls erfuhr sie durch ihn von unserm Plan. Sie kam zu mir in mein Zimmer und erklärte, die Kaiserin untersage mir, das Kanapee umzustellen und die Bilder fortzunehmen (die ich übrigens ohne Wissen der Kaiserin im vorigen Winter aufgehängt hatte), und das von mir geplante Arrangement sei ebenso dumm wie unverschämt. Ich gab ihr die Antwort, ich wäre sehr erstaunt, daß sie Ihre Majestät wegen eines umzustellenden Kanapees belästige, und glaubte, es lohne sich nicht, ihr solche Lappalien zu melden.

Bei dieser Gelegenheit antwortete ich Frau Tschoglokow ohne viel Umstände zu machen, ganz gegen meine sonstige Gewohnheit, mich immer zu beugen und zu schweigen, und der Wortwechsel zwischen uns wurde recht lebhaft. Ich glaubte das Recht auf meiner Seite zu haben, aber Frau Tschoglokow fühlte, daß sie die Macht hatte; und trotz allem, was ich sagen und vorbringen konnte, mußte ich doch gehorchen.

Ich weiß nicht, ob die Kaiserin mir bei dieser Gelegenheit zürnte. Mir kam es jedenfalls so vor, als ob sie eigentlich nie gut auf mich zu sprechen sei, denn sie tat mir sehr selten die Ehre an, das Wort an mich zu richten. Übrigens, obgleich wir doch unter einem Dache wohnten und unsere Gemächer im Winterpalast wie im Sommerpalais aneinander stießen, bekamen wir sie manchmal ganze Monate und oft noch länger nicht zu sehen. Wir wagten es nicht, ihre Gemächer zu betreten, ohne dazu aufgefordert zu sein, und das geschah fast nie.

Wir wurden sehr häufig im Namen Ihrer Majestät wegen Kleinigkeiten gescholten, bei denen man wirklich nicht hätte annehmen sollen, daß sie die Kaiserin ärgern könnten. Sie schickte uns zu dem Zweck nicht nur die Tschoglokows, sondern oft kam es vor, daß sie eine Kammerfrau oder einen Lakaien oder dergleichen

Menschen absandte, um uns nicht nur die denkbar größten Unannehmlichkeiten sagen zu lassen, sondern auch geradezu Grobheiten einer Art, daß es im Grunde auf ungehörige Schimpfreden herauskam.

Man hätte sich aber wahrhaftig nicht mehr zusammennehmen können, um bezüglich des Ihrer Majestät gebührenden Gehorsams und Respektes nichts zu versäumen, als gerade ich es tat. Der Großfürst war etwas weniger leicht zu behandeln, doch war er damals noch sehr gehorsam, fand sich allerdings damit sichtlich ungern und nur widerwillig ab. Ich werde noch Gelegenheit haben, davon zu sprechen.

Seine Kindereien und Indiskretionen schadeten ihm schon damals sehr und raubten ihm die Achtung auch der Bestgesinnten. Ich wagte es einmal, ganz offen mit ihm davon zu sprechen, aber er nahm das sehr übel auf und erklärte, er wünsche keine Predigten von mir zu hören, die Predigten der andern langweilten ihn schon genug! Es mag sein, daß ich es nicht richtig angefangen hatte, ihm so ernste Wahrheiten zu sagen. Auch wurde er immer aufgehetzt, sich nicht von seiner Frau beherrschen zu lassen, und das hatte ihn argwöhnisch gemacht, sogar gegen alles Vernünftige, was ich ihm sagen konnte. Er befolgte deshalb meine Ratschläge nur, wenn ihn die ärgste Notwendigkeit dazu zwang und wenn es ihm schlecht ging. Übrigens muß ich auch gestehen, daß bei der allzugroßen Verschiedenheit unserer Charaktere die Ratschläge oder Anregungen, die ich ihm geben konnte, weder seiner Einsicht noch seinem Charakter entsprachen und deshalb niemals nach seinem Geschmack waren. Ich glaube, mich hätte man nicht so zu behandeln gewagt, wie man ihn behandelte, wäre ich an seiner Stelle gewesen. Denn zunächst hätte ich mich bemüht, es nicht dazu kommen zu lassen, und ferner hätte ich sicherlich mit mehr Konsequenz und Festigkeit geantwortet als er.

Im Herbst dieses Jahres[183] war die Hochzeit von Graf Lestocq mit Fräulein Marie Mengden, einer Hofdame der Kaiserin. Auf Befehl Ihrer Majestät brachte ich die Braut in meinem Wagen nach der lutherischen Kirche, wo die Trauung war, und von da nach dem Palais zurück. Zwei Jahre vorher war es bei Graf Sievers' Hochzeit ebenso gewesen.

Im allgemeinen wurden die Hochzeitsfeiern der Hofdamen in die Karnevalszeit gelegt, und mancher Karneval ist vergangen ohne andere Vergnügungen als solche Hochzeiten, die wegen der damit verbundenen Zeremonien nicht nur höchst langweilig, sondern auch sehr ermüdend waren. Sie dauerten nämlich an zwei Tagen hintereinander bis sehr spät in die Nacht hinein. Außerdem waren sie für das junge Paar so kostspielig, daß sie oft die Mitgift der jungen Frau verschlangen und das neuvermählte Paar sein Eheleben mit Schulden anfing.

Einige Tage nach seiner Hochzeit gab Graf Lestocq Ihrer Majestät und dem ganzen Hofe ein großes Souper. Der Großfürst und ich waren unter den Gästen.

Damals[184] verheiratete Frau Tschoglokow ihre Schwester Marfa Semionowna Hendrikow mit einem Gardeoffizier namens Safonow, einem hübschen Menschen. Die Kaiserin ernannte ihn zum Kammerjunker. Er war ebenso dumm, wie seine Braut einfältig. Anstatt ein solches Wesen bei Hofe anzubringen (sie war nämlich Hofdame bei der Kaiserin), hätte sich in jedem andern Lande die Familie zusammengetan, um sie in irgendeinem versteckten Winkel zu verbergen.

Diese Hochzeit war der Anlaß zu einer schrecklichen Geschichte, über die sich Hof und Stadt einige Zeit belustigten. Die beiden waren kaum verheiratet, als die junge Frau sich bei ihrer Schwester über schlechte Behandlung seitens ihres Mannes beklagte. Sie behauptete, wenn ihr Mann mit ihr zu Bett ginge, bände er sie an den Bettpfosten, er schlüge und mißhandele sie. Frau Tschoglokow ging zur Kaiserin und beschwerte sich: die ließ Herrn Safonow rufen, schalt ihn aus, sagte ihm eine Menge Schimpfwörter, ohrfeigte ihn und schickte ihn schließlich in die Festung, wo er sehr lange gesessen hat. Seine Frau blieb schwanger zurück, und Frau Tschoglokow nahm sie zu sich. Die einfältige Person verlangte einige Jahre später durchaus ihren Mann wiederzuhaben. Er wurde ihr zurückgegeben, und man erlaubte ihnen, eine Rasse zu erzeugen, die Vater und Mutter nicht verleugnet hat. Wie weit die Dummheit der Frau ging, zeigt folgende nette Geschichte: sie war ganz erstaunt über die Geschicklichkeit der Hebamme, die ihr, wie sie erzählte, prophezeit hatte, sie werde einen Knaben oder ein Mädchen zur Welt bringen. Sie konnte nicht verstehen, woher der Hebamme dieses Wissen kam!

(Stück IV)

Um sich während des Winters mehr Unterhaltung zu verschaffen, ließ der Großfürst acht oder zehn Jagdhunde vom Lande kommen und steckte sie hinter einen Bretterverschlag, der den Alkoven meines Schlafzimmers von einem gewaltigen Vestibül trennte, das hinter unseren Gemächern lag. Weil der Alkoven nur diese Bretterwand hatte, drang der Geruch des Hundestalls bis in ihn hinein, und in solchem Gestank schliefen wir beide also. Als ich mich beklagte, erwiderte er, es ginge nicht anders zu machen. Weil der Hundestall ganz geheim bleiben mußte, ertrug ich diese Unbehaglichkeit, ohne das Geheimnis Seiner Kaiserlichen Hoheit zu verraten.

(Stück II)

In diesem Winter putzte ich mich sehr: die Prinzessin Gagarin sagte mir oft verstohlenerweise und namentlich so, daß es Frau Tschoglokow nicht hörte (es war, beiläufig gesagt, ein unverzeihliches Verbrechen, mich vor dieser zu loben), daß ich sichtlich hübscher würde: es war wohl so das Alter, denn ich war damals achtzehn Jahre alt. Hin und wieder traf ich Schmeichler, die mir dasselbe sagten; allmählich glaubte ich daran und stand häufiger als bisher vor meinem Spiegel.

Ich hatte einen kleinen Kalmückenjungen, der sehr gut frisierte. Oft beschäftigte ich ihn zweimal am Tage, wenn die Gelegenheit es erforderte. Ich war groß und hatte eine schöne Figur, nur fehlte es mir ein wenig an Fülle: ich war recht mager. Ich ging gern ungepudert und hatte wirklich schönes braunes[185] Haar, sehr voll und schön gescheitelt. Doch war die Mode, sich nicht zu pudern, gerade in der Abnahme, und in diesem Winter puderte ich mich manchmal. Frau Lestocq erzählte mir einige Zeit nach ihrer Hochzeit, der schwedische Gesandte, Herr Wulfvenstjerna, fände mich sehr schön. Ich nahm ihm das in keiner Weise übel, nur machte es mich etwas verlegen in meiner Haltung, wenn ich zu ihm trat, um ihn ins Gespräch zu ziehen. Ich weiß nicht, ob das nun Bescheidenheit oder Koketterie war – jedenfalls aber war diese Verlegenheit da.

Bald danach war die Hochzeit meines Kammerherrn, des Fürsten

Alexander Golitzyn, mit der Prinzessin Darja Gagarin, meiner Hofdame. Es gab in diesem Winter noch mehrere Hochzeiten und eine oder zwei Maskeraden. Im Kadettenkorps, das damals unter der Leitung des Fürsten Boris Jusupow stand, führten die jungen Leute eine Komödie auf, welche die Kaiserin auch ein- oder zweimal auf dem Hoftheater spielen ließ. Es wurde ›Zaire‹[186] gegeben, und Melissino spielte den Orosmane. Er hatte sehr schöne Augen; aber die ganze Truppe sprach das Französische schrecklich schlecht aus. Osterwaldt spielte die Rolle des Lusignan.

Am Dreikönigstag, also am 6. Januar 1748, erhob ich mich morgens mit starken Halsschmerzen, schwerem Kopf und Übelbefinden im ganzen Körper. Ich kleidete mich trotzdem an, um zur Messe zu gehen und weil ich beabsichtigte, an der Prozession teilzunehmen, die zur Wasserweihe nach der Newa zog. Aber obwohl schon alle Anordnungen hierfür getroffen waren, nahm die Kaiserin an der Prozession nicht teil, wie sie sonst immer tat, und dispensierte auch den Großfürsten und mich.

Als ich wieder in mein Zimmer kam, mußte ich mich niederlegen, weil ich Fieber bekam und schon die ganze Nacht starke Hitze gehabt hatte. Als ich erwachte, trat Frau Kruse an mein Bett; sie sah mir in das Gesicht und stieß einen lauten Schrei aus; sie sagte, ich hätte sicher die Pocken. Ich hatte eine tödliche Angst davor, ich betrachtete meine Hände und meine Brust und sah sie dicht bedeckt mit kleinen roten Pickeln. Der Arzt Boerhaave wurde herbeigeholt; Graf Lestocq, der Leibarzt der Kaiserin, kam, und alles dachte, ich hätte die Pocken. Mein Chirurg Guyon meinte aber, das sei noch sehr zweifelhaft, es könnte auch wohl ein anderer Ausschlag sein, wie Masern oder das, was man deutsch ›Rote Friesel‹ nennt, russisch, glaube ich, lapucha. Es stellte sich heraus, daß nur er sich nicht geirrt hatte, und ich kam also diesmal noch mit dem Schrecken davon.

Man brachte mich mit meinem Bette in ein wärmeres und bequemeres Zimmer, denn in dem Alkoven meines Schlafzimmers zog es sehr stark, weil er von dem großen Vestibül nur durch eine dünne Bretterwand getrennt war. In jedem Winter, wenn ich hier schlief, litt ich beständig an Erkältungen. Ich muß sagen, Frau Tschoglokow, obwohl kurz vor ihrer Entbindung, ließ mir während dieser Krankheit jede erdenkliche Pflege angedeihen. Sie kam fast nicht aus meinem Zimmer, vermied alle unangenehmen Redereien und gab sich im allgemeinen viel sanfter. Manchmal, wenn auch selten, ließ sie sich sogar zu kleinen Gefälligkeiten herab. Ich wunderte mich darüber, und der Grund, den ich später berichten werde, blieb mir lange Zeit unbekannt.

Gegen Ende des Karnevals verließ ich das Krankenlager wieder und wollte während der ersten Wochen der großen Fasten zum Abendmahl gehen. Wir, der Großfürst und ich, bereiteten uns schon einige Tage darauf vor, als Frau Tschoglokow uns mit großer Freundlichkeit mitteilte, die Kaiserin ließe uns sagen, wir sollten das auf die letzte Woche verschieben. Ich erwiderte ihr, nach dem Ritus unserer Kirche wäre es für mich nicht angängig, weil meine Monatsregel mich daran hindern würde. Frau Tschoglokow erwiderte, sie habe Ihrer Majestät diesen Einwand schon gemacht, die Kaiserin wünsche aber, wir sollten mit ihr zusammen das Abendmahl nehmen. Ich fügte mich also dem Willen der Kaiserin, und wir hörten mit unsern Andachtsübungen wieder auf.

Herr Tschoglokow mußte nach dem ausdrücklichen Befehl der Kaiserin im Vorzimmer des Großfürsten schlafen: er kam hin, wenn der Großfürst schlafen ging, und erhob sich, wenn man ihm meldete, dieser sei wach. Ich verstehe jetzt noch nicht den Sinn dieser Maßregel, es konnte sich doch nicht darum handeln, die Haupttür eines leeren Zimmers zu bewachen, das aber noch einen andern, und zwar unbewachten Eingang hatte!

Frau Tschoglokow hatte eine von meinen Hofdamen, Fräulein Koscheliow, sehr gern. Das war ein großes dummes Mädel, sehr linkisch in allem, was sie tat, aber sehr weiß, das einzig Gute, was man ihr nachrühmen konnte. Das Mädchen war beständig um sie herum, und Frau Tschoglokow, die selbst auch nicht gerade geistreich war, belustigte sich doch oft über Fräulein Koscheliows Dummheit und Ungeschicklichkeit. Weil ihr Mann infolge der oben erwähnten Bestimmung nur selten und heimlich zu Hause schlief, ließ Frau Tschoglokow das Mädchen entweder bei sich oder in einem kleinen Bett neben dem ihren schlafen. Sie wohnte ziemlich eng, wie damals bei Hofe überhaupt alle. Herr Tschoglokow kam im Schlafrock herunter und war auf das Zimmer seiner Frau angewiesen. Er fand sie fast immer mit Fräulein Koscheliow im Bett liegen, oder neben ihr. Aber die Gelegenheit macht Diebe, und so fand er eben Gefallen an dem dummen Ding, was nicht weiter verwunderlich war, denn er besaß nicht mehr Verstand als sie. Seine Frau, die ihn wahnsinnig liebte, ahnte nichts davon.

154

Meine Krankheit kam dem Liebespärchen gerade recht. Herr Tschoglokow verstand seine Frau zu überzeugen, es sei ihre Pflicht, mich während der Krankheit zu pflegen, und damit sie nicht in einer schlechten Laune von mir fortliefe und dann womöglich griesgrämig nach Hause käme, wußte er sie mir gegenüber versöhnlicher zu stimmen. Während der Fasten merkte aber Prinzessin Anna Gagarin, Fräulein Koscheliows Gefährtin, Herrn Tschoglokows Interesse für diese. Um es besser zu verbergen, richtete er es so ein, daß seine Frau jene auch in ihr Zimmer bat. Sie war ein kluges Mädchen und fand bald heraus, was vorging. Sie sprach nicht darüber, außer zu mir. Ich hütete mich, das Geheimnis zu verraten, das übrigens die Wirkung hatte, daß es mir weniger schlecht ging als bisher. Tschoglokow behandelte jetzt manchen rücksichtsvoller; seine Aufmerksamkeit war eben auf einem anderen Gebiete in Anspruch genommen, und deshalb war er etwas weniger boshaft als gewöhnlich.

Gegen Ende der fünften Woche der großen Fasten ließ ich durch Frau Tschoglokow die Kaiserin um die Erlaubnis bitten, in der sechsten Woche zum Abendmahl zu gehen, weil ich in der siebenten verhindert sein würde. Die Kaiserin ließ mir sagen, sie sei in derselben Lage und werde auch in der sechsten Woche das Abendmahl nehmen. Der Großfürst verschob es für sich auf die siebente.

(Stück IV)

Während dieser selben Fasten betrat ich eines Tages gegen Mittag das Zimmer, in dem sich meine Kavaliere und Damen aufhielten, nur die Tschoglokows waren noch nicht da. Ich wechselte mit diesem und jenem einige Worte und kam auch zu einer Tür, an welcher der Kammerherr Owtzyn stand. Dieser machte eine halblaute Bemerkung über das langweilige Leben, das wir führten, und daß man uns außerdem noch bei der Kaiserin anschwärze. Erst vor wenigen Tagen habe Ihre Kaiserliche Majestät bei Tische gesagt, ich stürze mich in Schulden und mache eigentlich nur Dummheiten. Dabei bilde ich mir noch ein, ich sei sehr klug, aber nur ich dächte so von mir, könne aber doch niemand täuschen, denn meine vollendete Dummheit sei aller Welt bekannt, und man müsse deshalb weniger auf das, was der

Großfürst, als auf das, was ich tue, achten. Und er fügte mit Tränen in den Augen hinzu, er habe von der Kaiserin den Befehl erhalten, mir das alles zu sagen, doch bat er mich, nicht verlauten zu lassen, daß er mir von diesem Befehl gesagt habe.

Ich antwortete ihm, was meine Dummheit betreffe, so könne man mir die nicht zum Vorwurfe machen, weil jeder Mensch so sei, wie ihn der liebe Gott erschaffen habe. Was dann meine Schulden anbelange, so sei es wirklich nicht erstaunlich, daß ich sie gemacht habe, denn bei einem Einkommen von 30 000 Rubel habe mir meine Mutter bei ihrer Abreise noch 60 000 Rubel Schulden hinterlassen, die ich für sie hätte bezahlen müssen. Außerdem habe mich die Gräfin Rumiantzow zu tausenderlei Ausgaben veranlaßt, die sie für unumgänglich nötig hielt. Frau Tschoglokow allein koste mich in diesem Jahre 17 000 Rubel, und er kenne doch selbst das höllische Spiel, das ich mit ihnen täglich spielen müsse. Diese Antwort möge er denen ausrichten, von denen er seinen Auftrag bekommen habe. Übrigens sei ich sehr aufgebracht darüber, zu hören, daß man mich bei Ihrer Kaiserlichen Majestät anschwärze. Ich hätte es niemals an Achtung, Gehorsam und Ergebenheit ihr gegenüber fehlen lassen; je mehr man mich beobachte, desto mehr könne man sich davon überzeugen. Ich versprach ihm die verlangte Geheimhaltung und hielt auch mein Wort.

Ich weiß nicht, ob er meinen Auftrag ausgerichtet hat, doch glaube ich es. Ich hörte nie wieder darüber sprechen und hütete mich, eine so wenig erfreuliche Unterhaltung zu erneuern.

(Stück II)

Unterdessen wurde Frau Tschoglokow entbunden.[187] Ich ging am Freitag zur Beichte und legte mich dann zu Bett, aber während der Nacht stellte sich das Erwartete ein. Sowie ich wußte, daß die Kaiserin wach war, schickte ich eines meiner Mädchen, dessen Schwester der Umgebung Ihrer Majestät angehörte, ihr mitzuteilen, was mir zugestoßen sei. Ich befürchtete, obendrein noch gescholten zu werden, weil ich mich in meiner Berechnung geirrt hatte. Aber die Kaiserin wies mich an, eine Krankheit vorzuschützen und an dem Tage zu Hause zu bleiben. Ich blieb also im Bett und klagte über Seitenstiche. So war also mein Abendmahlsgang zum zweitenmal aufgeschoben, und zwar auf die letzte Woche.

Am Mittwoch dieser Woche nach der Abendmesse hatte ich starken Schüttelfrost, einen schweren Kopf und Schmerzen im ganzen Körper, und ich mußte mich hinlegen. In der Nacht hatte ich so starke Hitze, daß die Mädchen, die ich gerufen hatte, behaupteten, beim Zurückschlagen des Bettvorhanges wäre ihnen eine Temperatur wie aus einem überheizten Ofen entgegengeschlagen. Der Zustand blieb so bis Ostersonnabend; dann stand ich auf, und man reichte mir das Abendmahl in meinem Schlafzimmer. Ich ging bis zur Tür, von zwei Kammerjungfern geführt, und konnte mich nicht aufrecht erhalten; das Fieber war immer noch dasselbe. Niemand wußte, was daraus werden sollte. Die Schwäche nahm zu infolge der ungenügenden Ernährung: denn in der vorigen Woche hatte ich gefastet und hatte nur Pilze im Magen. Als ich das Abendmahl empfangen hatte, legte ich mich wieder zu Bett.

Am nächsten Morgen, dem Ostersonntag, brachte man mir eine Bouillon. Als ich sie genossen hatte, stand ich auf, um mein Bett machen zu lassen, und ließ mich an das Fenster bringen. Ich glaubte mich etwas besser zu fühlen und rief Frau Kruse. Sie sah mir ins Gesicht und machte mich darauf aufmerksam, daß ich wieder ganz mit Pickeln bedeckt war. Die Ärzte und Chirurgen wurden herbeigeholt: dieses Mal entschieden sie alle, es seien die Pocken. Nur ich allein wollte nicht daran glauben, weil sie sich im Januar geirrt hatten. Ich wurde wieder in das Zimmer gebracht, in dem ich das erstemal gelegen hatte, und tatsächlich sah man nach vierundzwanzig Stunden, daß es die Masern waren, aber so schwer, daß ich an einigen Stellen Flecken von der Größe eines Rubelstückes hatte, und mein ganzer Körper vom Kopf bis zu den Füßen war mit Flecken bedeckt. Ich habe dann gesehen, daß die Krankheit ansteckend ist; ich hatte ein kleines Kalmückenmädchen, etwa zehn bis zwölf Jahre alt, sehr gern; das Kind wich nicht vom Kopfende meines Bettes und holte sich tatsächlich die Krankheit bei mir.

An diesem Osterfest besuchte mich Graf Lestocq, der immer noch Leibarzt war. Er benutzte einen Augenblick, als ihn niemand hören konnte, mir zu sagen: »Der schwedische Gesandte nimmt großen Anteil an Ihrer Krankheit, er hat mir aufgetragen, Sie das wissen zu lassen.« Weil ich wußte, daß er fast immer scherzte, antwortete ich ihm in demselben Tone: »Sagen Sie ihm, ich wäre ihm sehr verpflichtet für seine Anteilnahme.« Es war irgendeine Spitze bei der Sache, aber bis heute weiß ich noch nicht, worin sie bestand. Auch Prinzessin Gagarin sprach mir heimlich von dem schwedischen Gesandten und seiner Ergebenheit, und zweifellos war das der Grund, daß ich ihn mehr als andere beachtete; das war aber auch alles.

Der Gesandte spielte sehr hoch: während des Karnevals hatte er dem Grafen Razumowskij und auch anderen Herren vom Hofe bedeutende Summen abgewonnen. Alle bis zur Kaiserin wollten mit ihm spielen, denn er galt für einen guten und angenehmen Spieler.

Am 21. April a. St. 1748, also an dem Tage, an dem ich in mein zwanzigstes Jahr eintrat, war ich noch recht schwach. Es kam mir wunderlich vor, daß ich schon so alt war; mir schien, als wäre es noch gar nicht lange her, daß ich noch ein Kind war und als solches behandelt wurde. Ich ging an diesem Tage nicht aus wegen der großen Schwäche, die ich immer noch in mir fühlte; auch waren die Flecken von den Masern noch zu sehen.

Wohl auf den Rat der Ärzte ließ die Kaiserin zu Anfang Mai den Großfürsten und mich nach Tzarskoje Selo kommen[188]; von den Masern hatte ich einen schweren Husten behalten. Das Schloß war damals im Bau, aber es war wie die Arbeit der Penelope: man riß morgen wieder nieder, was heute gebaut wurde. Das Schloß ist sechsmal niedergerissen und von Grund auf neu gebaut worden, ehe es seine jetzige Gestalt erhielt. Die Rechnungen über die 1 600 000 Rubel, die es gekostet hat, sind vorhanden; aber außerdem steckte die Kaiserin noch viel Geld aus ihrer eigenen Tasche in den Bau und darüber gibt es keine Abrechnungen.

Wir blieben elf Tage in Tzarskoje Selo. Anfangs gestattete die Kaiserin ihren Hofherren, bei uns unten, wo wir wohnten, zu dinieren und zu soupieren, wenn Ihre Majestät allein speiste, wie das fast täglich der Fall war. Das war uns sehr angenehm, aber der Großfürst verdarb alles durch zu große Zügellosigkeit. Von seinen Kammerdienern und infolge des Mangels an guter Gesellschaft hatte er sich vulgäre, gewöhnliche Redensarten angewöhnt, die in guter Gesellschaft, selbst im Scherz angewandt, als grobe Beleidigungen aufgenommen werden und die namentlich kleinliche Menschen verletzen mußten, welche mehr Gewicht auf die Worte als auf den Sinn legen. Eines Tages speiste General

Buturlin bei uns und brachte den Großfürsten sehr viel zum Lachen. In lustigster Stimmung bog sich dieser auf seinem Stuhl in Lachsalven und ließ sich so weit gehen, daß er auf russisch ausrief: »O, dieser Sohn einer Hündin bringt mich heute noch um vor Lachen; o, etot sukin syn menia umorit so smechu sewodni!« Ich saß neben ihm und fühlte, daß dieses Wort nicht unbesprochen und unkritisiert bleiben würde, und die Schamröte trat mir seinetwegen ins Gesicht. Buturlin schwieg: es saßen mehrere Herren vom großen Hofe an unserm Tische, drei Viertel von ihnen hatten allerdings nichts gehört, weil sie zu weit entfernt saßen. Aber Buturlin erzählte diese Begebenheit der Kaiserin, und die untersagte ihren Kavalieren, wieder zu dem Großfürsten zu gehen, und ließ diesen wissen, es werde niemand mehr zu ihm kommen, weil er keine Gesellschaft zu empfangen verstehe.

Buturlin hat dieses Wort niemals vergessen, und kurz vor seinem Tode, der ihn im Jahre 1767 traf, sagte er noch einmal zu mir: »Erinnern Sie sich noch an die Geschichte in Tzarskoje Selo, als der damalige Großfürst mich an offener Tafel ›Sohn einer Hündin‹ nannte?« Da kann man sehen, welche Wirkung oft ein unkluges, unbedacht geäußertes Wort hat! Es ist nie wieder gutzumachen. Und doch war es wirklich nichts weiter als die Unbesonnenheit eines jungen Mannes, der sich in überlustiger Laune fortreißen ließ, den die Umstände zwangen, sich mit schlechter Gesellschaft abzugeben, mit der ihn seine teure Tante und deren Kreaturen zusammengesperrt hatten. In Wirklichkeit hätte man den jungen Mann also vielmehr bemitleiden als ihm Groll nachtragen sollen!

Während der elf Tage, die wir in Tzarskoje Selo zubrachten, fuhr ich zweimal täglich im Kabriolett auf Vogeljagd. Dieser Aufenthalt und die Frühlingsluft taten mir sehr gut.

Wir kehrten dann in die Stadt zurück, und gegen Ende Mai befahl uns die Kaiserin, ihr nach Gostilitzy, dem Landgut des Grafen Razumowskij, ihres damaligen Favoriten, zu folgen. Wir waren schon während der großen Fasten dort gewesen, und uns hatte das kleine Holzhäuschen, da wo die Rutschbahn anfängt, sehr gefallen. Graf Razumowskij glaubte uns also einen Gefallen zu tun, indem er uns in diesem kleinen Hause unterbrachte, wo trockene Luft und schöne Aussicht war. Wir waren auch sehr glücklich darüber. Die obere Etage, die wir einnahmen, enthielt außer dem Treppenraum einen kleinen Saal und drei Zimmer; wir schliefen in dem einen, Frau Kruse in dem anderen, und im dritten kleidete sich der Großfürst an. Die Tschoglokows und der Rest unseres Gefolges wohnten unten, teils in dem Hause selbst, teils in Zelten ringsherum.

Herr Bretlach, der Gesandte des Wiener Hofes, reiste damals ab[189]; um ihn auszuzeichnen und weil das Landgut gewissermaßen auf seinem Wege lag, gestattete ihm die Kaiserin, dorthin zu kommen. Zu seinem Empfange befahl sie allen Damen, über die Fischbeinröcke kurze rosa Röcke zu ziehen, darüber noch kürzere weite Überröcke aus weißem Taffet, dazu weiße, mit rosa Taffet abgefütterte Hüte, die an beiden Seiten aufgeschlagen waren und die Augen halb verdeckten. Wir sahen ganz verrückt aus in dieser Vermummung, aber es war ja schließlich nur, um zu gehorchen.

Wir spazierten, spielten und soupierten bis sechs Uhr am Morgen des 25. Mai, als Herr Bretlach sich verabschiedete, und kamen sehr müde ins Bett. Ich schlief ganz fest, als mich um acht Uhr morgens Herrn Tschoglokows Stimme erweckte. Er hatte das Schloß an der Glastür unseres Schlafzimmers aufgebrochen, war eingetreten, zog eiligst die Vorhänge unten am Bett zurück und forderte uns auf, so schnell wie möglich aufzustehen, weil die Fundamente des Hauses nachgäben. Der Großfürst sprang mit einem Satze aus dem Bett nach der Tür. Ich fragte erst Tschoglokow aus, was das bedeute, denn ich verstand nichts und wußte nicht, ob Gefahr vorlag oder nicht. Er forderte mich noch einmal auf, so rasch wie möglich aufzustehen; er werde nicht ohne mich aus dem Hause gehen. Ich bat ihn, hinauszugehen, damit ich mich erheben könnte; er tat das, und ich kleidete mich ziemlich rasch an. Ich zog meine Strümpfe an, einen Unterrock, einen Rock, und ging Frau Kruse zu wecken, die im andern Zimmer in tiefem Schlafe lag und an die niemand dachte. Dann wartete ich, bis sie aufgestanden war und etwas umgenommen hatte, ergriff noch einen kleinen Pelz und sagte: »Vorwärts, jetzt gehen wir!« Kaum hatte ich diese Worte ausgesprochen und den Fuß über die Schwelle von Frau Kruses Zimmer gesetzt, als wir ein Geräusch hörten, als wenn ein Kriegsschiff vom Stapel gelassen wird. Frau Kruse rief: »Ein Erdbeben!« Wir wollten uns beeilen, aber kaum hatten wir drei, vier Schritte getan, als der Fußboden sich unter unsern Füßen bewegte wie die Meereswellen bei großem Sturme, so daß wir, Frau Kruse, ich und eine herzugekommene Kammerjungfer, alle drei hart auf den schwankenden Fußboden fielen und viele Verletzungen erlitten.

Inzwischen trat durch die Tür des Saales gegenüber der Stelle, wo wir an der Erde lagen, ein Sergeant vom Regiment Preobrashenskij namens Lewaschow ein, der heraufgekommen war, um mich zu retten. Er hielt sich mit der Hand an der Tür fest, so daß er nicht fallen konnte; der Fußboden wurde ein wenig ruhiger. Er kam zu mir und nahm mich auf die Arme; er war nämlich ein großer starker Mann. Zufällig warf ich einen Blick auf die beiden Öfen, die in halber Höhe einen ganz spitzen Winkel bildeten. Glücklicherweise lösten sich keine Steine, denn wären sie zusammengefallen, so wären wir sicherlich zermalmt oder wenigstens schwer verletzt worden. Ich sah noch durch ein Fenster, das auf den Abhang hinausging, daß nach oben zu wenigstens ein halber Arschin von der Rutschbahn zu sehen war. Am letzten Tag war das Haus noch in gleicher Höhe mit ihr gewesen: das war also ungefähr der Weg, den wir mit dem Hause zurückgelegt hatten, das sich um einen halben Arschin, wenn nicht mehr, gesenkt hatte. Lewaschow wollte mit mir die Treppe hinuntersteigen, aber sie fiel vor uns zusammen. Nun stiegen mehrere Bediente, so gut oder schlecht es ging, über die Trümmer und trugen mich fort, indem sie mich von Arm zu Arm über diese Ruinen hinreichten, und sie brachten mich schließlich auch ins Freie.

Dort war der Großfürst und Tschoglokow. Letzterer hielt mich für verloren, schien sich allerdings sehr viel mehr wegen der Vorwürfe zu beunruhigen, die man ihm machen würde, weil er mich nicht mit herausgebracht hatte, als von dem Unglück berührt zu sein, das mich betroffen. Seine furchtbar erschrockene Frau befand sich bei ihm, ebenso das halbtote Fräulein Koscheliow. Der Großfürst sprach kein Wort: er besah das Schauspiel, das sich seinen Augen bot, ohne irgendwie merken zu lassen, welchen Eindruck es auf ihn gemacht hatte. Er war sehr bleich und schien noch nicht ganz wach zu sein.

Dem Hause sah man von außen nichts an; kein Holzhaus hätte sauberer von seinem Fundament hinabrutschen können, als das unsere. Es war völlig unversehrt, ein kleiner Hügel hatte es im Gleiten aufgehalten und war so vielleicht die Ursache, daß es nicht nach der entgegengesetzten Seite umfiel. Vier Reihen Steine (plita heißen die) waren an einer Seite unter dem Hause zum Vorschein gekommen und lagen zerstreut auf dem Rasen.

Aber schrecklich war das, was man aus dem Hause heraus-
kommen sah. Das erste, was mir auffiel, war eine Frau, die man
mit blutüberströmtem Kopfe herausbrachte. Ich wollte hineilen,
um zu sehen, wer es sei, aber Tschoglokow hielt mich am Arm
zurück. Er meinte, ich könnte zermalmt werden, man könne nicht
wissen, ob das Haus nicht noch zusammenstürzen werde. Endlich
hörte ich, daß es die schwerverwundete Prinzessin Anna Gagarin
war: ihre Nase war gespalten und der Schädel an mehreren
Stellen durchschlagen. Sofort wurde nach einem Priester
geschickt, der ihr noch hier auf dem Rasen die Absolution
erteilte, dann überließ man sie den Händen der Chirurgen. Die
Zahl der Verwundeten und Getöteten war groß. In den Kellern
waren sechzehn Personen umgekommen, die bei der Rutschbahn
beschäftigt waren, teils Arbeiter, teils Bauern. In der Küche war
der Herd auf drei Menschen gefallen, die daneben lagen: einer
wurde getötet, zwei andere schwer verwundet; sie starben bald
danach. Die Zofe von Fräulein Koscheliow war auch am Kopf
verletzt, durch denselben Ofen, der auf die Prinzessin Gagarin
gestürzt war. Außerdem waren alle Öfen im Erdgeschoß einge-
stürzt, und viele Personen hatten dadurch weniger schwere Wunden und Verletzungen erlitten.
Das Unglück hätte noch viel größer werden können, hätte es
nicht ein ganz wunderbarer Zufall so gefügt, daß der Sergeant
Lewaschow, der mich herausholte, aus Oranienbaum gekommen
war, wo er bei den Bauten beschäftigt war. Er saß bei der Schildwache, um auf Tschoglokows Erwachen zu warten, und hörte ein
wunderliches Krachen in dem Hause, wo alles in tiefstem
Schlummer lag. Er befragte die Schildwache. Der Mann sagte
ihm, dieses eigenartige Krachen ging schon die ganze Nacht
hindurch so. Lewaschow ahnte Böses; er ging Tschoglokow zu
wecken und teilte ihm seine Besorgnis mit. Tschoglokow hatte
gerade noch Zeit, sich zu erheben, als das Haus auch schon zu
schwanken begann.
Als wir noch so das traurige Bild besahen, wurde Tschoglokow
zur Kaiserin befohlen, die einige hundert Schritt von diesem
Häuschen entfernt in dem Hause des Grafen Razumowskij wohnte. Tschoglokow eilte dorthin und ließ uns mit den Verwundeten
auf der Wiese zurück.
Bald ließ die Kaiserin auch uns zu sich rufen. Als ich bei ihr
eintrat, glaubte ich das denkbar Beste zu tun, indem ich Ihre

Majestät bat, dem Sergeanten Lewaschow, der mich aus dem Hause getragen hatte, eine Gnade zu gewähren. Aber sie sah mich schief an und entgegnete kein Wort. Gleich darauf fragte sie mich, ob ich mich erschrocken hätte. Ich sagte: »Ja, sehr.« Das mißfiel ihr noch mehr, und nur mit Mühe erhielt Frau Tschoglokow die Erlaubnis, mir zur Ader lassen zu dürfen. Den ganzen Tag grollte man mir. Ich will auf der Stelle sterben, wenn ich weiß weshalb, es müßte geradezu sein deshalb, weil ich nicht merkte, daß man das ganze Ereignis als unbedeutende Bagatelle hinstellen wollte. Aber der Schreck, den alle bekommen hatten, war doch zu groß, als daß man die Sache im ersten Augenblick mit Ruhe hätte ansehen können.

Der Hausherr, Graf Razumowskij, war verzweifelt; im ersten Moment griff er zur Pistole und wollte sich das Leben nehmen. Er weinte mehrmals an dem Tage, und bei Tische trank er unter Kanonendonner aus einem großen Glase auf den Untergang des Wirtes und das Wohlergehen der kaiserlichen Familie. Die Kaiserin brach in Tränen aus, und alle Anwesenden waren erschüttert. Er leerte sein Glas, und alles sprang vom Tische auf; es war unmöglich, ihm Bescheid zu tun oder das Glas zu leeren. Das Unglück hatte eben alle Köpfe verwirrt gemacht.

Die Kaiserin konnte ihre Bekümmernis über den Zustand ihres Günstlings nicht verbergen. Sie ließ ihn scharf beobachten: vor allem fürchtete sie, er werde sich betrinken, denn dazu neigte er von Natur, und sein Rausch war bösartig: manchmal wurde er unbändig und rasend. Dieser Mensch, der sonst so sanft war, war im Rausch einer der gewalttätigsten. Man befürchtete, er werde Hand an sich legen, und ließ ihm im Laufe des Tages zur Ader, worauf er ruhiger wurde.

Am Nachmittag legte ich mich hin, aber das geringste Geräusch, das ich hörte, machte mich zittern und ließ mich aus dem Schlaf emporfahren, so hatte der Schrecken dieses Morgens auf meine Sinne gewirkt. Noch mehrere Monate nach dem Unglück befand ich mich in demselben Zustand. Als ich gegen sechs Uhr abends aus dem Bett aufstand, bemerkte ich, daß ich eine Menge blauer Flecken an den verschiedensten Körperstellen hatte; unter andern einen besonders großen in der Vertiefung der rechten Seite, wo es auch schmerzte, von Armen und Beinen gar nicht zu reden, die wie zerschlagen waren.

Frau Kruse und Fräulein Sytin, der Kammerjungfer, die uns

beigesprungen und mit uns gefallen war, ging es ebenso. Übrigens habe ich nie ein verdrehteres Mädel kennen gelernt als die letztgenannte, und ich glaube, mancher sitzt im Narrenhaus, der nicht halb so verrückt ist. Fürst Semion Meschtscherskij heiratete sie kurz darauf. Sie bildete sich ein, mir einen ganz besonderen Dienst damit geleistet zu haben, daß sie damals dazugekommen war, und bat mich um ihre Belohnung, als sie sich verheiratete. Das war ja nun nicht gerade verrückt: es stimmt schließlich, anstatt sich außerhalb des Hauses in Sicherheit zu bringen wie die andern, war sie doch zu mir gekommen, und in Anerkennung dessen gab ich ihr eine gute Mitgift. Ihre Hauptverrücktheit bestand darin, daß sie sich einbildete, mir ähnlich zu sein und mich nachahmen zu können; und sie behauptete, alle Welt hielte sie für mich, wenn man sie am Fenster sah oder ihr begegnete. Das war aber nicht gut möglich, denn schon in ihrer Haartracht unterschied sie sich von allen andern. Sie war immer lächerlich aufgemacht, schminkte sich außerdem und war mager wie ein Skelett, so daß sogar ich, die ich damals alles andere als beleibt war, im Vergleich mit ihr für dick gelten konnte. Übrigens hatten wir im Gesicht gar keine Ähnlichkeit und in der Figur ebensowenig.

Am 26. Mai frühmorgens brachen wir von Gostilitzy auf, um nach der Stadt zurückzukehren. Die Prinzessin Gagarin wurde wegen ihrer Verletzungen, die ziemlich gefährlich waren, sehr vorsichtig transportiert. Ihr Zustand betrübte mich aufrichtig, denn ich hatte sie sehr gern. Ich sah sie unterwegs, und obwohl man ihr das Sprechen wegen ihrer Wunden verboten hatte, fand sie doch Gelegenheit, mir zu erzählen, daß die Kaiserin mehrere Diener des Grafen Razumowskij wegen des Unglücks mit dem Hause in die Festung hatte bringen lassen.

Als wir wieder in der Stadt waren[190], hörten wir, man führe das Unglück darauf zurück, daß das Haus im Herbst 1747 auf schon halb gefrorenem Boden gebaut und auch das Fundament zur selben Zeit gelegt worden war. Der Architekt hatte im Vestibül sechs oder acht Pfeiler aufgestellt, um das Haus zu stützen, und ausdrücklich verboten, diese anzurühren, bevor er aus der Ukraine zurückkehre, wohin er geschickt worden war. Die Pfeiler machten einen schlechten Eindruck und waren im Vestibül hinderlich. Als der Hof während der großen Fasten nach Gostilitzy kam, war der Gutsverwalter des Grafen Razumowskij (beiläufig gesagt, ein Adliger und Verwandter des Vizekanzlers Grafen Worontzow) so leichtsinnig gewesen, die Pfeiler niederlegen zu lassen. Weil es Winter war und der Erdboden gefroren, hatte das im Augenblick keine Folgen; als aber im Mai die Erde auftaute, traf das Haus jenes von mir erzählte Geschick. Doch ist anzunehmen, daß auch der Architekt nicht frei von Schuld war, denn ich habe gehört, daß er noch zwei hölzerne Pferdeställe gebaut hat, einen in Gostilitzy und einen in der Ukraine, die beide dasselbe Geschick hatten.

Nach dem Sprichwort ist jedes Unglück zu etwas gut. Der Einsturz des Hauses erregte solchen Schrecken, daß man einige Monate später daran ging, alle Schloßgebäude zu untersuchen, die lange nicht ausgebessert waren, unter anderm Peterhof und Oranienbaum. Ich werde in der Folge noch Gelegenheit haben, davon zu sprechen.

Im Juni dieses Jahres kam der Chevalier de Sagramoso vom Malteserorden nach Petersburg und wurde mit großen Ehren empfangen. Er fand eine Gelegenheit, mir zu sagen, er habe verschiedene Aufträge von meiner Mutter für mich, die er auf eine kleine Papierrolle geschrieben habe, welche er mir bei der ersten Cour beim Handkuß zustecken werde. Ich sagte ihm, ich stürbe vor Angst, es könne jemand bemerken, denn ich würde sehr scharf beobachtet. Er antwortete: »Lassen Sie mich nur machen und fürchten Sie nichts!« Mein Herz stand still, wenn ich an das Billett, das er mir geben wollte, dachte. Endlich kam der fürchterliche Sonntag heran, und ich sah, wie Chevalier Sagramoso, nachdem er dem Großfürsten die Hand geküßt hatte, während er seine Verbeugung vor ihm machte, seine Hand in die Rocktasche führte; er brachte eine kleine Papierrolle zum Vorschein, so lang, wie zwei Finger breit sind, und ließ sie in meine Hand gleiten, als er sie küßte, – in Gegenwart des Großfürsten, des Ehepaares Tschoglokow und vieler anderer. Ich muß sagen, ich verstehe heute noch nicht, daß man es nicht gesehen hat. Mir klopfte das Herz zum Zerspringen: ich nahm das Röllchen, und um es nicht fallen zu lassen, steckte ich es in meinen rechten Handschuh, den ich in der linken Hand hielt. Ich hätte es nicht gewagt, die rechte Hand in meine Tasche zu führen, aus Angst, es könne jemand bemerken, daß ich etwas hineinsteckte. Sagramoso spielte da sicherlich ein gewagtes Spiel, so unschuldig die Sache auch war. Man hätte ihn zum wenigsten mit Schimpf und Schande des Landes verwiesen, wenn er auch nur Argwohn erregt hätte, und mich hätte man eingesperrt und noch schärfer bewacht als bisher.

Als ich mich wieder in meinem Zimmer befand, las ich heimlich, was in dem gefährlichen Röllchen geschrieben stand. Es berichtete mir, daß meine Mutter in Todesangst war, weil ich nicht mehr an sie schrieb, und sie wollte den Grund davon wissen; auch wollte sie wissen, ob sie nicht Kurland für meinen Bruder haben könne. Dann wünschte sie Einzelheiten über mich zu hören.

Ein paar Tage darauf, während des allwöchentlichen Konzerts beim Großfürsten, trat ich an die Musik heran. Ein Musiker Gaspari[191], der Baß spielte, sagte zu mir, ohne sich umzudrehen: »Herr de Sagramoso hat mich beauftragt, Ihnen seinen Respekt zu vermelden, und bittet Sie, mir beim nächsten Konzert Ihre Antwort zu geben.« Ich antwortete: »Sehr gut«, und ging fort.

Ich war in großer Verlegenheit, wie ich zu Papier, Federn und Tinte kommen sollte. Denn ich wagte es nicht, mir ein Schreibzeug in meinem Zimmer zu halten: man hätte von mir wissen wollen, wozu ich es brauche. Verdacht wollte ich nicht gern erregen; also was tun? Nun las ich ja immer irgendein Buch, und ziemlich in jedem gebundenen Buch ist wenigstens ein Blatt weißes Papier. Ich riß also ein solches aus meinem Buch heraus. Um zu einer Feder zu kommen, ließ ich mir allerhand silbernen und goldenen Tand bringen, gab vor, es handle sich um kleine Geschenke für meine Leute, – nach denen waren sie immer gierig, daher auch sehr dienstbereit, sie mir zu besorgen – und kaufte eine silberne Feder, eine sogenannte endlose, in denen ein Tintenbehälter angebracht ist. So hatte ich nun alles, außer Tinte. Um mir die zu verschaffen, wandte ich mich ganz offen an meinen Kammerdiener, der meine Feder mit Tinte füllte.

Als ich so alles Notwendige beisammen hatte, ging ich daran, meine Depesche aufzusetzen. Sie war nicht lang, ich schrieb so gedrängt wie möglich, was ich glaubte auf die Fragen meiner Mutter antworten zu können. Ich erzählte ihr, daß es mir verboten sei zu schreiben; Kurland wäre für meinen Bruder nicht zu haben, weil es beschlossene Sache sei, ohne einen Herzog von Kurland auszukommen. Was mich angehe, so sei ich ziemlich zufrieden und glücklich.

Im nächsten Konzert trat ich hinter Gaspari und ließ das Billett in seine Tasche gleiten. Aber Sagramoso schrieb mir auf demselben Wege noch einmal und verlangte einen ausführlicheren Brief für meine Mutter. Ich schrieb also einen solchen und schickte ihm den. Wenige Tage danach reiste er ab.

Am Peterstag hatte ich mich nachmittags in meinem Zimmer auf das Kanapee gelegt und war eingeschlafen. Da trat der Großfürst bei mir ein, und weil es in seinen Augen damals ein großes Verbrechen war, nachmittags zu schlafen oder spät aufzustehen – er konnte beides nicht ausstehen –, so schalt er mich gründlich, und ich brach in Tränen aus. Der einzige mir bekannte Grund, weshalb er es nicht leiden konnte, war, daß damals solches der Brauch war, den Trägheit, Müßiggang und Faulheit bei Hofe und in der Gesellschaft eingeführt hatten. Übrigens, obwohl der Großfürst ihm nicht folgte, verbrachte er deswegen seinen ganzen Tag nicht weniger müßig.

Ich kleidete mich an und ging auf den Ball. Als die Kaiserin erschien, trat sie zu mir und fragte, weshalb meine Augen rot seien. Mir waren aber meine Augen gar nicht rot vorgekommen, denn sonst wäre ich nicht ausgegangen. Ich versuchte also zu lächeln und versicherte ihr, das sei Zufall; aber sie sagte in sehr gütigem Tone, dem könne nicht so sein, und bat mich, ihr zu erzählen, weshalb ich am Nachmittage geweint habe. Als ich sie so wohlunterrichtet sah, erkannte ich, daß ich ihr schon die ganze, reine Wahrheit sagen müsse. Nur hatte ich eine Befürchtung, der Großfürst könne die Sache so auffassen, als hätte ich mich über ihn bei seiner Frau Tante beklagt. Jedoch die Kaiserin beruhigte mich über diesen Punkt, weil sie meine Verlegenheit wohl selbst richtig auffaßte. Sie kam mir zuvor durch die Aufforderung, ihr zu sagen, was es gegeben habe, der Großfürst werde nichts davon erfahren. Ich erzählte ihr also das Vorgefallene, worauf sie den Kopf schüttelte und meinte, der Großfürst sei eigensinnig und launisch. Meine Offenheit gefiel ihr, und während des ganzen Abends behandelte sie mich besser als sonst. Irgend jemand aus meiner Umgebung, ich weiß nicht wer, muß ihr sofort von meinem Streit mit dem Großfürsten berichtet haben, und sie hatte die Wahrheit darüber herausbringen wollen.

Wir gingen nach Peterhof und von da nach Oranienbaum.[192] Tschoglokow hatte die Decken und Fußböden des Schlosses untersuchen lassen. Es war von dem berühmten Fürsten Menschikow erbaut und bewohnt worden, und nach dessen Verbannung hatte es als Marine-Hospital gedient, bis es die Kaiserin dem Großfürsten schenkte. Ich glaube, seit seiner Erbauung war das

Schloß nie ausgebessert worden. Es stellte sich heraus, daß die Balken so verfault waren, daß sie keinen Monat ausgehalten hätten, ohne zusammenzubrechen.

Wir wohnten also in diesem Sommer in den unteren Flügeln links im Hofe und speisten in einem Zelt, das in der Mitte des Hofes aufgeschlagen war.

Ich erhob mich jeden Tag um drei Uhr morgens, um vor der großen Hitze zu jagen, und jeden Nachmittag, wenn es schön war, ritt ich auf die Jagd. Als ich diese Lebensweise mehrere Tage und gerade während der größten Hitze durchgeführt hatte, fühlte ich mich so elend, daß ich ein hitziges Fieber fürchtete. Ich klagte das meinem Chirurgen Guyon; der wollte wissen, wie ich lebte, und ich berichtete ihm darüber. Er meinte, mein Zustand käme daher, daß ich nicht genug schliefe, ich dürfte nicht so früh aufstehen. Ich folgte seinem Rat und es ging mir besser.

(Stück IV)

Ich führte damals in Oranienbaum folgendes Leben. Um drei Uhr morgens stand ich auf und kleidete mich selbst an, und zwar von Fuß bis Kopf in Männerkleider. Mein alter Jäger erwartete mich schon mit den Flinten und hatte ein Fischerboot am Meeresstrande bereitliegen. Wir durchschritten den Garten zu Fuß, die Flinte über der Schulter, und bestiegen – er, ein Vorstehhund und der Fischer, der uns fuhr – das Boot; ich schoß dann Enten in dem Schilf, welches das Meer zu beiden Seiten des Kanals von Oranienbaum einfaßt, der sich zwei Werst weit in die See zieht. Oft fuhren wir um den Kanal herum und waren daher manchmal bei ziemlich bewegter See in unserm Boot auf offenem Meere. Der Großfürst kam ein oder zwei Stunden nach uns, denn er mußte immer frühstücken und Gott weiß was mitschleppen. Wenn er uns traf, fuhren wir zusammen, wenn nicht, schoß jeder für sich.

Um zehn Uhr, manchmal auch etwas später, kehrte ich nach Hause zurück und kleidete mich zum Diner an. Nach dem Diner ruhte man, und abends wurde beim Großfürsten musiziert, oder wir unternahmen auch einen Spazierritt.

Es war eigentlich recht sonderbar, daß ich, obwohl in der Stadt so sehr scharf beobachtet, auf dem Lande die denkbar größte Freiheit genoß. Wenn ich aus dem Hause ging, so zum Beispiel bei diesen Morgenausflügen, zu denen ich mich bei Tagesgrauen erhob, hatte ich nur einen einzigen Jäger bei mir, und manchmal, aber nicht immer, einen Bedienten. Das hatte seinen Grund einzig und allein in der Faulheit meiner Wächter; mit denen konnte man immer fertig werden, wenn sie nur irgendeine Anstrengung fürchteten. Spaziergänge namentlich fielen ihnen sehr schwer, und sie hockten lieber an einer Stelle, besonders Tschoglokow, der trotz seiner jungen Jahre dick war und schwerfällig an Körper und Geist. Außerdem war er, seit die Liebelei mit Fräulein Koscheliow angefangen hatte, sehr viel bei sich zu Hause beschäftigt. Seine Frau konnte auch nicht laufen, sie war eigentlich immer schwanger und stets in Sorge um ihren bräunlichen Teint. Alle anderen fanden mehr Vergnügen am Schlafen, als an dem Beruf eines Argus. Also lief ich eben allein herum.

(Stück IV)

Ich entsinne mich, daß ich damals die ›Memoiren‹ von Brantôme las, die mir viel Vergnügen machten. Vorher hatte ich das ›Leben Heinrichs IV.‹ von Péréfixe gelesen.[193]

(Stück II)

Wir kehrten nach Peterhof zurück[194], und man quartierte uns in den oberen Zimmern des Schlosses ein, das Peter der Erste erbaut hatte; es existierte damals noch, aber man hatte auf beiden Seiten mit der Errichtung der gewaltigen Steinhaufen begonnen, die jetzt das kleine Haus erdrücken. Die Tschoglokows, einige Hofdamen und unser übriges Gefolge wohnten unter unseren Gemächern in demselben Gebäude. Nur Frau Kruse als Duenna hauste oben neben meinem Schlafzimmer.
Die Kaiserin bewohnte mit ihrem Gefolge die Räume des neuen und alten Monplaisir; das letztere war eben erst erbaut worden.

Wenn es der Großfürst müde war, auf seiner Violine zu kratzen, spielten wir jetzt aus Langeweile nachmittags zu zweien L'hombre. Ich hatte nicht viel Vergnügen daran, weil es für mich nur die Wahl gab, zu verlieren oder gescholten zu werden. Wir spielten hoch, ich spielte besser als er und vorsichtiger. Manchmal mußte ich verlieren, um die Schimpfreden zu vermeiden, die immer folgten, wenn ich gewann.

Eines Nachmittags, als wir uns auf diese Weise die Zeit vertrieben, und als ich schon viel gescholten worden war, ging ich schließlich, um einmal Atem zu holen, aus den Gemächern des Großfürsten in die meinen. Da fand ich Frau Kruse hüpfend und tanzend in freudigster Aufregung. Ich fragte sie nach dem Grunde ihrer großen Fröhlichkeit. Sie nahm meinen Arm, führte mich in ein Zimmer, in dem wir uns allein befanden, und erzählte mir, sie habe bemerkt, daß seit gestern Frau Tschoglokow beständig von und nach Monplaisir unterwegs sei und umgekehrt Leute von drüben immerwährend zu und von den Tschoglokows kämen. Sie war neugierig geworden und ebenfalls hinübergegangen, unter dem Vorwande, ihre Schwester zu besuchen, welche als erste Kammerfrau und Favoritin der Kaiserin neben den Gemächern ihrer Majestät in Monplaisir wohnte. Dort hatte sie gehört, man spreche von der Entfernung der Tschoglokows aus unserer Umgebung. Die Kaiserin sei außer sich vor Zorn gegen Herrn Tschoglokow; sie habe erfahren, daß Fräulein Koscheliow schwanger sei, und zwar von ihm. Sie habe seine Frau kommen lassen und ihr alles gesagt. Die Frau war allerdings wütend auf ihren Mann, den sie bis dahin wahnsinnig geliebt und der sie nun doch betrogen hatte; aber als die Kaiserin sie vor die Wahl stellte, sich entweder von ihrem Mann zu trennen oder mit ihm den Hof zu verlassen, soll sie trotzdem so großmütig gewesen sein, für ihn zu bitten und Himmel und Hölle in Bewegung zu setzen, um den Zorn Ihrer Majestät zu beschwichtigen. Mit Rücksicht auf ihre zahlreiche Familie wolle sie sich nicht von ihm trennen, und sie behauptete, die ganze Sache ginge nur sie allein und sonst niemand etwas an. Sie hatte sogar versucht, vor der Kaiserin alles abzuleugnen. Aber am letzten Tage, als die Tschoglokows mit uns zur Cour in Monplaisir waren, hatte die Kaiserin Frau Izmajlow, ihre Favoritin, zu Fräulein Koscheliow geschickt, die sich seit mehreren Tagen krank gemeldet hatte und deren Rundlichkeit wir alle bemerkten, um sie zu veranlassen, ihren Zustand einzugestehen. Diese habe nach vielen Redensarten und Tränen auch gebeichtet, und darauf habe die Kaiserin Frau Tschoglokow wieder rufen lassen und ihr gehörig den Kopf gewaschen, daß sie sie habe hintergehen wollen; diese habe entgegnet, sie wäre selbst getäuscht worden, was ja auch stimmte. Darauf habe die Kaiserin sie eine einfältige Närrin und dumme Gans genannt. Kurz, der Zorn Ihrer Majestät gegen die Tschoglokows sei so groß, daß man bei Hofe für jeden Augenblick mit ihrer Entfernung rechne. Bei den Tschoglokows ging natürlich auch alles drunter und drüber; die Frau fühle sich schwer gekränkt und ersprare ihm nichts. Sie war ja von Natur cholerisch und aufgeregt, und wenn sie einmal anfing, so hörte sie nicht sobald wieder auf; und man möchte sagen, es bereitete ihr das größte Vergnügen, recht viel Unangenehmes zu reden, wenn sie einmal den Ton angeschlagen hatte. Herr Tschoglokow sollte so weit gegangen sein, einen Kniefall vor seiner Gemahlin zu tun; sie habe erklärt, sie verzeihe ihm, aber er dürfe nicht erwarten, daß sie ihn fernerhin so heiß lieben könne wie bisher. Nur in Rücksicht auf ihre vielen Kinder bliebe sie bei ihm. Im ganzen benahm sich Frau Tschoglokow in der ganzen Angelegenheit klug und fest und zeigte dabei eine gewisse Großmut, deren sie bis dahin niemand für fähig gehalten hätte.

Frau Kruse bat mich um Gottes willen über alles, was sie mir erzählt hatte, tiefstes Schweigen zu bewahren. Denn wenn man erführe, daß sie mir das alles mitgeteilt habe, sei sie verloren. Sie bat mich dringend, dem Großfürsten nichts zu sagen. Jeder wiederholte mir diese Bitte bei allen Gelegenheiten, wenn man mir etwas anvertraut hatte. Ich versprach ihr alles, was sie verlangte, und bat sie, mich ja auch das Ende der Geschichte wissen zu lassen, deren Schlußkatastrophe, wie wir alle hofften, die Entfernung der Tschoglokows sein mußte, die wir beide gleich sehnlich wünschten. Den Wunsch teilten wir übrigens mit allen, die mit diesen bösartigen Menschen zu tun hatten. Sie versprach mir, so oft zu ihrer Schwester zu gehen, wie es nur möglich sei, ohne Verdacht zu erregen, und sie hielt auch Wort. Ich war entzückt von der Aussicht, die Tschoglokows los zu werden.

Weil ich wußte, daß es den Großfürsten auch sehr freuen würde, ging ich wieder zu ihm und erzählte, ohne jedoch Frau Kruses Namen zu nennen, ungefähr wie die Dinge lagen, fügte aber hinzu, wenn er das geringste ausplauderte, so würde er dadurch die Entfernung der Tschoglokows verhindern. Er versprach mir, vorsichtig zu sein.

Unsere Lebensweise in Peterhof gab mir übrigens ziemliche Sicherheit, daß seine erste freudige Erregung vorübergehen würde, ehe sich ihm Gelegenheit bieten könnte, etwas auszuplaudern.

Unterdessen bekamen wir den Befehl, nach der Stadt zurückzukehren. Es war auch Zeit, denn unsere Gemächer drohten mit dem Einsturz. Wenn man durch mein Ankleidezimmer ging, schwankte der ganze Fußboden, und an dessen kleinen Erschütterungen merkten wir, daß die Balken entweder zu dünn waren oder verfault. Weil ich immer noch in Angst war wegen des Vorfalls in Gostilitzy und wegen des Zustandes der Fußböden und Decken in Oranienbaum, ließ ich Graf Fermor holen, der damals die Geäbude unter sich hatte, und erzählte ihm von der Sache. Er versprach mir, alles untersuchen zu lassen. Das geschah, und es stellte sich heraus, daß die Balken in demselben Zustand waren wie in Oranienbaum.

Doch war nicht der schlechte Zustand des Schlosses von Peterhof der eigentliche Grund, den Ort zu verlassen; das diente nur als Vorwand. Die Abreise wurde beschlossen, um ohne Lärm und Aufsehen Fräulein Koscheliow vom Hofe zu entfernen. Die Kaiserin hatte ihr befohlen, mit ihrer Tante, der Frau Oberhofmarschall Schepeliow (durch ihren Gemahl auch Tante der Frau Schuwalow[195], der Favoritin der Kaiserin) nach der Stadt zurückzukehren.

Frau Schuwalow mißachtete übrigens diese Verwandtschaft, die ganz aus einfältigen Leuten von niedrigster Herkunft bestand, denn Frau Schepeliow und ihre Schwester[196], Fräulein Koscheliows Mutter, waren finnischer Abstammung. Sie waren nach der Eroberung Finnlands an den Hof gekommen und hatten dort die Wäsche der Kinder Peters des Großen gewaschen, hatten dann die Zimmer gefegt und waren allmählich bis zu Kammerjungfern aufgestiegen. Herr Schepeliow, damals Adjutant Peters des Großen, hatte eine von ihnen geheiratet, und Koscheliow, Unterstallmeister der Kaiserin Katharina, die andere. Die Männer machten infolge ihrer langen Dienste ihr Glück während der Regierung der Kaiserin, deren Verwandten sie von Kaiser Peter dem Großen beigegeben worden waren.

Zu dessen Lebzeiten wohnten diese Verwandten in Tzarskoje

Selo, von wo sie sich nie entfernten, so daß auch niemand sie kannte. Als der Kaiser starb, erregte es Verwunderung, daß die Kaiserin Katharina ein paar Brüder und ein paar Schwestern hatte, von deren Existenz bis dahin nichts bekannt war.

Sie waren keine Leute, die man in der großen Welt zeigen konnte, denn sie waren alle Säufer und Dummköpfe, und man merkte ihnen in jeder Hinsicht ihre niedrige Herkunft an.

Man wird mir diese kleinen Abschweifungen verzeihen, ich werde solche vielleicht noch oft machen, wenn sie irgendeine interessante Anekdote beitragen oder meine Erinnerung mich gerade auf dergleichen bringt.

Auf dem Wege von Peterhof nach Petersburg trafen wir auf unsere Reitpferde; der Großfürst und ich stiegen zu Pferde, Herr und Frau Tschoglokow blieben im Wagen. Sie waren nicht gerade in der besten Stimmung. Aber so fühlten wir uns mit den Kavalieren, die uns begleiteten, zwangloser, und unterwegs sprachen alle ganz offen über Fräulein Koscheliows Abenteuer und die kritische Lage der Tschoglokows. Peter Saltykow und sein Bruder Sergej waren dabei. Sie sprachen wie die anderen, aber niemand, sein Bruder nicht ausgenommen, wußte, daß Peter Saltykow, der, obwohl Kammerherr, von dem ganzen Hofe seiner Dummheit wegen aufgezogen wurde, alles, was er hörte, den Tschoglokows wiedererzählte. In der Stadt angelangt, hatte er auch nichts Eiligeres zu tun, als seinen Bericht über unsere Unterhaltung unterwegs abzustatten. Frau Tschoglokow kanzelte nun am nächsten Tage jedermann wegen dieser Redereien ab. Jetzt zweifelte niemand daran, daß Peter Saltykow der Verräter war, und sein Bruder kanzelte ihn nun ab; auch von seinen Eltern geschah ihm dasselbe. Er ging wieder zu den Tschoglokows und erzählte alles, und ich glaube, das und die Bemühungen ihres Protektors, des Grafen Bestushew, für sie zur Hebung ihrer gesunkenen Aktien haben die Kaiserin veranlaßt, sie in ihrer Stellung zu belassen. Die ganze Sache geriet allmählich in Vergessenheit, trotz des Aufsehens, das sie damals erregt hatte.

Als erste mußte Frau Kruse es empfinden, daß der Einfluß der Tschoglokows doch nicht so gesunken war, wie man glaubte. Ihre häufigen Gänge in Peterhof von dem oberen Palais nach Monplaisir, während der Aufregung damals, waren Frau Tschoglokow nicht entgangen. Außerdem standen sie sich gar nicht

recht miteinander, und es hatte schon mehr als einen Auftritt
zwischen den beiden gegeben. Frau Kruse wollte mir eines Tages
zeigen, wie man holländische Leinwand schneidet, um Hemden
zu machen. Frau Tschoglokow kam dazu, fand das ungehörig
und teilte ihr am nächsten Tage im Namen der Kaiserin mit, sie
habe den Hof zu verlassen. Sie zog sich zu ihrem Schwiegersohn,
dem Hofmarschall Sievers zurück. Ich bedauerte ihre Entfernung, denn ihr Verhalten mir gegenüber hatte sich sehr gebessert.
Der Großfürst vermißte sie noch viel mehr; die Spielsachen, die
sie ihm immer verschaffte, hatten sie ihm sehr wert gemacht.
Einige Tage darauf brachte Frau Tschoglokow im Namen der
Kaiserin Frau Wladislaw[197], auch Praskowja Nikititschna
genannt, zu mir. Sie war die Schwiegermutter des ersten Sekre-
tärs[198] des Grafen Bestushew und diesem völlig ergeben. Sie
war aber eine Frau von Geist mit guten Manieren und verstand
es, die Menschen für sich einzunehmen. Diese Frau gefiel mir
gleich von vornherein. Von irgend jemand, ich weiß nicht mehr
von wem, hatte ich den Rat bekommen, sehr vorsichtig mit ihr zu
sein, weil sie für ebenso falsch wie einnehmend und unterhaltend
galt. Ich ließ mir das gesagt sein; ich beobachtete sie und behandelte sie mit Vorsicht. Vom ersten Tage an unterließ sie nichts, um
sich gut mit mir zu stellen. Beim Großfürsten wollte sie es ebenso
machen, aber der hatte eine große Voreingenommenheit gegen
sie. Ihr größter Fehler war für ihn, daß sie Russin war, und der
zweite, daß sie Frau Kruse ersetzte, die aus Holstein stammte.
Er besaß eine leidenschaftliche Liebe für den Erdenwinkel, wo er
geboren war. Beständig beschäftigte er sich damit. Im Alter von
zwölf oder dreizehn Jahren hatte er sein Geburtsland verlassen;
seine Phantasie erhitzte sich, wenn er davon sprach, und weil
niemand von seiner Umgebung, bei mir angefangen, in diesem
nach seinen Reden so wunderbaren Lande gewesen war, erzählte
er uns täglich darüber Geschichten, bei denen man einschlafen
konnte, die wir aber glauben sollten; er ärgerte sich, wenn er sah,
daß ihm nicht geglaubt wurde.
Die Verkettung menschlicher Laster und Tugenden ist eines der
denkbar eigenartigsten Dinge. Wer hätte ahnen sollen, daß die
Liebe für diesen Erdenwinkel den Großfürsten allmählich zu
einem der größten Lügner machen sollte, den es vielleicht je auf
Erden gegeben hat? Ich habe das mit meinen Augen unmerklich
kommen sehen, nicht ohne nachhaltig, mit aller Kraft, gegen eine

solche schändliche und schädliche Neigung angekämpft zu haben, dafür rufe ich Gott und alle, die etwa davon wissen können, zu Zeugen an. Aber nichts konnte ihn zurückhalten; im Gegenteil, je älter er wurde, desto mehr ärgerte und erzürnte ihn der Widerspruch und machte ihn nur hartnäckiger, und schließlich ging seine Verblendung so weit, daß er selbst fest überzeugt war, die Lügen, die er erfand und verbreitete, wären unumstößliche Wahrheiten. Außerdem half ihm beim Lügen sein ganz vorzügliches Gedächtnis. Was er einmal erzählt hatte, erzählte er später wieder mit denselben Begleitumständen, die er das erstemal vorgebracht hatte, mit dem Unterschied höchstens, daß er bei Wiederholungen seine Erzählungen noch durch neue, vorher nicht gegebene Einzelheiten vermehrte und ausschmückte.

Eine der Tatsachen, die mit am meisten dazu beitrugen, Frau Wladislaw in seinen Augen herabzusetzen, war ihre Frömmigkeit, – ein Punkt, den er nie verzieh. Auch hatte sie in ihrem Zimmer ein Lämpchen vor ihren Heiligenbildern, was er nicht leiden konnte, obwohl das dem Gebrauche unseres Ritus entspricht, für den aber Seine Kaiserliche Hoheit keinerlei Sympathien hatte. Im Gegenteil, er bildete sich ein, er hielte an der lutherischen Religion fest, in der er erzogen war. Aber im Grunde genommen hielt er sich an gar nichts, und er hatte keine Vorstellung von den Dogmen oder der Morallehre der christlichen Religion. Ich habe nie einen in Wirklichkeit vollkommnen atheistischen Menschen gesehen als ihn, der sich trotzdem oft vor dem Teufel und vor dem lieben Gott fürchtete und noch häufiger alle beide verachtete, je nach der Gelegenheit oder seiner augenblicklichen Laune.

Am St. Alexandertage ließ ich es mir gefallen, ein weißes Kleid anzuziehen, das auf allen Nähten mit breiten spanischen Goldspitzen besetzt war. Ich erschien mit diesem Kleid bei der Cour, ohne zu ahnen, welche Folgen das haben sollte. Als ich wieder in meinem Zimmer war, ließ mir die Kaiserin durch Frau Tschoglokow sagen, ich solle mein Kleid ablegen, es gehöre sich für mich nicht, an diesem Tage ein Kleid zu tragen, das dem Ordensgewande ähnlich sei. Ich ließ mich bei der Kaiserin entschuldigen und sagte zu Frau Tschoglokow, ich sei niemals auf den Gedanken gekommen, daß mein Kleid dem Gewande der Ritter ähnlich sei. Frau Tschoglokow gab mir recht und riet mir, zum Nachmittag ein anderes anzuziehen, was ich auch tat. In der Tat hatte mein Kleid mit Ausnahme der weißen Farbe nichts mit dem

Ordensgewand gemeinsam, das auch weiß ist, mit Silberlitzen garniert, mit Futter, Jacke und Aufschlag in Feuerrot. Ich trug das Band des St. Katharinenordens. Vielleicht hatte die Kaiserin mein Kleid schöner gefunden als das ihre, und das war der wahre Grund, weshalb sie mir befahl, es auszuziehen. Meine teure Tante neigte sehr zu derartigen kleinen Eifersüchteleien nicht nur mir, sondern ebenso auch allen anderen Damen gegenüber. Namentlich auf diejenigen, die jünger waren als sie, hatte sie es beständig abgesehen. Sie trieb diese Eifersucht so weit, daß es vorgekommen ist, daß sie vor versammeltem Hofe eines Tages Frau Naryschkin[199], die Gemahlin des Oberjägermeisters, zu sich heranrief, die wegen ihrer Schönheit, ihrer prächtigen Figur, ihres vornehmen Auftretens und des auserlesenen Geschmackes, mit dem sie sich kleidete, ihre Anfechtung geworden war, und ihr in Gegenwart der ganzen Gesellschaft mit der Schere einen reizenden Bandschmuck vom Kopfe schnitt, den sie an dem Tage trug. Ein andermal schnitt sie selbst zweien ihrer Hofdamen die Hälfte ihrer vorn gebrannten Haare ab, unter dem Vorwand, sie liebe diese Frisur nicht. Es handelte sich um die junge Gräfin Jefimowskij, die später Graf Iwan Tschernyschow heiratete, und Prinzessin Repnin, die Gemahlin des Herrn Naryschkin. Die jungen Damen behaupteten, Ihre Majestät habe ihnen auch ein wenig Haut mit den Haaren abgeschnitten.

Im Herbst dieses Jahres, als wir wieder im Winterpalais waren, kam aus Frankreich eine Madame Launoy, die zur Umgebung der Kaiserin und ihrer Schwester, der Prinzessin Anna, gehört hatte. Sie war dieser nach Holstein gefolgt und von da in ihr Vaterland zurückgekehrt. In den ersten Tagen schien die Kaiserin sich sehr viel mit dieser Frau abzugeben, und die glaubte auch tatsächlich auf dem besten Wege zu sein, die Favoritin der Kaiserin zu werden. Ihre Majestät zeigte sie aller Welt, zeichnete sie sichtlich aus und widmete sich ihr sehr viel.

An den Abenden versammelte die Kaiserin den ganzen Hof in ihren inneren Gemächern, und dort wurde hoch gespielt. Als ich einmal[200] die Gemächer Ihrer Majestät betrat, näherte ich mich dem Grafen Lestocq und richtete das Wort an ihn, aber er sagte: »Kommen Sie mir nicht nahe!« Ich hielt das für einen Scherz von ihm; er sagte oft zu mir: »Charlotte, halten Sie sich gerade!« und spielte damit auf die Art an, wie man mich behandelte. Ich wollte ihm mit dieser Redensart antworten, aber er sagte: »Ich scherze nicht, gehen Sie fort von mir!« Das war mir doch schmerzlich, und ich sagte: »Also Sie fliehen mich auch?« Er entgegnete: »Ich sage Ihnen, Sie sollen mich in Ruhe lassen!« Ich verließ ihn, ein wenig beunruhigt durch seine Mienen und Worte. Zwei Tage später sagte mein Kammerdiener beim Frisieren: »Gestern ist Graf Lestocq verhaftet worden, und es heißt, er ist in die Festung gebracht worden.«[201] Der bloße Namen dieses Ortes flößte damals allgemein Schrecken ein! Er bat mich, nicht merken zu lassen, daß ich diese Neuigkeit wußte. Ich hielt ihm Wort, war aber sehr betrübt über die Sache, denn Graf Lestocq hatte mir bis dahin immer Freundschaft und Vertrauen erwiesen. Ich kannte Graf Bestushews Feindschaft gegen ihn und betrachtete diesen als den Urgrund aller Unannehmlichkeiten, die man mir machte, wußte auch wohl, daß er die wenig freundliche Stimmung der Kaiserin gegen mich schürte.

Ich ging zur Kirche, und unterwegs traf ich den Vizekanzler Worontzow, der damals ein intimer Freund Lestocqs und erbitterter Gegner des Grafen Bestushew war; auch sein Einfluß hatte darunter gelitten und war sehr gesunken. Als ich ihm die Hand zum Kusse reichte, sagte ich vorsichtig: »Was wird daraus werden?« Er zuckte die Achseln und schüttelte den Kopf, ohne mir etwas zu erwidern. Abends bei der Cour erfuhr ich, Graf Bestushew, General Stephan Apraxin und Graf Alexander Schuwalow seien zu Kommissaren ernannt, um Lestocq zu verhören. Die Sache dauerte bis zu unserer Abreise nach Moskau, die auf Mitte Dezember angesetzt war, und nichts davon sickerte durch. Ein paar Tage vor unserer Abreise hörten wir, die Kaiserin habe das Haus des Grafen Lestocq dem General Apraxin geschenkt, und daraus schloß man, die Sache müsse beendet sein. Man flüsterte sich sogar ins Ohr, daß trotz aller Untersuchungen nichts gegen ihn zutage gefördert sei. Trotzdem wurde er verbannt und alle seine Güter konfisziert.[202] Die Kaiserin war nicht stark genug, einem Unschuldigen Gerechtigkeit widerfahren zu lassen, sie hätte seinen Groll gefürchtet, und deshalb kam während ihrer Regierung niemand, ob schuldig oder unschuldig, aus der Festung wieder heraus, ohne nicht wenigstens verbannt zu werden.

Im Anfang dieses Winters grub mein Kammerdiener Jewreinow wieder seinen alten Freund Andrej Tschernyschow aus. Der war mit den Pagen des Großfürsten, von denen ich bei Beginn des

Jahres 1747 gesprochen habe, im sogenannten Smolnyi Dwor, einer alten Baracke Ihrer Majestät aus der Zeit, da sie noch Prinzessin war, festgesetzt worden. Ich sage Baracke, weil es ein kleines elendes Holzhaus war, an der Stelle, wo jetzt das Fräuleinstift steht. Ich hatte ein finnisches Mädchen[203], das mein Zimmer fegte und das Bett machte. Dieses Mädchen war verlobt mit einem Verwandten von Jewreinow, und um ihn heiraten zu können, hatte sie unsere Religion angenommen und den Namen Katharina Petrowna erhalten; ich war ihre Patin gewesen. Ihre Schwester diente in gleicher Stellung bei der Kaiserin.

Der Bräutigam wohnte im Hause des Grafen Bruce gegenüber dem Palais. Am St. Andreastage machte Tschernyschow seine Wachen und Gefährten betrunken, nahm einen Wagen und fuhr zu dem Zukünftigen der Katharina Petrowna; die drei hatten die Sache einige Tage vorher verabredet. Das Mädchen ging dorthin und brachte mir von ihm einen langen Brief, in dem er mir seine Abenteuer während zweier Jahre erzählte. Sie konnte nur frei mit mir sprechen, wenn ich auf meinem Nachtstuhl saß. Ich steckte dann den Brief zwischen Strumpfband und Bein, und als man mir die Strümpfe ausziehen wollte, steckte ich ihn einen Augenblick vorher in meinen Ärmel; ich wagte nicht, ihn in einer Tasche zu lassen, aus Furcht, man könne sie durchsuchen. Ich las den Brief, als alles schlief, antwortete ihm und schickte ihm Geld und andere Kleinigkeiten, die er vielleicht nötig haben könnte. Er schrieb mir noch mehrere Male, und ich antwortete ihm auf demselben Wege. Das ging alles ohne Wissen von Timofej Jewreinow vor sich, der uns wohl sehr gescholten hätte, wenn er es gewußt hätte. Aber ihre Handlungsweise ließ mich die Katharina Petrowna sehr schätzen. Wir waren aber sorgfältigst bemüht zu verbergen, was wir wußten.

Das Mädchen war heiter und lebhaft, und weil Frau Wladislaw weniger zänkisch war als Frau Kruse, atmeten meine Leute auch wenigstens ein ganz klein wenig freier. Das Mädchen hatte einen natürlichen Hang zu allerlei Äffereien; unter anderem verstand sie großartig, Frau Tschoglokows Gang, wenn diese schwanger war, nachzumachen. Sie band sich zu diesem Zwecke vorn ein großes Kissen unter ihren Rock und brachte uns zum Lachen, wenn sie so durch das Zimmer watschelte.

Alles ging gut bis zum Schlusse des Jahres.

178

Wir reisten Mitte Dezember bei tüchtigem Tauwetter und auf sehr schlechten Wegen von Petersburg ab. Am 18. Dezember, dem Geburtstage Ihrer Kaiserlichen Majestät, waren wir in Twer, hörten da die Messe und reisten dann weiter. Die Kaiserin fuhr uns jetzt voraus, obwohl sie nach uns[204] abgereist war. Die Monarchin pflegte sehr schnell zu reisen, und meist blieb das ganze Gefolge zurück. Unterwegs hörte ich von dem Kammerherrn Fürst Alexander Trubetzkoj, der in meinem Schlitten Platz genommen hatte, Graf Lestocq habe in der Festung versucht, sich durch Hunger das Leben zu nehmen, und deshalb elf Tage nichts gegessen.[205] Dann habe ihm aber die Kaiserin befohlen, Nahrung zu sich zu nehmen, und ihm gedroht, wenn er nicht gehorche, werde sie schon Mittel finden, ihn zu zwingen. Dem Fürsten Trubetzkoj und mir schien diese Behandlung sehr grausam, namentlich einem Manne gegenüber, dem die Kaiserin doch sehr verpflichtet war. Fürst Trubetzkoj wußte das durch seinen Bruder, den Fürsten Nikita Jurjewitsch, der General-Prokuror war und sehr wohl die Wahrheit wissen konnte.

Als wir eben in Moskau angelangt waren, erzählte mir die Prinzessin Gagarin im Vertrauen, ihr Schwager, mein Kammerherr Fürst Alexander Golitzyn, habe den Befehl erhalten, als Gesandter beim Niedersächsischen Kreis nach Hamburg zu gehen. Das bedeutete eine Art Verbannung: Graf Bestushew war ihm nicht gewogen und hatte ihn der Kaiserin als Mitschuldigen des Grafen Lestocq hingestellt.

In Moskau bewohnten der Großfürst und ich die Gemächer, die ich im Jahre 1744 mit meiner Mutter innegehabt hatte. Wir beide hätten nicht unbehaglicher untergebracht sein können. Unsere Wohnung bestand aus einer doppelten Flucht von Gemächern, rechts hatte ich meine Zimmer und links lagen die des Großfürsten: wir konnten uns also nicht bewegen, ohne einander zu stören.

Der Großfürst kannte damals nur zwei Beschäftigungen: einmal, auf seiner Violine zu kratzen, und dann Hunde, sogenannte Charlots, für die Jagd abzurichten. So mußte ich mir von sieben Uhr morgens bis sehr spät in die Nacht meine Ohren entweder von den Mißtönen, die er mit gewaltiger Energie seiner Geige entlockte, zerreißen lassen, oder von dem Gebell oder dem entsetzlichen Geheul der fünf oder sechs Hunde, die er den übrigen Teil des Tages hindurch grausam verprügelte. Ich muß sagen, ich war außer mir und litt schrecklich unter beiden Sorten von Musik, die von früh an bis spät in die Nacht mein Trommelfell peinigten. Höchstens die Hunde ausgenommen, war niemand so unglücklich wie ich.

(Stück IV)

Als ich eines Tages einen armen Hund lange schrecklich heulen hörte, öffnete ich die Tür meines Schlafzimmers, in dem ich saß und das an den Raum anstieß, in dem alles vor sich ging. Ich sah, wie er einen seiner Hunde am Halsband in die Höhe hob und ein Kalmückenjunge von ihm den Hund am Schwanz gefaßt hielt. Es war ein armer kleiner Charlot von englischer Rasse, und der Großfürst schlug aus aller Kraft mit dem dicken Stiel einer Peitsche auf den Hund los. Ich wollte für das arme Tier eintreten, aber er verdoppelte nur die Schläge. Ich konnte diesen mir widerwärtigen Anblick nicht ertragen und zog mich mit Tränen in den Augen in mein Zimmer zurück. Überhaupt erregten Tränen und Schreie nicht etwa das Mitleid des Großfürsten, sondern versetzten ihn vielmehr in Wut. Mitleid war für sein Herz ein peinliches, ja sogar unerträgliches Gefühl.

(Stück III)

Doch las ich etwas: ich hatte damals die Geschichte Deutschlands vom Pater Barre, Kanonikus von St. Geneviève, vorgenommen, neun Bände Quart.[206] Im Laufe des Winters und eines Teils des Frühlings las ich sie alle neun durch.
Gleich nach unserer Ankunft in Moskau trat so starker Frost ein, wie ich ihn kaum je wieder erlebt habe. Eines Sonntags erließ uns sogar die Kaiserin den Besuch der Messe wegen der Kälte. Um in die große Kapelle zu kommen, mußten wir im Wagen um das Schloß herumfahren. Die Kaiserin hatte die Gewohnheit, beständig die innere Einrichtung des ganzen Schlosses umzuändern. Sie verließ niemals ihre Gemächer zu einer Spazierfahrt oder um in das Schauspiel zu gehen, ohne daß inzwischen etwas geändert

wurde, und sei es auch nur, daß man ihr Bett von einer Stelle des Zimmers nach einer andern oder in anderes Zimmer brachte (denn sie schlief selten zwei Tage hintereinander an derselben Stelle), oder eine Zwischenwand wurde durch eine neue ersetzt. Sogar die Türen waren beständig an andern Stellen. Sie hatte es diesmal für angebracht gehalten, die gewöhnliche Kapelle in Zimmer zu verwandeln und mehrere Personen ihres Gefolges in den Vorzimmern unterzubringen, die vorher die Verbindung zwischen unsern Gemächern und den ihrigen bildeten.

Ich mußte während der ersten Tage unseres Aufenthaltes in Moskau das Zimmer hüten, weil meine Stirn voller Pickel war und ich einen sehr schlechten Teint hatte. Ich mußte sogar Boerhaave rufen, der mit Hilfe von Talköl mein Gesicht wieder in Ordnung brachte.

Während ich so zu Anfang des Jahres 1749 das Zimmer hütete, hörte ich teils von meinem Kammerdiener Jewreinow, teils durch Frau Wladislaw, die das aber voreinander verbargen, daß die Kaiserin an einer Verstopfungskolik schwer erkrankt sei. Die Tschoglokows sagten uns kein Wort darüber, und wir wagten es nicht, uns nach dem Befinden der Kaiserin zu erkundigen. Das wäre ein Verbrechen gewesen: man hätte uns gefragt, von wem wir wüßten, daß sie krank sei, und das hätte wieder Unglück über den gebracht, von dem wir es erfahren hätten. Ich erzählte dem Großfürsten genau, was mir meine Leute berichteten. Wir beschlossen beide, so lange darüber zu schweigen, bis die Tschoglokows davon sprechen würden, aber die redeten kein Wort mit uns davon.

Wir erfuhren, daß eines Tages, als es der Kaiserin sehr schlecht ging, Graf Bestushew und General Apraxin in der Wohnung der Tschoglokows geschlafen oder die Nacht zugebracht hatten. Der Großfürst und ich beunruhigten uns einigermaßen über die Krankheit der Kaiserin, die man uns verheimlichte, die Tschoglokows sahen uns kaum über die Schulter an. Ohne Erlaubnis wagen wir nicht, unsere Zimmer zu verlassen. Wir hörten, daß Graf Bestushew, General Apraxin und noch andere, auf deren Ergebenheit wir kaum zählten, beständig bei verschlossenen Türen höchst geheimnisvolle Beratungen abhielten, und wir wußten nicht, was wir daraus machen sollten. Namentlich der Großfürst, furchtsam wie er war, wußte schon nicht mehr, welchem Heiligen er sich anbefehlen sollte. Ich sprach ihm Mut zu und bat ihn, heiter und ruhig zu bleiben. Ich würde versuchen, mich durch meine Leute so gut wie möglich über den Gesundheitszustand der Kaiserin auf dem laufenden erhalten zu lassen, und wenn sie der Krankheit erliegen sollte, so würde ich ihm die Türen öffnen, damit er seine Zimmer verlassen könnte, in denen er jetzt sozusagen eingeschlossen war. Wenn kein anderer Weg bleiben sollte, dann lägen ja die Fenster unserer Gemächer im Erdgeschoß so tief, daß man im Notfall auf die Straße springen könnte. Ich sagte ihm auch, Graf Zachar Tschernyschow, auf den ich glaubte rechnen zu können, habe sein Regiment in der Stadt, und mehrere Korporale von der Leibkompagnie, die ich ihm bei Namen nannte, würden ihn nicht im Stiche lassen. Das alles beruhigte ihn so weit, daß er sich wieder in seinem Winkel mit der Violine und den Hunden beschäftigen konnte.

Nach mehreren Tagen ernster Gefahr, während welcher in allen Zimmern des Schlosses vielerlei geflüstert wurde, ging es der Kaiserin besser, und alles kam wieder in das alte Gleis. Ich wurde zwei- oder dreimal täglich ziemlich genau von meinem Kammerdiener und von Frau Wladislaw informiert. Diese hatte eine große Menge der verschiedensten Beziehungen mit den Leuten der Kaiserin, in deren nächster Umgebung sie Verwandte, Bekannte und Freunde besaß. Außerdem standen die Geistlichen und Kirchensänger des Hofes in naher Verbindung mit ihr und erzählten ihr bei den drei Gottesdiensten, denen sie fast täglich regelmäßig beiwohnte, alles was sie in Erfahrung bringen konnten, und sie berichtete es wieder mir mit der größten Genauigkeit.

Während ihrer Rekonvaleszenz, gegen Ende des Karnevals, befahl die Kaiserin, die Hochzeiten zweier ihrer Hofdamen zu feiern, die schon lange verlobt waren, und zwar die des Fräulein Skwortzow und dem Gardeoffizier Neronow, und die der Prinzessin Repnin mit Herrn Naryschkin. Die beiden Hochzeiten fanden an einem Tage statt; beim Festmahl saß ich zur Rechten der einen Braut, und zu meiner Rechten saß zufällig Frau Schuwalow, die Favoritin der Kaiserin. Es fügte sich, da sie gesprächig und sehr lustig war und immer ein Scherzwort bereit hatte, daß ich mich erkühnte, sie nach dem Gesundheitszustand Ihrer Majestät zu fragen. Sie antwortete mir, es ginge besser und gerade an diesem Tage habe Ihre Majestät zum erstenmal im Bett aufrecht gesessen. Ich erzählte ihr von der großen Unruhe, in die mich diese Krankheit versetzt habe; sie nahm das sehr gut auf, und weil sie eben geschwätzig war, berichtete sie diese Unterhaltung der Kaiserin. Am nächsten Tage saßen wir an derselben Tafel auf denselben Plätzen. Sie sagte mir, sie habe von unserer gestrigen Unterhaltung mit Ihrer Majestät gesprochen, die das durchaus nicht mit Mißfallen gehört habe; mit ihrer Genesung gehe es immer besser, sie sei nur noch sehr schwach.

Am nächsten Tage erschien Frau Tschoglokow wutschnaubend in meinem Zimmer, und weil ich mit dem Großfürsten im Nebenzimmer bei Frau Wladislaw war, kam sie mit einem Satz hereingeschossen, wandte sich an mich und sagte, Ihre Majestät sei außer sich, daß ich mich während der ganzen Krankheit, die zwei Wochen gedauert habe und sehr ernst gewesen sei, nicht ein einziges Mal hätte nach ihr erkundigen lassen, daß ich erst von ihrer Krankheit zu Frau Schuwalow gesprochen hätte, als es ihr schon besser ging. Solches Betragen von seiten des Großfürsten wie von mir, uns nicht nach dem Gesundheitszustand der Kaiserin zu erkundigen, sei unverzeihlich. Ich entgegnete Frau Tschoglokow, weder sie noch ihr Mann hätten ja auch nur ein Wort von der Krankheit der Kaiserin verlauten lassen. Sie erwiderte: »Aber Sie haben doch mit Frau Schuwalow davon gesprochen!« Ich sagte ihr, die habe den Anlaß dazu gegeben, und das war ja auch wahr. Frau Tschoglokow ging schließlich, nachdem sie noch gescholten und allerlei Dinge geredet hatte, von denen eines immer unangenehmer war als das andere.

Als sie fort war, fing nun der Großfürst an, mich zu schelten, weil ich mit Frau Schuwalow über die Krankheit der Kaiserin gesprochen hätte, denn ohne das würde man angenommen haben, wir wüßten nichts davon. Er ging fort und schmollte den ganzen Tag mit mir, wozu er übrigens schon von Natur neigte; er tat das der geringsten Kleinigkeit wegen.

Als ich mit Frau Wladislaw, die klüger war als die ganze Gesellschaft, allein blieb, brach ich in Tränen aus und sagte zu ihr: »Stellen Sie sich vor, ob es möglich ist, diesen Leute etwas recht zu machen! Erstens, wenn ich rundweg Tschoglokow oder seine Frau beauftragt hätte, sich nach dem Befinden der Kaiserin zu erkundigen, so wäre sicher ihre erste Frage gewesen, woher ich wisse, daß die Kaiserin krank ist, wer mir das gesagt habe? Sollte ich Sie oder jemand anders nennen? Es wäre doch das sicherste Mittel, um die von mir genannte Person ins Unglück zu stürzen!

Weder Tschoglokow noch seine Frau haben mir bisher ein Sterbenswörtchen von dieser Krankheit gesagt, es war jetzt das erstemal, daß Frau Tschoglokow davon sprach! Zweitens, wie soll
man sich vorstellen, daß es die Kaiserin unrecht findet, wenn ich
Frau Schuwalow mein Interesse für ihren Zustand zeige, und daß
sie mich gerade unter diesem Vorwand schilt?«

Frau Wladislaw war viel zu verständig, um meine Anschauung
nicht völlig begründet zu finden, und sagte: »Die Kaiserin muß
erfahren, daß die Tschoglokows nie mit Ihnen über ihr Befinden
gesprochen haben; es war ihre Pflicht, Sie hiervon zu unterrichten. Die Kaiserin wird dann verstehen, in welcher Verlegenheit
Sie sich befanden, als Sie zwischen den beiden Möglichkeiten
wählen mußten, gescholten zu werden, weil Sie gefragt oder weil
Sie geschwiegen hatten.«

Sie gab mir zu verstehen, sie werde das selbst vor die Kaiserin
bringen, hütete sich aber wohl, das offen auszusprechen, weil sie
im Gegenteil vor mir verbergen wollte, daß sie unmittelbare
Beziehungen zur Kaiserin hatte und der Monarchin gerade
dadurch zu Diensten war, daß sie ihr meine unbedeutendsten
Handlungen hinterbrachte. Sie stellte es aber auf der andern
Seite sehr geschickt an, sich mein Vertrauen zu erhalten, daß sie
nicht verlieren wollte, und es war für sie ein eigenes Studium, es
sich zu bewahren. Das einzige Hindernis für alle solche Nach-
richtenzuträger (sie waren es übrigens sämtlich aus Schmeichelei)
war die Schwierigkeit, mit der es verknüpft war, Ihre Majestät
häufig zu sehen. Aber wie raffiniert es auch die Frau anstellte, ich
kannte doch alle ihre Kniffe, und mein Kammerdiener Jewreinow,
der sie fürchtete und nicht leiden mochte, trug Sorge, mich über
alles zu unterrichten, was er über sie herausbringen konnte.

Dieses Mal hielt Frau Wladislaw, was sie versprochen; sie liebte
die Tschoglokows nicht, die sie in ihrer Herrschsucht behinder-
ten. Die Kaiserin erfuhr also von ihr, daß die Tschoglokows uns
ihre Krankheit verschwiegen hatten und daß jene hinterher, als
Ihre Majestät ihnen auftrug, uns zu sagen, sie fände es unrecht,
daß wir uns nicht nach ihr erkundigt hatten, nicht auf den
Gedanken gekommen seien, Ihrer Majestät den Sachverhalt auf-
zuklären.

Als es der Monarchin besser ging und sie sich wieder öffentlich
zeigte, trat sie eines Tages bei der Cour an mich heran und sagte:
»Warum sehen Sie so traurig aus?« Ich antwortete: »Ich fürchte,

Eure Majestät während Ihrer Krankheit gekränkt zu haben; ich habe nicht gewagt, mich zu erkundigen, weil weder Herr noch Frau Tschoglokow mir jemals davon gesprochen hatten.« Sie entgegnete mir: »Ich weiß es, ich weiß auch, daß Sie sich sehr beunruhigt haben; wir wollen nicht mehr davon sprechen«, und entfernte sich wieder.

Ich erfuhr zu dieser Zeit, daß Iwan Iwanowitsch Schuwalow, der vor dem Aufbruch nach Moskau Kammerpage geworden war, jetzt sehr in der Gunst der Kaiserin stieg. Diese Entdeckung machte mir Freude.

Unterdessen kam eines schönen Morgens Frau Wladislaw zu mir und erzählte, sie sei bei Frau Tschoglokow gewesen, und diese habe ihr im Namen der Kaiserin mitgeteilt, ich solle in drei Tagen die Katharina Petrowna, das finnische Mädchen, das ich so gern hatte, verheiraten. Ich hatte mit ebensoviel Sorgfalt wie Mühe meine Zuneigung für dieses zu verbergen gesucht.

Das war nun ein Streich von Frau Wladislaw, die trotz ihrer Liebenswürdigkeit diejenigen nicht leiden konnte, gegen die sie eben einmal etwas hatte.

Ich war sehr betrübt darüber, doch machte ich gute Miene zum bösen Spiel und verheiratete das Mädchen an dem angesetzten Tage. Aber weil ich sah, daß man von mir alle entfernte, von denen man argwöhnte, sie könnten für mich auch nur ein wenig Zuneigung haben, so sagte ich Frau Wladislaw, wenn denn die Sachen einmal so stünden, so wünschte ich nicht mehr, daß sich meine Kammerjungfern in demselben Raume aufhielten, in dem ich säße, wie es bisher üblich war. Vielmehr sollten sie in meinem Ankleidezimmer bleiben und nicht ungerufen zu mir kommen, weil ich es vermeiden wollte, sie ins Unglück zu stürzen. Durch diese neue Bestimmung könnte ich es besser vermeiden, einer von ihnen näherzutreten. Frau Wladislaw wagte nicht, einem so bestimmten Befehle von mir zu widersprechen. Denn sie hatte es sich zur Aufgabe gemacht, unbedingt mein Herz und mein Vertrauen für sich zu gewinnen, und sie vermied sorgfältig alles, was mich auch nur im geringsten gegen sie hätte einnehmen können. Sie teilte also den Mädchen meinen Willen mit, und ich blieb fortan mit meinem Buch allein in meinem Schlafzimmer, ein Genuß, auf den ich lange gewartet hatte. Auf diese Weise wurde ich die sämtlichen Spione los, die bis zu meinem kleinsten Blick alles bespähten.

Frau Wladislaw hoffte vielleicht, sie bei mir zu ersetzen; inzwischen hätte sie wohl gern die Nase in meine Bücher gesteckt, aber sie verstand kein Französisch, wie auch sonst niemand in meiner Umgebung. Häufig, namentlich des Abends, fragte sie mich über meine Lektüre aus, aber ich witterte zu gut weshalb, so daß sie keinen Erfolg hatte. Meine Antworten waren immer höchst lakonisch; ich sagte ganz kurz, wenn ich ein Buch gelesen hätte, vergäße ich sofort, was darin stände.

Nach unserer Abreise aus Petersburg wurde Andrej Tschernyschow und seine Gefährten von dem Ort entlassen, wo sie so lange waren festgehalten worden. Der erstere begab sich auf seinen Posten nach Orenburg. Don der Reise schrieb er an mich, und Katharina Petrowna schickte mir seinen Brief durch ihren Mann. Ich antwortete ihm und sandte ihm ein paar hundert Rubel.

General Apraxin hatte in Moskau ein neues Haus gekauft. Damals hing bei der Kaiserin das Wetter noch von ihm und von Graf Bestushew ab, und die Angelegenheit des Grafen Lestocq hatte beider Stellung wieder sehr gefestigt. Um das weitere Kreisen recht deutlich vor Augen zu führen, lud Apraxin die Kaiserin, den Großfürsten und mich zum Diner in sein neues Haus ein. Nie in meinem Leben habe ich ein glänzenderes Fest mitgemacht. Alles war vom Seltensten und Glänzendsten; nach der Tafel warf er mit vollen Händen Geld aus den Fenstern unter das vor dem Hause zusammengeströmte Volk. Bei der Gelegenheit sah ich zum ersten Male seine älteste Tochter, die später den Fürsten Kurakin geheiratet hat; sie war vierzehn oder fünfzehn Jahre alt und außergewöhnlich hübsch. Die jüngere, jetzt die Gemahlin des Kammerherrn Talyzin, war ein sechsjähriges Kind, mager wie ein Gerippe und von hektischem Aussehen. Man hätte nie geglaubt, daß aus dem Kinde der Koloß werden könnte, als den wir sie jetzt kennen mit ihrem Wuchs und ihrem furchtbaren Leibesumfange. Sie litt damals beständig an Blutspucken und Nasenbluten.

Gegen Abend ließ General Apraxin den Fürsten Michael Dolgorukow in sein Haus kommen, einen blinden Greis von fast achtzig Jahren. Er war der Bruder des verstorbenen Feldmarschalls[207] dieses Namens und war zu Peters des Großen Zeit Senator gewesen. Obwohl er weder lesen noch schreiben konnte, stand er doch in dem Rufe, viel Geist zu besitzen, und zwar Geist von gediegenerer Art als sein Bruder. Die Kaiserin empfing ihn sehr huldvoll; dann zog er sich zurück, wobei ihn seine beiden Söhne führten. Der Eroberer der Krim, der zweite Sohn[208], war damals erst Oberst.

Am nächsten Tage hörte ich, daß in der Nacht eine dritte Tochter des Herrn Apraxin an den Pocken gestorben war. Ich bekam einen argen Schreck; er und der ganze Hof wußten, daß ich die Pocken nicht gehabt hatte. Es war doch eigentümlich, daß er mich durch die Einladung in sein Haus solcher Gefahr ausgesetzt hatte. Auch war ein beständiges Gehen und Kommen zwischen dem Krankenzimmer und dem Raum, in welchem ich mich die ganze Zeit aufhielt. Es hat doch recht den Anschein, als wäre ich in das Haus eingeladen worden, um mich die Krankheit auch bekommen zu lassen; ich möchte nicht für das Gegenteil gutsagen. Zum wenigsten muß man doch sagen, daß die Aufmerksamkeit und Rücksicht gegen mich nicht gerade sehr weit ging, wenn man mich lediglich aus Leichtsinn und ohne jede Notwendigkeit einer so ernsten Gefahr aussetzte, und daß niemand so viel Herzensgüte oder guten Willen und menschliches Gefühl besaß, um mich dagegen sicherzustellen. Aber der liebe Gott hatte es anders gefügt: das Kind starb, und ich entging dieser so gräßlichen Gefahr auf die denkbar glücklichste Weise. Ich gestehe ein, daß ich in Gedanken daran noch oft gezittert habe.

In der letzten Woche der großen Fasten bereiteten wir uns auf das Abendmahl vor; Tschoglokow ebenso wie die andern. Am Mittwoch gingen wir zur Beichte und am Donnerstag zur Kommunion. Herr Tschoglokow sagte sich an dem Tage krank, auch für den ganzen Rest der Woche. Wir wußten sehr wohl, was sein Leiden war: als er zur Beichte gekommen war, hatte sein Beichtvater[209], der gleichzeitig auch derjenige der Kaiserin war, ihm wegen der Geschichte mit Fräulein Koscheliow für ein Jahr die Kommunion versagt. Man flüsterte sich ins Ohr, der Beichtiger habe auf Befehl der Kaiserin gehandelt, die seit dem vielbesprochenen Ärgernis gegen Herrn Tschoglokow recht schlecht gestimmt war. Er war dadurch etwas sanfter geworden, doch besaß das Ehepaar immer noch die nötige Stellung, um schaden zu können; nützlich sein konnten sie einem aber nicht, hatten wohl auch kaum den guten Willen dazu.

Das Fest Mariä Verkündigung fiel in diesem Jahre auf den Ostersonnabend.[210] Die Kaiserin hatte die Gewohnheit, die ich bei-

behalten habe, sich in der Nacht vom Freitag auf Ostersonnabend zur Frühmesse und Grablegung Unseres Herrn zu erheben. Der Großfürst schützte in der Regel an dem Tage Unwohlsein vor; ich ging also nachts allein in die Kirche. Nach Hause
zurückgekehrt, dachte ich, es lohne sich nicht mehr, sich auszukleiden und zu Bett zu gehen, und weil es ein hoher Festtag war,
würde die Messe früh sein. Aber ich täuschte mich in meiner
Erwartung, denn ich saß an diesem Sonnabend völlig angezogen
auf meinem Stuhl von vier Uhr morgens bis drei Uhr nachmittags.
Ich wagte nicht einmal, um eine Tasse Tee zu bitten, obwohl ich
seit Donnerstag abend nichts zu mir genommen hatte. Frau
Wladislaw war in diesen religiösen Dingen allzu streng, und
besonders was die Fasten anbelangt; ich hätte es deshalb nicht
gewagt, sie auch nur mit der Bitte um eine Brotrinde in ihren
Gefühlen zu verletzen. Ich schlummerte auf meinem Stuhle und
litt stillschweigend.
Um drei Uhr wurde ich zur Messe gerufen, ich konnte mich kaum
hinschleppen und erfuhr, daß die große Verspätung dadurch entstanden sei, daß die Kaiserin zwischen der Frühmesse und dem
Hochamt im Bade gewesen war. Frau Wladislaw war ganz entrüstet darüber, daß Ihre Majestät das getan hatte: wie kann man
nur an einem so hohen Feiertage wie Mariä Verkündigung ins
Bad gehen! Ich erzähle das, um darauf aufmerksam zu machen,
wie wenig damals dazu gehörte, die Gefühle unseres Volkes zu
verletzen, das sicherlich zu der Zeit größtenteils noch ebenso
dachte wie Frau Wladislaw. Die besaß zwar viel Geist, war aber
eine gewaltige Frömmlerin und sehr streng in allen Kleinigkeiten.
Ich habe es mir aus dem Grunde besonders angelegen sein lassen,
bis zu den nichtigsten Kleinigkeiten alles und jedes zu vermeiden,
was diese nationale Eigenart hätte verletzen können, die damals
die Massen noch beherrschte. Um so mehr bemühte ich mich,
mich dem anzupassen, weil ich die alte Regel kannte, die lehrt,
daß vernachlässigte Kleinigkeiten solcher Art oft im ganzen viel
mehr schaden, als wesentlichere Dinge. Denn es gibt viel mehr
Geister, die sich von Kleinigkeiten bestimmen lassen, als verständige Menschen, welche sie verachten. Am nächsten Tage, dem
Ostersonntag, wohnten wir erst der Frühmesse in der Hauskapel-
le bei, und später schickte man uns zum Hochamt in die große
Kirche, die an das Sommerschloß des Golowinschen Palais an-
stößt. Wir glaubten vor Kälte umkommen zu müssen und kehrten

ganz erfroren nach Hause zurück. Ich erinnere mich, daß ich blau war wie eine Pflaume, als ich wieder in meinem Zimmer anlangte.

Ungefähr um diese Zeit lagen die Herren Pechlin, Brömbsen und Bestushew dem Großfürsten beständig in den Ohren wegen der ungeheuren Schulden, die Holstein drückten, und des jährlichen Defizits in seiner Schatulle gegenüber seinen Ausgaben. Er faßte deshalb den Entschluß, allen, die im Dienste des genannten Landes standen, ihre Bezüge um die Hälfte zu kürzen. Darauf erhoben sie ein gewaltiges Geschrei; das war auch gar nicht nach dem Geschmack der drei genannten Herren: Pechlin und Brömbsen verloren auf diese Weise auch die Hälfte ihres Jahresgehaltes. Aber das schlimmste war, daß diese Maßregel dem Großfürsten einige Mittel in die Hand gab, um seine Gläubiger abzufinden, und das wollte man gerade nicht. Graf Bestushew wollte jeden Anlaß zu Streit zwischen dem nach Rußland verpflanzten Hause Holstein und dem in Dänemark regierenden beseitigen und wünschte, der Großfürst solle Holstein an den König von Dänemark abtreten. Aber diese sparsame Anwandlung des Großfürsten dauerte nicht lange. Man wußte ihn bei seiner schwachen Seite zu nehmen: er ließ hundert Dragoner anwerben, und die Schulden blieben.

Zu Beginn des Frühjahres[211] nahm uns die Kaiserin mit nach Perowo, einem Lustschloß des Grafen Razumowskij, zwei oder drei Werst vom Golowinschen Park. Es ging uns da ganz gut, wir speisten oft mit der Kaiserin. Zweimal täglich gingen wir in den großen Saal des Schlosses; da war der ganze Hof versammelt, es wurde gespielt oder promeniert; die Kaiserin fuhr von da mit uns zum Souper beim Grafen Scheremetew auf sein Landgut und nach der Mühle der Strogonows. Eines Tages, als die Kaiserin und der Großfürst mit dem Hausherrn auf der Jagd waren, hatte ich plötzlich einen heftigen Anfall von Kopfweh, wie er nie wieder vorgekommen ist. Frau Tschoglokow schlug mir einen Spaziergang vor, ich erklärte mich einverstanden, aber das Übel wurde nur immer schlimmer. Ich kehrte in mein Zimmer zurück und legte mich zu Bett. Kaum war ich im Bett, als sich heftiges Erbrechen einstellte. Kopfschmerzen und Erbrechen dauerten während der Nacht an; Boerhaave wurde gerufen und gab mir alle möglichen Mittel, bis ich schließlich einschlief. Am nächsten Morgen ließ er mir zur Ader. Ich war den Rest des Tages recht schwach, aber das Übel hatte weiter keine Folgen.

Frau Tschoglokow pflegte mich während dieses bösen Anfalles mit größter Sorgfalt.

Überhaupt gewannen alle diese Leute, welche sicherlich nur ganz ausgesprochene Böswilligkeit in meine Umgebung gebracht hatte, in recht kurzer Zeit ein unwillkürliches Wohlwollen für mich. Wenn sie nicht aufgehetzt oder von neuem aufgestachelt wurden, handelten sie ganz gegen die Wünsche derer, welche sie angestellt hatten, und ließen sich oft von ihren Empfindungen leiten, welche sie zu mir zogen, oder richtiger gesagt, von dem Interesse, das ich ihnen einflößte. Nie fanden sie mich übellaunig oder mürrisch, sondern immer bereit, auf das geringste Entgegenkommen von ihrer Seite einzugehen. Hierbei kam mir meine heitere Veranlagung immer mehr zustatten, denn alle diese Argusse belustigten sich oft über die Reden, die ich ihnen hielt, und ihre Stirnen glätteten sich wider ihren Willen.

(Stück III)

Ein oder zwei Tage später hatte die Kaiserin einen neuen Anfall der Verstopfungskolik, an der sie im letzten Winter so schwer daniedergelegen hatte. Sie wünschte in ihr Palais überführt zu werden. Man brachte sie in ihren Wagen: es wurde Schritt gefahren, und der Wagen hielt jeden Augenblick an. Wir folgten in dem unsern. Das ganze Gefolge war sehr unruhig wegen dieser Gangart, wir waren von Perowo bis zum Golowinschen Palais fast zwei Stunden unterwegs. Der Rückfall blieb aber diesmal für uns kein Geheimnis; auf unsern Wunsch geleiteten uns die Tschoglokows täglich in das Vorzimmer der Kaiserin, wo wir uns nach ihrem Befinden erkundigten; sie wagten uns das nicht abzuschlagen. Es war uns nicht gestattet, die inneren Gemächer Ihrer Majestät zu betreten, wir hielten uns in ihrem Vorzimmer auf, und wenn jemand von den Personen, die Zutritt in ihre Gemächer hatten, herauskam, so baten wir um Auskunft, die uns gegeben wurde, worauf wir uns zurückzogen.

Als es Ihrer Majestät besser ging, befahl sie uns eines Tages nach Pokrowskoje zum Diner. Es waren viele Menschen da, unter anderen die Witwe des Großkanzlers Fürsten Dolgorukow[212], des gewesenen Favoriten Peters II. Sie sah damals noch sehr gut aus[213]; erst einige Jahre später ging sie nach Kijew, um Nonne zu werden.

Der Großfürst betrank sich bei diesem Diner, und nach der Tafel fing er an, der Fürstin den Hof zu machen; er nannte sie nicht anders als »die schöne Witwe« und bemühte sich mit großer Ausdauer um sie. Dieses Verhältnis hatte Dauer während des ganzen diesjährigen Aufenthaltes in Moskau; aber es ging nicht über zärtliche Blicke und Worte hinaus, und sie behandelte ihn ganz als Kind. Tatsächlich hatte sie Kinder, die ungefähr im Alter des Großfürsten standen.[214]

Nach dem Diner in Pokrowskoje machten wir einen Ausflug in den Wald von Preobrashenskoje. Der Großfürst war zu Pferde, aber so betrunken, daß er von einer Seite seines Pferdes nach der andern schwankte. Im Walde waren sehr viel Menschen; ich saß im Wagen und schämte mich für ihn, aber die Sache war nicht zu ändern.

Anfang Mai lud Frau Schuwalow uns und Ihre Majestät zum Souper ein. Der Abend war sehr vergnügt; es wurde bis spät in die Nacht getanzt, und man ging allgemein befriedigt auseinander. Ein kleiner englischer Hund der Hausherrin freundete sich an diesem Abend sehr mit mir an. Am nächsten Morgen schickte mir Frau Schuwalow den Hund, und diese ihre Aufmerksamkeit machte mir um so mehr Freude, als ich solche eigentlich von niemand gewohnt war. Ich wurde oft gescholten und hart angefahren, meist ohne einen Schimmer von Berechtigung; von irgend jemand Aufmerksamkeiten oder Gefälligkeiten zu erwarten, konnte mir gar nicht in den Sinn kommen.

Bald danach unternahm die Kaiserin eine Wallfahrt zu Fuß nach dem Troitza-Kloster, und weil sie täglich kaum mehr als fünf Werst zurücklegte und sich an manchem Tage überhaupt nicht in Bewegung setzte, dauerte die Reise über einen Monat. Uns ließ man während dieser Zeit in einer auf dem Wege nach Troitza gelegenen Bude wohnen, die Herrn Tschoglokow gehörte und Rajewo hieß, wo jede Annehmlichkeit fehlte.[215] Ringsum war dichter Wald, der Ort lag in sumpfigem Grund, und seine einzige Zierde war ein schlammiger Teich. Trotzdem schien er Tschoglokow ein irdisches Paradies zu sein, und zwar nur, weil dieser elende Winkel sein Eigentum war. Denn er war einer von den Menschen, die alles wundervoll finden, was ihnen gehört. Trotz

dieses Fehlers war er aber immer neidisch auf fremdes Wohlergehen, und was andere fett machte, zehrte ihn ab.
Solange wir in dem erbärmlichen Rajewo eingesperrt saßen, war
die Jagd unser einziges Vergnügen; alle Tage zogen wir aus. Ich
ritt damals noch in einem englischen Damensattel, und wenn ich
mit verhängtem Zügel galoppierte, erregte ich die Bewunderung
der leidenschaftlichsten Jäger. Man legte mir dabei nichts in den
Weg, ich konnte reiten, soviel ich Lust hatte, mir auch den Hals
brechen, wenn ich wollte, – das lag in meiner Hand.
Die einzige Person vom großen Hofe, die fast jeden Tag nach
Rajewo kam, war Graf Kirill Razumowskij, der Bruder des
Favoriten. Er unterhielt uns gut und gefiel sich auch bei uns; aber
die Wahrheit war, daß er viel Gefallen an der Unterhaltung mit
mir fand. Er hat mir später, lange nachher, gestanden, daß ich
ihm damals sehr viel mehr am Herzen gelegen habe, als ich hätte
ahnen können. Er begleitete uns auch oft auf die Jagd. Tschoglokow und seine Frau glaubten keine Veranlassung zu haben,
gegen diese Besuche Einspruch zu erheben. Sie hatten die
Herzenseinfalt, sich einzubilden, dem Grafen Razumowskij
gefiele es bei ihnen auf ihrem wundervollen Landgut, und sie
fühlten sich ihm unendlich verpflichtet dafür. Weil er sehr heiter
veranlagt war, wurde er auch allgemein nicht ganz ernst genommen.

(Stück IV)

Etwa zwanzig Jahre später kam es mir eines Tages in den Sinn,
ihn zu fragen, was ihn damals wohl habe bewegen können, uns
zu besuchen und die Langweile und Öde unseres Aufenthaltes in
Rajewo zu teilen, während sich doch in seinem eigenen Hause
damals täglich die beste Gesellschaft von Moskau drängte. Er
antwortete mir ohne Zögern: »Die Liebe.« »Aber mein Gott«,
sagte ich, »in wen können Sie denn bei uns verliebt gewesen
sein?« »In wen?« antwortete er, »in Sie!« Ich mußte laut lachen,
denn nie im Leben hätte ich dergleichen gedacht.
Übrigens war er schon seit mehreren Jahren mit einer reichen
Erbin aus dem Hause Naryschkin vermählt[216], mit der ihn die
Kaiserin, allerdings ein wenig gegen seinen Willen, verheiratet
hatte. Doch schien er mit ihr gut zu leben. Es war übrigens

bekannt, daß alle schönen Frauen der Hof- und Stadtgesellschaft sich um ihn rissen. Er war wirklich ein schöner Mann, von besonderem Wesen und sehr angenehmen Formen, er besaß unvergleichlich viel mehr Geist als sein Bruder, der ihm zwar an Schönheit gleichkam, ihn aber an Freigebigkeit und Mildtätigkeit übertraf. Von allen Favoriten, die ich kennen gelernt habe, waren diese beiden Brüder die beliebteste Familie.

(Stück III)

Als die Kaiserin in der Nähe des Troitza-Klosters angelangt war, schickte sie uns den Befehl, uns mit ihr zu vereinigen. Ich war auf meinen beständigen Waldritten verbrannt wie ein Waldteufel; den ganzen Tag war ich im Freien gewesen. Als mich die Kaiserin sah, schrie sie wegen meines roten Gesichtes laut auf und schickte mir noch an demselben Abend ein Gesichtswasser, um meine Haut wieder zart zu machen. Ich benutzte es, und meine dunkle Farbe ging tatsächlich zurück.

Von dem Kloster wurden wir wieder nach Rajewo zurückgeschickt und setzten dort unsere Jagdausflüge bis St. Peter fort, dann mußten wir nach dem Troitza-Kloster zurück.[217] Unser Gefolge war sehr klein. Die Kaiserin hatte sich nach dem Woskresenskij-Kloster[218] begeben. Am Nachmittag des Peterstages, als dem Tage des Heiligen, dessen Namen er trug, wollte der Großfürst sich eine Zerstreuung gönnen. Er arrangierte einen Ball; weil aber weder Tänzer noch Musiker da waren, spielte er selbst auf der Geige, und meine Kammerjungfern und seine Lakaien tanzten. Dieser Ball brachte mich um vor Langeweile, ich nahm ein Buch und setzte mich in eine Ecke, um zu lesen. Er war betrunken und kümmerte sich nicht darum, was ich tat, sonst wäre ich wohl nicht ungescholten davongekommen.

Vom Kloster kehrten wir noch einmal nach Rajewo zurück, und die Jagden fingen wieder an. Bei einer solchen Gelegenheit machte ein Offizier vom Butyrskij-Regiment, namens Asaf Baturin, den niemand kannte, Bekanntschaft mit den deutschen Jägern in unserem Gefolge; er sprach ihnen von seiner Ergebenheit für den Großfürsten und bat sie, ihm eine Gelegenheit zu einem Gespräch mit ihm zu verschaffen. Die Jäger, die mit Seiner Kaiserlichen Hoheit auf sehr vertrautem Fuße standen und ihn auf der Jagd beständig umgaben, erzählten ihm das, und tatsächlich erschien der genannte Offizier eines Tages im Walde und stellte sich dem Großfürsten vor. Er erklärte ihm, er erkenne keinen andern Herrn als ihn an, und der Großfürst dürfe auf ihn und das ganze Regiment, in dem er Leutnant sei, zählen. Der Großfürst war über diese unerwartete Einleitung ein wenig erschreckt und antwortete ihm, glaube ich, nichts von Bedeutung. Er hütete sich auch, zu mir oder irgend jemand anders über dieses Erlebnis, sowie über die Redereien von dreien seiner Jäger zu sprechen. Seine Begleiter hatten nicht gehört, was der Offizier gesagt hatte, oder wollten wenigstens so tun, als hätten sie nichts gehört. Es hieß nur dunkel, ein Verrückter oder ein Betrunkener habe den Großfürsten angesprochen, aber niemand habe den Sinn seiner Rede verstanden. Baturin jedoch faßte das Schweigen des Großfürsten und sein Eingehen auf die Zusammenkunft bei Gelegenheit der Jagd als eine förmliche Zustimmung auf und begann eine dumme und auf denkbar schlechteste Weise eingefädelte Verschwörung anzuzetteln und in die Wege zu leiten, um den Großfürsten auf den Thron zu setzen, die Kaiserin in ein Kloster zu stecken und alle umzubringen, die sich seinen Plänen vielleicht widersetzen könnten. Ich lasse den Bericht über die Entdeckung dieser Geschichte bis zum Herbst, denn da erfuhr ich zuerst davon, und werde dann auch erzählen, wie ich davon hörte, denn bis dahin wußte ich von alledem gar nichts.

Anfang August veruneinigte sich Herr Tschoglokow mit Graf Bestushew auf nicht wieder gutzumachende Weise, und ich glaube, der Großfürst und ich hatten den ersten Anlaß dazu gegeben. Das ging so zu. Ich habe schon erzählt, daß seit Fräulein Koscheliows Mißgeschick und der Ungnade der Kaiserin Tschoglokow ein klein wenig erträglicher geworden war. Die Geschichte mit der Zurückweisung vom Sakrament in der Karwoche war ihm ein erneuter Beweis gewesen, daß ihm die Kaiserin immer noch grollte. Auch konnte er seine Frau nicht mehr so unbeschränkt beherrschen wie früher; sie war ihm jetzt doch etwas weniger folgsam als bisher. Das alles machte ihn kleinlaut. Andererseits war es öfter vorgekommen, daß der Großfürst angetrunken mit Graf Bestushew zusammengetroffen war, der immer besoffen war. Der Großfürst hatte sich bei ihm über die Manieren und das Auftreten Tschoglokows beklagt, der zu ihm sehr schroff und stets unangenehm war. Graf Bestushew hatte gesagt, teils einfach um zu schwatzen, teils aus Trunkenheit, – vielleicht war auch ein Körnchen Schmeichelei dabei, um sich beliebt zu machen und das Vertrauen des Großfürsten zu gewinnen: »Tschoglokow ist ein dummer Flegel, eingebildet und aufgeblasen, aber lassen Sie mich nur machen, ich werde ihm schon den Kopf zurechtsetzen!«

Der Großfürst hatte mir das erzählt. Ich machte ihn darauf aufmerksam, Tschoglokow würde, wenn er das wüßte, dem Grafen Bestushew nie vergeben und sich wohl sehr darüber wundern, daß jemand, den er für seinen Freund hielt, so schlecht von ihm sprach. Der Großfürst bildete sich nun ein, er könne Tschoglokow ganz für sich gewinnen, wenn er ihm das Gespräch mit Graf Bestushew hinterbrächte. Dann würde er, der Großfürst, Tschoglokows Freund sein und ihm Bestushew ersetzen, mit einem Wort, in Zukunft würde er ihn beherrschen, wenn er ihm die Falschheit der angeblichen Freundschaft des Grafen Bestushew enthüllte. So genoß mein guter Großfürst innerlich schon die Vorfreude der schönen Folgen, welche die Preisgabe des Geheimnisses, das er besaß, haben mußte. Er hatte auch nichts Eiligeres zu tun, als Gelegenheit zu suchen, um Tschoglokow seine verschiedenen Unterhaltungen mit Graf Bestushew wiederzugeben, in denen es sich um ihn handelte. Tschoglokow war außer sich darüber und in seiner Eigenliebe wie vor den Kopf gestoßen.

An irgendeinem Feiertag lud ihn Bestushew zum Diner, wie er das zu tun pflegte. Tschoglokow ging hin, saß aber sehr auf dem hohen Pferde. Nach Tisch, halbbetrunken, wollte Graf Bestushew mit ihm sprechen, fand ihn aber äußerst stolz und zugeknöpft. Nun ärgerte er sich seinerseits, und ihre Unterhaltung erhitzte sich entsetzlich. Tschoglokow warf Graf Bestushew die Reden vor, die er dem Großfürsten gegenüber geführt hatte, und alles Schlechte, das er von ihm gesagt hatte. Graf Bestushew wiederum hielt Tschoglokow seine Dummheit vor, sein unüberlegtes Benehmen in Wien, wo er die Kaiserin und Königin, wie erzählt wurde, nur von seiner Frau und seinen Kindern unterhalten haben soll, die Geschichte mit Fräulein Koscheliow, und erinnerte daran, wie sehr Tschoglokow ihm für seine Stellung und für die Unterstützung seit jener letzten Skandalgeschichte verpflichtet ist.

Tschoglokow war seiner ganzen Beschaffenheit nach vielleicht der am wenigsten geeignete Mensch, sich irgendwelche Wahrheiten sagen zu lassen, er ärgerte sich rasend und nahm alles als Beleidigung auf.

General Apraxin wollte sie wieder versöhnen, aber Tschoglokow wurde danach nur um so hartnäckiger. Er bildete sich ein, man brauche ihn und liefe ihm deshalb nach. Er schwur, er werde keinen Fuß mehr über Graf Bestushews Schwelle setzen, und er hielt sein Wort und kam nie wieder zu ihm. Seit diesem Tage also war Tschoglokow der geschworene Feind des Grafen Bestushew, der ihn nie wieder besänftigen konnte.

Um die Zeit begann der große Einfluß der Schuwalows auf die Kaiserin; ihre intimen Beziehungen zu Iwan Iwanowitsch Schuwalow gaben den Anlaß dazu. Unabhängig von dieser Beziehung zu dem Vetter hatte die Kaiserin aber immer Freundschaft und Vertrauen für die Herren Alexander und Peter Schuwalow besessen, die seit ihrer Kinderzeit ihr nahe gestanden hatten; Frau Schuwalow war von Kind auf mit Ihrer Majestät erzogen worden, mit der sie in einem Alter stand. Ihr heiteres Temperament war der Kaiserin angenehm, und sie konnte zu gewissen Zeiten gar nicht ohne sie auskommen. Doch gab es in ihrer Gunst Höhepunkte und Tiefpunkte: augenblicklich stieg das Barometer der Schuwalows.

Sie schätzten Graf Bestushew nicht, den gemeinsame Beziehungen mit ihrem Gegner Graf Razumowskij verbanden. Sie suchten den beiden Grafen so viel Anhänger wie möglich abspenstig zu machen; und weil sie wußten, daß ich Graf Bestushew nicht zu meinen Freunden zählte, so erwiesen sie mir unter der Hand vielerlei Liebenswürdigkeiten, namentlich der neue Favorit, der aber seine Bemühungen aufs ängstlichste verbarg, um nicht die Eifersucht der Kaiserin wach werden zu lassen, was nur sehr schwer zu vermeiden war.

Die Kaiserin wollte in diesem Sommer Sofjino besuchen, ein kaiserliches Gut, etwa hundert Werst von Moskau entfernt, dessen Lage sehr gerühmt wurde. Die Schuwalows richteten es so ein, daß auch der Großfürst und ich an dieser Vergnügungsreise teilnahmen, die aber eigentlich keine war, wie ich erzählen werde. Es gab da nicht ein bewohntes Haus. Die Kaiserin ließ Zelte aufschlagen, und der ganze Hof mußte so kampieren. Am Tage nach unserer Ankunft begaben sich die Kaiserin und der Großfürst auf die Jagd. Da mich die Kaiserin dazu nie mit nahm, obwohl sie wußte, daß ich die Jagd sehr liebte, blieb ich in meinem Zelt und konnte mein Buch lesen und mich langweilen. Am nächsten Tage, um die Dinerzeit, begaben wir uns in das Zelt der Kaiserin und fanden den Tisch gedeckt; wenige Augenblicke später erschien sie, und sämtliche Anwesenden erkannten an dem im Zorn ihr eigenen Zucken der Augenwinkel, daß sie schlechter Laune war. Als sie ihrer Gewohnheit gemäß den Großfürsten und mich geküßt hatte, begann sie von der Langweiligkeit der gestrigen Jagd zu sprechen, und wie sie den mit der Verwaltung dieses Gutes betrauten Menschen sah, sagte sie zu ihm auf russisch: »Wenn du kein Spitzbube wärest, hätte ich mich hier besser unterhalten. Anscheinend bestechen dich die benachbarten Gutsherren, und du hinderst sie nicht, auf meinem Gebiet zu jagen. Nicht einen einzigen Hasen gibt es hier, und wenn nicht gejagt würde, müßte es doch eine große Menge sein!« Der arme Kerl begann zitternd ihr die heiligsten Eide zu schwören, die er sich nur ausdenken konnte, um sie zu überzeugen, daß niemand in der Umgegend gejagt habe; aber sie fuhr fort zu schelten und zu drohen.

Dann erzählte sie von den guten alten Zeiten damals, als sie noch mit Peter II. jagte, und welche Mengen von Hasen sie täglich erlegten. Danach ging sie dazu über, das denkbar Schlechteste von den Fürsten Dolgorukow zu reden, die dem Kaiser nahegestanden hatten; wie diese versucht hätten, sie von dem Monarchen zu entfernen. Das ließ sie an die Güte und Freundschaft des Kaisers für sie denken und an die Feindschaft, welche die Kaiserin Anna für sie hatte. Sie zählte uns ihre Einkünfte von damals auf und sagte: »Obwohl ich zu der Zeit nicht mehr als dreißigtausend Rubel Einnahmen hatte, womit ich meinen ganzen Haushalt bestritt, so hatte ich doch keine Schulden.« Hier warf sie mir einen Blick zu. »Ich hatte keine, weil ich gottesfürchtig war und meine Seele nicht dem Teufel anheimfallen lassen wollte, wenn ich sterben sollte, ohne meine Schulden bezahlt zu haben.« Hier bekam ich einen zweiten Blick, und die Kaiserin fuhr fort: »Es ist wahr, ich kleidete mich im Hause sehr einfach, meist trug ich einen Rock von schwarzem Grisette und eine Jacke aus weißem Taffet; auch auf dem Lande trug ich keine teuren Stoffe.« An dieser Stelle warf sie mir einen bitterbösen Blick zu. Ich trug an dem Tage eine schöne, wertvolle Jacke und war mir wohl bewußt, daß die Kaiserin das schrecklich übelnahm. Ich schwieg nach dem Beispiel aller Anwesenden und hörte respektvoll zu.

Ihre Majestät fuhr noch lange in dem Tone fort, sprang von einem Gegenstand zum andern über, versetzte hier und da jemand einen Hieb, kam aber fast immer wieder mit irgendeiner Spitze, die für mich bestimmt war.

Als die Unterhaltung dreiviertel Stunden gedauert hatte, wobei sie allein die Honneurs machte, während wir andern nur die Kosten zu tragen hatten, trat ein Mensch, namens Aksakow, in das Zelt, eine Art Narr, aber nicht sehr drollig, den die Kaiserin an ihren Hof genommen hatte. Er hatte ein Stachelschwein in seinem Hute. Sie fragte ihn, woher er käme; er sagte, er sei auf der Jagd gewesen und habe ein seltenes Tier gefangen. Sie wollte wissen, was das sei, und näherte sich ihm, um zu sehen, was er im Hut hatte. In dem Augenblick hob das Stachelschwein den Kopf. Ihre Majestät fürchtete sich rasend vor Mäusen, und es kam ihr so vor, als sähe der Kopf des Stachelschweines einem Mausekopf ähnlich. Sie stieß einen schrecklichen Schrei aus und rannte aus Leibeskräften nach dem Zelt, das ihr als Schlafgemach diente. Einen Augenblick später schickte sie den Befehl, die für das Diner fertiggerichtete Tafel wieder fortzunehmen. Alle gingen fort; wir speisten bei uns, und am Nachmittag erhielten wir Befehl, nach Moskau zurückzukehren. Als ich in meinem Zelt war, sagte Frau Tschoglokow zu mir: »Sie haben Ihr Teil bekommen, haben Sie das verstanden?« Ich sagte ihr »ja«, aber ich wisse nicht, weshalb Ihre Majestät gegen mich erzürnt gewesen sei. Sie meinte, sie wisse es auch nicht. Ich kann schwören, daß ich es heute noch nicht weiß.

Im Laufe dieses Sommers erlebten wir die Ankunft der Prinzessin von Kurland[219] bei Hofe, der Tochter des Herzogs Ernst Johann, der in Jaroslawl wohnte, seit ihn die Kaiserin aus Sibirien zurückgerufen hatte, wohin er von der Prinzessin Anna von Braunschweig verbannt worden war.[220] Die Prinzessin von Kurland besaß weder die Liebe ihres Vaters noch ihrer Mutter, sie hatte beständig von ihnen schlechte Behandlung zu ertragen gehabt. Als sie endlich des Lebens müde war, das sie führte, wandte sie sich an die Frau des dortigen Wojewoden, namens Puschkin. Diese schlug ihr vor, zur griechischen Kirche überzutreten, und unter diesem Deckmantel des Religionswechsels würde sie es übernehmen, sie sofort an den Hof zu bringen. Die Prinzessin, welche sehr klug war, zögerte keinen Augenblick, antwortete ihr vielmehr, sie fühle schon lange den inneren Drang dazu. Frau Puschkin schrieb darüber an Frau Schuwalow, nahm dann mit dem Einverständnis der Kaiserin die Prinzessin von ihren Eltern fort[221] und führte sie in Moskau der Kaiserin zu, die sie im Schloß unterbrachte und ihre Patin war, als sie einige Wochen später zur griechischen Kirche übertrat.[222]

Gegen den 5. September, ihrem Namenstag, ging die Kaiserin nach dem Woskresenskij-Kloster; wir hatten Befehl, ihr zu folgen. Dort ernannte sie Iwan Iwanowitsch Schuwalow zum Kammerherrn, und von nun an war ihre Gunst nicht mehr ein Geheimnis, das sich alle Welt ins Ohr flüsterte, wie in der Komödie. Ich freute mich sehr über seine Rangerhöhung, denn ich wünschte ihm damals alles Gute, was seine Familie auch wußte.

Wieder in Moskau angelangt, veranlaßten die Schuwalows, daß die Kaiserin mit uns in Rajewo bei den Tschoglokows soupierte. Der Abend war sehr lustig und angeregt, wir tanzten bis spät in die Nacht und kehrten dann nach Moskau zurück.

In diesem Jahre war der Herbst besonders schön. Wir hielten uns noch einmal in Rajewo auf[223] und die Kaiserin ganz in der Nähe in Tajninskoje. Eines Sonntags lud sie uns zum Diner zu sich nach Tajninskoje ein. Beim Diner saß Ihre Majestät an der Spitze einer langen Tafel, die in einem Zelt aufgestellt war, der Großfürst zu ihrer Rechten und ich zu ihrer Linken. Dem Großfürsten gegenüber, neben mir, saß Frau Schuwalow und neben dem Großfürsten der Marschall Buturlin. Zu dessen rechter Seite hatte der Beichtvater Ihrer Majestät seinen Platz. Der Marschall, der den Leuten gern zutrank, machte seine beiden Nachbarn berauscht, das heißt also den ehrwürdigen Beichtvater und den Großfürsten. Dieser schnitt im Rausche allerlei schauderhafte Grimassen und vollführte ebenso lächerliche wie unangenehme Albernheiten. Ich sah, daß der Kaiserin das mißfiel, und weil ich damals aufrichtigen Anteil an allem nahm, was meinen Gemahl betraf, so traten mir die Tränen in die Augen, als er sich so unanständig bei Tische aufführte. Frau Schuwalow bemerkte das und verstand meine Empfindungen. Sie gab es der Kaiserin zu verstehen, die sich eiligst von der Tafel erhob.

Der Großfürst ging trotz seiner Trunkenheit mit dem Grafen Razumowskij auf die Jagd, und ich kehrte nach Rajewo zurück. Kaum war ich da angelangt, als ich heftiges Zahnweh bekam. Ich wußte schon nicht mehr, welchen Heiligen ich anflehen sollte, und litt schrecklich. Frau Tschoglokows Bruder, Graf Iwan Hendrikow, der anwesend war, wollte mich kurieren, und ich nahm seinen Vorschlag an. Er verließ das Zimmer, kehrte bald mit einer kleinen Papierrolle zurück und bat mich, sie auf den kranken Zahn zu legen. Ich tat das, aber kaum hatte ich sie mit den Zähnen angepreßt, wie er mir geraten hatte, als sich die Schmerzen so schrecklich verschlimmerten, daß ich mich zu Bett legen mußte. Ich hatte während der Nacht sehr große Hitze und zeitweilige Fieberphantasien.

Frau Tschoglokow war sehr beunruhigt über diesen Zwischenfall, der sich in ihrem Hause und durch die Schuld ihres Bruders ereignet hatte. Sie hielt sich an ihn und schalt ihn gehörig aus. In dieser Nacht wich sie nicht von meinem Bett und schien sehr unruhig zu sein. Man könnte sagen, je länger sie bei mir war, desto mehr faßte sie Zuneigung zu mir, aber ganz unmerklich und unabsichtlich; das kam nicht gleich, aber hin und wieder ließen doch bestimmte Anzeichen solchen Gesinnungswandel bei Frau Tschoglokow erkennen.

Am nächsten Tage wurde ich ganz krank, wie ich war, in einen Wagen gepackt und nach Moskau zurückgebracht, wo mein Zahnweh noch länger als vierzehn Tage andauerte, dann erst ließ es allmählich nach.

Während dieser Krankheit bemühte sich Frau Wladislaw, mich zu zerstreuen, und das gelang ihr auf folgende Weise. Sie war sozusagen ein lebendes Archiv, kannte den Klatsch aller Familien Rußlands von Peter dem Großen an und noch weiter zurück. Sie setzte sich neben mein Bett und erzählte unaufhörlich. Sie verstand gut und auch geistvoll zu erzählen. Durch sie habe ich die gegenseitigen Beziehungen der verschiedenen Familien kennen gelernt, die Verwandtschaften bis zum zweiten und dritten Grade, eine Unmenge von Anekdoten, die dem, der Nutzen daraus zu ziehen weiß, oft dienlich sind. Weil ich wegen meiner Schmerzen nicht imstande war zu lesen, konnte es für mich gar nichts Belehrenderes als Frau Wladislaws Unterhaltung geben, um die Welt kennen zu lernen, in der ich lebte, und so fand ich Gefallen daran.

Ab und zu erzählte sie mir auch Geschichten vom Tage. So erfuhr ich unter anderm von ihr, daß damals viel die Rede war von dem Plane einer Heirat zwischen dem Sohne des Grafen Bestushew und der Tochter einer Fürstin Dolgorukow, geborenen Argamakow, mit der Frau Wladislaw sehr gut bekannt war und die recht eigenartige Gewohnheiten hatte. Sie stand sehr oft nachts auf und trat an das Bett ihrer schlafenden Tochter, um zu sehen, wie sie sagte, ob das Mädchen, das sie vergötterte, nicht gestorben sei. Häufig machte sie ihre Tochter sogar wach, um sich zu überzeugen, daß ihr Schlaf auch keine Ohnmacht sei. Außerdem hatte sie immer Angst, das reiche, kluge, hübsche und liebenswürdige Mädchen würde vielleicht keinen Mann bekommen, und sie war deshalb immer geneigt, sie dem ersten besten zu geben.

Im Augenblick waren drei Bewerber da. Zuerst der junge Graf Andrej Bestushew, der noch überspannter war als seine Mutter (und das wollte viel sagen), und ebenso trunksüchtig wie sein Vater, von dessen Vorzügen er keinen besaß. Als zweiter trat in die Schranken Graf Skawronskij, ein Neffe der Kaiserin Katharina I., dessen Häßlichkeit seiner Dummheit gleichkam. Der dritte endlich, der die Prinzessin dann auch wirklich heiratete, war Fürst Georg Gruzinskij. Der war allerdings weniger häßlich als Graf Skawronskij, dafür aber völlig albern, und diese Eigenschaft trat deshalb noch deutlicher bei ihm hervor, weil er nie irgendeine Sprache leidlich sprechen lernen konnte, außer seiner Muttersprache, die in Rußland kein Mensch, außer seinen georgischen Landsleuten, verstand. Die arme Prinzessin, die so schlecht mit Freiern versorgt war und beständig von ihrer Mutter gedrängt wurde, entschied sich also schließlich für den letzteren. Ich gestehe ein, daß ich durch Frau Wladislaw mit geholfen habe, die Mutter von einer Verbindung mit Graf Bestushew abzubringen, für den sie am meisten übrig hatte, weil er doch der Sohn des Großkanzlers war, der damals eine sehr bedeutende Rolle spielte.

Die Fürstin Maria Jakowlewna hat es immer sehr dankbar anerkannt, daß ich dazu beigetragen habe, ihre Mutter von dem Gedanken abzubringen, sie dem Grafen Bestushew zu geben, der ein wahres Scheusal war in seinem Charakter und seinen Lastern. Obwohl sie auch so nicht glücklich wurde, wäre sie es mit dem noch viel weniger gewesen. Wenn aber je eine Frau es verdient hätte glücklich zu sein, so war sie es. Sie war wirklich eine seltene Erscheinung mit ihrer großen Sanftmut, der Lauterkeit ihrer Sitten, ihrer Herzensgüte. Es wäre schwerer zu sagen, welche guten Eigenschaften ihr fehlten, als ihre Tugenden aufzuzählen. Nie ist eine Frau so allgemein verehrt worden wie sie, und sie hatte sich sehr hohe persönliche Wertschätzung in den Herzen aller erworben, die sie kannten oder die nur von ihr hatten sprechen hören. Und sie hätte sie in noch höherem Maße erworben, wenn sie nicht in der Blüte der Jahre gestorben wäre, am 25. Dezember 1761, an demselben Tage, an dem die Kaiserin Elisabeth starb. Ich betrauerte sie sehr aufrichtig, denn diese ausgezeichnete Frau hat mir bei ihren Lebzeiten immer die aufrichtigste Freundschaft und Zuneigung bewiesen, und hätte sie meine Thronbesteigung erlebt, die sie sehnlichst wünschte, so hätte sie sicherlich eine hervorragende Rolle in meiner Nähe gespielt. Sie war eine verläßliche, verständige, anhängliche, einsichtsvolle und vorsichtige Freundin. Nie habe ich eine Frau gekannt, die mehr Vorzüge in sich vereinigte. Wäre sie ein Mann gewesen, so hätte die Welt sie gepriesen.

Zu dieser Zeit zog die Kaiserin die beiden ältesten Töchter des Grafen Roman Worontzow an den Hof. Die ältere, Maria Romanowna, dreizehn oder vierzehn Jahre alt, wurde Hofdame der Kaiserin, und die jüngere, Elisabeth Romanowna, die elf bis zwölf Jahre sein konnte, kam in der gleichen Eigenschaft zu mir. Die ältere versprach hübsch zu werden, die jüngere hatte keine Spur davon; im Gegenteil, sie war schon damals sehr häßlich. Die Pocken, die sie später bekam, entstellten sie so, wie wir sie gekannt haben. Beide Schwestern hatten einen olivenfarbigen Teint, der sie nicht verschönerte. Sie haben später mit verschiedenen künstlichen Farben Abhilfe geschaffen.

Zu Anfang Oktober bekam ich starkes Schnupfenfieber und mußte mehrere Tage das Bett hüten. Ich stand erst auf, als mir Frau Tschoglokow berichtete, die Kaiserin habe die Hochzeit des Herrn Alexander Alexandrowitsch Naryschkin, des Kammerherrn des Großfürsten, mit Fräulein Anna Nikititschna Rumiantzow auf den folgenden Tag angesetzt.[224] Ich erklärte Frau Tschoglokow, ich könnte wegen des Fiebers, das ich gehabt hatte, und der Schwäche, die noch zurückgeblieben war, nicht an der Hochzeit teilnehmen. Frau Tschoglokow gab zu, daß ich mir dadurch einen Rückfall zuziehen könnte, und ging fort. Sie kam ein paar Stunden später wieder und bestellte mir von Ihrer Majestät, ich müsse am nächsten Tage zu dieser Hochzeit gehen und müsse auch die Braut schmücken, die man zu dem Zweck zu mir bringen werde. Ich fand den Befehl etwas hart, um so mehr als die Kaiserin einige Tage vorher mich besucht und sich selbst von meinem hohen Fieber überzeugt hatte; meine Temperatur war so hoch, daß man ein hitziges Fieber befürchtete. Weil aber die Anordnung sehr bestimmt lautete und Ihre Majestät sie nur mit Kenntnis der Sachlage gegeben haben konnte, wagte ich nichts zu erwidern, obgleich es sich vielleicht dabei um mein Leben handelte. Frau Wladislaw fand den Befehl sehr hart und sogar grausam und sprach das mir gegenüber auch aus.

Als also der nächste Tag angebrochen war, kleidete ich mich an, so gut es ging, obwohl ich sehr schwach war. Man brachte die Braut zu mir, und ich schmückte sie. Wenigstens erließ man es mir, zur Kirche zu gehen, aber statt dessen mußte ich in einen Wagen steigen und durch ganz Moskau fahren, von Annenhof bis zum Hause der Naryschkins jenseits des Kreml. Mein Gefolge bestand aus drei Karossen und etwa zwanzig Reitern. Draußen war es sehr glatt, weil nach einem großen Regenguß plötzlich starker Frost eingetreten war. Es war keine Zeit mehr gewesen, die Pferde des Glatteises wegen zu beschlagen. Wir kamen daher nur im Schritt vorwärts, aber trotzdem war keines unter unsern Pferden, das in den sieben Werst, die wir gering gerechnet zurückzulegen hatten, nicht mehrere Male gefallen wäre. Um das Unglück vollzumachen, trafen wir zwischen der Kazanschen Kirche und dem Kuriatnyja-Tor[225] den ganzen Hochzeitszug der Schwester[226] von Iwan Iwanowitsch Schuwalow, die zur Trauung mit dem Fürsten Nikolaj Feodorowitsch Golitzyn fuhr. Die Pferde dieses Hochzeitszuges fielen auch bei jedem Schritt, den sie taten. Ich glaube, wir brauchten schließlich zwei und eine halbe Stunde für den Hinweg und ebensoviel für die Rückfahrt. Weder vordem noch später hab ich etwas erlebt, was dieser Fahrt gleichkam, und diesen Tag konnte man mit Recht den Tag der Purzelbäume nennen. Soviel ich weiß, tat sich aber niemand Schaden.

Ich kam also als erste im Hause der Neuvermählten an; eine Stunde später landete auch der Rest der Hochzeitsgesellschaft. Die Kaiserin erschien auch. Nach dem Souper und Ball wurden der Großfürst und ich abgeschickt, das junge Paar in seine Gemächer zu geleiten. Wir mußten zu diesem Zweck die Korridore durchqueren und mehrere Treppen dieses großen Hauses hinauf- und hinuntersteigen. Danach zogen wir uns zurück.

Diese Hochzeit zeitigte ebensowenig Folgen wie die unsrige, und unsere gleiche Lage hat viel zu dem Freundschaftsbund beigetragen, der lange zwischen Frau Naryschkin und mir bestanden hat.

Bei mir änderte sich ja die Sachlage neun Jahre nach meinem Hochzeitstage; aber bei ihr ist sie heute noch dieselbe, wo sie vierundzwanzig Jahre verheiratet ist.

Am Tage nach der Feier waren wir wieder bei den Neuvermählten; ich fieberte ein wenig, aber das ging vorbei und hatte keine Folgen weiter.

Wenige Tage später betrat der Großfürst plötzlich mit sehr bestürzter Miene mein Zimmer; ich sah, daß er etwas auf dem Herzen hatte, was ihn quälte, aber weil ich gar nicht wußte, was es sein konnte, merkte ich es auch nicht gleich. Schließlich versuchte er selbst, sich den Stein vom Herzen zu wälzen, der ihn bedrückte. Er erzählte mir also, seine Jäger, an denen er doch so hing, seien verhaftet und nach Preobrashenskoje gebracht worden, wo seit dem Aufenthalt des Hofes in Moskau die Geheime Kanzlei war. Das brührte mich nur wenig; aber er meinte, es könne für ihn böse Folgen haben. Nun fragte ich ihn, wie er auf den Gedanken komme, und er gestand mir jetzt, diese Leute hätten ihm von dem Diensteifer, den der oben von mir erwähnte Leutnant Baturin für ihn bezeugte, erzählt; dieser habe mit ihm auf der Jagd gesprochen und ihn seiner und des Butyrskij-Regiments Ergebenheit für ihn versichert und habe ihm erklärt, er erkenne nur ihn als Herrn an. Es hatte danach viel Hin und Her zwischen den Jägern, dem Großfürsten und diesem Offizier gegeben. Der Großfürst wußte, daß dieser auch verhaftet war.

Ich hatte den Eindruck, als mache mir der Großfürst nur ein halbes Geständnis und scheue sich, mir alles zu sagen, aus Besorgnis, ich könnte ihn seiner Unbesonnenheit wegen tadeln. Die Unruhe, unter der er litt, erregte mein Mitgefühl, ich versuchte, ihn zu trösten, aber die Sache peinigte ihn zwei oder drei Wochen lang doch sehr. Als er sah, daß man ihm gar nicht davon sprach und die Sache für ihn keine Folgen hatte, vergaß er sie allmählich.

Ein paar Jahre nach meiner Thronbesteigung fielen mir die Akten über die Angelegenheit in die Hände. Ich fand sie unter den Papieren der Kaiserin Elisabeth; man hatte sie wohl Ihrer Majestät zur Entscheidung vorgelegt. Sie waren sehr umfangreich, und deshalb hatte die Kaiserin auch bis zu ihrem Tode keine rechte Vorstellung davon; sie hat sie gewiß nicht gelesen.

Die ganze Sache war vielleicht eine der ernstesten ihrer ganzen Regierung, obwohl sie unüberlegt und unvorsichtig angezettelt war. Es war, geradeheraus gesagt, eine Verschwörung in aller Form. Dieser Baturin hatte etwa hundert Soldaten seines Regimentes zur Eidesleistung für den Großfürsten überredet mit der Behauptung, er habe auf der Jagd dessen Zusage erhalten, sich auf den Thron erheben zu lassen. Auf der Folter hatte er seine Beziehungen zum Großfürsten, durch dessen Jäger, eingestanden. Ein Grenadier, den er sich zu gewinnen bemühte, hatte ihn verraten. Die Jäger wurden überführt, daß sie ihn dem Großfürsten vorgestellt hatten, sie waren aber nur leichthin befragt worden.

Wenn ich den Prozeß mit dem Schrecken vergleiche, in dem ich den Großfürsten gesehen habe, und mit dem, was ich ihn habe sagen hören, so zweifle ich nicht, daß er von allem wußte und daß seine Jäger ihn nicht so belasten wollten, oder das nicht wagten, wie es die reine Wahrheit getan hätte.

Obwohl ich bezweifle, daß die Kaiserin je alles gewußt hat, so wußte sie doch sicherlich genug, um das wenige Vertrauen, das sie zu ihm hatte, nun völlig zu verlieren. Sie unterließ es nach diesem Vorkommnis, ihm die Hand zu küssen, wenn er kam, und er, ihr die ihrige zu küssen. Und im nächsten Jahre gab sie ihm auch ihren Zorn zu verstehen, wenn auch nur mittelbar, wie ich das zu seiner Zeit und an seinem Ort erzählen werde.

Graf Alexander Schuwalow ließ Baturin bis zur Entscheidung der Kaiserin, die niemals erfolgte, einstweilen in die Festung Schlüsselburg einsperren. Später, im Jahre 1770, habe ich ihn nach Kamtschatka verschickt wegen des dummen Zeuges, das er schrieb und durch die Soldaten, die ihn bewachten, verteilen lassen wollte. Von Kamtschatka entfloh er mit Benyowsky[227] und vielen anderen nach Ermordung des Wojewoden von Bolscheretzk und ist über den Stillen Ozean nach Macao gegangen. Ich habe nicht die Hoffnung aufgegeben, daß einige von den Elenden doch noch einmal nach Europa zurückkehren. Benyowsky ist schon da; jeder einzelne von ihnen hat zum mindesten den Strick verdient.[228]

Ich muß der Wahrheit Gerechtigkeit widerfahren lassen und die Dinge erzählen, so wie sie waren. Seit dieser Zeit beobachtete ich, wie im Herzen des Großfürsten der Wunsch nach der Herrschaft wuchs, sie brachte ihn fast um, aber er tat nichts, um sich ihrer würdig zu machen.

Im November 1749 bekam ich wieder mein Zahnweh. Ich mußte

das Bett hüten, und die andauernden Schmerzen verursachten mir hohes Fieber. Ich hatte in meinem Schlafzimmer, das an die Gemächer des Großfürsten anstieß, keine Ruhe wegen seiner Violine und seiner Hunde. Denn auf diese Vergnügungen hätte er auch nicht verzichtet, wenn er hätte annehmen müssen, daß sie mich umbringen. Ich setzte es deshalb durch, daß Frau Tschoglokow einwilligte, mein Bett in das dritte Zimmer bringen zu lassen, aus dem Bereiche des Lärms, den der Großfürst beständig bei sich vollführte. Das von mir gewählte Zimmer war kaum geeignet für jemand, der dauernd an Erkältungen litt, denn es hatte an drei Seiten Fenster. Ich zog mich mit meinem Bett an die vierte Wand nahe an den Ofen zurück, immer noch zwischen zwei Türen. Nachdem ich viel ausgehalten hatte, war ich wieder imstande auszugehen.

Im Dezember verließen wir Moskau.[229] Auf der Reise bekam ich wieder Zahnschmerzen. Ich fuhr mit dem Großfürsten in demselben Schlitten; wie das Wetter auch war, gestattete er unterwegs nicht, den Schlitten zu verdecken. Ich erhielt nicht einmal ohne Mühe seine Zustimmung, einen kleinen Vorhang aus dünnem grünen Taffet vor mir aufspannen zu lassen, der mich nur vor den Windstößen schützte.

Auf der letzten Station bekamen wir den Befehl der Kaiserin, nach Tzarskoje Selo zu gehen. Ich kam mit unerträglichen Schmerzen dort an, die mich die Geduld verlieren ließen. Ich schickte nach Boerhaave und bat ihn, mir den Zahn ausziehen zu lassen, der mir solche Pein verursachte. Er wollte die Operation bis zum nächsten Tag verschieben, aber ich drängte ihn so, daß er schließlich nachgab. Guyon, mein Chirurg, wurde gerufen und alles für die Operation vorbereitet. Ich mußte mich auf die Erde setzen, Boerhaave setzte sich rechts mir gegenüber, Herr Tschoglokow ebenso links, und sie hielten mir die Hände. Guyon kam von hinten und faßte den kranken Zahn mit seinem Instrument; als er ihn umdrehte, hatte ich das Gefühl, daß er mir den Kieferknochen zerbrach. Er aber zog weiter und brachte mit dem Zahn ein Stück Knochen heraus. Nie in meinem Leben habe ich einen solchen Schmerz gefühlt wie in diesem Augenblick; er war so heftig, daß, nachdem der Zahn gezogen war, mir die Tränen aus Mund und Nase stürzten, als ob Wasser aus einem Teetopf ausgegossen wird, nicht tropfenweise, sondern wie ein Bach, der floß, ohne anzuhalten. Das dauerte vielleicht zwei bis drei Minuten.

Ich mußte außerdem Blut spucken, verlor aber das Bewußtsein nicht. In dem Augenblicke betrat die Kaiserin mein Zimmer, aus dem alles herausgeschickt worden war. Sie konnte ihre Tränen nicht halten, als sie mich so schrecklich leiden sah. Man berichtete ihr, um was es sich handelte. Als ich wieder sprechen konnte, sagte ich Boerhaave, daß die Hälfte des Zahnes an seiner Stelle geblieben war. Guyon wollte sich davon überzeugen und mit einem Finger die Stelle, die ich ihm zeigte, berühren, aber ich wollte es ihm nicht gestatten. Ich lernte damals aus eigener Erfahrung, daß der Schmerz, den man leidet, oft Groll gegen den erzeugt, der ihn verursacht. Boerhaave, der das offenbar wußte, fing an zu lachen und bat mich, ihm zu gestatten, die Stelle zu untersuchen, und er überzeugte sich durch eine Berührung, daß eine der Wurzeln meines Zahnes im Munde zurückgeblieben war, während der Zahn ein Stück Kieferknochen mitgenommen hatte, so groß wie ein silbernes Zehn-Sous-Stück. Von dem Augenblick an, als der Zahn heraus war, fühlte ich mich erleichtert.

Ich schlief in der Nacht gut, und am nächsten Morgen konnte ich nach der Stadt fahren. Der Großfürst dachte aber nicht daran, seinen Schlitten schließen zu lassen, obgleich sehr strenger Frost herrschte. In der Stadt angelangt, zog ich mich in meine Gemächer zurück und konnte vier Wochen lang nicht ausgehen, denn mein rechter Kiefer und die Unterseite des Kinns waren blau und blutunterlaufen, als ob ich gefallen wäre und mich dabei an diesen Stellen verletzt hätte.

So wäre ich also bis zum Beginn des Jahres 1750 gelangt.

Nach Neujahr ging die Kaiserin nach Tzarskoje Selo[230], und wir blieben in der Stadt. Es waren erst ziemlich wenige von den Mitgliedern der Hofgesellschaft aus Moskau angekommen.

Damals noch viel mehr als jetzt wurde es dem Adel im allgemeinen sehr schwer, Moskau zu verlassen, die Stadt, die sie alle so lieben, wo Trägheit und Nichtstun ihre Hauptbeschäftigung ist. Hier würden sie gern ihr ganzes Leben damit zubringen, sich in einer übertrieben reich vergoldeten gebrechlichen Karosse sechsspännig umherfahren lassen, ein Symbol des falsch verstandenen Luxus, der da herrscht und den Augen der Masse die Unsauberkeit des Herrn, die völlige Unordnung seines Hauswesens und seiner Lebensführung verbirgt. Es ist keine Seltenheit aus einem großen, von Haufen Schmutz und Unrat erfüllten Hofe, der zu einer elenden Baracke aus verfaulten Brettern

gehört, eine prachtvoll gekleidete Dame in einem wundervollen
Wagen mit sechs schlechten, schmutzig geschirrten Pferden her-
auskommen zu sehen, mit ungekämmten Lakaien in hübscher
Livree, der sie durch ihr linkisches Benehmen Schande machen.
Im allgemeinen verweichlicht sich Mann und Weib in dieser
großen Stadt: sie sehen und treiben nur Armseligkeiten, die auch
das ausgesprochenste Genie verkümmern lassen müßten.
Weil sie nur ihren Launen und Einfällen folgen, umgehen sie alle
Gesetze oder führen sie schlecht aus. Das Ergebnis ist, daß sie
niemals befehlen lernen oder daß sie zu Tyrannen werden.
Nirgends in der bewohnten Welt ist der Boden für den Despotismus so günstig wie dort. Vom zartesten Alter an gewöhnen
sich die Kinder an ihn, weil sie sehen, mit welcher Grausamkeit
ihre Eltern die Dienerschaft behandeln. Denn gibt es etwa ein
Haus, in dem keine Halseisen, Ketten, Peitschen und ähnliche
Werkzeuge vorrätig sind, um wegen des geringsten Vergehens
diejenigen zu martern, welche die Natur dieser unglücklichen
Klasse angehören läßt, die ihre Fesseln nicht ohne Verbrechen
sprengen könnte? Kaum wagt man zu behaupten, daß sie
ebensogut Menschen sind wie wir, und wenn ich selbst das sage,
so ist es auf die Gefahr hin, daß man Steine auf mich wirft. Was
habe ich nicht von der Stimme einer unverständigen und grausamen öffentlichen Meinung leiden müssen, als in der Gesetzeskommission diesbezügliche Fragen behandelt wurden und der
adlige Pöbel, dessen Zahl unendlich viel größer war, als ich je
hätte annehmen können, weil ich zu sehr nach den Leuten
urteilte, die mich täglich umgaben, zu ahnen begann, daß diese
Besprechungen einige Besserung für die gegenwärtige Lage der
Bauern bringen könnten! Haben wir es nicht mitangesehen, wie
Graf Alexander Sergejewitsch Strogonow, ein so weicher und im
Grund höchst humaner Mann, dessen Herzensgüte schon fast zu
weit ging, wie dieser Mann, sage ich, mit Wut und Leidenschaft
die Sache der Leibeigenschaft vertrat, die sein innerstes Herz
doch verdammen mußte! Es ist ja schließlich nicht meine Sache,
ob er unter fremden Einflüssen oder als Feigling gehandelt hat;
ich führe dieses Beispiel nur an als eines von denen, die mich am
meisten verwundert haben. Alles, was man sagen kann, ist jedenfalls das, wenn er gesündigt hat, so tat er es wenigstens mit voll-
stem Bewußtsein. Aber wie viele gab es, die sich von Vorurteilen
und schlecht verstandenen Interessen leiten ließen! Ich glaube, es

gab keine zwanzig Menschen, die damals über den Gegenstand mit Menschlichkeit und wirklich wie Menschen nachgedacht hätten! Und im Jahre 1750 hat es deren sicherlich noch weniger gegeben, und ich glaube, wenige Menschen in Rußland kamen überhaupt auf den Gedanken, daß es für die Dienerschaft einen andern Zustand als die Leibeigenschaft geben könnte.

Es ist aber Zeit, daß ich zu dem laufenden Jahre zurückkehre, dessen Beginn mich eine so weite Abschweifung von meinem Gegenstand hat machen lassen.

Während Ihre Majestät in Tzarskoje Selo weilte und es in der Stadt noch leer war, wußten wir, der Großfürst und ich, in den ersten Tagen nicht recht, was wir tun sollten. Wir gewöhnten uns an, nachmittags zu den Tschoglokows zu gehen, die noch immer dieselbe Wohnung innehatten, von der ich schon gesprochen habe. Dort versammelte sich das kleine Gefolge, das uns auf der Reise begleitet hatte, und diejenigen aus der Umgebung der Kaiserin, die ihr nicht auf das Land gefolgt waren. Auch die Prinzessin von Kurland trafen wir da.

Das Trissetspiel war hier unsere Beschäftigung.

Der Großfürst spielte mit der Prinzessin von Kurland, und beim Spiel fand er Gefallen an ihr. Der größte Vorzug, den sie in seinen Augen hatte, war, daß sie nicht von russischen Eltern stammte. Denn der Großfürst hatte schon damals eine große Vorliebe für alle Ausländer und etwas wie eine Abneigung oder den Beginn einer Abneigung gegen alles, was russisch war oder Rußland anhing. Diese Abneigung wurde in der Folge immer stärker; aber damals war Seine Kaiserliche Hoheit noch so klug, solche Gefühle nicht gerade zur Schau zu tragen, obwohl er doch gelegentlich kleine Funken von ihnen sprühen ließ, die gerade bedeutungsvoll genug waren.

Außer dem Vorzug, eine Fremde zu sein, besaß die Prinzessin von Kurland in den Augen des Großfürsten noch den unschätzbaren Reiz, daß sie gern Deutsch sprach, und da war mein Großfürst ganz in Flammen. Die wahren Vorzüge der Prinzessin von Kurland berührten ihn weniger. Man muß ihr Gerechtigkeit widerfahren lassen und anerkennen, daß sie klug war; sie hatte sehr schöne Augen, ihr Gesicht war aber nicht hübsch, nur die Haare, die sehr schön kastanienbraun waren. Sie war außerdem klein und nicht nur schlecht gewachsen, sondern geradezu bucklig. Dieser Fehler konnte aber nicht als einer gelten in den Augen eines Fürsten aus dem Hause Holstein. Denn die haben sich allesamt nie durch eine körperliche Mißgestaltung zurückstoßen lassen: so hat zum Beispiel der verstorbene König von Schweden[231], mein Onkel mütterlicherseits, keine Maitresse gehabt, die nicht bucklig oder einäugig oder lahm war.

Der Großfürst verbarg seine Neigung nicht ganz vor mir, aber er behauptete trotzdem, es wäre nur reine Freundschaft. Ich tat ihm den Gefallen, das zu glauben. Außerdem wußte ich ja, daß es über schmachtende Blicke nicht hinausgehen würde wegen der Besonderheiten des genannten Herrn, die immer noch dieselben waren, obwohl schon fünf Jahre seit unserer Verheiratung verflossen waren.

Die Besuche bei den Tschoglokows wurden zur täglichen Gewohnheit: die nahmen das gar nicht übel, weil das gewissermaßen ihren Salon hob, und weil sie gern genügend zahlreiche Gesellschaft bei sich sahen, um den Tag am Spieltische zu verbringen. Die Prinzessin von Kurland befleißigte sich mir gegenüber eines tadellosen Benehmens, und sie hat sich nie auch nur einen Augenblick vergessen, obwohl jenes Verhältnis einige Dauer gehabt hat.

Nach mehrwöchigem Aufenthalt auf dem Lande kehrte die Kaiserin während der letzten Karnevalswochen nach der Stadt zurück.[232] Ich widmete mich damals mehr als je meiner Toilette und allen neuen Moden. Die Prinzessin Gagarin bestärkte mich darin: sie hatte mir immer irgendeinen Ratschlag betreffs meiner Kleidung zu geben, und das verfehlte natürlich nicht, sie in meinen Augen zu heben. Zu dieser Zeit fanden die Kleider mit zackigen Rändern Eingang bei uns. Ich ließ mir zwei solche machen, eines aus weißem, das zweite aus rosa Atlas, ganz mit Falbeln besetzt. Als nun die Kaiserin wieder in der Stadt angelangt war, hatte ich nichts Eiligeres zu tun, als bei der ersten Cour mein so garniertes weißes Atlaskleid anzuziehen. Es war das erste der Art, das Ihre Majestät sah. Ich hatte dazu viel Smaragden angelegt und mein Haar in Locken frisiert. Ihre Majestät liebte neue Moden nicht sehr, am allerwenigsten solche, die jugendlichen Personen standen. Vor allen Dingen aber konnte sie nie dem Geschmack abgewinnen, was mich gut kleidete. Sie beobachtete mich an diesem Abend sehr scharf, es zuckte häufiger als gewöhnlich in ihren Augenwinkeln, was immer ein schlechtes Zeichen war. In der Galerie nahm sie Frau Tschoglokow beiseite, um lange mit ihr zu sprechen, und als sie sich von uns verabschiedete, kam sie uns sehr rot vor.

Wir zogen uns auch zurück. Kaum hatte ich Zeit gehabt, mich auszukleiden, als Frau Tschoglokow eintrat und mir mitteilte, Ihre Majestät habe mein Kleid scheußlich gefunden und sie ließe mir sagen, ich solle nie wieder derartig gekleidet oder so frisiert vor ihr erscheinen. Außerdem sei Ihre Majestät sehr ungehalten auf mich, weil ich nach vierjähriger Ehe noch immer keine Kinder habe, die Schuld daran könne nur auf meiner Seite liegen, augenscheinlich habe ich irgendein geheimes Gebrechen, von dem man nichts wisse: sie werde mir deshalb eine Hebamme schicken, um mich zu untersuchen. Der Großfürst, der sich zufällig in meinem Zimmer befand, war Zeuge dieser ganzen Unterredung. Ich antwortete, hinsichtlich der Kleidung würde ich pünktlichst die Befehle Ihrer Kaiserlichen Majestät befolgen, und bezüglich des zweiten Punktes sei Ihre Majestät in allem meine Herrin und ich in ihrer Gewalt, ich hätte also ihrem Willen nichts entgegenzusetzen. Der Großfürst nahm diesmal meine Partei. Vielleicht empfand er, daß die Schuld nicht auf meiner Seite lag, oder auch er fühlte sich seinerseits verletzt: kurz, er sagte Frau Tschoglokow sehr unverhüllt seine Meinung über die Angelegenheit mit den Kindern und über die Untersuchung; und ihr Wortwechsel erhitzte sich gar sehr. Sie warfen sich gegenseitig alles mögliche Böse vor; ich weinte inzwischen und ließ sie reden. Frau Tschoglokow entfernte sich in großer Wut mit der Ankündigung, sie werde alles Ihrer Majestät wiederholen. Aber es war nicht so ganz leicht, diese zu sehen, und auch Frau Tschoglokow bot sich nicht so bald die Gelegenheit.

Als Frau Wladislaw sah, daß ich geweint hatte, wollte sie den Grund wissen. Ich erzählte ihr alles, was vorgefallen war, auch den Schimpf, der mir drohte. Frau Wladislaw fand die Handlungsweise der Kaiserin mir gegenüber ungerecht, und sie fügte hinzu: »Wie können denn Sie daran schuld sein, daß Sie keine Kinder haben, da Sie doch noch Jungfer sind; die Kaiserin muß das doch wissen, und Frau Tschoglokow ist eine dumme Gans, wenn sie hierher kommt und solches Zeug redet. Ihre Majestät soll ihren Neffen verantwortlich machen oder sich selbst, daß sie ihn zu früh verheiratet hat.« Übrigens habe ich viel später gehört, daß Graf Lestocq der Kaiserin geraten hatte, den Großfürsten nicht jünger als mit einundzwanzig Jahren zu verheiraten, aber die Kaiserin befolgte seinen Rat nicht. Frau Wladislaw tröstete mich und gab mir zu verstehen, sie werde dafür sorgen, daß der wahre Sachverhalt, so wie sie ihn verstand, zur Kenntnis der Kaiserin käme. Ich weiß nicht, was sie tat, aber sie hörte nicht auf zwischen den Zähnen zu murmeln, die hübsche Frisur und die Falbeln hätten offenbar Ihrer Majestät die Laune verdorben, und ich sei wirklich zu bedauern, mit einem Gatten, dessen Gemütsart nicht zu der meinen passe, und einer Tante an Stelle einer Schwiegermutter, mit der sehr schwierig auszukommen sei und die durch ein boshaftes Weib noch gereizt werde. Mit dem boshaften Weib meinte sie Frau Tschoglokow, der sie die schlimmsten Dinge nachsagte, seit ihr Gemahl sich mit Graf Bestushew entzweit hatte, dem Freund und Protektor von Frau Wladislaws Schwiegersohn.

Meine Lage war wirklich nicht zum Lachen: ich stand vollkommen isoliert unter allen den Menschen da. Indessen hatte ich mich daran gewöhnt; die Lektüre guter Bücher und die heitere Grundstimmung meines Temperamentes halfen mir leicht über die Situation hinweg. Dazu kam eine innere Vorahnung meiner künftigen Bestimmung, die mir immer den Mut verlieh, alles zu ertragen, was ich zu leiden hatte, und mir täglich Unannehmlichkeiten von mehr als einer Seite zufügen zu lassen. Schon damals weinte ich viel seltener, wenn ich allein war, als in den ersten Jahren. Ich hatte mir immer große Mühe gegeben, diese Tränen zu verbergen, die ich mir als eine Schwachheit vorwarf; ich verbarg sie auch deshalb, weil ich es immer für niedrig gehalten habe, das Mitleid anderer zu erregen, und hätte jemand diese Empfindung für mich gezeigt, so würde mich das wohl zur Verzweiflung gebracht haben: ich achtete mich selbst zu hoch, um mich eines solchen Loses für wert zu halten.

Während des Karnevals wurde in diesem Jahre auf Befehl der Kaiserin in einem Saale des Schlosses eine Bühne aufgebaut, auf der dann die Kadetten russische Tragödien aus der Feder des Herrn Sumarokow[233] aufführten. Unter den Kadetten war einer, der ebenso durch sein Spiel, wie durch seine hübsche Erscheinung auffiel. Die Kaiserin selbst schien sich sehr für diese Truppe und für den schönen Truwor, eine Rolle aus der Tragödie ›Sinaw‹, zu interessieren. Sie wurde nicht müde, diese Tragödie spielen zu sehen; sie bekümmerte sich selbst um die Kostüme: wir sahen den schönen Truwor der Reihe nach alle Farben tragen, welche sie liebte, und alle Kostüme, die ihr gefielen. Sie schminkte die Akteure persönlich, und man konnte die ganze Truppe fertig kostümiert aus den inneren Gemächern der Kaiserin kommen sehen, wo sie sich anzogen, und gleich danach betraten sie die Bühne.

Während der letzten Woche des Karnevals bekamen wir neun Tragödien zu sehen. Ich muß gestehen, daß Melpomene mir ein wenig zu viel wurde, ich gähnte sehr oft; trotzdem ließ ich mir die Namen der Schauspieler sagen, die mich zu Tode langweilten. Aus dem Munde der Kaiserin hörte ich, daß der schöne Truwor Beketow hieß. Er stach der Prinzessin Gagarin sehr in die Augen, die mit ihm Bekanntschaft machte, die Gelegenheit dazu bot sich von selbst, denn unter dem Vorwande, daß der Fluß-übergang gefährlich werde, hatte die Kaiserin während der Fasten die ganze Kadettentruppe, die auf ihrem Theater spielte, in Räumen des Schlosses untergebracht. Diese Räume lagen auf dem Wege der Prinzessin zu mir, und auf die Weise fing meine Prinzessin an, gewaltig mit diesem Herrn Beketow zu kokettieren, und ward also zum zweiten Male die Nebenbuhlerin Ihrer Kaiserlichen Majestät. Sie spielte ein gewagtes Spiel, denn sie wußte recht gut, daß mehr als eine Kammerjungfer, die nur in den Verdacht gekommen war, die Augen auf einen von denen zu werfen, welche im Augenblick die Gunst der Kaiserin genossen, mit Schimpf und Schande fortgejagt worden war. Fräulein Gagarin wußte auch, daß die Kaiserin sie trotz ihrer Häßlichkeit nicht geputzt zu sehen liebte, und sie wurde oft wegen ihrer Toilette gescholten. Auch trug Ihre Majestät ihr Groll nach, weil Herr Schuwalow, bevor er zum Günstling erhoben wurde, eine Neigung für sie gehabt hatte, die doch immerhin so ernstlich war, daß er sie hatte heiraten wollen.

In der ersten Woche der großen Fasten begannen der Großfürst und ich unsere Andachtsübungen als Vorbereitung auf die Kommunion. Ich schickte Frau Tschoglokow zu Ihrer Majestät, um mir die Erlaubnis auszubitten, in das Bad im Hause der Tschoglokows zu gehen. Im Vorübergehen will ich hier erwähnen, daß weder der Großfürst noch ich es wagten, das Haus zu verlassen, auch nicht zu einer Spazierfahrt, ohne die Erlaubnis der Kaiserin einzuholen, und wir hätten es nicht wagen können, diese Sitte, die sich fest eingebürgert hatte, zu verletzen, ohne uns den Zorn Ihrer Majestät zuzuziehen. Ein anderer fester Brauch, durch dessen Vernachlässigung ich mich wenigstens dem Vorwurf der Pietätlosigkeit ausgesetzt haben würde, war die Sitte, in der Woche, in der ich mich auf die Kommunion vorbereitete, ins Bad zu gehen.

Am Dienstag gegen Abend kam Frau Tschoglokow zu mir in mein Zimmer und teilte mir in Gegenwart des Großfürsten mit, Ihre Majestät gebe mir die Erlaubnis, ins Bad zu gehen; dann wandte sie sich an den Großfürsten und sagte zu ihm, er würde gut tun, auch hinzugehen. Er nahm den Vorschlag schlecht auf und erklärte, er würde es nicht tun, er wäre nie zuvor da gewesen, das Bad sei eine lächerliche Zeremonie, der er keine Bedeutung beilege. Frau Tschoglokow erwiderte ihm, es würde die Kaiserin freuen, wenn er hinginge; aber er entgegnete, das sei nicht wahr, und er werde nichts dergleichen tun. Frau Tschoglokow erregte sich und sagte, sie sei erstaunt, daß er den Wünschen Ihrer Majestät so wenig Respekt bezeuge. Der Großfürst wandte dagegen ein, ob man ins Bad gehe oder nicht, das habe nichts mit dem der Kaiserin gebührenden Respekt zu tun, und er wundere sich, daß sie, Frau Tschoglokow, sich erkühne, ihm derartige Dinge zu sagen, und wenn sie ein Mann wäre, hätte er schon zu antworten gewußt, und er hätte dergleichen Worte – er meinte da den Vorwurf der Unehrerbietigkeit gegen Ihre Majestät – nicht zweimal angehört.

Frau Tschoglokow, die sich nichts gefallen ließ und glaubte, die letzten Worte enthielten eine Drohung gegen ihren Gemahl, geriet in argen Zorn und fragte den Großfürsten, ob er wohl wisse, daß für solche Reden und den Ungehorsam gegen die Kaiserin diese ihn einfach in die Festung von St. Petersburg einsperren lassen könne. Ich habe oben erzählt, daß diese Festung als Gefängnis für diejenigen diente, die sich des Verbrechens der Majestätsbeleidigung schuldig gemacht hatten und der Geheimen Kanzlei zur Aburteilung überantwortet waren, die dort ihre Sitzungen abhielt. Der Großfürst fuhr auf bei diesen Worten und fragte seinerseits, ob sie das von sich aus oder im Namen der Kaiserin sage. Frau Tschoglokow erwiderte ihm, sie weise ihn nur auf die Folgen hin, die sein unbedachtes Benehmen haben könne, und wenn er es wünsche, werde die Kaiserin selbst ihm wiederholen, was sie, Frau Tschoglokow, ihm eben gesagt habe. Ihre Majestät habe ihm schon mehrfach mit der Festung gedroht, gewiß habe sie ihre Gründe hierfür, und er solle daran denken, wie es dem Sohne Peters des Großen wegen seines Ungehorsams gegangen sei.

Jetzt mäßigte der Großfürst seinen Ton und entgegnete, er habe niemals geglaubt, er, Herzog von Holstein und souveräner Fürst, den man gegen seinen Willen habe nach Rußland kommen lassen, werde hier einer derart schimpflichen Behandlung ausgesetzt sein. Wenn die Kaiserin mit ihm nicht zufrieden sei, brauche sie ihn ja nur in seine Heimat zu entlassen. Er versank dann in Nachdenken, lief mit großen Schritten im Zimmer hin und her und fing schließlich an zu weinen. Dann entfernte er sich, nachdem er und Frau Tschoglokow sich noch so viel Scheltworte gesagt hatten, wie ihnen ihre böse Laune nur eingab. Aber es war schon nichts mehr im Vergleich mit dem, was sie sich vorher gesagt hatten.

Ich blieb bei diesem ganzen Auftritt friedlicher Zuschauer, und wenn sie sich an mich wandten, versuchte ich, soweit das von mir abhing, die Parteien zu beschwichtigen, die beiderseits mit großer Hitze über Mißverständnisse stritten, und ganz entfernt davon, sich zu verständigen, die Sache nur immer mehr verwirrten.

Als beide gegangen waren, begann ich über Frau Tschoglokows Worte nachzudenken und sagte mir: »Manches hat sie aus sich selbst, aber vieles geht von der Kaiserin aus.« Ich kam zu dem Schlusse, die Drohung mit der Festung müsse von der Monarchin kommen, und sah darin ein Zeichen ihres heftigen Grolles gegen den Großfürsten. Die Geschichte mit den Jägern kam mir nur undeutlich in den Sinn, weil ich zu der Zeit noch nicht recht wußte, worum es sich dabei eigentlich handelte. Aber jetzt kenne ich die Geschichte von Asaf Baturin und verbinde nun die Zeit der Verhandlung über diese Angelegenheit mit der Zeit, da Frau Tschoglokow die erwähnten Andeutungen machte. Und wenn ich noch hinzufüge, daß nach dieser Unterredung zwischen Frau Tschoglokow und dem Großfürsten die Kaiserin aufhörte, die Hand des Großfürsten zu küssen, wenn er kam, um die der Monarchin zu küssen, so schließe ich, daß jene Andeutungen im Zusammenhang mit der Affäre standen und hingeworfen wurden, um dem Großfürsten die Unverständigkeit seines Benehmens klarzumachen.

Am nächsten Tage kam Frau Tschoglokow wieder zum Großfürsten und teilte ihm mit, sie habe den Auftritt vom Abend vorher und daß er sich entschieden weigere, ins Bad zu gehen, der Kaiserin berichtet, und Ihre Majestät habe geantwortet: »Nun wohl, wenn er so ungehorsam gegen mich ist, dann werde ich seine verdammte Hand nicht mehr küssen!« Der Großfürst erwiderte darauf: »Das hängt von ihr ab; aber ich werde nicht ins Bad gehen; ich kann die Hitze da nicht vertragen.« Es sind seitdem verschiedentlich Versuche gemacht worden, ihn zu bewegen, ins Dampfbad zu gehen; aber sie waren alle vergeblich, und er hat sich jedesmal hartnäckig dagegen gesträubt. Aber bei jedem solchen Versuch erinnerte er sich an diesen Fall wegen des Bades, als man ihm mit der Festung drohte. Er dachte dabei an keine andern Gründe, man hatte auch keine andern zu seiner Kenntnis gelangen lassen, und geahnt hatte er nichts. Aber auch falls das beabsichtigt war, so hatte man meiner Meinung nach die Sache so ungeschickt wie nur möglich angefangen.

Um den 17. März[234] begab sich die Kaiserin nach Gostilitzy, dem Landgute des Grafen Razumowskij, um dessen Namenstag zu feiern, während wir den Befehl empfingen, mit unserm Hof und den Hofdamen der Kaiserin, an deren Spitze die Prinzessin von Kurland stand, nach Tzarskoje Selo zu gehen. Dieser Befehl war sehr nach dem Geschmack des Großfürsten. Das Besondere bei dieser Reise war, daß wir schon nirgends mehr Schnee fanden, die Stadt vielmehr im Staub verließen und ebenso zurückkehrten.

In Tzarskoje Selo suchten wir uns so gut wie möglich zu unterhalten: am Tage promenierten wir oder gingen auf die Jagd. Auch die Schaukeln spielten eine wichtige Rolle: auf der Schaukel erregte Fräulein Balk, eine Hofdame der Kaiserin, das Interesse des Herrn Sergej Saltykow, des Kammerherrn des Großfürsten. Er machte ihr am nächsten Tag einen Heiratsantrag, den sie annahm, und heiratete sie bald danach.[235]

Abends wurde gespielt: dem Spiel folgte ein Souper. Eines Abends hatte ich böse Kopfschmerzen: ich mußte vom Tisch aufstehen und mich zu Bette legen. Der Großfürst hatte an diesem Abend noch mehr, als sonst seine Gewohnheit war, der Prinzessin von Kurland den Hof gemacht, was Frau Wladislaw durch irgendeine Ritze oder ein Schlüsselloch beobachtet hatte. Sie besaß nämlich die löbliche Gewohnheit, ihre Neugier meist auf solche Weise zu befriedigen. Als ich in mein Zimmer kam, um mich auszukleiden, konnte sie es nicht unterlassen, den Grund für meine Unpäßlichkeit in der Eifersucht gegen die Prinzessin zu suchen. Sie fing an, alles mögliche Schlechte von ihr zu reden, wobei auch Seine Kaiserliche Hoheit einige Hiebe abbekam wegen seines schlechten Geschmackes und seines Verhaltens mir gegenüber, für das sie allerhand bezeichnende Worte hatte. Frau Wladislaws Gerede, obwohl zu meinen Gunsten, machte mich weinen. Ich konnte den Gedanken nicht ertragen, daß ich jemandes Bedauern erregte, und sie hatte mich merken lassen, daß sie mit meiner Lage Mitleid empfand.

Ich legte mich zu Bett und schlief ein. Der Großfürst, stark betrunken, kam schließlich auch zu Bette. Denn in den ersten neun Jahren unserer Ehe schlief er nie irgendwo anders als in meinem Bette, später aber schlief er da nur selten. Das ist eine Besonderheit, die nach meiner Meinung nicht ganz unwichtig ist angesichts der Lage der Dinge, die ich bereits erwähnt habe.

Als er im Bett lag, machte er mich wach, obwohl er wußte, daß ich krank war, und fing an, mir von der Prinzessin von Kurland zu erzählen, von den Reizen ihrer Person und von den Vorzügen ihrer Unterhaltungsgabe.

Von Frau Wladislaws Gerede war meine Phantasie erregt, der Kopf war mir nicht recht klar wegen meiner Schmerzen, und ich war aufgebracht über die Rücksichtslosigkeit, die dieser allerdings betrunkene Mensch bewies, indem er mich weckte, nur um mir unangenehme Geschichten zu erzählen. So erwiderte ich ihm einige Worte, in denen ich meine üble Laune nicht ganz zurückhielt, und tat so, als schliefe ich wieder ein. Beides ärgerte ihn. Er gab mir ein paar derbe Stöße mit dem Ellenbogen in die Seite, drehte mir den Rücken zu und schlief dann ein.

Diese neue Behandlung war mir sehr schmerzlich; die ganze Nacht weinte ich darüber, hütete mich jedoch, irgend jemand ein Wort darüber zu sagen. Sei es nun, daß sich der Großfürst am nächsten Morgen nicht mehr daran erinnerte oder daß er sich schämte, er sprach jedenfalls kein Wort darüber und hat die Sache mir gegenüber später niemals mehr erwähnt.

(Stück IV)

In der letzten Fastenwoche nahmen wir unsere Andachtsübungen wieder auf, und es war jetzt nicht mehr die Rede davon, daß der Großfürst ins Bad gehen sollte.

In dieser Woche stieß ihm aber ein anderes Abenteuer zu, das ihn doch ein wenig beunruhigte. Er war nämlich in seinem Zimmer den Tag über immer irgendwie in Bewegung. An diesem Nachmittag hatte er sich darin geübt, mit einer gewaltigen Kutscherpeitsche zu knallen, die er sich hatte machen lassen. Nach rechts und links im Zimmer teilte er gewaltige Hiebe aus, und seine Kammerdiener mußten hurtig von einer Ecke in die andere laufen, um nicht eins übergezogen zu bekommen. Wie das nun kam, weiß ich nicht, kurz und gut, er gab sich selbst einen sehr scharfen Hieb über die Wange. Die Strieme lief über die ganze linke Gesichtshälfte und ging bis aufs Blut.

Er war darüber sehr besorgt, weil er fürchtete, er könne am Ende gar zu Ostern nicht ausgehen und die Kaiserin werde ihm wegen seiner blutunterlaufenen Wange wieder die Andachtsübungen untersagen. Wenn sie den Grund erführe, würden ihm seine Peitschenkünste vielleicht auch einen unangenehmen Verweis eintragen. In seiner Not hatte er nichts Eiligeres zu tun, als zu mir zu kommen, um meinen Rat einzuholen, was er in dergleichen Fällen nie zu tun verfehlte. Er trat also mit seiner blutigen Wange bei mir ein. Bei seinem Anblick schrie ich auf: »Mein Gott, was ist Ihnen denn zugestoßen?« Er erzählte mir die ganze Geschichte. Nachdem ich ein wenig darüber nachgedacht, sagte ich zu ihm: »Also schön, vielleicht kann ich Sie aus der Affäre ziehen. Zunächst aber gehen Sie in Ihr Zimmer und sorgen Sie dafür, daß Ihre Wange so wenig wie möglich gesehen wird. Ich werde zu Ihnen kommen, sowie ich habe, was ich brauche. Hoffentlich bemerkt es niemand.« Er entfernte sich also.

Mir war eingefallen, daß ich vor einigen Tagen im Garten von Peterhof gefallen war und mir die Backe blutig geschrammt hatte. Mein Chirurg Guyon hatte mir eine Salbe aus Bleiweiß gegeben. Mit dieser hatte ich meine Schramme bestrichen und war ruhig weitergegangen, ohne daß jemand meine verletzte Wange bemerkt hätte. Ich ließ mir sofort diese Salbe holen, und als man sie gebracht hatte, ging ich zum Großfürsten. Ich rieb ihm seine Backe so gut ein, daß er selbst im Spiegel nichts mehr sehen konnte.

Am Donnerstag nahmen wir mit der Kaiserin in der großen Schloßkirche das Abendmahl[236], und als wir nachher auf unsere Plätze zurückkehrten, fiel das Tageslicht auf die Wange des Großfürsten. Tschoglokow trat zu uns, um irgend etwas zu melden, und als er den Großfürsten ansah, sagte er: »Wischen Sie Ihre Backe ab, Sie haben Salbe darauf.« Da sagte ich wie im

Scherz zum Großfürsten: »Ich, als Ihre Frau, verbiete Ihnen, sich abzuwischen.« Der Großfürst antwortete nun Herrn Tschoglokow: »Sie sehen, wie solche Frauen uns behandeln. Man kann sich nicht einmal abwischen, wenn sie es nicht wollen.« Herr Tschoglokow lachte und meinte: »Das ist so eine richtige Weiberlaune!« Dabei blieb es, und der Großfürst wußte mir Dank sowohl für die Salbe, die ihm guten Dienst geleistet und Unannehmlichkeiten erspart hatte, als für meine Geistesgegenwart, welche sogar bei Herrn Tschoglokow nicht den geringsten Verdacht hatte aufkommen lassen.

(Stück III)

Nachdem wir uns noch ein paar Tage in Tzarskoje Selo aufgehalten hatten, kehrten wir in die Stadt zurück. Am Ostersonnabend[237] gegen Abend bekam der Großfürst ganz frische holsteinische Austern. In der ersten und letzten Woche der Großen Fasten durften wir nur Pilze genießen, und in den fünf andern aßen wir nur Fische. Daher war der Großfürst, der immer guten Appetit hatte, gerade jetzt sehr ausgehungert. Allerdings bekam er mit Hilfe seiner Kammerdiener ganz im geheimen doch während der ganzen Fasten Fleisch, doch die Portionen konnten immer nur sehr klein sein, denn es wurde ihm nie anders als in der Tasche gebracht, weil seine Leute dabei große Gefahr liefen. Er kam also vor Freude hüpfend in mein Zimmer gelaufen, wo er mich im Bett und schlafend fand, denn ich hatte die Nacht von Freitag auf Sonnabend nicht geschlafen und mußte wieder von Sonnabend zu Sonntag wachen. Ich mußte aufstehen und mit ihm Austern essen gehen. Sie waren vorzüglich; ich aß etwa zwanzig Stück, ging dann wieder zu Bett und schlief, bis es Zeit war, meine Toilette für den Osterfrühgottesdienst zu machen.
Während ich mich ankleidete, fühlte ich schon eine Kolik kommen, aber weil ich derartige Leiden immer verachtet habe, fuhr ich mit meiner Toilette fort und ging zur Kirche. Während des Gottesdienstes verschlimmerte sich das Übel, doch hörte ich etwa die Hälfte der Messe; nach dem Evangelium aber mußte ich die Kirche verlassen. Mir folgte die Prinzessin Gagarin; Frau Tschoglokow lag in den Wochen.[238] In meinem Zimmer angelangt, fand ich meine Damen nicht vor: sie waren an diesem Tage

alle mit Frau Wladislaw zum Abendmahl in die kleine Kapelle der Kaiserin gegangen. Die Prinzessin Gagarin mußte mich entkleiden. Mein Übel verschlimmerte sich; ich hatte wiederholtes und heftiges Leibschneiden. Sie schickte zu Boerhaave, der war aber nach seiner Kirche zur Kommunion gegangen. Schließlich gingen meine Leibschmerzen in Durchfall über, was mich erleichterte.

Die von Natur furchtsame Prinzessin Gagarin war ganz allein mit mir und fragte mich jeden Augenblick: »Wollen Sie, daß ich Ihren Beichtvater holen lasse?« Trotz der schrecklichen Schmerzen, die ich zu leiden hatte, konnte ich mir nicht helfen und mußte über ihre Angst lachen. Ein paarmal sagte sie auch: »Ich komme um vor Furcht, Sie könnten mir sterben, während ich mit Ihnen allein bin.« Schließlich kamen meine Leute, auch die Ärzte, und das setzte der Unruhe der Prinzessin ein Ende: sie zog sich zurück und überließ mich ihnen. Man gab mir Rhabarber ein, und das Übel verging. Doch mußte ich den ganzen Osterfeiertag das Bett hüten.

Als meine Damen wieder ein wenig zu sich gekommen waren, erzählten sie mir, sie seien Zeugen einer anderen Szene gewesen. Die Kaiserin hatte die große Kirche einige Minuten vor mir während der Messe verlassen. Sie tat das häufig, obwohl sie sehr fromm war; sie stand auch in der Regel während des Gottesdienstes nicht lange an einer Stelle, sondern ging in der Kirche von einer Stelle zur andern. Es gab keine Kapelle, in der sie nicht zwei oder drei Plätze für sich gehabt hätte.

An diesem Tage nun war sie aus der großen Kirche geradeswegs nach ihrer kleinen Kapelle gegangen. Dort hatte sie so üble Laune gezeigt, daß alles zitterte; die Andacht meiner Damen war dadurch sehr gestört worden.

Sie hatte ihre sämtlichen jungen und alten Damen gescholten, deren Zahl nicht gering war und an die vierzig heranreichen mochte. Auch die Sänger und alle, bis zum Popen, hatten ihr Teil bekommen. Über diese Übellaunigkeit war allerseits viel geflüstert worden, und es sickerte insgeheim durch, diese zornige Stimmung habe ihren Grund in der Verlegenheit, in der sich Ihre Majestät zwischen drei oder vier Favoriten befand, nämlich Graf Razumowskij, Herrn Schuwalow, einem Sänger, namens Katschenowskij, und Herrn Beketow, den sie eben zum Adjutanten des Grafen Razumowskij ernannt hatte. Man muß zugeben, jede andere wäre in nicht geringerer Verlegenheit wie Ihre Majestät gewesen. Gleich vier Menschen richtig zu behandeln und die Gemüter nicht aufeinander platzen zu lassen, das bringt nicht jeder fertig!

(Stück IV)

Ungefähr um diese Zeit oder kurz vorher kam Graf von Bernes[239], der Gesandte des Wiener Hofes, nach Rußland, Graf Lynar[240] als Gesandter Dänemarks, und General Arnim[241] als Gesandter von Sachsen. Der letztere brachte seine Frau mit, eine geborene Hoym.

Graf Bernes war Piemontese und mochte damals etwas über fünfzig Jahre alt sein; er war klug, liebenswürdig, heiter und gebildet, und sein ganzes Wesen war so, daß junge Leute seine Gesellschaft der ihrer Altersgenossen vorzogen, sich mit ihm besser gefielen, als mit jenen. Er war allgemein beliebt und geachtet, und tausendmal habe ich gesagt und immer wieder gesagt: wenn dieser Mann oder ein ähnlicher dem Großfürsten wäre beigegeben worden, so wäre das sehr zu seinem Wohle gewesen. Der Großfürst empfand auch ebenso wie ich für den Grafen von Bernes große Zuneigung und eine sehr ausgesprochene Hochschätzung. Er sagte selbst: wenn man solchen Mann in der Nähe hätte, würde man sich schämen, Dummheiten zu machen. Ein schönes Wort, das ich nie vergessen habe.

Graf Bernes hatte den Malteserritter Graf Hamilton als Gesandtschaftssekretär bei sich. Eines Tages bei der Cour erkundigte ich mich bei diesem nach dem Befinden des Gesandten Graf Bernes, der unpäßlich war. Ich ließ es mir einfallen, ihm zu sagen, ich hätte eine sehr hohe Meinung von Graf Batthyany, den die Kaiserin Maria Theresia damals zum Gouverneur ihrer beiden ältesten Söhne, der Erzherzöge Joseph und Karl, ernannt hatte, weil man ihn in dieser Stellung dem Grafen Bernes vorgezogen hätte. Im Jahre 1780, als ich meine erste Zusammenkunft mit dem Kaiser Joseph dem Zweiten in Mohilew hatte, erzählte mir Seine Kaiserliche Majestät, er wisse von dieser meiner Äußerung. Ich antwortete ihm, er habe das wahrscheinlich von Graf Hamilton, der nach seiner Rückkehr aus Rußland ihm beigegeben wurde. Er gab zu, daß ich richtig geraten hatte. Graf Bernes, den er nicht gekannt, habe den Ruf einer für dieses Amt geeigneteren Persönlichkeit hinterlassen, als es sein ehemaliger Erzieher war.

Graf Lynar, der Gesandte des Königs von Dänemark, war nach Rußland geschickt worden, um hier über den Austausch von Holstein, das dem Großfürsten gehörte, gegen die Grafschaft Oldenburg zu verhandeln. Es hieß von ihm, er sei ein Mann, der reiche Kenntnisse mit ebensoviel Fähigkeiten vereinte.

Äußerlich war er ein vollkommener Geck. Er war ein großer, schön gewachsener Mensch, rötlich blond, und hatte einen so weißen Teint, wie eine Frau. Es wurde behauptet, er sei um seine Haut so besorgt, daß er zur Nacht stets Gesicht und Hände einsalbe und Handschuhe sowie eine Nachtmaske trage. Er rühmte sich, achtzehn Kinder zu haben[242], und behauptete, er selbst habe immer deren Ammen instand gesetzt, das zu werden.

Dieser schon so weiße Graf Lynar trug den weißen Orden von Dänemark und hatte nur Kleider in sehr hellen Farben, so z. B. himmelblau, aprikosenfarben, kila, fleischfarben usw., obwohl man damals nur selten noch bei Herren so helle Farben sah.

Der Großkanzler Graf Bestushew und seine Frau behandelten den Grafen Lynar bei sich als Kind des Hauses, und er wurde sehr gefeiert. Aber das bewahrte ihn nicht davor, durch seine Abgeschmacktheit lächerlich zu wirken. Es gab noch einen Umstand, der gegen ihn sprach: man erinnerte sich noch allzuwohl, daß sein Bruder[243] mehr als gut von der Prinzessin Anna aufgenommen worden war, deren Regentschaft nur Mißbilligung gefunden hatte.

Als er also angekommen war, hatte er nichts Wichtigeres zu tun, als überall mit seinen Verhandlungen über den Austausch von Holstein gegen die Grafschaft Oldenburg zu prahlen.

Der Großkanzler Graf Bestushew ließ Herrn Pechlin zu sich kommen, den Minister des Großfürsten für sein Herzogtum, und teilte ihm mit, zu welchem Zweck Graf Lynar gekommen sei. Herr Pechlin erstattete dem Großfürsten seinen Bericht. Dieser liebte sein Land Holstein leidenschaftlich. Seit unserem Aufenthalt in Moskau hatte man es Seiner Kaiserlichen Hoheit als finanziell erschöpft hingestellt.

Er hatte damals die Kaiserin um Geld gebeten, die ihm auch eine kleine Summe gegeben hatte. Aber dieses Geld war niemals bis nach Holstein gekommen, sondern davon waren die brennend-

sten Schulden Seiner Kaiserlichen Hoheit in Rußland bezahlt
worden.

Herr Pechlin stellte die pekuniären Schwierigkeiten Holsteins als
ganz verzweifelt hin, was für ihn sehr leicht war. Denn der Großfürst verließ sich ganz auf seine Verwaltung und kümmerte sich
selbst nur wenig oder gar nicht darum, so daß Pechlin einmal
ungeduldig wurde und nachdrücklich zu ihm sagte: »Monsei-
gneur, es hängt vom Fürsten ab, ob er sich mit der Regierung
seines Landes befaßt oder nicht; wenn er es aber nicht tut, dann
regiert das Land sich selbst, aber es regiert sich schlecht!«

Dieser Pechlin war ein kleiner, sehr dicker Mensch, der eine
gewaltige Perücke trug. Es fehlte ihm weder an Kenntnissen noch
an Fähigkeiten. In dieser dicken und kurzen Gestalt wohnte ein
feiner, gewandter Geist. Man beschuldigte ihn nur, in seinen
Mitteln nicht sehr wählerisch zu sein. Der Großkanzler Graf
Bestushew hatte großes Vertrauen zu ihm, und Pechlin gehörte
zu seinen nächsten Vertrauten.

Herr Pechlin stellte nun dem Großfürsten vor, anhören hieße
noch nicht verhandeln, und verhandeln sei noch weit entfernt
von annehmen. Es liege immer in seiner Hand, die Besprechungen abzubrechen, wenn er es für angemessen halten werde.
So brachte er es allmählich so weit, daß er ihn, Pechlin, ermäch-
tigte, die Vorschläge des dänischen Ministers anzuhören, und
damit waren die Verhandlungen eröffnet.

Im Grunde waren sie dem Großfürsten unangenehm. Er sprach
mit mir darüber. Ich war in dem alten Groll des Hauses Holstein
gegen Dänemark erzogen, man hatte mir gepredigt, Graf Bestushew hege nur Pläne, die für den Großfürsten und mich schädlich
seien; also hörte ich von diesen Verhandlungen nur mit Ungeduld und Unruhe sprechen, und ich suchte den Großfürsten aus
besten Kräften dagegen einzunehmen. Außer ihm sprach übrigens
kein Mensch mit mir darüber, und ihm selbst riet man zu größter
Geheimhaltung, besonders, hatte man hinzugefügt, gegen die
Damen! Ich denke mir, diese Bemerkung bezog sich wohl nur auf
mich, kaum auf jemand anders! Aber da täuschte man sich: denn
Seine Kaiserliche Hoheit hatte nichts Eiligeres zu tun, als mir
davon zu erzählen.

Je weiter die Verhandlungen fortschritten, desto mehr bemühte
man sich, sie dem Großfürsten in einem günstigen und verlok-
kenden Lichte darzustellen. Oft sah ich ihn entzückt von seinen

Aussichten, dann wieder kamen ihm quälende Zweifel und Bedauern über das, was er verlieren sollte. Wenn man sah, daß er schwankte, wurde der Gang der Unterhandlungen verlangsamt und erst dann wieder aufgenommen, wenn sich ein neuer Köder gefunden hatte, der die Dinge in einem vorteilhaften Lichte erscheinen ließ.

Zu Beginn des Frühjahrs[244] ließ man uns in den Sommergarten übersiedeln, wo wir das kleine von Peter I. erbaute Haus bewohnten, dessen Gemächer in gleicher Höhe mit dem Garten liegen. Der steinerne Kai, ebenso die Fontankabrücke, waren damals noch nicht vorhanden.

In diesem Hause erlebte ich vielleicht den schwersten Kummer, der mich während der Regierung der Kaiserin Elisabeth betroffen hat. Eines Morgens teilte man mir mit, die Kaiserin habe mir meinen alten Kammerdiener Timofej Jewreinow genommen. Als Vorwand für diese Entlassung war ein Zank benutzt worden, den er in meinem Garderobenzimmer mit einem Menschen gehabt hatte, der uns den Kaffee servierte. Der Großfürst war zu diesem Streit hinzugekommen und hatte einen Teil der Scheltreden mit angehört, die sie sich gegenseitig gesagt hatten. Jewreinows Gegner hatte sich bei Herrn Tschoglokow beklagt und behauptet, jener habe ihm ohne Rücksicht auf die Gegenwart des Großfürsten die schlimmsten Schimpfwörter gesagt. Herr Tschoglokow erstattete sofort der Kaiserin Bericht, und diese befahl, beide vom Hof zu entfernen. Jewreinow wurde nach Kazan verschickt, wo man ihn später zum Polizeimeister machte.

Das Wahre an der Sache war, daß Jewreinow und der andere uns sehr ergeben waren, namentlich ersterer, und das Ganze war nur ein lang gesuchter Vorwand, um ihn von mir zu entfernen. Er hatte meine ganze Habe in seinen Händen. Die Kaiserin befahl, ein Mensch, den er zur Hilfe angenommen hatte, namens Schkurin, sollte an seine Stelle treten. Zu diesem hatte ich damals gar kein Vertrauen.

(Stück III)

An dem großen, hölzernen Sommerpalast wurde damals an der Seite der Kirche ein Flügel angebaut, den wir bewohnen sollten. Das bedeutete, die Kaiserin wollte uns nicht mehr so nahe an ihren Gemächern haben, wie bisher. Uns war es nicht leid um unsere alten Zimmer im Sommerpalais, denn die waren sehr unbequem. Es war da eine doppelte Flucht von Gemächern, die zwei Ausgänge besaß; den einen über die Treppe, die alle, die zu uns kamen, benutzen mußten, der ander mündete in die Staatsgemächer der Kaiserin. Infolgedessen kamen für den inneren Dienst alles, was wir brauchten, und alle unsere Leute durch den ersteren Eingang. Eines Tages trug es sich zu, daß irgendein fremder Gesandter bei uns zur Audienz eintrat, und das erste, was er sah, war ein Nachtstuhl, den man gerade hinaustrug, um ihn zu leeren.

(Stück IV)

Nach kurzem Aufenthalte in dem Hause Peters I. ließ man uns nach dem hölzernen Sommerpalais ziehen, wo für uns neue Appartements eingerichtet waren. Sie lagen auf einer Seite nach der Fontanka hinaus, die damals ein schlammiger Morast war, auf der andern nach einem jämmerlichen, engen Hof.

Am Pfingsttage[245] ließ die Kaiserin mir sagen, ich solle die Gemahlin des sächsischen Gesandten, Frau v. Arnim, auffordern, mit mir zusammen nach Katharinenhof zu reiten. Die Frau hatte geprahlt, sie reite gern, und behauptet, sie sitze sehr gut zu Pferde. Die Kaiserin wollte nun sehen, was daran sei. Ich ließ also Frau v. Arnim einladen, mich zu begleiten. Sie war eine große, sehr gut gewachsene Frau, fünfundzwanzig bis sechsundzwanzig Jahre alt[246], ein wenig mager und nichts weniger als hübsch; ihr Gesicht war zu lang und dazu blatternarbig. Aber weil sie sich anzuziehen verstand, sah sie von weitem doch recht gut aus und schien auch einen weißen Teint zu haben.

Frau v. Arnim kam gegen fünf Uhr nachmittags bei mir an, von Kopf bis Fuß als Herr gekleidet, in einem Kostüm aus rotem Tuch mit Goldborte und einer ebenso besetzten Jacke aus grünem Gros de Tour. Sie wußte nicht recht, was sie mit ihrem Hut und ihren Händen anfangen sollte, und kam uns ziemlich linkisch vor. Weil ich wußte, daß es die Kaiserin nicht liebte, wenn ich im Herrensitz ritt, hatte ich mir einen englischen Damensattel auflegen lassen und ein englisches Reitkleid angezogen. Es war aus sehr wertvollem, himmelblauem Stoff mit Silber und hatte Kristallknöpfe, die ganz täuschend Diamanten glichen. Meine schwarze Mütze war mit Diamanten eingefaßt.

Ich ging hinunter, um zu Pferde zu steigen, und in dem Augenblick trat die Kaiserin in unsere Gemächer, um uns abreiten zu sehen. Weil ich damals sehr gewandt und auch das Reiten gut gewohnt war, so trat ich nur an mein Pferd heran und sprang rasch hinauf. Meinen geschlitzten Rock ließ ich zu beiden Seiten des Pferdes herabfallen. Mir ist erzählt worden, die Kaiserin habe, als sie mich so gewandt und geschickt zu Pferde steigen sah, laut ihr Erstaunen geäußert und gesagt, man könne gar nicht besser zu Pferde sitzen. Sie fragte, was für einen Sattel ich habe, und als sie hörte, ich sitze auf einem Damensattel, meinte sie: »Man möchte schwören, daß es ein Herrensattel ist.«

Als die Reihe an Frau v. Arnim kam, glänzte sie nicht gerade durch Geschicklichkeit vor den Augen der Kaiserin. Die Dame hatte ihr Pferd von Hause kommen lassen, einen jämmerlichen schwarzen Klepper, so groß und schwer, daß unsere Höflinge behaupteten, es müsse ein Deichselpferd von ihrer Karosse sein. Sie brauchte eine Leiter, um aufzusteigen. Alles das geschah mit vielen Umständen, und als sie endlich mit Hilfe mehrerer Personen auf ihrem Gaul war, setzte sich der in einen sehr ungleichen Trab, welcher die Dame, die weder fest im Sattel noch in den Steigbügeln saß und sich mit der Hand am Sattel festhielt, gehörig durchschüttelte.

Als ich aufgesessen war, ritt ich los, und mir folgte, wer konnte. Ich holte den Großfürsten ein, der vorausgeritten war; Frau v. Arnim auf ihrem Klepper blieb zurück. Wie man mir erzählte, soll die Kaiserin sehr gelacht haben; sie war von Frau v. Arnims Reitkunst nicht gerade erbaut. In einiger Entfernung vom Palais, glaube ich, nahm Frau Tschoglokow, die zu Wagen folgte, die Dame auf, die erst ihren Hut verloren hatte und dann die Steigbügel. Jedenfalls brachte man sie uns schließlich nach Katharinenhof.

Aber das Abenteuer war damit noch nicht zu Ende. Es hatte an diesem Tage bis drei Uhr am Nachmittag geregnet, und der Platz vor der Treppe des Hauses in Katharinenhof war mit Pfützen bedeckt. Als ich vom Pferde gestiegen war und einige Zeit in dem Saale des Hauses verweilt hatte, in dem viele Menschen waren, wollte ich über den offenen Vorplatz in das Zimmer gehen, in dem sich meine Frauen aufhielten. Frau v. Arnim wollte mir folgen, weil ich aber schnell ging, konnte sie das nur, indem sie lief. Dabei trat sie in die Pfützen, glitt aus und fiel in ganzer Länge hin. Die zahlreichen Zuschauer auf dem Vorplatze brachen natürlich darüber in Lachen aus. Sie erhob sich etwas verwirrt und schob die Schuld des Falles auf die neuen Schuhe, die sie an dem Tage trug.

Wir kehrten von dem Ausfluge zu Wagen zurück, und unterwegs unterhielt sie uns von den vorzüglichen Eigenschaften ihres Gaules, während wir uns in die Lippen beißen mußten, um nicht laut aufzulachen. Kurz gesagt, mehrere Tage lang war sie das Gelächter des Hofes und der Stadtgesellschaft.

Meine Frauen behaupteten, sie wäre deshalb gefallen, weil sie mich nachahmen wollte, ohne aber so gewandt zu sein wie ich. Frau Tschoglokow, die sonst nicht leicht lachte, mußte noch lange Zeit nachher bis zu Tränen lachen, wenn man sie daran erinnerte.

(Stück III)

Vom Sommerpalais ließ man uns nach Peterhof gehen und brachte uns in einem der hölzernen Gebäude unter, die am Ende der Allee von Monplaisir sind.[247] Das war ein Erdgeschoß mit nur einer Reihe von Zimmern, mit Fenstern auf beiden Seiten. Diese Wohnung war recht angenehm.

Ich setzte mich an eines der Fenster meines Schlafzimmers, rechts oder links, je nachdem wo die Sonne nicht hereinschien; da las ich dann. Meine Lektüre war zu jener Zeit der ›Türkische Spion‹.[248] Schon seit einigen Jahren hatte ich mir angewöhnt, als Mittel gegen Langeweile immer ein Buch in der Tasche zu haben, und wenn der Augenblick günstig war, setzte ich mich, um zu lesen. Das hat mir viele langweilige Minuten erspart. Dieser ›Türkische Spion‹ hätte mich fast trübsinnig gemacht. Vielleicht trug auch die Lebensweise, die man uns führen ließ, mehr dazu bei, als das Buch. Wie dem auch sei, einige Monate lang fühlte ich mich regelmäßig während einer bestimmten Periode in der Stimmung, daß ich weinen mußte und alles schwarz sah. Außerdem war ich damals, oder ich bildete mir es wenigstens ein, sehr schwach auf der Brust; ich war auch noch immer recht mager. Ich verstand sehr bald, daß diese Sucht, ohne stichhaltigen Grund zu weinen, entweder Schwäche oder hypochondrische Anlage war. Ich schrieb diese der jämmerlichen Lebensweise zu, die man uns acht Monate des Jahres in der Stadt und während eines Teils des Sommers führen ließ, wenn wir im Sommerpalais oder auch in Peterhof waren. Unsere Lebensweise war ungefähr so wie folgt.

Ich stand zwischen acht und neun Uhr morgens auf, nahm ein Buch zur Hand und las, bis es Zeit war, mich anzukleiden; niemand außer meinen Frauen betrat mein Zimmer. Allenfalls ging ich einmal zum Großfürsten, oder auch er kam zu mir; ich fühlte mich aber nicht sehr wohl in seinen Gemächern, und wenn er zu mir kam, so war das nur ein Grund mehr zur Langweile, – mein Buch war mir lieber, und während ich frisiert wurde, las ich immer noch weiter. Um halb zwölf Uhr war ich angekleidet, dann trat ich in mein Vorzimmer, in dem sich gewöhnlich nur zwei oder drei von meinen Hofdamen und ebensoviele Kavaliere vom Dienst befanden. Hier war es nicht weniger langweilig, denn die Kaiserin trug damals besondere Sorge, unsern Hof nur mit den allerdümmsten Männern auszustatten, die sie irgendwo auftreiben konnte, und wenn sie sich zufällig in ihrer Wahl getäuscht hatte, so wurde jedenfalls der Einäugige, der unter diesen Blinden König zu sein schien, entfernt. Um zwölf dinierten wir mit dieser Gesellschaft und Herrn und Frau Tschoglokow. Die gaben sich größte Mühe, die Unterhaltung nicht heiter werden zu lassen: sie mußte so sinnlos bleiben wie möglich, denn wenn sie etwa einmal interessant wurde, so langweilten sie sich immer. Hierin besaßen sie die vollste Unterstützung des Großfürsten. Sie und er kamen sich bald mit irgendeiner Zankerei oder Grobheit in die Quere, die für den Rest der Mahlzeit dann die ganze Gesellschaft in Ungemütlichkeit versetzte.

Nach dem Diner kehrte ich in mein Zimmer zu meinem Buche zurück, bis gegen sechs Uhr. Das war dann die für Promenade und Erholung bestimmte Zeit, immer aber mußte man von der eben geschilderten faden Gesellschaft umringt sein. Die Prinzessin Gagarin war noch die beste von allen: sie besaß viel Geist, hatte aber für mich das Unangenehme, daß sie sich nicht enthalten konnte, sooft sich nur eine Gelegenheit bot, mich die Langeweile und Mißstimmung, die mich umgab, fühlen zu lassen. Sie wunderte sich, daß ich nicht mehr darunter litt, als es den Anschein hatte. Die Prinzessin Gagarin hatte sehr viel Vorliebe für die große Welt, für den Luxus und das Stadtleben; sie haßte das Land, das ich gerade jedem anderen Aufenthalte vorzog.

Gegen acht Uhr abends mußte man dann zum Souper zurück sein, das ebenso erfreulich verlief wie das Diner. Danach zog ich mich zurück und legte mich gegen zehn Uhr in mein Bett, um am nächsten Tage dasselbe Leben wieder von vorn anzufangen.

In Oranienbaum hatte ich mehr Freiheit, denn wenn ich auch ebensowenig wie in der Stadt und in Peterhof meine Gesellschaft wählen durfte, so konnte ich doch wenigstens spazieren oder herumlaufen, wann und wie lange ich wollte.

Unser Aufenthalt in Peterhof dauerte in diesem Jahre länger, als wir gewünscht hätten. Eines Tages, als ich wie gewöhnlich an meinem Fenster saß und las, sah ich Graf Kirill Razumowskij und Fürst Peter Repnin vorübergehen. Ich rief sie an mein Fenster und sprach mit ihnen. Frau Tschoglokow, deren Fenster auf dieselbe Allee hinausgingen, sah das und kam wie eine Furie in mein Zimmer, um mich zu schelten, weil ich gewagt hatte, aus dem Fenster mit jenen zu sprechen. Sie schalt auch jene, weil sie stehen geblieben waren. Sie kündigte dann an, sie würde der Kaiserin Bericht erstatten. Graf Razumowskij entgegnete ihr rundweg, er verstünde nicht, was dabei Böses sei, eine Allee des Gartens entlang zu gehen; unsere Unterhaltung wäre die denkbar unschuldigste gewesen, und dabei könnten nur Leute etwas zu tadeln finden, die es liebten, überall, wo sie sich befänden, eine Geheimkanzlei einzurichten.

Um Frau Tschoglokow wieder zu versöhnen, gingen sie dann zu ihr zum Spiel. Ich ging auch manchmal in ihre Gemächer, namentlich wenn ich dort eine weniger fade Gesellschaft zu finden hoffte, und wenn ich wußte, daß Herr Tschoglokow nicht da war. Frau Tschoglokow wurde immer gut aufgelegt, wenn ich zu ihr kam, und vorausgesetzt, daß sie spielen konnte, beobachtete sie mich nicht scharf.

Von Peterhof gingen wir nach Oranienbaum. Den ganzen Tag, von Morgen bis zu Abend, waren wir da auf der Jagd, ich ebenso wie die anderen. Ich erinnere mich, in dem Jahre mehrere Male dreizehn von den vierundzwanzig Stunden des Tages zu Pferde gewesen zu sein. Ich liebte diese Leibesübung leidenschaftlich und war unermüdlich. Die viele Bewegung, die ich mir machte, verringerte bedeutend die Hypochondrie, zu der ich alle Monate während einer gewissen Krise neigte.

Doch war der Sommer recht regnerisch. Ich entsinne mich, daß ich eines Tages ganz durchnäßt nach Hause kam. Beim Absteigen traf ich meinen Schneider, und der sagte: »Wenn ich sehe, wie Sie sich zugerichtet haben, wundere ich mich nicht mehr, daß ich Ihnen kaum genug Reitkleider machen kann und daß immer neue von mir verlangt werden!« Ich trug nämlich nur solche aus Seidenkamelott; Regen machte die rissig, und die Sonne verdarb die Farben, also brauchte ich beständig neue.

In dieser Zeit erfand ich für mich Sättel, auf denen ich sitzen konnte, wie ich wollte. Sie hatten den englischen Haken, und man konnte ein Bein überschlagen, um im Herrensitz zu reiten. Der Haken ließ sich aber abschrauben, und ein anderer Steigbügel konnte hinunter- und hinaufgezogen werden, ganz wie ich wollte und wie es mir angebracht schien. Wenn jemand die Stallmeister fragte, wie ich ritte, so sagten sie: »Auf einem Damensattel, nach dem Wunsche der Kaiserin«, und sie logen nicht. Ich schlug mein Bein nur über, wenn ich sicher war, nicht verraten zu werden. Und weil ich mich meiner Erfindung nicht rühmte und man mir gern zu Gefallen war, so hatte ich keinerlei Unannehmlichkeiten. Der Großfürst kümmerte sich wenig darum, wie ich ritt. Weil ich beständig jagte, fanden es die Stallmeister für mich ungefährlicher, als Mann zu reiten, als in englischen Sätteln. Die haßten sie, weil sie beständig Furcht vor einem Unfall hatten, an dem man ihnen vielleicht schuld geben würde.

Offen gestanden, machte ich mir überhaupt nichts aus der Jagd, aber ich ritt leidenschaftlich gern. Je wilder ich reiten konnte, desto lieber war es mir. Es ging so weit, daß, wenn ein Pferd durchging, ich hinterherjagte und es zurückbrachte.

Ich hatte zu dieser Zeit auch immer ein Buch in der Tasche, und fand sich ein freier Augenblick, so benützte ich ihn zum Lesen.

(Stück III)

In diesem Jahre, wenn ich mich recht erinnere, sah ich in Oranienbaum eine totale Sonnenfinsternis.[249] Mitten am Tage sah man die Sterne, so dunkel war es, und der Mond, der vor die Sonne trat, ließ rings um sich herum nur einen Ring von dem Gestirn sehen, dessen Scheibe er bedeckte.

Während dieses Sommers litt ich beständig an einem starken Schnupfen, so daß ich bis zu zwölf Schnupftüchern am Tage brauchte, obwohl ich sie nicht wechselte, bevor sie vollkommen naß waren. Wenn ich mich schnaubte, fühlte ich diese Feuchtigkeit, die in nicht endenwollender Menge aus meiner Brust und dem Innern meines Körpers kam.

(Stück IV)

Bei den Jagden bemerkte ich, daß Herr Tschoglokow sein Verhalten sehr besserte, namentlich mir gegenüber. Das ließ in mir die Befürchtung wach werden, er könnte es sich etwa einfallen lassen, mir den Hof zu machen, was mir in keiner Hinsicht paßte. Erstens gefiel mir seine Persönlichkeit ganz und gar nicht, er war ein blonder Laffe, sehr dick und ebenso schwerfällig am Geist wie am Leibe. Alle haßten ihn wie eine Kröte, und er hatte wirklich nichts Liebenswertes. Auch die Eifersucht seiner Frau, ihre Bosheit und Niedertracht durfte man nicht herausfordern, am allerwenigsten ich, die ich keine andere Stütze in der Welt hatte, als mich selbst und meine Vorzüge, wenn ich deren besaß.

Ich ging also sorgfältig und, wie mir schien, sehr geschickt allen Nachstellungen des Herrn Tschoglokow aus dem Wege, doch ohne daß er hätte über einen Mangel an Höflichkeit meinerseits klagen dürfen. Seine Frau bemerkte das recht wohl und war mir dankbar dafür. Sie schloß mich später sehr in ihr Herz, und zwar zum Teil aus diesem Grunde, wie ich in der Folge erzählen werde.

An unserem Hofe waren damals zwei Kammerherren Saltykow, die Söhne des Generaladjutanten Wasilij Feodorowitsch Saltykow. Seine Gattin Maria Alexejewna, eine geborene Prinzessin Golitzyn, die Mutter der beiden jungen Leute, erfreute sich bei der Kaiserin großen Ansehens wegen der ausgezeichneten Dienste, die sie ihr bei der Thronbesteigung geleistet hatte, und wegen ihrer seltenen Treue und Anhänglichkeit.

Ihr jüngerer Sohn, Sergej, war seit kurzer Zeit[250] mit einer Hofdame der Kaiserin, Matriona Pawlowna Balk, verheiratet. Sein älterer Bruder hieß Peter. Der war ein Dummkopf im vollsten Sinne des Wortes und hatte das stumpfsinnigste Gesicht, das ich je in meinem Leben gesehen habe: große starre Augen, eine Stumpfnase und einen ewig halboffenen Mund. Dabei war er ein Klatschmaul ersten Ranges und als solcher den Tschoglokows hochwillkommen, die ihn übrigens nicht ernst nahmen. Ich argwöhne, Frau Wladislaw blies aus alter Bekanntschaft mit der Mutter dieses Schwachkopfs den Tschoglokows den Gedanken ein, ihn mit der Prinzessin von Kurland zu verheiraten. Jedenfalls trat er plötzlich als Bewerber in die Schranken, machte ihr einen Heiratsantrag und erhielt auch ihr Jawort. Seine Eltern suchten nun die Zustimmung der Kaiserin nach.

Der Großfürst hörte davon erst, als die Sache schon völlig in Ordnung war. Als wir in die Stadt zurückkamen, war er sehr böse darüber und schmollte mit der Prinzessin von Kurland. Ich weiß nicht, welchen Grund sie ihm angab, sicher ist aber, daß sie es verstand, obwohl er ihre Heirat sehr mißbilligte, sich doch seine Zuneigung zu erhalten. Sie übte sogar noch sehr lange eine Art Einfluß auf ihn aus.

Ich meinesteils war über diese Heirat entzückt und ließ ein prachtvolles Hochzeitsgewand für den Bräutigam sticken. Solche mit der Zustimmung der Kaiserin zustandegekommene Heiraten bei Hofe wurden damals immer erst nach mehreren Jahren des Wartens vollzogen, weil Ihre Kaiserliche Majestät den Tag selbst festzusetzen pflegte, dieses aber oft für lange vergaß. Ließ man sie daran erinnern, so verschob sie es von einem Termin auf den andern. So war es auch in diesem Falle.

(Stück III)

Als es Herbst wurde, kehrten wir in die Stadt zurück[251] und blieben in diesem Jahre bis Ende Oktober in den neuen, an das Sommerpalais angebauten Appartements. Sie waren sehr unbequem und so ungünstig wie nur möglich verteilt.

Zu Anfang Oktober bekam ich ein Schnupfenfieber, von dem ein leichtes, schleichendes Fieber zurückblieb, das allabendlich auftrat. Boerhaave hielt mich gleich für schwindsüchtig; er hatte nichts Eiligeres zu tun, als eine Eselin beschaffen zu lassen, deren frischgemolkene Milch ich alle Morgen um sechs Uhr im Bett trinken mußte, um dann noch zwei bis drei Stunden weiterzuschlafen. Das tat mir sehr gut und befreite mich von Schnupfen und Fieber. Ich setzte die Kur noch lange in den Winter hinein fort und erholte mich wieder.

Während dieser Unpäßlichkeit fing der Großfürst an, einer kleinen griechischen Kammerjungfer[252] von mir, die wirklich bildschön war, den Hof zu machen.

Diese Geschichte spielte sich in Frau Wladislaws Zimmer ab neben dem meinen, wo der Großfürst den ganzen Tag und einen Teil der Nacht zubrachte. Frau Wladislaw beobachtete beide sehr scharf.

Das Verhältnis hatte aber keine Dauer und ging nicht über zärtliche Blicke hinaus; das Mädchen hat später den Generalmajor Melissino geheiratet. Dieser kleine Roman des Großfürsten störte aber nicht seinen andern mit der Prinzessin von Kurland.

(Stück IV)

Im Herbst kehrten wir also in die Stadt zurück, und ich hatte die Genugtuung, die Prinzessin von Kurland und Peter Saltykow Ihrer Kaiserlichen Majestät dafür Dank abstatten zu sehen, daß sie zu ihrer Verbindung ihre Zustimmung zu geben geruht hatte.

Übrigens war die Familie Saltykow eine der ältesten und vornehmsten des Reiches. Sie war sogar mit dem kaiserlichen Hause verwandt, nämlich durch die Mutter der Kaiserin Anna, die eine Saltykow war[253], allerdings aus einer anderen Linie, als die erwähnte.

Dagegen war Herr Biron, der durch die Gunst der Kaiserin Anna Herzog von Kurland geworden war, weiter nichts als der Sohn eines armen kleinen Pächters eines kurländischen Edelmannes. Dieser Pächter hieß Bieren, aber die Gunst, die der Sohn in Rußland genoß, war der Grund, daß diesen die Familie Biron in Frankreich aufnahm[254], auf Wunsch des Kardinals de Fleury, der den russischen Hof zu gewinnen strebte und deshalb die Pläne und Eitelkeiten Bierens, des Herzogs von Kurland, begünstigte.

Nach unserer Rückkehr in die Stadt wurde uns mitgeteilt, daß außer den für alle Wochen schon festgesetzten Tagen, an denen französische Komödie gespielt wurde, an zwei andern Tagen allwöchentlich Maskenball sein sollte. Der Großfürst belegte einen weiteren Tag für die Konzerte bei sich, und Sonntags war in der

Regel Cour. Wir gingen also auf die Weise einem recht heiteren und lebhaften Winter entgegen. Einer der Maskenbälle war immer nur für den Hof und diejenigen Personen, welche die Kaiserin hinzuzuziehen geruhte. Der andere war für alle Personen von Stande aus der Stadtgesellschaft, bis zum Oberstenrang, und alle Offiziere von der Garde. Manchmal wurde auch dem ganzen Adel und den angesehenen Personen aus der Kaufmannschaft Zutritt gewährt. Bei den Hofbällen waren nie mehr als 150 bis 200 Personen anwesend, bei den sogenannten öffentlichen bis zu 800 Masken.

Es war der Kaiserin im Jahre 1744 in Moskau genehm gewesen, bei den Hofmaskenbällen alle Männer in Frauenkleidern, alle Frauen in Männerkleidern ohne Gesichtsmasken erscheinen zu lassen. Das war wirklich ein umgekehrter Courtag! Die Männer steckten in großen Reifröcken und Frauenkleidern und trugen Frisuren wie die Damen an den Courtagen; die Frauen trugen Männerkleider, genau wie sonst die Herren bei solchen Gelegenheiten erscheinen.

Die Männer liebten diese Verkleidungstage nicht sehr; die meisten waren in der denkbar übelsten Laune, weil sie empfanden, wie häßlich sie in der Aufmachung wirkten. Die meisten Frauen sahen aus wie kleine unansehnliche Jungen, die älteren hatten dicke, kurze Beine, was sie auch nicht gerade schöner machte.

Wirklich vollkommen schön als Mann sah nur die Kaiserin selbst aus, weil sie sehr groß und ein wenig stark war. Männerkleidung stand ihr vortrefflich: sie hatte ein sehr schönes Bein, wie ich es nie bei einem Mann gesehen habe, und einen wunderbar fein geformten Fuß. Sie tanzte vollendet und besaß eine ganz eigene Anmut bei allem, was sie tat, ganz gleich ob sie als Mann oder als Frau gekleidet war. Man hätte sie nur immer ansehen mögen, und nur mit Bedauern wandte man die Augen von ihr ab, denn nichts konnte sie ersetzen.

Eines Tages sah ich sie auf einem dieser Bälle ein Menuett tanzen. Als es zu Ende war, trat sie zu mir. Ich nahm mir die Freiheit, ihr zu sagen, es sei ein großes Glück für die Frauen, daß sie kein Mann sei, schon ihr Porträt, so gemalt, könne mancher von ihnen den Kopf verdrehen. Sie nahm sehr gut auf, was ich so im Überquellen meiner Gefühle äußerte, und antwortete mir denkbar gnädigst in demselben Tone, wenn sie ein Mann wäre, dann würde sie nur mir den Apfel reichen!

Ich neigte mich, um ihr für das so unerwartete Kompliment die Hand zu küssen. Sie küßte mich, und die ganze Gesellschaft zerbrach sich den Kopf, was wohl zwischen mir und der Kaiserin vorgefallen sei. Ich machte Frau Tschoglokow gegenüber kein Geheimnis daraus; die flüsterte es dann zwei oder drei Personen zu, es ging von Mund zu Mund weiter, und nach einer Viertelstunde wußten es wohl so ziemlich alle.

(Stück III)

Frau Tschoglokow fand mich jetzt im Winterpalast sehr unterhaltend. Oft schickte sie nachmittags zu mir und ließ mich bitten, zu ihr zu kommen. Es kamen da allerhand Menschen zusammen, hin und wieder waren auch Leute von Welt da. Das amüsierte mich einigermaßen, aber nicht immer. Im allgemeinen war ich in diesem Winter sehr vergnügt, so daß ich oft meine ganze Umgebung tanzen und springen machte. Ich ahmte auch alle Arten Vögel und Tiere nach, ihre Stimmen sowohl wie Haltung und Gang. Das brachte oft Frau Tschoglokow zum Lachen und heiterte manchmal sogar ihren Gatten auf, doch war das nur selten.
Ich muß gestehen, daß ich ganz ausnehmend närrisch und affig geworden war; aber man gewöhnte sich an meine Eigentümlichkeiten und schalt mich schon ein wenig seltener. Oft erfüllte ich allein das Zimmer mit dem Lärm, den ich machte. Graf Hendrikow, Frau Tschoglokows Bruder, der ein Jahr lang fort gewesen war, behauptete eines Tages, als er mich so lärmen sah, ihm würde schwindlig beim Anblick meiner Bocksprünge. Das gefiel mir sehr, und ein paar Tage lang erzählte ich allen diesen Ausspruch.

(Stück IV)

Während des letzten Aufenthaltes des Hofes in Moskau war der Senator und Chef des Kadettenkorps, Fürst Jusupow, Höchstkommandierender der Stadt Petersburg gewesen, wo er also während der Abwesenheit des Hofes zurückblieb. Zu seiner eigenen Unterhaltung und auch für die wichtigsten Persönlichkeiten, die sich mit ihm dort befanden, ließ er durch die Kadetten abwech-

selnd die besten russischen Tragödien aufführen, die damals
Sumarokow schrieb, und die französischen von Voltaire. Die letzteren wurden von den jungen Leuten ebenso schlecht gesprochen
wie gespielt, und weil die weiblichen Rollen auch in den Händen
von Kadetten lagen, so wurden diese Stücke dadurch im allgemeinen arg mißhandelt.

Nach ihrer Rückkehr aus Moskau befahl die Kaiserin, die Stücke
von Sumarokow sollten von den jungen Leuten dieser Truppe bei
Hofe gespielt werden. Der Kaiserin machten die Vorstellungen
Vergnügen, und bald glaubte man zu bemerken, daß sie das Spiel
mit einem größeren Interesse sah, als man hätte erwarten sollen.
Das Theater, das im Saale des Palastes aufgebaut worden war,
wurde in ihre inneren Gemächer gebracht. Sie fand Vergnügen
daran, die Schauspieler auszuschmücken, ließ ihnen prachtvolle
Kostüme machen, und sie alle trugen die Juwelen Ihrer Kaiserlichen Majestät.

Man bemerkte besonders, daß der erste Liebhaber, ein recht
hübscher Junge von achtzehn oder neunzehn Jahren[255], immer,
wie sich das gehörte, am reichsten geschmückt war. Auch außerhalb des Theaters sah man ihn mit Diamantschnallen, Uhren,
Spitzen und sehr feiner Wäsche. Er trat schließlich aus dem
Kadettenkorps aus, und der Oberjägermeister Graf Razumowskij, der frühere Favorit der Kaiserin, machte ihn sofort zu seinem
Adjutanten, was ihm Hauptmannsrang verlieh. Die Höflinge
stellten dann Betrachtungen nach ihrer Weise an und legten sich
zurecht, Graf Razumowskij habe den Kadetten Beketow nur zu
seinem Adjutanten gemacht, um der Gunst, deren sich der
Kammerherr Herr Schuwalow erfreute, ein Gegengewicht zu
geben. Man wußte, daß dieser mit der Familie Razumowskij nicht
auf gutem oder freundschaftlichem Fuße stand. Also schloß man
schließlich, daß der junge Mann anfange, sich sehr hoher Gunst
der Kaiserin zu erfreuen.

Ferner wurde bekannt, daß Graf Razumowskij seinem neuen
Adjutanten einen jungen Mann beigegeben hatte, den er auch
ernannt hatte, nämlich Iwan Perfiljewitsch Jelagin, der mit einer
früheren Kammerfrau der Kaiserin verheiratet war. Diese hatte
Sorge getragen, den jungen Mann mit Wäsche und Spitzen zu
versorgen, wovon oben die Rede war, und weil sie nichts weniger
als reich war, kann man sich leicht vorstellen, daß das Geld für
diese Ausgaben nicht aus der Tasche dieser Frau kam.

Niemand ärgerte sich mehr über die wachsende Gunst, welcher sich der junge Mann erfreute, als meine Hofdame, die Prinzessin Gagarin. Sie war nicht mehr jung[256] und suchte eine Partie nach ihrem Geschmack. Sie besaß eigenes Vermögen, war nicht hübsch, aber klug und weltgewandt. Zum zweiten Male war jetzt ihre Wahl auf jemand gefallen, der die Gunst der Kaiserin genoß: der erste war Herr Schuwalow gewesen, der zweite eben dieser Beketow, um den es sich hier handelte.

Mit der Prinzessin Gagarin war eine große Zahl junger schöner Frauen befreundet. Auch hatte sie eine zahlreiche Verwandtschaft. Diese beschuldigte Herrn Schuwalow, er sei die geheime Ursache, daß die Kaiserin die Prinzessin Gagarin beständig wegen ihrer Kleidung tadeln ließe und ihr und vielen andern jungen Damen bald diesen, bald jenen Lappen zu tragen untersagte. Aus Wut über das alles ließ die Prinzessin Gagarin und gerade die jüngsten und schönsten Frauen der Hofgesellschaft kein gutes Haar an Herrn Schuwalow; sie alle verabscheuten ihn jetzt, obwohl sie ihn früher gern gehabt hatten. Er glaubte sie milder stimmen zu können, indem er ihnen den Hof machte und ihnen von seinen Vertrauten Süßholz raspeln ließ, aber sie betrachteten das als eine neue Beleidigung. Überall wurde er zurückgestoßen und schlecht empfangen. Wie die Pest flohen ihn alle diese Frauen.

Damals schenkte mir der Großfürst einen kleinen englischen Pudel, den ich gern haben wollte. In meinem Zimmer arbeitete ein Ofenheizer namens Iwan Uschakow; diesem wurde die Pflege des Pudels übertragen. Die andern Domestiken hatten sich ausgedacht, weshalb weiß ich nicht, meinen Pudel nach diesem Menchen Iwan Iwanowitsch zu nennen. Der Pudel war ein höchst spaßhaftes Tier; er lief meist wie ein Mensch auf den Hinterpfoten und war riesig komisch. Jeden Tag machte ich ihm mit meinen Frauen einen neuen Kopfputz und zog ihn anders an; je mehr man ihn ausputzte, desto ausgelassener wurde er. Er saß mit uns am Tisch, wir banden ihm eine Serviette um, und so fraß er höchst manierlich aus seinem Teller; dann wandte er den Kopf und verlangte kläffend von jemand, der hinter ihm stand, zu saufen. Manchmal sprang er auch auf den Tisch, um sich zu nehmen, was er gern mochte, etwa einen kleinen Kuchen oder ein Biskuit oder dergleichen mehr, und dann lachte natürlich die ganze Gesellschaft los. Weil er nur klein war, war er niemand zur

Last, und man ließ ihn gewähren, denn er mißbrauchte die Freiheit nicht, deren er sich erfreute, und war musterhaft reinlich.

Der Pudel amüsierte uns während des ganzen Winters, im Sommer nahmen wir ihn mit nach Oranienbaum. Der Kammerherr Saltykow der Jüngere kam mit seiner Frau zu uns, und diese sowie alle Damen unseres Hofstaates schneiderten nun den ganzen Tag für meinen Pudel Mützen und Kleider. Sie rissen sich geradezu um ihn. Frau Saltykow gewann ihn schließlich so lieb, daß er sich ganz besonders mit ihr anfreundete, und als sie fortging, wollte sich weder der Pudel von ihr, noch sie von ihm trennen. Sie bat mich so inständig, ihn ihr mitzugeben, daß ich ihr den Hund schenkte.

Sie nahm ihn also unter den Arm und begab sich mit ihm zusammen geradewegs auf das Landgut ihrer Schwiegermutter, die damals krank war. Als diese sie mit dem Hunde ankommen und tausenderlei Narrheiten mit ihm treiben sah, wollte sie dessen Namen wissen. Als sie hörte, er hieße Iwan Iwanowitsch, konnte sie sich nicht enthalten, in Gegenwart mehrerer Personen aus der Hofgesellschaft, die von Peterhof zu Besuch gekommen waren, ihr Erstaunen zu äußern. Jene kehrten dann an den Hof zurück, und in drei oder vier Tagen sprach Stadt und Hof von nichts anderem, als daß alle jungen Frauen, die Feindinnen des Herrn Schuwalow, einen weißen Pudel besäßen, den sie Iwan Iwanowitsch genannt hätten, dem Favoriten der Kaiserin zum Spott, daß sie die Pudel lauter Narrheiten machen ließen und in helle Farben kleideten, wie jener sie zu tragen liebte.

Die Sache ging so weit, daß die Kaiserin den Eltern der jungen Damen sagen ließ, sie finde es unverschämt, sich derartiges herauszunehmen! Der Pudel bekam natürlich sofort einen andern Namen, aber er wurde gehätschelt wie bisher und blieb im Hause Saltykow bis zu seinem Tode der Liebling seiner Herren, trotz des kaiserlichen Verweises seinetwegen.

In Wahrheit aber war das eine große Verleumdung. Es gab nur diesen einen Hund – außerdem war er schwarz –, der so hieß, und man hatte nicht an Herrn Schuwalow gedacht, als man ihm seinen Namen gab. Frau Tschoglokow, welche die Schuwalows nicht liebte, hatte sogar getan, als kümmere sie der Name des Hundes nicht; sie hörte ihn aber fortwährend nennen und hatte dem Tier selbst oft kleine Kuchen gegeben und seine Späße und Kunststücke belacht.

Während der letzten Monate dieses Winter erschienen bei den häufigen Maskeraden und Hofbällen auch meine früheren Kammerherren Alexander Villebois und Graf Zachar Tschernyschow wieder, die als Obersten in die Armee versetzt worden waren. Weil sie mir aufrichtig ergeben waren, freute ich mich sehr, sie wiederzusehen, und empfing sie auch dementsprechend. Ihrerseits verfehlten sie keine Gelegenheit, mir Beweise ihrer freundschaftlichen Gesinnung zu geben.

Ich tanzte damals sehr gern. Bei den öffentlichen Bällen wechselte ich in der Regel dreimal das Kleid. Meine Toilette war immer sehr gewählt, und wenn mein Maskenkostüm allgemeinen Beifall fand, dann zog ich es sicherlich nie wieder an. Denn ich hielt mich an die Regel: wenn ein Kostüm einmal gewirkt hat, so kann der Eindruck beim zweitenmal nur schwächer sein!

Bei den Hofbällen aber, bei denen das große Publikum nicht anwesend war, kleidete ich mich so einfach wie möglich; damit handelte ich ganz im Sinne der Kaiserin, die es nicht schätzte, wenn man sehr geputzt erschien. Wenn aber die Damen Befehl hatten, in Männerkleidung zu erscheinen, dann kam ich in prachtvollen, auf allen Nähten mit Gold bestickten Kostümen von auserlesenem Geschmack, und das wurde damals nicht kritisiert. Im Gegenteil, es gefiel der Kaiserin, ich weiß allerdings nicht recht weshalb.

Man muß zugeben, daß die Kunst der Koketterie damals bei Hofe in großer Blüte stand, jeder bemühte sich, den andern in erlesener Kleidung zu übertreffen. So entsinne ich mich besonders einer öffentlichen Maskerade. Ich hatte gehört, daß sich alle hatten neue wunderschöne Kleider machen lassen, und zweifelte schon daran, die andern Damen noch übertreffen zu können. Dann war ich auf den Gedanken gekommen, ein Mieder aus weißem Gros de Tour anzulegen (ich hatte damals eine sehr schlanke Taille) und einen gleichen Rock auf einem ganz kleinen Panier. Meine Haare ließ ich vorn so gut wie möglich frisieren und hinten Locken machen; sie waren lang, sehr voll und wirklich schön. Ich ließ sie mit einem weißen Band wie einen Fuchsschwanz binden und steckte eine sehr natürlich nachgemachte einzelne Rose mit Knospe und Blättern hinein, eine andere an das Mieder. Um den Hals band ich eine Rüsche aus ganz weißer Gaze, wählte ebensolche Manschetten, tat eine kleine Schürze aus gleicher Gaze um und ging auf den Ball.

Als ich eintrat, sah ich sofort, daß aller Augen an mir hingen. Ohne mich aufzuhalten, durchschritt ich die Galerie und betrat die Gemächer hinter ihr. Hier begegnete ich der Kaiserin, die zu mir sagte: »Lieber Gott, wie einfach! Was, nicht einmal ein Schönheitspflästerchen!« Ich lachte und antwortete, das sei nur, um leichter gekleidet zu sein. Da zog sie aus ihrer Tasche ein Büchschen mit Schönheitspflästerchen, wählte eines von mittlerer Größe und tat es mir auf das Gesicht.

Als ich sie verlassen, ging ich rasch in die Galerie, wo ich meinen Intimsten das Schönheitspflästerchen zeigte, desgleichen zeigte ich es den Favoriten der Kaiserin. Weil ich sehr vergnügt war, tanzte ich an diesem Abend mehr als gewöhnlich. Ich entsinne mich nicht, je in meinem Leben so viel Schmeicheleien von aller Welt gehört zu haben, wie eben an diesem Tage. Man behauptete, ich sei schön wie der Tag und strahle einen eigenartigen Glanz aus. Offen gestanden habe ich mich nie für sehr schön gehalten, aber ich gefiel, und ich glaube, darin lag meine Stärke. Ich kehrte nach Hause zurück, sehr zufrieden mit meiner einfachen Erfindung, während alle anderen Kleider sehr gewählt waren.

Mit solchen Zerstreuungen endete das Jahr 1750.

Frau v. Arnim tanzte besser, als sie ritt. Ich kann mich an einen Tag erinnern, als es darum ging, festzustellen, wer von uns beiden früher müde sein würde. Es stellte sich heraus, daß sie es war, und auf einem Sessel sitzend gab sie zu, sie könne nicht mehr weiter, während ich immer noch tanzte.

Zu Beginn des Jahres 1751 sprach einmal der Großfürst, der ebenso große Zuneigung zu Graf Bernes, dem Gesandten des Wiener Hofes gefaßt hatte wie ich, mit diesem über seine holsteinischen Angelegenheiten, über die Schulden, die damals auf dem Lande lasteten, und über die von Dänemark eingeleiteten Unterhandlungen, die anzuhören er gestattet hatte. Er forderte mich eines Tages auf, auch mit Graf Bernes darüber zu sprechen. Ich antwortete ihm, wenn er es befehle, so würde ich nicht verfehlen, das zu tun.

Ich näherte mich auch beim nächsten Maskenball Graf Bernes, der an der Balustrade stand, auf deren anderer Seite getanzt wurde, und erzählte ihm, der Großfürst habe mir aufgetragen, mit ihm über die holsteinischen Angelegenheiten zu sprechen. Graf Bernes hörte mich mit großem Interesse und mit Aufmerksamkeit an. Ich sagte ihm ganz offen, ich sei zwar noch jung und habe keine Ratgeber, verstünde mich vielleicht auch nur schlecht auf Staatsgeschäfte, könne auch keinerlei Erfahrungen zu meinen Gunsten anführen, doch habe ich trotzdem meine eigene Meinung. Vielleicht verriete ich dabei nur meinen Mangel an Kenntnissen, mir scheine aber doch, die holsteinischen Angelegenheiten seien gar nicht so sehr verzweifelt, wie man sie immer hinstellen wolle.

Was dann den Austausch an sich anbetreffe, so verstünde ich sehr wohl, daß er mehr für Rußland als für die Person des Großfürsten von Nutzen sei. Als Thronerben müsse ihm das Interesse des Reichs teuer und wert sein. Wenn es dieses Interesse unbedingt erfordere, daß der Großfürst auf Holstein verzichte, um den endlosen Zwiespältigkeiten mit Dänemark ein Ende zu bereiten, dann könne es sich nur noch darum handeln, vielleicht jetzt Holstein zu behalten, um den günstigsten Augenblick für die Zustimmung des Großfürsten zu wählen.

Ich persönlich stünde unter dem Eindruck, daß dieser gegenwärtig noch nicht gekommen sei, weder für die Interessen noch für die persönliche Würde des Großfürsten. Es könnten aber wohl Zeiten oder Umstände kommen, welche diesen Akt wichtiger und auch ehrenvoller für ihn machen würden; vielleicht auch noch vorteilhafter für das Russiche Reich selbst. Aber gegenwärtig sehe das Ganze zu deutlich nach einer Intrige aus, die bei ihrem Gelingen auf den Großfürsten allzusehr den Schein der Schwäche werfen würde, von dem er sich vielleicht nie wieder im Leben vor der öffentlichen Meinung werde befreien können.

Er habe die Angelegenheiten seines Landes doch sozusagen erst seit ein paar Tagen in der Hand, er liebe dieses Land leidenschaftlich, und trotzdem sei es gelungen, ihn, ohne daß er recht wisse weshalb, zum Umtausch gegen Oldenburg zu bewegen, das er gar nicht kenne und das von Rußland weiter entfernt sei. Außerdem könne der Hafen Kiel in den Händen des Großfürsten für die russische Schiffahrt sehr wichtig werden.

Graf Bernes ging auf alle meine Gründe ein und sagte schließlich: »Als Gesandter habe ich darüber keine Instruktionen, aber als Graf Bernes glaube ich, daß Sie recht haben.« Der Großfürst erzählte mir später, der kaiserliche Gesandte habe ihm gesagt: »Ich kann Ihnen hierüber nicht mehr sagen, als daß ich glaube, Ihre Frau hat recht, und Sie werden gut tun, auf sie zu hören!«

Infolgedessen verhielt sich der Großfürst diesen Verhandlungen gegenüber auch sehr viel kühler; man bemerkte das offenbar, und dies war wohl der Grund, daß man seltener davon sprach.

Nach Ostern bezogen wir wie gewöhnlich für einige Zeit das Sommerpalais[257] und gingen von dort nach Peterhof. Der Aufenthalt hier wurde mit jedem Jahr kürzer.

Dieses Jahr brachte ein Begebnis, das den Höflingen Stoff zu viel Redereien gab. Es hatte seine Ursache in den Intrigen der Herren Schuwalow. Der Oberst Beketow, von dem oben schon die Rede war, kam auf den Gedanken, die kleinen Sänger der Kaiserin bei sich singen zu lassen, wohl aus Langeweile, weil er nicht wußte, was er tun sollte, während er in Gunst stand, obwohl die schon einen Punkt erreicht hatte, daß man von Tag zu Tag darauf wartete, wer von den beiden dem andern Platz machen würde – das heißt Beketow dem Iwan Schuwalow oder dieser dem erstern. Er gewann mehrere von ihnen wegen ihrer schönen Stimmen besonders lieb, und weil er selbst und sein Freund Jelagin Verse schrieben, so machte er Chansons für sie, welche die Kinder dann sangen.

Das wurde nun schändlich ausgelegt, denn man wußte, daß die Kaiserin nichts mehr verabscheute als Laster dieser Art. In der Unschuld seines Herzens spazierte Beketow mit den Kindern im Garten, und das wurde ihm als ein Verbrechen angerechnet. Die Kaiserin ging für ein paar Tage nach Tzarskoje Selo und kam dann nach Peterhof zurück, während Herr Beketow Befehl erhielt, unter dem Vorwande einer Krankheit dort zu bleiben. Tatsächlich blieb er mit Jelagin da; er erkrankte an einem hitzigen Fieber, an dem er beinahe gestorben wäre, und in seinen Phantasien redete er nur von der Kaiserin, die ihn ganz beschäftigte.

Er wurde wieder gesund, blieb aber in Ungnade und zog sich zurück. Später wurde er in die Armee versetzt, wo er aber keinen Erfolg hatte. Er war für das Waffenhandwerk zu sehr verweichlicht.

Zu dieser Zeit gingen wir nach Oranienbaum[258], wo wir alle Tage auf der Jagd waren. Zum Herbst kehrten wir in die Stadt zurück.

Im September teilte die Kaiserin Herrn Leo von Naryschkin unserem Hofe als Kammerjunker zu. Er war soeben erst mit seiner Mutter, seinem Bruder, dessen Frau[259], und seinen drei Schwestern nach Moskau zurückgekehrt. Das war einer der eigenartig-

242

sten Menschen, die ich je kennen gelernt habe, und niemals habe ich über jemand so lachen müssen wie über ihn. Er war der geborene Harlekin, und wäre er von Geburt nicht der gewesen, der er nun einmal war, so hätte er wohl mit seinen wirklich komischen Talenten seinen Lebensunterhalt gewinnen und viel verdienen können.

Es fehlte ihm durchaus nicht an Geist, er hatte von allem reden hören und in seinem Kopfe nahm alles eine besondere Gestalt an. Er war imstande, lange Reden über jede Kunst oder Wissenschaft zu halten: er wandte die Fachausdrücke des betreffenden Gegenstandes an und sprach ununterbrochen eine Viertelstunde und länger; am Schlusse verstand weder er noch irgend sonst jemand etwas von dem Wortschwall, der seinem Munde entfloß, und alle brachen schließlich in Gelächter aus.

Er pflegte zum Beispiel von der Geschichte zu sagen, er liebe die Geschichte nicht, in der es Geschichten gäbe, und wenn die Geschichte gut sein sollte, dann müsse sie frei von Geschichten sein, Geschichte werde sonst zu schwülstigem Gerede. Auch in politischen Fragen war er unvergleichlich; wenn er darüber sprach, so konnte auch ein ernsthafter Mensch nicht widerstehen. Er pflegte auch zu behaupten, gutgeschriebene Komödien seien meist langweilig.

Kaum war er bei Hofe angestellt, als die Kaiserin seiner ältesten Schwester[260] den Befehl zukommen ließ, sich mit einem Herrn Seniawin zu verheiraten, der zu diesem Zwecke als Kammerjunker unserem Hofe zugeteilt wurde. Das war ein Donnerschlag für das Fräulein, welches den Mann nur mit dem größten Widerstreben heiratete. Die Heirat wurde in der Öffentlichkeit sehr schlecht aufgenommen, man schob die ganze Schuld auf Herrn Schuwalow, den Günstling der Kaiserin. Dieser hatte, bevor er Günstling wurde, eine große Neigung für das Fräulein gehabt, das man so schlecht verheiratete, damit er es aus den Augen verlieren sollte. Es war das eine wirklich tyrannische Verfolgung. Sie heiratete also schließlich, wurde schwindsüchtig und starb[261] daran.

Ende September[262] zogen wir wieder in den Winterpalast. Bei Hofe herrschte damals ein solcher Mangel an Möbeln, daß dieselben Spiegel, Betten, Stühle, Tische und Kommoden, die wir im Winterpalast benutzten, auch nach dem Sommerpalais und weiter nach Peterhof mitgenommen wurden und uns sogar nach

Moskau folgten. Auf dem Transporte wurde vieles zerschlagen und zerbrochen, und in dem mangelhaften Zustande gab man uns dann die Sachen, so daß wir Mühe hatten, sie zu benutzen. Weil es aber eines besonderen Befehles der Kaiserin bedurfte, um neue zu bekommen, und es meist schwierig, oft sogar unmöglich war, Zutritt zu ihr zu erhalten, so beschloß ich, mir allmählich Kommoden, Tische und die nötigen Möbel von meinem Gelde zu kaufen, sowohl für den Winterpalast, wie für das Sommerpalais. Wenn ich von dem einen nach dem andern zog, so fand ich also alles, was ich brauchte, vor, ohne die Schwierigkeiten und Schäden des Transportes.

Das gefiel dem Großfürsten sehr, und er machte es mit seinen Gemächern ebenso. In Oranienbaum, das dem Großfürsten gehörte, hatten wir alles, was wir brauchten, für unsere eigene Rechnung. Meine Gemächer in diesem Schlosse richtete ich ganz für mein eigenes Geld ein, um jedem Streit und jeder Schwierigkeit aus dem Wege zu gehen, denn Seine Kaiserliche Hoheit, obwohl verschwenderisch in der Befriedigung seiner Launen, war das ganz und gar nicht, was mich anbetraf. Er war überhaupt nichts weniger als freigebig. Aber weil alles, was ich für meine Gemächer aus meiner Tasche tat, zur Verschönerung seines Schlosses beitrug, so war er sehr zufrieden.

Während dieses Sommers schloß mich Frau Tschoglokow ganz besonders in ihr Herz, und zwar so aufrichtig, daß sie nach der Rückkehr in die Stadt kaum noch ohne mich auskam und sich langweilte, wenn ich nicht bei ihr war. Der Grund dieser Zuneigung war, daß ich die Aufmerksamkeiten ganz unerwidert ließ, die ihr Herr Gemahl mir zu erweisen geruhte. Das hatte mich in den Augen der Frau sehr gehoben. Nach der Rückkehr in den Winterpalast ließ mich Frau Tschoglokow fast jeden Nachmittag bitten, zu ihr zu kommen. Bei ihr war wenig Gesellschaft, aber immerhin doch mehr als bei mir, denn ich war immer allein mit meinem Buch. Höchstens kam der Großfürst, um mit Riesenschritten im Zimmer umherzulaufen und mir von Dingen zu erzählen, die ihn interessierten, mir aber völlig gleichgültig waren. Solche Promenaden dauerten ein oder zwei Stunden und wiederholten sich mehrere Male am Tage. Ich mußte mit ihm laufen, bis mir die Kräfte ausgingen, und ihm noch aufmerksam zuhören und Antwort geben. Seine Reden hatten meistenteils weder Hand noch Fuß, und oft war alles nur leere Einbildung.

Ich erinnere mich, daß er sich einen ganzen Winter fast ausschließlich mit dem Plane beschäftigte, sich in Oranienbaum ein Lustschlößchen als Kapuzinerkloster zu bauen. Dort sollten dann wir und der ganze Hof Kapuzinergewänder tragen, und er dachte sich diese Verkleidung hübsch und bequem. Jeder würde ein Eselvieh haben, mit dem wir abwechselnd Wasser und Nahrungsmittel nach dem sogenannten Kloster schaffen sollten. Er lachte sich schon halbtot, wenn er an den großartigen und spaßhaften Eindruck dachte, den seine Erfindung machen müßte. Ich mußte ihm mit dem Bleistift einen Plan zu dieser wundervollen Idee entwerfen, und täglich war etwas hinzuzufügen oder fortzulassen.

Wie sehr ich auch entschlossen war, ihm gegenüber gefällig und geduldig zu sein, muß ich doch offen gestehen, daß mich bei diesen Besuchen, Promenaden und Unterhaltungen der Stumpfsinn oft überwältigte, denn sie waren von einer unsäglichen Albernheit, und nie wieder habe ich etwas Ähnliches erlebt. Wenn er sich entfernt hatte, erschien mir das langweiligste Buch wie eine köstliche Unterhaltung.

Gegen Ende des Herbstes begannen bei Hofe wieder die Bälle für die Hofgesellschaft und auch für das größere Publikum, und gleichfalls die lebhafte Beschäftigung mit Toiletten und Maskenkostümen.

Graf Zachar Tschernyschow kehrte damals nach Petersburg zurück. Aus alter Bekanntschaft war ich immer sehr freundlich zu ihm, und es hing jetzt nur von mir ab, seine Aufmerksamkeiten so auszulegen, wie es mir genehm sein würde. Er führte sich mit der Behauptung ein, ich sei sehr viel hübscher geworden. Das war das erstemal in meinem Leben, daß mir jemand dergleichen sagte. Ich fand das gar nicht so übel; ich tat sogar noch mehr und war so gutmütig, zu glauben, er spräche die Wahrheit. Auf jedem Balle gab es neue Gespräche derselben Art.

Eines Tages brachte mir die Prinzessin Gagarin eine Devise von ihm. Als ich sie öffnete, sah ich, daß sie jemand erbrochen und wieder geschlossen hatte. Das Zettelchen darin war wie immer gedruckt, aber es enthielt zwei zärtliche und höchst gefühlvolle Verse. Am Nachmittag ließ ich mir Devisen bringen und suchte nach einem Spruch, der als Antwort auf jenen gelten konnte, ohne mich zu kompromittieren. Ich fand bald einen, steckte ihn in eine Devise, die eine Orange vorstellte, und gab die der Prinzessin Gagarin, welche sie Graf Tschernyschow überreichte. Am folgenden Tage brachte sie mir wieder eine von ihm, aber diesmal fand ich darin ein Zettelchen mit einigen Zeilen von seiner Hand. Sofort antwortete ich, und auf diese Weise standen wir plötzlich in einer höchst sentimentalen Korrespondenz.

Bei der nächsten Maskerade flüsterte er mir beim Tanzen zu, er habe mir tausend Dinge zu sagen, die er weder dem Papier anvertrauen, noch in eine Devise tun könne, denn die könne die Prinzessin Gagarin in der Tasche zerbrechen oder unterwegs verlieren. Er bäte mich deshalb, ihm in meinem Zimmer einen Augenblick Gehör zu gewähren, oder wo ich es sonst für angängig halten würde. Ich antwortete ihm, das sei vollständig ausgeschlossen, meine Gemächer seien unzugänglich und ich könne sie auch nicht verlassen. Darauf schlug er vor, er wolle sich als Bedienter verkleiden, aber das lehnte ich rundweg ab, und es blieb bei unserer in Devisen versteckten Korrespondenz. Schließlich aber merkte die Prinzessin Gagarin, worum es sich handelte, und wollte keine Devisen mehr annehmen.

Unterdessen ging das Jahr 1751 zu Ende, und das neue Jahr 1752 brach an.

Gegen Ende des Karnevals reiste Graf Tschernyschow zu seinem Regiment ab.

Einige Tage vor seiner Abreise hatte ich einen Aderlaß nötig. Das war an einem Sonnabend; am folgenden Mittwoch lud uns Tschoglokow zu sich auf seine Insel in der Newamündung ein. Er besaß da ein Haus, das aus einem großen Saal in der Mitte und einigen Zimmern daneben bestand. In der Nähe des Hauses hatte er Rutschbahnen bauen lassen. Als ich dort eintraf, fand ich Graf Roman Worontzow vor. Wie der mich sah, sagte er: »Ich habe für alles vorgesorgt und einen kleinen prächtigen Schlitten für die Rutschbahn bestellt.« Weil er mich schon früher gefahren hatte, so nahm ich sein Anerbieten gern an. Er ließ sofort seinen Schlitten bringen. In ihm war ein kleiner Lehnsitz, in dem ich Platz nahm; er selbst stellte sich hinten auf, und wir sausten hinunter. Aber in halber Höhe des Abhanges verlor Graf Worontzow die Herrschaft über seinen Schlitten, der schlug um, ich fiel heraus, und Graf Worontzow, der schwer und ungeschickt war, fiel auf mich, oder richtiger auf meinen linken Arm, an dem ich mir vor vier oder fünf Tagen hatte einen Aderlaß machen lassen.

Wir rafften uns beide wieder auf und gingen zu Fuß zu einem Hofschlitten, der die Herabfahrenden erwartete und sie zum Ausgangspunkte zurückbrachte, so daß, wer Lust hatte, von neuem beginnen konnte.

Als ich mit der Prinzessin Gagarin, die mir mit Graf Iwan Tschernyschow gefolgt war, in diesem Schlitten saß, während er und Worontzow hinten standen, fühlte ich, wie eine brennende Hitze, deren Ursache ich nicht erkannte, meinen linken Arm durchlief. Ich steckte die rechte Hand in den Ärmel meines Pelzes, um zu untersuchen, was es sei, und als ich sie zurückzog, war sie ganz blutig. Nun sagte ich den beiden Grafen und der Prinzessin, ich müsse annehmen, daß sich meine Ader geöffnet habe, denn das Blut stürze heraus. Sie ließen den Schlitten schneller fahren, und anstatt auf die Rutschbahn fuhren wir nach Hause. Da fanden wir nur einen Tafeldecker. Ich legte meinen Pelz ab, der Tafeldecker gab uns Essig, und Graf Tschernyschow übernahm das Amt des Chirurgen. Wir kamen alle überein, über dieses Abenteuer kein Wort zu sprechen.

Als mein Arm verbunden war, kehrten wir nach der Rutschbahn zurück. Den Rest des Abends tanzte ich, soupierte und kam sehr spät nach Hause, ohne daß jemand ahnte, was mir zugestoßen war. Doch war fast einen Monat lang mein Daumen halb gelähmt, aber das verging allmählich.

Während der Fasten hatte ich einen großen Zank mit Frau Tschoglokow, und zwar aus folgendem Grunde. Meine Mutter war vor einiger Zeit nach Paris gegangen. Der älteste Sohn[263] des Generals Iwan Feodorowitsch Glebow, der gerade von dort zurückkehrte, überbrachte mir von ihr zwei Stücke wundervollen Stoffes. In Gegenwart von Schkurin, der diese in meinem Ankleidezimmer ausbreitete, betrachtete ich sie. Dabei entfuhr mir die Bemerkung, die Stoffe seien so schön, daß ich fast versucht sei, sie der Kaiserin zu schenken. Und wirklich wartete ich auf einen Augenblick, daß ich Ihrer Kaiserlichen Majestät davon sprechen könnte, denn ich sah sie nur selten, und dann meistens bei öffentlichen Gelegenheiten. Mit Frau Tschoglokow sprach ich nicht darüber. Das sollte ein persönliches Geschenk von mir sein, und ich verbot Schkurin, irgend jemand etwas von dieser Bemerkung zu sagen, die mir entschlüpft war. Aber er hatte nichts Eiligeres zu tun, als sofort hinzulaufen und Frau Tschoglokow zu berichten, was ich eben angedeutet hatte.

Wenig später betrat eines schönen Tages Frau Tschoglokow mein Zimmer und teilte mir mit, die Kaiserin lasse für meine Stoffe bestens danken, sie habe den einen behalten und schicke mir den andern zurück. Ich war wie vom Donner gerührt, als ich das hörte.

Ich rief aus: »Was!« Darauf erklärte mir Frau Tschoglokow, sie habe meine Stoffe der Kaiserin gebracht, weil sie gehört habe, ich hätte sie Ihrer Kaiserlichen Majestät zugedacht. Da wurde ich aber zornig, wie wohl nie zuvor. Nur stammeln konnte ich, gar nicht eigentlich sprechen. Immerhin gab ich Frau Tschoglokow zu verstehen, ich hätte mir ein Vergnügen daraus machen wollen, der Kaiserin diese Stoffe selbst darzubringen, sie habe mich dieses Vergnügens beraubt, indem sie die Stoffe fortgeschleppt und Ihrer Kaiserlichen Majestät gebracht habe. Frau Tschoglokow habe doch meine Absichten nicht wissen können, denn ich hätte doch nicht mit ihr darüber gesprochen. Wenn sie es doch erfahren habe, so könne das nur durch den Mund eines ungetreuen Dienstboten geschehen sein, der seine Herrin verriete, die ihn täglich mit Wohltaten überhäufe.

Frau Tschoglokow hatte immer ihre eigenen Gründe und behauptete, ich dürfe über nichts mit der Kaiserin sprechen, sie habe mir den betreffenden Befehl Ihrer Kaiserlichen Majestät kundgegeben, und meine Bedienten müßten ihr alles melden, was ich sagte. Folglich habe also jener nur seine Pflicht getan und sie die ihrige, indem sie meine von mir der Kaiserin zugedachten Stoffe auch ohne mein Wissen Ihrer Kaiserlichen Majestät brachte. Das alles sei nur der Ordnung gemäß!

Ich ließ sie reden, weil mein Zorn mir das Wort im Munde ersterben machte. Schließlich entfernte sie sich. Jetzt ging ich in ein kleines Vorzimmer, in dem sich Schkurin morgens gewöhnlich aufhielt und in dem meine Garderobe war. Ich fand ihn dort auch und verabfolgte ihm mit aller Kraft eine gewaltige, wohlgezielte Ohrfeige. Dann erklärte ich ihm, er sei ein Verräter und undankbarer Kerl, daß er sich erkühnt habe, Frau Tschoglokow zu hinterbringen, wovon ich ihm ausdrücklich verboten hatte zu sprechen. Ich überhäufe ihn mit Wohltaten, aber er verriete sogar meine unschuldigsten Worte! Nichts würde ich ihm mehr geben, sondern ihn fortjagen und durchprügeln lassen!

Ich fragte ihn, was er sich eigentlich von seinem Benehmen verspreche? Denn ich würde doch immer bleiben, was ich sei, aber die Tschoglokows, von aller Welt gehaßt und verabscheut, würden wohl schließlich von der Kaiserin selbst fortgejagt werden. Später oder früher müsse sie doch hinter deren bodenlose Dummheit kommen und sehen, daß sie unfähig für eine Stelle seien, an die sie durch die Intrigen eines boshaften Menschen gestellt wurden. Wenn er Lust habe, möge er nur hingehen und wiedererzählen, was ich ihm gesagt habe. Für mich würde das ganz gewiß keine Folgen haben, aber was für ihn dabei herauskäme, das werde er ja sehen!

Der Mensch warf sich mir zu Füßen, vergoß heiße Tränen und flehte mich um Verzeihung an mit Ausdrücken der Reue, die mir echt zu sein schienen. Mich rührte das, und ich erklärte ihm, sein künftiges Verhalten würde mir zeigen, wie ich mich ihm gegenüber stellen müßte, und ich würde nach dem seinigen das meine einrichten. Er war ein geweckter Junge und nicht dumm; ich habe mich später über ihn nicht zu beklagen gehabt. Er hat mir im Gegenteil auch in sehr schwerer Zeit Beweise seines aufrichtigen Treueifers gegeben.[264]

Ich beklagte mich bei allen, die mir erreichbar waren, um den Streich, den mir Frau Tschoglokow gespielt hatte, zu den Ohren der Kaiserin kommen zu lassen. Die Kaiserin bedankte sich für meine Stoffe, als sie mich sah, und ich erfuhr durch Dritte, daß sie Frau Tschoglokows Handlungen aufs höchste mißbilligte. Damit hatte die Sache ihr Bewenden.

Nach Ostern siedelten wir in das Sommerpalais über. Schon seit einiger Zeit beobachtete ich, daß der Kammerherr Sergej Saltykow häufiger als sonst zu Hofe kam. Er erschien immer in Gesellschaft von Leo Naryschkin, der alle durch seine originelle Art unterhielt, von der ich schon einiges erzählt habe. Sergej Saltykow war der Prinzessin Gagarin unausstehlich, die ich aber sehr gerne hatte und der ich sogar in gewissem Sinne mein Vertrauen schenkte. Leo Naryschkin war von jedermann gelitten, er galt als höchst originell und ward in keiner Weise ernst genommen. Sergej Saltykow suchte sich nach Möglichkeit bei den Tschoglokows einzuschmeicheln. Weil die aber weder liebenswürdig, noch klug oder unterhaltend waren, so mußten notwendigerweise seine Aufmerksamkeiten irgendeine geheime Hinterabsicht haben.

Frau Tschoglokow war damals schwanger und deshalb oft unpäßlich. Weil sie behauptete, ich unterhielte sie im Sommer ebensogut wie im Winter, bat sie mich, oft zu ihr zu kommen. Sergej Saltykow, Leo Naryschkin, Prinzessin Gagarin und einige andere waren in der Regel bei ihr, wenn nicht gerade Konzert beim Großfürsten oder Komödie bei Hofe war. Die Konzerte langweilten Frau Tschoglokow, und sie ging entweder erst spät oder gar nicht hin. Herr Tschoglokow fehlte aber niemals.

Sergej Saltykow hatte ein eigenartiges Mittel herausgefunden, ihn zu beschäftigen. Ich weiß nicht mehr, wie er in dem schwerfälligen, jeder Phantasie baren und geistlosen Menschen eine leidenschaftliche Neigung zum Anfertigen von kleinen Chansons entdeckt hatte, die übrigens völlig sinnloses Zeug waren. Als wir das herausgebracht hatten, baten wir jedesmal, wenn wir Tschoglokow los sein wollten, er möge doch ein neues Liedchen dichten. Er zog sich dann mit größter Bereitwilligkeit in einen Winkel des Zimmers zurück, meist neben den Ofen, und fing an, über seinem Liede zu brüten, was ihn für den Abend in Anspruch nahm. Hinterher fanden wir dann sein Gedicht entzückend und spornten ihn damit immer wieder zu neuen Versuchen an. Leo Naryschkin setzte diese Liedchen in Musik und sang sie gemeinsam mit ihm.

Inzwischen konnten wir uns ungestört im Zimmer unterhalten und reden, was wir wollten. Denn wenn sich Tschoglokow einmal niedergesetzt hatte, stand er für den Abend nicht wieder vom Stuhle auf. Es hing also davon ab, wo er saß, ob er erträglich oder unerträglich war; letzteres war nur der Fall, wenn er sehr weit entfernt saß. Ich habe ein dickes Buch mit seinen Chansons besessen, weiß aber nicht, was daraus geworden ist.

Während eines solchen Konzertes ließ mich Sergej Saltykow wissen, was der Grund seines häufigen Kommens war. Ich antwortete ihm nicht gleich. Als er wieder von demselben sprach, fragte ich ihn, was er eigentlich hoffe. Jetzt malte er mir ein strahlendes, leidenschaftliches Bild des Glückes, das er sich versprach. Ich entgegnete ihm: »Und Ihre Frau, die Sie vor zwei Jahren aus Liebe geheiratet haben? Es heißt doch, Sie lieben sie und werden wahnsinnig wiedergeliebt! Was soll sie dazu sagen?« Darauf antwortete er mir nur, es sei nicht alles Gold, was glänze, und er müsse einen Augenblick der Verblendung teuer bezahlen.

Ich tat alles, was in meiner Macht stand, ihn von diesem Gedanken abzubringen; ich glaubte in meiner Einfalt auch, ich könnte das erreichen, denn er tat mir leid. Unglücklicherweise hörte ich ihn auch noch ferner an. Er war schön wie der Tag, und sicherlich konnte sich niemand mit ihm vergleichen, nicht am großen Hofe, und noch weniger an dem unseren. Es fehlte ihm nicht an Geist und nicht an jener Feinheit der Bildung, des Benehmens und Auftretens, wie sie die große Welt verleiht, aber vorzüglich das höfische Leben. Er war sechsundzwanzig Jahre alt. Er war, um es kurz zu sagen, durch Geburt und durch viele andere Eigenschaften ein vollendeter Kavalier. Seine Fehler wußte er zu verbergen. Deren größte waren ein Hang zur Intrige und Mangel an Grundsätzen, aber damals waren sie noch nicht so entwickelt, daß ich sie hätte bemerken können.

Ich blieb stark während des Frühjahrs und eines Teiles des Sommers. Fast täglich sah ich ihn, änderte aber doch mein Benehmen mit ihm nicht im geringsten. Ich behandelt ihn ebenso wie alle andern und sah ihn nur in Gegenwart des Hofes oder wenigstens einiger Mitglieder desselben. Um ihn von mir zu entfernen, sagte ich eines Tages sogar, er sei auf ganz falschem Wege und fügte hinzu: »Was wissen Sie denn, ob mein Herz nicht längst einem andern gehört?« Aber ich sah, daß diese Worte ihn nicht entmutigten, sondern seine Glut nur noch mehr anfachten.

Von meinem lieben Gemahl war bei alledem überhaupt nicht die Rede, weil es eine ganz bekannte und feststehende Tatsache war, daß er nicht einmal denen liebenswert galt, in die er gerade verliebt war. Und das war er beständig: er machte sozusagen jeder Frau den Hof. Nur die eine, die seinen Namen trug, wurde seiner Aufmerksamkeit nicht gewürdigt.

Dann lud uns einmal Tschoglokow zur Jagd auf seine Insel ein. Wir fuhren in Booten dorthin, unsere Pferde wurden vorausgeschickt. Sogleich nach der Ankunft stieg ich zu Pferde, und wir ritten die Hunde suchen. Sergej Saltykow paßte den Augenblick ab, als die anderen hinter den Hasen her waren, und näherte sich mir, um von seinem Lieblingsthema zu sprechen. Ich hörte ihn geduldiger an als gewöhnlich. Er entwarf mir den Plan, den er sich zurechtgelegt hatte, um, wie er sagte, mit einem tiefen Geheimnis das Glück zu umgeben, das man in solchem Falle wohl genießen könne. Nicht ein Wort entgegnete ich. Er nutzte mein Schweigen aus; er beteuerte mir, daß er mich heiß liebe, und bat mich um die Erlaubnis, daß er hoffen dürfe, daß er mir wenigstens nicht gleichgültig sei. Ich erwiderte ihm, ich könne ihn nicht daran hindern, seine Einbildung spielen zu lassen. Dann zog er Vergleiche zwischen andern Mitgliedern des Hofes und sich und zwang mich, zuzugeben, daß er denen vorzuziehen sei. Und daraus schloß er auch, er werde schon vorgezogen. Ich lachte über alles, was er sagte, aber im Grunde meiner Seele mußte ich zugeben, daß er mir recht wohl gefiel.

Als wir uns anderthalb Stunden so unterhalten hatten, forderte ich ihn auf, sich zu entfernen, weil ein so langdauerndes Gespräch Verdacht erregen könne. Er aber weigerte sich, mich zu verlassen, wenn ich ihm nicht vorher sagte, daß er wohlgelitten sei. Ich antwortete ihm: »Ja, ja, nur entfernen Sie sich!« Er rief: »Das will ich mir gesagt sein lassen«, und gab seinem Pferde die Sporen. Ich schrie ihm noch nach: »Nein, nein«, aber er wiederholte: »Ja, ja.« So trennten wir uns.

Als wir wieder in dem Hause auf der Insel angelangt waren, wurde soupiert. Während des Soupers kam ein heftiger Seewind auf, der das Wasser so hoch trieb, daß es bis an die Treppenstufen des Hauses stieg, und die ganze Insel war einige Fuß hoch von den Meeresfluten bedeckt. Wir mußten also auf Tschoglokows Insel bleiben, bis sich Sturm und Flut gelegt hatten, und das dauerte bis zwei oder drei Uhr morgens. Sergej Saltykow sagte in der Zeit zu mir, der Himmel selbst begünstige ihn an diesem Tage, weil er ihm meinen Anblick länger gönne, und dergleichen Dinge mehr. Er glaubte sich schon sehr glücklich, aber ich war das kaum, denn tausenderlei Besorgnisse verwirrten mir den Kopf, und ich selbst kam mir an diesem Tage höchst griesgrämig vor und war gar nicht mit mir zufrieden. Ich hatte mir eingebildet, ihn und mich lenken und beherrschen zu können, aber ich verstand jetzt, daß das eine wie das andere schwer und vielleicht unmöglich sei.

Zwei Tage später erzählte mir Sergej Saltykow, ein Kammerdiener des Großfürsten, namens Bressan, ein Franzose von Geburt, habe ihm gesagt, Seine Kaiserliche Hoheit habe bei sich im Zimmer geäußert: »Sergej Saltykow und meine Frau betrügen Tschoglokow, sie reden ihm ein, was sie wollen, und dann lachen sie ihn aus.« Ich muß zugeben, es war etwas an der Sache, und der Großfürst hatte es bemerkt. Ich riet Sergej Saltykow also, in Zukunft etwas vorsichtiger zu sein.

Einige Tage danach befiel mich ein böses Halsleiden, das sich mit starkem Fieber mehr als drei Wochen hinzog. In der Zeit schickte die Kaiserin die Prinzessin Kurakin zu mir, die sich mit Fürst Lobanow verheiratete. Ich sollte sie schmücken: sie mußte sich zu dem Zwecke in ihrer Hofrobe mit großem Reifrock auf mein Bett setzen. Ich tat, was ich konnte; als aber Frau Tschoglokow sah, daß ich mit der Frisur nicht zustande kam, ließ sie die Dame von meinem Bette aufstehen und beendete den Aufputz selbst. Ich habe sie später nie wiedergesehen.

Der Großfürst war damals in Fräulein Marfa Isajewna Schafirow verliebt, welche die Kaiserin kürzlich zugleich mit ihrer älteren Schwester Anna Isajewna mir beigegeben hatte. Sergej Saltykow, der wie ein Dämon war, wenn es sich um Intrigen handelte, machte sich an die beiden Mädchen heran, um herauszubringen, was wohl die beiden Schwestern mit dem Großfürsten über ihn redeten, um daraus seinen Nutzen zu ziehen. Die Mädchen waren arm, ziemlich dumm und sehr habgierig, infolgedessen wurden sie wirklich in ganz kurzer Zeit recht vertraut mit ihm.

Unterdessen gingen wir nach Oranienbaum, wo ich wieder alle Tage im Sattel war und, die Sonntage ausgenommen, nur Männerkleidung trug. Tschoglokow und seine Frau waren sanft geworden wie die Lämmer. In Frau Tschoglokows Augen hatte ich einen neuen Vorzug: ich hatte eines von ihren Kindern, das sie bei sich hatte, zärtlich lieb. Ich machte dem Kinde Kleider und schenkte ihm Gott weiß was für Spielsachen und allerhand Kleinigkeiten. Die Mutter war in das Kind völlig vernarrt, aus dem aber später ein Taugenichts geworden ist, der wegen seiner Streiche sich eine fünfzehnjährige Festungsstrafe zuzog.[265]

Sergej Saltykow war der Freund, Vertraute und Ratgeber von Herrn und Frau Tschoglokow geworden. Selbstverständlich hätte sich kein Mensch, der im Besitze seiner gesunden Geisteskräfte war, der schweren Aufgabe unterzogen, die beiden aufgeblasenen Dummköpfe und anmaßenden Egoisten den ganzen Tag schwatzen zu hören, ohne dabei irgendein besonderes, großes Interesse zu haben. Man ahnte und mutmaßte, was ihn dazu bewegen konnte, und das Gerücht gelangte bis nach Peterhof zu den Ohren der Kaiserin.

Nun kam es damals sehr oft vor, daß, wenn Ihre Kaiserliche Majestät gern schelten wollte, sie nicht wegen des eigentlichen Grundes schalt, sondern sich einen Vorwand suchte, dessen sich niemand versehen hätte. Das ist eine Beobachtung der Höflinge, und ich habe sie aus dem Munde ihres Urhebers, nämlich des Grafen Zachar Tschernyschow.

In Oranienbaum war unser ganzes Gefolge, Herren und Damen übereingekommen, sich für den Sommer Anzüge von gleicher Farbe machen zu lassen, unten grau, im übrigen blau, mit schwarzem Samtkragen, ganz ohne jeden Besatz. Diese Gleichförmigkeit war uns in mehr als einer Beziehung bequem.

An diesen Anzügen nahm man nun Anstoß, und noch mehr daran, daß ich immer im Reitkostüm war und stets als Herr ritt. Als wir einmal zur Cour nach Peterhof gekommen waren, sagte die Kaiserin zu Frau Tschoglokow, nur meine Art zu reiten sei schuld daran, daß ich keine Kinder hätte. Auch sei meine Kleidung ungehörig: wenn sie selbst in Männerkleidung ritte, so kleide sie sich eben um, sowie sie vom Pferde gestiegen sei.

Frau Tschoglokow erwiderte ihr, daß ich keine Kinder bekäme, habe damit nichts zu tun. Kinder könnten eben nicht ohne Grund kommen, und obwohl Ihre Kaiserlichen Hoheiten seit dem Jahre 1745 verheiratet seien, so läge dieser Grund immer noch nicht vor. Darauf schalt Ihre Kaiserliche Majestät Frau Tschoglokow und erklärte, sie werde sich an sie halten, weil sie sich keine Mühe gäbe, die in diesem Punkte interessierten Parteien an ihre Schuldigkeit zu erinnern. Überhaupt war sie sehr zornig auf sie und behauptete, ihr Mann sei ein Tölpel, der sich von Rotznasen an der Nase herumführen lasse.

Innerhalb von vierundzwanzig Stunden erzählten die Tschoglokows das allen ihren Vertrauten wieder. Bei dem Worte ›Rotznasen‹ schneuzten sich die Rotznasen, und in einer streng geheimen Beratung, welche die Rotznasen aus diesem Grunde abhielten, wurde bestimmt und beschlossen, in ganz genauer Befolgung der Andeutungen Ihrer Kaiserlichen Majestät sollten Sergej Saltykow und Leo Naryschkin scheinbar in Ungnade bei Herrn Tschoglokow fallen, wovon dieser selbst vielleicht gar nichts zu wissen brauchte. Sie sollten eine Krankheit ihrer Eltern vorschützen und sich auf drei oder vier Wochen in ihre Privathäuser zurückziehen, um so die umlaufenden dunklen Gerüchte zum Schweigen zu bringen.

Das wurde genauestens ausgeführt, und am nächsten Tage reisten sie ab, um sich für einen Monat in ihren Familienkreis zurückzuziehen. Ich änderte gleichzeitig meinen Anzug, der jetzt auch unnötig geworden war. Den ersten Gedanken eines gleichförmi-

gen Anzuges hatte uns das Kostüm eingegeben, das man in
Peterhof bei der Cour trug: es war unten weiß, sonst grün und
ganz mit Silberlitzen besetzt. Sergej Saltykow, der brünett war,
behauptete, in diesem weißsilbernen Kostüm sehe er aus wie eine
Fliege in Milch.

Die Besuche bei den Tschoglokows setzte ich übrigens fort wie
bisher, doch langweilte ich mich sehr bei ihnen. Gatte und Frau
bedauerten die Abwesenheit der beiden Hauptsterne ihres Kreises. Ich war hierin durchaus nicht anderer Ansicht. Die Krankheit und der Tod von Sergej Saltykows Mutter verlängerte dessen
Abwesenheit noch.

Inzwischen forderte uns die Kaiserin auf, von Oranienbaum zu
ihr nach Kronstadt zu kommen, wohin sie sich begab, um das
Wasser in den Kanal Peters I. einzulassen, den der Kaiser
begonnen hatte und der eben fertiggestellt war. Sie kam vor uns
in Kronstadt[266] an.

Die erste Nacht nach ihrer Ankunft war sehr stürmisch. Ihre
Kaiserliche Majestät hatte uns gleich nach ihrer Ankunft eingeladen, zu ihr nach Kronstadt zu kommen. Sie glaubte uns nun
während dieses Sturmes auf der See und war die ganze Nacht
sehr unruhig. Sie konnte von ihrem Fenster aus ein Schiff in
Seenot beobachten und fürchtete, es wäre vielleicht die Jacht, auf
der wir die Überfahrt machten. Sie nahm ihre Zuflucht zu den
Reliquien, die sie immer neben ihrem Bette hatte, trug sie ans
Fenster und bewegte sie in einer den Bewegungen des mit dem
Sturme kämpfenden Schiffes entgegengesetzten Richtung. Mehrfach rief sie aus, wir würden sicherlich untergehen und sie trage
die Schuld, weil wir wahrscheinlich gleich nach dem Eintreffen
der Jacht abgefahren seien, um ihr unsere Ergebenheit um so
eifriger zu beweisen, da sie uns kurz vorher hatte tadeln lassen.
Aber in Wirklichkeit kam die Jacht erst nach diesem Sturme in
Oranienbaum an, so daß wir erst am Nachmittag des folgenden
Tages an Bord gingen.

Wir blieben dreimal vierundzwanzig Stunden in Kronstadt.
Inzwischen fand die Weihe des Kanals mit großer Feierlichkeit
statt, und man ließ das Wasser zum erstenmal in den Kanal ein.[267]
Am Nachmittag war großer Ball. Die Kaiserin wollte in Kronstadt bleiben, um das Wasser wieder ausfließen zu sehen, aber sie
reiste schon am dritten Tage ab, ohne daß man das bewerkstelligt
hatte. Der Kanal wurde seit dieser Zeit nicht wieder trocken

gelegt, bis ich während meiner Regierung die Feuermühle bauen ließ, welche ihn entleert. Außerdem wäre es auch unmöglich gewesen, denn der Boden des Kanals liegt tiefer als das Meer, aber das war damals nicht in Betracht gezogen worden.

Von Kronstadt kehrten wir alle nach Hause zurück. Die Kaiserin ging nach Peterhof und wir nach Oranienbaum. Herr Tschoglokow erbat und erhielt die Erlaubnis, sich für einen Monat auf seine Güter zu begeben.

Während seiner Abwesenheit gab sich seine Frau Gemahlin die größte Mühe, die Befehle der Kaiserin aufs genaueste zu befolgen. Zunächst hatte sie mehrere Besprechungen mit Bressan, dem Kammerdiener des Großfürsten. Dieser fand in Oranienbaum eine hübsche Malerswitwe namens Grooth.[268] Aber es kostete einige Tage, sie zu überreden, indem man ihr, ich weiß nicht was, versprach, und sie über das zu unterrichten, was man von ihr wollte und wozu sie sich hergeben sollte. Sodann wurde Bressan beauftragt, Seine Kaiserliche Hoheit mit dieser jungen und hübschen Witwe bekannt zu machen.

Ich bemerkte sehr wohl, daß Frau Tschoglokow sehr geschäftig war, wußte aber nicht weshalb, bis endlich Sergej Saltykow aus seiner freiwilligen Verbannung zurückkehrte und mir nach und nach zu verstehen gab, worum es sich handelte. Endlich, mit vieler Mühe, erreichte Frau Tschoglokow ihr Ziel, und als sie ihres Erfolges sicher war, benachrichtigte sie die Kaiserin, ihre Wünsche seien erfüllt. Sie hoffte, für ihre Mühe reich belohnt zu werden. Hierin täuschte sie sich aber, denn sie erhielt nichts. Aber sie behauptete, das Reich sei ihr zu Dank verpflichtet.

Kurz darauf kehrten wir in die Stadt zurück. Um diese Zeit veranlaßte ich den Großfürsten, die Unterhandlungen mit Dänemark abzubrechen. Ich erinnerte ihn an die Ratschläge des Grafen Bernes, der bereits nach Wien abgereist war. Der Großfürst hörte auf mich und befahl, mit den Besprechungen aufzuhören, ohne etwas abzuschließen, was denn auch geschah. Nach kurzem Aufenthalt im Sommerpalais siedelten wir in den Winterpalast über.[269]

Ich hatte damals den Eindruck, daß Sergej Saltykow anfing, sich weniger um mich zu kümmern, daß er zerstreut, manchmal albern, anmaßend und gedankenlos war. Das ärgerte mich, und ich sagte es ihm auch. Er antwortete mir mit törichten Redensarten und behauptete, ich verstehe die außerordentliche Geschicklichkeit seines Benehmens nicht zu würdigen. Er hatte ganz recht, denn ich fand dieses recht eigentümlich.

Wir erhielten Befehl, uns für die Reise nach Moskau vorzubereiten, was wir auch taten. Am 14. Dezember 1752 reisten wir von Petersburg ab. Sergej Saltykow blieb dort und kam erst einige Wochen später nach. Ich verließ Petersburg mit leichten Anzeichen von Schwangerschaft. Wir reisten sehr schnell Tag und Nacht. Auf der letzten Station vor Moskau verschwanden diese Anzeichen unter heftigen Leibschmerzen. Nach der Ankunft in Moskau[270] erkannte ich, wie die Dinge lagen, und merkte, daß ich wohl eine Fehlgeburt gehabt hatte.

Frau Tschoglokow war in Petersburg zurückgeblieben, weil sie eben von ihrem letzten, dem siebenten Kinde, entbunden worden war: es war ein Mädchen.[271] Als sie wiederhergestellt war, folgte sie uns nach Moskau.

Man hatte uns hier in einem hölzernen Flügel untergebracht, der erst in diesem Herbst ganz neu erbaut worden war. An den Balken lief das Wasser herunter, und alle Gemächer waren über die Maßen feucht. Dieser Flügel enthielt zwei Fluchten von je fünf oder sechs großen Zimmern. Diejenigen nach der Straße waren mir zugedacht, die nach der anderen Seite dem Großfürsten.

In meinem Toilettenzimmer wurden meine Kammerjungfern und Kammerfrauen untergebracht, so daß siebzehn Mädchen und Frauen in einem Zimmer hausten, das allerdings drei große Fenster hatte, aber keinen anderen Ausgang als durch mein Schlafzimmer. Sie mußten also in allen notwendigen Fällen durch dieses hindurch, und das war natürlich weder für sie noch für mich angenehm. Während der ersten Tage meines Aufenthaltes in Moskau hatten sie und ich diese Unbequemlichkeit zu ertragen; etwas Gleiches ist mir wirklich nie wieder begegnet. Dazu diente ihnen als Speisesaal eines meiner Vorzimmer.

Ich war krank, als ich in Moskau ankam, und ließ, um der eben erwähnten Unbequemlichkeit abzuhelfen, mehrere Bettschirme in meinem Schlafzimmer aufstellen, so daß ich es in drei Teile teilte. Doch half das nur wenig, weil die Türen sich beständig öffneten und schlossen, was ja unvermeidlich war.

Am zehnten Tage endlich besuchte mich die Kaiserin, und als sie das fortwährende Kommen und Gehen bemerkte, trat sie in das

Nebenzimmer und sagte zu meinen Damen: »Ich werde Ihnen einen andern Ausgang als den durch das Schlafzimmer der Großfürstin machen lassen.« Aber was tat sie? Sie befahl, eine Zwischenwand aufzustellen, die das Zimmer, in dem siebzehn Personen nur mit Mühe untergebracht waren, noch um ein Fenster kleiner machte. Dadurch wurde es verengert, um einen Korridor zu gewinnen. Die Fensterwand wurde nach der Straße durchgebrochen und eine Treppe angebracht. So mußten meine Frauen auf die Straße hinausgehen; unter den Fenstern errichtete man Aborte. Auch wenn sie zum Diner gingen, mußten sie über die Straße. Kurz, diese Anordnung war mehr als schlecht, und ich wunderte mich, daß diese siebzehn Frauen, zusammengepfercht und öfters krank, nicht vom Faulfieber ergriffen wurden. Und das alles neben meinem Schlafzimmer, in dem es noch obendrein von Ungeziefer jeder Art wimmelte, das mich nicht schlafen ließ!

Endlich, nachdem sie sich von ihrem Wochenbett erholt hatte, kam Frau Tschoglokow in Moskau an und einige Tage später auch Sergej Saltykow. Weil Moskau sehr groß ist und jeder weit entfernt vom andern wohnt, benutzte er diesen Vorteil, um die Verminderung seiner erdichteten und wirklichen Aufmerksamkeiten bei Hofe zu verhüllen. Offengestanden war mir das sehr schmerzlich, aber er führte dafür stets so stichhaltige und gewichtige Gründe an, daß mein Bedenken schwand, sobald ich ihn gesehen und gesprochen hatte.

Um die Zahl seiner Feinde zu verringern, kamen wir überein, ich würde dem Grafen Bestushew einige Worte sagen lassen, welche diesem Hoffnung machen könnten, daß ich ihm nicht mehr so fernstehe wie bisher. Ich beauftragte mit dieser Botschaft einen gewissen Brömbsen, der in Pechlins holsteinischer Kanzlei angestellt war und oft zum Grafen Bestushew ging, wenn er nicht bei Hofe war. Er übernahm meinen Auftrag mit größter Bereitwilligkeit und berichtete mir, der Kanzler sei aufs höchste erfreut gewesen und habe erklärt, ich möge stets über ihn verfügen. Wenn er mir nützlich sein könne, bitte er mich, ihm einen verläßlichen Weg anzugeben, auf dem wir immer alles Nötige einander mitteilen könnten.

Ich verstand seine Absicht und antwortete Brömbsen, ich würde mir die Sache überlegen. Dann erzählte ich Sergej Saltykow davon, und wir beschlossen sofort, er selbst solle zum Kanzler gehen, und zwar unter dem Vorwande eines Besuches, da er eben erst angekommen war. Der alte Herr empfing ihn auch aufs beste, nahm ihn beiseite und unterhielt sich mit ihm über die inneren Angelegenheiten unseres Hofes, über die Dummheit der Tschoglokows, und bemerkte unter anderm: »Ich weiß, daß Sie ebenso wie ich über sie urteilen, obwohl Sie mit ihnen sehr vertraut sind, denn Sie sind ein kluger Mensch.« Dann sprach er mit ihm über mich und meine Lage, als hätte er in meiner Umgebung gelebt, und fügte hinzu: »In Anerkennung des Wohlwollens, welches mir die Großfürstin entgegenbringt, werde ich ihr einen kleinen Dienst erweisen, für den sie mir wohl Dank wissen wird. Ich werde ihr die Frau Wladislaw sanft wie ein Lamm machen, und sie kann mit ihr tun, was sie will. Sie soll sehen, daß ich nicht der Werwolf bin, als den man mich ihr immer hingestellt hat.« Sergej Saltykow kehrte also sehr entzückt über den Auftrag und von dem Manne selbst zurück, der ihm persönlich einige ebenso kluge wie nützliche Ratschläge gegeben hatte. Alles das brachte ihn uns sehr nahe, ohne daß jemand die geringste Ahnung davon hatte.

Um diese Zeit nahm Frau Tschoglokow, welche ständig mit ihrer Lieblingssorge, nämlich die Thronfolge zu sichern, beschäftigt war, mich eines Tages beiseite und sagte: »Hören Sie, ich muß sehr ernstlich mit Ihnen reden.« Ich war natürlich ganz Ohr. Sie begann nach ihrer Art mit einer langen Rederei über ihre Anhänglichkeit an ihren Gemahl, über ihre Ehrbarkeit, über das, was für gegenseitige Liebe und für die Erleichterung oder Erschwerung der ehelichen Bande nötig oder nicht nötig sei. Dann erklärte sie plötzlich, es gebe zuweilen Situationen von höherer Wichtigkeit, welche eine Ausnahme von der Regel bedingten. Ich ließ sie reden, soviel sie wollte, ohne sie zu unterbrechen, denn ich sah nicht, wohin sie zielte, und war auch sehr überrascht und nicht im klaren darüber, ob sie mir eine Falle stellte oder aufrichtig mit mir sprach.

Während ich innerlich diese Erwägungen anstellte, fuhr sie fort: »Sie werden sehen, wie groß meine Liebe zu meinem Vaterlande ist und wie aufrichtig ich es meine. Ich zweifle nicht, daß Sie irgend jemand bevorzugen. Ich lasse Ihnen die Wahl zwischen S. S. und L. N.! Irre ich nicht, so ist es der letztere.« Ich aber rief rasch: »Nein, nein, gewiß nicht!« Sie erwiderte: »Nun gut, ist er es nicht, so ist es sicher der andere.« Darauf antwortete ich kein Wort, und sie fuhr fort: »Sie sollen sehen, daß nicht ich es bin, die Ihnen Schwierigkeiten machen wird.« Ich aber stellte mich so einfältig, daß sie mich deswegen oft schalt, sowohl in der Stadt als auf dem Land, wohin wir nach Ostern übersiedelten.

Damals oder ungefähr zu dieser Zeit schenkte die Kaiserin dem Großfürsten das Landgut Liubertzy und mehrere andere Besitzungen, die vierzehn bis fünfzehn Werst von Moskau entfernt lagen.

Aber ehe sie diese neuen Besitzungen Seiner Kaiserlichen Hoheit besuchte, feierte die Kaiserin in Moskau den Jahrestag ihrer Krönung. Das war der 25. April. Man meldete uns, sie habe befohlen, es solle genau dasselbe Zeremoniell beobachtet werden wie an dem wirklichen Krönungstage. Wir waren sehr neugierig darauf.

Am Abend vorher begab sie sich in den Kreml, wo sie die Nacht verbrachte. Wir blieben in dem hölzernen Palais in der Sloboda und erhielten den Befehl, zur Messe in die Kathedrale zu kommen. Um neun Uhr morgens verließen wir dieses Palais in Paradekarossen, die Kammerlakaien schritten zu Fuß. Wir durchzogen im Schritt ganz Moskau, eine Strecke von sieben Werst, und stiegen dann vor der Kirche aus. Einen Augenblick später langte die Kaiserin mit ihrem Gefolge an. Sie trug die kleine Krone auf dem Haupte, und der kaiserliche Mantel wurde wie gewöhnlich von den Kammerherren getragen. Sie begab sich zu ihrem gewöhnlichen Platz in der Kirche. Soweit war in allem noch nichts Ungewöhnliches, nichts, was nicht bei jedem anderen großen Feste ihrer Regierung ebenso gewesen wäre.

In der Kirche herrschte eine feuchte Kälte, wie ich sie so nie in meinem Leben empfunden habe. Ich trug eine ausgeschnittene Hofrobe und war ganz blau und starr vor Frost, so daß mir die Kaiserin sagen ließ, ich solle doch einen Zobelpelzkragen umnehmen, aber ich hatte keinen bei mir. Sie selbst ließ sich ihre eigenen Pelze holen und nahm einen davon um den Hals. Dabei sah ich noch einen in dem Kasten liegen und dachte, sie würde ihn mir schicken; aber ich täuschte mich, sie ließ ihn wieder wegnehmen. Das schien mir recht unfreundlich von ihr zu sein. Schließlich verschaffte mir Frau Tschoglokow, welche sah, daß ich vor Kälte zitterte, von irgend jemand ein seidenes Tuch, das ich um den Hals band.

Nach der Messe und Predigt verließ die Kaiserin die Kirche. Wir hielten es für unsere Pflicht, ihr zu folgen; aber sie ließ uns sagen, wir könnten nach Hause zurückkehren. Nun verstanden wir, daß sie allein auf dem Throne zu dinieren beabsichtigte und so das Zeremoniell des Krönungstages beobachten wollte, an dem sie ebenfalls allein gespeist hatte. Da wir also zu diesem Diner nicht hinzugezogen wurden, kehrten wir, so wie wir gekommen, in großer Gala zurück. Unsere Bedienten legten auf diese Weise im ganzen vierzehn Werst zu Fuß zurück, und wir durchzogen steifgefroren und halb verhungert Moskau von einem Ende bis zum andern.

Die Kaiserin war bei der Messe anscheinend schlechter Laune, und unsere Stimmung war jetzt auch nicht besser, nachdem sie einen so wenig erfreulichen Mangel an Aufmerksamkeit, um nicht mehr zu sagen, gegen uns bewiesen hatte. Bei jedem anderen großen Feste, wenn sie auf dem Throne dinierte, hatten wir die Ehre gehabt, mit ihr zu speisen, diesmal schickte sie uns öffentlich fort. Unterwegs sagte ich dem Großfürsten, mit dem ich allein im Wagen saß, meine Meinung darüber, und er erklärte, er werde sich beschweren.

Zu Hause angelangt, starr vor Kälte und ganz erschöpft, klagte ich Frau Tschoglokow, daß ich mich erkältet habe. Tags darauf war Ball im hölzernen Palais, aber ich sagte mich krank und ging nicht hin. Der Großfürst ließ wirklich über die Sache den Schuwalows berichten und erhielt von ihnen eine ihn befriedigende Erklärung, ich weiß nicht welche. Dann war nicht mehr die Rede davon.

Etwa um dieselbe Zeit erfuhren wir, daß Zachar Tschernyschow und der Oberst Nikolaj Leontjew bei Roman Worontzow beim Spiel in Streit geraten seien und sich auf Degen geschlagen hätten, und daß Graf Zachar Tschernyschow eine gefährliche Wunde am Kopf erhalten habe. Sein Zustand war so bedenklich, daß man ihn nicht aus dem Hause des Grafen Roman Worontzow in sein eigenes hatte schaffen können. Er blieb also dort. Es ging ihm sehr schlecht, und es war die Rede davon, ihn zu trepanieren. Mich persönlich betrübte das sehr, denn ich besaß eine große Zuneigung für ihn. Leontjew wurde auf Befehl der Kaiserin verhaftet.

Dieses Duell brachte die ganze Stadt in Aufregung wegen der außerordentlich zahlreichen Verwandtschaft der beiden Gegner. Leontjew war der Schwiegersohn der Gräfin Rumiantzow und ein sehr naher Verwandter der Panins und Kurakins.

Aber auch sein Gegner hatte Verwandte, Freunde und Beschützer.

Der Vorfall ereignete sich im Hause des Grafen Roman Worontzow, und der Kranke lag bei ihm. Schließlich ging die Gefahr vorüber; die Sache wurde beigelegt und vergessen.

Im Laufe des Monats Mai stellten sich wieder Anzeichen von Schwangerschaft bei mir ein. Wir begaben uns nach Liubertzy, dem Gute des Großfürsten, etwa zwölf bis vierzehn Werst von Moskau. Das steinerne Haus, welches Fürst Menschikow seinerzeit dort errichtet hatte, war in Verfall. Wir konnten es daher nicht bewohnen, und man schlug im Hof Zelte für uns auf. Ich schlief in einer Kibitka. Von morgens drei, vier Uhr an wurde mein Schlaf durch das Geräusch der Beilhiebe und den Lärm unterbrochen, den man beim Bau eines hölzernen Flügels machte, welcher in aller Eile, sozusagen zwei Schritte von unsern Zelten entfernt, gebaut wurde, damit wir wenigstens für den Rest des Sommers eine Wohnstätte hätten. Fast die ganze Zeit brachten wir auf der Jagd oder auf Ausflügen zu, aber ich ritt nicht mehr, sondern benutzte ein Kabriolett.

Um St. Peter kehrten wir nach Moskau zurück. Ich war damals immer müde, schlief jeden Tag bis Mittag und konnte nur mit Mühe zum Diner geweckt werden. Der Peterstag wurde gefeiert wie gewöhnlich: ich kleidete mich an, war bei der Messe, beim Diner, beim Ball und beim Souper zugegen.

Aber am Tage darauf fühlte ich Schmerzen im Kreuz. Frau Tschoglokow ließ sofort die Hebamme kommen, welche mir die vorzeitige Geburt vorhersagte, die auch während der Nacht stattfand.[272] Ich mochte zwei oder drei Monate schwanger gewesen sein. Dreizehn Tage lang schwebte ich in Lebensgefahr; man fürchtete nämlich, ein Teil der Nachgeburt sei zurückgeblieben. Mir selbst verbarg man das. Endlich, am dreizehnten Tage, ging sie von selbst ohne Anstrengung und Schmerzen ab. Deswegen mußte ich bei unerträglicher Hitze sechs Wochen lang mein Zimmer hüten. Die Kaiserin besuchte mich gleich an dem Tage, an dem ich krank wurde, und mein Zustand schien ihr sehr nahe zu gehen. Während der sechs Wochen, die ich im Zimmer bleiben mußte, langweilte ich mich tödlich. Meine ganze Gesellschaft bestand aus Frau Tschoglokow, die aber nur selten zu mir kam, und einer kleinen Kalmückin, welche ich recht gern hatte, weil sie sehr nett war. Oft weinte ich vor Langeweile.

Der Großfürst hielt sich meist in seinem Zimmer auf, wo einer seiner Kammerdiener, ein Ukrainer namens Karnowitsch, der ebenso dumm wie trunksüchtig war, ihn aus besten Kräften unterhielt, indem er ihm so viel Spielsachen, Wein und auch stärkere Getränke brachte, wie er konnte, natürlich hinter dem Rücken von Herrn Tschoglokow. Den betrogen überhaupt alle und führten ihn an der Nase herum.

Doch bei diesen geheimen nächtlichen Bacchanalien des Großfürsten mit seinen Kammerdienern, unter denen sich auch mehrere junge Kalmücken befanden, wurde ihm oft schlecht gehorcht und gefolgt. In ihrer Trunkenheit wußten sie alle nicht, was sie taten, und vergaßen, daß sie mit ihrem Herrn zusammen waren und daß dieser Herr der Großfürst war. Dann nahm Seine Kaiserliche Hoheit seine Zuflucht gewöhnlich zu Stockschlägen und Fuchtelhieben, aber trotzdem gehorchten ihm seine Kumpane schlecht. Mehr als einmal beklagte er sich über seine Leute bei mir und bat mich, sie zur Vernunft zu bringen.

Ich ging dann in sein Zimmer, schalt sie, erinnerte sie an ihre Pflichten und brachte sie sofort zum Gehorsam, so daß der Großfürst wiederholt zu mir sagte und das auch Bressan gegenüber wiederholte, er verstehe nicht, wie ich mit seinen Leuten so fertig werde. Er selbst prügele sie und könne sie nicht zum Gehorsam bringen, während ich bei ihnen alles mit einem Wort erreiche.

Als ich eines Tages wieder einmal zu diesem Zweck das Zimmer des Großfürsten betrat, fiel mein Blick auf eine große Ratte, die er mit der ganzen zu einer Hinrichtung gehörigen Umständlichkeit in der Mitte eines durch eine Bretterwand gebildeten Kabinetts hatte aufhängen lassen. Ich fragte ihn, was das zu bedeuten habe, und er erwiderte, die Ratte habe ein Verbrechen begangen und verdiene nach den Kriegsgesetzen die härteste Todesstrafe. Sie sei über die Wälle einer Festung aus Pappe geklettert, welche in dem Kabinett auf dem Tische stand, und habe zwei Schildwachen aus Stärkemehl, die auf den Wällen Dienst taten, aufgefressen.

Er habe daher den Verbrecher nach den Kriegsgesetzen verurteilen lassen. Sein Vorstehhund habe die Ratte erwischt, und wie ich sehe, sei sie sofort aufgehängt worden und solle als warnendes Beispiel drei Tage öffentlich zur Schau ausgestellt bleiben.

Ich mußte über die schier unglaubliche Albernheit dieses Vor-

ganges laut auflachen, erregte aber dadurch sein höchstes Mißfallen, weil er der Sache die größte Wichtigkeit beimaß. Ich zog
mich also zurück und führte meine weibliche Unkenntnis der
Kriegsgesetze zur Entschuldigung an. Aber er war mir doch
wegen meines Lachens böse.

Zur Rechtfertigung der Ratte konnte man wenigstens das anführen, daß sie gehängt worden war, ohne daß man sie vernommen
oder ihre Rechtfertigung angehört hatte.

Während dieses Aufenthaltes des Hofes wurde ein Hoflakai irr-
sinnig und schließlich sogar tobsüchtig. Die Kaiserin befahl
sofort ihrem Leibarzt Boerhaave, den Menschen zu behandeln,
und er wurde in einem Zimmer in der Nähe von Boerhaaves
Wohnung im Schlosse untergebracht. Zufällig verloren in diesem
Jahre noch verschiedene andere Personen den Verstand. Wenn
die Kaiserin davon erfuhr, ließ sie sie ins Palais holen und bei
Boerhaave unterbringen, so daß ein förmliches kleines Irrenhaus
bei Hofe entstand.

Wie ich mich erinnere, waren die hauptsächlichsten von ihnen ein
Gardemajor vom Semionowskij-Regiment, namens Tschaadajew,
ein Oberstleutnant Leutrum, ein Major Tschoglokow und ein
Mönch des Woskresenskij-Klosters, der sich mit einem Rasiermesser seiner Männlichkeit beraubt hatte, und noch mehrere
andere.

Tschaadajews Verrücktheit bestand darin, daß er Schah Nadir,
auch Tahmasp-Kuli-Chan genannt, den Usurpator und Tyrann
von Persien, für den lieben Gott hielt.[273] Als es den Ärzten nicht
gelang, ihn von seiner Einbildung zu heilen, übergab man ihn den
Popen. Diese überredeten die Kaiserin, ihn beschwören zu lassen. Sie war selbst bei der Zeremonie zugegen, aber Tschaadajew
blieb genau so verrückt wie vorher.

Doch gab es Leute, die an seiner Verrücktheit zweifelten, denn
außer was Schah Nadir betraf, war er in jeder Beziehung
vernünftig. Seine bisherigen Freunde fragten ihn sogar in ihren
Angelegenheiten oft um Rat, und stets riet er ihnen höchst
verständig. Wer ihn nicht für verrückt hielt, gab als Grund seiner
angeblichen Gestörtheit eine faule Geschichte an, in die er
verwickelt war und aus der er sich durch diese List herauszog. Zu
Anfang der Regierung der Kaiserin Elisabeth war er nämlich bei
der Steuerrevision angestellt gewesen; er war wegen Bestechlichkeit angeklagt worden und sollte gerichtlich belangt werden. Aus

Furcht nahm er zu der erwähnten Verstellung seine Zuflucht, die ihn denn auch glücklich aus der Affäre zog.

Mitte August kehrten wir aufs Land zurück. Die Kaiserin begab sich am 5. September, ihrem Namenstage, in das Woskresenskij-Kloster. Während ihres Aufenthalts schlug dort der Blitz in die Kirche ein. Glücklicherweise befand sich Ihre Kaiserliche Majestät in einer Kapelle neben der Hauptkirche. Sie erfuhr von dem Geschehenen erst durch den Schreck ihres Gefolges. Es wurde übrigens niemand verletzt oder getötet. Kurze Zeit darauf kam sie wieder nach Moskau[274], und auch wir kehrten von Liubertzy dorthin zurück.

Nach unserer Rückkehr in die Stadt sahen wir, wie die Prinzessin von Kurland der Kaiserin für die Erlaubnis zu ihrer Vermählung mit dem Fürsten Georg Chowanskij öffentlich die Hand küßte. Mit ihrem ersten Verlobten, Peter Saltykow, hatte sie gebrochen. Dieser heiratete kurz darauf eine Prinzessin Solntzew.

Am 1. November desselben Jahres nachmittags drei Uhr befand ich mich in Frau Tschoglokows Zimmer. Ihr Gemahl, Sergej Saltykow, Leo Naryschkin und verschiedene andere Kavaliere unseres Hofstaates waren fortgegangen, um den Kammerherrn Schuwalow zu seinem Geburtstage, der auf diesen Tag fiel, zu beglückwünschen. Frau Tschoglokow, die Prinzessin Gagarin und ich plauderten miteinander, als wir plötzlich Lärm in einer kleinen Kapelle hörten, die in der Nähe des Zimmers lag, in welchem wir uns aufhielten. Jetzt kamen einige von den Herren mit der Meldung zurück, sie könnten nicht durch die Säle des Schlosses hindurch, weil Feuer ausgebrochen sei.

Sogleich lief ich in mein Zimmer; als ich aber ein Vorzimmer durchschritt, sah ich, daß schon die Balustrade an der Ecke des großen Saales brannte. Das war etwa zwanzig Schritt von dem Flügel, den wir bewohnten. Ich kam in meine Gemächer und fand dort schon viele Soldaten und Bediente vor, welche die Möbel und alles, was sie tragen konnten, fortschleppten.

Frau Tschoglokow war mir gefolgt, aber weil doch nichts weiter zu tun blieb, als den Ausbruch des Feuers im ganzen Hause abzuwarten, gingen wir hinaus. Vor der Tür fanden wir den Wagen des Kapellmeisters Araja, welcher zu einem Konzert beim Großfürsten gekommen war. Diesen hatte ich selbst benachrichtigt, das Haus brenne. Wir beide setzten uns also in den Wagen, weil die Straße infolge des seit mehreren Tagen schon andauernden

Regenwetters mit Schmutz bedeckt war, und beobachteten von hier aus die Feuersbrunst und wie man versuchte, die Möbel aus allen Teilen des Schlosses herauszuschaffen. Dabei machte ich eine eigentümliche Beobachtung: ich sah eine erstaunliche Menge Ratten und Mäuse, die in langen Reihen, ohne sich sehr zu beeilen, die Treppen hinunterliefen.

Wegen des Mangels an Gerätschaften und weil die wenigen vorhandenen sich gerade unter dem brennenden Saale befanden, gab es für den ganzen Holzbau keine Rettung. Der Saal nahm etwa die Mitte der ihn umgebenden Gebäude ein; alles zusammen mochte einen Umfang von ungefähr zwei bis drei Werst haben. Ich ging genau um drei Uhr hinaus, und schon um sechs Uhr war keine Spur mehr vom Hause vorhanden.

Die Hitze des Feuers wurde schließlich so groß, daß weder Frau Tschoglokow noch ich sie länger ertragen konnte, und wir ließen deshalb den Wagen einige hundert Schritt weit ins Feld fahren. Endlich kam Herr Tschoglokow mit dem Großfürsten, um uns zu melden, die Kaiserin begebe sich in ihr Haus nach Pokrowskoje und habe befohlen, wir sollten im Hause Tschoglokow Wohnung nehmen. Dieses lag an der ersten Ecke rechts in der großen Straße der Sloboda. Es enthielt einen Saal in der Mitte und vier Zimmer auf beiden Seiten.

Schlechter als dort konnte man kaum wohnen. Der Wind blies nach allen Richtungen hindurch, Fenster und Türen waren halb verfault, der Fußboden hatte Ritzen, die drei bis vier Finger breit waren. Dazu wimmelte es von Ungeziefer. Die Kinder und die Diener Tschoglokows wohnten da, als wir kamen. Sie wurden fortgeschickt, und man quartierte uns in diesem entsetzlichen Hause ein, in dem es fast ganz an Möbeln fehlte.

Am ersten Morgen nach unserer Ankunft in dieser Prachtwohnung lernte ich, was eine Kalmückennase bedeutet. Meine kleine Kalmückin zeigte nämlich beim Erwachen auf ihre Nase und sagte: »Ich habe da eine Nuß!« Ich befühlte die Nase, konnte aber nichts finden. Doch den ganzen Morgen wiederholte das Kind unaufhörlich, es sei eine Nuß in seiner Nase. Das Kind war vielleicht vier oder fünf Jahre alt. Niemand verstand, was es eigentlich mit der Nuß in der Nase meinte. Gegen Mittag fiel das Mädchen beim Laufen hin und stieß gegen den Tisch; es fing an zu weinen, zog dann sein Taschentuch und schnaubte sich. Beim Schnauben sah ich die Nuß aus der Nase fallen, und nun verstand ich, daß eine Nuß, die in keiner europäischen Nase unbemerkt stecken könnte, sich in der Höhlung einer Kalmückennase verbergen kann, die tief im Kopf sitzt, zwischen zwei dicken Backen.

Unsere ganze Habe und alles, was wir für den Gebrauch nötig hatten, lag im Kot vor dem niedergebrannten Palais. Erst in der Nacht und am folgenden Tage erhielten wir unsere Sachen zurück. Die größte Unruhe hatte ich um meine Bücher. Ich beendete damals gerade den vierten Band des ›Dictionnaire‹ von Bayle.[275] Für diese Lektüre hatte ich zwei Jahre gebraucht, indem ich alle sechs Monate einen Band durcharbeitete. Man kann sich danach ungefähr vorstellen, in welcher Einsamkeit ich mein Leben verbrachte. Schließlich aber bekam ich meine Bücher.

Unter meinen Habseligkeiten befanden sich auch die der Gräfin Schuwalow. Der Kuriosität halber zeigte mir Frau Wladislaw die Röcke dieser Dame, die hinten ganz mit Leder gefüttert waren, weil sie den Urin nicht halten konnte. Dieses Leiden war von ihrem ersten Kindbett zurückgeblieben, und der Geruch hing in allen ihren Röcken. Ich schickte die so schnell wie möglich der Eigentümerin zurück.

Die Kaiserin selbst verlor bei dem Brande alles, was sie von ihrer ungeheuren Garderobe nach Moskau mitgebracht hatte. Sie tat mir die Ehre an, mir zu erzählen, sie habe viertausend Paar Kleider verloren[276], aber sie bedauere nur den Verlust des Kleides, das aus dem von meiner Mutter geschickten Stoffe gefertigt war, den ich ihr geschenkt hatte. Außerdem büßte sie noch viele andere Kostbarkeiten ein, darunter eine mit geschliffenen Steinen besetzte Schale, welche Graf Rumiantzow für achttausend Dukaten in Konstantinopel gekauft hatte. Alle diese Sachen wurden in einem Garderobenraume über dem Saale aufbewahrt, in welchem das Feuer ausbrach.

Dieser Saal diente als Vorraum zum Hauptsaale des Schlosses. Morgens um zehn Uhr waren die Ofenheizer gekommen, um den Vorsaal zu heizen, und hatten, nachdem sie Holz in den Ofen gelegt, das Feuer wie gewöhnlich angezündet. Darauf füllte sich der ganze Raum mit Rauch. Doch glaubten sie, er dringe durch unbemerkte Ritzen des Ofens, und schmierten deshalb die Zwischenräume zwischen den Fayencekacheln mit Ton aus. Weil aber der Rauch immer stärker wurde, suchten sie nach den Ritzen am Ofen. Sie fanden nichts und bemerkten, daß sich die Ritzen zwischen den Scheidewänden des Zimmers befanden. Diese waren nur aus Holz. Die Leute holten nun schnell Wasser herbei und löschten das Feuer im Ofen.

Aber der Rauch wurde immer stärker und drang in das Vorzimmer, wo eine Schildwache von der Garde zu Pferde stand. Der Mann wagte nicht, seinen Posten zu verlassen; weil er aber fast erstickte, drückte er ein Fenster ein, fing an zu schreien und feuerte, als niemand zu Hilfe kam, sein Gewehr ab. Man hörte den Schuß in der Hauptwache, dem Palais gegenüber, eilte herbei und fand beim Eintreten überall dichten Qualm, aus dem man endlich den Posten befreite.

Die Heizer wurden verhaftet. Sie hatten geglaubt, ohne jemand davon zu benachrichtigen, das Feuer löschen oder wenigstens die Vermehrung des Rauches verhindern zu können, und waren in gutem Glauben fünf Stunden lang damit beschäftigt gewesen.

Die Feuersbrunst führte zu einer unvermuteten Entdeckung, welche Herr Tschoglokow machte. Der Großfürst hatte nämlich in seinem Zimmer verschiedene alte Kommoden. Als diese nun hinausgetragen wurden, enthüllten einige offene oder schlecht verschlossene Kästen den Blicken der Zuschauer ihren Inhalt. Wer hätte es glauben sollen, daß diese Schubladen nichts anderes enthielten, als eine große Zahl von Wein- und Likörflaschen, also Seiner Kaiserlichen Hoheit als Keller dienten! Tschoglokow erzählte mir das; ich sagte ihm aber, ich wisse nichts davon, und so war es auch. Aber sehr häufig, ja fast täglich, bemerkte ich die Trunkenheit des Großfürsten.

Wir blieben nach dem Brande ungefähr sechs Wochen in Tschoglokows Haus. Wenn wir ausgingen, kamen wir oft an einem nahe bei der Saltykow-Brücke in einem Garten gelegenen hölzernen Hause vorbei, welches der Kaiserin gehörte und das Bischofshaus hieß, weil sie es von einem Bischof gekauft hatte. Uns kam der Gedanke, die Kaiserin ohne Wissen der Tschoglokows um die Erlaubnis zu bitten, dieses Haus bewohnen zu dürfen, weil man sagte und wir selbst den Eindruck hatten, es sei wohnlicher als das, in dem wir uns jetzt befanden. Nach vielem Hin und Her erhielten wir den Befehl, in das Bischofshaus überzusiedeln.

Das war ein ganz altes hölzernes Gebäude ohne jede Aussicht; es war über steinernen Kellern gebaut und daher höher als das von uns verlassene, das nur aus einem Erdgeschoß bestand. Die Öfen waren so alt, daß man das Feuer hindurchscheinen sah, wenn sie geheizt wurden, so viel Ritzen hatten sie, und der Rauch erfüllte die Zimmer. Wir litten daher alle an Kopf- und Augenschmerzen. Man lief in diesem Hause Gefahr, lebendig zu verbrennen, denn es gab nur eine hölzerne Treppe, und die Fenster lagen sehr hoch. In der Tat brach auch während unseres Aufenthaltes zwei- oder dreimal Feuer aus, aber es wurde noch rechtzeitig gelöscht.

Ich zog mir hier ein Halsweh mit starkem Fieber zu. An demselben Tage, an welchem ich erkrankte, sollte Herrn v. Bretlach, der vom Wiener Hofe wieder nach Rußland gekommen war, bei uns ein Abschiedssouper gegeben werden. Als er erschien und meine roten geschwollenen Augen sah, glaubte er, ich habe geweint, und er täuschte sich nicht. Langweile, mangelhaftes Befinden, leibliches und seelisches Unbehagen über meine Lage hatten mich für den ganzen Tag tief hypochondrisch gestimmt. Ich hatte allein mit Frau Tschoglokow den Tag verbracht und auf Menschen gewartet, die nicht kamen. Und sie sagte jeden Augenblick zu mir: »Ja, so verläßt man uns!« Ihr Gatte hatte außer dem Hause diniert und die ganze Gesellschaft mitgenommen. Trotz aller seiner Versprechungen, sich von diesem Diner fortstehlen zu wollen, kam Sergej Saltykow erst mit Tschoglokow zurück. Das alles versetzte mich in eine hündische Laune.

Einige Tage später erhielten wir endlich die Erlaubnis, nach Liubertzy überzusiedeln. Hier fühlten wir uns wie im Paradiese. Das Haus war ganz neu und sehr bequem eingerichtet. Jeden Abend wurde getanzt, und unser ganzer Hof war hier versammelt.

Auf einem dieser Bälle bemerkten wir, daß sich der Großfürst einmal besonders lange mit Tschoglokow unterhielt, der dann besorgt und nachdenklich aussah und verschlossener und mürrischer war als je. Als Sergej Saltykow das sah und auch Tschoglokow ihm mit eigentümlicher Kälte begegnete, setzte er sich zu Fräulein Marfa Schafirow und suchte von ihr zu erfahren, was die ungewohnte Vertraulichkeit des Großfürsten mit Tschoglokow bedeuten könne. Sie sagte ihm, sie wisse zwar die Ursache nicht, ahne aber, was es sein könne. Der Großfürst habe wiederholt zu ihr gesagt: »Sergej Saltykow und meine Frau betrügen Tschoglokow auf eine unerhörte Weise. Tschoglokow ist in die Großfürstin verliebt, aber sie kann ihn nicht leiden. Sergej Saltykow ist sein Vertrauter und redet ihm vor, daß er sich bei

269

meiner Frau für ihn verwende, statt dessen aber bemüht er sich bei ihr nur für sich selbst. Und sie kann den unterhaltenden Sergej Saltykow sehr wohl leiden! Sie bedient sich seiner, um Tschoglokow zu gängeln, wie sie will, aber im Grunde macht sie sich über beide lustig. Tschoglokow, der arme Teufel, tut mir leid; ich muß ihm die Augen öffnen und ihm die Wahrheit sagen. Dann wird er sehen, wer sein wahrer Freund ist, meine Frau oder ich.«

Als Sergej Saltykow von diesem gefährlichen Gespräch und der unangenehmen Lage der Dinge, die sich daraus ergab, erfahren hatte, erzählte er mir alles wieder. Dann setzte er sich zu Tschoglokow und fragte ihn, was ihm fehle. Dieser wollte sich anfangs nicht aussprechen und seufzte nur. Dann begann er lange Klagelieder, wie schwer es sei, treue Freunde zu finden, bis ihn endlich Sergej Saltykow so ins Gebet nahm, daß er aus ihm ein Geständnis über sein kürzliches Gespräch mit dem Großfürsten herauspreßte. Natürlich hätte man das zwischen ihnen Gesagte nicht erwarten können, hätte man es nicht vorher gewußt.

Seine Kaiserliche Hoheit habe damit angefangen, Tschoglokow heilige Versicherungen seiner Freundschaft zu geben, und gesagt, nur in den schwierigsten Lebenslagen könne man die wahren Freunde von den falschen unterscheiden. Um ihm die Aufrichtigkeit seiner Freundschaft zu zeigen, wolle er ihm einen sehr deutlichen Beweis seiner Offenheit geben. Er wisse ganz genau, daß er, Tschoglokow, in mich verliebt sei, und rechne ihm das nicht als Verbrechen an. Ich möge ihm ja liebenswert erscheinen, und man sei nicht der Herr seines Herzens. Aber er müsse ihn unbedingt darauf aufmerksam machen, daß er seine Vertrauten schlecht wähle. Denn er glaubte gutmütig, Sergej Saltykow sei sein Freund und bemühe sich bei mir für ihn, während der nur für sich selbst arbeite und ihn als Nebenbuhler mit Mißtrauen betrachte. Ich indes mache mich über sie beide lustig. Wenn aber Tschoglokow seinem Rate folgen und sich ihm, dem Großfürsten, anvertrauen wolle, so werde er sehen, daß er sein einziger und wahrer Freund sei. Herr Tschoglokow hatte dem Großfürsten sehr für seine Freundschaft und Freundschaftsbeteuerungen gedankt, im Grunde aber alles übrige für Torheiten und Einbildungen gehalten. Es ist leicht zu verstehen, daß er in keinem Fall viel auf einen Vertrauten geben konnte, der durch seine Stellung wie durch seinen Charakter ebenso unverläßlich wie nutzlos war.

Nachdem sich Tschoglokow ausgesprochen hatte, kostete es Sergej Saltykow keine große Mühe, wieder Ruhe und Frieden in sein Herz einziehen zu lassen, zumal Tschoglokow nicht gewöhnt war, den Reden eines bekanntermaßen urteilsunfähigen Menschen unnötige Beachtung und Aufmerksamkeit zu schenken.

Ich muß gestehen, daß ich über den Großfürsten empört war, als ich das alles hörte. Um ihm die Lust zu einer Wiederholung zu nehmen, ließ ich ihn merken, daß ich wisse, was zwischen ihm und Tschoglokow vorgegangen war. Er wurde rot und antwortete kein Wort; dann entfernte er sich und schmollte mit mir, und dabei hatte die Sache ihr Bewenden.

Als wir wieder in Moskau waren, ließ man uns aus dem Bischofshause in die Gemächer des sogenannten Sommerhauses der Kaiserin übersiedeln, das vom Brande verschont geblieben war. Die Kaiserin selbst hatte sich im Laufe von sechs Wochen ein neues Palais erbauen lassen, zu dem die Balken aus dem Hause in Perowo, aus dem des Grafen Hendrikow und dem der Fürsten Gruzinskij herbeigeschafft wurden. Gegen Neujahr bezog sie es dann.

Die Kaiserin feierte den 1. Januar des Jahres 1754 in diesem Palais. Der Großfürst und ich hatten die Ehre, mit ihr öffentlich unter dem Thronhimmel zu dinieren. Während der Tafel war Ihre Majestät anscheinend sehr heiter und gesprächig. Zu Füßen des Thrones waren Tische für mehrere hundert Personen aus den ersten Kreisen gedeckt. Während des Diners fragte die Kaiserin, wer, wie sie sich ausdrückte, jene magere, häßliche Person mit dem Kranichhals sei, die sie dort sitzen sehe (sie deutete auf den Platz). Man sagte ihr, es sei Fräulein Marfa Schafirow. Sie brach in lautes Lachen aus, wandte sich dann zu mir und sagte, das erinnere sie an ein russisches Sprichwort, welches lautete: »Schejka dolga na wiselitzu godna, ein langer Hals ist nur gut zum Aufhängen.«

Ich mußte über diesen boshaften kaiserlichen Witz lächeln. Er fiel nicht unter den Tisch! Von Mund zu Mund wiederholten ihn die Höflinge, so daß ich, als wir von der Tafel aufstanden, schon viele davon unterrichtet fand. Ob der Großfürst ihn gehört hatte, weiß ich nicht, jedenfalls sagte er kein Sterbenswörtchen darüber, und ich hütete mich natürlich, mit ihm davon zu sprechen.

Kein Jahr war so reich an Feuersbrünsten wie die Jahre 1753 und

1754. Mehr als einmal habe ich aus den Fenstern dieser Gemächer des Sommerpalais zwei, drei, vier, ja fünf Feuersbrünste zugleich an verschiedenen Stellen der Stadt Moskau gesehen.

Während des Karnevals fanden auf Befehl der Kaiserin mehrere Bälle und Maskeraden in ihren neuen Gemächern statt. Bei einem solchen bemerkte ich, daß die Kaiserin eine lange Unterredung mit der Generalin Matiuschkin hatte. Diese wünschte nicht, daß sich ihr Sohn mit der Prinzessin Gagarin, meiner Hofdame, vermählte. Jedoch die Kaiserin redete der Mutter zu, und die Prinzessin Gagarin, die gut achtunddreißig Jahre alt war, erhielt die Erlaubnis, Herrn Dmitrij Matiuschkin zu heiraten. Sie freute sich sehr darüber und ich auch. Das war eine Liebesheirat: Matiuschkin war damals ein bildschöner Mensch.

Frau Tschoglokow zog nicht mit uns in die Sommergemächer, sondern blieb unter verschiedenen Vorwänden mit ihren Kindern in ihrem nahe dem Schlosse gelegenen Hause. Die Wahrheit war, daß diese Frau, so sittsam und so liebevoll zu ihrem Gemahle sie bisher gewesen war, eine heiße Leidenschaft für Fürst Peter Repnin und eine sichtliche Abneigung gegen ihren Gatten gefaßt hatte. Sie glaubte, ohne eine Vertraute nicht glücklich sein zu können, und mich hielt sie anscheinend für den verläßlichsten Menschen. Sie zeigte mir alle Briefe, die sie von ihrem Liebhaber empfing, und ich bewahrte ihr Geheimnis getreulich und mit peinlicher Gewissenhaftigkeit und Vorsicht.

Sie sah den Fürsten nur ganz im geheimen. Trotzdem stieg dem Gemahl der Dame Verdacht auf. Den hatte ihm ein Offizier der Garde zu Pferde, namens Kamynin, eingegeben. Dieser Mensch war die leibhaftige Eifersucht und der Argwohn selbst; es lag so in seinem Charakter. Er war ein alter Bekannter von Tschoglokow, welcher sich an Sergej Saltykow wandte, der ihn zu beruhigen suchte. Ich hütete mich, Sergej Saltykow mitzuteilen, was ich wußte, aus Furcht vor einer unfreiwilligen Indiskretion. Endlich machte der Ehemann auch mir einige Andeutungen, aber ich spielte die Einfältige und Erstaunte und schwieg.

Im Februar machten sich Anzeichen von Schwangerschaft bei mir bemerkbar.

Gerade am Ostertage während der Messe erkrankte Tschoglokow an einer trockenen Kolik.

Man gab ihm sogleich starke Mittel, aber seine Krankheit verschlimmerte sich zusehends.

In der Osterwoche unternahm der Großfürst mit den Kavalieren unseres Hofes einen Spazierritt. Auch Sergej Saltykow nahm daran teil. Ich blieb zu Hause, denn in meinem Zustande wollte man mich nicht ausgehen lassen, weil ich schon zwei Fehlgeburten gehabt hatte. Ich saß ganz allein in meinem Zimmer, als Tschoglokow mich zu sich bitten ließ. Ich ging und fand ihn im Bett. Er beklagte sich bitter über seine Frau. Er erzählte mir, sie habe Zusammenkünfte mit Fürst Repnin, der zu Fuß zu ihr komme. Während des Karnevals habe er sie am Tage eines Hofballes sogar im Harlekinkostüm besucht; Kamynin habe ihn beobachten lassen. Kurz, Gott weiß, welche Einzelheiten er mir da erzählte!

Gerade als er in der größten Aufregung war, trat seine Frau ein. In meinem Beisein überhäufte er sie nun mit tausend Vorwürfen und sagte, sie verlasse ihn sogar, während er krank liege. Sie beide waren argwöhnische, beschränkte Menschen, und ich kam fast um vor Angst, seine Frau könne glauben, ich habe ihm die vielen Einzelheiten verraten, die er über ihre Zusammenkünfte vorbrachte. Sie erwiderte ihm aber, es sei nicht weiter befremdend, wenn sie ihn für sein früheres Benehmen gegen sie bestrafe. Weder er, noch irgend jemand könne ihr vorwerfen, daß sie je zuvor ihre Pflichten ihm gegenüber irgendwie verletzt habe. Sie schloß damit, es stehe ihm schlecht an, sich zu beklagen.

Sie bezogen sich beide fortwährend auf mich und verlangten mein Urteil und meine Entscheidung über das, was sie sagten. Aus Furcht, einen von ihnen oder gar beide zu beleidigen oder mich bloßzustellen, schwieg ich. Mein Gesicht glühte vor Angst; ich war ganz allein mit ihnen.

Als der Streit gerade auf seiner Höhe war, meldete mir Frau Wladislaw, die Kaiserin habe meine Gemächer betreten. Sofort eilte ich dorthin. Frau Tschoglokow kam mit mir, sie folgte mir aber nicht, sondern blieb in einem Korridor stehen, aus welchem eine Treppe in den Garten führte. Sie setzte sich auf diese Treppe, wie man mir später erzählte. Ganz außer Atem kam ich in mein Zimmer, wo ich tatsächlich die Kaiserin fand.

Als sie mich so atemlos und gerötet kommen sah, fragte sie, wo ich gewesen sei. Ich erwiderte ihr, ich komme soeben von Tschoglokow, der krank sei, und ich sei gelaufen, um so schnell wie möglich zurückzukehren, weil ich gehört hätte, sie habe geruht, mich zu besuchen. Sie fragte mich nicht weiter, allein es schien mjr, als wenn sie über meine Worte nachsinne und als ob ihr etwas daran auffalle. Doch fuhr sie fort, mit mir zu sprechen. Sie fragte mich nicht, wo der Großfürst sei, denn sie wußte, daß er ausgegangen war. Während der ganzen Regierung der Kaiserin wagte weder er noch ich, in die Stadt zu gehen oder auch nur das Haus zu verlassen, ohne ihre Erlaubnis einzuholen.

Frau Wladislaw war im Zimmer, und die Kaiserin sprach sie mehrfach an. Dann wandte sie sich an mich, redete von gleichgültigen Dingen und entfernte sich nach einer kleinen halben Stunde mit der Bemerkung, sie gestatte mir wegen meines Zustandes, am 21. und 25. April nicht zu erscheinen.

Ich wunderte mich, daß Frau Tschoglokow mir nicht gefolgt war, und als die Kaiserin fort war, fragte ich Frau Wladislaw, wo sie geblieben sei. Die erzählte mir, sie habe sich auf die Treppe gesetzt und geweint.

Nach der Rückkehr des Großfürsten erzählte ich Sergej Saltykow, wie es mir während des Spazierritts ergangen sei, wie Tschoglokow mich hatte rufen lassen, was zwischen Mann und Frau gesagt worden war, von meiner Angst und von dem Besuche der Kaiserin. Er meinte darauf: »Wenn das so ist, so glaube ich, die Kaiserin kam nur, um zu sehen, was Sie in Abwesenheit ihres Gemahls treiben. Damit man aber sieht, daß Sie ganz allein in ihren Gemächern und bei Tschoglokow waren, werde ich mit allen meinen Genossen, so wie wir sind, von Kopf bis Fuß beschmutzt, zu Iwan Schuwalow gehen.«

Tatsächlich begab er sich, nachdem der Großfürst sich zurückgezogen hatte, mit allen, die an dem Spazierritt teilgenommen, zu Iwan Schuwalow, der im Palais wohnte. Als sie zu ihm kamen, erkundigte sich dieser nach den Einzelheiten ihres Spazierritts, und Sergej Saltykow erzählte mir nachher, aus seinen Fragen sei hervorgegangen, daß er sich nicht getäuscht hatte.

Seit diesem Tage verschlimmerte sich die Krankheit Tschoglokows immer mehr. Am 21. April, meinem Geburtstage, erklärten die Ärzte jede Hoffnung auf Genesung für geschwunden. Man setzte sofort die Kaiserin davon in Kenntnis, und wie stets in solchen Fällen befahl sie, den Kranken in sein eigenes Haus zu schaffen, damit er nicht im Schlosse stürbe. Sie fürchtete sich nämlich vor Toten.

Als ich von Herr Tschoglokows Zustand hörte, war ich sehr betrübt. Er starb gerade zu der Zeit, als es uns endlich nach vielen Jahren der Mühe und Anstrengung gelungen war, ihn weniger schlecht und boshaft zu machen, als er auch umgänglicher geworden war und man wirklich mit ihm auskommen konnte, weil man seinen Charakter kennengelernt hatte. Seine Frau liebte mich damals aufrichtig; aus einem rauhen, bösen Argus war eine verläßliche und ergebene Freundin geworden.

Tschoglokow lebte in seinem Hause noch bis zum 25. April, dem Krönungstag der Kaiserin. An diesem Tage nachmittags verschied er. Ich wurde sofort benachrichtigt, denn ich ließ fast stündlich nachfragen. Ich war aufrichtig traurig und weinte viel. Während der letzten Tage der Krankheit ihres Gatten war auch Frau Tschoglokow bettlägerig gewesen; er lag auf der einen, sie auf der anderen Seite des Hauses.

Sergej Saltykow und Leo Naryschkin befanden sich gerade im Zimmer von Frau Tschoglokow, als ihr Gemahl starb. Die Fenster standen offen, ein Vogel flog herein und setzte sich auf den Rand der Türfassung dem Bette gegenüber, in welchem Frau Tschoglokow lag. Sie beobachtete das und sagte: »Sicherlich hat mein Mann soeben seinen Geist aufgegeben; lassen Sie fragen, ob das wahr ist!« Und in der Tat kam man, ihr zu sagen, er sei wirklich gestorben. Sie behauptete, dieser Vogel sei die Seele ihres Gatten gewesen. Man wollte ihr beweisen, daß es ein ganz gewöhnlicher Vogel war, konnte ihn aber nicht mehr finden. So sagte man ihr, er sei fortgeflogen. Weil aber niemand das gesehen hatte, blieb sie bei der Überzeugung, es sei die Seele ihres Mannes gewesen, die sie aufgesucht habe.

Nach Herrn Tschoglokows Bestattung wollte Frau Tschoglokow mich aufsuchen. Als aber die Kaiserin sie über die lange Jauza-Brücke kommen sah, schickte sie ihr jemand entgegen, der ihr meldete, sie sei ihres Dienstes bei mir enthoben und solle in ihr Haus zurückkehren. Es mißfiel Ihrer Kaiserlichen Majestät, daß sie als Witwe schon so früh ausging. Am selben Tage übertrug sie Herrn Alexander Iwanowitsch Schuwalow die Stelle des verstorbenen Herrn Tschoglokow beim Großfürsten.

Dieser Herr Alexander Schuwalow war, allerdings nicht durch sich selbst, sondern wegen der Stellung, welche er einnahm, der Schrecken des Hofes, der Stadt und des ganzen Reiches. Er war der Chef der Staatsinquisition, welche damals die Geheime Kanzlei genannt wurde. Wie es hieß, hatte er sich bei seiner amtlichen Tätigkeit eine Art Krampf zugezogen, der immer, wenn er Freude,

Zorn, Schrecken oder Furcht empfand, die ganze rechte Seite seines Gesichtes vom Auge bis zum Kinn verzerrte.

Man mußte sich wundern, daß ein Mann mit einer so scheußlichen Fratze gewählt worden war, um fortwährend mit einer schwangeren jungen Frau zusammen zu sein. Hätte ich ein Kind mit solchen unglücklichen Zuckungen zur Welt gebracht, so wäre die Kaiserin gewiß sehr zornig gewesen. Und doch hätte das leicht geschehen können, denn ich sah ihn immer, aber niemals gern, sondern meist mit einem Gefühl unwillkürlicher Abneigung wegen seines Äußeren, seiner Verwandten und seines Amtes. Dieses vermehrte natürlich die Annehmlichkeit seiner Gesellschaft nicht. Aber das war nur ein kleiner Anfang der schönen Zeit, die man uns, besonders aber mir, vorbereitete.

Am nächsten Tage kam man mir sagen, die Kaiserin wolle mir wieder die Gräfin Rumiantzow beigeben. Ich wußte, daß sie die geschworene Feindin von Sergej Saltykow war, daß sie die Prinzessin Gagarin auch nicht gern sah und einst meiner Mutter bei der Kaiserin sehr geschadet hatte. Auf diese Nachricht hin verlor ich diesmal völlig die Fassung. Ich weinte bitterlich und erklärte dem Grafen Alexander Schuwalow, wenn man mir die Gräfin Rumiantzow beigebe, müsse ich das als ein großes Unglück für mich betrachten, denn diese Frau habe früher meiner Mutter durch Anschwärzungen bei der Kaiserin geschadet und werde jetzt mich genauso behandeln. Man habe sie gefürchtet wie die Pest, als sie bei uns war. Diese Bestimmung würden viele Unglückliche machen, wenn er nicht ein Mittel wisse, sie abzuwenden.

Er versprach, sich darum zu bemühen, und suchte mich zu beruhigen, denn er fürchtete besonders für meinen Zustand. Er begab sich auch wirklich zur Kaiserin, und als er zurückkam, äußerte er die Hoffnung, die Kaiserin werde mir nicht die Gräfin Rumiantzow beigeben. Wirklich hörte ich nicht mehr davon sprechen, und man beschäftigte sich nur noch mit der Abreise nach Petersburg.

Es wurde bestimmt, wir sollten neunundzwanzig Tage unterwegs sein, also an jedem Tage nur eine Poststation zurücklegen. Ich hatte eine Todesangst, man könne Sergej Saltykow und Leo Naryschkin in Moskau zurücklassen. Aber ich weiß nicht, wie es kam, man war so gnädig, sie unserem Gefolge zuzuteilen.

Endlich am 10. oder 11. Mai verließen wir das Moskauer

Palais.[277] Ich fuhr in einem Wagen mit der Frau des Grafen Alexander Schuwalow[278], der langweiligsten Person, die man sich denken kann, mit Frau Wladislaw und der Hebamme, die man für unumgänglich nötig hielt, weil ich schwanger war. Ich langweilte mich wie ein Hund in meinem Wagen und weinte die ganze Zeit. Endlich benutzte Prinzessin Gagarin einen günstigen Augenblick, als sie sich mir nähern konnte, um mir zu sagen, sie bemühe sich, Frau Wladislaw günstig für mich zu stimmen, weil sie und alle anderen fürchteten, die Hypochondrie, in welche mein Zustand mich versetzte, könnte mir und dem Kinde, das ich unter dem Herzen trug, schaden. Sie persönlich liebte die Gräfin Schuwalow nicht, weil deren Tochter, die mit Golowkin, einem Vetter der Prinzessin verheiratet war, den Eltern ihres Gemahls sehr wenig Entgegenkommen zeigte. Sergej Saltykow wagte nicht, sich weder von nah noch von fern sehen zu lassen wegen der ständigen drückenden Gegenwart des Ehepaares Schuwalow.

Es gelang ihr also auch wirklich, Frau Wladislaw gut zuzureden, und die ließ sich wenigstens zu kleinen Zugeständnissen bereitfinden, um den ewigen Druck und Zwang etwas zu mildern, aus dem eben jene Hypochondrie entsprang, die ich nicht mehr meistern konnte. Es handelte sich auch nur um eine Kleinigkeit; nämlich um nichts weiter, als um eine kurze Unterredung. Endlich wurde sie mir gewährt.

So kamen wir nach neunundzwanzig solcher langweiligen Reisetage in Petersburg im Sommerpalais an.[279] Vor allem nahm der Großfürst hier wieder seine Konzerte auf. Das machte es mir ein wenig leichter, Gespräche zu führen. Aber meine Hypochondrie war derartig geworden, daß ich bei der geringsten Veranlassung in Tränen ausbrach. Tausenderlei Befürchtungen gingen mir durch den Kopf, ich konnte mich, kurz gesagt, nicht von dem Gedanken losmachen, alles liefe auf die Entfernung von Sergej Saltykow hinaus.

Wir gingen nach Peterhof.[280] Ich ging dort viel spazieren, aber mein Kummer verließ mich nicht. Im August kehrten wir nach der Stadt zurück und nahmen wieder im Sommerpalais Wohnung. Wie ein tödlicher Schlag traf es mich, als ich erfuhr, daß man für meine Niederkunft Gemächer herrichtete, welche an die Gemächer der Kaiserin stießen und zu ihnen gehörten. Alexander Schuwalow zeigte sie mir. Ich sah zwei Zimmer wie alle anderen im Sommerpalais, düster und nur mit einem Ausgang, schlecht in rot Damast ausgestattet, fast ohne Möbel und jeder Bequemlichkeit bar.

Ich ahnte, daß ich hier einsam, ohne jede Gesellschaft und kreuzunglücklich sein werde. Das äußerte ich auch Sergej Saltykow sowie der Prinzessin Gagarin gegenüber, die sich zwar untereinander nicht eben liebten, denen aber doch die Freundschaft für mich ein einigendes Band war. Sie waren ganz meiner Ansicht, es war aber nichts daran zu ändern.

Diese von den Gemächern des Großfürsten sehr entfernten Zimmer sollte ich am Mittwoch beziehen. Am Dienstag[281] ging ich zu Bett und erwachte in der Nacht mit heftigen Schmerzen. Ich weckte Frau Wladislaw, die sofort die Hebamme holen ließ, welche erklärte, ich werde bald niederkommen. Darauf ließ man den Großfürsten, der in seinem Zimmer schlief, und Graf Schuwalow wecken. Der letztere schickte sogleich zur Kaiserin, die unverzüglich, etwa um zwei Uhr nachts, erschien.

Ich litt sehr, aber erst gegen Mittag des folgenden Tages, am 20. September, wurde ich von einem Sohne entbunden. Nachdem er gewickelt war, ließ die Kaiserin ihren Beichtvater rufen, der dem Kinde den Namen Paul gab. Dann befahl sie der Hebamme, es zu nehmen und ihr zu folgen.

Ich blieb auf meinem Schmerzenslager liegen. Es stand einer Tür gegenüber, durch welche ich das helle Tageslicht sah; hinter mir waren zwei große Fenster, die schlecht schlossen, und rechts und links vom Bett zwei Türen, von denen die eine in mein Toilettenzimmer, die andere in Frau Wladislaws Gemach führte.

Nachdem die Kaiserin sich entfernt hatte, gingen auch der Großfürst sowie Herr und Frau Schuwalow, und bis nach drei Uhr sah ich keinen Menschen mehr. Ich hatte stark geschwitzt und bat Frau Wladislaw, mir die Wäsche zu wechseln und mich ins Bett zu legen, allein sie erklärte, sie wage das nicht zu tun. Mehrere Male schickte sie nach der Hebamme, die aber nicht kam. Ich verlangte zu trinken und erhielt dieselbe Antwort.

Endlich, nach drei Uhr, kam die Gräfin Schuwalow in großer Toilette. Als sie mich noch da liegen sah, wo sie mich verlassen hatte, schrie sie laut auf und erklärte, man wolle mich wohl auf diese Weise umbringen. Das war sehr tröstlich für mich. Seit meiner Niederkunft war ich in Tränen gebadet, besonders weil ich so verlassen dalag auf einem schlechten, unbequemen

Lager, nach heftigen, schmerzhaften Geburtswehen, zwischen Türen und Fenstern, die schlecht schlossen, ohne daß jemand wagte, mich in mein zwei Schritt entferntes Bett zu tragen, denn ich selbst hatte nicht die Kraft, mich hinzuschleppen.

Frau Schuwalow entfernte sich sogleich, und sie ließ wohl die Hebamme holen, denn diese kam nach einer halben Stunde und erzählte, die Kaiserin sei so mit dem Kinde beschäftigt gewesen, daß sie nicht einen Augenblick habe fortgehen dürfen. An mich dachte man eben nicht. Eine solche Vergeßlichkeit war allerdings nicht sehr schmeichelhaft für mich. Ich kam in der Zeit vor Ermattung und Durst bald um.

Endlich brachte man mich in mein Bett. Dann sah ich den ganzen Tag keine lebende Seele, ebensowenig erkundigte sich jemand nach meinem Befinden. Seine Kaiserliche Hoheit trank mit allen, die ihm in den Weg kamen, und die Kaiserin war mit dem Kinde beschäftigt. In der Stadt und im ganzen Reiche herrschte die größte Freude über das glückliche Ereignis.

Vom nächsten Tage an fühlte ich unerträgliche rheumatische Schmerzen, die sich von der Hüfte am Schenkel und linken Bein hinunterzogen. Der Schmerz raubte mir den Schlaf, und ich bekam dazu noch ein heftiges Fieber. Trotzdem aber bewies man mir am nächsten Tage ungefähr die gleiche Aufmerksamkeit, ich sah niemand, und niemand fragte nach mir. Doch kam der Großfürst für einen Augenblick in mein Zimmer, ging aber gleich wieder fort mit dem Bemerken, er habe keine Zeit zu bleiben.

Ich weinte und stöhnte den ganzen Tag in meinem Bette. Nur Frau Wladislaw war bei mir im Zimmer; im Grunde bedauerte sie mich, konnte mir aber nicht helfen. Auch liebte ich es nicht, bedauert zu werden oder mich zu beklagen. Ich hatte einen zu stolzen Charakter, und schon der Gedanke, unglücklich zu sein, war mir unerträglich. Bisher hatte ich alles getan, was ich konnte, um nicht unglücklich zu scheinen.

Ich hätte Graf Alexander Schuwalow und seine Frau sehen können, aber das waren so einfältige und langweilige Leute, daß ich immer froh war, wenn sie nicht da waren.

Am dritten Tage ließ die Kaiserin Frau Wladislaw fragen, ob nicht eine Mantille aus blauem Atlas, welche Ihre Kaiserliche Majestät am Tage meiner Niederkunft getragen hatte, weil es bei mir im Zimmer sehr kalt war, bei mir liegengeblieben sei. Frau Wladislaw suchte diese Mantille überall und fand sie endlich in einem Winkel meines Toilettenzimmers, wo man sie nicht bemerkt hatte, weil seit meiner Entbindung dieses Zimmer nur wenig betreten wurde. Als sie den Gegenstand also gefunden hatte, schickte sie ihn sofort zurück.

Wie wir kurze Zeit danach erfuhren, hatte diese Mantille zu einem recht eigentümlichen Vorfall Veranlassung gegeben. Die Kaiserin hatte keine bestimmten Zeiten, wann sie zu Bett ging und aufstand, wann sie dinierte, soupierte oder Toilette machte. An einem dieser drei Tage legte sie sich nachmittags auf ein Kanapee, auf welches sie eine Matratze und Kissen hatte breiten lassen. Als sie lag, verlangte sie die Mantille, weil ihr kalt war. Man suchte, aber fand sie nicht, weil sie in meinem Zimmer geblieben war. Die Kaiserin befahl darauf, unter ihrem Kopfkissen nachzusehen, weil sie annahm, sie läge darunter. Die Schwester von Frau Kruse, die Lieblingskammerfrau der Kaiserin, schob nun ihre Hand unter das Kissen Ihrer Kaiserlichen Majestät, zog sie jedoch mit dem Bemerken zurück, die Mantille sei nicht da, wohl aber ein Paket Haare oder etwas Ähnliches, sie wisse nicht was.

Die Kaiserin erhob sich sofort und befahl, die Matratze samt den Kissen wegzunehmen. Mit Erstaunen fand man nun ein Paket, in welchem sich um verschiedene Wurzeln gewickelte Haare befanden.

Sofort erklärten die Frauen der Kaiserin und auch diese selbst, das müsse sicher ein Zaubermittel oder eine Hexerei sein, und alle ergingen sich in Vermutungen, wer wohl die Kühnheit gehabt haben könnte, dieses Paket unter das Kopfkissen der Kaiserin zu legen. Man hatte von den Frauen eine, die Ihre Kaiserliche Majestät besonders liebte, im Verdacht. Sie hieß Anna Dmitrijewna Domaschow. Vor nicht langer Zeit war sie Witwe geworden und hatte sich in zweiter Ehe mit einem Kammerdiener der Kaiserin verheiratet. Die Herren Schuwalow schätzten diese Frau nicht, die ihnen Feind war, und die durch ihren Einfluß und weil sie das Vertrauen der Kaiserin seit ihrer Jugend besaß, ihnen wohl einen Streich spielen konnte, der ihrer Günstlingsstellung geschadet hätte.

Die Schuwalows hatten viele Anhänger, und die sahen in der Sache natürlich nun auch ein Verbrechen. Dazu war die Kaiserin selbst sehr geneigt, weil sie an Zaubermittel und Hexerei glaubte. Sie befahl also dem Grafen Alexander Schuwalow, die Frau sowie ihren Gatten und ihre beiden Söhne, von denen der eine Gardeoffizier, der andere Kammerpage der Kaiserin war, verhaften zu lassen. Der Gatte verlangte zwei Tage nach seiner Verhaftung ein Rasiermesser, um sich zu barbieren, und schnitt sich damit die Kehle durch. Die Frau und ihre Söhne saßen lange im Gefängnis. Sie gestand ein, sie habe, um sich die Gunst der Kaiserin noch lange zu erhalten, Zaubermittel angewandt, und zwar ein paar Körner Gründonnerstagssalz in ein Glas Ungarwein geschüttet, das sie dann der Kaiserin präsentierte.

Die Sache endete damit, daß die Mutter und ihre Söhne aus Moskau verbannt wurden.

Es wurde dann das Gerücht in Umlauf gesetzt, eine Ohnmacht, welche die Kaiserin kurze Zeit vor meiner Entbindung gehabt, sei die Folge der Tränke gewesen, die ihr jene Frau gereicht hatte. In Wahrheit hatte sie ihr nicht mehr als zwei oder drei Körner Gründonnerstagssalz gegeben, die ihr sicherlich nicht schaden konnten. Das einzig Tadelnswerte war also nur die Dreistigkeit der Frau und ihr Aberglaube.

Der Großfürst, der sich abends ohne meine Hofdamen langweilte, denen er den Hof zu machen pflegte, schlug mir schließlich vor, die Abende in meinem Zimmer zu verbringen. Er bemühte sich damals gerade um die Häßlichste von allen, die Gräfin Elisabeth Worontzow.

Am sechsten Tage fand die Taufe meines Sohnes statt.[282] Er wäre beinahe schon an der Mundfäule gestorben. Ich konnte nur heimlich Nachrichten über ihn erhalten, denn nach seinem Befinden zu fragen hätte als Zweifel an der Sorgfalt der Kaiserin gegolten und wäre sehr schlecht aufgenommen worden. Zudem hatte sie ihn in ihr eigenes Zimmer bringen lassen, und wenn er schrie, eilte sie selbst zu ihm.

Aus lauter Sorgfalt wurde er buchstäblich erstickt. Er lag in einem sehr heißen Zimmer, ganz in Flanell gewickelt, in einer mit schwarzem Fuchspelz ausgeschlagenen Wiege und war mit einer wattierten Atlassteppdecke zugedeckt. Darüber lag eine mit schwarzem Fuchspelz gefütterte rote Sammetdecke. Ich selbst habe ihn später oft so liegen sehen: der Schweiß lief ihm über das Gesicht und den ganzen Körper herab. Das ist auch der Grund, daß er sich, als er größer war, beim geringsten Luftzug erkältete und krank wurde. Außerdem war er von einer großen Zahl alter Weiber umgeben, die aus mißverstandener Fürsorge und Mangel an gesundem Menschenverstand ihm viel mehr körperliche und seelische Leiden zufügten, als daß sie ihm nützten.

Am Tage der Taufe kam die Kaiserin nach der Feierlichkeit in mein Zimmer und überreichte mir eigenhändig auf einer goldenen Schale einen Befehl an ihr Kabinett, mir 100 000 Rubel zu senden. Daneben lag ein Schmuckkästchen, welches ich nicht eher öffnete, als bis sie sich entfernt hatte. Das Geld kam mir sehr gelegen, denn ich besaß keinen Groschen und war mit Schulden überlastet. Der Schmuckkasten machte keinen guten Eindruck auf mich, als ich ihn öffnete. Er enthielt ein ärmliches kleines Kollier mit Ohrgehängen und zwei elende Ringe, die ich mich geschämt hätte, meiner Kammerfrau zu schenken. In dem ganzen Schmuckkasten war nicht ein Stein, der hundert Rubel wert gewesen wäre, auch war weder die Arbeit noch der Geschmack sehr glänzend. Ich schwieg und ließ das kaiserliche Schmuckkästchen verschließen.

Offenbar empfand man die rechte Schäbigkeit des Geschenkes, denn Graf Alexander Schuwalow kam sagen, er habe Befehl, sich zu erkundigen, wie mir das Schmuckkästchen gefalle. Ich erwiderte ihm, ich sei gewohnt, alles, was ich aus den Händen Ihrer Kaiserlichen Majestät empfange, als unschätzbar zu betrachten. Er entfernte sich lächelnd mit diesem Kompliment. Später kam er noch einmal darauf zurück. Als er sah, daß ich das schöne Halsband und die elenden Ohrringe nie trug, forderte er mich auf, sie anzulegen. Darauf antwortete ich ihm, ich pflege an den Festen der Kaiserin nur das Schönste zu tragen, was ich besitze, und das Kollier und die Ohrgehänge könnte ich unmöglich dazu rechnen.

Vier oder fünf Tage, nachdem man mir das von der Kaiserin geschenkte Geld gebracht hatte, ließ mich ihr Kabinettssekretär, Baron Tscherkasow, bitten, das Geld um Gottes willen dem Kabinett der Kaiserin zu leihen, denn sie fordere Geld, aber es sei kein Groschen da. Ich schickte ihm also das Geld zurück, und er gab es mir im Januar wieder.

Als der Großfürst von dem Geschenke hörte, welches die Kaiserin mir gemacht, geriet er in schreckliche Wut, weil sie ihm nichts gegeben hatte. Er sprach mit großer Heftigkeit mit Graf Alexander Schuwalow. Dieser sagte es der Kaiserin wieder, worauf sie sofort ihrem Neffen die gleiche Summe schickte wie mir, und dazu borgte man sich mein Geld. Man muß wirklich sagen, die Schuwalows waren im allgemeinen sehr ängstliche Leute, und damit konnte man sie lenken: aber diese schönen Eigenschaften waren damals noch nicht ganz offenkundig.

Nach der Taufe meines Sohnes fanden Festlichkeiten, Bälle, Illuminationen und Feuerwerke bei Hofe statt. Ich lag noch immer krank zu Bett und wurde von Langweile gequält. Endlich, am siebzehnten Tage nach meiner Entbindung, teilte man mir zwei höchst unangenehme Nachrichten mit: erstens, daß Sergej Saltykow beauftragt worden war, die Kunde von der Geburt meines Sohnes nach Schweden zu bringen; zweitens, daß die Hochzeit der Prinzessin Gagarin auf die nächste Woche angesetzt war, das heißt auf gut französisch, daß ich für immer von den beiden Leuten getrennt werden sollte, die mir aus meiner ganzen Umgebung am liebsten waren.[283]

Mehr als je vergrub ich mich in mein Bett, wo ich mich beständig grämte. Um liegen bleiben zu dürfen, schützte ich eine Verschlimmerung der Schmerzen im Bein vor, die mich hinderten, aufzustehen. Aber in Wahrheit wollte und konnte ich niemand sehen, weil ich unsäglich traurig war.

Während ich in den Wochen lag, hatte auch der Großfürst eine große Unannehmlichkeit. Graf Alexander Schuwalow teilte ihm nämlich mit, ein früherer Jäger des Großfürsten, namens Bastian, dem der Kaiser vor mehreren Jahren befohlen hatte, meine frühere Kammerjungfer Fräulein Schenk zu heiraten, habe ihm gemeldet, er habe von jemand gehört, Bressan wollte den Großfürsten mit irgend etwas trunken machen. Nun aber war dieser Bastian ein großer Lump und Trunkenbold, der zuweilen mit Seiner Kaiserlichen Hoheit zechte. Er hatte sich mit Bressan, den er beim Großfürsten für bevorzugter hielt als sich selbst, entzweit und gedachte diesem einen bösen Streich zu spielen. Der Großfürst hatte beide sehr gern. Bastian wurde in die Festung gesteckt, und Bressan wäre fast auch dort eingesperrt worden, er kam aber mit dem Schrecken davon. Der Jäger wurde des Landes verwiesen und samt seiner Frau nach Holstein geschickt. Bressan aber behielt seine Stellung, weil er jedermann als Spion diente.

Nach einigem Verzug, der daher rührte, daß die Kaiserin weder oft noch gern unterschrieb, reiste Sergej Saltykow ab. Die Prinzessin Gagarin heiratete inzwischen zur angesetzten Zeit.[284]

Als vierzig Tage nach meiner Entbindung vergangen waren, kam die Kaiserin zu meinem ersten Betgang zum zweiten Male in mein

Zimmer. Um sie zu empfangen, hatte ich mich erhoben, aber sie fand mich so matt und elend, daß sie mich sitzen hieß, während ihr Beichtvater die Gebete las. Auch meinen Sohn hatte man in mein Zimmer gebracht. Es war das erstemal seit seiner Geburt, daß ich ihn sah. Ich fand ihn sehr hübsch, und sein Anblick heiterte mich ein wenig auf. Aber sofort nach der Beendigung der Gebete ließ ihn die Kaiserin wieder forttragen und entfernte sich gleichfalls.

Ihre Kaiserliche Majestät bestimmte den 1. November als den Tag, an welchem ich nach Verlauf der sechs Wochen die üblichen Glückwünsche empfangen sollte. Zu diesem Zwecke stellte man in das Zimmer neben dem meinigen kostbare Möbel; dort saß ich auf einem rosasamtenen Bett mit Silberstickerei, und alle Welt küßte mir die Hand. Auch die Kaiserin fand sich ein und begab sich von mir aus in den Winterpalast, wohin wir in zwei oder drei Tagen folgen sollten.

Man brachte uns hier in den Gemächern unter, welche meine Mutter bewohnt hatte und die eigentlich teils zum Hause Jagu-shinskij, teils zum Hause Raguzinskij gehörten. Die andere Hälfte des letzteren nahm das Kollegium der Auswärtigen Angelegenheiten ein. Der Winterpalast, an der Seite des großen Platzes, war damals gerade im Bau.

Ich zog aus dem Sommerpalais in die Winterwohnung mit dem festen Entschluß, mein Zimmer nicht früher zu verlassen, als bis ich mich stark genug fühlen würde, meine Hypochondrie zu überwinden.

Ich las damals die ›Geschichte Deutschlands‹ sowie die ›Allgemeine Geschichte‹ von Voltaire.[285] Danach las ich in diesem Winter so viele russische Bücher, wie ich mir nur verschaffen konnte, unter anderem zwei sehr dicke Bände von Baronius in russischer Übersetzung.[286] Darauf geriet ich an Montesquieus ›Geist der Gesetze‹[287] und dann las ich die ›Annalen‹ des Tacitus, die eine eigenartige Revolution in meinem Kopfe hervorriefen. Vielleicht trug meine mißvergnügte Stimmung in dieser Zeit nicht wenig dazu bei. Ich begann viele Dinge schwärzer zu sehen und tiefere, mehr auf den Interessen beruhende Ursachen in allem zu suchen, was sich meinen Augen bot.

Ich raffte meine Kräfte zusammen, um zu Weihnachten auszugehen. Ich war auch wirklich beim Gottesdienst, aber schon in der Kriche überfiel mich ein derartiger Schüttelfrost und solche

Schmerzen am ganzen Körper, daß ich mich, wieder in meinem Zimmer angelangt, entkleidete und in mein Bett legte.

Das war allerdings nur eine Chaiselongue, die ich vor eine vernagelte Tür gestellt hatte, durch welche keine Zugluft zu wehen schien, weil außer einem tuchgefütterten Vorhang noch ein großer Wandschirm davorstand. Trotzdem aber glaube ich, diese Tür war die Ursache aller Erkältungen, an denen ich in jenem Winter zu leiden hatte. Am Tage nach Weihnachten war meine Fieberhitze so groß, daß ich anfing zu phantasieren. Wenn ich die Augen schloß, sah ich nur die schlecht gezeichneten Bilder der Kacheln des Ofens, der am Fußende meiner Chaiselongue stand, weil das Zimmer eng und klein war.

Mein Schlafzimmer betrat ich fast nie, weil es sehr kalt war, denn die Fenster lagen auf zwei Seiten, nach Norden und Osten, nach der Newa hinaus. Ein anderer Grund, der mich von da fernhielt, war die Nähe der Zimmer des Großfürsten, wo am Tage und während eines Teiles der Nacht ständig Lärm wie in einer Wachtstube war. Außerdem rauchte er und seine Umgebung viel, und der Tabaksgeruch und Qualm machte sich unangenehm bemerkbar. Also hielt ich mich den ganzen Winter hindurch in dem elenden, kleinen, schmalen Zimmer auf, das zwei Fenster und einen Fensterpfeiler hatte und bei drei Türen im ganzen vielleicht sieben bis acht Arschin lang und vier breit war.

So begann das Jahr 1755. Von Weihnachten bis zu den Fasten gab es ständige Feste bei Hofe und in der Stadt. Die Geburt meines Sohnes war noch immer der Anlaß dazu. Um die Wette beeilte sich alles, die denkbar schönsten Gastmähler, Bälle, Maskeraden, Illuminationen und Feuerwerke zu veranstalten. Aber ich selbst schützte Krankheit vor und nahm nie teil.

Gegen Ende des Karnevals kam Sergej Saltykow endlich wieder aus Schweden zurück. Während seiner Abwesenheit schickte mir der Großkanzler Graf Bestushew durch Frau Wladislaw alle Nachrichten, die er von ihm empfing, ebenso die Depeschen des Grafen Panin, der damals russischer Gesandter in Schweden war. Sie bekam sie durch ihren Schwiegersohn, den ersten Sekretär des Großkanzlers, zugestellt, und ich sandte sie dann auf demselben Wege wieder zurück. Auf diesem Wege hörte ich auch, es sei beschlossene Sache, Sergej Saltykow nach seiner Rückkehr als russischen Gesandten nach Hamburg zu senden, an Stelle des Fürsten Golitzyn, der zur Armee versetzt wurde. Diese neue

Bestimmung trug natürlich nicht dazu bei, meinen Kummer zu verringern.

Als Sergej Saltykow zurückgekehrt war, ließ er mich durch Leo Naryschkin bitten, ich solle ihm, wenn möglich, angeben, wie er mich besuchen könne. Ich sprach mit Frau Wladislaw darüber, und sie war mit der Zusammenkunft einverstanden. Er sollte zu ihr gehen und von da zu mir kommen. Ich wartete bis drei Uhr morgens auf ihn, aber er kam nicht. Ich war in Todesangst, was ihn vom Kommen hätte abhalten können. Am folgenden Tage erfuhr ich, daß er von Graf Roman Worontzow in eine Freimaurerloge geschleppt worden war, und er behauptete, er hätte sich dem nicht entziehen können, ohne Verdacht zu erregen. Aber ich fragte Leo Naryschkin so genau aus, daß es mir klar wie der Tag ward, daß er bloß aus Mangel an Eifer und Aufmerksamkeit für mich nicht gekommen war und nicht die geringste Rücksicht auf das nahm, was ich seit langer Zeit aus Liebe zu ihm litt.

Sogar sein Freund Leo Naryschkin entschuldigte ihn kaum oder gar nicht. Ich will ganz offen gestehen, ich selbst fühlte mich schwer gekränkt und schrieb ihm einen Brief, in dem ich mich bitter über sein Benehmen beklagte. Er antwortete und kam zu mir. Es war für ihn ein leichtes, mich zu besänftigen, weil ich das nur allzusehr selbst wünschte. Er redete mir zu, in der Öffentlichkeit zu erscheinen; ich folgte seinem Rate und erschien am Tage vor den Fasten, am 10. Februar, dem Geburtstage des Großfürsten. Ich ließ mir eigens für diesen Tag ein prächtiges Kleid aus blauem Samt mit Goldstickerei machen.

Weil ich während meiner Einsamkeit sehr viel nachgedacht hatte, faßte ich den Entschluß, diejenigen, die mir so manchen Kummer verursacht, fühlen zu lassen, daß es nur von mir abhinge, mich nicht ungestraft beleidigen zu lassen, und daß man meine Zuneigung oder Billigung nicht durch schlechtes Betragen gewinne. Deshalb versäumte ich auch keine Gelegenheit, die sich mir bot, die beiden Schuwalows merken zu lassen, wie sie mich zu ihren Gunsten eingenommen hatten; ich bezeigte ihnen meine tiefste Verachtung und machte andere auf ihre Schlechtigkeit und Dummheit aufmerksam. Ich machte sie lächerlich, wo ich nur konnte; immer hatte ich eine kleine Bosheit für sie bereit, die dann blitzschnell durch die ganze Stadt lief und die Schadenfrohen auf ihre Kosten belustigte. Mit einem Wort, ich rächte mich an ihnen auf jede Weise. Waren sie anwesend, so verfehlte ich niemals, gerade diejenigen auszuzeichnen, welche sie nicht schätzten.

Weil viele sie haßten, fehlte es mir auch nicht an Unterstützung. Die beiden Grafen Razumowskij, die ich immer gern gehabt hatte, wurden mehr denn je ausgezeichnet. Ich verdoppelte meine Aufmerksamkeit und meine Höflichkeit gegen jedermann, mit Ausnahme der Schuwalows. Kurz gesagt, ich hielt mich aufrecht und schritt erhobenen Hauptes, eher wie der Führer einer großen Partei, als wie ein gedemütigtes und unterdrücktes Wesen einher. Einen Augenblick wußten die Herren Schuwalow nicht recht, was sie tun sollten. Sie hielten Rat und nahmen ihre Zuflucht zu höfischen Listen und Ränken.

Zu jener Zeit erschien in Rußland ein Herr Brockdorff,[288] ein holsteinischer Edelmann. Früher einmal[289] war er durch die damalige Umgebung des Großfürsten, Brümmer und Bergholz, nicht eingelassen worden, als er nach Rußland reiste, weil man ihn als einen intriganten Menschen von schlechtem Charakter kannte.

Dieser Mensch kam den Herren Schuwalow sehr gelegen. Weil er einen Kammerherrnschlüssel vom Großfürsten als dem Herzog von Holstein erhalten hatte, erhielt er Zutritt bei Seiner Kaiserlichen Hoheit, der überhaupt jedem Dummkopf, der aus diesem Lande kam, immer sehr gnädig gewogen war. Es gelang ihm, sich Graf Peter Schuwalow zu nähern, und zwar auf folgende Weise. In dem Gasthause, in dem er wohnte, wurde er mit einem Manne bekannt, der aus den Petersburger Gasthäusern nur herauskam, um drei recht hübsche deutsche Mädchen, namens Reifenstein, zu besuchen, von denen die eine von Graf Peter Schuwalow ausgehalten wurde. Der Betreffende hieß Braun und war eine Art Kuppler für alle möglichen Dinge. Er brachte auch Brockdorff zu den Mädchen, bei denen dieser den Grafen Schuwalow traf. Letzterer erging sich in großen Beteuerungen seiner Ergebenheit für den Großfürsten und beklagte sich schließlich über mich.

Herr Brockdorff berichtete bei der ersten Gelegenheit das alles dem Großfürsten und redete auf ihn ein, er solle, wie er sich ausdrücke, seine Frau zur Vernunft bringen. Zu diesem Zwecke kam Seine Kaiserliche Hoheit eines Tages nach dem Diner in mein Zimmer und erklärte mir, ich fange wirklich an, ganz unerträglich stolz zu werden, aber er wolle mich schon zur Vernunft bringen. Ich fragte ihn, worin denn dieser Stolz bestehe, und er antwortete mir, ich hielte mich außerordentlich gerade. Darauf fragte ich, ob ich ihm zum Gefallen den Rücken krümmen sollte wie die Sklaven des Sultans! Hierüber ärgerte er sich und erklärte, er werde mich schon zur Vernunft bringen.

Ich fragte ihn, wie er das machen wolle? Da stellte er sich mit dem Rücken gegen die Wand, zog seinen Degen bis zur Hälfte und zeigte ihn mir. Ich fragte ihn, was das bedeute, ob er sich mit mir schlagen wolle? Denn dann müsse ich auch einen haben! Er stieß seinen halbgezogenen Degen wieder in die Scheide und sagte, meine Bosheit sei ganz erstaunlich geworden. Ich fragte ihn, wieso? Darauf erwiderte er stotternd: »Nun, den Schuwalows gegenüber.« Hierauf entgegnete ich, das sei nur eine Vergeltung, und er würde guttun, lieber nicht von Dingen zu sprechen, von denen er nichts wisse und die er nicht verstehe. Er sagte nun: »Das kommt aber davon, wenn man sich seinen wahren Freunden nicht anvertraut; man fährt schlecht dabei. Hätten Sie Vertrauen zu mir gehabt, so wäre es Ihnen gut gegangen.« Ich erwiderte: »Aber worin denn Vertrauen?«

Jetzt begann er unsinniges und jedem gesunden Menschenverstand widersprechendes Zeug zu reden. Weil ich sah, daß er eben einfach Unsinn schwatzte, ließ ich ihn reden, ohne zu antworten, und benutzte eine günstige Pause, um ihm den Rat zu geben, er solle zu Bett gehen. Denn ich sah deutlich, daß ihm der Wein die Vernunft geraubt und jeden Rest von Verstand genommen hatte. Er folgte meinem Rate und ging schlafen.

Schon damals roch er fast immer nach Wein und Rauch, und der Geruch war allen, die ihm nahe kamen, tatsächlich unerträglich.

An demselben Abend beim Kartenspiel meldete mir Graf Alexander Schuwalow von der Kaiserin, sie habe den Damen verboten, verschiedene Stoffe zu tragen, die in einer Bekanntmachung einzeln aufgezählt seien. Um ihm zu zeigen, wie Seine Kaiserliche Hoheit mich gebessert hatte, lachte ich ihm ins Gesicht und sagte, er hätte sich die Mühe sparen können, mir diesen Befehl zu übermitteln, denn ich trüge nie einen Stoff, der Ihrer Kaiserlichen Majestät mißfiele. Außerdem suche ich nicht mein Verdienst in der Schönheit oder Kleidung, denn wenn die eine dahin sei, werde die andere lächerlich; nur der Charakter habe Dauer. Er hörte mir bis zu Ende zu, blinzelte dann, wie es seine Gewohnheit war, mit dem rechten Auge und ging mit seiner Grimasse ab. Um meine Mitspieler darauf aufmerksam zu machen, äffte ich ihn nach, worüber die ganze Gesellschaft in lautes Lachen ausbrach.

Einige Tage später teilte mir der Großfürst mit, er wolle die Kaiserin für seine holsteinischen Angelegenheiten, welche sich mehr und mehr verschlechterten, um Geld bitten; Brockdorff habe ihm diesen Rat gegeben. Ich verstand sehr wohl, daß das nur ein Köder war, den man ihm hinhielt, damit er seine Hoffnung auf die Herren Schuwalow setzen sollte. Ich fragte ihn deshalb, ob es denn kein Mittel gebe, die Sache anders zu machen. Er erwiderte, er werde mir die Eingaben der Holsteiner zeigen, und das tat er.

Nachdem ich die Papiere, die er mir vorlegte, durchgelesen, sagte ich ihm, mir scheine, er könne es sich sparen, seine Frau Tante um Geld anzubetteln; vielleicht werde sie es ihm auch abschlagen, nachdem sie ihm erst vor kaum sechs Monaten 100 000 Rubel geschenkt habe. Er blieb aber bei seiner Meinung und ich bei der meinen. Jedenfalls hielt man ihn lange Zeit mit der Hoffnung auf Geld hin, aber schließlich bekam er doch nichts.

Nach Ostern gingen wir nach Oranienbaum.[290] Vor unserer Abreise erlaubte mir die Kaiserin, meinen Sohn zum dritten Male, seit er geboren war, zu sehen. Ich mußte alle Gemächer Ihrer Kaiserlichen Majestät durchschreiten, um in sein Zimmer zu gelangen, und fand ihn dann in einer Stickhitze vor, wie ich schon erzählt habe.

Als wir auf dem Lande in Oranienbaum angelangt waren, sahen wir etwas ganz Sonderbares. Seine Kaiserliche Hoheit, dem seine Holsteiner beständig von dem Defizit predigten und dem jedermann riet, die Zahl der unnützen Leute zu vermindern, die er ja auch nur heimlich und kurz sehen konnte, hatte sich plötzlich entschlossen, ein ganzes Detachement von ihnen kommen zu lassen. Das war wieder ein Handstreich des unseligen Brockdorff, welcher der den Großfürsten beherrschenden Leidenschaft schmeichelte. Er hatte den Schuwalows zu verstehen gegeben: wenn sie ihm dieses Spielzeug bewilligten, würden sie sich seiner Gunst auf immer versichern; sie würden ihn damit beschäftigen und könnten seiner Zustimmung zu allem, was sie unternähmen, gewiß sicher sein.

Die Kaiserin haßte Holstein und alles, was von dort kam, und sie hatte gesehen, wie sehr solche Soldatenspielereien dem Vater des

Großfürsten, dem Herzog Karl Friedrich, in den Augen Peters I. und ganz Rußland geschadet hatten. Man verbarg ihr deshalb anscheinend die Sache anfangs oder sagte ihr, sie sei so unwichtig, daß es nicht lohne, davon zu sprechen. Außerdem sei ja auch die Gegenwart des Grafen Schuwalow schon eine genügende Bürgschaft, um üblen Folgen vorzubeugen.

Das Detachement wurde in Kiel eingeschifft, landete in Kronstadt und kam nach Oranienbaum. Der Großfürst, der zu Tschoglokows Lebzeiten die holsteinische Uniform nur in seinem Zimmer und heimlich getragen hatte, legte jetzt überhaupt keine andere mehr an, außer an den Courtagen, obwohl er Oberstleutnant im Preobrashenskij-Regiment und außerdem Chef eines russischen Kürassierregiments war. Auf Brockdorffs Rat machte er mir gegenüber aus diesem Truppentransport ein großes Geheimnis.

Ich gestehe offen, als ich zum ersten Male davon hörte, zitterte ich aus Sorge vor dem häßlichen Eindruck, welchen dieser Schritt auf das russische Volk und auf die Kaiserin selbst, deren Gefühle mir sehr wohl bekannt waren, machen mußte. Herr Alexander Schuwalow sah mit seinem gewöhnlichen Augenblinzeln das Detachement in Oranienbaum am Balkon vorbeimarschieren, während ich neben ihm stand. Innerlich mißbilligte er, was er und seine Verwandten zu dulden übereingekommen waren.

Die Wache im Schloß Oranienbaum versah das Regiment Ingermanland, das mit dem Regiment Astrachan abwechselte. Ich erfuhr, daß die Leute gesagt hatten, als sie die holsteinischen Truppen vorbeimarschieren sahen: »Diese verfluchten Deutschen sind alle an den König von Preußen verkauft; es sind nur Verräter, die man da nach Rußland bringt.« Wirklich war alle Welt über ihre Ankunft entrüstet. Die Ergebensten zuckten die Achseln, die Gemäßigten fanden die Sache lächerlich. Im Grunde genommen war es eine höchst unvorsichtige Kinderei. Ich für meinen Teil schwieg, und wenn man mir davon sprach, sagte ich meine Meinung, so daß man sah, ich billige die Sache durchaus nicht. Und von welcher Seite ich sie auch ansah, immer erschien sie mir als höchst schädlich für das Wohl des Großfürsten. Konnte man denn auch anderer Meinung sein, wenn man sie genau prüfte? Lediglich sein Vergnügen wog doch nie den Schaden auf, der ihm dadurch in der öffentlichen Meinung entstand!

Aber Seine Kaiserliche Hoheit war begeistert von seinen Truppen, bezog mit ihnen ein für sie aufgeschlagenes Lager und beschäftigte sich ausschließlich damit, sie einzuexerzieren. Die Leute mußten aber auch ernährt werden, und daran hatte man gar nicht gedacht. Aber die Sache eilte. Es gab einige Auseinandersetzungen mit dem Hofmarschall, der auf diese Forderungen nicht vorbereitet war. Er ließ sich aber schließlich bereden. Die Hoflakaien mit den Soldaten der Schloßwache vom Regiment Ingermanland mußten den Neuangekommenen das Essen aus der Schloßküche bringen. Das Lager war nicht gerade in nächster Nähe des Schlosses, und weder diese noch jene bekamen etwas für ihre Mühe. Man kann sich wohl den schönen Eindruck vorstellen, den eine so kluge und vorsichtige Anordnung hervorbringen mußte! Die Soldaten vom Regiment Ingermanland murrten: »So sind wir also die Diener dieser verfluchten Deutschen geworden!« Die Hoflakaien klagten: »Wir müssen diese Bauernlümmel bedienen!« Als ich sah und hörte, was vorging, faßte ich den festen Entschluß, mich diesem gefährlichen Kinderspiele so fern wie möglich zu halten.

Da die Verheirateten unter den Kavalieren unseres Hofstaates ihre Frauen bei sich hatten, waren wir eine ziemlich zahlreiche Gesellschaft. Die Herren selbst hatten im holsteinischen Lager, das Seine Kaiserliche Hoheit keinen Augenblick verließ, nichts zu tun. Inmitten und mit dieser Gesellschaft von Hofleuten ging ich soviel wie möglich spazieren, aber immer nach der dem Lager entgegengesetzten Seite, wo wir weder von fern noch nah mit ihm in Berührung kamen.

Ich hatte damals den Einfall, mir in Oranienbaum einen Garten anzulegen. Weil ich aber wußte, daß mir der Großfürst keinen Zoll Erde abgeben würde, bat ich die Fürsten Golitzyn, mir ein Stück von hundert Toisen unkultivierten und seit langer Zeit brachliegenden Landes, welches sie gerade neben Oranienbaum besaßen, zu verkaufen oder abzutreten. Dieses Terrain gehörte acht oder zehn Personen der Familie, und sie traten es mir bereitwilligst ab, weil es ihnen ja doch keinen Gewinn brachte. Ich fing also an, Pläne für Bauten und Pflanzungen zu machen, und weil es mein erster Versuch auf dem Gebiete war, so nahmen sie sehr großen Umfang an. Mein alter französischer Chirurg Guyon sagte, als er das sah: »Wozu ist das gut? Denken Sie an mich, ich sage Ihnen im voraus, daß Sie das alles eines Tages aufgeben werden.« Seine Prophezeiung erfüllte sich. Aber ich bedurfte damals einer Unterhaltung, und das war eine, die meine Einbildungskraft anregte.

Beim Anlegen meines Gartens bediente ich mich zuerst des Gärtners von Oranienbaum, namens Lambertus. Dieser war im Dienste der Kaiserin, als sie noch Prinzessin war, auf dem Gute Tzarskoje Selo gewesen und von dort nach Oranienbaum versetzt worden. Er beschäftigte sich mit Wahrsagen, und unter anderem hatte sich eine seiner Prophezeiungen über die Kaiserin erfüllt. Er hatte ihr nämlich vorhergesagt, sie werde den Thron besteigen.

Dieser selbe Mann prophezeite mir, sooft ich es hören wollte, daß ich einst souveräne Kaiserin von Rußland sein werde, daß ich Söhne, Enkel und Urenkel haben und in hohem Alter, über achtzig Jahre alt, sterben werde. Er tat noch mehr: er nannte sogar das Jahr meiner Thronbesteigung, sechs Jahre bevor es dazu kam. Er war ein sehr sonderbarer Mensch, der mit einer Zuversicht sprach, von der ihn nichts abbringen konnte. Unter anderem behauptete er, die Kaiserin hege Groll gegen ihn, weil seine Prophezeiung eingetroffen sei. Sie habe ihn von Tzarskoje Selo nach Oranienbaum geschickt, denn sie fürchte ihn, weil er ihr nun keinen Thron mehr versprechen könne.

Ich glaube, zu Pfingsten ließ man uns von Oranienbaum in die Stadt kommen. Ungefähr um diese Zeit kam der englische Gesandte Chevalier Williams nach Rußland.[291] In seinem Gefolge befand sich auch Graf Poniatowski[292], ein Pole, der Sohn des Poniatowski, der sich Karl XII., dem König von Schweden, angeschlossen hatte.

Nach einem kurzen Aufenthalt in der Stadt kehrten wir nach Oranienbaum zurück[293], wo die Kaiserin den St. Peterstag zu feiern befohlen hatte. Sie selbst erschien nicht, weil sie nicht den ersten Namenstag meines Sohnes Paul feiern wollte, welcher auf denselben Tag fällt. Sie blieb also in Peterhof. Dort setzte sie sich an ein Fenster, wo sie anscheinend den ganzen Tag blieb, denn alle, die nach Oranienbaum kamen, erzählten uns, sie hätten sie an diesem Fenster gesehen.

Die Gesellschaft war sehr zahlreich. In dem Saal am Eingange meines Gartens wurde getanzt und später soupiert, auch die fremden Botschafter und Gesandten fanden sich ein. Ich entsinne mich, daß der englische Gesandte Chevalier Hanbury Williams beim Souper mein Nachbar war, und daß wir uns ebenso angenehm wie heiter unterhielten. Da er viel Geist und Kenntnisse besaß und fast ganz Europa kannte, war es nicht schwer, mit ihm zu sprechen. Später habe ich gehört, daß er sich an diesem Abend ebensogut unterhalten hatte wie ich, und daß er mit großem Lobe von mir sprach.

Solches Lob habe ich übrigens bei mir verwandten Seelen oder Köpfen nie zu entbehren gehabt, und weil ich damals weniger Neider hatte, sprach man im allgemeinen mit vielem Lob von mir. Ich galt für sehr klug, und viele, die mich näher kannten, ehrten mich durch ihr Vertrauen, verließen sich auf mich und fragten mich um Rat, und sie fuhren gut mit den Ratschlägen, die ich ihnen gab. Sogar der Großfürst nannte mich seit langer Zeit ›Madame la Ressource‹. Wie böse und übellaunig er auch gegen mich sein mochte, wenn er aber in irgendeiner Hinsicht in Not war, kam er doch nach seiner Gewohnheit in größter Eile angelaufen, um meinen Rat einzuholen, und wenn er den erhalten hatte, machte er sich ebenso eilig wieder aus dem Staube.

Auch erinnere ich mich, daß ich an diesem Peterstage in Oranienbaum, als ich Graf Poniatowski tanzen sah, mit dem Chevalier Williams über Graf Poniatowskis Vater sprach und das Böse, das er Peter I. angetan hatte. Der englische Gesandte sagte mir viel Gutes über den Sohn und bestätigte mir, was ich wußte, nämlich, daß sein Vater und die Familie seiner Mutter, die Czartoryskis, damals die russische Partei in Polen bildeten und diesen Sohn nach Rußland geschickt und ihm anvertraut hätten, um in ihm ihre Gefühle für Rußland zu befestigen. Er hoffe auf die Erfolge des jungen Mannes in Rußland. Graf Poniatowski mochte damals zwei- bis dreiundzwanzig Jahre alt sein.

Ich erwiderte ihm, ich betrachte Rußland für Ausländer als einen Prüfstein ihrer Eigenschaften; wer in Rußland Erfolg gehabt habe, könne sicher sein, in ganz Europa Erfolg zu haben. Und diesen Gedanken habe ich stets für unfehlbar richtig gehalten, denn nirgends versteht man besser als in Rußland die Schwächen, Lächerlichkeiten und Mängel eines Ausländers herauszufinden. Man kann gewiß sein, daß ihm hier nichts durchgeht, weil der Russe den Fremden im innersten Herzen nicht liebt.

Zu dieser Zeit erfuhr ich, wie wenig diskret sich Sergej Saltykow sowohl in Schweden wie in Dresden benommen hatte. In beiden Ländern hatte er außerdem allen Frauen, die er kennen lernte, den Hof gemacht. Anfangs wollte ich es zwar nicht glauben, aber später wurde es mir von vielen Seiten wiederholt, so daß ihn sogar seine Freunde nicht mehr verteidigen konnten.

Während dieses Jahres schloß ich engere Freundschaft als je zuvor mit Anna Nikititschna Naryschkin. Ihr Schwager hatte großen Anteil daran, er war immer der Dritte in unserem Bunde, und seine Narrheiten nahmen kein Ende. Manchmal sagte er zu uns: »Wer von euch beiden sich am besten benimmt, bekommt von mir ein Kleinod, wofür ihr mir Dank wissen werdet!« Wir ließen ihn reden, und es war sogar niemand so neugierig, zu fragen, was für ein Kleinod das sei.

Im Herbst wurden die holsteinischen Truppen auf dem Seewege wieder fortgeschafft. Wir kehrten in die Stadt zurück und bezogen das Sommerpalais.

Leo Naryschkin erkrankte damals an einem hitzigen Fieber, während dessen Verlauf er mir Briefe schrieb, denen ich genau ansah, daß sie nicht von ihm waren. Aber ich antwortete ihm. Er bat mich in seinen Briefen bald um Eingemachtes, bald um andere Nichtigkeiten der Art und bedankte sich dann dafür. Die Briefe waren sehr gut und humorvoll. Er behauptete, er ließe sie von seinem Sekretär schreiben. Schließlich erfuhr ich, daß dieser Sekretär Graf Poniatowski war, der nicht aus seiner Nähe wich und mit der Familie Naryschkin sehr vertraut geworden war.[294]

Zu Anfang des Winters zogen wir aus dem Sommerpalais in den Winterpalast[295], den die Kaiserin aus Holz an derselben Stelle, wo jetzt das Haus der Tschitscherins steht, hatte bauen lassen. Er nahm die ganze Fläche bis gegenüber dem Hause der Gräfin Matiuschkin ein, das damals Naumow gehörte. Meine Fenster lagen diesem Hause gerade gegenüber, das von Hofdamen bewohnt wurde. Bei meinem Eintritt war ich sehr überrascht über die Höhe und Größe der Räume, die man uns hier anwies. Vier große Vorzimmer und zwei Gemächer mit einem Kabinett waren für mich, und ebensoviele für den Großfürsten bestimmt. Meine Zimmer waren recht gut verteilt, so daß ich nicht unter der Nähe des Großfürsten zu leiden hatte. Damit war viel gewonnen. Graf Alexander Schuwalow bemerkte meine Zufriedenheit und ging sofort zur Kaiserin, ihr zu sagen, daß ich die Schönheit, Größe und Zahl der mir zugewiesenen Räume sehr gelobt hätte. Er erzählte das nachher mit einer Art von Genugtuung, welcher er durch das bekannte Augenblinzeln und ein Lächeln Ausdruck gab.

Zu jener Zeit und noch lange nachher war in der Stadt das Hauptspielzeug des Großfürsten eine ungeheure Menge kleiner Spielsoldaten aus Holz, Blei, Stärke oder Wachs, welche er auf ganz schmalen Tischen, die ein ganzes Zimmer einnahmen, aufbaute. Zwischen den Tischen konnte man kaum hindurchkommen. An diese Tische hatte er der Länge nach schmale Messingstreifen genagelt, an denen Bindfäden befestigt waren. Wenn man an diesen zog, gaben die Messingstreifen ein Geräusch von sich, das nach seiner Einbildung Gewehrsalven glich. Die Hoffeste feierte er mit großer Regelmäßigkeit, indem er diese sogenannten Truppen Salven abfeuern ließ. Außerdem wurde täglich die Wache abgelöst, das heißt, von jedem Tische wurden die Soldaten fortgenommen, die auf Wache ziehen sollten. Dieser Parade wohnte er in Uniform bei, gestiefelt und gespornt, mit Offizierskragen und Schärpe, und diejenigen von seinen Dienern, welche zu diesen herrlichen Exerzitien zugelassen wurden, mußten ebenfalls dabei sein.

Im Winter dieses Jahres glaubte ich wieder schwanger zu sein, und man ließ mir zur Ader. Dann hatte ich eine Anschwellung, oder ich glaubte vielmehr an beide Wangen eine zu haben. Aber nach mehrtägigem Leiden kamen vier Backenzähne an den vier äußersten Enden der Kiefer heraus.

Weil unsere Gemächer sehr geräumig waren, veranstaltete der Großfürst jede Woche einen Ball und ein Konzert: Donnerstags war Ball und Dienstags Konzert. Nur die Hofdamen und die Hofkavaliere unseres Hofstaates mit ihren Frauen nahmen daran teil. Diese Bälle waren interessant je nach den Leuten, die sich einstellten. Ich hatte die Naryschkins sehr gern, die umgänglicher waren als die anderen; zu ihnen rechne ich auch die Damen Seniawin und Izmajlow, die Schwestern der Naryschkins, und die Frau des ältesten Bruders, die ich bereits erwähnt habe.

Leo Naryschkin, toller als je, wurde von allen für einen nicht ernst zu nehmenden Menschen gehalten, und das war er auch. Er hatte sich angewöhnt, beständig vom Gemach des Großfürsten in das meine zu laufen, aber nirgends lange zu bleiben. Um bei mir eingelassen zu werden, pflegte er vor meiner Tür wie eine Katze zu miauen, und wenn ich antwortete, trat er ein.

Am 17. Dezember zwischen sechs und sieben Uhr abends meldete er sich auf diese Weise bei mir an, und ich forderte ihn auf, einzutreten. Zuerst übermittelte er mir Grüße von seiner Schwägerin und erzählte mir, sie sei nicht ganz wohl. Dann fügte er hinzu: »Sie sollten sie eigentlich einmal besuchen!« Ich entgegnete: »Ich würde es gern tun, aber Sie wissen doch, daß ich nicht ohne Erlaubnis ausgehen kann, und man wird mir nie erlauben, zu ihr zu gehen.« Er antwortete: »Dann werde ich Sie hinbringen.« Darauf erwiderte ich: »Haben Sie denn den Verstand verloren? Wie kann ich mit Ihnen gehen? Man wird Sie in die Festung sperren, und ich werde Gott weiß was für Unannehmlichkeiten haben!« – »O«, sagte er, »kein Mensch wird etwas davon erfahren; wir werden uns schon vorsehen.« – »Und wie das?« – Darauf sagte er: »Ich werde Sie in ein oder zwei Stunden abholen, dann soupiert der Großfürst«, (schon seit langer Zeit blieb ich unter dem Vorwande, ich soupiere nicht, in meinem Zimmer), »er wird einen Teil der Nacht bei Tische zubringen, wird sich erst erheben, wenn er stark betrunken ist, und dann zu Bett gehen.« Seit meiner Niederkunft schlief er meist in seinem Zimmer. »Zu größerer Sicherheit legen Sie Männerkleidung an, und dann werden wir zusammen zu Anna Nikititschna gehen.«

Das Abenteuer fing an mich zu locken, um so mehr, als ich immer allein in meinem Zimmer bei meinen Büchern saß, ohne jede Gesellschaft. Nachdem ich lange mit ihm über den Plan, der mir anfangs ganz toll vorkam, verhandelt hatte, fand ich ihn doch ausführbar. Ich erklärte mich also einverstanden, um mir ein kurzes Vergnügen und eine Aufheiterung zu verschaffen. Er ging dann fort.

Ich rief nun meinen kalmückischen Friseur und befahl ihm, mir einen meiner Herrenanzüge mit allem, was dazu nötig war, zu bringen, weil ich jemand ein Geschenk damit machen wolle. Dieser Bursche pflegte meist den Mund nicht aufzutun, und man hatte mehr Mühe, ihn zum Sprechen zu bringen, als andere zum Schweigen. Er führte meinen Auftrag rasch aus und brachte mir alles, was ich brauchte. Ich schützte Kopfschmerzen vor und ging ziemlich früh schlafen. Sowie Frau Wladislaw mich zu Bett gebracht und sich zurückgezogen hatte, stand ich wieder auf und kleidete mich von Fuß bis Kopf als Mann. Meine Haare ordnete ich, so gut ich konnte: ich war darin seit langer Zeit geübt und nicht ungeschickt.

Zur bestimmten Stunde kam Leo Naryschkin durch die Gemächer des Großfürsten, miaute vor meiner Tür, und ich öffnete ihm. Wir gelangten durch ein kleines Vorzimmer in das Vestibül und bestiegen seinen Wagen, ohne daß uns jemand gesehen hätte. Wir lachten wie närrisch über unsern tollen Streich. Leo wohnte mit seinem Bruder und dessen Frau in demselben Hause, in dem auch ihre Mutter lebte. Als wir dort ankamen, war Anna Nikititschna da, die von nichts eine Ahnung hatte; ferner fanden wir Graf Poniatowski vor. Leo stellte mich als einen seiner Freunde vor, den er gut aufzunehmen bat, und der Abend verging in denkbar tollster Ausgelassenheit. Als mein Besuch anderthalb Stunden gewährt hatte, verließ ich die Gesellschaft und kam glücklich wieder nach Hause, ohne daß uns eine Menschenseele begegnet wäre.

Am folgenden Tage, dem Geburtstage der Kaiserin, konnten wir Eingeweihten morgens bei der Cour und abends beim Ball uns nicht ansehen, ohne laut über unsere Tollheit vom Abend vorher zu lachen. Einige Tage später schlug Leo einen Gegenbesuch bei mir vor. Er brachte seine Gesellschaft auf gleiche Weise in mein Zimmer, und zwar so geschickt, daß niemand etwas davon merkte.

So begann das Jahr 1756. Wir fanden ein besonderes Vergnügen an diesen heimlichen Zusammenkünften. Es verging keine Woche, ohne daß wir nicht wenigstens ein- oder zwei-, ja sogar dreimal zusammenkamen, bald bei dem einen, bald bei dem andern. Wenn einer von der Gesellschaft krank war, ging man sicher zu ihm. Bisweilen verabredeten wir uns auch in der Komödie, ohne zu sprechen, durch gewisse abgemachte Zeichen, obwohl wir in verschiedenen Logen und einige von uns sogar im Parterre saßen. Alle wußten gleich, wo wir zusammenkommen würden, und niemals gab es ein Mißverständnis. Allerdings mußte ich zweimal zu Fuß nach Hause gehen, aber das war nur ein Spaziergang.

Man rüstete sich zum Kriege gegen den König von Preußen. Ihrem Vertrag mit dem Hause Österreich gemäß mußte die Kaiserin 30 000 Mann Hilfstruppen stellen. Das war die Ansicht des Großkanzlers Bestushew. Aber das Haus Österreich verlangte, Rußland solle es mit allen seinen Streitkräften unterstützen. Der Wiener Gesandte Graf Esterhazy arbeitete aus allen Kräften dafür, wo er nur konnte, und bediente sich der verschiedensten Wege. Die Gegenpartei Bestushews bildeten der Vizekanzler Worontzow und die Schuwalows. England verbündete sich damals mit Preußen[296], und Frankreich mit Österreich.[297]

Schon zu dieser Zeit war die Kaiserin Elisabeth recht häufig krank. Anfangs wußte man nicht recht, was es war, und schrieb es der Wechselperiode zu. Die Schuwalows waren oft sehr bekümmert und sehr beunruhigt. Hin und wieder versuchten sie sich beim Großfürsten einzuschmeicheln. Die Höflinge flüsterten sich zu, die Unpäßlichkeiten Ihrer Kaiserlichen Majestät seien ernsterer Natur, als man glaube; die einen nannten es Hysterie, die andern Ohnmachten, Krämpfe oder Nervenschmerzen. Das blieb so während des ganzen Winters von 1755 auf 1756.

Endlich, im Frühjahr, erfuhren wir, Feldmarschall Apraxin reise ab, um das Kommando über die Armee, die in Preußen einrücken sollte, zu übernehmen. Die Marschallin kam mit ihrer jüngsten Tochter zu uns, um Abschied zu nehmen.[298] Bei dieser Gelegenheit sprach ich mit ihr von meinen Besorgnissen um den Gesundheitszustand der Kaiserin und wie schmerzlich es mir sei, daß ihr Mann gerade zu einer Zeit fortreise, wo nach meiner Anschauung kein besonderer Verlaß auf die Schuwalows war. Ich hielt diese für meine persönlichen Feinde, denn sie waren mir furchtbar böse, daß ich ihnen ihre Gegner, nämlich die Grafen Razumowskij, vorzog. Sie berichtete das alles ihrem Gemahl, dem meine Gewogenheit für ihn ebenso angenehm war wie dem Grafen Bestushew, der die Schuwalows nicht liebte und mit den Razumowskijs verschwägert war. Sein Sohn hatte nämlich eine Nichte von ihnen geheiratet.[299] Feldmarschall Apraxin konnte ein nützlicher Vermittler zwischen den Parteien sein durch die Beziehungen seiner Tochter[300] zu Graf Peter Schuwalow. Es wurde übrigens behauptet, die Eltern wußten um dieses Verhältnis.

Außerdem sah ich mit vollster Klarheit, daß die Herren Schuwalow Herrn Brockdorff mehr denn je benutzten, um den Großfürsten möglichst mit mir auseinanderzubringen. Trotzdem aber besaß dieser damals noch ein unwillkürliches Zutrauen zu mir. Dieses Vertrauen hat er merkwürdigerweise immer und gegen seinen Willen bewahrt. Er selbst wußte und bemerkte das nicht und wehrte sich nicht dagegen.

Damals hatte er sich gerade mit der Gräfin Worontzow entzweit und war in Frau Teplow, eine Nichte[301] der Razumowskijs, verliebt. Wenn er eine Zusammenkunft mit ihr hatte, zog er jedesmal mich erst zu Rate, wie er sein Zimmer ausschmücken solle. Er zeigte mir dann, wie er es, um der Dame recht zu gefallen, mit Flinten, Grenadiermützen, Bandelieren hergerichtet hatte, so daß es aussah wie eine Ecke aus einem Arsenal. Ich ließ ihn gewähren und entfernte mich.

Außer dieser Dame brachte man ihm des Abends zum Souper noch eine kleine deutsche Sängerin, namens Leonore, die er aushielt.

Mit der Gräfin Worontzow hatte die Prinzessin von Kurland den Großfürsten entzweit. Ich weiß, offengestanden, nicht, wie sie das angestellt hat. Die Prinzessin von Kurland spielte zu der Zeit eine seltsame Rolle bei Hofe. Zunächst war sie damals ein Fräulein von nahezu dreißig Jahren, klein, häßlich und buckelig, wie ich schon gesagt habe. Sie hatte sich die Protektion des Beichtvaters der Kaiserin und mehrerer alter Kammerfrauen Ihrer Kaiserlichen Majestät zu verschaffen gewußt, so daß ihr alles hinging, was sie tat. Sie wohnte mit den Hofdamen Ihrer Kaiserlichen Majestät zusammen, die unter der Herrschaft einer Frau Schmidt[302] standen, der Gattin eines Hoftrompeters.

Diese Frau war eine geborene Finnländerin, erstaunlich dick und massig, ein rechtes Mannweib, die den groben bäurischen Ton ihres ehemaligen Standes beibehalten hatte. Immerhin spielte sie eine Rolle bei Hofe und stand unter dem unmittelbaren Schutze der alten deutschen, finnischen und schwedischen Kammerfrauen der Kaiserin, also auch des Hofmarschalls Sievers. Der war selbst ein Finne und hatte die Tochter von Frau Kruse, der Schwester einer der bevorzugtesten Favoritinnen, geheiratet, wie ich schon erzählt habe. Frau Schmidt regierte das Hauswesen der Hofdamen mit mehr Strenge als Verstand, erschien aber nie bei Hofe. In der Öffentlichkeit stand die Prinzessin von Kurland an der Spitze der Damen, und Frau Schmidt überließ ihr stillschweigend deren Beaufsichtigung bei Hofe.

Sie bewohnten in ihrem Hause eine Flucht von Zimmern. An einem Ende lag das Zimmer der Frau Schmidt und am anderen das der Prinzessin von Kurland. Sie schliefen zu zwei, drei und vier in einem Raum. Jede von ihnen hatte einen Schirm vor dem Bett stehen, denn die Räume besaßen keinen andern Ausgang als von einem in den andern. Auf den ersten Blick hätte man also die Wohnung der Hofdamen für ganz unzugänglich halten sollen, denn man konnte nur durch das Zimmer von Frau Schmidt oder das der Prinzessin von Kurland eindringen. Aber Frau Schmidt hatte oft Verdauungsbeschwerden von den vielen fetten Pasteten und anderen Leckerbissen, welche ihr die Eltern der andern Damen immer schickten. So blieb also nur der Ausgang durch das Zimmer der Prinzessin von Kurland.

Böse Zungen behaupteten, man müsse hier, um in die anderen Zimmer zu gelangen, irgendeinen Zoll bezahlen. Wahr ist jedenfalls, daß die Prinzessin von Kurland jahrelang die Hofdamen der Kaiserin verlobte und entlobte, versprach und versagte, wie sie es gerade für gut befand. Ich habe von mehreren Herren, unter anderem von Leo Naryschkin und von Graf Buturlin, die Geschichte von dem Eintrittszoll gehört, den sie, wie sie versicherten, aber nicht in Geld bezahlen konnten.

Die Liebelei des Großfürsten mit Frau Teplow hatte Dauer, bis wir aufs Land gingen. Hier wurde sie abgebrochen, weil Seine Kaiserliche Hoheit fand, die Frau sei im Sommer unausstehlich. Weil sie sich nun nicht sehen konnten, verlangte Frau Teplow, er solle ihr wenigstens zwei- oder dreimal wöchentlich schreiben. Um ihn also zu einer solchen Korrespondenz zu veranlassen, schrieb sie ihm zuerst einen Brief von vier Seiten. Kaum hatte er ihn erhalten, als er mit ganz erregtem Gesicht in mein Zimmer kam. Er hatte den Brief von Frau Teplow in der Hand und schrie in gereiztem, zornigem Ton: »Denken Sie sich nur, da schreibt sie mir einen vier Seiten langen Brief und verlangt, ich soll das lesen und sogar beantworten. Ich habe doch zu exerzieren« – er hatte wieder seine Truppen aus Holstein kommen lassen –, »muß dann dinieren, schießen und eine Opernprobe sehen und das Ballett, welches die Kadetten dabei tanzen. Ich werde ihr sagen lassen, ich hätte keine Zeit; und wenn sie das übelnimmt, so verzanke ich mich mit ihr bis zum Winter!« Ich antwortete ihm, das sei jedenfalls der kürzeste Weg.

Ich glaube, die kleinen Züge, die ich anführe, sind charakteristisch und deshalb nicht überflüssig.

Nun der wahre Grund für das Erscheinen der Kadetten in Oranienbaum. Im Frühjahr 1756 glaubten die Schuwalows einen sehr geschickten Zug getan zu haben, um den Großfürsten von seinen holsteinischen Truppen abzubringen, als sie die Kaiserin überredeten, Seiner Kaiserlichen Hoheit den Befehl über das Landkadettenkorps zu geben, damals das einzige existierende Kadettenkorps. Man hatte ihm Iwan Iwanowitsch Schuwalows intimen Freund und Vertrauten Melgunow untergeordnet. Dieser war mit einer der deutschen Kammerfrauen verheiratet, die bei der Kaiserin in besonderer Gunst stand. So hatten also die Herren Schuwalow einen ihrer Intimsten in nächster Umgebung des Großfürsten, so daß er ihn jeden Augenblick sprechen konnte. Unter dem Vorwande der Opernballette in Oranienbaum schickte man etwa hundert Kadetten dahin. Herr Melgunow und die ihm ergebensten Offiziere des Korps kamen mit. Das waren also ebensoviele Aufpasser im Sinne der Schuwalows.

Unter den Lehrern, die mit den Kadetten nach Oranienbaum kamen, war auch ihr Stallmeister Zimmermann, der damals für den besten Reiter in ganz Rußland galt. Da aus meiner angeblichen Schwangerschaft vom vorigen Herbst nichts geworden war, kam mir der Gedanke, bei Zimmermann ernsthaft Reitstunden zu nehmen, um mein Pferd gut meistern zu lernen. Ich sprach davon mit dem Großfürsten, der mir keine Schwierigkeiten in den Weg legte.

Die alten, von den Tschoglokows eingeführten Regeln waren schon längst von Alexander Schuwalow vergessen, vernachlässigt oder ignoriert worden. Übrigens genoß er persönlich keine oder nur sehr geringe Achtung. Wir machten uns über ihn, seine Frau, seine Tochter und seinen Schwiegersohn[303] fast in ihrer Gegenwart lustig. Aber sie forderten das heraus, denn man konnte kaum abstoßendere und armseligere Gestalten sehen. Frau Schuwalow hatte von mir den Spitznamen ›Salzsäule‹ erhalten. Sie war mager, klein und gezwungen. Ihr Geiz zeigte sich sogar in ihrer Kleidung, denn ihre Röcke waren immer zu eng und hatten stets eine Stoffbreite weniger, als sich gehörte und als andere Damen hatten. Ihre Tocher, die Gräfin Golowkin, war ebenso angezogen. Ihr Kopfputz und ihre Manschetten waren jämmerlich und sahen immer nach kleinlicher Sparsamkeit aus. Obgleich sie sehr reiche und in ihren Mitteln nicht beschränkte Leute waren, hatten sie nun einmal Geschmack für alles Kleinliche und Beschränkte, ein wahres Abbild ihres Geistes!

Sowie ich dazu kam, regelmäßig Reitstunden zu nehmen, gab ich mich dieser Leibesübung von neuem mit ganzer Leidenschaft hin. Ich stand morgens um sechs Uhr auf, legte Männerkleidung an und begab mich in meinen Garten, wo ich mir eine Stelle unter freiem Himmel als Reitbahn hatte herrichten lassen. Ich machte so schnelle Fortschritte, daß Zimmermann oft aus der Mitte der Reitbahn mit Tränen in den Augen auf mich zueilte, um mir mit einer Begeisterung, die er nicht beherrschen konnte, die Stiefel zu küssen. Manchmal rief er aus: »Nie in meinem Leben habe ich einen Schüler gehabt, der mir so viel Ehre gemacht, der in so kurzer Zeit so viel erreicht hätte!«

Bei diesem Unterricht war nur mein alter Chirurg Guyon, eine Kammerfrau und einige Bediente zugegen. Weil ich den Unterricht mit großem Eifer an jedem Morgen außer am Sonntag nahm, belohnte Zimmermann meinen Fleiß durch ein paar silberne Sporen, die er mir nach der Sitte der Reitbahn überreichte. Schon nach drei Wochen hatte ich die ganze Reitschule erledigt, und im Herbst ließ Zimmermann ein Sprungpferd kommen. Dann wollte er mir Steigbügel geben. Allein am Abend vorher erhielten wir den Befehl, nach der Stadt zurückzukehren, und die Sache wurde auf das nächste Frühjahr verschoben.

Während dieses Sommers machte Graf Poniatowski eine Reise nach Polen, von der er mit einer Vollmacht des Königs von Polen nach Rußland zurückkehrte. Vor seiner Abreise kam er nach Oranienbaum, um sich von uns zu verabschieden. Ihn begleitete Graf Horn.[304] Diesen hatte der König von Schweden nach Rußland gesandt unter dem Vorwande, er solle die Nachricht vom Tode seiner Mutter, meiner Großmutter, nach Petersburg bringen.[305] Er wollte ihn so den Verfolgungen der französischen Hutpartei gegen die russische Partei der ›Mützen‹ entziehen. Diese Verfolgung wurde in Schweden während des Reichstages von 1756 so heftig, daß in dem Jahre fast alle Anführer der russischen Partei enthauptet wurden. Graf Horn hat mir selbst gesagt, wenn er nicht nach Petersburg gekommen wäre, wäre er unfehlbar auch unter den Opfern gewesen.

Graf Poniatowski und Graf Horn blieben zweimal vierundzwanzig Stunden in Oranienbaum. Am ersten Tage behandelte sie der Großfürst sehr gut, aber am zweiten langweilten sie ihn, weil ihm die Hochzeit eines Jägers im Sinne lag, wo er trinken wollte. Als er sah, daß die Grafen Poniatowski und Horn noch blieben, ließ er sie einfach stehen, und ich mußte die Honneurs des Hauses machen.

Nach dem Diner führte ich die kleine Gesellschaft, die mir geblieben war, meine und des Großfürsten innere Gemächer zu besehen. Als wir in mein Kabinett traten, sprang uns mein Bolognerhündchen entgegen und bellte Graf Horn wütend an. Aber als es Graf Poniatowski bemerkte, schien das Tier vor Freude ganz toll zu werden. Weil mein Kabinett sehr klein war, sah das niemand außer Leo Naryschkin, seiner Schwägerin und mir. Aber Graf Horn ließ sich nicht täuschen, und während ich durch die Gemächer nach dem Saal zurückging, faßte er Graf Poniatowski am Rock und sagte ihm: »Mein Freund, es gibt keinen schlimmeren Verräter als ein Bologneserhündchen. Wenn ich eine Frau liebte, habe ich ihr stets zunächst einen solchen Hund geschenkt. Durch die Tiere habe ich immer erfahren, ob jemand mehr begünstigt wurde als ich. Die Regel ist sicher und zuverlässig. Sie sehen, der Hund wollte mich als Unbekannten fast fressen, er wußte sich aber nicht vor Freude zu lassen, als er Sie erblickte. Es war also sicherlich nicht das erstemal, daß er Sie an diesem Ort sah!« Graf Poniatowski behandelte die ganze Sache als eine Einbildung von ihm, konnte sie ihm aber nicht ausreden. Graf Horn erwiderte nur: »Seien sie unbesorgt, ich bin diskret.«

Am folgenden Tage reisten sie ab. Dieser Graf Horn pflegte zu sagen, wenn überhaupt, verliebe er sich immer in drei Frauen gleichzeitig. Und er führte uns das in Petersburg wirklich vor Augen, denn er machte da drei Hofdamen der Kaiserin gleichzeitig den Hof.

Zwei Tage später reiste Graf Poniatowski nach seinem Vaterlande[306] ab. Während seiner Abwesenheit ließ mir der englische Gesandte, der Chevalier Williams durch Leo Naryschkin sagen, der Großkanzler Bestushew intrigiere gegen die Ernennung des Grafen Poniatowski und habe versucht, ihn zu bewegen, dem Grafen Brühl, dem damaligen Minister und Günstling des Königs von Polen, die Ernennung auszureden. Williams jedoch hütete sich wohl, diesen Auftrag auszuführen, obwohl er ihn nicht abgelehnt hatte, aus Besorgnis, der Großkanzler könne ihn jemand anders geben, der ihn vielleicht williger ausführen würde. Dadurch hätte er selbst also seinem Freunde, der sehnlichst nach Rußland zurückzukehren wünschte, nur geschadet. Der Chevalier Williams argwöhnte, daß Bestushew, der seit langer Zeit über die sächsisch-polnischen Minister verfügte, einen seiner Anhänger auf diesen Posten ernennen lassen wollte. Aber Graf Poniatowski erhielt ihn doch und kam im Winter als polnischer Gesandter zurück. Die sächsische Gesandtschaft blieb unter der unmittelbaren Leitung des Grafen Bestushew.

Einige Zeit, bevor wir Oranienbaum verließen, kamen Fürst und

Fürstin Golitzyn[307] in Begleitung von Herrn Betzkij dorthin. Sie reisten ins Ausland, und zwar gesundheitshalber, besonders Betzkij, der sich ein wenig von dem tiefen Kummer erholen wollte, den ihm der Tod der Prinzessin von Hessen-Homburg verursacht hatte. Diese war eine geborene Prinzessin Trubetzkoj und die Mutter der Fürstin Golitzyn, welche eine Tochter aus der ersten Ehe der Prinzessin von Hessen mit dem Hospodar der Walachai, Fürst Kantemir, war.

Weil die Fürstin Golitzyn und Betzkin alte Bekannte von mir waren, so bemühte ich mich, sie in Oranienbaum aufs beste aufzunehmen. Wir spazierten lange, dann bestieg ich mit der Fürstin Golitzyn ein Kabriolett, das ich selbst fuhr, und wir machten eine Spazierfahrt in die Umgebung von Oranienbaum. Unterwegs ließ mich die Fürstin, eine sehr eigenartige und beschränkte Person, verstehen, sie glaube, ich sei böse auf sie. Ich versicherte ihr, das sei durchaus nicht der Fall, ich wisse auch nicht, woher mein Groll rühren solle, da wir nie einen Streit miteinander gehabt hätten. Hierauf erwiderte sie, sie befürchte, Graf Poniatowski habe mich gegen sie eingenommen. Diese Worte ließen mich aus allen Wolken fallen, und ich erwiderte ihr, sie müsse geradezu träumen, denn Graf Poniatowski könne ihr in meinen Augen gar nicht schaden, da er längst abgereist und mir übrigens nur von Ansehen und als Ausländer bekannt sei. Ich könne nicht verstehen, wie sie auf den Gedanken gekommen sei!

Zu Hause angelangt, rief ich Leo Naryschkin und erzählte ihm von diesem Gespräch, das mir ebenso dumm wie dreist und indiskret erschien. Er berichtete mir nun, die Fürstin habe während des ganzen Winters Himmel und Hölle in Bewegung gesetzt, um Graf Poniatowski an sich zu fesseln. Dieser habe ihr auch aus Höflichkeit und um sie nicht zu verletzen, einige Aufmerksamkeiten erwiesen. Sie habe ihm aber viel Avancen gemacht, worauf er verständlicherweise wenig eingegangen sei, weil sie alt, häßlich, dumm und einfältig, ja beinahe verrückt war. Als sie nun sah, daß er ihrem Verlangen nicht entsprach, habe sie vielleicht Verdacht geschöpft, weil Graf Poniatowski meistenteils mit ihm, Leo und seiner Schwägerin zusammen war oder bei ihnen saß.

Während des kurzen Aufenthaltes der Fürstin Golitzyn in Oranienbaum hatte ich wegen meiner Hofdamen einen furchtbaren Zank mit dem Großfürsten. Ich bemerkte nämlich, daß diese, die immer die Vertrauten oder die Mätressen Seiner Kaiserlichen

Hoheit waren, bei verschiedenen Gelegenheiten es an Erfüllung ihrer Pflichten, ja sogar an der mir schuldigen Achtung und an Respekt fehlen ließen. Ich begab mich deshalb eines Nachmittags in ihr Zimmer, warf ihnen ihr Benehmen vor, erinnerte sie an ihre Pflicht und Schuldigkeit und drohte, mich bei der Kaiserin zu beklagen, wenn sie sich weiter so betragen würden.

Einige waren bestürzt, andere böse, wieder andere weinten. Aber als ich gegangen war, hatten sie nichts Eiligeres zu tun, als sofort dem Großfürsten zu berichten, was bei ihnen vorgefallen war. Seine Kaiserliche Hoheit wurde wütend und kam sogleich zu mir gelaufen. Seine ersten Worte beim Eintreten waren, es sei unmöglich, noch länger mit mir zu leben; von Tag zu Tag werde ich hochmütiger und stolzer, ich verlange Respekt und Achtung von den Hofdamen, aber verbittere ihnen das Leben. Sie weinten den ganzen Tag heiße Tränen. Das seien vornehme junge Mädchen, aber ich behandle sie wie Mägde. Wenn ich mich aber bei der Kaiserin über sie beklage, so werde er sich auch über mich beschweren, über meinen Stolz, meine Anmaßung, meine Bosheit, und Gott weiß was er noch redete.

Nicht ohne Aufregung hörte ich ihn an und antwortete, er könne von mir sagen, was er wolle, denn wenn die Sache vor seine Frau Tante käme, würde sie gewiß sehr bald entscheiden, ob es nicht das Vernünftigere wäre, Mädchen von schlechter Führung, die durch ihre Redereien ihren Neffen und ihre Nichte veruneinigen, fortzujagen. Unzweifelhaft könne Ihre Kaiserliche Majestät, um den Frieden zwischen ihm und mir wiederherzustellen und nicht durch Mißhelligkeiten belästigt zu werden, gar keinen andern Entschluß fassen. Sie werde das vielmehr ganz sicher tun!

Er ließ jetzt seinen Ton etwas sinken, denn argwöhnisch wie er war, kam er auf den Gedanken, daß ich mehr von den Absichten der Kaiserin betreffs der Mädchen wisse, als ich merken ließ, und daß diese vielleicht wirklich wegen der Sache fortgejagt werden könnten. Er fragte also: »Sagen Sie, wissen Sie etwas darüber? Spricht man davon?« Ich antwortete ihm, ich sei überzeugt, daß, wenn die Angelegenheit erst vor die Kaiserin komme, sie energisch darüber entscheiden werde. Er lief dann nachdenklich mit großen Schritten im Zimmer auf und ab, wurde ruhiger und ging endlich halb besänftigt hinaus.

Am selben Abend erzählte ich der vernünftigsten von den Damen

den ganzen Auftritt, den ihre unklugen Klatschereien herbeige-
führt hatten, Wort für Wort wieder. Seitdem hüteten sie sich, die
Dinge zum Äußersten kommen zu lassen, denn sie mußten
gewärtig sein, selbst die Opfer zu werden.

Im Laufe des Herbstes kehrten wir in die Stadt zurück. Kurz
darauf ging der Chevalier Williams mit Urlaub nach England
zurück.[308] Er hatte seinen Zweck in Rußland nicht erreicht. An
dem Tage nach seiner Audienz bei der Kaiserin hatte er einen
Bündnisvertrag zwischen Rußland und England vorgeschlagen,
und Graf Bestushew hatte Befehl und Vollmachten, ihn abzuschließen. Wirklich wurde der Vertrag vom Großkanzler unterzeichnet[309], und der Gesandte war außer sich vor Freude
über seinen Erfolg. Aber tags darauf teilte ihm Graf Bestushew
durch eine Note den Beitritt Rußlands zu der in Versailles unterzeichneten Konvention zwischen Frankreich und Österreich
mit.[310] Das war ein Donnerschlag für den englischen Gesandten, der in dieser Angelegenheit von dem Großkanzler hintergangen und betrogen worden war oder betrogen zu sein schien.

Aber Graf Bestushew war damals selbst nicht mehr in der
Lage, zu tun, was er wollte. Seine Gegner gewannen damals
die Oberhand über ihn und intrigierten, oder vielmehr man
intrigierte bei ihnen, um sie zur französisch-österreichischen
Partei hinüberzuziehen, wozu sie geneigt waren. Die Schuwalows, besonders aber Iwan Iwanowitsch, liebten Frankreich
und alles, was von dort kam, bis zur Narrheit. Sie wurden
hierin durch den Vizekanzler Graf Worontzow bestärkt, dem
Ludwig XV. für diesen Dienst das Haus, das er sich eben in
Petersburg gebaut hatte, mit alten Möbeln ausstattete, die der
Marquise von Pompadour, seiner Mätresse, langweilig geworden waren und die sie dem König, ihrem Geliebten, mit Nutzen
verkauft hatte.

Aber der Vizekanzler hatte außer seinem Vorteil noch einen
andern Grund für sein Handeln, nämlich den, seinen Nebenbuhler um den Einfluß, Graf Bestushew, zu verdrängen und sich
seines Amtes zu bemächtigen. Peter Schuwalow dachte das
Monopol für den russischen Tabakshandel nach Frankreich zu
bekommen.

Gegen Ende des Jahres [311] kam Graf Poniatowski nach Petersburg zurück als Gesandter des Königs von Polen.

Während des Winters 1757 war unsere Lebensweise dieselbe wie im vergangenen Winter: dieselben Konzerte, dieselben Bälle, dieselben Klatschereien.

Ich bemerkte bald nach unserer Rückkehr in die Stadt, wo ich die Verhältnisse mehr aus der Nähe sah, daß Herr Brockdorff mit seinen Intrigen beim Großfürsten Fortschritte machte. Er genoß dabei die Unterstützung einer ziemlich großen Anzahl holsteinischer Offiziere, die Seine Kaiserliche Hoheit auf seine Anregung hin den ganzen Winter über in Petersburg bei sich behielt. Ihre Zahl belief sich auf wenigstens zwanzig, und sie waren beständig um den Großfürsten. Dazu kamen noch ein paar holsteinische Soldaten, die als Boten und Kammerlakaien bei ihm Dienst taten und zu allerhand Geschäften benutzt wurden. Im Grunde aber waren alle diese Leute Spione des edlen Brockdorff und seiner Genossen.

Ich wartete in diesem Winter nur auf einen günstigen Augenblick, um ernsthaft mit dem Großfürsten zu reden und ihm offen zu sagen, was ich von seiner Umgebung und von den vorgehenden Intrigen hielt. Es fand sich auch bald ein solcher, und ich ließ ihn nicht ungenutzt vorübergehen. Der Großfürst selbst kam eines Tages in mein Zimmer, um mir zu sagen, man stelle es ihm als unumgänglich notwendig dar, nach Holstein einen geheimen Haftbefehl gegen eine der durch Stellung und Ansehen hervorragendsten Persönlichkeiten des Landes zu schicken. Es war das ein gewisser Ellendsheim, ein Mann von bürgerlicher Herkunft, der aber durch Kenntnisse und Fähigkeiten sich seine Stellung erworben hatte.[312] Ich fragte, welche Klagen man gegen diesen Mann vorbringe und was er verbrochen habe, daß man daran denke, ihn verhaften zu lassen. Darauf erwiderte er: »Sehen Sie, es heißt, er habe Unterschlagungen begangen!« Nun fragte ich, wer seine Ankläger seien, und er entgegnete mit großer Selbstüberzeugung: »Oh, Ankläger gibt es nicht, denn im Lande fürchten und achten ihn alle, aber gerade deshalb muß ich ihn verhaften lassen. Man versichert mir, wenn er erst hinter Schloß und Riegel sitzt, werden sich mehr als genug finden.«

Ich entsetzte mich über seine Worte und erwiderte: »Aber wenn man die Sache so anfaßt, wird es bald keinen Unschuldigen mehr geben. Es braucht nur ein Neider unter den Leuten ein leeres Gerücht auszusprengen, wie es ihm gerade gefällt; dann verhaftet man, wen man will, denn Ankläger und Verbrechen werden sich schon später finden! Man rät Ihnen da, ohne Rücksicht auf Ihren

Ruf oder Ihr Gerechtigkeitsgefühl, zu handeln nach der Art von ›Barbarie, mon ami‹, wie es im Liede heißt! Erlauben Sie mir die Frage, wer Ihnen eigentlich so schlechte Ratschläge gibt?«

Meinem Großfürsten war die Frage ein wenig peinlich, und er entgegnete: »Sie wollen auch immer mehr wissen als die andern!« Darauf antwortete ich ihm, ich spräche nicht, um die Kluge zu spielen, sondern weil ich die Ungerechtigkeit haßte und nicht glaubte, daß er so leichtfertig eine begehen wolle. Darauf begann er mit großen Schritten im Zimmer auf und ab zu gehen und entfernte sich dann mehr aufgeregt als zornig.

Bald nachher kam er wieder und sagte: »Kommen Sie zu mir, Brockdorff wird mit Ihnen selbst über die Affäre des Ellendsheim sprechen, und Sie werden sich davon überzeugen, daß ich den verhaften lassen muß.« Ich erwiderte: »Sehr wohl, ich werde Ihnen folgen und hören, was er zu sagen hat, weil Sie es wünschen.«

Wirklich fand ich Herrn Brockdorff im Zimmer des Großfürsten. Dieser sagte zu ihm: »Sprechen Sie mit der Großfürstin!« Herr Brockdorff verbeugte sich etwas verlegen vor dem Großfürsten und sagte: »Da Eure Kaiserliche Hoheit es mir befiehlt, werde ich mit der Frau Großfürstin sprechen.« Hier machte er eine Pause und fuhr dann fort: »Das ist eine Angelegenheit, die sehr heimlich und vorsichtig behandelt werden muß.« Ich hörte ihm zu. »In ganz Holstein laufen Gerüchte um von Ellendsheims Veruntreuungen und Erpressungen. Allerdings gibt es noch keine Ankläger, weil man ihn fürchtet; wenn er aber erst verhaftet ist, werden so viele da sein, wie man will.« Ich befragte ihn nun nach Einzelheiten über die Veruntreuungen und Erpressungen und erkannte, daß von Unterschlagungen staatlicher Gelder gar nicht die Rede sein konnte, weil er überhaupt kein Geld des Großfürsten in Händen hatte. Aber er stand an der Spitze der Justizverwaltung, und man sah es als Veruntreuung an, daß sich bei jedem Prozesse immer eine der streitenden Parteien über Ungerechtigkeit beklagte und behauptete, die Gegenpartei habe nur durch Bestechung der Richter gewonnen.

Aber obwohl Herr Brockdorff seine ganze Beredsamkeit und Weisheit aufbot, überzeugte er mich doch nicht. Ich hielt Herrn Brockdorff auch in Gegenwart des Großfürsten weiter entgegen, man versuche, Seine Kaiserliche Hoheit zu einer himmelschreienden Ungerechtigkeit zu verleiten, indem man ihn zur Absendung eines Haftbefehls gegen einen Mann überrede, gegen den weder eine stichhaltige Anschuldigung noch eine wirkliche Anklage vorliege. Auch machte ich Brockdorff darauf aufmerksam, daß auf diese Weise der Großfürst ihn selbst gleichfalls jeden Augenblick einsperren könne und sagen dürfe, Verbrechen und Anklagen würden sich schon hinterher finden. Bei Rechtsstreitigkeiten sei es auch nicht weiter wunderlich, daß, wer seinen Prozeß verliere, immer schreie, ihm sei unrecht geschehen.

Ich fügte noch hinzu, der Großfürst müsse sich mehr als jeder andere in ähnlichen Dingen hüten, weil ihn seine Erfahrung schon gelehrt habe, wohin die Verfolgungen und der Haß der Parteien führen können. Es seien höchstens zwei Jahre vergangen, seit Seine Kaiserliche Hoheit auf meine Verwendung hin Herrn v. Holmer freigelassen habe.[313]

Diesen hatte man sechs oder acht Jahre lang gefangen gehalten, um ihn zu zwingen, Rechenschaft über die Zeit der Minderjährigkeit des Großfürsten und der Administration seines Vormundes, des Kronprinzen von Schweden, abzulegen. Dessen Umgebung gehörte Herr v. Holmer an, und er war ihm nach Schweden gefolgt. Von dort kehrte er erst zurück, nachdem der Großfürst eine förmliche Billigung und Entlastung für alles, was während seiner eigenen Minderjährigkeit geschehen war, erlassen und unterzeichnet hatte. Trotzdem hatte man den Großfürsten zu bewegen gewußt, Herrn v. Holmer verhaften zu lassen und eine Kommission einzusetzen, die untersuchen sollte, was während der Administration des Prinzen von Schweden geschehen war.

Die Kommission hatte anfangs sehr energisch gehandelt und allen Angebern freies Feld eröffnet. Weil sich aber keine solchen fanden, versank sie in Untätigkeit, denn es fehlte eben an Material. Während dieser Zeit schmachtete nun Herr v. Holmer in drückender Haft, und weder seine Frau, noch seine Kinder, Freunde oder Verwandten wurden zu ihm gelassen. Schließlich murrte das ganze Land über die Ungerechtigkeit und Tyrannei, mit der man in dieser Angelegenheit vorging, die wirklich himmelschreiend war. Und sie wäre immer noch nicht zu Ende gekommen, wenn ich nicht dem Großfürsten geraten hätte, den gordischen Knoten durch den Befehl zu durchhauen, Herrn v. Holmer freizulassen und die Kommission aufzulösen, die nebenbei der recht leeren Kasse des Großfürsten in seinem Erblande nicht wenig Geld kostete.

Aber was nützte es, daß ich dieses schlagende Beispiel anführte! Der Großfürst hörte zu, aber seine Gedanken waren anscheinend irgendwo anders. Herr Brockdorff, verstockt in seiner Herzensbosheit, beschränkt und hartnäckig wie ein Klotz, ließ mich reden, denn Gründe hatte er nicht mehr vorzubringen. Als ich fort war, sagte er dem Großfürsten, alles, was ich gesagt, habe mir die Herrschsucht eingegeben; ich mißbillige alle Maßnahmen, die ich nicht selbst angeraten hätte, und verstünde nichts von Staatsgeschäften. Frauen wollten sich eben überall einmischen, verdürben aber alles, was sie anfaßten. Namentlich tatkräftiges Handeln ginge über ihr Verständnis hinaus.

Kurz, er redete so viel und gab sich solche Mühe, daß er schließlich durchdrang. Der Großfürst ließ, von ihm überredet, den Verhaftsbefehl gegen Ellendsheim aufsetzen, unterzeichnete ihn und schickte ihn ab.[314] Ein gewisser Zeitz aus Pechlins Umgebung, Sekretär des Großfürsten und Schwiegersohn meiner Hebamme, benachrichtigte mich davon. Die Partei Pechlins mißbilligte im allgemeinen diese gewaltsame und unangebrachte Maßregel, wodurch Herr Brockdorff sie und ganz Holstein zittern machte.

Als ich erfuhr, daß Brockdorffs Intrigen in einer so ungerechten Sache über mich gesiegt hatten, trotz aller Gründe, die ich dem Großfürsten vorgestellt hatte, faßte ich den festen Entschluß, Herrn Brockdorff meine ganze Entrüstung fühlen zu lassen. Ich sagte Zeitz und ließ Pechlin mitteilen, daß ich von diesem Augenblick an Brockdorff als ein Scheusal betrachte, das man fliehen und, wenn möglich, vom Großfürsten entfernen müsse. Ich selbst würde zu dem Zweck alles aufbieten, was in meiner Macht stehe. Wirklich zeigte ich bei jeder öffentlichen und privaten Gelegenheit die Verachtung und den Abscheu, den mir das Benehmen dieses Menschen einflößte. Ich suchte ihn in jeder Weise lächerlich zu machen und ließ bei sich bietender Gelegenheit alle Welt wissen, wie ich über ihn dachte. Leo Naryschkin und andere Herren des Hofes halfen mir dabei.

Wenn Herr Brockdorff durch das Zimmer ging, riefen alle hinter ihm her: »Baba-ptitza, baba-ptitza!«[315] Das war sein Spitzname, denn dieser Vogel war der häßlichste, den wir kannten, und Herr Brockdorff war als Mensch äußerlich genau so häßlich wie innerlich. Er war groß, hatte einen langen Hals und einen platten

Kopf; dazu war er rothaarig und trug eine Perücke auf Draht. Seine Augen waren klein und tiefliegend, fast ohne Lider und Brauen; und seine Mundwinkel hingen zum Kinn hinab, was ihm immer ein jämmerliches, unzufriedenes Aussehen verlieh.

Über seinen Charakter beziehe ich mich auf das schon Gesagte, füge aber noch hinzu, daß er lasterhaft genug war, Geld von jedem anzunehmen, der es ihm anbot. Damit sich aber sein erhabener Herr nicht eines Tages über seine Bestechlichkeit beschweren könnte, veranlaßte er ihn, der stets in Geldverlegenheit war, dasselbe zu tun. Auf diese Weise verschaffte er ihm so viel Geld, wie er nur konnte, indem er jedem, der zahlte, holsteinische Orden und Titel verkaufte. Auch ließ er durch den Großfürsten alle möglichen, oft ungerechten und auch das Reich belastenden Gesuche bei den verschiedensten Behörden und dem Senate betreiben, wie Monopole und andere Privilegien, die sonst niemals hätten durchgesetzt werden können, weil sie den Gesetzen Peters I. widersprachen.

Außerdem verführte Herr Brockdorff den Großfürsten mehr als je zu Trunk und liederlichem Lebenswandel, umgab ihn mit einem Haufen von Abenteurern und Leuten, die aus den Wachtstuben und Kneipen Deutschlands und Petersburgs stammten, weder Treu noch Glauben kannten und nur tranken, aßen, rauchten und gemeine Redensarten über dummes Zeug führten.

Als ich sah, daß sich Herr Brockdorff trotz allem, was ich gegen ihn sagte und unternahm, um seinen Einfluß zu untergraben, doch beim Großfürsten behauptete und in größerer Gunst stand als je, da faßte ich den Entschluß, dem Grafen Alexander Schuwalow mitzuteilen, wie ich über diesen Menschen dachte, und ihm zu erklären, daß ich ihn für eines der gefährlichsten Subjekte hielte, das man in die Nähe eines jungen Fürsten, des Erben eines großen Reiches, bringen könne. Er fragte mich, ob er mich nennen dürfe. Ich sagte »jawohl«, und wenn die Kaiserin mich selbst fragen sollte, so würde ich kein Blatt vor den Mund nehmen und alles sagen, was ich wisse und beobachte. Graf Alexander Schuwalow blinzelte mit dem Auge und hörte mich sehr ernsthaft an, wagte aber nicht, ohne den Rat seines Bruder Peter und seines Vetters Iwan zu handeln. Lange Zeit hörte ich nichts von ihm, dann ließ er mich wissen, die Kaiserin werde möglicherweise mit mir darüber sprechen.

Zu dieser Zeit kam eines schönen Morgens der Großfürst in mein

Zimmer gehüpft, und sein Sekretär Zeitz folgte ihm mit einem Papier in der Hand. Der Großfürst sagte zu mir: »Sehen Sie nur diesen Teufelskerl: ich habe gestern zuviel getrunken, mein Kopf ist heute noch ganz unklar, und er bringt mir einen großen Bogen Papier, nur ein Verzeichnis der Angelegenheiten, die ich alle fertigmachen soll; er verfolgt mich sogar bis in Ihr Zimmer!« Zeitz wandte sich zu mir: »Alles, was ich hier habe, hängt nur von ›ja‹ oder ›nein‹ ab und kann in einer Viertelstunde erledigt werden.« Ich antwortete: »Wir wollen doch sehen, vielleicht kommen Sie schneller damit zustande, als Sie denken!« Zeitz begann zu lesen, und wie er las, sagte ich »ja« oder »nein«. Das gefiel dem Groß-fürsten, und Zeitz sagte zu ihm: »Wirklich, gnädigster Herr, wenn Sie gestatten würden, zweimal wöchentlich so zu verfahren, so sollten Ihre Geschäfte nie stocken. Es sind nur Kleinigkeiten, aber sie müssen in Gang kommen. Die Großfürstin hat sie mit sechs ›Ja‹ und ebensoviel ›Nein‹ erledigt.«

Seit diesem Tage sandte seine Kaiserliche Hoheit Zeitz jedesmal zu mir, wenn nach ›ja‹ oder ›nein‹ zu fragen war. Nach einiger Zeit bat ich ihn, mir eine Vollmacht zu unterzeichnen über das, was ich ohne seinen Befehl erledigen und nicht erledigen dürfe. Das tat er denn auch. Nur Pechlin, Zeitz, der Großfürst und ich wußten von diesem Arrangement, von dem Pechlin und Zeitz entzückt waren. Wenn es sich um Unterschriften handelte, so unterzeichnete der Großfürst, was ich erledigt hatte.

Die Affäre Ellendsheim blieb in Brockdorffs Händen. Weil aber Ellendsheim im Gefängnis lag, beeilte sich Herr Brockdorff nicht sehr, damit zu Ende zu kommen. Denn er hatte eigentlich nicht mehr gewollt, als ihn von den Geschäften zu entfernen und dort zu zeigen, wie groß sein Einfluß über seinen Herrn war.

Als sich eines Tages die Gelegenheit und ein günstiger Augen-blick bot, sagte ich zum Großfürsten, er finde doch die Verwal-tung Holsteins schon langweilig und betrachte sie als eine Last, und sie könne doch für ihn nur eine Probe dessen sein, was er einmal zu tun haben werde, wenn ihm das Russische Reich zufalle. Ich dächte nun, er müsse doch diese zukünftige Aufgabe für eine noch viel schrecklichere Last halten. Darauf wiederholte er, was er mir schon sehr oft gesagt hatte, nämlich: er fühle, daß er nicht für Rußland geboren sei. Weder gefalle er den Russen, noch die Russen ihm, und er sei überzeugt, daß er in Rußland untergehen werde. Ich erwiderte ihm nun, was ich ihm ebenfalls schon häufig gesagt hatte, er dürfe sich in diesen verhängnisvollen Gedanken nicht verrennen, vielmehr müsse er alles, was in seinen Kräften stehe, tun, um die Liebe jedes einzelnen in Rußland zu gewinnen. Er solle auch die Kaiserin bitten, ihm die Möglichkeit zu geben, sich über die Angelegenheiten des Reiches zu unterrichten. Ich drängte ihn sogar, einen Sitz in der Konferenz nachzusuchen, die der Kaiserin statt eines Rates diente. Er sprach auch tatsächlich mit den Schuwalows darüber. Sie setzten es auch bei der Kaiserin durch, ihn zu dieser Konferenz immer zuzulassen, wenn sie selbst teilnahm. Das war aber dasselbe, als hätte man ihn nicht zugelassen, denn sie ging zwei- oder dreimal mit ihm hin, und dann erschien weder sie noch er wieder.

Die Ratschläge, welche ich dem Großfürsten gab, waren im allgemeinen gut und ersprießlich. Aber wer Rat gibt, kann das nur tun nach eigener Einsicht, nach eigener Art zu denken und die Dinge anzuschauen und aufzufassen. Der größte Fehler der Ratschläge, die ich dem Großfürsten gab, war nun der, daß sein Tun und Handeln ganz von dem meinen verschieden war, und je älter wir wurden, um so schärfer trat das hervor. Ich war stets bestrebt, der Wahrheit immer in allem so nahe wie möglich zu kommen. Er dagegen entfernte sich täglich mehr und mehr von ihr und wurde schließlich ein ausgesprochener Lügner. Weil die Art, wie er dazu kam, ziemlich sonderbar ist, will ich davon erzählen. Vielleicht läßt das die Entwickelung des menschlichen Geistes in dieser Beziehung erkennen und kann dadurch zur Verhinderung oder Besserung dieses Lasters beitragen bei Individuen und Persönlichkeiten, welche dazu neigen.

Die erste Lüge, welche sich der Großfürst ausdachte, erzählte er jungen Frauen und Mädchen, denen er sich interessant machen wollte und auf deren Unkenntnis er rechnete. Er behauptete, als er noch bei seinem Vater in Holstein war, habe ihn sein Herr Vater an die Spitze einer Abteilung seiner Garden gestellt und ausgeschickt, einen Trupp Zigeuner zu fangen, der sich in der Umgebung von Kiel umhertrieb und, wie er sagte, scheußliche Räubereien beging. Er erzählte darüber die genauesten Einzelheiten, ebenso über die Listen, die er bei der Verfolgung angewandt, um sie zu umzingeln, und die verschiedenen Kämpfe, in denen er nach seiner Darstellung Wunder von Gewandtheit und Tapferkeit verrichtete, worauf er sie gefangennahm und nach Kiel brachte.

Anfangs war er so vorsichtig, alles das nur Leuten zu erzählen, die über ihn nicht Bescheid wußten. Allmählich aber erkühnte er sich, seine Erfindungen auch denen vorzutragen, auf deren Diskretion er genügend rechnen konnte, um gewiß zu sein, nicht Lügen gestraft zu werden. ·Als er sich aber herausnahm, diese Geschichte auch mir vorzureden, fragte ich ihn, wie lange Zeit vor dem Tode seines Vaters diese Begebnisse sich ereignet hätten? Ohne Zögern antwortete er: »Drei oder vier Jahre.« – »Nun«, sagte ich, »dann haben Sie sehr früh mit Ihren Heldentaten begonnen. Drei oder vier Jahre vor dem Tode des Herzogs, Ihres Vaters, waren Sie nur sechs oder sieben Jahre alt, denn mit elf Jahren verloren Sie ihn und kamen unter die Vormundschaft meines Onkels, des Kronprinzen von Schweden. Und ich muß mich auch sehr wundern«, sagte ich, »daß Ihr Herr Vater, dessen einziger Sohn Sie doch waren, Sie in so jungen Jahren gegen die Räuber ausgeschickt hat, obwohl Sie, wie ich gehört habe, in Ihrer Kindheit immer von zarter Gesundheit gewesen sind.«

Diese Worte brachten den Großfürsten furchtbar gegen mich auf, und er behauptete, ich wolle ihn vor aller Welt als Lügner hinstellen und in Verruf bringen. Aber ich entgegnete ihm, nicht ich, sondern der Kalender widerspreche seinen Behauptungen. Übrigens überließe ich es ihm selbst, zu beurteilen, ob es wohl menschenmöglich wäre, einen kleinen Jungen von sechs oder sieben Jahren, den einzigen Sohn und Erbprinzen, die ganze Hoffnung seines Vaters, auszuschicken, um Zigeuner zu fangen. Er schwieg, und ich auch, doch schmollte er noch sehr lange mit mir. Als er aber meine Einwände vergessen hatte, fuhr er nichtsdestoweniger fort, sogar in meiner Gegenwart dieses Märchen zu erzählen, und zwar mit endlosen Variationen.

Später dachte er sich noch weit Schändlicheres und für ihn noch Unvorteilhafteres aus, das ich seinerzeit ebenfalls erzählen werde. Augenblicklich ist es mir nicht möglich, alle die Hirngespinste anzuführen, die er sich oft so erdachte und als Tatsachen ausgab und an denen auch nicht ein Funken von Wahrheit war. Die eine Probe dürfte wohl genügen!

Eines Donnerstags, gegen Ende des Karnevals[316], als bei uns Ball war, saß ich zwischen der Schwägerin Leo Naryschkins und seiner Schwester, Frau Seniawin. Wir sahen zu, wie Marina Osipowna Zakrewskij, die Hofdame der Kaiserin und Nichte der

Grafen Razùmowskij[317], Menuett tanzte. Sie war damals behend und gewandt, und es hieß, Graf Horn sei sehr verliebt in sie. Weil er aber immer drei Frauen gleichzeitig liebte, bemühte er sich auch noch um Gräfin Maria Romanowna Worontzow und um Anna Alexejewna Chitrowo, die ebenfalls Hofdame Ihrer Kaiserlichen Majestät war. Wir fanden, daß die erstere sehr gut tanzte und recht hübsch war; ihr Partner war Leo Naryschkin.

Bei dieser Gelegenheit erzählte mir seine Schwägerin und seine Schwester, Leo Naryschkins Mutter gehe mit dem Gedanken um, ihn mit Fräulein Chitrowo, die durch ihre Mutter eine Nichte der Schuwalows war, zu verheiraten. Ihre Mutter war eine Schwester von Peter und Alexander und hatte Fräulein Chitrowos Vater geheiratet, der oft zu den Naryschkins kam und es dazu brachte, daß sich Leo Naryschkins Mutter schließlich diese Heirat in den Kopf setzte. Aber weder Frau Seniawin noch ihrer Schwägerin lag etwas an einer Verwandtschaft mit den Schuwalows, die sie beide, wie schon erzählt, nicht liebten. Leo wußte überhaupt nichts davon, daß seine Mutter ihn verheiraten wollte. Er war in die Gräfin Maria Worontzow verliebt, von der ich eben sprach.

Als ich das hörte, sagte ich den Damen Seniawin und Naryschkin, man dürfe diese von der Mutter geplante Heirat mit Fräulein Chitrowo nicht zugeben. Denn kein Mensch mochte die leiden, weil sie eine Intrigantin, Klatschbase und Schreiliese war. Um solchen Gedanken die Spitze abzubrechen, müsse man Leo eine Frau nach unserem Geschmack geben, und zwar die erwähnte Nichte der Grafen Razumowskij. Diese waren übrigens mit der Familie Naryschkin befreundet und verschwägert; den Grafen Kirill Razumowskij liebten außerdem die beiden Damen sehr, und er kam sehr oft zu ihnen, oder sie waren bei ihm. Die Damen waren vollkommen meiner Ansicht.

Am Tage darauf war bei Hofe Maskerade. Ich wandte mich an den Feldmarschall Razumowskij, der damals Hetman der Ukraine war, und sagte ihm rundweg, er tue unrecht, seiner Nichte eine Partie wie Leo Naryschkin entgehen zu lassen, den seine Mutter mit Fräulein Chitrowo verheiraten wolle. Aber seine Schwägerin Frau Seniawin, Frau Naryschkin und ich hätten entschieden, seine Nichte sei eine viel passendere Partie; er möge deshalb ohne Zeitverlust den Beteiligten diesen Vorschlag machen. Dem Feldmarschall gefiel unser Plan, er sprach davon seinem damaligen Faktotum Teplow, der die Sache sofort dem älteren Grafen Razumowskij berichten ging. Dieser gab seine Einwilligung, und am folgenden Tage ging Teplow zum Bischof von Petersburg, um für fünfzig Rubel die Erlaubnis oder den Dispens zu kaufen. Nachdem er ihn erhalten, gingen der Feldmarschall und seine Frau Gemahlin zu ihrer Tante, der Mutter Leos, und faßten dort die Sache so gut an, daß sie die Mutter bewogen, dem zuzustimmen, was sie eigentlich nicht gewollt hatte. Sie kamen gerade zur rechten Zeit, denn eben an diesem Tage sollte sie Herrn Chitrowo ihr Wort geben.

Als das erledigt war, wurde Leo von dem Feldmarschall Razumowskij und von den Damen Seniawin und Naryschkin, der Schwägerin, vorgenommen und überredet, das Mädchen zu heiraten, an das er nicht im entferntesten gedacht hatte. Er willigte ein, obwohl er eigentlich eine andere liebte, allerdings war diese mit Graf Buturlin so gut wie verlobt. Aus Fräulein Chitrowo machte er sich fast gar nichts.

Nachdem der Feldmarschall also die Zustimmung erhalten hatte, ließ er seine Nichte rufen, und sie fand die Heirat zu vorteilhaft, um sie zurückzuweisen. Am andern Tag, einem Sonntag, baten die beiden Grafen Razumowskij die Kaiserin um ihre Einwilligung, die auch sofort gegeben wurde. Die Herren Schuwalow waren über die Art und Weise, wie man Chitrowo hintergangen hatte, höchst erstaunt, denn sie erfuhren davon erst, als die Zustimmung der Kaiserin bereits erfolgt war. Als die Sache einmal geschehen war, gab es kein Zurück mehr, und so heiratete Leo, der in eine junge Dame verliebt war und dem seine Mutter eine andere bestimmt hatte, schließlich eine dritte, an die weder er noch sonst jemand drei Tage vorher gedacht hatte.

Leo Naryschkins Heirat knüpfte meine Freundschaft mit den Grafen Razumowskij fester als je, da sie mir Dank wußten, ihrer Nichte zu einer so guten und glänzenden Partie verholfen zu haben. Auch waren sie durchaus nicht böse, daß sie über die Schuwalows einen Sieg davongetragen hatten. Diese konnten sich nicht einmal beklagen und mußten ihren Verdruß verbergen. Das war noch eine besondere Aufmerksamkeit, die ich ihnen bewiesen hatte.

Die Liebelei des Großfürsten mit Frau Teplow regte sich nur noch mit mattem Flügelschlage. Eines der größten Hindernisse war die Schwierigkeit für die beiden, sich zu sehen. Es geschah nur heimlich, und das war Seiner Kaiserlichen Hoheit unbequem.

Er schätzte nämlich Schwierigkeiten ebensowenig, wie er empfangene Briefe zu beantworten liebte. Gegen Ende des Karnevals begann diese Liebelei eine Parteisache zu werden.

Eines Tages benachrichtigte mich die Prinzessin von Kurland, Graf Roman Worontzow, der Vater der beiden Hofdamen, der, beiläufig gesagt, dem Großfürsten und auch seinen fünf Kindern unausstehlich war, habe sehr wenig maßvolle Äußerungen über den Großfürsten getan. Unter anderem sollte er gesagt haben, wenn er wolle, so würde es ihn keine große Mühe kosten, den Haß des Großfürsten gegen ihn in Wohlwollen zu verwandeln. Zu diesem Zwecke brauche er nur Brockdorff einmal zu bewirten, ihm englisches Bier vorzusetzen und ihm beim Abschied sechs Flaschen davon für Seine Kaiserliche Hoheit in die Tasche zu stecken. Dann würden er und seine jüngste Tochter die Hauptmatadore in der Gunst des Großfürsten sein.

Weil ich an demselben Abend beim Ball bemerkte, daß Seine Kaiserliche Hoheit viel mit der Gräfin Maria Worontzow, der ältesten Tochter des Grafen, flüsterte, und weil diese Familie wirklich sehr eng mit den Schuwalows zusammenhing, bei denen Brockdorff immer ein willkommener Gast war, so ahnte ich ohne besonderes Vergnügen, daß Fäulein Elisabeth Worontzow wieder obenauf kam. Um das doch etwas zu erschweren, erzählte ich dem Großfürsten die obenerwähnten Äußerungen des Vaters. Fast geriet er in Wut und fragte mich höchst zornig, von wem ich sie erfahren habe. Lange wollte ich es nicht sagen. Aber er erklärte, wenn ich niemand nennen könne, müsse er annehmen, daß ich es sei, die die Geschichte erfunden habe, nur um dem Vater und seinen Töchtern zu schaden. Es half nichts, ihm zu entgegnen, ich hätte nie in meinem Leben solche Lügen erfunden; ich mußte ihm schließlich die Prinzessin von Kurland nennen.

Er erklärte, er werde sofort ein Billett an sie schreiben, um zu erfahren, ob ich die Wahrheit rede, und wenn sich die geringste Abweichung zwischen ihrer Antwort und meiner Erzählung herausstelle, werde er sich bei der Kaiserin über unsere Intrigen und Lügen beschweren.

Dann verließ er das Zimmer. In Besorgnis wegen der Antwort der Prinzessin von Kurland und aus Furcht, sie könne sich zweideutig äußern, schrieb ich ihr folgendes Billett: »Um Gottes willen, sagen Sie die reine lautere Wahrheit über das, wonach man Sie fragen wird!« Mein Billett wurde ihr unverzüglich überbracht und kam zur rechten Zeit, denn es erreichte sie noch vor dem des Großfürsten.

Die Prinzessin antwortete Seiner Kaiserlichen Hoheit der Wahrheit gemäß, und er erkannte, daß ich nicht gelogen hatte. Das hielt ihn noch eine Zeitlang von einem Verhältnis mit den beiden Töchtern eines Menschen zurück, der für ihn nur sehr wenig Achtung hatte und den er selbst nicht leiden konnte.

Um dem aber noch ein weiteres Hindernis in den Weg zu legen, überredete Leo Naryschkin den Feldmarschall Razumowskij, den Großfürsten wöchentlich ein- oder zweimal des Abends ganz geheim zu sich einzuladen. Es war beinahe eine ›viereckige‹ Gesellschaft, denn nur der Feldmarschall, Maria Pawlowna Naryschkin, der Großfürst, Frau Teplow und Leo Naryschkin waren zugegen. Das dauerte fast die ganzen Fasten hindurch und gab zu einem andern Plane Veranlassung.

Das Haus des Feldmarschalls war damals aus Holz. In den Gemächern der Marschallin versammelte sich die Gesellschaft, und da sie beide gern spielten, wurde auch immer gespielt. Der Feldmarschall ging und kam, hatte aber in seinen Gemächern seinen eigenen Kreis, wenn der Großfürst nicht da war. Nun war der Feldmarschall mehrere Male bei mir in meinem geheimen Kreise gewesen und wünschte diesen auch bei sich zu haben. Zu diesem Zwecke wurden im Erdgeschoß zwei oder drei Gemächer, die er seine Eremitage nannte, für uns bestimmt. Jeder verbarg sich vor dem andern, weil wir, wie schon gesagt, ohne Erlaubnis nicht ausgehen durften. Auf die Weise befanden sich manchmal drei oder vier kleine Gesellschaften im Hause. Der Feldmarschall ging von einer zur andern, aber nur mein Kreis wußte alles, was im Hause vorging, während die andern nicht ahnten, daß wir da waren.

Um Frühlingsanfang[318] starb Pechlin, der Minister des Großfürsten für Holstein. Der Großkanzler Graf Bestushew hatte seinen Tod vorausgesehen und mir geraten, bei dem Großfürsten für einen gewissen Herrn Stambke einzutreten. Man ließ diesen kommen, und er ersetzte Herrn Pechlin. Der Großfürst gab ihm einen unterzeichneten Befehl, mit mir zu arbeiten, was er auch tat. Auf diese Weise hatte ich freie Verbindung mit Graf Bestushew, der Vertrauen zu Stambke hatte.

Zu Beginn des Frühjahrs gingen wir nach Oranienbaum.[319] Unsere Lebensweise war hier dieselbe wie in den vergangenen

Jahren, nur nahm die Zahl der holsteinischen Truppen und der als Offiziere angestellten Abenteurer von Jahr zu Jahr zu. Weil man aber diese Menge in dem kleinen Dorf Oranienbaum, das anfangs aus nur achtundzwanzig Hütten bestand, nicht unterbringen konnte, ließ man die Truppen ein Lager aufschlagen. Ihre Zahl überstieg übrigens nie 1300 Mann. Die Offiziere dinierten und soupierten bei Hofe. Die Zahl der Hofdamen und der Gemahlinnen der Kavaliere überstieg nicht fünfzehn oder sechzehn. Seine Kaiserliche Hoheit liebte aber leidenschaftlich große Gastmähler und veranstaltete solche oft in seinem Lager und in allen Ecken und Winkeln von Oranienbaum. Er lud dazu nicht nur die Sängerinnen und Tänzerinnen seiner Oper ein, sondern auch viele bürgerliche Damen, die man ihm aus Petersburg zuführte, aber aus sehr schlechten Kreisen.

Als ich hörte, daß die Sängerinnen usw. an diesen Festen teilnehmen würden, vermied ich es zu erscheinen, und zwar anfangs unter dem Vorwande einer Brunnenkur. Ich speiste mit zwei oder drei Personen auf meinem Zimmer. Dann sagte ich aber dem Großfürsten, ich fürchte, die Kaiserin werde es nicht billigen, wenn ich in so gemischter Gesellschaft erschiene. Wirklich zeigte ich mich nie, wenn ich wußte, daß so unbeschränkte Gastlichkeit herrschte. So kam es, daß, wenn der Großfürst unbedingt meine Anwesenheit wünschte, nur die Hofdamen zugezogen wurden.

Zu den Maskeraden, die der Großfürst in Oranienbaum gab, erschien ich immer in sehr einfacher Toilette, ohne Juwelen und Schmuck. Das machte einen sehr guten Eindruck auf die Kaiserin, welche die Feste in Oranienbaum, wo die Gastmähler zu wahren Bacchanalen ausarteten, weder gern sah noch billigte. Sie duldete sie aber doch oder verbot sie wenigstens nicht. Ich erfuhr, Ihre Majestät habe eines Tages geäußert: »Diese Feste machen der Großfürstin nicht mehr Vergnügen als mir; sie erscheint bei ihnen immer in möglichst einfacher Kleidung und soupiert nie mit all dem Volk, das da zusammenkommt.«

Ich beschäftigte mich damals in Oranienbaum mit der Anlage und Anpflanzung meines sogenannten Gartens. Während der übrigen Zeit machte ich Ausflüge zu Fuß, zu Pferd oder zu Wagen, und wenn ich in meinem Zimmer war, las ich.

Im Juli erfuhren wir, daß Memel sich den russischen Truppen am 24. Juni freiwillig ergeben hatte, und im August traf die Nachricht von der am 19. August durch die russische Armee gewonnenen Schlacht von Großjägerndorf ein. Am Tage des Tedeum gab ich dem Großfürsten und allen angesehenen Persönlichkeiten in Oranienbaum in meinem Garten ein großes Mahl, bei welchem der Großfürst und alle übrigen anscheinend sehr gut aufgelegt und befriedigt waren.

Das milderte für kurze Zeit den Schmerz des Großfürsten über den soeben ausgebrochenen Krieg zwischen Rußland und dem König von Preußen, für den er seit seiner Kindheit eine besondere Zuneigung hatte, in der anfangs nichts Besonderes war, die aber später in reinen Wahnsinn ausartete. Damals zwang ihn die allgemeine Freude über den Erfolg der russischen Waffen, seine geheimen Gedanken zu verbergen. Er erfuhr nämlich mit Bedauern von der Niederlage der preußischen Truppen, die er für unbesiegbar gehalten hatte. Ich ließ an diesem Tage für die Maurer und Arbeiter in Oranienbaum einen Ochsen braten.

Einige Tage nach diesem Fest kehrten wir in die Stadt zurück und bezogen das Sommerpalais.[320] Hier meldete mir Graf Alexander Schuwalow eines Abends, die Kaiserin befinde sich im Zimmer seiner Frau und ließe mir sagen, ich solle dorthin kommen, um mit ihr zu reden, wie ich es im vergangenen Winter gewünscht hätte. Ich begab mich also unverzüglich in die Gemächer des Grafen und der Gräfin Schuwalow, die am Ende der meinen lagen.

Dort fand ich die Kaiserin ganz allein. Nachdem ich ihr die Hand geküßt und sie mich, ihrer Gewohnheit gemäß, geküßt hatte, erwies sie mir die Ehre, mir zu sagen, sie habe gehört, ich wünsche mit ihr zu sprechen, und sie sei heute gekommen, um zu erfahren, was ich von ihr begehre. Nun waren aber damals mehr als acht Monate seit meiner Unterredung mit Alexander Schuwalow über Brockdorff verflossen. Ich erwiderte daher Ihrer Kaiserlichen Majestät: als ich im vorigen Winter Herrn Brockdorffs Benehmen mit angesehen, hätte ich es für unbedingt nötig gehalten, mit Graf Alexander Schuwalow darüber zu sprechen, damit er Ihre Kaiserliche Majestät davon in Kenntnis setzen könne. Er habe mich dann gefragt, ob er mich nennen dürfe, worauf ich ihm erwidert habe, wenn Ihre Kaiserliche Majestät es wünsche, würde ich ihr selbst alles wiederholen, was ich gesagt habe und, was mir bekannt sei. Dann erzählte ich ihr den Hergang der Affäre Ellendsheim.

Sie hörte mir anscheinend mit großer Kälte zu und fragte mich dann nach Einzelheiten über das Privatleben des Großfürsten und über seine Umgebung. Mit der größten Wahrhaftigkeit sagte ich alles, was ich wußte. Als ich über die holsteinischen Angelegenheiten einige Einzelheiten anführte, welche erkennen ließen, daß ich sie ziemlich gut kannte, sagte sie: »Sie scheinen über dieses Land recht gut unterrichtet zu sein!« Ich antwortete unbefangen, das könne mir nicht schwer fallen, da der Großfürst mir befohlen habe, mich damit bekannt zu machen. Aber ich sah der Kaiserin am Gesicht an, daß diese Mitteilung einen unangenehmen Eindruck auf sie machte. Überhaupt erschien sie mir während der ganzen Unterredung sonderbar zurückhaltend. Sie nötigte mich zu reden und fragte mich auch aus, sprach aber selbst kaum ein Wort. Diese Unterhaltung kam mir also mehr wie eine Art Verhör ihrerseits vor, als wie ein vertrauliches Gespräch.

Schließlich entließ sie mich ebenso kühl, wie sie mich empfangen hatte, und ich war sehr wenig erbaut von meiner Audienz. Alexander Schuwalow empfahl mir, sie so geheim wie möglich zu halten, was ich auch versprach. Ich hatte ja auch weiter keinen Grund, mich ihrer zu rühmen!

Als ich wieder in meinem Zimmer war, schrieb ich die Kälte der Kaiserin der Abneigung zu, welche ihr die Schuwalows gegen mich eingeflößt hatten, wie man mich längst hatte wissen lassen. In der Folge wird man den abscheulichen Gebrauch, wenn ich mich so ausdrücken darf, sehen, den man sie von unserer Unterredung zu machen überredete.

Kurz darauf erfuhren wir, daß Feldmarschall Apraxin statt seine Erfolge auszunutzen und nach der Einnahme von Memel und dem Siege bei Großjägerndorf vorwärts zu rücken, sich mit solcher Eile zurückzog, daß dieser Rückzug einer Flucht ähnlich sah. Er vernichtete und verbrannte sogar seine ganze Bagage und vernagelte seine Kanonen. Niemand verstand diese Handlungsweise. Selbst seine Freunde konnten es nicht rechtfertigen, und eben deshalb vermutete man geheime Absichten dahinter.

Ich selbst weiß allerdings nicht genau, wie der übereilte und unverständliche Rückzug des Generals Apraxin zu erklären war, da ich diesen nie wieder gesehen habe. Doch glaube ich, der Grund mochte der sein, daß er von seiner Tochter, der Fürstin Kurakin, die mehr aus Berechnung als aus Neigung immer noch Beziehungen zu Peter Schuwalow hatte, sowie von seinem Schwiegersohn, dem Fürsten Kurakin, und von seinen Freunden und Verwandten ziemlich genaue Nachrichten über das Befinden der Kaiserin hatte, der es von Tag zu Tag schlechter ging. Damals verbreitete sich die Überzeugung, sie habe alle Monate regelmäßig sehr heftige Krämpfe, und diese schwächten ihre Organe zusehends, so daß sie sich nach jedem Anfall zwei, drei, auch vier Tage in einem Zustand von Schwäche und völliger Erschöpfung befand, der schon einer Lethargie ähnlich war. Während einer solchen Zeit konnte man über nichts mit ihr sprechen und sie von nichts unterhalten.

Feldmarschall Apraxin hielt vielleicht die Gefahr für größer, als sie wirklich war, und hatte es nicht für ratsam gehalten, noch weiter in Preußen vorzudringen, sondern für nötig befunden, zurückzugehen und sich unter dem Vorwande von Proviantmangel der russischen Grenze zu nähern. Denn er sah voraus, daß im Falle des Ablebens der Kaiserin dieser Krieg sofort aufhören würde. Es war schwer, den Schritt Feldmarschalls Apraxin zu rechtfertigen; aber so konnten wohl seine Absichten sein, um so mehr, als er sich in Rußland für äußerst notwendig hielt, wie ich gesagt habe, als ich von seiner Abreise sprach.

Graf Bestushew ließ mich durch Stambke über das Verhalten des Feldmarschalls Apraxin unterrichten, über das sich der kaiserliche[321] und der französische[322] Gesandte laut beklagte. Er ließ mich dringend bitten, dem Feldmarschall freundschaftlich zu schreiben und meine Vorstellungen mit den seinen zu vereinen, um ihn zur Umkehr zu bewegen und dem Rückzuge ein Ende zu machen, den seine Feinde gehässig und unheilvoll auslegten. Ich schrieb auch an Feldmarschall Apraxin einen Brief, in welchem ich ihn von den in Petersburg umlaufenden üblen Gerüchten in Kenntnis setzte und ihm mitteilte, seine Freunde seien in Verlegenheit, wie sie seinen übereilten Rückzug rechtfertigen sollten. Ich bat ihn, umzukehren und die Befehle der Regierung auszuführen. Der Großkanzler Graf Bestushew schickte ihm diesen Brief; Feldmarschall Apraxin antwortete mir aber nicht.

Inzwischen reiste der Generaldirektor der Bauten der Kaiserin, General Fermor, von Petersburg ab und verabschiedete sich von uns. Man sagte uns, er solle in der Armee verwendet werden. Er war früher Generalquartiermeister des Feldmarschalls Münnich gewesen. Zunächst verlangte Fermor, seine Beamten oder Inspektoren bei den Bauten, die Brigadiere Riazanow und Mordwinow, unter sich zu haben. Mit ihnen ging er dann zur Armee ab. Das waren Militärs, die bisher nur Baukontrakte

322

abgeschlossen hatten. Als er angekommen war, befahl man ihm, den Oberbefehl an Stelle des Feldmarschalls Apraxin zu übernehmen, der abberufen wurde.[323]

Dieser fand auf seiner Rückreise in Tschetyre-Ruki einen Befehl vor, hier haltzumachen und die Befehle der Kaiserin abzuwarten. Er mußte lange auf diese warten, weil seine Freunde, seine Tochter und Peter Schuwalow alles mögliche taten, Himmel und Hölle in Bewegung setzten, um den Zorn der Kaiserin zu beschwichtigen, den die Worontzows, Graf Buturlin, Iwan Schuwalow und andere schürten, die von den Gesandten des Versailler und Wiener Hofes aufgehetzt wurden, um Apraxin den Prozeß zu machen. Schließlich wurde eine Untersuchungskommission ernannt. Aber schon nach dem ersten Verhör erlitt Feldmarschall Apraxin einen Schlaganfall[324], an dem er nach etwa vierundzwanzig Stunden starb.

In diesen Prozeß wäre sicher auch General Lieven verwickelt worden, denn er war der Freund und Vertraute Apraxins. Ich hätte dann noch einen Kummer mehr gehabt, denn Lieven war mir aufrichtig ergeben. Aber so groß auch meine Freundschaft für Apraxin und Lieven gewesen ist, so kann ich doch schwören, daß mir die Ursache ihres Verhaltens und dieses selbst völlig unbekannt war, obwohl versucht wurde, das Gerücht auszusprengen, sie wären mir und dem Großfürsten zu Gefallen zurückgegangen, statt vorzurücken.

Lieven gab zuweilen sehr sonderbare Beweise seiner Ergebenheit für mich. So sah er mich einmal auf einer vom Gesandten des Wiener Hofes, Graf Esterhazy, gegebenen Maskerade, an der die Kaiserin und der ganze Hof teilnahm, durch den Saal gehen und sagte zu seinem Nachbar, dem Grafen Poniatowski: »Das ist eine Frau, für die ein anständiger Mensch wohl einige Knutenhiebe ohne Bedauern hinnehmen könnte.« Diese Anekdote hat mir Graf Poniatowski, der spätere König von Polen, selbst erzählt.

Nachdem General Fermor das Oberkommando übernommen hatte, beeilte er sich, seine sehr genauen Instruktionen auszuführen und vorwärts zu rücken. Trotz der rauhen Jahreszeit besetzte er Königsberg, das ihm am 18. Januar 1758[325] eine Deputation entgegenschickte.

Während dieses Winters bemerkte ich plötzlich eine große Veränderung im Benehmen Leo Naryschkins. Er begann unhöflich und grob zu werden, kam nur widerwillig zu mir und redete

Dinge, die bewiesen, daß man ihn gegen mich, seine Schwägerin, seine Schwester, Graf Poniatowski und alle, die mir ergeben waren, aufhetzte.

Ferner erfuhr ich, daß er fast ständig bei Herrn Iwan Schuwalow war. Ich ahnte unschwer, daß man ihn mir abwendig machte als Strafe dafür, daß ich ihn verhindert hatte, Fräulein Chitrowo zu heiraten, und daß man sich sicher bemühen werde, ihn zu Indiskretionen zu verleiten, die für mich unangenehme Folgen haben konnten. Seine Schwägerin, seine Schwester und sein Bruder waren ebenso aufgebracht auf ihn wie ich. Er benahm sich wirklich wie ein Verrückter und beleidigte uns ohne jeden Grund, wo er nur konnte, und das zu der Zeit, als ich auf meine Kosten das Haus ausstattete, welches er nach seiner Verheiratung bewohnen sollte. Jedermann klagte ihn der Undankbarkeit an; aber er sagte, er sei nicht eigennützig. Mit einem Wort, er hatte nicht die geringste Ursache, sich zu beschweren.

Man sah deutlich, daß er nur denen, die sich seiner bemächtigt hatten, als Werkzeug diente. Regelmäßiger als sonst erwies er dem Großfürsten seine Aufmerksamkeiten, suchte ihn möglichst gut zu unterhalten und verleitete ihn mehr und mehr zu Dingen, von denen er wußte, daß ich sie mißbilligte. Seine Unhöflichkeit ging mitunter so weit, daß er mir nicht einmal antwortete, wenn ich ihn ansprach. Ich weiß bis heute noch nicht, was ihm damals in den Kopf gefahren war, während ich ihn und seine ganze Familie, solange ich sie kannte, mit Wohltaten und Freundschaftsbeweisen überhäuft hatte.

Ich glaube, daß er sich auch auf den Rat der Herren Schuwalow bemühte, sich dem Großfürsten angenehm zu machen, weil sie ihm vorstellten, daß dessen Gunst für ihn immer wertvoller sein werde als die meine, denn ich sei bei der Kaiserin und beim Großfürsten schlecht angeschrieben, und beide liebten mich nicht. Es könne daher seiner Laufbahn nur schaden, wenn er sich nicht von mir entferne. Denn nach dem Tode der Kaiserin werde der Großfürst mich in ein Kloster stecken. Noch andere ähnliche Redereien der Schuwalows wurden mir hinterbracht. Außerdem machte man ihm Aussicht auf den St. Annen-Orden als einen Beweis der Gunst des Großfürsten.

Mit Hilfe solcher Erwägungen und Versprechungen erreichte man schließlich von diesem schwachen, charakterlosen Menschen all die kleinen Verrätereien, die man wünschte. Man brachte ihn soweit, und sogar noch weiter, als verlangt wurde, obwohl er von Zeit zu Zeit Anwandlungen von Reue hatte. Wie man später sehen wird, tat er damals alles, was in seiner Macht stand, um mir den Großfürsten zu entfremden, so daß dieser mir fast unaufhörlich üble Laune zeigte und wieder Beziehungen mit der Gräfin Elisabeth Worontzow anknüpfte.

Im Frühling dieses Jahres verbreitete sich das Gerücht, Prinz Karl von Sachsen, der Sohn König Augusts III. von Polen, werde nach Petersburg kommen. Dem Großfürsten machte das aus verschiedenen Gründen keine Freude. Erstens befürchtete er eine Vermehrung persönlicher Unbequemlichkeiten, denn er liebte es nicht, wenn seine Lebensweise, wie er sie sich zurechtgelegt hatte, auch nur im geringsten gestört wurde. Zweitens stand das Haus Sachsen auf seiten der Feinde des Königs von Preußen. Drittens fürchtete er vielleicht auch, bei einem Vergleich nicht gut abzuschneiden. Das letztere zeugte allerdings von großer Bescheidenheit, denn der arme Prinz von Sachsen war ein nichtssagender Mensch und ganz ungebildet. Außer von Jagd und Tanz verstand er von nichts etwas. Er hat mir selbst erzählt, er habe in seinem ganzen Leben kein Buch in der Hand gehabt außer den Gebetbüchern, die ihm die Königin, seine Mutter[326], eine sehr bigotte Fürstin, besorgte.

Prinz Karl von Sachsen kam wirklich am 5. April dieses Jahres in St. Petersburg an. Er wurde mit großem Zeremoniell und viel Aufwand von Pracht und Glanz empfangen. Sein Gefolge war sehr zahlreich. Viele Polen und Sachsen begleiteten ihn, unter ihnen war ein Lubomirski, ein Potocki, der Kronschreiber Graf Rzewuski, genannt ›der Schöne‹, ferner zwei Fürsten Sulkowski, ein Graf Sapieha, Graf Branicki, der spätere Großhetman, ein Graf Einsiedel und viele andere, an deren Namen ich mich augenblicklich nicht erinnere. Er hatte auch eine Art Untergouverneur bei sich, namens Lachinal, der über sein Auftreten und seine Korrespondenz wachte.

Der Prinz von Sachsen wurde im Hause des Kammerherrn Iwan Schuwalow untergebracht, das eben erst fertig geworden war. Der Hausherr hatte seinen ganzen Geschmack dafür aufgewandt, trotzdem war es geschmacklos und ziemlich schlecht, aber sehr kostbar eingerichtet. Es waren viele Gemälde darin, aber die meisten waren Kopien. Ein Zimmer war in Tschinarholz ausgestattet, weil das aber nicht glänzt, hatte man es lackiert. Dadurch wurde das Zimmer gelb, aber es war ein so unangenehmes Gelb, daß man es jetzt häßlich fand; und um dem abzuhelfen, bedeckte man es mit schwerer, kostbarer Holzschnitzerei, die versilbert wurde. Von außen sah das an sich große Haus infolge seiner Verzierungen aus wie eine Manschette aus Alençon-Spitzen – so war es mit Schnitzwerk überladen. Dem Prinzen von Sachsen wurde Graf Iwan Tschernyschow beigegeben, und die Kosten seines Unterhaltes und seiner Bedienung trug ganz der Hof, auch wurde er von den Hofbeamten bedient.

In der Nacht vor dem Tage, an dem Prinz Karl zu uns kam, hatte ich eine heftige Kolik mit so starkem Durchfall, daß ich mehr als dreißigmal zu Stuhle gehen mußte. Trotzdem und trotz des Fiebers, das sich einstellte, kleidete ich mich am folgenden Morgen an, um den Prinzen von Sachsen zu empfangen. Man geleitete ihn gegen zwei Uhr nachmittags zur Kaiserin und von dieser zu mir[327]; der Großfürst sollte kurz nach ihm eintreten. Man hatte drei Sessel an eine Wand gestellt; der mittlere war für mich, der zu meiner Rechten für den Großfürsten und der linke für den Prinzen von Sachsen bestimmt. Ich mußte die Unterhaltung führen, denn der Großfürst tat kaum den Mund auf und Prinz Karl war nicht gesprächig. Endlich, nach einer Unterhaltung von einer halben Viertelstunde, erhob sich Prinz Karl, um uns sein gewaltiges Gefolge vorzustellen. Er hatte wohl über zwanzig Personen bei sich, wozu sich an diesem Tage noch der polnische[328] und der sächsische[329] Gesandte am russischen Hofe mit ihren Beamten gesellt hatten.

Nach einer halbstündigen Unterhaltung entfernte sich der Prinz. Ich kleidete mich sofort aus, um mich ins Bett zu legen, wo ich drei oder vier Tage mit einem sehr heftigen Fieber zubrachte. Danach stellten sich wieder Anzeichen von Schwangerschaft bei mir ein.

Gegen Ende April begaben wir uns nach Oranienbaum.[330] Vor unserer Abreise erfuhren wir, Prinz Karl von Sachsen gehe als Freiwilliger zur russischen Armee ab. Bevor er zur Armee abreiste, begleitete er die Kaiserin nach Peterhof, und dort und in der Stadt wurde er sehr gefeiert. Wir nahmen nicht an diesen Festlichkeiten teil, sondern blieben auf unserm Landsitz, wo er sich von uns verabschiedete, um am 4. Juli abzureisen.

Der Großfürst war fast immer verstimmt gegen mich, und ich wußte dafür keinen andern Grund als den, daß ich weder zu

Brockdorff freundlich war noch zu der Gräfin Elisabeth Worontzow, die wieder Lieblingssultanin wurde. Ich kam deshalb auf
den Gedanken, Seiner Kaiserlichen Hoheit ein Fest in meinem
Garten zu Oranienbaum zu geben, um seine Laune wenn
möglich, etwas zu bessern. Bei Seiner Kaiserlichen Hoheit erfreuten sich nämlich jegliche Feste immer großer Beliebtheit.
Ich ließ also an einem abgelegenen Orte im Gehölz von meinem
damaligen italienischen Architekten Antonio Rinaldi einen großen Wagen bauen, auf dem ein Orchester von sechzig Personen,
Musikern und Sängern, bequemen Platz hatte. Von dem italienischen Hofpoeten ließ ich Verse machen und die Musik dazu von
dem Kapellmeister Araja. In der Hauptallee des Gartens wurde
eine illuminierte Dekoration mit einem Vorhang angebracht; ihr
gegenüber war die Tafel für das Souper gedeckt.
Am 17. Juli gegen Abend begab sich Seine Kaiserliche Hoheit mit
allen in Oranienbaum anwesenden Personen in den festlich
illuminierten Garten, gefolgt von vielen Zuschauern, die aus
Kronstadt und Petersburg gekommen waren. Man setzte sich zu
Tisch, und nach dem ersten Gang hob sich der Vorhang, der die
große Allee verdeckte. Man sah in der Ferne das fahrende
Orchester sich auf seinem Wagen nahen, der von etwa zwanzig
bekränzten Ochsen gezogen wurde. Ihn umgaben so viel Tänzer
und Tänzerinnen, wie ich nur hatte auftreiben können. Die Allee
war illuminiert und so hell, daß man alles deutlich erkennen
konnte. Als der Wagen hielt, fügte es der Zufall, daß der Mond
gerade über ihm stand, was eine wundervolle Wirkung hatte und
die ganze Gesellschaft höchlichst überraschte. Auch herrschte
prachtvollstes Wetter. Alle sprangen von der Tafel auf, um die
Schönheit der Symphonie und des Anblicks in der Nähe genießen
zu können.
Als sie zu Ende war, fiel der Vorhang, und man setzte sich zum
zweiten Gang wieder an die Tafel. Nach diesem ertönten
Fanfaren und Pauken, und ein Gaukler schrie: »Meine Herren
und Damen, kommen Sie näher, treten Sie näher, in meinen
Buden gibt es Lose umsonst!« Zu beiden Seiten des Vorhanges
hoben sich jetzt zwei kleine Vorhänge, und man sah zwei hell-
erleuchtete Buden. In der einen wurden umsonst Lose für Porzellan
verteilt, das in ihr aufgestellt war; in der andern Lose für Blumen,
Bänder, Fächer, Kämme, Börsen, Handschuhe, Degenquasten
und andere Kleinigkeiten der Art. Als die Buden leer waren,

setzte man sich zum Nachtisch, und dann wurde bis sechs Uhr morgens getanzt.

Diesmal konnte keine Intrige, keine Böswilligkeit bei meinem Feste aufkommen. Seine Kaiserliche Hoheit und alle anderen Gäste waren ganz entzückt und priesen die Großfürstin und ihr Fest. Allerdings hatte ich es auch an nichts fehlen lassen. Meinen Wein fand man köstlich, mein Souper vorzüglich. Alles ging auf meine eigenen Kosten, und das Fest kostete mich etwa zehn- bis fünfzehntausend Rubel, wobei man beachten muß, daß ich nur dreißigtausend Rubel jährliches Einkommen hatte.

Doch wäre mich das Fest beinahe noch sehr viel teurer zu stehen gekommen. Denn an dem 17. Juli fuhr ich im Laufe des Tages mit Frau Naryschkin im Kabriolett aus, um die Vorbereitungen zu sehen. Gerade als ich aus dem Wagen steigen wollte, machte das Pferd eine Bewegung, die mich zur Erde auf die Knie schleuderte. Ich war im vierten oder fünften Monat schwanger[331], ließ mir aber nichts merken, sondern blieb bis zuletzt auf dem Feste und machte die Honneurs. Doch hatte ich große Besorgnis vor einer Fehlgeburt. Aber es geschah nichts, und ich kam mit dem Schrecken davon.

Der Großfürst, seine ganze Umgebung, alle seine Holsteiner und meine erbittertsten Feinde sangen noch mehrere Tage lang mein und meines Festes Lob, denn niemand, ob Freund oder Feind, war ohne ein kleines Andenken an mich weggegangen. Weil es ein Maskenfest gewesen war, hatten alle möglichen Leute daran teilgenommen, und die Gesellschaft im Garten war natürlich sehr gemischt gewesen. Auch waren viele Frauen erschienen, die sonst bei Hofe in meiner Gegenwart keinen Zutritt hatten. Alle rühmten sich nun und prunkten mit meinen Geschenken, obwohl diese im Grunde keinen so großen Wert hatten, denn es war wohl keines davon teurer als hundert Rubel. Aber sie stammten eben von mir, und jeder sagte gern: »Das habe ich von Ihrer Kaiserlichen Hoheit der Großfürstin; sie ist die Güte selbst und hat jedem etwas geschenkt. Sie ist reizend; sie hat mich vergnügt und freundlich angesehen, und es hat ihr Vergnügen gemacht, uns tanzen, essen und spazieren zu lassen. Wer keinen Platz fand, wurde von ihr selbst untergebracht. Sie wollte, man sollte alles sehen, was zu sehen war; und sie war selbst in heiterster Laune.« Kurz, an dem Tage fand man an mir Eigenschaften, die man vorher nicht an mir gekannt hatte, und ich entwaffnete meine

Feinde. Das war auch meine Absicht. Aber es war doch nicht für lange, wie man in der Folge sehen wird.

Nach diesem Fest fing Leo Naryschkin wieder an, mich zu besuchen. Als ich eines Tages mein Kabinett betreten wollte, sah ich ihn da ganz frech auf einem Kanapee liegen und ein dummes Lied singen. Ich entfernte mich daraufhin wieder, schloß die Tür hinter mir ab und suchte sofort seine Schwägerin auf. Ihr sagte ich, wir müßten eine tüchtige Handvoll Brennesseln nehmen und diesen Menschen, der sich schon lange so unverschämt gegen uns benähme, durchprügeln, um ihm Respekt gegen uns beizubringen. Seine Schwägerin war sehr damit einverstanden, und wir ließen uns sofort mit Brennesseln bewickelte Ruten bringen. Eine meiner Frauen, eine Witwe namens Tatjana Jurjewna, mußte uns begleiten, und wir gingen also alle drei in mein Kabinett.

Wir fanden Leo Naryschkin noch auf derselben Stelle vor, wie er aus vollem Halse sein Lied grölte. Als er uns sah, wollte er entwischen, er bekam aber von uns derartige Prügel mit unsern Brennnesselruten, daß seine Beine, Hände und sein Gesicht zwei oder drei Tage lang so geschwollen waren, daß er am nächsten Tage nicht mit uns zur Cour nach Peterhof fahren konnte, sondern zu Hause im Zimmer bleiben mußte.

Er hütete sich sehr wohl, sich seines Erlebnisses zu rühmen. Wir hatten ihm zugesichert, daß wir bei der geringsten Unhöflichkeit von seiner Seite oder Veranlassung zur Klage über ihn die Operation wiederholen würden, denn es gäbe sichtlich kein anderes Mittel, mit ihm fertig zu werden. Das alles faßten wir zwar rein als Scherz und ganz freundschaftlich auf, aber unser Mann hatte genug gespürt, um daran zu denken, und gab sich wenigstens keine solchen Blößen mehr wie früher.

Im August erfuhren wir in Oranienbaum, daß am 14. desselben Monats[332] die Schlacht bei Zorndorf geschlagen war, eine der blutigsten Schlachten des Jahrhunderts, denn auf jeder Seite waren mehr als 20 000 Tote und Verwundete geblieben. Unser Verlust an Offizieren war beträchtlich und überschritt 1200. Man meldete uns diese Schlacht als gewonnen, aber im geheimen flüsterte man sich zu, die Verluste seien auf beiden Seiten gleich, und drei Tage hindurch habe keine der beiden Armeen gewagt, sich den Sieg zuzuschreiben. Erst am dritten Tage habe der König von Preußen in seinem Lager und Graf Fermor auf dem Schlachtfelde das Tedeum singen lassen.

Der Kummer der Kaiserin und die Bestürzung in der Stadt waren groß, als man alle Einzelheiten dieses blutigen Tages erfuhr, an dem viele ihre Verwandten, Freunde und Bekannten verloren hatten. Lange Zeit hindurch hörte man nur jammern über diesen Tag. Auch viele Generale waren getötet, verwundet oder gefangengenommen worden.

Es stellte sich übrigens heraus, daß Graf Fermors Handlungsweise nichts weniger als geschickt und militärisch gewesen war. Seine Armee verabscheute ihn und hatte kein Vertrauen zu ihm. Der Hof rief ihn zurück, und man ernannte den General Graf Peter Saltykow an seiner Stelle zum Befehlshaber der Armee in Preußen.

Man ließ also Graf Saltykow aus der Ukraine kommen, wo er das Kommando hatte, und übertrug inzwischen den Oberbefehl über die Armee dem General Frolow-Bagrejew, aber mit dem geheimen Befehl, nichts zu unternehmen ohne die Generalleutnants Graf Rumiantzow und Fürst Alexander Golitzyn, Rumiantzows Schwager.

Rumiantzow beschuldigte man, es hätte, als er in kurzer Entfernung vom Schlachtfelde mit einem Korps von zehntausend Mann auf den Anhöhen stand, von wo er die Kanonade hörte, nur von ihm abgehangen, sie entscheidender zu gestalten, wenn er der preußischen Armee in den Rücken gefallen wäre, während sie mit der unsrigen im Kampf war. Aber Graf Rumiantzow tat das nicht, und als sein Schwager Fürst Golitzyn nach der Schlacht ihn in seinem Lager aufsuchte und ihm von der stattgehabten Schlächterei erzählte, nahm er ihn sehr schlecht auf, sagte ihm alle möglichen Grobheiten, wollte ihn später nicht mehr sehen und behandelte ihn als Feigling. Das war aber Fürst Golitzyn nicht, vielmehr ist die ganze Armee von seiner Unerschrockenheit mehr überzeugt als von der des Grafen Rumiantzow, trotz dessen gegenwärtigen Ruhmes und seiner Siege.[333]

Zu Anfang September befand sich die Kaiserin in Tzarskoje Selo. Am 8., dem Tage von Mariä Geburt[334], begab sie sich zu Fuß aus dem Palais in die Gemeindekirche, die nur ein paar Schritte von dem nördlichen Tore entfernt ist, um dort die Messe zu hören. Kaum aber hatte der Gottesdienst begonnen, als sich die Kaiserin plötzlich unwohl fühlte und die Kirche verließ. Sie ging den kleinen, schräg nach dem Palais zu liegenden Vorplatz hinab, aber bei dem Vorsprung an der Ecke der Kirche fiel sie bewußtlos ins

Gras, inmitten des Volkes oder richtiger, umringt von der Menge, die aus allen Dörfern der Umgegend zur Messe zusammengeströmt war. Niemand aus der Umgabung der Kaiserin war ihr gefolgt, als sie die Kirche verließ. Aber bald wurden ihre Damen und Vertrauten benachrichtigt und kamen eiligst zu Hilfe. Sie fanden sie regungslos und ohne Bewußtsein inmitten des Volkes, das sie betrachtete, aber nicht näherzutreten wagte.

Die Kaiserin war groß und stark und konnte nicht plötzlich hinstürzen, ohne sich allein durch den Fall schon erheblichen Schaden zu tun. Man bedeckte sie mit einem weißen Tuch und schickte nach Ärzten und einem Chirurgen. Der letztere erschien zuerst und hatte nichts Eiligeres zu tun, als ihr inmitten und in Gegenwart der Menschenmenge hier auf der Erde zur Ader zu lassen. Aber sie kam nicht zu sich. Der Arzt ließ lange auf sich warten, weil er selbst krank war und nicht gehen konnte. Man mußte ihn in einem Lehnstuhl bringen. Es war der verstorbene Kondoïdi, ein geborener Grieche. Der Chirurg war Foussatier, ein französischer Emigrant. Endlich wurden aus dem Palais Wandschirme und ein Kanapee geholt, auf das man die Kaiserin legte. Durch Arzeneien und mit eifrigem Bemühen brachte man sie schließlich wieder ein wenig zu sich. Aber als sie die Augen aufschlug, erkannte sie niemand und fragte fast unvernehmlich, wo sie sei.

Alles das dauerte mehr als zwei Stunden. Dann beschloß man, Ihre Kaiserliche Majestät auf dem Kanapee ins Palais zu tragen. Man kann sich wohl die Bestürzung aller bei Hofe angestellten Personen vorstellen. Daß sich der Vorfall so öffentlich abgespielt hatte, erhöhte noch den peinlichen Eindruck. Bisher hatte man ihren Zustand sehr geheimgehalten, aber von diesem Augenblicke an wurde die Sache allgemein bekannt.

Am nächsten Morgen erfuhr ich in Oranienbaum von dem Begebnis durch ein Billett des Grafen Poniatowski. Ich teilte es sofort dem Großfürsten mit, der nichts davon wußte, da man vor uns ja im allgemeinen alles mit größter Sorgfalt verheimlichte, namentlich aber was die Kaiserin persönlich betraf. Es war aber Sitte, daß jeden Sonntag, wenn wir uns nicht an demselben Orte wie Ihre Kaiserliche Majestät aufhielten, ein Kavalier unseres Hofstaates abgesandt wurde, um sich nach dem Befinden der Kaiserin zu erkundigen. Wir unterließen das auch am folgenden Sonntag nicht und erfuhren, daß die Kaiserin mehrere Tage lang nicht den freien Gebrauch ihrer Zunge wiedererlangt hatte und noch immer nur mit Anstrengung sprechen konnte. Man erzählte, sie habe sich während ihrer Ohnmacht auf die Zunge gebissen. Das ließ vermuten, daß diese Schwäche mehr von Krämpfen als von einer Ohnmacht herrührte.

Ende September kehrten wir in die Stadt zurück. Weil ich infolge meiner Schwangerschaft schon schwerfällig wurde, erschien ich nicht mehr öffentlich; ich glaubte mich meiner Niederkunft näher, als ich es in Wirklichkeit war. Das langweilte den Großfürsten, denn wenn ich öffentlich erschien, schützte er oft Unwohlsein vor, um zu Hause bleiben zu können. Auch die Kaiserin erschien selten, so daß die Courtage, Hoffeste und Bälle ganz mir zu Lasten fielen. Wenn ich aber nicht zugegen war, so drängte man Seine Kaiserliche Hoheit, zu erscheinen, damit jemand die Repräsentationspflichten erfüllte.

Seine Kaiserliche Hoheit war also ärgerlich über meine Schwangerschaft und ließ sich eines Tages einfallen, in seinem Zimmer im Beisein von Leo Naryschkin und mehreren andern zu sagen: »Gott weiß, woher meiner Frau ihre Schwangerschaft kommt; ich weiß wirklich nicht recht, ob das Kind mir gehört und ob ich es auf meine Rechnung nehmen soll.« Leo Naryschkin rannte natürlich sofort zu mir, um mir diese Äußerungen brühwarm wiederzuerzählen. Erklärlicherweise erschrak ich über diese Reden und erwiderte: »Ihr seid alle leichtsinnige Kerle! Verlangt von ihm, er soll einen Eid schwören, daß er nicht mit seiner Frau geschlafen hat, und sagt ihm, wenn er das tut, werdet Ihr es sofort Alexander Schuwalow, als dem Großinquisitor des Reiches, mitteilen.« Leo Naryschkin ging auch wirklich zu Seiner Kaiserlichen Hoheit und forderte den Eid. Er erhielt die Antwort: »Gehen Sie zum Teufel und sprechen Sie mir nicht mehr davon!«

Dieses unvorsichtige Gerede des Großfürsten ärgerte mich sehr, und ich erkannte daraus, daß drei gleich schwierige Wege zu meiner Wahl standen. Erstens konnte ich das Schicksal Seiner Kaiserlichen Hoheit teilen, so wie es sich entwickeln würde. Oder zweitens konnte ich mich ständig allem aussetzen, was ihm für oder wider mich anzuordnen belieben würde. Drittens endlich konnte ich einen von allen Ereignissen unabhängigen Weg einschlagen. Aber um deutlicher zu sein: es handelte sich darum, entweder mit ihm oder durch ihn unterzugehen, oder aber mich selbst, meine Kinder und vielleicht auch das Reich aus dem

Schiffbruch zu retten, dessen Gefahren alle moralischen und physischen Eigenschaften des Großfürsten voraussehen ließen. Der letzte Weg schien mir der sicherste.

Ich beschloß also, den Großfürsten weiterhin nach meinen Kräften für sein Wohl bestens zu beraten, ihn aber nie wieder so wie früher durch Hartnäckigkeit zu erzürnen, wenn er meine Ratschläge nicht befolgte; ferner ihm, sooft sich Gelegenheit böte, über seine wahren Interessen die Augen zu öffnen. Im übrigen aber wollte ich mich in dumpfes Schweigen hüllen, jedoch in der Öffentlichkeit meine Interessen so wahren, daß man gegebenenfalls in mir die Retterin des Staates sehen konnte.

Im Oktober erhielt ich vom Großkanzler Graf Bestushew die Nachricht, der König von Polen habe dem Grafen Poniatowski sein Abberufungsschreiben gesandt. Graf Bestushew hatte darüber einen heftigen Streit mit Graf Brühl und dem sächsischen Kabinett und ärgerte sich darüber, daß man ihn nicht wie früher um Rat gefragt hatte. Er erfuhr schließlich, daß der Vizekanzler Graf Worontzow und Iwan Schuwalow durch den sächsischen Residenten Prasse die ganze Sache gemacht hatten.

Dieser Prasse schien übrigens oft über viele Einzelheiten unterrichtet zu sein, so daß man sich wundern mußte, woher er sie hatte. Mehrere Jahre später kam man seinen Quellen auf die Spur. Er war nämlich der sehr geheime und höchst vorsichtige Liebhaber der Gemahlin des Vizekanzlers, der Gräfin Anna Karlowna, einer geborenen Skawronskij. Sie war mit der Frau des Zeremonienmeisters Samarin sehr befreundet, und bei dieser Dame traf die Gräfin Herrn Prasse.

Der Kanzler Bestushew ließ sich das Abberufungsschreiben des Grafen Poniatowski geben und schickte es unter dem Vorwande eines Formfehlers wieder nach Sachsen zurück.

In der Nacht vom 8. zum 9. Dezember spürte ich Geburtswehen. Ich schickte Frau Wladislaw, den Großfürsten zu benachrichtigen und ebenso den Grafen Alexander Schuwalow, damit er Ihre Kaiserliche Majestät in Kenntnis setzen könne.

Nach einiger Zeit betrat der Großfürst mein Zimmer, in seiner holsteinischen Uniform, gestiefelt und gespornt, mit der Schärpe um den Leib und einem großen Degen an der Seite, also in sehr großer Toilette. Es war ungefähr halb drei Uhr morgens. Erstaunt über diesen Aufzug fragte ich ihn nach dem Grunde seines so gesuchten Anzuges. Darauf erwiderte er mir, nur in der

Not erkenne man seine wahren Freunde, in dieser Kleidung sei er bereit, seiner Pflicht gemäß zu handeln. Und die Pflicht eines holsteinischen Offiziers sei, seinem Eide getreu das herzogliche Haus gegen alle Feinde zu verteidigen. Weil ich mich nicht wohl befinde, käme er mir nun zu Hilfe.

Man hätte glauben können, er scherze, das war aber durchaus nicht der Fall, denn was er redete, war sein voller Ernst! Ich erkannte sofort, daß er betrunken war, und riet ihm, zu Bett zu gehen, damit die Kaiserin, wenn sie käme, nicht den doppelten Ärger habe, ihn betrunken und auch noch von Kopf zu Fuß gerüstet in der ihr, wie ich wußte, verhaßten holsteinischen Uniform zu sehen. Es kostete mich aber große Mühe, ihn zum Gehen zu bewegen. Aber Frau Wladislaw und ich überredeten ihn doch mit Hilfe der Hebamme, die versicherte, ich werde noch nicht so bald niederkommen.

Kaum hatte er sich entfernt, als die Kaiserin eintrat. Sie fragte nach dem Großfürsten, und man antwortete ihr, er sei eben wieder fortgegangen, werde aber gewiß bald zurückkommen. Als sie sah, daß meine Schmerzen nachließen, und die Hebamme erklärte, es könne noch einige Stunden dauern, zog sie sich wieder in ihre Gemächer zurück, während ich mich zu Bett legte und bis zum folgenden Morgen schlief.

Ich erhob mich wie gewöhnlich und fühlte dann und wann wohl Schmerzen, die mich aber später für ganze Stunden verließen. Um die Stunde des Soupers verspürte ich Hunger und ließ mir mein Abendessen auftragen. Die Hebamme saß neben mir, und als sie sah, wie ich mit Heißhunger aß, sagte sie: »Essen sie nur, essen Sie, das wird uns Glück bringen!«

Ich stand vom Tisch auf, als ich mein Souper beendet hatte, und empfand wirklich in demselben Augenblick einen heftigen Schmerz, so daß ich einen lauten Schrei ausstieß. Die Hebamme und Frau Wladislaw faßten mich unter den Armen und hoben mich auf mein Schmerzenslager. Dann schickte man nach dem Großfürsten und der Kaiserin. Kaum waren sie eingetreten, als ich von einer Tochter[335] entbunden wurde, am 9. Dezember, zwischen zehn und elf Uhr abends. Ich bat die Kaiserin, zu erlauben, dem Kinde ihren Namen zu geben. Sie bestimmte aber, es solle den Namen der ältesten Schwester Ihrer Kaiserlichen Majestät, der Herzogin Anna Petrowna von Holstein, der Mutter des Großfürsten, tragen.

Der Großfürst schien über die Geburt des Kindes sehr erfreut zu sein und gab in seinen Gemächern große Festlichkeiten. Er ließ auch in Holstein solche veranstalten und nahm alle Glückwünsche, die man ihm darbrachte, mit sichtbarer Befriedigung entgegen. Am sechsten Tage hielt die Kaiserin selbst das Kind über die Taufe, und sie brachte mir einen Befehl an ihr Kabinett, mir sechzigtausend Rubel auszuzahlen. Dem Großfürsten schickte sie ebensoviel, was seine Zufriedenheit nicht wenig erhöhte.

Nach der Taufe begannen die Festlichkeiten. Wie ich hörte, waren sie sehr schön, ich habe aber nichts davon gesehen. Ich lag in meinem Bett ganz einsam, und keine Seele war bei mir außer Frau Wladislaw. Denn sowie ich niedergekommen war, hatte die Kaiserin nicht nur, wie das erstemal, das Kind in ihre Gemächer bringen lassen, sondern man ließ mich noch obendrein unter dem Vorwande, daß ich der Ruhe bedürfe, wie eine arme Unglückliche ganz allein. Niemand setzte seinen Fuß über meine Schwelle, und niemand fragte oder ließ fragen, wie es mir gehe. Wie schon das erstemal litt ich sehr unter dieser gänzlichen Verlassenheit. Ich hatte diesmal alle Vorsichtsmaßregeln getroffen, um mich wenigstens gegen die Zugluft und die Unbehaglichkeit des Zimmers zu schützen. Sowie ich entbunden war, stand ich auf und legte mich in mein Bett.

Da niemand zu mir zu kommen wagte, höchstens ganz heimlich, hatte ich auch in diesem Punkte vorgesorgt. Mein Bett reichte etwa bis zur Mitte eines ziemlich langen Zimmers. Die Fenster waren rechts vom Bett, links war eine Geheimtür, die in eine Art Garderobe führte, welche zugleich als Vorzimmer diente und mit Wandschirmen und Truhen verbaut war. Von meinem Bett bis zu dieser Tür ließ ich einen gewaltigen Wandschirm aufstellen, der das reizendste Kabinett verbarg, das ich mir denken konnte, wenn man den Raum und die Umstände in Betracht zieht. In diesem Kabinett war ein Kanapee, Spiegel, tragbare Tische und ein paar Stühle. Wenn der Vorhang meines Bettes auf dieser Seite zugezogen war, sah man nichts; war er offen, so sah man das Kabinett und die darin Befindlichen. Wer in das Zimmer trat, sah nur den Wandschirm. Fragte jemand, was hinter dem Schirm sei, so hieß es: der Nachtstuhl. Dieser war aber in dem Schirm selbst, und niemand war begierig ihn zu sehen. Auch hätte man ihn ruhig zeigen können, ohne in das Kabinett zu treten, das der Wandschirm verdeckte.

Am 1. Januar 1759[336] endigten die Hoffeste mit einem sehr großen Feuerwerk, das zwischen dem Ball und dem Souper abgebrannt wurde. Weil ich aber noch lag, erschien ich nicht bei Hofe. Vor dem Feuerwerk wollte Graf Peter Schuwalow an meine Tür pochen, um mir die Zeichnung für dasselbe zu überreichen. Kurz bevor man es abbrannte, sagte ihm Frau Wladislaw: ich schliefe, sie werde aber nachsehn gehen. Es war nicht wahr, daß ich schlief; ich lag nur im Bett und hatte meinen kleinen Kreis bei mir, der damals wie früher aus den Damen Naryschkin, Seniawin, Izmajlow und aus Graf Poniatowski bestand. Letzterer hatte sich seit seiner Abberufung krank gesagt, zu mir kam er aber, und die Damen schätzten mich genug, um meine Gesellschaft den Bällen und Festlichkeiten vorzuziehen. Frau Wladislaw wußte zwar nicht genau, wer bei mir war, aber sie hatte eine zu gute Spürnase, um nicht zu merken, daß jemand da war. Ich sagte ihr, ich würde mich aus Langweile früh zu Bett legen, und sie kam dann nicht mehr herein.

Als nun Graf Schuwalow kam, klopfte sie an meine Tür; ich zog meinen Vorhang an der Seite des Schirmes zu und ließ sie eintreten. Sie trat ein und richtete mir die Botschaft des Grafen Peter Schuwalow aus, worauf ich ihr befahl, ihn einzulassen. Sie ging, ihn zu rufen. Währenddessen platzte meine Gesellschaft hinter dem Wandschirm fast vor Lachen über diese höchst ungewöhnliche Szene: ich wollte also Graf Schuwalow empfangen, der dann schwören konnte, mich allein im Bett angetroffen zu haben, während nur ein Vorhang meine kleine lustige Gesellschaft von dieser damals so wichtigen Persönlichkeit trennte, dem damaligen Orakel des Hofes und dem intimen Vertrauten der Kaiserin.

Schließlich trat er ein und brachte mir seinen Plan für das Feuerwerk; er war zu jener Zeit Generalfeldzeugmeister. Ich bat ihn um Entschuldigung, daß ich ihn hätte warten lassen, aber ich sei, sagte ich, eben erst erwacht. Dabei rieb ich mir ein wenig die Augen und sagte, ich sei noch ganz im Schlaf. Ich log, um Frau Wladislaw nicht im Stich zu lassen. Dann hatte ich eine ziemlich lange Unterhaltung mit ihm, so daß ich fast den Eindruck hatte, er hätte Eile, um die Kaiserin nicht auf den Beginn des Feuerwerks warten zu lassen. Ich entließ ihn also, und er ging.

Sofort öffnete ich den Vorhang wieder. Meine Gesellschaft hatte aber vor lauter Lachen Hunger und Durst bekommen. Ich sagte ihnen also: »Gut, ihr sollt zu essen und zu trinken haben, denn es ist nur gerecht, daß ihr nicht, während ihr mir Gesellschaft leistet, mir zu Gefallen vor Hunger und Durst sterbt.« Ich zog also meinen Vorhang wieder zu und läutete. Frau Wladislaw erschien, und ich bat sie, mir ein Souper bringen zu lassen, aber es müßten wenigstens sechs gute Schüsseln sein, denn ich stürbe vor Hunger. Als das Souper fertig war, wurde es aufgetragen. Ich ließ alles neben mein Bett stellen und befahl den Dienern, sich zu entfernen. Nun stürzten sich meine Gäste hinter dem Schirm wie ausgehungert auf die Speisen, und die Heiterkeit vermehrte noch ihren Appetit.

Ich muß sagen, dieser Abend war einer der tollsten und lustigsten, die ich je erlebt habe. Als das Souper verschlungen war, ließ ich die Überreste ebenso fortschaffen, wie es gekommen war. Ich glaube aber, die Diener waren doch von meinem Appetit ein wenig überrascht.

Als das Souper des Hofes zu Ende ging, entfernte sich auch meine Gesellschaft, sehr befriedigt von ihrem Abend. Graf Poniatowski trug beim Fortgehen stets eine blonde Perücke und einen Mantel; und wenn die Wache ihn fragte: »Wer da?« nannte er sich: »Musikant des Großfürsten!« Über die Perücke mußten wir an jenem Tage sehr viel lachen.

Mein erster Betgang nach den sechs Wochen fand diesmal in der kleinen Kapelle der Kaiserin statt; aber außer Alexander Schuwalow war niemand zugegen.

Gegen Ende des Karnevals, als alle Festlichkeiten in der Stadt zu Ende waren, wurden bei Hofe drei Hochzeiten gefeiert. Die des Grafen Alexander Strogonow mit der Gräfin Anna Worontzow, der Tochter des Vizekanzlers, war die erste, dann folgte zwei Tage später die von Leo Naryschkin mit Fräulein Zakrewskij und am selben Tage die des Grafen Buturlin mit Gräfin Maria Worontzow.[337] Die drei jungen Mädchen waren Hofdamen der Kaiserin. Bei Gelegenheit dieser drei Hochzeiten wetteten bei Hofe der Hetman Graf Kirill Razumowskij und der dänische Gesandte Graf von Osten[338], wer von den drei Ehemännern zuerst zum Hahnrei gemacht werden würde. Und es stellte sich heraus, daß die gewannen, welche gewettet hatten, Strogonow werde es sein, dessen junge Frau damals die häßlichste, unschuldigste und kindlichste zu sein schien.

Der Tag vor der Vermählung Leo Naryschkins und Buturlins war ein Unglückstag. Schon lange flüsterte man sich zu, das Ansehen des Großkanzlers Bestushews sei im Sinken und seine Feinde gewännen die Oberhand. Er hatte seinen Freund, General Apraxin, verloren. Der ältere Graf Razumowskij hatte ihn zwar lange gestützt, allein seit die Schuwalows in höherer Gunst standen, mischte er sich fast in nichts mehr, höchstens um gelegentlich für seine Freunde oder Verwandten eine kleine Gnade zu erbitten.

Die Schuwalows und Michael Worontzow wurden in ihrem Hasse gegen den Großkanzler noch durch den österreichischen Gesandten Graf Esterhazy und den französischen, Marquis de l'Hôpital, bestärkt. Der letztere glaubte Graf Bestushew mehr einem Bündnis Rußlands mit England als mit Frankreich geneigt, und der österreichische Gesandte intrigierte gegen Bestushew, weil dieser zwar wollte, daß Rußland an seinem Bündnisvertrage mit dem Wiener Hofe festhalte und Maria Theresia Hilfe leiste, aber nicht wünschte, daß es als erste kriegführende Partei gegen Preußen auftrete. Bestushew dachte als Patriot und war nicht leicht zu lenken, während Michael Worontzow und Iwan Schuwalow sich ganz in die Hände der beiden Gesandten gegeben hatten.

Vierzehn Tage vor dem Falle des Großkanzlers Grafen Bestushew kam der französische Gesandte Marquis de L'Hôpital mit einer Depesche in der Hand zum Vizekanzler Worontzow und sagte ihm: »Herr Graf, diese Depesche habe ich soeben von meinem Hofe empfangen. Mir wird darin vorgeschrieben: wenn in vierzehn Tagen der Großkanzler nicht durch Sie ersetzt ist, soll ich mich nur noch an ihn wenden und mit niemand außer ihm unterhandeln.«

Das wirkte auf den Vizekanzler. Er ging zu Iwan Schuwalow, und man stellte der Kaiserin vor, ihr Ruhm leide unter dem Ansehen des Grafen Bestushew in Europa. Sie gab Befehl, noch am nämlichen Abend eine Konferenz abzuhalten und den Großkanzler zu laden. Er ließ sagen, er sei krank. Man nannte jetzt diese Krankheit Ungehorsam und befahl ihm, er solle ohne Verzug erscheinen. Er kam und wurde mitten in der Konferenz verhaftet.[339]

Man nahm ihm seine Ämter, Würden und Orden, ohne daß ein Mensch hätte angeben können, wegen welcher Verbrechen oder Übeltaten man so der ersten Persönlichkeit des Reiches alles nahm, und schickte ihn als Gefangenen in sein Haus zurück. Weil alles vorbereitet war, hatte man eine Kompagnie Gardegrenadiere kommen lassen. Als diese durch die Mojka zogen, wo die Häuser der Grafen Alexander und Peter Schuwalow lagen, sagten sie: »Gott sei Dank, wir sollen diese verfluchten Schuwalows verhaften, die nur Monopole erfinden.« Aber als die Soldaten schließlich sahen, daß es sich um den Grafen Bestushew handelte, sprachen sie ihr Mißfallen in den Worten aus: »Nicht der, sondern andere bedrücken das Volk!«

Obwohl Graf Bestushew in demselben Palais verhaftet worden war, dessen einen Flügel wir bewohnten, und zwar gar nicht weit von unseren Gemächern, so erfuhren wir doch an jenem Abend nichts davon. So sorgfältig war man bemüht, alles, was geschah, vor uns zu verbergen. Am nächsten Tage, einem Sonntag, erhielt ich durch Leo Naryschkin ein Billett, das mir Graf Poniatowski auf diesem Wege zugehen ließ, der schon seit längerer Zeit nur mit Mißtrauen betrachtet wurde. Dieses Billett begann mit den Worten: »Der Mensch bleibt nie ohne Hilfe. Ich bediene mich dieses Weges, um Sie zu benachrichtigen, daß gestern abend Graf Bestushew verhaftet und seiner Ämter und Würden beraubt worden ist, und ebenso Ihr Juwelier Bernardi, Jelagin und Adadurow.«

Ich fiel wie aus den Wolken, als ich diese Zeilen las; und als ich sie gelesen hatte, sagte ich mir, ich dürfe mich durchaus nicht darüber täuschen, daß mich diese Angelegenheit näher betreffe, als es im Augenblick den Anschein habe. Um das verständlich zu machen, ist eine Erklärung nötig.

Bernardi war ein italienischer Juwelier. Er war nicht dumm, und sein Beruf verschaffte ihm Zutritt in die vornehmsten Häuser. Ich glaube, es gab kein Haus, das ihm nicht irgendwie verpflichtet war und dem er nicht den einen oder andern kleinen Dienst erwiesen hatte. Weil er beständig überall aus und ein ging, beauftragte man ihn auch gelegentlich mit Bestellungen an andere. Eine Zeile in einem Billett kam durch Bernardi schneller und sicherer an als durch die Domestiken. Deshalb setzte Bernardis Verhaftung die ganze Stadt in Aufregung, denn er hatte Besorgungen für alle Welt gemacht, für mich ebenso wie für andere.

Jelagin war jener frühere Adjutant des Oberjägermeisters Graf Razumowskij, dem die Aufsicht über Beketow übertragen war. Er war dem Hause Razumowskij und so auch dem Grafen Bestushew ergeben geblieben und der Freund des Grafen Poniatowski geworden. Er war ein zuverlässiger und rechtschaffener

Mann, dessen Zuneigung man nicht leicht verlor, wenn man sie einmal gewonnen hatte. Für mich hatte er stets besonderen Eifer und große Vorliebe gezeigt.

Adadurow war früher mein Lehrer im Russischen gewesen und mir sehr ergeben geblieben. Ich hatte ihn dem Grafen Bestushew empfohlen, der ihm erst seit zwei oder drei Jahren sein Vertrauen schenkte und ihn vorher nicht geschätzt hatte, weil er früher ein Anhänger des General-Prokurors Fürst Nikita Jurjewitsch Trubetzkoj, eines Gegners von Bestushew, gewesen war.

Als ich das Billett gelesen und diese Betrachtungen angestellt hatte, drängten sich mir viele Gedanken auf, einer immer unangenehmer und trauriger als der andere. Mit einem Dolch im Herzen, sozusagen, kleidete ich mich an und ging zur Messe. Es schien mir hier, als hätten alle Anwesenden ebenso lange Gesichter wie ich. Während des ganzen Tages sagte mir kein Mensch etwas; es war, als wisse man von dem Ereignis nichts. Ich sagte gleichfalls kein Wort. Der Großfürst hatte Graf Bestushew nie geliebt und erschien mir an diesem Tage recht heiter; er hielt sich ungezwungen, aber ziemlich fern von mir.

Am Abend mußten wir zur Hochzeit gehen. Ich kleidete mich wieder an und war bei der Trauung von Graf Buturlin und von Leo Naryschkin zugegen, auch beim Souper und Ball. Während des letzteren näherte ich mich dem Hochzeitsmarschall Fürst Nikita Trubetzkoj, und unter dem Vorwande, die Bänder seines Marschallstabes zu besehen, sagte ich halblaut zu ihm: »Was sind das alles für Sachen? Haben Sie mehr Verbrechen als Verbrecher, oder mehr Verbrecher als Verbrechen gefunden?« Darauf entgegnete er: »Wir haben getan, was man uns befohlen hat, nach den Verbrechen sucht man noch. Bis jetzt sind die Entdeckungen weniger glücklich gewesen.«

Nachdem ich mit ihm gesprochen hatte, ging ich zum Feldmarschall Buturlin, der mir sagte: »Bestushew ist verhaftet, und jetzt suchen wir nach den Gründen seiner Verhaftung.« So redeten die beiden ersten Kommissare, die von der Kaiserin ernannt worden waren, um mit Graf Alexander Schuwalow die Verhafteten zu verhören.

Auf diesem Balle sah ich von weitem auch Stambke und fand ihn leidend und entmutigt. Die Kaiserin erschien auf keiner dieser Hochzeiten, weder in der Kirche noch bei dem Festmahl. Am folgenden Tage kam Stambke und berichtete mir, er habe von

Graf Bestushew ein Billett erhalten, worin dieser ihm auftrug, mir zu sagen, ich solle mich nicht über das, was ich wisse, beunruhigen, denn er habe Zeit gefunden, alles zu verbrennen; und er werde ihm über sein Verhör auf demselben Wege Nachricht geben. Ich fragte Stambke nach diesem Wege, und er erwiderte, ein Waldhornbläser des Grafen habe ihm das Billett überbracht, und man sei übereingekommen, in Zukunft alle Mitteilungen zwischen Ziegelsteinen an einem Orte nicht weit vom Hause Besthushew niederzulegen. Ich riet Stambke, sich wohl in acht zu nehmen, daß diese gefährliche Korrespondenz nicht entdeckt werde. Aber obwohl er in großer Angst zu sein schien, setzte er und Graf Poniatowski sie fort.

Als Stambke fort war, rief ich Frau Wladislaw und trug ihr auf, ihrem Schwiegersohn Pugowischnikow ein Billett zu bringen, das ich ihr aufsetzte. Es enthielt nichts als die Worte: »Sie haben nichts zu fürchten; man hat Zeit gefunden, alles zu verbrennen!« Das beruhigte ihn, denn er mußte wohl seit der Verhaftung des Großkanzlers mehr tot als lebendig sein, und zwar wegen dessen, was Graf Bestushew noch hatte verbrennen können.

Die Kränklichkeit und die häufigen Krämpfe der Kaiserin mußten aller Augen auf die Zukunft richten. Graf Bestushew in seiner Stellung und mit seinen Geistesanlagen war natürlich nicht der letzte, der darüber nachdachte. Er kannte die Abneigung, welche man dem Großfürsten schon seit langer Zeit gegen ihn eingeflößt hatte, kannte aber auch die geringen Fähigkeiten dieses Fürsten, der als Erbe so vieler Kronen geboren war. Es ist verständlich, daß dieser Staatsmann wie jeder andere den Wunsch hatte, sich in seiner Stellung zu behaupten. Schon seit einigen Jahren sah er, daß ich von den Vorurteilen, die man mir gegen ihn einflößte, zurückkam. Außerdem hielt er mich vielleicht für die einzige Persönlichkeit, auf die man in dieser Zeit die Hoffnung des Reiches bauen könne, für den Fall, daß die Kaiserin starb.

Solche und andere Erwägungen hatten in ihm den Plan reifen lassen, beim Ableben der Kaiserin den Großfürsten zum rechtmäßigen Kaiser zu erklären, aber gleichzeitig mich zur Mitregentin. Alle Ämter sollten in gleichen Händen bleiben, ihm aber sollte die Stelle eines Oberstleutnants der vier Garderegimenter und der Vorsitz der drei Reichskollegien, der Auswärtigen Angelegenheiten, des Krieges und der Admiralität, übertragen werden. Seine Ansprüche waren also etwas übertrieben.

Einen Entwurf dieses Manifestes, von Pugowischnikows Hand geschrieben, hatte er mir durch Graf Poniatowski geschickt. Mit diesem war ich übereingekommen, Graf Bestushew mündlich zu antworten, daß ich ihm für seine guten Absichten gegen mich danke, aber die Ausführung seines Planes für sehr schwierig halte. Er hatte seinen Entwurf mehrmals schreiben und wieder abschreiben lassen, hatte ihn geändert, erweitert, gekürzt, und schien sehr mit ihm beschäftigt zu sein.

Offen gestanden hielt ich seinen Plan für leeres Geschwätz und für einen Köder, den mir der alte Herr hinwarf, um sich meiner Zuneigung noch besser zu vergewissern. Aber ich biß nicht an, weil ich das Projekt für schädlich für den Staat hielt, der unter jedem häuslichen Streit zwischen mir und meinem Gemahl, der mich nicht liebte, leiden mußte. Weil aber bis jetzt der Fall noch nicht eingetreten war, wollte ich dem alten Herrn nicht widersprechen, der, wenn er sich einmal etwas in den Kopf gesetzt hatte, fest und steif dabei verharrte. Diesen Entwurf also hatte er noch verbrennen können, und er benachrichtigte mich darüber, damit ich die, welche davon wußten, beruhigen konnte.

Inzwischen teilte mir mein Kammerdiener Schkurin mit, der Hauptmann, der Graf Bestushew bewache, sei ein alter Freund von ihm und speise jeden Sonntag bei ihm zu Mittag, wenn er das Palais verlasse. Ich trug ihm auf, wenn die Sache so liege und er auf ihn rechnen könne, solle er versuchen, ihn auszufragen, um zu sehen, ob durch ihn Beziehungen mit seinem Gefangenen anzuknüpfen seien. Das wurde um so nötiger, als Graf Bestushew durch seine Verbindungen Stambke mitgeteilt hatte, man möge Bernardi dringend empfehlen, im Verhör die reine Wahrheit zu sprechen, und ihn wissen zu lassen, worüber man ihn befragen werde. Als ich sah, daß Schkurin es gern auf sich nehmen wollte, ein Mittel ausfindig zu machen, um bis zu Graf Bestushew vorzudringen, sagte ich ihm, er möchte gleichfalls versuchen, mit Bernardi in Verbindung zu treten, und sehen, ob er nicht den Sergeanten oder einen der Soldaten, die ihn in seiner Wohnung bewachten, gewinnen könne.

Am selben Tage gegen Abend teilte mir Schkurin mit, Bernardi werde von einem Sergeanten der Garde, namens Kolyschkin, bewacht, den er am nächsten Tage sprechen werde. Er habe auch zu seinem Freunde, dem Hauptmann, der bei Graf Bestushew war, geschickt, um ihn zu fragen, ob er ihn sehen könne. Aber dieser habe ihm sagen lassen, wenn er mit ihm sprechen wolle, solle er zu ihm kommen. Einer der Unterbeamten aber, den er auch kannte und der ein Verwandter von ihm war, hatte ihm geraten, nicht hinzugehen, denn wenn er das täte, würde der Hauptmann ihn verhaften lassen und sich daraus auf seine Kosten ein Verdienst machen, dessen er sich schon unter vier Augen gerühmt habe.

Schkurin schickte also nicht mehr zu dem Herrn Hauptmann, seinem angeblichen Freund. Aber Kolyschkin, den ich in meinem Namen mit ins Vertrauen zu ziehen befahl, sagte dafür Bernardi alles, was wir wollten. Übrigens sollte er nur die reine Wahrheit sagen, wozu sich auch beide gern verstanden.

Nach einigen Tagen kam Stambke eines Morgens ganz früh sehr blaß und erregt zu mir, um mir mitzuteilen, seine Korrespondenz und die des Grafen Poniatowski mit Graf Bestushew sei entdeckt worden. Der kleine Waldhornbläser sei verhaftet worden, und allem Anschein nach seien ihre letzten Briefe unglücklicherweise in die Hände der Wächter des Grafen Bestushew gefallen. Er selbst erwarte jeden Augenblick wenigstens verbannt, wenn nicht gar verhaftet zu werden. Er sei zu mir gekommen, um mir das zu sagen und Abschied von mir zu nehmen.

Was er mir da sagte, war mir höchst unbehaglich. Doch tröstete ich ihn, so gut ich konnte, und entließ ihn, überzeugt, daß sein Besuch vielleicht die Verstimmung gegen mich noch steigern könne, daß man mich vielleicht von nun an als der Regierung verdächtig meiden werde. Doch war ich mir vollkommen bewußt, daß ich mir der Regierung gegenüber nicht das geringste vorzuwerfen hatte. Mit Ausnahme von Michael Worontzow, Iwan Schuwalow, den Gesandten von Wien und von Versailles, sowie denen, welchen diese einredeten, was sie wollten, war die große Öffentlichkeit, also ganz Petersburg, groß und klein, überzeugt, daß Bestushew unschuldig sei und man ihm weder ein Verbrechen noch ein Vergehen vorwerfen könne.

Es war bekannt, daß man am Tage nach dem Abend seiner Verhaftung bei Iwan Schuwalow an einem Manifest gearbeitet hatte, das Herr Wolkow schreiben sollte. Dieser war früher Bestushews erster Beamter gewesen, war ihm im Jahre 1755 entlaufen, ließ sich aber, nachdem er in den Wäldern umhergeirrt war, fangen und war jetzt erster Sekretär der Konferenz. Das Manifest wollte man veröffentlichen, um das Publikum von den

Ursachen in Kenntnis zu setzen, welche die Kaiserin genötigt hätten, mit dem Großkanzler so zu verfahren, wie sie getan. Dieser Geheime Rat zerbrach sich den Kopf beim Suchen nach Vergehen und kam dann überein, zu sagen, man habe Bestushew wegen Majestätsbeleidigung verhaftet, und weil er versucht habe, Zwietracht zwischen Ihrer Kaiserlichen Majestät und Ihren Kaiserlichen Hoheiten zu säen. Ohne Verhör und Urteil wollte man ihn am Tage nach seiner Verhaftung auf eines seiner Güter schicken und ihm seinen gesamten andern Besitz nehmen.

Einige fanden es aber doch zu stark, jemand ohne Verbrechen und Urteil zu verbannen, und meinten, man müsse wenigstens nach Verbrechen suchen, und hoffen, solche zu finden. Ob man sie aber finde oder nicht, jedenfalls müsse der Gefangene, der, ohne daß man wußte weshalb, seiner Ämter, Würden und Orden beraubt war[340], ordnungsgemäß durch die Kommissare abgeurteilt werden. Nun waren diese Kommissare, wie ich schon gesagt habe, Feldmarschall Buturlin, Generalprokuror Fürst Trubetzkoj, General Graf Alexander Schuwalow, und der Herr Wolkow als Sekretär. Das erste, was die Herren Kommissare taten, war, den Botschaftern und Beamten Rußlands an den fremden Höfen durch das Kollegium der Auswärtigen Angelegenheiten zu befehlen, Kopien der Depeschen nach Rußland zu schicken, die Graf Bestushew an sie geschrieben hatte, seit er an der Spitze der Geschäfte stand. Das geschah nur, um in diesen Depeschen Verbrechen zu finden.

Man behauptete nämlich, er schriebe nur, was er wollte, und zwar Dinge, die den Befehlen und dem Willen der Kaiserin zuwiderliefen. Weil aber Ihre Majestät weder etwas zu schreiben noch zu unterzeichnen pflegte, war es schwer, ihren Befehlen zuwiderzuhandeln. Und mündliche Befehle konnte sie dem Großkanzler kaum geben, der während ganzer Jahre keine Gelegenheit hatte, sie zu sehen. Mündliche Befehle durch dritte Personen konnten sehr wohl mißverstanden werden, und es war immer möglich, daß sie auch noch schlecht ausgerichtet oder falsch aufgefaßt wurden.

Aber bei all dem kam nicht mehr heraus als eben der erwähnte Befehl. Ich glaube nicht, daß sich ein einziger von den Beamten im Ausland die Mühe gab, sein Archiv auf zwanzig Jahre hin durchzuarbeiten und abzuschreiben, um nach Verbrechen eines Mannes darin zu suchen, dessen Anweisungen und Anordnungen diese Beamten selbst befolgt hatten, so daß sie beim besten Willen leicht selbst in das hätten verwickelt werden können, was sich etwa Sträfliches darin finden würde. Außerdem hätte schon das Übersenden solcher Archive dem Staate beträchtliche Kosten verursacht. In Petersburg hätten die Dokumente dann noch für eine Reihe von Jahren die Geduld vieler Personen in Anspruch genommen, die sich hätten anstrengen müssen, etwas darin zu finden und herauszuwühlen, was vielleicht gar nicht vorhanden war.

Der erlassene Befehl wurde also niemals ausgeführt. Die ganze Sache wurde langweilig, und man beendete sie nach Ablauf eines Jahres durch das Manifest[341], mit dessen Abfassung man schon am Tage nach der Verhaftung des Großkanzlers begonnen hatte. Am Nachmittag des Tages, an dem Stambke bei mir gewesen war, ließ die Kaiserin dem Großfürsten sagen, er solle Stambke nach Holstein zurückschicken, weil man seine Beziehungen zu Graf Bestushew entdeckt habe. Er verdiene zwar verhaftet zu werden, allein aus Rücksicht für Seine Kaiserliche Hoheit, und als dessen Minister, ließe man ihn in Freiheit unter der Bedingung, daß er sofort entlassen werde. Stambke wurde unverzüglich fortgeschickt[342], und mit seiner Abreise endete auch meine Führung der holsteinischen Angelegenheiten. Man gab dem Großfürsten zu verstehen, es sei der Kaiserin nicht genehm, wenn ich mich damit befasse, und Seine Kaiserliche Hoheit war so ziemlich derselben Meinung. Ich erinnere mich jetzt nicht genau, wen er an Stambkes Stelle ernannte, ich glaube aber, es war ein gewisser Wolff.[343]

Das Ministerium der Kaiserin verlangte damals vom König von Polen förmlich die Abberufung des Grafen Poniatowski. Man hatte ein allerdings sehr unschuldiges Billett von ihm an Graf Bestushew gefunden; immerhin, es war an einen angeblichen Staatsgefangenen gerichtet. Als ich die Entlassung Stambkes und die Abberufung Poniatowskis erfuhr, bereitete ich mich auf nichts Gutes vor und verhielt mich folgendermaßen.

Ich rief meinen Kammerdiener Schkurin und befahl ihm, alle meine Rechnungsbücher, sowie alles, was sich von Papieren unter meinen Sachen befand, zusammenzusuchen und mir zu bringen. Er führte meine Befehle mit Eifer und pünktlich aus. Als alles in meinem Zimmer war, schickte ich ihn fort. Darauf warf ich sämtliche Bücher und Papiere ins Feuer. Als die Papiere schon halb verbrannt waren, rief ich Schkurin zurück und sagte ihm: »Hier, überzeugen Sie sich, daß alle meine Rechnungen und Papiere verbrannt sind. Wenn man Sie also jemals fragen sollte, wo sie sind, können Sie schwören, daß Sie gesehen haben, wie ich sie alle verbrannt habe.«

Er dankte mir für meine Sorge um ihn und erzählte mir, es sei eben in der Bewachung der Gefangenen eine eigentümliche Veränderung vorgegangen. Seit der Entdeckung von Stambkes Korrespondenz mit Graf Bestushew ließ man diesen schärfer bewachen und hatte zu dem Zwecke den Sergeanten Kolyschkin von Bernardi weggenommen und bei der Person des ehemaligen Großkanzlers in dessen Zimmer postiert. Als Kolyschkin das sah, bat er, ihm einige der ihm ergebenen Soldaten zu geben, die er bei sich gehabt, als er Bernardi bewacht hatte. Auf diese Weise war mein und Schkurins sicherster und klügster Mann im Zimmer des Grafen Bestushew, ohne gleichzeitig alle Verbindung mit Bernardi zu verlieren.

Inzwischen wurden die Verhöre des Grafen Bestushew fortgesetzt. Kolyschkin gab sich dem Grafen als einen mir sehr ergebenen Mann zu erkennen und leistete ihm in der Tat tausend gute Dienste. Er war, ebenso wie ich, fest überzeugt, daß der Großkanzler unschuldig und das Opfer mächtiger Ränke sei; auch in der großen Öffentlichkeit war man dieser Meinung. Dem Großfürsten merkte ich an, daß man ihm Angst gemacht und ihm den Verdacht eingeflößt hatte, ich wisse von Stambkes Korrespondenz mit dem Staatsgefangenen. Ich sah, daß Seine Kaiserliche Hoheit kaum mit mir zu sprechen wagte und es vermied, mein Zimmer zu betreten, in dem ich jetzt ganz allein war und niemand sah. Ich unterließ es auch, jemand zu mir zu bitten, um niemand ins Unglück zu bringen oder Unannehmlichkeiten auszusetzen. Aus Furcht, man könne mir ausweichen, vermied ich auch bei Hofe, mich denen zu nähern, von denen ich das erwarten konnte.

Während der letzten Tage des Karnevals sollte eine russische Komödie im Hoftheater aufgeführt werden. Graf Poniatowski ließ mich um mein Erscheinen bitten. Es verbreitete sich nämlich das Gerücht, man beabsichtige mich fortzuschicken und wolle mich verhindern, mich öffentlich zu zeigen, und was weiß ich noch mehr. Jedesmal, wenn ich im Schauspiel oder bei Hofe nicht erschiene, beunruhige sich alle Welt über den Grund, vielleicht ebensosehr aus Neugier wie aus Interesse für mich.

Ich wußte, daß die russische Komödie eine von den Sachen war, die Seine Kaiserliche Hoheit am wenigsten liebte, und nur von ihrem Besuche sprechen zu hören, mißfiel ihm schon höchlichst. Aber diesmal verband der Großfürst mit seinem Widerwillen gegen die nationale Komödie noch einen andern Grund und ein kleinliches persönliches Interesse. Er empfing nämlich damals die Gräfin Worontzow noch nicht in seinem Zimmer; sondern weil sie mit den Hofdamen im Vorzimmer saß, unterhielt er sich dort mit ihr, oder sie spielten auch zusammen. Wenn ich in die Komödie ging, mußten mich meine Damen begleiten. Das paßte Seiner Kaiserlichen Hoheit nicht, denn dann blieb ihm nichts anderes übrig, als in sein Zimmer trinken zu gehen. Ich nahm aber keine Rücksicht darauf, denn ich hatte versprochen, in die Komödie zu gehen. Also ließ ich Graf Alexander Schuwalow bitten, meine Wagen zu befehlen, weil ich in die Komödie fahren wolle.

Graf Schuwalow kam und teilte mir mit, meine Absicht, die Komödie zu besuchen, mißfalle dem Großfürsten. Ich erwiderte ihm, da ich nicht dem Großfürsten Gesellschaft zu leisten pflege, dächte ich, es könne ihm gleichgültig sein, ob ich allein in meinem Zimmer oder in meiner Loge im Schauspiel säße. Er entfernte sich, indem er mit dem Auge blinzelte, wie es seine Gewohnheit war, wenn ihn etwas erregte.

Kurz darauf erschien der Großfürst in meinem Zimmer. Er war schrecklich zornig, kreischte wie ein Adler und behauptete, es mache mir Vergnügen ihn in Wut zu versetzen, und ich wolle nur deshalb in die Komödie gehen, weil ich genau wisse, er liebe diese Vorstellungen nicht. Ich stellte ihm vor, es sei unrecht, daß er sie nicht liebe; worauf er erwiderte, er werde verbieten, mir einen Wagen zu geben. Ich entgegnete ihm, ich würde dann eben zu Fuß gehen. Ich könne nicht einsehen, wieso es ihm Vergnügen mache, wenn ich in meinem Zimmer vor Langweile umkäme, wo ich nur meinen Hund und meinen Papagei als Gesellschaft hätte. Nachdem wir lange gestritten und beide laut gesprochen hatten, entfernte er sich zorniger als je. Ich bestand aber darauf, in die Komödie zu fahren.

Kurz vor Beginn des Schauspiels ließ ich Graf Schuwalow fragen, ob die Wagen bereit seien. Er kam und sagte mir, der Großfürst habe verboten, mir einen Wagen zu geben. Jetzt wurde ich wirklich ärgerlich und erklärte, ich würde zu Fuß gehen. Falls man den Damen und Kavalieren verbieten sollte, mich zu begleiten, würde ich eben allein gehen und mich außerdem schriftlich bei der Kaiserin über den Großfürsten und ihn beschweren.

Darauf fragte er: »Was werden Sie ihr sagen?« Ich antwortete: »Ich werde ihr sagen, wie man mich behandelt, und daß Sie, um dem Großfürsten ein Zusammensein mit meinen Hofdamen zu ermöglichen, ihn darin bestärken, mich an dem Besuch des Schauspiels zu verhindern, wo ich das Glück haben kann, Ihre Kaiserliche Majestät zu sehen. Außerdem werde ich sie bitten, mich zu meiner Mutter zurückkehren zu lassen. Ich bin meiner Rolle müde und bin es überdrüssig, allein und verlassen in meinen Zimmern zu sitzen, gehaßt vom Großfürsten, und von der Kaiserin nicht geliebt. Ich will nur meine Ruhe haben und will niemand mehr zur Last fallen. Ich wünsche auch nicht jeden, der sich mir nähert, ins Unglück zu stürzen, namentlich meine armen Leute, von denen schon so viele verbannt wurden, nur weil ich ihnen wohlwollte oder ihnen Gutes tat. Und wissen Sie, daß ich sofort an Ihre Kaiserliche Majestät schreiben und Sorge tragen werde, daß Sie selbst ihr meinen Brief überreichen!« Jetzt erschrak er doch über den entschiedenen Ton, den ich anschlug.

Er entfernte sich, und ich schrieb meinen Brief an die Kaiserin in russischer Sprache, und zwar so ergreifend wie möglich. Zuerst dankte ich ihr für all ihre Gnade und Güte, mit der sie mich seit meiner Ankunft in Rußland überhäuft habe, und fügte hinzu, die Ereignisse bewiesen leider, daß ich dieselben nicht verdient hätte, denn ich hätte mir den Haß des Großfürsten und die ausgesprochene Ungnade Ihrer Kaiserlichen Majestät zugezogen. Mit Rücksicht auf mein Unglück und weil ich in meinem Zimmer vor Langeweile umkäme, wo man mich selbst des unschuldigsten Zeitvertreibes beraube, bäte ich sie inständig, meinen Leiden ein Ende zu machen und mich auf eine ihr passend scheinende Art zu meinen Angehörigen zurückzuschicken. Meine Kinder bekäme ich fast nie zu sehen, obwohl ich mit ihnen in demselben Hause wohne, und so bliebe es sich doch ganz gleich, ob ich an demselben Ort wäre, wo sie sich befänden, oder ein paar hundert Meilen entfernt. Ich wisse ja, daß sie ihnen eine Sorgfalt widme, welche bei weitem die übersteige, die meine schwachen Kräfte ihnen angedeihen lassen könnten. Ich erkühne mich daher, sie zu bitten, ihnen diese auch ferner zu bewahren. Im Vertrauen darauf würde ich den Rest meines Lebens bei meinen Angehörigen damit verbringen, zu Gott für sie, den Großfürsten, meine Kinder und für alle, die mir Gutes und Böses getan, zu beten. Aber meine Gesundheit sei durch den Gram so zerrüttet, daß ich alles, was in meiner Macht stehe, tun müsse, um wenigstens mein Leben zu retten. Und deshalb wende ich mich an sie mit der Bitte, mir zu gestatten, erst ins Bad zu reisen und dann zu meiner Familie zurückzukehren.

Als der Brief geschrieben war, ließ ich Graf Schuwalow rufen. Er meldete mir beim Eintreten, die gewünschten Wagen stehen bereit. Ich übergab ihm meinen Brief an die Kaiserin und sagte, er könne den Damen und Kavalieren, die mich nicht in die Komödie begleiten wollten, mitteilen, daß ich sie davon entbinde. Graf Schuwalow nahm meinen Brief mit Augenblinzeln; weil er aber an die Kaiserin gerichtet war, mußte er ihn doch annehmen. Er übermittelte auch den Damen und Kavalieren meine Worte, und Seine Kaiserliche Hoheit selbst entschied, wer mich begleiten und wer bei ihm bleiben sollte. Als ich durch das Vorzimmer ging, sah ich Seine Kaiserliche Hoheit mit der Gräfin Elisabeth Worontzow beim Kartenspiel in einer Ecke sitzen. Er erhob sich und sie auch, als er mich sah, was er sonst nie zu tun pflegte. Ich erwiderte diesen zeremoniellen Gruß mit einer tiefen Reverenz und ging vorüber.

Ich fuhr also in die Komödie. Die Kaiserin erschien aber an diesem Tage nicht; ich nehme an, mein Brief hielt sie davon ab. Als ich aus dem Theater zurückkam, meldete mir Graf Schuwalow, Ihre Kaiserliche Majestät ließe mir sagen, sie werde selbst mit mir sprechen. Augenscheinlich hatte Graf Schuwalow den Großfürsten sowohl von meinem Briefe, als von der Antwort der Kaiserin benachrichtigt. Denn obwohl dieser seit jenem Tage keinen Fuß mehr in mein Zimmer setzte, tat er doch alles, um bei der kommenden Unterredung der Kaiserin mit mir zugegen zu sein, und man glaubte ihm das nicht abschlagen zu dürfen.

Inzwischen blieb ich ruhig in meinem Zimmer. Ich war fest überzeugt, daß, wenn man beabsichtigt hatte mich fortzuschicken oder mich damit zu schrecken, mein eben getaner Schritt diesen Plan der Schuwalows vollständig vereitelt hatte, der übrigens nirgends größeren Widerstand finden konnte als bei der Kaiserin, die keineswegs zu äußersten Maßregeln neigte. Außerdem erinnerte sie sich noch zu gut der früheren Zwistigkeiten in ihrer eigenen Familie und wollte diese sicherlich nicht jetzt wieder erneuert sehen. Mir konnte man nur den einen Vorwurf machen, nämlich, daß ihr Herr Neffe mir nicht gerade als der liebenswürdigste Mann erschien, genau so wie ich ihm nicht als die liebenswürdigste Frau.

Über ihren Neffen dachte die Kaiserin genau so wie ich. Sie kannte ihn so gut, daß sie schon seit vielen Jahren nirgends eine Viertelstunde mit ihm zusammen sein konnte, ohne Abneigung, Zorn oder Kummer zu empfinden. Wenn aber in ihren Gemächern die Rede auf ihn kam, sprach sie entweder mit bitteren Tränen über das Unglück, einen solchen Erben zu haben, oder sie drückte ihre Verachtung gegen ihn aus und gab ihm oft Beinamen, die er leider nur zu gut verdiente. Dafür habe ich Beweise in Händen gehabt. Unter ihren Papieren habe ich nämlich zwei eigenhändige Billette von ihr gefunden, ich weiß nicht an wen, doch schien das eine an Iwan Schuwalow, das andere an Graf Razumowskij gerichtet zu sein, in denen sie ihren Neffen verfluchte und zum Teufel wünschte. In dem einen hieß es: »Mein verdammter Neffe hat mich heute unsäglich geärgert«, und in dem andern: »Mein Neffe ist ein Scheusal, hol ihn der Teufel!«[344]

Übrigens war mein Entschluß gefaßt. Ob man mich fortschickte oder nicht, – ich sah das sehr philosophisch an. Denn in keiner Lage, in welche mich die Vorsehung versetzen konnte, würde ich ohne Hilfe bleiben, die Geist und Talent jedem nach seinen natürlichen Fähigkeiten gewähren. Ich fühlte den Mut in mir, zu steigen oder zu fallen, ohne daß mein Herz und meine Seele durch Steigen selbstüberhebend oder stolz werden oder durch das Gegenteil der Erniedrigung und Demütigung verfallen sollte.

Ich wußte, daß ich ein Mensch war und also ein beschränktes und der Vollkommenheit nicht fähiges Wesen. Meine Absichten waren immer ehrlich und rein gewesen. Ich hatte von Anfang an erkannt, daß es eine schwierige, wenn nicht unmögliche Aufgabe sei, einen Mann zu lieben, welcher der Liebe nicht würdig war und sich auch keine Mühe gab, es zu werden; aber ich hatte doch wenigstens ihm und seinen Interessen die aufrichtigste Anhänglichkeit bewiesen, die ein Freund oder Diener dem Freunde oder Herrn beweisen kann. Meine Ratschläge waren immer die besten gewesen, die ich für sein Wohl erdenken konnte; wenn er sie nicht befolgte, so war nicht ich daran schuld, sondern seine Urteilskraft, die weder gesund noch gerecht war.

Als ich nach Rußland kam, und auch noch während der ersten Jahre unserer Ehe, würde sich mein Herz dem Großfürsten erschlossen haben, wenn er nur ein wenig hätte erträglich sein wollen.

Als ich aber sah, daß Seine Kaiserliche Hoheit ausgerechnet mir, gerade weil ich seine Frau war, am wenigsten Aufmerksamkeit schenkte, war es nur natürlich, daß ich diese Lage weder angenehm noch nach meinem Geschmack fand, daß sie mich langweilte und vielleicht mir Kummer bereitete.

Dieses letztere Gefühl, meinem Kummer, unterdrückte ich viel mehr als alle anderen: der natürliche Stolz meiner Seele und ihre ganze Beschaffenheit machten mir den Gedanken unerträglich, unglücklich zu sein. Ich sagte mir selbst: »Glück und Unglück liegen im Herzen und in der Seele des Menschen; wenn du dich unglücklich fühlst, so setze dich darüber hinweg und handle so, daß dein Glück von keinem äußeren Ereignisse abhängt!«

Das war die natürliche Veranlagung meiner Seele; daneben besaß ich großes Feingefühl und ein zum mindesten interessantes Äußeres, das auf den ersten Blick ohne künstliche Mittel und gesuchten Schmuck gefiel.

Mein Geist war von Natur aus so anschmiegend, daß niemand mit mir eine Viertelstunde zusammen sein konnte, ohne sich in der Unterhaltung ganz ungezwungen zu fühlen, und mit mir zu sprechen, als wären wir alte Bekannte.

Von Natur nachsichtig, erwarb ich mir ohne Mühe das Vertrauen aller, die mit mir zu tun hatten, weil jeder fühlte, daß strengste Rechtlichkeit und guter Wille die Triebfedern waren, denen ich am liebsten folgte. Wenn ich mich des Ausdrucks bedienen darf, so nehme ich mir die Freiheit, von mir selbst zu sagen, daß ich ein aufrichtiger, treuer Ritter von viel mehr männlichem als weiblichem Geiste war. Und doch war ich nichts weniger als ein Mannweib; ich besaß zugleich mit dem Geiste und Charakter eines Mannes die Reize einer sehr liebenswürdigen Frau.

Man verzeihe mir diesen Ausdruck zugunsten der Wahrhaftigkeit des Geständnisses, das meine Eigenliebe macht, ohne sich mit falscher Bescheidenheit zu decken. Zudem muß diese Schrift ja selbst am besten den Beweis für das erbringen, was ich über meinen Geist, meine Seele und meinen Charakter sage.

Ich sagte, daß ich gefiel. Also war die Hälfte des Weges zur Versuchung schon getan, und in einem solchen Falle hängt es vom Wesen der menschlichen Natur ab, daß auch die zweite Hälfte nicht ungegangen bleibt. Denn in Versuchung führen und versucht werden, liegt sehr nahe beieinander. Man mag sich die schönsten Sittenregeln eingeprägt haben, sobald sich die Sinnlichkeit einmischt und zum Vorschein kommt, ist man schon unendlich viel weiter, als man glaubt. Und ich weiß heute noch nicht, wie man hindern kann, daß das geschieht. Nur die Flucht könnte vielleicht helfen; aber es gibt Fälle, Lagen, Umstände, wo eine Flucht unmöglich ist. Denn wie soll man fliehen, ausweichen, den Rücken kehren inmitten des Hoflebens? Schon das allein würde Gerede verursachen. Wenn du aber nicht fliehst, so ist meiner Ansicht nach nichts schwieriger, als dem zu entgehen, was dir im Grunde deiner Seele gefällt! Alles, was man dagegen einwenden kann, ist Prüderie, die dem menschlichen Herzen nicht eigen ist. Niemand hält sein Herz in der Hand und kann es, indem er diese schließt oder öffnet, nach Belieben zusammendrücken oder lose lassen.

Doch ich kehre zu meiner Erzählung zurück. Am Tage nach der Komödie ließ ich mich krank melden, ging nicht aus und wartete ruhig auf die Entscheidung Ihrer Kaiserlichen Majestät über meine demütige Bitte. Nur hielt ich es in der ersten Fastenwoche für nötig, meine Andachtsübungen zu machen, damit man meinen Eifer für den orthodoxen griechischen Glauben sähe.

In der zweiten oder dritten Woche hatte ich einen neuen schmerzlichen Kummer. Eines Morgens, als ich aufgestanden war, benachrichtigten mich meine Leute, Graf Alexander Schuwalow habe Frau Wladislaw rufen lassen. Das kam mir recht sonderbar vor. Ich wartete ungeduldig auf ihre Rückkehr, aber vergebens. Gegen ein Uhr nachmittags kam Graf Alexander Schuwalow, mir zu sagen, die Kaiserin habe es für richtig gehalten, sie von mir zu entfernen.

Ich brach in Tränen aus und antwortete ihm, Ihre Kaiserliche Majestät habe die Macht, mir zu geben oder zu nehmen, wen sie wolle, aber es sei mir schmerzlich, mich immer mehr und mehr davon zu überzeugen, daß alle, die mir näherträten, Opfer der Ungnade Ihrer Kaiserlichen Majestät seien. Und um weniger Unglückliche zu machen, bäte ich und beschwöre ich ihn, Ihre Kaiserliche Majestät zu ersuchen, sobald als möglich dem Zustand ein Ende zu machen, da ich doch nur unglücklich mache, und mich zu meinen Angehörigen zurückzuschicken.

Auch versicherte ich ihn, daß er durch Frau Wladislaw keinerlei Aufklärungen über irgend etwas bekommen werde, denn weder diese noch irgend jemand anders besitze mein Vertrauen.

Graf Schuwalow wollte etwas entgegnen, als er mich aber schluchzen hörte, fing er auch an zu weinen und sagte, die Kaiserin werde darüber mit mir persönlich sprechen. Ich bat ihn, den Augenblick zu beschleunigen, was er auch versprach.

Dann setzte ich meine Umgebung von dem Vorgefallenen in Kenntnis und sagte allen, wenn man mir an Stelle von Frau Wladislaw eine Duenna gäbe, die mir mißfiele, so solle sie sich nur auf die denkbar schlechteste Behandlung von mir gefaßt machen, selbst auf Schläge. Ich bat meine Leute, das wiederzuerzählen, wem sie wollten, um so alle, die man mir vielleicht beigeben wollte, abzuschrecken, die Stelle zu eilig anzunehmen. Denn ich war jetzt der Leiden müde und sah ein, daß meine Milde und Geduld zu nichts führten und meine Lage nur noch verschlechterten. Deshalb beabsichtige ich, mein Benehmen völlig zu ändern. Meine Leute verfehlten nicht, das weiter zu erzählen, was ich wünschte.

Am Abend dieses Tages, an dem ich viel geweint und wenig gegessen hatte, ging ich in meinem Zimmer auf und ab, körperlich und geistig abgespannt. Da trat in mein Schlafzimmer, in dem ich wie immer ganz allein war, meine Kammerjungfer Katharina Iwanowna Scharogorodskij und sagte weinend und sehr bewegt: »Wir alle fürchten, daß Sie Ihrem Zustande unterliegen. Erlauben Sie mir, daß ich heute zu meinem Onkel[345], dem Beichtvater der Kaiserin und auch dem Ihren, gehe. Ich werde mit ihm sprechen und ihm alles sagen, was Sie befehlen, und ich verspreche Ihnen, er wird so mit der Kaiserin zu reden wissen, daß Sie zufrieden sein sollen!« Ich erkannte ihren guten Willen und erzählte ihr wahrheitsgemäß, wie alles lag, was ich der Kaiserin geschrieben hatte, und alles übrige.

Sie ging zu ihrem Onkel, und nachdem sie mit ihm gesprochen und ihn mir günstig gestimmt hatte, kam sie gegen elf Uhr zu mir zurück, um mir mitzuteilen, der Beichtvater, ihr Onkel, rate mir, mich in der Nacht krank zu stellen, nach der Beichte zu verlangen und ihn zu diesem Zwecke rufen zu lassen. Dann könne er Ihrer Kaiserlichen Majestät alles sagen, was er aus meinem Munde hören werde.

Ich billigte diesen Vorschlag und versprach, ihn auszuführen.

Darauf entließ ich sie, indem ich ihr und ihrem Onkel für die mir bewiesene Zuneigung aufs herzlichste dankte.

Zwischen zwei und drei Uhr morgens läutete ich wirklich. Eine meiner Frauen erschien. Ich sagte ihr, ich fühle mich sehr schlecht und wünsche zu beichten. Statt des Beichtvaters eilte aber Graf Alexander Schuwalow herbei, dem ich mit schwacher, gebrochener Stimme die Bitte, meinen Beichtvater holen zu lassen, wiederholte. Statt dessen ließ er die Ärzte rufen. Denen erklärte ich, ich bedürfe geistlicher Hilfe, ich erstickte. Einer von ihnen fühlte meinen Puls und meinte, er sei sehr schwach, aber ich sagte, meine Seele sei in Gefahr, mein Körper bedürfe keiner Ärzte mehr.

Endlich kam der Beichtvater und man ließ uns allein. Ich ließ ihn neben meinem Bett niedersitzen, und wir unterhielten uns wenigstens anderthalb Stunden lang. Ich berichtete ihm über den früheren und jetzigen Stand der Dinge, über das Verhalten des Großfürsten mir gegenüber, über das meine gegen Seine Kaiserliche Hoheit, über den Haß der Schuwalows, die mir die Ungnade Ihrer Kaiserlichen Majestät zugezogen hatten, sowie über die beständigen Verbannungen und Entlassungen mehrerer meiner Leute, und immer gerade solcher, die mir am meisten ergeben waren.

Auch sagte ich ihm, wie die Verhältnisse jetzt lagen, daß sie mich veranlaßt hatten, der Kaiserin einen Brief zu schreiben, in welchem ich sie um meine Heimsendung gebeten hatte. Ich bat ihn, mir doch eine baldige Antwort auf meine Bitte zu verschaffen, und fand ihn außerordentlich freundlich gegen mich gesinnt, und weniger dumm, als man ihn immer schilderte.

Er sagte mir, mein Brief bringe die gewünschte Wirkung hervor und werde das noch weiter tun. Ich müsse auf meinem Wunsch, fortzugehen, bestehen. Man würde mich sicherlich nicht fortschicken, denn einen solchen Schritt könne man nicht vor der öffentlichen Meinung rechtfertigen, deren Aufmerksamkeit auf mich gerichtet sei. Er gab zu, daß man mich grausam behandle; die Kaiserin, die mich im zartesten Alter erwählte, habe mich der Willkür meiner Feinde überlassen, und sie täte sehr viel besser daran, meine Nebenbuhlerinnen, besonders Elisabeth Worontzow, fortzuschicken und ihre Günstlinge im Zaume zu halten. Diese seien zu Blutsaugern des Volkes geworden durch die von den Herren Schuwalow täglich neu erfundenen Monopole, die alle Welt über Ungerechtigkeit schreien machen. Man nehme nur die Affäre des Grafen Bestushew, von dessen Unschuld die öffentliche Meinung überzeugt sei!

Er schloß die Unterhaltung mit dem Versprechen, sich sofort zur Kaiserin zu begeben, ihr Erwachen abzuwarten und mit ihr zu sprechen, um die Unterredung, die sie mir versprochen hatte, zu beschleunigen. Ich würde gut daran tun, im Bett zu bleiben. Er wolle sagen, Gram und Schmerz könnten mich töten, wenn man nicht ein rasches Mittel anwende, mich so oder so aus meiner Einsamkeit und gänzlichen Verlassenheit zu befreien.

Er hielt Wort und schilderte der Kaiserin meinen Zustand in so lebhaften Farben und so dringlich, daß Ihre Kaiserliche Majestät Graf Alexander Schuwalow zu sich kommen ließ und ihm befahl, zu sehen, ob ich imstande sei, in der folgenden Nacht zu der Unterredung zu ihr zu kommen. Graf Schuwalow teilte mir das mit; ich versprach ihm, den Rest meiner Kräfte zusammenzunehmen.

Als ich mich gegen Abend erhob, meldete mir Alexander Schuwalow, er werde mich nach Mitternacht abholen, um mich in das Gemach der Kaiserin zu geleiten. Der Beichtvater ließ mir auch durch seine Nichte sagen, die Dinge nähmen eine gute Wendung und die Kaiserin werde noch an diesem Abend mit mir sprechen.[346]

Gegen zehn Uhr abends machte ich Toilette und legte mich fertig angekleidet auf ein Kanapee, wo ich einschlief. Ungefähr um halb zwei Uhr betrat Graf Alexander Schuwalow mein Zimmer und teilte mir mit, die Kaiserin wünsche mich zu sehen. Ich erhob mich und folgte ihm. Wir gingen durch die Vorzimmer, in denen niemand war. Als wir an die Tür der Galerie kamen, sah ich den Großfürsten durch die gegenüberliegende Tür gehen; er begab sich also gleichfalls zu Ihrer Kaiserlichen Majestät. Seit jenem Tage der Komödie hatte ich ihn nicht gesehn, denn selbst als ich mich lebensgefährlich krank gesagt hatte, war er nicht gekommen und hatte sich auch nicht nach meinem Befinden erkundigen lassen. Später habe ich erfahren, daß er an diesem Tage Elisabeth Worontzow versprochen hatte, sie zu heiraten, wenn ich sterben sollte, und daß sie beide sich über meinen Zustand sehr freuten.

Als ich endlich im Gemache Ihrer Kaiserlichen Majestät angelangt war, fand ich den Großfürsten schon vor. Sowie ich die Kaiserin erblickte, warf ich mich zu ihren Knien nieder und bat sie unter Tränen aufs inständigste, mich zu meinen Angehörigen zurückkehren zu lassen. Die Kaiserin wollte mich aufheben, aber ich blieb zu ihren Füßen. Sie schien mehr bekümmert als zornig und sagte mit Tränen in den Augen: »Wie können Sie wünschen, daß ich Sie fortschicke? Denken Sie daran, daß Sie Kinder haben?« Ich antwortete: »Meine Kinder sind in Ihren Händen und könnten nirgends besser aufgehoben sein; ich hoffe, Sie werden sie nicht verlassen.« Darauf sagte sie: »Aber welchen Grund soll ich der Welt angeben, wenn ich Sie fortsende?« Ich erwiderte: »Eure Kaiserliche Majestät wird, wenn Sie es für richtig halten, einfach sagen, weshalb ich mir Ihre Ungnade und den Haß des Großfürsten zugezogen habe.« Die Kaiserin fragte darauf: »Und wovon wollen Sie bei Ihren Verwandten leben?« Ich antwortete: »Wovon ich lebte, ehe Sie mir die Ehre antaten, mich zu berufen.« Hierauf sagte sie: »Ihre Mutter ist flüchtig. Sie hat ihr Land verlassen müssen und ist nach Paris gegangen.«[347] Ich entgegnete: »Ich weiß das. Man hat sie den Interessen Rußlands für allzu ergeben gehalten, und der König von Preußen hat sie verfolgt.«

Die Kaiserin forderte mich jetzt zum zweiten Male auf, mich zu erheben. Als ich es getan, entfernte sie sich nachdenklich von mir.

Das Zimmer, indem wir uns befanden, war lang und hatte drei Fenster, zwischen denen zwei Tische mit den goldenen Toilettengeräten der Kaiserin standen. Es war niemand im Gemach außer ihr, dem Großfürsten, Alexander Schuwalow und mir. Den Fenstern gegenüber standen zwei große Wandschirme, vor die man ein Kanapee gestellt hatte. Ich argwöhnte sofort, daß sich hinter diesen Wandschirmen sicherlich Iwan Schuwalow und vielleicht auch sein Vetter Graf Peter befand. Später erfuhr ich, daß ich beinahe richtig geraten hatte und daß Iwan Schuwalow wirklich dort gewesen war. Ich stellte mich neben den Toilettentisch, welcher der Tür, durch die ich eingetreten war, am nächsten stand, und bemerkte, daß in dem Waschbecken zusammengefaltete Briefe lagen.

Die Kaiserin trat wieder zu mir und sagte: »Gott ist mein Zeuge, wieviel ich geweint habe, als Sie nach Ihrer Ankunft in Rußland todkrank waren, und wenn ich Sie nicht liebgehabt hätte, würde ich Sie nicht hierbehalten haben!« Das sollte, wie mir schien, eine Verwahrung sein, weil ich gesagt hatte, ich hätte mir ihre

Ungnade zugezogen. Ich antwortete und dankte Ihrer Kaiserlichen Majestät für alle Gnade und Güte, die sie mir damals und später erwiesen hatte, und sagte, die Erinnerung daran würde nie aus meinem Gedächtnis schwinden, und stets würde ich es als mein größtes Unglück ansehen, mir ihre Ungnade zugezogen zu haben.

Jetzt trat sie noch näher an mich heran und sagte: »Sie sind allzu stolz! Erinnern Sie sich, daß ich im Sommerpalais einmal zu Ihnen trat und sie fragte, ob Sie Halsweh hätten, weil ich gesehen hatte, daß Sie mich kaum grüßten und lediglich aus Stolz nur mit dem Kopf nickten?« Ich erwiderte: »Mein Gott, Madame, wie können Sie glauben, daß ich Ihnen gegenüber hätte stolz scheinen wollen. Ich schwöre Ihnen, es ist mir nie in den Sinn gekommen, daß diese Frage, die Sie vor vier Jahren an mich richteten, sich auf etwas Derartiges beziehen konnte.« Darauf sagte sie: »Sie bilden sich ein, niemand sei klüger als Sie!« Ich antwortete: »Wenn ich diesen Glauben hätte, so wäre nichts geeigneter, ihn mir zu nehmen, als meine gegenwärtige Lage und diese Unterredung, denn ich sehe, daß ich bis jetzt aus Dummheit etwas nicht verstanden habe, was Sie mir vor vier Jahren zu sagen geruhten.«

Während die Kaiserin mit mir sprach, flüsterte der Großfürst mit Graf Alexander Schuwalow. Sie bemerkte das und trat zu ihnen. Sie standen beide ungefähr in der Mitte des Zimmers, und ich hörte nur wenig von dem, was zwischen ihnen gesprochen wurde; sie sprachen nicht gerade laut, und das Zimmer war groß. Schließlich hörte ich, wie der Großfürst mit erhobener Stimme sagte: »Sie ist schrecklich bösartig und sehr eigensinnig.«

Ich merkte also, daß es sich um mich handelte, wandte mich an den Großfürsten und sagte: »Wenn Sie von mir sprechen, so sage ich Ihnen mit großem Vergnügen in Gegenwart Ihrer Kaiserlichen Majestät, daß ich allerdings schlecht bin gegen die, welche Ihnen Ungerechtigkeiten zu begehen raten, und daß ich eigensinnig geworden bin, seit ich sehe, daß meine Gefälligkeit zu nichts anderem als zu Ihrer Feindschaft führt.« Er wandte sich an die Kaiserin und sagte: »Eure Kaiserliche Majestät ersieht selbst aus dem, was sie sagt, wie bösartig sie ist.«

Aber auf die Kaiserin, die unendlich viel klüger war als der Großfürst, machten meine Worte einen andern Eindruck. Ich sah deutlich, daß sie im Verlauf unserer Unterhaltung gegen ihren Willen und ihre Absichten allmählich milder gestimmt wurde, obwohl man ihr empfohlen oder sie selbst sich vorgenommen hatte, mir Strenge zu zeigen. Doch wandte sie sich an ihn und sagte: »O, Sie wissen noch nicht alles, was sie gegen Ihre Ratgeber und gegen Brockdorff gesagt hat betreffs jenes Menschen, den Sie haben verhaften lassen.«

Das mußte dem Großfürsten wie ein förmlicher Verrat von meiner Seite erscheinen, da er kein Wort von meiner Unterhaltung mit der Kaiserin im Sommerpalais wußte. Nun sah er seinen Brockdorff, der ihm so teuer und wert geworden war, vor der Kaiserin angeklagt, und zwar durch mich! Das hieß natürlich unser Verhältnis schlechter als je gestalten und vielleicht jede Versöhnung unmöglich machen und raubte mir das Vertrauen des Großfürsten für immer. Ich fiel aus allen Wolken, als die Kaiserin in meiner Gegenwart dem Großfürsten das erzählte und als mörderische Waffe gegen mich gebrauchte, was ich ihr nur zum Besten ihres Neffen gesagt zu haben glaubte.

Sehr überrascht über diese Mitteilung sagte der Großfürst: »Ah, diese Geschichte kannte ich ja gar nicht; sie ist sehr schön und beweist ihre Schlechtigkeit.« Ich dachte für mich: »Gott weiß, wessen Schlechtigkeit sie beweist!«

Von Brockdorff ging die Kaiserin ganz plötzlich auf die zwischen Stambke und Graf Bestushew entdeckten Beziehungen über und sagte: »Sagen Sie selbst, ob dieser Mensch zu entschuldigen ist, der mit einem Staatsgefangenen Beziehungen gehabt hat?« Weil in dieser Sache mein Name nicht vorgekommen oder erwähnt worden war, schwieg ich, denn ich bezog die Worte nicht auf mich. Aber die Kaiserin trat zu mir und sagte: »Sie mischen sich in viele Dinge, die Sie nichts angehen. Ich hätte das zur Zeit der Kaiserin Anna nicht zu tun gewagt. Wie zum Beispiel konnten Sie es wagen, Befehle an den Feldmarschall Apraxin zu senden?« Ich antwortete: »Ich? Nie ist es mir in den Sinn gekommen, ihm Befehle zu schicken!« »Wie?« fragte sie, »können Sie leugnen, daß Sie ihm geschrieben haben? Ihre Briefe liegen da in dem Becken!« Sie wies mit dem Finger hin. »Es ist Ihnen doch verboten, zu schreiben!«

Darauf antwortete ich: »Es ist wahr, ich habe dieses Verbot übertreten, und ich bitte Sie deshalb um Verzeihung. Da aber meine Briefe hier sind, so können sie alle drei Eurer Kaiserlichen Majestät beweisen, daß ich ihm niemals Befehle geschickt habe, sondern ihm in dem einen mitteilte, was man von seiner Handlungsweise spreche.« Hier unterbrach sie mich mit den Worten: »Und weshalb schrieben Sie ihm das?« Ich erwiderte: »Ganz einfach aus Interesse für den Feldmarschall, den ich sehr schätzte. Ich bat ihn, lediglich Ihre Befehle zu befolgen! Von den beiden andern Briefen enthält der eine nur einen Glückwunsch zur Geburt seines Sohnes[348], und der andere Neujahrswünsche.« Darauf sagte sie: »Bestushew behauptet, es wären noch viele andere.« Ich antwortete: »Wenn Bestushew das sagt, so lügt er.« »Nun wohl«, entgegnete sie, »wenn er über Sie lügt, werde ich ihn foltern lassen!« Sie glaubte mich nämlich damit zu erschrecken; aber ich antwortete ihr ruhig, sie habe die volle Macht, zu tun, was ihr gut dünke, ich hätte aber doch nur diese drei Briefe an Apraxin geschrieben. Darauf schwieg sie und schien zu erwägen.

Ich berichte hier von dieser Unterredung nur das Wichtigste, was mir im Gedächtnis geblieben ist; aber es wäre mir unmöglich, mich auf alles zu besinnen, was während der anderthalb Stunden, die sie dauerte, gesprochen wurde. Die Kaiserin ging im Zimmer auf und ab, wandte sich bald an mich, bald an ihren Herrn Neffen und noch öfter an Graf Alexander Schuwalow, mit dem sich der Großfürst meist unterhielt, wenn die Kaiserin mit mir sprach. Ich habe schon gesagt, daß ich an Ihrer Kaiserlichen Majestät weniger Zorn als Sorge wahrnahm.

Der Großfürst zeigte während dieser Unterhaltung viel Galle, Gehässigkeit und Aufgebrachtheit gegen mich und suchte die Kaiserin nach Möglichkeit gegen mich einzunehmen. Weil er das aber höchst dumm anfing und mit mehr Leidenschaftlichkeit als Gerechtigkeit vorging, verfehlte er seinen Zweck. Ihre Klugheit und ihr Scharfblick ließ die Kaiserin auf meine Seite treten.

Mit besonderer Aufmerksamkeit und einer Art ungewollter Billigung hörte sie meine festen und gemäßigten Antworten auf die maßlosen Redereien meines Herrn Gemahls, aus denen deutlich hervorging, daß er beabsichtigte, mich aus meiner Stellung zu verdrängen, um, wenn angängig, seine augenblickliche Mätresse diese einnehmen zu lassen. Aber das konnte weder nach dem Geschmack der Kaiserin sein, noch hätte es den Berechnungen der Herren Schuwalow entsprochen, die Grafen Worontzow zu ihren Herren zu machen. Doch das ging über die Denkfähigkeit Seiner Kaiserlichen Hoheit hinaus, der immer alles glaubte, was er wünschte, und jeden Gedanken beiseite schob, der dem ihn gerade beherrschenden entgegenstand.

Er brachte es so weit, daß die Kaiserin zu mir trat und leise sagte: »Ich hätte ihnen noch vieles zu sagen, aber ich kann nicht sprechen, weil ich Sie beide nicht noch mehr in Unfrieden bringen will, als Sie es schon sind.« Und mit einer Bewegung der Augen und des Kopfes gab sie mir zu verstehen, daß die Gegenwart der andern sie hindere. Dieses Zeichen ihres innerlichen Wohlwollens in einem kritischen Augenblick rührte mich sehr, und ich sagte gleichfalls ganz leise: »Auch ich kann mich nicht aussprechen, obwohl ich den dringenden Wunsch hätte, Ihnen mein Herz und meine Seele zu eröffnen.«

Ich sah, daß meine Worten einen großen und für mich günstigen Eindruck auf sie machten. Tränen waren ihr in die Augen getreten; und um zu verbergen, wie sehr bewegt sie war, entließ sie uns mit dem Bemerken, es sei schon sehr spät. In der Tat, es war gegen drei Uhr morgens.

Der Großfürst entfernte sich zuerst, und ich folgte ihm. Als aber Graf Alexander Schuwalow nach mir die Tür durchschreiten wollte, rief ihn die Kaiserin zurück, und er blieb bei ihr. Der Großfürst machte immer sehr große Schritte, und diesmal beeilte ich mich nicht, ihm zu folgen. Er kehrte in seine Gemächer zurück und ich in die meinen.

Ich war schon beim Auskleiden, als ich an die Tür pochen hörte, durch die ich eingetreten war. Ich fragte, wer da sei. Graf Alexander Schuwalow antwortete, er sei es, und ich möchte ihm öffnen. Ich tat es. Darauf forderte er mich auf, meine Frauen fortzuschicken. Diese entfernten sich. Er teilte mir nun mit, die Kaiserin habe ihn zurückgerufen, habe einige Zeit mit ihm gesprochen und ihn dann beauftragt, mir ihren Gruß auszurichten und zu sagen, ich solle mich nicht betrüben, sie werde noch eine Unterredung mit mir allein haben.

Ich verneigte mich tief vor Graf Schuwalow und bat ihn, Ihrer Kaiserlichen Majestät meinen untertänigsten Respekt zu vermelden und ihr für ihre Güte mir gegenüber zu danken, die mich dem Leben zurückgebe. Ich würde diese zweite Unterhaltung mit der lebhaftesten Ungeduld erwarten, und bäte sie, den Augenblick derselben zu beschleunigen. Er forderte mich auf, mit niemand davon zu sprechen, namentlich nicht mit dem Großfürsten, den die Kaiserin zu ihrem Bedauern sehr gegen mich aufgebracht finde. Ich versprach es. Innerlich dachte ich: wenn man aber ungehalten ist, daß er erzürnt gegen mich ist, warum bringt man ihn dann noch mehr auf durch die Wiedergabe der Unterhaltung im Sommerpalais über die Leute, die ihn schlechte Wege führen?

Diese unerwartete Wiederkehr der Herzlichkeit und des Vertrauens der Kaiserin war mir eine große Freude.

Am nächsten Tage beauftragte ich die Nichte des Beichtvaters, ihrem Onkel für den wichtigen Dienst zu danken, den er mir geleistet, indem er mir zu dieser Unterredung mit Ihrer Kaiserlichen Majestät verholfen habe. Sie kehrte von ihrem Onkel zurück und sagte mir, der Beichtvater wisse, die Kaiserin hätte geäußert, ihr Neffe sei ein Dummkopf, aber die Großfürstin sei eine sehr kluge Frau.

Diese Äußerung hörte ich noch von mehr als einer Seite. Es hieß, vor ihren Vertrauten rühme Ihre Kaiserliche Majestät ständig meine Fähigkeiten aufs höchste und füge oft hinzu: »Sie liebt die Wahrheit und Gerechtigkeit, sie ist eine sehr kluge Frau, aber mein Neffe ist ein Dummkopf!«

Ich hielt mich nach wie vor in meinen Gemächern unter dem Vorwande, daß ich krank sei. Ich erinnere mich, daß ich damals die fünf ersten Bände der ›Geschichte der Reisen‹ las[349], mit der Karte auf dem Tisch, was mich unterhielt und belehrte. Als ich dieser Lektüre müde war, durchblätterte ich die ersten Bände der ›Enzyklopädie‹.[350]

Ich wartete auf den Tag, an dem es Ihrer Kaiserlichen Majestät genehm sein würde, mir eine zweite Unterredung zu gewähren. Von Zeit zu Zeit wiederholte ich dem Grafen Schuwalow meine Bitte und sagte ihm, ich hegte den lebhaften Wunsch, mein Schicksal endlich entschieden zu sehen.

Vom Großfürsten hörte ich gar nicht mehr sprechen. Ich wußte nur, daß er meine Heimsendung mit großer Ungeduld erwarte und sicher darauf rechnete, Elisabeth Worontzow in zweiter Ehe zu heiraten. Sie kam schon in seine Gemächer und machte dort die Honneurs.

Offenbar erfuhr ihr Onkel, der Vizekanzler Graf Worontzow, ein Heuchler, wie ihn die Welt noch nicht gesehen hatte, die Pläne seines Bruders oder richtiger seiner Neffen. Die waren damals fast noch Kinder, denn der älteste zählte kaum zwanzig Jahre.[351] Aus Furcht aber, es könne dadurch bei der Kaiserin sein eben erst gestiegenes Ansehen leiden, bemühte er sich um den Auftrag, mir meine Bitte um Fortsendung auszureden. Denn es geschah folgendes.

Eines schönen Morgens meldete man mir, der Vizekanzler Graf Michael Worontzow wünsche mich im Namen der Kaiserin zu sprechen. Aufs höchste von dieser ungewöhnlichen Sendung überrascht, ließ ich den Herrn Vizekanzler eintreten, obgleich ich noch nicht angekleidet war.

Er küßte mir erst die Hand und drückte sie in großer Bewegung. Dann trocknete er sich die Augen, aus denen einige Tränen rollten. Weil ich damals gegen ihn ein wenig voreingenommen war, setzte ich kein großes Vertrauen in diese Einleitung, die seine Ergebenheit für mich beweisen sollte. Aber ich ließ ihn tun, was ich nur für Ziererei hielt. Ich bat ihn Platz zu nehmen. Er hatte etwas Atemnot; daran war eine Art Kropf schuld, woran er litt.

Wir setzten uns, und er teilte mir mit, die Kaiserin habe ihn beauftragt, mit mir zu sprechen und mir abzuraten, darauf zu bestehen, daß man mich fortschicke. Ihre Kaiserliche Majestät habe ihm befohlen, mich in ihrem Namen zu bitten, diesem Gedanken, zu dessen Ausführung sie niemals ihre Zustimmung geben würde, zu entsagen; und er persönlich bitte und beschwöre mich, ihm mein Wort zu geben, daß ich nie wieder davon sprechen wolle. Meine Absicht bekümmere die Kaiserin sehr ernstlich und ebenso alle anständigen Leute, zu denen zu gehören er mir versicherte.

Ich antwortete ihm, es gäbe nichts, was ich nicht gern Ihrer Kaiserlichen Majestät und allen anständigen Leuten zu Gefallen täte, aber ich hielte mein Leben und meine Gesundheit durch die Lebensweise, zu der ich verdammt sei, für gefährdet. Außerdem mache ich nur Menschen unglücklich, denn alle, die mir näherträten, würden beständig verbannt und entlassen. Den Großfürsten verbittere man gegen mich bis zum Hasse; er habe mich übrigens niemals geliebt. Ihre Kaiserliche Majestät selbst gebe mir fast fortwährend Beweise ihrer Ungnade. Da ich so allen zur Last falle und selbst fast vor Langweile und Kummer stürbe, habe ich gebeten, mich fortzuschicken, um auf die Weise alle von der lästigen, vor Kummer und Langweile vergehenden Person zu befreien.

Er sprach dann von meinen Kindern. Ich sagte ihm, daß ich sie niemals sehe, daß ich das jüngste seit meinem ersten Betgang noch nicht zu sehen bekommen habe und sie nicht ohne ausdrücklichen Befehl der Kaiserin besuchen dürfe. Sie seien zwei Zimmer von ihr entfernt in Räumen, die zu ihren Gemächern gehörten, untergebracht. Ich zweifle durchaus nicht an der Sorgfalt, die sie ihnen angedeihen lasse, aber solange ich nicht die Genugtuung hätte, sie zu sehen, wäre es mir gleichgültig, ob ich hundert Schritte oder hundert Meilen von ihnen entfernt sei.

Er sagte, die Kaiserin werde eine zweite Unterredung mit mir haben, und fügte hinzu, es sei sehr zu wünschen, daß Ihre Kaiserliche Majestät sich mir nähere. Ich antwortete ihm mit der Bitte, diese Unterredung zu beschleunigen; ich meinerseits werde nichts versäumen, was die Erfüllung seines Wunsches erleichtern könne. Er blieb über eine Stunde bei mir und sprach lange und ausführlich über vielerlei Dinge. Ich bemerkte, daß sein gewachsener Einfluß seiner Redeweise und Haltung eine gewisse Erhabenheit verlieh, die er zuvor nicht besaß. Früher war er einer von vielen anderen, unzufrieden mit der Kaiserin, mit den Geschäften und denen, welche die Gunst und das Vertrauen Ihrer Kaiserlichen Majestät genossen. Damals hatte er eines Tages bei der Cour, als die Kaiserin sehr lange mit dem Gesandten der Kaiserin und Königin von Ungarn und Böhmen sprach, während er und ich und alle andern todmüde umherstanden, zu mir gesagt: »Wollen Sie wetten, daß sie nur Unsinn redet?« Ich antwortete ihm lachend: »Mein Gott, was sagen Sie da!« Er erwiderte auf russisch die charakteristischen Worte: »Ona s prirody fadajznitza, sie ist von Natur eine dumme Schwätzerin.«

Endlich entfernte er sich mit der Versicherung seiner Ergebenheit und nahm von mir Abschied, indem er mir wieder die Hand küßte.

Für dieses Mal konnte ich also sicher sein, nicht fortgeschickt zu werden, da man mich ja sogar bat, nicht einmal davon zu sprechen. Aber ich hielt es für gut, nicht auszugehen, sondern in meinem Zimmer zu bleiben, als ob ich die Entscheidung meines Schicksals erst von der zweiten Unterredung erwarte, die ich mit der Kaiserin haben sollte.

Aber ich mußte lange darauf warten. Ich erinnere mich, daß ich am 21. April, meinem Geburtstage, nicht ausging. Die Kaiserin ließ mir zur Stunde ihres Diners durch Alexander Schuwalow sagen, sie trinke auf meine Gesundheit. Ich ließ ihr danken, daß sie die Güte habe, an mich zu denken an diesem, wie ich mich ausdrückte, unseligen Tage meiner Geburt, den ich verwünschen würde, hätte ich nicht an ihm auch die Taufe empfangen.[352] Als der Großfürst erfuhr, daß die Kaiserin mir an diesem Tage solche Botschaft geschickt hatte, ließ er mir dasselbe sagen. Und als man mir seinen Glückwunsch überbrachte, erhob ich mich und sprach mit einer sehr tiefen Reverenz meinen Dank aus.

Nach der Feier meines Geburtstages und des Krönungstages der Kaiserin, der nur vier Tage später fällt, blieb ich immer noch, ohne auszugehen, in meinem Zimmer, bis Graf Poniatowski mir die Nachricht zukommen ließ, der französische Gesandte, Marquis de l'Hôpital, habe meinem festen Benehmen großes Lob gespendet und erklärt, dieser Entschluß, meine Gemächer nicht zu verlassen, könne nur zu meinem Vorteile sein. Weil ich diese Äußerung für eine heimtückische Lobeserhebung eines Feindes hielt, beschloß ich sofort, das Gegenteil von dem zu tun, was er lobte.

Eines Sonntags, als man es am allerwenigsten erwartete, kleidete ich mich an und verließ meine inneren Gemächer. Als ich das Zimmer betrat, in dem sich die Damen und Kavaliere aufhielten, bemerkte ich ihr Erstaunen und ihre Überraschung, mich zu sehen. Einige Augenblicke nach meinem Erscheinen kam der Großfürst. Auch auf seinem Gesicht las ich Erstaunen. Weil ich mit der Gesellschaft sprach, mischte er sich in die Unterhaltung und richtete einige Worte an mich, auf die ich ihm höflich antwortete.

Während dieser Zeit (am 17. April) kam Prinz Karl von Sachsen zum zweiten Male nach Petersburg.[353] Der Großfürst hatte ihn ziemlich rücksichtslos empfangen, als er das erste Mal in Rußland war; aber dieses zweite Mal glaubte Seine Kaiserliche Hoheit sich berechtigt, seinem Benehmen gegen ihn gar keine Beschränkung aufzuerlegen, und zwar aus folgenden Gründen. In der russischen Armee war es kein Geheimnis, daß Prinz Karl von Sachsen in der Schlacht bei Zorndorf als einer der ersten die Flucht ergriffen hatte. Man behauptete sogar, er habe diese Flucht ohne Aufenthalt bis nach Landsberg fortgesetzt. Seine Kaiserliche Hoheit hatte hiervon gehört und beschloß, mit ihm als einem erklärten Feigling nicht mehr zu sprechen und nichts mit ihm zu tun zu haben.

Anscheinend trug die Prinzessin von Kurland, die Tochter Birons, von der ich schon oft Gelegenheit hatte zu sprechen, nicht wenig hierzu bei. Denn man flüsterte sich damals zu, es bestehe die Absicht, den Prinzen Karl von Sachsen zum Herzog von Kurland zu machen[354], und das erregte die Prinzessin von Kurland sehr. Denn ihr Vater wurde noch immer in Jaroslawl festgehalten. Sie teilte ihren Groll dem Großfürsten mit, auf den sie sich noch immer einen gewissen Einfluß bewahrt hatte.

Übrigens war die Prinzessin damals zum drittenmal verlobt, und zwar mit Baron Alexander Tscherkasow, den sie auch wirklich im Winter darauf heiratete.[355]

Endlich, einige Tage bevor wir aufs Land gingen, kam Graf Alexander Schuwalow, um mir im Namen der Kaiserin zu melden, ich solle am Nachmittag durch ihn verlangen, meine Kinder zu sehen. Nach diesem Besuch würde ich die mir so lange versprochene zweite Unterredung mit der Kaiserin haben.[356]

Ich tat, was man mir sagte, und in Gegenwart vieler Menschen beauftragte ich Graf Schuwalow, Ihre Kaiserliche Majestät um die Erlaubnis zu bitten, meine Kinder zu besuchen. Er entfernte sich und meldete mir, als er zurückkam, ich dürfe um drei Uhr zu ihnen gehen. Ich ging sehr pünktlich hin und blieb bei meinen Kindern, bis Graf Alexander Schuwalow mir sagen kam, die Kaiserin sei zu sprechen.

Ich ging zu ihr und fand sie ganz allein. Diesmal war auch kein Wandschirm im Zimmer, und wir konnten uns in voller Freiheit aussprechen. Zunächst dankte ich ihr für die Audienz, die sie mir gewährte, und versicherte ihr, schon ihr gnädiges Versprechen allein habe mich dem Leben wiedergegeben. Sie sagte dann zu mir: »Ich verlange, daß Sie mir über alles, was ich Sie fragen werde, die reine Wahrheit sagen!« Ich antwortete ihr mit der Versicherung, sie werde nur die aufrichtigste Wahrheit aus meinem Munde hören, und ich wünsche nichts sehnlicher, als ihr mein Herz ganz rückhaltlos ausschütten zu dürfen.

Sie fragte darauf nochmals, ob ich wirklich nur jene drei Briefe an Apraxin geschrieben habe. Ich beschwor ihr das mit der größten Wahrhaftigkeit, denn es verhielt sich in der Tat so. Dann fragte sie mich nach Einzelheiten über das Leben des Großfürsten...[357]

(Plan für die Fortsetzung.)

Wie der Großfürst nach Holstein gehen wollte, was er dazu tat, was man tat, wie man mir davon sprach; was ich sagte, was Graf Worontzow mir davon sagte, das muß sich auf das Ende des

Jahres 1759 beziehen. Abreise auf das Land[358]; vorher zweite Unterredung mit der Kaiserin unter vier Augen, Urteil der Kaiserin über mich. Das war am nächsten Tage, nachdem Prinz Karl uns besuchte; was mir Graf P[oniatowski] beim Fortgehen ziemlich laut sagte, wurde anscheinend von Brockdorff gehört, der ganz nahe stand. Ich trinke hier die Wasser, wo ich wohne. Wie man Graf P[oniatowski] beim Fortgehen von mir verhaftet.[359] Brockdorff spricht davon, ihn zu töten. Leo N[aryschkin] rät, ihn dem Grafen Ale[xander] Sch[uwalow] zu übergeben, der übergibt ihn seinem Schwiegersohn und geht nach Peterhof. Iwan Sch[uwalow] rät ihm, ihn freizulassen, was der auch tat. Alex[ander] Sch[uwalow] kommt am nächsten Tage, mir zu erzählen, was sich in der Nacht zugetragen hat, ich wußte nichts davon, der Großfürst kommt zu mir, spricht mit mir, man hatte ihn besänftigt, weil man keinen Skandal wollte, er schlug mir vor, die Gräfin Elis[abeth] W[orontzow] zu sehen, verlangt, daß ich sie sehe. Sie kommt zu mir, ich bleibe den ganzen Tag im Bette, sehr niedergeschlagen. Am nächsten Tage abends empfange ich durch Alex[ander] Sch[uwalow] ein Billett von der Kaiserin, geschrieben von Iwan S[chuwalows] Hand und unterzeichnet Eli[sabeth], in dem sie mich bittet, mich nicht zu sorgen und, als wäre nichts geschehen, am Peterstage nach Peterhof zu kommen. Ich antworte darauf und spreche ihr meinen tiefgefühlten Dank aus. Ich gehe nach Peterhof. Auf dem Balle am Peterstage sagte Graf Rzewuski zu mir: »Mein Freund hat mich gebeten, Ihnen zu sagen, durch Vermittlung von Lagrenée und Graf Branicki würde alles wieder in Ordnung kommen, und er hofft heute abend das Glück zu haben, Sie beim Großfürsten zu sehen.« Aber er war niemals da gewesen. Ich antwortete Graf Rzewuski: »Sagen Sie Ihrem Freunde, ich finde diesen Schluß völlig lächerlich: da hat wirklich der Berg eine Maus geboren.« Vom Souper zurückgekehrt, ging ich zu Bett, ohne von irgend etwas sprechen zu hören. Zwischen zwei und drei Uhr morgens hörte ich, wie der Vorhang meines Bettes gezogen wurde, und ich fuhr erwachend empor. Es war der Großfürst, der mich aufforderte, mich zu erheben und ihm zu folgen; wen ich bei ihm finde.[360] Wir sind nun alle die besten Freunde der Welt. Wie bis zur Abreise des Grafen Pon[iatowski][361] der Großfürst zwei oder drei Abende wöchentlich in meinem Kreise zubrachte und mein englisches Bier trank; wie infolge dieser Szene und der des folgenden Winters in nichts Verlaß auf Seine Kaiserliche Hoheit war, und wie die Umstände sich so gestalteten, daß ich entweder mit ihm oder durch ihn zugrunde gehn oder versuchen mußte, mich aus dem Schiffbruch zu retten und meine Kinder und den Staat zu retten.

(Erstes Stück in russischer Sprache.)

Im Dezember 1761, während der Krankheit Ihrer Majestät der Kaiserin Elisabeth Petrowna seligen Angedenkens, hörte ich aus dem Munde von Nikita Iwanowitsch Panin, daß die Schuwalows, Peter Iwanowitsch, Alexander Iwanowitsch und Iwan Iwanowitsch, wegen des bevorstehenden Ablebens Ihrer Kaiserlichen Majestät große Sorge um ihr künftiges Geschick hätten. Infolge dieser ihrer Besorgnisse brächten die Personen ihrer Umgebung die verschiedenartigsten Pläne hervor. Alle fürchteten den Nachfolger der Kaiserin; er besitze niemandes Liebe oder Achtung. Die Kaiserin selbst sei sich uneins, wem sie den Thron übertragen solle. Man wisse sie geneigt, den unfähigen Thronfolger, der ihr selbst viel Verdruß bereitet habe, auszuschließen, statt seiner seinen siebenjährigen Sohn zu wählen und mir die Regentschaft zu übertragen. Der letztere Gedanke betreffs meiner Regentschaft gefalle aber den Schuwalows nicht.

Die Folge aller dieser Erwägungen war, daß sich die Schuwalows durch Melgunows Vermittlung mit Peter III. aussöhnten, und die Kaiserin starb ohne andere Verfügungen. Damit endete aber die Erregung der öffentlichen Meinung nicht, und ihren Beginn mag man in der schlechten Schuwalowschen Wirtschaft und der ungesetzlichen Affäre Bestushew, das heißt schon seit 1759, sehen.

Sofort nach dem Hinscheiden der Kaiserin Elisabeth Petrowna schickte Fürst Michael Iwanowitsch Daschkow, damals Hauptmann der Garde, zu mir und ließ mir sagen: »Befiehl, und wir erheben dich auf den Thron!« Ich ließ ihm antworten: »Um Gottes willen macht keinen Unsinn! Wie Gott will, so wird alles geschehen. Aber euer Unterfangen ist verfrüht und eine unreife Sache!« Bei Fürst Daschkow verkehrten als seine Freunde und Vertrauten damals alle, die später an meiner Thronbesteigung beteiligt waren, so die drei Orlows, fünf Hauptleute vom Izmajlowsky-Regiment und andere. Er war mit einer leiblichen Schwester von Elisabeth Romanowna Worotzow, der Mätresse Peters III., verheiratet. Die Fürstin Daschkow[362] hatte seit ihrer Kindheit eine besondere Ergebenheit für mich gehabt. Aber es war da noch eine höchst gefährliche Persönlichkeit, der Bruder der Fürstin, Semion Romanowitsch Worontzow, den Elisabeth Romanowna und mit ihr auch Peter III. ganz besonders liebten. Am gefährlichsten war übrigens der Vater der Worontzows, Roman Larionowitsch, wegen seines zänkischen und unzuverlässigen Wesens. Dieser liebte übrigens die Fürstin Daschkow nicht.

Die Kaiserin Elisabeth Petrowna starb gerade zu Weihnachten, am 25. Dezember 1761, um drei Uhr nachmittags.[363] Ich verblieb bei der Leiche. Peter III. verließ das Zimmer, ging zur Konferenz und ließ mir durch Melgunow sagen, ich solle bei der Leiche bleiben, bis er mir Nachricht geben würde. Ich sagte zu Melgunow: »Sie sehen, daß ich hier bin, und den Befehl werde ich erfüllen.« Ich schloß aus dem Befehl, daß die herrschende Partei meinen Einfluß fürchtete. Man war noch mit dem Waschen der Leiche der Kaiserin beschäftigt, als mir mitgeteilt wurde, der Generalprokuror Fürst Schachowskoj sei auf seine Bitte entlassen, und der Oberprokuror des Senats, Alexander Iwanowitsch Glebow, zum Generalprokuror ernannt worden. Das hieß also: derjenige, der damals als rechtschaffenster Mann galt, war entlassen und an seiner Stelle ein bekannter Taugenichts, den Peter Schuwalow vor der Strafverfolgung bewahrt hatte, zum Generalprokuror gemacht worden.

Die Leiche der Kaiserin Elisabeth Petrowna hatte man kaum angekleidet und in das Himmelbett gelegt, als der Hofmarschall mir die Mitteilung brachte, es werde in der Galerie (das heißt drei Zimmer von der Leiche) ein Souper stattfinden, und es sei bestimmt, in hellen Festkleidern zu diesem Fest zu erscheinen. Ich ließ das Festkleid in die Gemächer meines Sohnes holen, der neben der verstorbenen Kaiserin wohnte. Ich kleidete mich an und kam geschmückt wieder zu der Entschlafenen, wo mir zu bleiben und Befehle zu erwarten befohlen war. Hier waren schon die Fenster geöffnet, und es wurde das Evangelium gelesen.

Etwas später ließ mich der Kaiser auffordern, in die Kirche zu kommen. Als ich da anlangte, fand ich schon alle zur Eidesleistung versammelt, nach welcher statt der Pannychide[364] ein Tedeum abgehalten wurde. Dann wandte sich der Metropolit von Nowgorod, Setschenow, mit einer Ansprache an den Kaiser. Dieser war außer sich vor Freude, er suchte die auch nicht im geringsten zu verbergen; er benahm sich ganz schändlich. Er schnitt allerlei Gesichter und führte nur alberne Reden, die weder seiner Würde noch den Umständen entsprachen. Er gab sich mehr als lächerlicher Harlekin denn als irgend etwas anderes, beanspruchte aber jegliche Hochachtung.

Nach dem Verlassen der Kirche ging ich in mein Zimmer, wo ich bitterlich weinte, sowohl um die verstorbene Kaiserin, die mir jegliche Gnade bewiesen und mich in den letzten beiden Jahren recht liebgewonnen hatte, als auch über den gegenwärtigen Stand der Dinge.

Als angerichtet war, meldete man mir das, und ich ging zum Souper. Die Tafel war in der Kurgalerie für 150 Personen und mehr gedeckt, und die Galerie war voll von Zuschauern. Viele, die keinen Platz bei Tisch gefunden hatten, liefen um den Tisch hin und her, unter ihnen Iwan Iwanowitsch Schuwalow und Melgunow. Aus einem Liebediener der Schuwalows war der zu ihrem Protektor geworden. Auf Iwan Iwanowitsch Schuwalows Wangen waren die Zeichen der Verzweiflung sichtbar, denn die Haut war von allen fünf Fingern zerkratzt. Trotzdem scherzte er, hinter Peters III. Stuhl stehend, und lachte mit ihm.

Ich saß neben dem neuen Kaiser; zu meiner Seite Fürst Nikita Jurjewitsch Trubetzkoj, der über den ganzen Tisch hin von nichts anderem sprach als von seiner großen Freude darüber, daß der Kaiser die Regierung angetreten habe. Auch viele Damen speisten mit uns: viele von ihnen hatten gleich mir verweinte Augen, und viele, zwischen denen sonst keine Freundschaft bestand, hatten sich versöhnt. Das Souper dauerte ungefähr anderthalb Stunden. Als ich wieder in meinen Gemächern war, begann ich mich zu entkleiden, um zu Bett zu gehen. Da brachte man mir die Mitteilung, die Damen sollten morgen Festroben anlegen, und es werde große Mittagstafel in derselben Galerie stattfinden, sitzen werde man nach Billetten. Dann legte ich mich zu Bett.

Aber obwohl ich zwei Nächte schlaflos im Gemach der verstorbenen Kaiserin verbracht hatte, blieb mir der Schlummer fern. Ich konnte nicht einschlafen und begann über Vergangenheit, Gegenwart und Zukunft nachzudenken. Und ich kam zu dem Schluß: wenn man in der ersten Stunde der Regierung einen ehrenhaften Menschen fallen ließ und sich nicht scheute, an seiner Stelle einen Taugenichts zu erhöhen, was war denn da noch zu erwarten? Ich sagte mir: »Deinen Einfluß fürchten sie, halt dich von allem fern! Du weißt, mit wem du zu tun hast. Nach deinen Gedanken und Grundsätzen wird man nicht handeln. Hier ist also weder Ehre noch Ruhm zu holen, laß sie also tun, was sie wollen!«

Das nahm ich mir zur Richtschnur meines Handelns, und in den ganzen sechs Monaten der Regierung Peters III. habe ich mich in nichts eingemischt, mit alleiniger Ausnahme des Leichenbegängnisses der verstorbenen Kaiserin. Der Trauerkommission war befohlen worden, sich seinetwegen mit mir in Verbindung zu setzen, und ich habe auch alles mit größtem Eifer erfüllt und Beifall von allen Seiten geerntet. Ich ließ mich hierbei von den älteren Damen beraten, der Gräfin Maria Andrejewna Rumiantzow, der Gräfin Anna Karlowna Worontzow, der Feldmarschallin Agrafena Leontjewna Apraxin und von anderen, die gerade erreichbar waren, und ich habe mich dadurch sehr angenehm gemacht.

Am Morgen des nächsten Tages legte ich eine Festrobe an und begab mich zur Messe, ging dann, mich vor der Leiche zu verneigen, und von da zu Tische, nach Billetten. Bei der Tafel hatten fast alle verweinte Augen, und es gab wenig gleichgültige Gesichter. Man sah allen die Ermüdung an. Nach dem Diner zog ich mich in meine Gemächer zurück.

Während wir speisten hatte man die Leiche der verstorbenen Kaiserin seziert. Gegen Abend teilte man mir mit, es seien Kuriere abgesandt, um Biron, Münnich, Lestocq und die Lopuchins in Freiheit zu setzen und nach Petersburg zurückzurufen, und Gudowitsch reise nach Berlin mit der Nachricht von der Thronbesteigung des Kaisers. Ich sagte darauf: »Es geht alles sehr schnell!«

Am dritten Tage legte ich ein schwarzes Kleid an und begab mich zu der Leiche, wo eine Pannychide abgehalten wurde. Weder der Kaiser war da, noch sonst jemand; nur diejenigen, die den Totendienst hatten, und meine Begleitung.

Von da ging ich zu meinem Sohne. Dann besuchte ich Graf Alexej Grigorjewitsch Razumowskij in seinen Gemächern im Palais, wo er aus aufrichtigem Kummer um die verstorbene Kaiserin krank lag. Er wollte mir zu Füßen fallen, aber ich ließ das nicht zu, sondern umarmte ihn. Wir hielten uns in den Armen, heulten beide laut los und waren kaum imstande, ein Wort zu sprechen. Ich verließ ihn dann und kehrte in meine Gemächer zurück.

Als ich wieder in meinem Zimmer anlangte, hörte ich, der Kaiser habe befohlen, für ihn das Gemach herzurichten, das von mir durch ein Vorzimmer getrennt war, in welchem Alexander Iwanowitsch Schuwalow wohnte, und in seinem Zimmer, neben dem meinen, werde Elisabeth Romanowna Worontzow wohnen.

An diesem Tage fuhr der Kaiser gegen Abend auf eine Abendgesellschaft, um Weihnachten zu feiern.

Als zwei Tage später Alexander Iwanowitsch Schuwalows Gemächer hergerichtet waren, siedelte der Kaiser dorthin über, und Elisabeth Worontzow in die seinen. Meine Paradezimmer aber wurden schwarz ausgeschlagen, und der Kaiser empfing in ihnen Besucher. Morgens und abends besuchte er alle hochgestellten Persönlichkeiten, die große Gastmähler für ihn ausrichteten. Ich hielt mich von diesen Festen wegen eines heftigen Hustens fern.

Am Abend vor dem Tage, an welchem die Leiche der verstorbenen Kaiserin aus dem Zimmer, in dem sie verschieden war, zur Paradeaufbewahrung gebracht werden sollte, speiste der Kaiser beim Grafen Scheremetew. Bei der Gelegenheit machte ihm Elisabeth Worontzow eine Eifersuchtsszene; ich weiß nicht, wer die Ursache war. Sie kamen in argem Streit nach Hause.

Am nächsten Tage nach dem Diner, in der fünften Stunde, schickte sie mir einen Brief, in dem sie mich bat, um Gottes willen zu ihr zu kommen, sie müsse höchst notwendig mit mir sprechen, aber sie selbst könne nicht zu mir kommen, weil sie krank zu Bett liege. Ich ging zu ihr und fand sie in Tränen aufgelöst. Als sie mich sah, konnte sie lange Zeit nicht reden. Ich setzte mich neben ihr Bett und fragte sie aus, was ihr fehle. Sie ergriff meine Hände, küßte und drückte sie und benetzte sie mit ihren Tränen. Ich fragte, was sie so sehr bekümmere. Sie sagte darauf: »Bitte, sprechen Sie leiser!« Ich fragte: »Aber aus welchem Grunde denn?« Darauf antwortete sie mir: »Im Nebenzimmer sitzt meine Schwester, Anna Michajlowna Strogonow mit Iwan Iwanowitsch Schuwalow« (das heißt also, sie hatte ihnen zu einem Zusammensein verholfen, während sie sich mit mir unterhielt).

Ich lachte; ihre Tränen hörten auf zu fließen, und sie begann mich zu bitten, ich solle zum Kaiser gehn und ihn in ihrem Namen bitten, er möge ihr erlauben, zu ihrem Vater zu ziehen. Sie wolle nicht mehr im Palais bleiben. Und sie schimpfte auf seine Umgebung und auf ihn selbst. Das hatte sie zur Verwunderung aller

Anwesenden schon am Tage vorher bei Scheremetew getan, und der Kaiser befahl deshalb, ihren Vater in Haft zu nehmen. Man besänftigte ihn aber mit Bitten.

Ich sagte ihr, sie solle jemand anders für diesen Auftrag wählen, denn ihm werde das vielleicht unangenehm sein. Aber sie suchte mich zu überzeugen, es müsse so sein, sie könne nur durch meine Vermittelung bitten, denn alle andern seien herzlose Taugenichtse, und allein auf mir ruhe ihre ganze Hoffnung. Um meinem Besuche bei ihr ein Ende zu machen, versprach ich ihr, zu ihm zu gehen und ihm ihre Bitte zu unterbreiten.

Als ich in meine Gemächer zurückgekehrt war, ließ ich nachfragen, ob er zu Hause sei und ob man zu ihm gehen könne. Man meldete mir, er ruhe. Als er in der siebenten Stunde erwachte, wurde ich benachrichtigt, und ich ging also zum Kaiser. Ich fand ihn im Schlafrock; er ging im Zimmer auf und ab und war noch sehr schläfrig. Ich begann mein Anliegen vorzubringen: »Wenn Sie sich über meinen Besuch wundern, so werden Sie noch mehr staunen, wenn Sie hören, weswegen ich gekommen bin.« Ich erzählte ihm alles Wort für Wort: wie mir Elisabeth Romanowna Worontzow geschrieben hatte und was sie mit mir gesprochen, und wie ich den Auftrag abgelehnt hatte, und ihre Gründe, niemand außer mir zu trauen.

Er hörte mich verwundert und nachdenklich an und ließ mich das Gesagte wiederholen. Währenddessen betraten Melgunow und Leo Alexandrowitsch Naryschkin das Zimmer. Ärgerlich auf Elisabeth Worontzow, erzählte er ihnen, weshalb ich gekommen sei. Das dauerte etwa eine Stunde. Schließlich fragte ich: »Welche Antwort befehlen Sie ihr zu überbringen, oder werden Sie jemand anders schicken?« Hierauf rieten ihm Melgunow und Naryschkin, zu sagen, er werde ihr die Antwort schicken. Ich zog mich also zurück und ließ Elisabeth Worontzow wissen, die Antwort werde ihr geschickt werden.

Später sandte sie wieder zu mir, um sagen zu lassen, sie sei entlassen, kleide sich an und warte auf den Wagen, um das Palais zu verlassen und zu ihrem Vater zu fahren. Sie bitte noch um die Erlaubnis, mich zu besuchen, um sich zu verabschieden. Ich sagte: »Sie möge kommen!« Währenddessen begann ein großes Gelaufe durch mein Vorzimmer, vor dem Toilettenzimmer; bald ging Melgunow, bald Naryschkin zu ihr und kehrten von ihr wieder zurück. Das dauerte bis elf Uhr. Dann kam der Kaiser selbst, verweilte bei ihr und kehrte dann wieder in seine Gemächer zurück. Sie aber schickte mir einen Zettel, sie würde nicht zu mir kommen, weil ihr befohlen sei, im Palais zu bleiben.

Ich legte mich schlafen. Am andern Tage abends kam Peter III. mit Melgunow und Leo Naryschkin zu mir. Sie schalten und schimpften weidlich auf Elisabeth Worontzow und wünschten sichtlich, daß ich auf ihre Reden einginge. Aber ich hörte sie nur schweigend an. Der Kaiser erzählte mir dann, sie habe mein Porträt nicht umhängen wollen, als er sie zum Kammerfräulein ernannte, sondern das seine verlangt. Er dachte, ich würde deswegen zornig werden; als er aber sah, daß ich nur darüber lachte und ganz und gar nicht zornig war, verließ er das Zimmer.

Darauf machten Melgunow und Leo Naryschkin mir Vorwürfe, daß ich diese schöne Gelegenheit, sie aus dem Hause zu jagen, nicht benutzt hätte. Ich antwortete ihnen: »Ich wundere mich vielmehr über euch, daß ihr selbst gestern euern Wunsch nicht durchgesetzt habt.«

Seit dem Todestage der verstorbenen Kaiserin war im Palais eine doppelte Wache: nämlich eine volle Wache bei der Leiche und eine zweite ebensolche bei dem Kaiser. Zu dieser Zeit herrschte aber strenger Frost. Die Wachtstube war klein und eng, so daß die Leute nicht alle unterkamen und viele von den Soldaten im Freien bleiben mußten. Dieser Umstand erregte bei ihnen und bei dem Publikum Unwillen oder erhöhte den schon vorhandenen. Täglich aber kamen neue Geschichten aus dem Palais. Da ward der eine verhaftet, da der andere; mit den Frauen, deren er täglich viele zum Souper einlud, zankt er sich bei sich oder bei andern, läßt einem Ehemann den Degen abnehmen oder bindet im Dienst mit jemand wegen Kleinigkeiten an und läßt den Betreffenden auf der Hauptwache einsperren. Von Tisch erhob er sich fast nie anders als sinnlos betrunken. Es tauchten viele neue Günstlinge auf, unter andern der Hauptmann vom Preobrashenskij-Regiment, Fürst Iwan Feodorowitsch Golitzyn, dem er plötzlich den Orden der Heil. Anna anhängte, obwohl ihn bis zu diesem Tage kaum jemand gekannt hatte.

Zu dieser Zeit nahm der Kaiser einen Sekretär in das Kabinett, den früheren Konferenz-Sekretär Dmitrij Wasiljewitsch Wolkow. Nikita Iwanowitsch Panin hatte von diesem die Ansicht, die er mir gegenüber auch aussprach, daß er Melgunow und den Schuwalows die Hälse brechen werde. Von ihm dachte man damals, er habe einen außergewöhnlichen Kopf; aber es zeigte sich später, daß er, obwohl rasch und beredt, doch äußerst leichtsinnig war. Weil er gut schrieb, so schrieb er mehr und handelte wenig; aber er trank und belustigte sich gern.

Zwei Wochen nach dem Ableben der Kaiserin starb auch Graf Peter Iwanowitsch Schuwalow.[365] Einige Tage vor seinem Tode war er und sein älterer Bruder, Alexander Iwanowitsch Schuwalow, vom Kaiser zu Feldmarschällen ernannt worden.

Und es gab noch eine neue Ernennung. Plötzlich ernannte der Kaiser in vier Garderegimentern je einen Oberst, und zwar im Preobrashenskij-Regiment den Feldmarschall Fürst Nikita Jurjewitsch Trubetzkoj, im Semionowskij-Regiment den Feldmarschall Graf Alexander Iwanowitsch Schuwalow, im Izmajlowskij-Regiment den Feldmarschall Graf Kirill Grigorjewitsch Razumowskij. Bei der Garde zu Pferde wollte er den Grafen Alexej Grigorjewitsch Razumowskij ernennen, aber der nahm aus dem Grunde seinen Abschied, und an seiner Stelle wurde Prinz Georg von Holstein Oberst.[366] Diese neuen Obersten waren selbst in jeder Weise gegen die Ernennung und suchten sie abzuwenden, aber es gelang ihnen nicht. Für die Garderegimenter aber war das ein schwerer, unerträglicher Schlag.

Obwohl pompöse Beerdigungen und prunkvolle Leichenzüge durch Ukas der verstorbenen Kaiserin verboten waren, so erbaten doch die Herren Schuwalow von dem gewesenen Kaiser die Erlaubnis, den Grafen Peter Iwanowitsch mit prunkvollem Zeremoniell zu begraben. Der Kaiser selbst versprach, an dem Begängnis teilzunehmen.

Am angesetzten Tage wartete man sehr lange auf den Kaiser, aber er kam erst gegen Mittag des Trauertages. Das Volk aber wartete schon vom Morgen an, um die Zeremonie zu sehen. Es war ein sehr kalter Tag. Weil das Volk ungeduldig wurde, gab es allerhand Redereien. Die einen dachten an Schuwalows Tabakspacht und sagten, man bringe ihn deshalb so spät, weil er mit Tabak bestreut werde. Andere meinten, er werde mit Salz bestreut, und erinnerten daran, daß er der Urheber der Salzsteuer gewesen war. Noch andere behaupteten, er werde in Robbenspeck gelegt, weil er die Robbenspeckgewinnung und den Stockfischfang gepachtet hatte. Man dachte jetzt daran, daß in diesem Winter Stockfisch für Geld überhaupt nicht erhältlich gewesen war, und man begann auf Schuwalow zu schimpfen und ihn auf jede Weise zu verunglimpfen.

Schließlich brachte man die Leiche aus seinem Hause auf der Mojka in das Newskij-Kloster. Der damalige General-Polizeimeister Korff ritt vor der gewaltigen Prozession, und er hat mir an diesem Tage erzählt, er habe alle nur erdenklichen Schmähreden und Schimpfwörter gegen den Verstorbenen selbst gehört. Schließlich sei ihm die Geduld ausgegangen, und er habe den Befehl gegeben, einige von den Schreiern festzunehmen und sie in der Polizei einzusperren. Aber das Volk ergriff ihre Partei und wollte sie befreien; angesichts dessen befahl er, sie loszulassen, wodurch er eine Schlägerei verhütete und, wie er sagte, die Ruhe aufrechterhielt.

Drei Wochen nach dem Tode der Kaiserin ging ich zu der Leiche zur Pannychide. Auf dem Wege durch das Vorzimmer traf ich Fürst Michael Iwanowitsch Daschkow, der vor Freude weinte und ganz außer sich war. Er eilte mir entgegen und sagte: »Der Kaiser verdient, daß man ihm eine goldene Statue errichtet; er hat dem ganzen Adel die Freiheit gegeben, und er begibt sich in den Senat, um es dort kundzutun.«[367] Ich fragte ihn: »Waret ihr etwa leibeigen und konnte man euch bis heute verkaufen? Worin besteht diese Freiheit?«

Es kam heraus, daß sie darin bestand, daß jeder nach freiem Willen sollte Dienst nehmen dürfen oder nicht. Das war auch früher so, denn man nahm eben den Abschied. Aber es war von alters her der Brauch geblieben, daß die Angehörigen des Adels, die als Inhaber von Lehns- oder Stammgütern alle außer den Altersschwachen und Unmündigen dienten, als im Staatsdienst stehend geführt wurden. Peter I. fing an, statt der Adligen Rekruten zu werben, aber der Adel blieb im Dienste. Deshalb bildeten sie sich ein, sie seien unfrei.

Roman Worontzow und der Generalprokuror dachten etwas Großes zu tun, als sie dem Kaiser empfahlen, dem Adel die Freiheit zu geben: in Wirklichkeit baten sie aber um nichts weiter, als daß eben jeder das Recht haben sollte, zu dienen oder nicht.

Als ich von der Pannychide zurückkehrte, sah ich am hinteren Eingang eine Paradekutsche mit der Krone: in ihr fuhr der Kaiser zum Senat.

Aber dieser Aufzug erregte im Volke Unwillen. Man fragte: »Wie darf er mit der Krone fahren? Er ist nicht gekrönt und nicht ge-

salbt. Zu früh hat er sich ausgedacht, mit der Krone zu fahren!«
Der ganze Adel war hocherfreut über das Recht, zu dienen oder
nicht zu dienen. Sie alle vergaßen jetzt völlig, daß ihre Ahnen
durch den Staatsdienst die Ehren und die Güter erworben hatten,
die sie selbst jetzt genießen konnten.

Zehn Tage vor der Beerdigung der Kaiserin wurde die Leiche in
den Sarg gelegt und dieser in den Trauersaal getragen, inmitten
aller Regalien. Das Volk wurde zweimal am Tage zugelassen, wie
auch bisher vom Tage ihres Todes an. Im Sarge lag die Kaiserin
in einer Silberrobe mit Spitzenärmeln, auf dem Haupte hatte sie
eine kaiserliche große goldene Krone mit der Inschrift auf dem
unteren Reifen: »Elisabeth Petrowna, Allerfrömmste Selbstherrscherin, Große Frau und Kaiserin, geboren am 18. Dezember
1709, bestieg den Thron am 25. November 1741, starb am
25. Dezember 1761.« Der Sarg wurde auf einer Erhöhung aufgestellt unter einem Baldachin aus Goldbrokat mit Hermelinbehang
bis zur Erde; hinter dem Sarge war in dem Behang das goldene
Reichswappen.

Am 25. Januar 1762 wurde die Leiche der Kaiserin im Sarge mit
größtem Gepränge und mit den gebührenden Ehrungen aus dem
Palais über den Fluß nach der Peter-Pauls-Kathedrale in die
Festung übergeführt. Der Kaiser selbst, hinter ihm ich, dann die
Skawronskijs, hinter diesen die Naryschkins, dann alle anderen
nach ihrem Range, folgten dem Sarge zu Fuß vom Palais bis zur
Kirche.

Der Kaiser war an diesem Tage in außerordentlich guter Stimmung, und bei der Trauerzeremonie machte er sich folgenden
Spaß: er blieb gelegentlich hinter dem Trauerwagen zurück und
ließ ihn etwa dreißig Sashen[368] voraus, dann suchte er ihn eiligst
wieder einzuholen. Die älteren Kammerherren, welche die
Schleppe seines schwarzen Staatsmantels trugen, namentlich aber
der Oberkammerherr Graf Scheremetew, der das Ende des Man-
tels trug, konnten nicht mit ihm Schritt halten und mußten den
Mantel fahren lassen. Als dann der Wind ihn aufblies, machte
das Peter III. noch größeres Vergnügen, und er wiederholte den
Scherz noch mehrere Male. Und daher kam es, daß ich und alle,
die ihm folgten, weit hinter dem Sarg zurückblieben. Schließlich
mußte nach vorn geschickt werden, um den ganzen Trauerzug
halten zu lassen, bis die Zurückgebliebenen wieder herangekom-
men waren.

Über dieses unwürdige Benehmen wurde viel gesprochen, nicht zum Vorteil der Person des Kaisers, und es gab allerhand Gerede über sein unverständiges Tun bei vielen Gelegenheiten.

Nach der Beerdigung der verstorbenen Kaiserin begann man im Schlosse ihre Gemächer für den Kaiser einzurichten.

(Stück VII)

Der Tod der Kaiserin Elisabeth versenkte alle Russen in tiefe Trauer, vor allem aber alle guten Patrioten, weil man in ihrem Nachfolger einen Herrscher von gewalttätigem Charakter und beschränktem Geist sah, der die Russen haßte und verachtete, sein Land nicht kannte, der unfähig zu fleißiger Arbeit, geizig und verschwenderisch war und sich völlig seinen Begierden hingab und denen, die ihm sklavisch schmeichelten.

Seit er der Herr war, überließ er zwei oder drei Günstlingen seine Geschäfte und gab sich jeder Art von Ausschweifungen hin. Zunächst nahm er der Geistlichkeit den Landbesitz[369] und führte tausenderlei völlig unnütze Neuerungen ein, größtenteils im Heere. Er verachtete die Gesetze, und, um es kurz zu sagen, die Gerechtigkeit war immer für den Meistbietenden zu haben. Unzufriedenheit verbreitete sich überall, und die schlechte Meinung, die man von ihm hatte, mußte schließlich auch das wenige Nützliche, das er tat, noch böse deuten. Seine mehr oder weniger überlegten Pläne gingen darauf hinaus, mit Dänemark Krieg wegen Schleswig anzufangen, den Glauben zu wechseln, sich von seiner Gemahlin scheiden zu lassen und seine Mätresse[370] zu heiraten, sich mit dem König von Preußen zu verbünden, den er seinen Herrn nannte und dem er den Treueid geleistet zu haben behauptete. Er wollte ihm einen Teil seiner Truppen überlassen. Fast keinen seiner Pläne hielt er geheim.

Seit dem Tode der Kaiserin, seiner Tante, machte man unterderhand der Kaiserin Katharina verschiedene Vorschläge. Diese wollte sie aber niemals anhören, immer in der Hoffnung, daß Zeit und Umstände einiges an ihrer unglücklichen Lage ändern würden, um so mehr, als sie ganz sicher wußte, daß man schließlich ihren Stand oder ihre Person doch nicht ohne große Gefahr antasten könne. Die Nation war ihr völlig ergeben und sah in ihr ihre alleinige Hoffnung. Es hatten sich verschiedene Gruppen gebildet, die den Leiden ihres Vaterlandes steuern wollten. Jede dieser Gruppen wandte sich einzeln an sie; die einen wußten nichts von den andern.

Sie hörte sie an und nahm ihnen nicht jede Hoffnung, bat aber stets, abzuwarten, weil sie glaubte, die Dinge würden nicht zum Äußersten kommen, und weil sie jede derartige Veränderung für ein Unglück hielt. Sie betrachtete ihre Pflichten und ihren Ruf als einen starken Damm gegen den Ehrgeiz. Gerade diese Gefahr, welche ihr drohte, war ihr ein neuer Glanz, dessen ganzen Wert sie erkannte. Peter III. war wie ein ständiges Schönheitspflästerchen auf einem sehr schönen Gesicht.

Katharinas Verhalten gegen die Nation ist immer einwandfrei gewesen. Sie hat nie etwas anderes gewollt, gewünscht oder begehrt als das Glück dieser Nation, und ihr ganzes Leben wird nur dazu verwandt werden, um das Wohl und das Glück des russischen Volkes zu fördern.

In der Einsicht aber, daß die Dinge sich verschlimmerten, ließ die Kaiserin die verschiedenen Gruppen wissen, es sei an der Zeit, sich zu vereinen und auf Mittel zu sinnen. Dazu gab eine Beleidigung, die ihr Gemahl ihr öffentlich zufügte, einen ganz vorzüglichen Anlaß.[371] Man kam also überein, ihn nach seiner Rückkehr vom Lande[372] in seinem Gemach zu verhaften und für regierungsunfähig zu erklären. In seinem Kopfe sah es wirklich nicht mehr richtig aus, und sicherlich hatte er im Reiche keinen schlimmeren Feind als sich selbst. Nicht alle waren einer Ansicht. Die einen wünschten, daß das zugunsten seines Sohnes, die andern, daß es zugunsten seiner Frau geschehe.

Drei Tage vor dem festgesetzten Termin wurde infolge unvorsichtiger Redereien eines Soldaten einer der Hauptmitwisser des Geheimnisses, der Leutnant Passek, verhaftet.[373] Die drei Brüder Orlow, von denen der älteste Hauptmann der Artillerie war[374], begannen nun sofort zu handeln. Der Hetman[375] und der Geheimrat Panin meinten, es sei zu früh. Aber jene schickten aus eignem Antrieb den zweiten Bruder mit einer Karosse nach Peterhof, um die Kaiserin zu holen.

Alexej Orlow erschien um sechs Uhr früh am 28. Juni alten Stils und weckte sie aus dem Schlafe. Als sie gehört hatte, daß Passek verhaftet sei und daß ihrer eigenen Sicherheit wegen keine Zeit mehr zu verlieren bleibe, erhob sie sich und fuhr in die Stadt.[376] Bei der Ankunft dort empfingen sie der ältere Orlow und Fürst

Bariatinskij und geleiteten sie in die Kasernen des Izmajlowskij-Regimentes, wo sich bei ihrem Eintreffen nur zwölf Mann und ein Unteroffizier befanden und alles ruhig schien. Die Soldaten wußten alle Bescheid, hielten sich aber in ihren Räumen; aber als sie kamen, riefen sie sie zur Selbstherrschenden Kaiserin aus.

Die Freude der Soldaten und des Volkes war unbeschreiblich. Man führte sie von hier zum Semionowskij-Regiment: die Leute kamen ihr entgegen, vor Freude springend und lärmend. So geleitet begab sie sich in die Kazansche Kirche, wo sich die Garde zu Pferde in einer wahren Freudenraserei einstellte. Es kam auch die Grenadierkompagnie des Preobrashenskij-Regiments. Die Leute entschuldigten sich, daß sie als letzte gekommen seien, weil ihre Offiziere sie hatten zurückhalten wollen, sonst wären sie unbedingt die ersten gewesen. Nach ihnen kam die Artillerie und ihr Feldzeugmeister Villebois.

Unter den Zurufen zahllosen Volkes gelangte die Kaiserin nach dem Winterpalast, wo der Synod, der Senat und alle hohen Würdenträger versammelt waren.

Man setzte das Manifest und den Eid auf, und jedermann erkannte sie als Herrscherin an.

Die Kaiserin versammelte eine Art Rat, der aus dem Hetman, dem Geheimrat Panin, dem Fürsten Wolkonskij, dem Generalfeldzeugmeister und mehreren andern bestand, und es wurde beschlossen, mit den vier Garderegimentern, einem Regiment Kürassiere und vier Regimentern Infanterie nach Peterhof zu ziehen, um sich der Person Peters III. zu versichern. In diesem Rate sagte Fürst Wolkonskij, es sei schade, daß man keine leichten Truppen habe. Kaum hatte er Zeit gehabt, diese Worte auszusprechen, als ihn ein Offizier zu sprechen verlangte und ihm meldete, es sei eben ein Regiment Husaren in den Vorstädten angekommen.

Während der Rat noch verhandelte, kam als Abgesandter des abgesetzten Kaisers der Kanzler Graf Worontzow, um der Kaiserin Vorwürfe wegen ihrer Flucht zu machen und sie nach ihren Gründen zu befragen. Sie hieß ihn eintreten, und als er höchst ernsthaft den Zweck seiner Sendung dargelegt hatte, antwortete sie ihm, sie würde ihn ihre Antwort wissen lassen. Er ging, und im andern Zimmer riet man ihm allgemein, den neuen Treueid zu leisten. Er sagte, um sein Gewissen zu erleichtern, wünsche er einen Brief zu schreiben und Bericht über den Erfolg seiner

Sendung zu erstatten; dann würde er den Eid leisten. Das wurde ihm bewilligt.

Nach ihm kam Fürst Trubetzkoj und der Feldmarschall Alexander Schuwalow. Sie waren abgesandt worden, um die beiden ersten Garderegimenter, deren Chefs sie waren, zurückzuhalten und die Kaiserin zu töten. Sie warfen sich ihr zu Füßen und berichteten von ihrer Sendung. Darauf entfernten sie sich, um den Eid zu leisten.

Als das alles erledigt war, ließ man den Großfürsten und einige Abteilungen, welche die Stadt bewachen sollten, unter der Aufsicht des Senates zurück. Die Kaiserin aber verließ in Gardeuniform[377] (sie hatte sich zum Oberst der Garde ernennen lassen) zu Pferde die Stadt, an der Spitze der Regimenter. Man marschierte die ganze Nacht, und gegen Morgen kam man bei einem kleinen Kloster zwei Werst von Peterhof an. Hierhin brachte der Vizekanzler Fürst Golitzyn einen Brief des gewesenen Kaisers an die Kaiserin. Wenig später kam General Izmajlow mit einem ähnlichen Auftrag.

Folgendes war der Anlaß dazu. Der Kaiser sollte am 28. von Oranienbaum, wo er wohnte, nach Peterhof zum Diner kommen.[378] Als er erfahren hatte, daß die Kaiserin von da fortgefahren sei, beunruhigte er sich und schickte mehrere Personen nach der Stadt. Weil aber alle Zufahrtsstraßen auf Anordnung der Kaiserin bewacht wurden, kam niemand zurück. Er wußte, daß zwei Regimenter sich dreißig Werst von der Stadt entfernt befanden, und hatte zu ihnen geschickt, um sie zu seiner Verteidigung kommen zu lassen. Aber diese Regimenter hatten sich der Kaiserin angeschlossen.

Darauf rieten ihm der alte Feldmarschall Münnich, der General Izmajlow und mehrere andere, er solle sich mit einem Dutzend Personen entweder zur Armee begeben oder sich nach Kronstadt werfen. Die Frauen, von denen nicht weniger als dreißig in seiner Umgebung waren, rieten ihm wegen der angeblichen Gefahr ab. Er hörte auf sie und sandte nach Kronstadt den General Devier, welchen Admiral Talyzin, der von der Kaiserin geschickt war, entwaffnete, als er selbst ankam. Der Kaiser hatte darüber keine Nachricht.

Nachdem er dann in seiner Unschlüssigkeit bis zum Abend gezögert hatte, entschloß er sich schließlich, mit den Damen und dem Rest seines Hofstaates eine Galeere und zwei Jachten zu besteigen und nach Kronstadt zu fahren. Als er dort ankam[379], verlangte er eingelassen zu werden, aber ein Gardeoffizier[380] auf der Bastion am Hafeneingang wies ihn ab und drohte, obwohl er tatsächlich gar kein Pulver hatte, auf die Galeere des Monarchen schießen zu lassen. Als dieser das gehört hatte, befahl er, zurückzufahren, und stieg in Oranienbaum an Land, wo er sich zu Bett legte.

Am folgenden Tage schrieb er dann die beiden obenerwähnten Briefe: in dem ersten verlangte er, man solle ihn mit seiner Mätresse und seinen Favoriten nach Holstein zurückkehren lassen, im zweiten bot er den Verzicht auf den Thron an und bat nur um sein Leben. Er hatte aber 1500 Bewaffnete, holsteinische Truppen, mehr als hundert Kanonen und einige russische Abteilungen bei sich. Die Kaiserin schickte General Izmajlow zurück[381] mit einem Brief, in dem sie diesen Verzicht verlangte. Peter III. schrieb ruhig dieses Dokument und kam[382] dann mit General Izmajlow, seiner Mätresse und seinem Günstling Gudowitsch nach Peterhof. Um ihn davor zu schützen, von den Soldaten zerrissen zu werden, gab man ihm hier eine verläßliche Wache mit vier Offizieren unter Befehl von Alexej Orlow.

Während man seine Abreise nach Ropscha, einem sehr angenehmen, ganz unbefestigten Lustschlößchen, vorbereitete, fingen die Soldaten an zu murren. Sie sagten, sie hätten nun schon drei lange Stunden die Kaiserin nicht gesehn. Offenbar suche Fürst Trubetzkoj zwischen der Monarchin und ihrem Gemahl Frieden zu stiften. Man müsse ihr nahelegen, sich zu widersetzen, sicher würde man sie betrügen und sie selbst und sie alle mit ihr ins Verderben stürzen. Als Katharina von diesen Reden hörte, ging sie zum Fürsten Trubetzkoj und befahl ihm, in seinen Wagen zu steigen und nach der Stadt zu fahren, während sie zu Fuß eine Runde bei den Truppen machen wolle.

Sowie die Soldaten sie sahen, fing das Freudengeschrei und Jubeln wieder an. Peter III. wurde nach seinem Bestimmungsort geschickt.

[Katharina an Graf Poniatowski, 2. August 1762]

... Dann schickte ich den abgesetzten Kaiser unter dem Befehl von Alexej Orlow mit vier Offizieren und einer Abteilung ruhiger, ausgesuchter Leute nach einem ganz abgelegenen und sehr angenehmen Ort namens Ropscha, fünfundzwanzig Werst von Peterhof, während man anständige und entsprechende Gemächer in Schlüsselburg herrichtete und so die Zeit hatte, Relaispferde für ihn vorzusorgen.

Aber der liebe Gott fügte es anders! Die Angst hatte ihm einen Durchfall zugezogen, der drei Tage währte und auch am vierten noch andauerte. Er trank an diesem Tage übermäßig viel, denn er hatte alles, was er wollte, außer seiner Freiheit. (Er hatte mich übrigens nur um seine Mätresse, seinen Hund, seinen Neger und seine Violine gebeten; aber um einen Skandal zu vermeiden und die Erregung seiner Bewachung nicht zu vermehren, hatte ich ihm nur die drei letzten Dinge gesandt.) Ihn befiel eine Hämorrhoidalkolik mit Fieberphantasien. Zwei Tage war er in diesem Zustande; dann folgte eine große Schwäche, und trotz aller ärztlichen Hilfe hauchte er sein Leben aus, nachdem er noch nach einem lutherischen Pastor verlangt hatte.[383]

Ich fürchtete, die Offiziere könnten ihn vergiftet haben. Deshalb ließ ich ihn sezieren; aber es ist völlig erwiesen, daß sich nicht die leiseste Spur einer Vergiftung fand. Sein Magen war ganz gesund, aber eine Darmentzündung und ein Schlaganfall hatten ihn dahingerafft. Sein Herz war ungewöhnlich klein und ganz zusammengezogen ...

(Stück VII)

Mit Einbruch der Nacht riet man der Kaiserin, nach der Stadt zurückzukehren, weil sie zwei Tage nicht geschlafen und kaum etwas gegessen hatte. Aber die Truppen baten, sie solle sie nicht verlassen. Sie erklärte sich mit Vergnügen einverstanden, als sie die gewaltige Begeisterung für ihre Person sah. Auf halbem Wege machte man drei Stunden Rast und gegen zehn Uhr morgens am 30. Juni alten Stiles 1762 hielt die Kaiserin zu Pferde an der Spitze der Truppen und der Artillerie in Petersburg ihren Einzug unter unbeschreiblichem Jubelgeschrei einer zahllosen Volksmenge. Einen schöneren Anblick kann man sich kaum vorstellen. Ihr Hofstaat ging ihr voran, und die Truppen hatten Eichenzweige an ihren Mützen und Hüten. Mit Füßen hatten sie alle die neuen Kleidungsstücke getreten, die sie von Peter III. bekommen hatten.

So kam sie im Triumphe im Sommerpalais an, wo alles, was Rang und Ansehen hatte, versammelt war und sie erwartete. Der Großfürst ging ihr bis in die Mitte des Hofes entgegen. Als die Kaiserin seiner ansichtig wurde, stieg sie ab und küßte ihn.

Die Zurufe waren ohne Ende. Man ging zur Kirche, wo unter Kanonendonner das Tedeum gesungen wurde. Den ganzen Tag hielt das Jauchzen des Volkes an, und es kamen keinerlei Unordnungen vor.

Die Kaiserin hatte sich zu Bett gelegt und war kaum eingeschlafen, als Leutnant Passek sie wecken kam und sie bat, sich zu erheben. Denn durch die Ermüdung, das Wachen und den Wein waren die Köpfe mehr als gewöhnlich erhitzt, und die Liebe für ihre Person hatte im Izmajlowskij-Regiment Befürchtungen für ihre Sicherheit wach werden lassen. Die Leute hatten sich ohne weiteres auf den Weg gemacht, um sie zu verteidigen. Als man ihnen sagte, es sei nicht zu befürchten und sie schliefe, erklärten sie, sie könnten und dürften in der Beziehung nur ihren eigenen Augen trauen.

Die Kaiserin erhob sich also um zwei Uhr morgens und trat zu ihnen heraus. Als die Soldaten sie erblickten, erhob sich ein Freudengeschrei. Aber in ernstem Tone befahl sie ihnen, zu Bett zu gehen und sie schlafen zu lassen. Sie sollten ihren Offizieren Glauben schenken, und sie empfahl ihnen nachdrücklichst, diesen zu gehorchen. Das versprachen jene auch, indem sie sich entschuldigten und sich gegenseitig Vorwürfe machten, daß sie sich hatten überreden lassen, sie in dieser Weise zu wecken. Ganz ruhig gingen sie nach Hause, oft zurückschauend, um sie so lange wie möglich zu sehen (beiläufig: in Petersburg gibt es im Sommer fast gar keine Nacht!). An den beiden folgenden Tagen hielt das Jubelgeschrei den ganzen Tag über an, aber es kamen keine Ausschreitungen und keine Unordnungen vor. Das ist gewiß etwas Außergewöhnliches bei so großen Aufregungen.

Einige Wochen später entstand bei den Truppen wieder Sorge um die Person der Kaiserin; an mehreren Abenden versammelten sie sich, um sie zu verteidigen oder um sie zu sehen. Daraufhin unterzeichnete sie einen Befehl, sie sollten sich nicht mehr versammeln. Sie versicherte ihnen, sie sorge selbst für ihre Sicherheit und habe keine Feinde. Über diesen Befehl sagten sie untereinander: »Es muß doch wohl wahr sein, denn sie wird doch nicht ihr eigener Feind sein, um sich in Sicherheit zu glauben, wenn sie es nicht ist!«

Seit der Zeit herrscht überall die größte Ruhe.

Als ich im Jahre 1762 den Thron bestieg, hatte das Landheer in Preußen zu zwei Dritteln keinen Sold erhalten.

Im Staatskontor waren kaiserliche Ukase über Zahlung von siebzehn Millionen Rubel nicht ausgeführt worden.

Die Münze rechnete seit den Zeiten des Tzaren Alexej Michajlowitsch hundert Millionen im Umlauf, von denen man vierzig als aus dem Reiche abgeflossen und in natura fortgegeben rechnete, weil man damals den Wechselverkehr entweder überhaupt nicht kannte oder nur wenig benutzte.

Fast alle Zweige des Handels waren Privatleuten als Monopole überlassen.

Die Zölle des ganzen Reiches waren vom Senat für zwei Millionen verpachtet.

Die sechzig Millionen Rubel, die im Reiche verblieben, waren von zwölf verschiedenen Gewichten: Silbermünzen von der 82. bis 63. Probe, Kupfermünzen von vierzig Rubel vom Pud bis zu zweiunddreißig Rubel vom Pud.

Die Kaiserin Elisabeth Petrowna seligen Angedenkens suchte während des Siebenjährigen Krieges zwei Millionen Rubel in Holland aufzunehmen, es fanden sich aber keine Liebhaber für diese Anleihe. Für Rußland gab es also weder Kredit noch Vertrauen.

Im Innern des Reiches waren die Fabrik- und Klosterbauern fast alle gegen die Behörden offen unbotmäßig, und an einzelnen Orten begannen sich auch die Gutsbauern ihnen anzuschließen.

Der Dirigierende Senat hatte damals ein Departement. Dieses hörte Appellationssachen nicht auszugsweise, sondern mit allen Einzelheiten. Ein Prozeß wegen einer Weide der Stadt Mosalsk, um die Zeit meiner Thronbesteigung, füllte die ersten sechs Wochen lang mit der Verlesung der Akten die Sitzungen des Senats.

Der Senat schickte allerdings Ukase und Befehle in die Gouvernements, aber die Anordnungen des Senats wurden da so schlecht ausgeführt, daß die Redensart: »Man wartet auf den dritten Ukas« fast sprichwörtlich geworden war, weil dem ersten und zweiten nie Folge geleistet wurde.

Das ganze Reich war in folgende Gouvernements eingeteilt:

Moskau, Nishnij-Nowgorod, Kazan, Astrachan, Sibirien, Belgorod, Nowgorod, Archangelsk, St. Petersburg, Livland, Wiborg, Kijew. Kleinrußland, d. h. Tschernigow und Nowgorod Sewerskij, verwaltete der Hetman. Jedes Gouvernement war in Provinzen eingeteilt, und zu jeder Provinz gehörten Bezirksstädte, in denen sich die Wojewoden und ihre Kanzleien befanden. Diese bezogen kein Gehalt, und es war ihnen gestattet, ihren Unterhalt aus den Geschäften zu gewinnen, obwohl Bestechungsgelder streng verboten waren.

Der Senat ernannte zwar Wojewoden, kannte aber nicht die Zahl der Städte im Reiche. Als ich ein Verzeichnis der Städte verlangte, gestanden sie ihre Unkenntnis ein. Desgleichen hatte der Senat seit seiner Einsetzung keine Karte des ganzen Reiches besessen. Als ich im Senat war, schickte ich fünf Rubel nach der Akademie der Wissenschaften, auf dem andern Ufer des Flusses, und man kaufte den Kirilowschen gedruckten Atlas[384], den ich sofort dem Dirigierenden Senat schenkte.

Falls jemand gern wissen möchte, was von den Provinz- und Stadtwojewoden verlangt wurde, so mag er gefälligst mein Manifest lesen, das an der Spitze der Vorschrift für die Gouvernementsverwaltung steht.[385] Da kann man das Bild sehen, das die vorgenommene Veränderung verursacht hat.

Nach meiner Thronbesteigung überreichte mir der Senat ein Verzeichnis der Staatseinkünfte, aus dem hervorging, daß man diese auf sechzehn Millionen berechnete. Nach zwei Jahren ließ ich Fürst Wiazemskij und den Wirklichen Geheimen Rat Melgunow, den damaligen Präsidenten des Kammerkollegiums, die Einkünfte berechnen. Sie rechneten mehrere Jahre und korrespondierten an die siebenmal mit jedem Wojewoden. Schließlich rechneten sie achtundzwanzig Millionen heraus, also zwölf Millionen mehr, als der Senat ansetzte.

Bei meiner Krönung hatte ich drei Sekretäre. Jeder von ihnen hatte dreihundert Bittschriften, im ganzen also neunhundert. Ich bemühte mich, soweit wie möglich die Bittsteller zu befriedigen, und nahm selbst Bittschriften entgegen. Aber das hörte bald auf, denn an einem Feiertag, als ich mit dem ganzen Hofstaat zur Messe ging, schnitten die Bittsteller mir den Weg ab und knieten im Halbkreis um mich herum mit ihren Schriften nieder. Da traten die älteren Senatoren zu mir und sagten, diese Unordnung sei die Folge meiner zu großen Milde und Geduld, und die Gesetze verböten überhaupt, dem Monarchen selbst Bittschriften zu überreichen. Ich erklärte mich einverstanden, das Gesetz gegen das Überreichen von Bittschriften an den Monarchen selbst zu erneuern, weil ich sah, daß das wirklich zu Ärgernis führte.[386] Damals hörte ich von vielen, ganz Moskau befasse sich mit nichts anderem, als Briefe an mich zu schreiben über Dinge, von denen viele schon längst entschieden oder die im Laufe der Zeit von selbst verschwunden waren. Es gab aber Anzeichen großer Unzufriedenheit mit der Regierungsweise der letztvergangenen Jahre.

Im Anfang der Regierung der Kaiserin Elisabeth Petrowna war der Befehl ergangen, alles nach den Ukasen ihres Vaters, Peters des Großen, zu behandeln.

Als sie regierte, war Generalfeldmarschall Fürst Wasilij Wladimirowitsch Dolgorukow Präsident des Kriegskollegiums. Ihrem Wunsche gemäß bemühte sich dieser, das Heer in den früheren Zustand zu bringen, was zu großer Verwirrung der damals sogenannten Münnichschen Organisation führte.

Feldmarschall Münnich war Präsident des Kriegskollegiums während der Regierung der Kaiserin Anna gewesen.

Nach Fürst Dolgorukow blieb als hauptsächlichstes Mitglied des Kriegskollegiums der General en Chef Stepan Feodorowitsch Apraxin. Dieser war ein gastfreier Herr; er liebte Pferde, aber ritt nur selten wegen seiner Größe und gewaltigen Beleibtheit und wegen der Schwere seines kolossalen Körpers. Den Militärs sah er jede Disziplinlosigkeit nach, an irgendwelche Organisation dachte weder er noch seine Untergebenen, die im trüben fischten. Zu seiner Zeit zeichneten sich vier oder fünf Obristen durch den guten Zustand ihrer Regimenter aus, nämlich Peter Alexandrowitsch Rumianzow, Graf Zachar Grigorjewitsch Tschernyschow, Peter Iwanowitsch Panin, Michael Iwanowitsch Leontjew, Fürst Wasilij Michajlowitsch Dolgorukow und bei der Kavallerie Fürst Michael Nikititsch Wolkonskij. Als Belohnung hierfür schickte Apraxin die besten Regimenter auf Arbeit nach Rogerwyk.

Zu Anfang des Siebenjährigen Krieges wurde es wirklich notwendig, eine bessere Organisation für die Armee einzuführen, und obwohl vieles besser wurde, blieb noch ebensoviel zu verbessern. Doch trotz aller Unordnung besiegten wir ganz Preußen, waren in Berlin, nahmen Kolberg und gewannen drei so wichtige Schlachten wie die von Großjägerndorf, Palzig und Frankfurt.

Die Generale, die zu meiner Krönung nach Moskau gekommen waren, empfahlen, eine Kriegskommission zu schaffen und durch diese den Etat des ganzen Heeres zu bearbeiten. Ich erklärte mich damit einverstanden. Es wurde also in diese die gesamte vorhandene beste Generalität berufen, die Heeresorganisation wurde entworfen und von mir bestätigt, und die Summen für die Armee wurden von den übrigen Einkünften abgetrennt. Die fehlenden zwei Drittel wurden dieses erste Mal und sofort nach meiner Thronbesteigung aus dem Kabinettsfonds für die Armee angewiesen.

Sodann wurden auf meinen Befehl drei Tabellen oder Verzeichnisse angelegt. Eine erste, ganz allgemeine verzeichnete alle im Staatsdienste stehenden Personen vom Feldmarschall abwärts bis zur untersten Rangstufe; die zweite die in der Armee dienende Generalität und die übrigen Stabs- und Oberoffiziere; die dritte die im Staatsdienst angestellten, aber nicht aktiven Personen.

Sodann erfolgte die Festsetzung eines Gehaltes für die Provinz- und Stadtkanzleien und die Wojewoden im ganzen Reiche.

Im Jahre 1763 wurde der Senat in sechs Departements geteilt, zwei in Moskau, vier in St. Petersburg. Auch wurde angeordnet, die Prozesse im Auszug zu hören, aber nicht das ganze Material.

Einige Zeit nach meiner Rückkehr nach Petersburg, im Juni 1763, begab ich mich in den Senat. Auf der Tagesordnung stand die neue Revision, deren Zwanzigjahrstermin bevorstand. Man verlangte von mir den Befehl, Revisoren für das ganze Reich zu ernennen, zahllose militärische Kommandos, und es wurde berechnet, daß die Revision nicht weniger als 800 000 Rubel kosten würde. Die Senatoren erwähnten in ihren Gesprächen untereinander die zahllosen Untersuchungen, welche die Revision nach sich ziehen würde, das vielfache Entweichen einzutragender Personen nach Polen und ins Ausland, den Nachteil, den das Reich von jeder Revision haben würde. Sie hielten jedoch alle die Revision für eine notwendige Sache. Ich hörte sehr lange alles an, was sie sprachen, und erlaubte mir nur einige Fragen, um mich zu unterrichten. Die Herren vom Senat wurden es schließlich müde zu reden und verstummten. Da fragte ich: »Wozu solche Aufbietung von Truppen, und weshalb diese den Staatsschatz so belastenden Summen? Geht es nicht anders?« Darauf erwiderten sie mir: »So wurde es früher gemacht.« Ich antwortete darauf: »Aber mir scheint es besser so. Veröffentlicht im ganzen Reiche, es soll jeder Ort ein Verzeichnis der vorhandenen Seelen an seine Kanzlei schicken, die Kanzleien an die Gouvernements, und die Gouvernements an den Senat!«

Etwa vier Senatoren erhoben sich und stellten mir vor, daß es zahllose Nichteintragungen geben würde. Ich sagte ihnen: »Setzt eine Strafe auf Nichteintragungen!« Wieder entgegneten sie, daß trotz aller schon angedrohten harten Strafen doch eine Menge Nichteintragungen vorkämen. Darauf sagte ich ihnen: »Gewährt allen bis jetzt nicht Eingetragenen Straferlaß und befehlt den einzelnen Orten, diese bisher nicht Eingetragenen in die nunmehrigen Revisionslisten aufzunehmen.« Nun ereiferte sich Fürst Jakob Petrowitsch Schachowskoj und sagte: »Dann wird aber die Gerechtigkeit verletzt, und die Schuldigen werden ebenso behandelt wie die Unschuldigen! Ich habe sorgfältig angegeben, und bei mir ist keiner ausgelassen. Aber wer den Vorteil von Auslassungen gehabt hat, steht nun ebenso da wie ich!« Generalprokuror war damals Alexander Iwanowitsch Glebow. Er hörte an seinem Tisch dieses Gespräch, sah Fürst Schachowskojs Aufregung und sprang von seinem Stuhl auf, trat zu mir und bat mich, ihm zu sagen, wie es mir gefällig sei, die Revision vornehmen zu lassen. Das war mir sehr leicht. Er befahl, das alles niederzuschreiben, und übernahm die Ausarbeitung, die er auch ausführte. Und bis heute werden die Revisionen in jedem Kreise so vorgenommen, ohne Umstände und Unkosten, und Auslassungen gibt es nicht, und man hört nichts davon.

Noch vor der Revision, bald nach der Feier meiner Krönung[387], wurde der Münze befohlen, das ganze im Umlauf befindliche Silbergeld umzuändern und in Zukunft von der 72. Probe zu schlagen, das Kupfergeld aber zu 16 Rubel aus dem Pud. Dieser Befehl erging aus folgender Erwägung: Dieweil es für jedes Land ganz gleich ist, von welcher Probe das Geld im Umlauf ist, wenn nur 1) die Probe immer dieselbe bleibt, 2) die Probe weniger geeignet zur Ausfuhr und Fälschung ist, und weil 3) von der Münze mehr Rubel von der 72. Probe als von anderen Proben und Kupfermünzen zu 16 Rubel vom Pud ausgegeben waren.

Beiläufig, von Goldmünzen war im ganzen Reiche nur eine

Million im Umlaufe, und diese Münze war mit den übrigen in Übereinstimmung gebracht worden zu 28 000 Rubel vom Pud.

Sofort nach meiner Krönung wurde eine Kommission, die geistliche genannt, eingesetzt, in der viele Bischöfe, Senatoren und weltliche Personen saßen. Diese Kommission bearbeitete die Etats für die bischöflichen Haushaltungen und Klöster und setzte ihnen den Unterhalt aus. Die Klosterdörfer aber wurden der Verwaltung des Ökonomiekollegiums unterstellt, das besonders hierfür eingerichtet war. Die Unbotmäßigkeiten der Klosterbauern hörten daher mit einem Male auf.

Die Unbotmäßigkeiten der Fabrikbauern unterdrückten die abgesandten Generalmajore Fürst Alexander Alexejewitsch Wiazemskij und Alexander Iljitsch Bibikow, die am Orte die Klagen gegen die Fabrikanten prüften. Doch mußten sie mehrfach mit Waffengewalt gegen sie vorgehen, es kam sogar zu Kanonenschüssen, und der Aufstand dieser Leute hörte nicht auf, bis die Goroblagodatskij-Werke für eine Zweimillionenschuld Peter Iwanowitsch Schuwalows an die Krone wieder der Kronsverwaltung zurückgegeben waren. Dergleichen gingen die Worontzowschen, Tschernyschowschen, Jagushinskijschen und einige andere Werke aus denselben Gründen wieder in die Kronsverwaltung über. Das ganze Übel schrieb sich her von der eigenmächtigen Verteilung dieser Werke mit den dazugehörigen Bauern durch den Senat während der letzten Regierungsjahre der Kaiserin Elisabeth Petrowna. Die Freigebigkeit des Senats ging damals so weit, daß er das Dreimillionenkapital der Kupferbank[388] fast ganz unter die Fabrikanten verteilte, welche die Arbeit der Fabrikbauern vermehrten, sie aber unregelmäßig oder gar nicht bezahlten und das von der Krone erhaltene Geld in der Residenz verschleuderten. Diese Fabrikunruhen hörten erst im Jahre 1779 infolge meines Manifestes über die Fabrikbauern auf.[389] Seit der Zeit hörte man nichts mehr von ihnen.

Von Anfang meiner Regierung an wurden sämtliche Monopole aufgehoben und alle Zweige des Handels freier Entwicklung überlassen.[390] Die Zölle wurden sämtlich in Kronsverwaltung genommen, und es wurde eine Handelskommission eingerichtet, welche die Regeln für den Handel festsetzte und dann einen Tarif aufstellte.[391] Das alles wurde von mir auch bestätigt. Alle paar Jahre wird der Tarif nach den anerkannten Regeln durchgesehen.

Das wird bis heute fortgesetzt, und der Handel verschwindet nicht, sondern nimmt jährlich zu, und die Einkünfte des Petersburger Zollamts allein betragen mehr als drei Millionen.

Als das Petersburger Zollamt einige Jahre unter Kronsverwaltung war, schickte plötzlich der Dirigierende Senat ihm eine Rüge, es bringe zu wenig ein. Die Sache kam vor mich, und ich fragte, ob es weniger Geld einbrächte als damals, da es vom Senat verpachtet war, oder mehr? Es ergab sich eine halbe Million mehr. Ich ließ darauf dem Senat sagen, solange das Zollamt mehr einbrächte als die Pachtsumme, habe der Senat keine Veranlassung, ihm Vorwürfe zu machen.

Während der ersten drei Jahre meiner Regierung ersah ich aus mir eingereichten Bittschriften, aus Akten des Senats und verschiedener Kollegien, aus Verhandlungen der Senatoren und aus Gesprächen mit vielen andern Personen über keinen einzigen Gegenstand feste, einheitliche Regeln. Auch die Gesetze, die zu unterschiedlichen Zeiten erlassen waren und der jeweiligen Auffassung entsprachen, schienen sehr widerspruchsvoll zu sein. Man verlangte und wünschte, die Gesetzgebung solle in eine Verfassung gebracht werden. Daraus schloß ich in meinem Sinn, daß die Denkweise überhaupt und auch das bürgerliche Recht nicht anders verbessert werden könne, als durch die Festsetzung nützlicher Regeln, die ich schreiben und bestätigen müsse, für alle Bewohner des Reiches und für alle Angelegenheiten.

Und zu dem Zwecke begann ich zu lesen[392] und dann die Instruktion für die Gesetzgebende Kommission zu schreiben.

Ich las und schrieb zwei Jahre und sprach anderthalb Jahre kein Wort, sondern folgte lediglich meinem Verstande und meinem Herzen, mit aufrichtigem Bemühen um Nutzen, Ehre und Glück des Reiches, und dem Wunsche, es zur höchsten Wohlfahrt in jeder Hinsicht der Menschen und Dinge, aller überhaupt und jedes einzelnen im besondern, zu führen. Als ich nach meiner Ansicht mit dieser Arbeit gut zum Ziel gekommen war, begann ich, Teile der von mir ausgearbeiteten Punkte verschiedenen Personen zu zeigen, jedem, was ihn interessieren konnte, unter anderm auch dem Fürsten Orlow und dem Grafen Nikita Panin. Der letztere sagte mir: »Das sind Grundsätze, um Mauern umzustürzen!«[393] Fürst Orlow schätzte meine Arbeit sehr hoch und verlangte, sie oft diesem oder jenem zu zeigen; aber ich zeigte nie mehr als einen oder zwei Bogen zugleich. Schließlich verfaßte ich das Manifest[394] über die Einberufung von Abgeordneten aus dem ganzen Reiche, um so besser die Zustände jedes Bezirkes kennen zu lernen. Die Abgeordneten kamen dann in Moskau im Jahre 1767 zusammen.[395] Ich berief mehrere ganz verschieden denkende Personen ins Kolomenskijsche Palais, wo ich damals wohnte, um sie die fertige Instruktion für die Gesetzgebende Kommission anhören zu lassen. Bei jedem Abschnitt gab es Meinungsverschiedenheiten. Ich gestattete ihnen auszustreichen und zu tilgen, was sie wollten. Sie strichen mehr als die Hälfte von dem, was ich geschrieben hatte, und es blieb die Instruktion, wie sie gedruckt wurde.[396] Ich gebot, sie als das zu nehmen, was sie ist: nämlich als Regeln, auf die man eine Meinung gründen kann, aber nicht als ein Gesetz. Sie sollte deshalb in den Akten nicht als ein Gesetz angeführt werden, aber eine Meinung darauf zu gründen ist gestattet.

Die Gesetzgebende Kommission versammelte sich und brachte mir Licht und Kenntnis von dem ganzen Reich, mit wem wir zu tun haben und um wen wir Sorge tragen müssen. Sie sammelte alle Teile des Gesetzes und ging sie nach den Materien durch, und sie hätte mehr als das geleistet, wenn nicht der Türkenkrieg[397] ausgebrochen wäre. Da wurden die Abgeordneten entlassen, und die Militärs reisten zur Armee ab.[398]

Die Instruktion für die Gesetzgebende Kommission hat mehr Einheit in Regeln und Erwägungen gebracht, als früher vorhanden war. Viele begannen jetzt, die Farben nach den Farben selbst zu beurteilen, und hörten auf, wie Blinde von der Farbe zu reden. Wenigstens lernten sie den Willen des Gesetzgebers kennen und fingen auch an, danach zu handeln.

Zur Person Katharinas II.

Dank universalgeschichtlichem Klatsch denkt der Laie von
heute beim Namen Katharina II. automatisch an ein Leben
unbekümmerter, je nach seinem eigenen Geschmack tadelns-
oder beneidenswerter Wollust. Der Historiker hat mehr den
Eindruck, daß Katharina, um es einfach zu sagen, nicht viel
Glück in der Liebe hatte, schon als junge Frau nicht lange
fesseln konnte. Sergej Saltykow vernachlässigte die Dreiund-
zwanzigjährige bald. Die Memoirenschreiberin hat diesen Lie-
beskummer nicht vergessen. Stanislaw Poniatowski hat von der
sechs- bis achtundzwanzigjährigen Großfürstin ein leidenschaftlich zärtliches Bild weiblicher Reize gezeichnet. War sein
Schrei nach ihrer Thronbesteigung: »Mach mich nicht zum
König, ruf mich zurück! Wenn ich je einen Thron erstrebte, so
nur deshalb, weil ich Dich auf ihm sah!« mehr als ›amour vani-
té‹ oder Angst vor Katharinas Entschluß, seine Wahl zum
König von Polen zu erzwingen! Poniatowski möchte lieber polnischer Gesandter in Rußland werden als König in Polen. Sah
er die düstere nächste Zukunft seines Vaterlandes, seine tragische Königsrolle voraus?
Raison verbot Katharina II. den Prinz-Gemahl, den ausländischen wie den russischen, auch den morganatischen Gatten. Der
Greis Bestushew, aus der Verbannung an den Hof zurückgeholt,
mehr benützt als gebraucht (schon Jelisaweta Petrowna hatte ihn
fallen lassen, weil er ihr nicht mehr imponierte), unterstützte das
Drängen der Orlow-Partei auf eine Ehe Katharinas mit Grigorij
Grigorjewitsch Orlow. Lord Buckinghamshire berichtete im Mai
1763 nach London, Nikita Panin wiederhole der Kaiserin: Eine
Frau Orlow könnte nie über Rußland herrschen. Grigorij Grigorjewitsch blieb ein Jahrzehnt Favorit und Don Giovanni der
Registerarie. Die Kaiserin habe einen betrogenen Ehemann, der
von Scheidung sprach, durch eine Landschenkung beschwich-
tigt, behauptet ein französischer Beobachter. Solche Sedativa für
Hahnreie hätten das Übel der Günstlingswirtschaft, Übergang
freier Dörfer in Herrenhand, noch vergrößert. Die Kosten der
Favoriten brachten Schaden, nicht der Einfluß. Einfluß borgte
Katharina, bis auf den Wortlaut, wie sie selbst sagt, wenn sie es

für richtig hielt, unterlag ihm nicht. Nach seiner Günstlingszeit heiratete Orlow aus Liebe, verfiel nach dem frühen Tod seiner Frau in geistige Zerrüttung und starb, wie erzählt wird, in Delirien, die den ermordeten Peter III. sahen. Ausländische Beobachter meldeten, daß er als Favorit auch in der Öffentlichkeit gegenüber der Kaiserin den Respekt vermissen ließ. Katharina sagte, er sei »sanft wie ein Lamm« gewesen. Orlow war nicht so begabt wie Potjomkin, aber beide Verschwender – beide gefürstete Fürsten – haben sich um das Vaterland auch verdient gemacht.

Über den Zwischenfavoriten Wasiltschikow schrieb die Kaiserin an Potjomkin, daß sie Gefahr lief, sich »an diesem Dummkopf zu gewöhnen.« – »Hätte ich einen Gatten gehabt, den ich hätte lieben können, wäre ich ihm mein Leben lang treu geblieben, denn ich habe keine Neigung zur Ausschweifung.« Man sollte Katharina die Absicht zur Beständigkeit glauben, die etwaige Fähigkeit konnte sie an ihren Partnern nicht erproben. Sie nannte Grigorij Alexandrowitsch Potjomkin »Gatte«, zwei Jahre lang. Der Dreißiger ließ sich von der Vierzigerin bitten, »nicht zu schmollen«, sie »nicht zu demütigen«, »nicht durch schlechte Behandlung zu quälen«, ihre Mängel nicht mit Dritten zu bereden. Katharina wußte von Potjomkins »Hühnerhof«. Grigorij Alexandrowitsch bevorzugte eine seiner Nichten. Aber vielleicht endete Katharinas Leidenschaft für ihn in »unbedeutenden« Meinungsverschiedenheiten, die »immer die Macht, nie die Liebe« zum Gegenstand hatten.

»Gott sei mein Richter! Mein großes Unglück ist es, daß ich nicht ohne Liebe leben kann. Und ich weiß nicht, ob diese Veranlagung des Herzens ein Laster ist oder eine Tugend.« Der Exfavorit Wasiltschikow äußerte: »Ich war nur ein ausgehaltenes Mädchen und wurde entsprechend behandelt.«

Die alternde Katharina hielt mit dem jungen Favoriten Lanskoj, er war nicht nachweislich ihr Liebhaber, Staatsschule. Diesen Lehrgang zur Bildung eines »neuen Menschentyps« unterbrach der tragische Diphterietod des allgemein beliebten und gelobten Freundes. Eine groteske fremde Umarmung im Privatgemach der Kaiserin hatte die Entlassung Korsakows zur Folge ...

»Ich habe mich nie für besonders schön gehalten ...« Katharina war nicht körperlich eitel. War sie geistig eitel? »O Herr Potjomkin, welch erbärmliches Wunder haben Sie gewirkt, so sehr einen

Kopf in Unordnung zu bringen, der vordem in der Welt für einen der besten Europas galt.«

1744 hatte Katharina, beinahe noch Sophie, angeregt durch Komplimente und Ermahnungen eines Grafen Gyllenborg, ein geistiges Selbstporträt »des fünfzehnjährigen Philosophen« verfaßt. Eineinhalb Jahrzehnte später hat sie diesem »Aufsatz nichts hinzuzufügen«. Auch in ihren Aperçus nennt sie sich »frei von Vorurteilen und von natürlich philosophischem Geist.« Vier Monate nach ihrer Thronbesteigung gibt sie einer dritten Hand Auftrag, Voltaire nach Rußland einzuladen: ». . . Sie werden einen wahren Philosophen auf dem Thron sehen.«

Eine Baronesse von Printzen hat Sophie von Zerbst »aufwachsen sehen . . . Nie hätte ich mir denken können, daß sie zu solchem Ruhm gelangen werde. Zur Zeit ihrer Jugend nahm ich an ihr einen ernsten, berechnenden und kalten Verstand wahr, der im übrigen nichts Besonderes erwarten ließ, nichts Glänzendes darbot, aber allerdings gleich weit entfernt war von Verwirrung, Laune und Leichtsinn. Ich hielt sie für ganz gewöhnlich begabt.« Der Historiker von 1971 muß dieses Urteil nur ergänzen.

Katharina II. verdankte ihre Erfolge ihrem starken Charakter, nicht umfassendem Geist. Sie war Genie des Willens, der Nüchternheit, Besonnenheit, Geduld und Ausdauer, des Fleißes, ebenso wie der Entschlußkraft, der blitzschnellen, niemals voreiligen Entscheidung. Sie war die Frau der starken Hand, die Manifeste nicht bloß unterschrieb, 1764 den Henker handeln ließ. Die staunend entsetzten Petersburger sahen den »Kopf des Verräters« Mirowitsch, der Iwan VI. befreien wollte. Kaiserin Elisabeth hatte Todesurteile nicht vollstrecken lassen. Die Russen hatten dreiunddreißig Jahre keinen Scharfrichter seines Amtes walten sehen. Im selben Jahr 1764 spie der Erzbischof Arsenij Matzejewitsch in wüsten Beschimpfungen der »ausländischen Tsarin« den Protest der Geistlichkeit gegen die Einziehung der Kirchengüter. Ein Sondergericht zögerte, den hohen Kirchenfürsten zu verurteilen. Bestushew rät dringend zum Vergleich – er ist nicht mehr der »Mann von Eisen«, Katharina antwortet ihm: »Zum Teufel! Sie sind müde, gehen Sie zu Bett, schlafen Sie gut.« Das Gericht verurteilte Erzbischof Arsenij zur Verbannung in ein Kloster am Weißen Meer.

Drei Jahre später ließ Katharina in Polen die führenden Gegner ihrer Einmischungspolitik, der militärischen russischen Präsenz auf polnischem Territorium festnehmen und nach Rußland entführen, – unter ihnen den Bischof von Krakau – ein Handstreich, der Friedrich II. entsetzte. Mißerfolge im Türkenkrieg, während des gefährlichsten Kosakenaufstands der russischen Geschichte, 1773, machten nur die Umgebung der Kaiserin kleinmütig. Als 1789 die Kanonen Gustavs III. bis Petersburg zu hören waren, verließ sie die Hauptstadt nicht, beschloß nur kaltblütig, »ein starkes Kissen« gegen Schweden anzubringen. Nach dem Friedensschluß mit Schweden, während der zweite Türkenkrieg ihrer Regierungszeit noch andauerte, schrieb sie mit ansteckender Munterkeit an Potjomkin: »Eine Pfote haben wir aus dem Dreck gezogen, sobald wir die zweite herausziehen, singen wir Hallelujah!«. Ihr »Ich fürchte mich nicht«, ist glaubhaft. In den Gefahren des täglichen Tages war sie Genie der kürzesten Schrecksekunde.

Den Mut zur gefährlichen Neuerung an den Grundlagen besaß sie nicht. Jeder Vergleich der Summe ihrer Herrscherarbeit mit den Verdiensten und Versäumnissen der Reform Peters I., des Revolutionärs von oben, der eine überalterte Gesellschaftsordnung mit den Fäusten aufbrach und eine neue im Kopf und in den Fingerspitzen hatte, ist müßig.

Die Gesetze Katharinas II. bewältigten und verhärteten die soziale Oberfläche, unter der das nationale Grundübel, die Leibeigenschaft, durch ihre Vorgängerinnen, durch ihre eigenen Ukase ermuntert, in die Zukunft wucherte.

Kaiser Peter I. verfügte über die lapidare Sprache. Der Kaiserin Katharina II., die im allgemeinen red- und schreibselig war, fiel im zwingenden Augenblick die wirksame Parole ein. Die Gabe des wirkenden Worts, der zwingenden Erkenntnis besaß sie nicht. Ihre Gedanken lagen nebeneinander.

Schon als Kind, so erzählt sie, schwärmte sie für die republikanische Staatsform und konnte auch später sich »nicht helfen, immer eine Vorliebe für diese zu bewahren, was wohl fast unglaublich erscheint, wenn man meine Stellung und meinen Ehrgeiz bedenkt.« In diesem Dilemma des politischen Geschmacks half Montesquieu aus, der im ›Geist der Gesetze‹, Buch VIII, Kapitel 20 als »naturgegebene Eigentümlichkeit der Großreiche« erklärt, »daß sie von einem Despoten regiert werden.« Aber noch in einer Grabinschrift, die sie eigenhändig entwarf, wollte Katharina unter anderen Details einer gedrängten Selbstcharakteristik für die Nachwelt eingraben lassen: »... sie hatte eine republikanische Seele...«

Graf Mercy d'Argenteau hat 1761 in einem Gesandtenbericht die zweiunddreißigjährige Katharina charakterisiert: Natürliche Geistesfähigkeit der Großfürstin mache deren erworbene Kenntnisse ausnehmend vorteilhaft hervorleuchten, aber er muß »bey ihr die unförmige Vereinigung übel geordneter und in der Ausübung nothwendigerweise mangelhafter Ideen und Grundsätze« feststellen. Bei allen Themen Katharinas war »der Eindruck und die Wirkung ihrer ebenso beschaffenen Lesung (Lektüre)« zu erkennen. Die Autodidaktin Katharina hatte als Großfürstin in erreichbaren Übersetzungen Klassiker gelesen, unter anderen »die Annalen des Tacitus, die eine eigenartige Revolution in meinem Kopf hervorriefen«, sie hatte Montesquieu gelesen, die Werke Voltaires, auch ›La Pucelle‹, hatte Bayles ›Dictionnaire Historique et Critique‹ »durch gearbeitet... alle sechs Monate einen Band.« – Mercy fand Katharinas »Fertigkeit zu sinnreichen und bey geringstem Anlaß spitzfindigen Antworten« trefflicher als ihr Philosophieren, ihre »beißenden Redensarten« glänzender. »Ja selbst ihre Gesichtszüge stimmen mit derley Sprache so natürlich und wohl übereyn, daß eben dabey ihre Gestalt am meisten vortheilhaft in die Augen fallet.«

Diese Charakteristik einer verwirrten Philosophin, aber zielsicheren Spötterin paßt ebenso auf die Großfürstin, deren beißende Losungen, bei Hof und in den Hauptstädten kolportiert, Feinde unschädlich machten, die auch beißend witzig zu handeln verstand, während sie in Ungnade schwebte, ihren frech gewordenen Hofkomiker Lew Naryschkin selbdritt mit Brennesselruten besserte – wie auf die Schreiberin des Aperçus: »Freiheit, Seele aller Dinge, ohne dich ist alles tot... ich will ein allgemeines Gesetz, glücklich zu machen und weder Launen, noch Bizarrheiten, noch Tyrannei...«, die als Kaiserin kurz nach ihrer Thronbesteigung ein Manifest erließ, das dem hohen Prinzip des Jahrhunderts, der Gewaltenteilung, zu entsprechen scheint, »Staatseinrichtungen gesetzlich zu begründen«, verspricht, »gemäß welchen die Regierung des geliebten Vaterlandes in voller Kraft und den ihr zukommenden Grenzen verlaufen wird...« – im selben Jahr Nikita Panins Entwurf zu einem Staatsrat unterschreibt: »Alles, was zur Fürsorge des Selbstherrschers für den Nutzen und die Reform des Staates gehört, soll von unserem Staatsrat wie von uns selbst behandelt werden«, aber diesen Entwurf an den Korreferaten Bestushews, der Brüder Orlow und anderer, die »mit niemals schläfrigem Auge« die Autokratie hüten, scheitern läßt.

Mercys Charakteristik kennzeichnet auch die Katharina, die aus Montesquieu- und Beccaria-Halbzitaten und eigenen Einzeleinfällen zur Lage Rußlands eine »Große Kommission zur Abfassung des Entwurfs zu einem neuen Gesetzbuch«, die sie im Sommer 1767 nach Moskau einberief.
Die Arbeit ständischer Vertreter an der Ordnung der Gesetze, seit der Reform Peters I. dringendstes Staatsbedürfnis, war kein Novum. Auch unter Peter II., Anna Iwanowna und Jelisaweta Petrowna waren solche Kommissionen einberufen worden. Die letzte hatte intensiv gearbeitet, ihre Ergebnisse tauchen in den Instruktionen der Deputierten von 1767 wieder auf. Neu war 1767 die Vertretung der freien Bauern. Neu war auch das Adjektiv ›groß‹, das in Sprachgebrauch kam, allerdings mit dem anspruchs-loseren der beiden russischen Wörter für diesen Begriff, das mehr die Quantität als die Qualität anzeigt: Die Instruktion der Kaiserin war ein Bolschoj Nakas, ein umfangreicher oder umfassender im Verhältnis zu den Nakasen der Abgeordneten. Das Plenum der Deputierten war eine Bolschaja Kommissija, eine vollzählige im Verhältnis zu den Unterkommissionen.
Die Meinung, daß Katharinas Nakas nur die westlichen Philoso-phen blenden sollte, übertreibt kleinlich. Die Bewunderung der berühmten Zeitgeister war nur ein Zweck und nicht immer Effekt. Voltaire schrieb 1771 an die Kaiserin: »Ich betrachte Ihre Instruktion als das schönste Denkmal des Jahrhunderts.« Dide-rot kam 1773 in der Stimmung eines politischen Mentors nach Petersburg. Katharina bestätigte ihm »unerschöpfliche Einbil-dungskraft« in einem Brief an Voltaire. Dem zu Gast weilenden Enzyklopädisten selbst machte sie deutlich, daß er nur mit der Feder auf widerstandslosem Papier arbeite, »während ich, arme Kaiserin, auf Menschenhaut arbeite, die viel empfindlicher und kitzliger ist.« Auf der Heimreise aus Rußland kritisierte Diderot Katharinas Feder, in ›Observations...‹ über den Nakas: »Die erste Zeile eines guten Gesetzbuches muß so beginnen: Wir das Volk und wir der Souverain schwören gemeinsam auf die Geset-

ze... Völker, wenn ihr Autorität über eure Souveraine habt, macht ein Gesetzbuch. Wenn euer Souverän alle Autorität über euch hat, laßt ab vom Gesetzbuch... Die Kaiserin von Rußland ist gewiß Despotin...« Falls sie den Despotismus »beibehalten will, mache sie ihr Gesetzbuch, wie es ihr gefällt; sie braucht die Einwilligung der Nation nicht.« Der »formelle« Verzicht auf den Despotismus müßte »der erste Schritt einer Instruktion sein, die eine Herrscherin, die ehrlich ist, groß wie Katharina II. und ebenso Feindin der Tyrannei wie sie es ist, den Völkern anbietet... Wenn der Gebieter (Maître) ein gerechter, aufgeklärter und fester Charakter ist, wird zumindest während seiner Regierung alles zum Besten aller geleitet sein... Aber selten findet man auch nur einzelne dieser Eigenschaften bis zu einem gewissen Grad in einem Menschen entwickelt. Wieviel seltener noch findet man sie vereinigt und bis zu einem gewissen Grad entwickelt! Wenn also die Ausgedehntheit Rußlands einen Despoten verlangt, ist Rußland verdammt, zwanzig schlechte Regierungen für eine gute hinzunehmen...« Katharina nannte dieses »Stück« Diderots »ein wahres Gebabbel (Cette pièce est un vrai babil...)«

Auch das suggerierte Titelangebot der kaum eröffneten Kommission: »Katharina die Große (Welíkaja), weiseste Mutter des Vaterlands« – die Ablehnung machte die Verleihung nur umso wirksamer – war nicht die einzige Aufgabe der über vierhundertfünfzig Deputierten (die Kaiserin hatte im ersten Temperamentschwung über tausend einberufen wollen). Allerdings sollte die Prosternation der Vertreter ganz Rußlands vor Katharinas Herrschergaben ihren fünf Jahre nach der Usurpation noch nicht gesicherten Thron unantastbar machen. Der »Vorfahr«, wie Katharina II. Peter I. gern nannte, hatte nach einem Menschenalter »Dienst«, nach grundstürzender und -legender Gesellschafts- und Heeresreform, Gründung der russischen Flotte, gefährlichen Niederlagen und mühsamen Siegen das Titelangebot des Senats: »der Große, Vater des Vaterlands« – ohne Nennung seiner Weisheit – angenommen.

Enttäuschte Russen, auch ausländische Augenzeugen erkannten in der Kommission Katharinas »falsche Perlen«, »eine Komödie, mit dem Anschein der Wohlfahrt und der Humanität gespielt, vom Despotismus dirigiert.« Aber der Historiker muß der Kaiserin auch zubilligen, daß sie aus den Nakasen und Debatten der Abgeordneten »Licht und Wissen«, wie sie sagte, über Rußland gewann.

In der Kommission wurde der Kaiserin endgültig klar, welche Richtungen, Stimmungen der Nationen und Stände ihres Reichs ihren Absichten widersprachen, welche sie benützen konnte.

Das Auftreten der ukrainischen, weißrussischen, livländischen, finnischen Abgeordneten, die laut auf ihre Sonderrechte pochten, stärkte nur ihren Willen, die autonomen Gebiete in den zentralen Griff zu bekommen. Schon 1764 hatte der Ukrainer Graf Kirill Grigorjewitsch Razumowskij, 1762 umsichtiger Thronbesteigungshelfer, auf seine Hetmanswürde verzichten müssen. Bestätigte Privilegien der Randprovinzen »zu verletzen, indem man sie alle auf einmal aufhebt, wäre überaus unwürdig ... man muß sie mit den leichtesten Mitteln dazu führen, daß sie russisch werden und aufhören, wie die Wölfe nach dem Wald zu schaun.« Einander widersprechende Rechtsauffassungen in den autonomen Gebieten selbst kamen diesem Vorhaben Katharinas entgegen.

Die Stimmung der Mehrheit des russischen Adels bestätigte der Kaiserin, daß der Weg, durch Dezentralisierung der Verwaltung die Obersten Behörden zu schwächen, neue Kompetenzballungen zu verhindern, gut gangbar war – schon 1764 hatte sie die Gouverneure zu »Hausherren« erklärt.

In der Kommission erfuhr die Kaiserin auch, daß alle dort vertretenen Stände das Recht auf den Besitz Leibeigener verlangten, auch die Staatsbauern (die selbst jeden Tag verschenkt werden konnten), um gekaufte Rekruten zu stellen – daß aber die Adelsmasse sich das Monopol auf Menschenbesitz nicht entreißen lassen wollte.

In den Aperçus der Großfürstin von 1761 ist zu lesen: »Es ist gegen die christliche Religion und die Gerechtigkeit, Menschen (die alle mit der Geburt ihre Freiheit mitbringen), zu Sklaven zu machen«. Zwar »durch eine plötzliche Aufhebung der Leibeigenschaft könnte man sich keineswegs die Liebe der Grundbesitzer verdienen, die von Starrsinn und Vorurteilen erfüllt sind«, aber – »Hier ein bequemes Mittel: Festsetzen daß, wenn in Zukunft jemand ein Land verkauft, vom Augenblick der Erwerbung durch den neuen Grundbesitzer an alle Sklaven frei erklärt werden sollen. In hundert Jahren wechseln alle Ländereien oder wenigstens die Mehrzahl ihre Herren – und siehe da, das Volk ist frei.« Wen wollte die Großfürstin glauben machen, sie wüßte siebzehn Jahre nach ihrer Ankunft in Rußland nicht, daß von freien Bauern besiedeltes Land keinen Käufer finden würde – sich selbst? Und verstand die Kaiserin nicht, daß die Stelle in ihrem Instruktionsentwurf: »Man muß einige Berufsarten, z. B. den Handel, die Schiffahrt, die Kunst für Gewerbe freier Leute erklären, dadurch wird die Zahl der Sklaven von sich aus wesentlich vermindert.« – als geltendes Recht nur bewirken konnte, daß die Zahl der Händler, Schiffer, Künstler wesentlich vermindert würde? Sie gab Beratern nach und strich diesen Satz.

Mercy d'Argenteau hatte zu Katharinas Diskursen auch bemerkt, daß oft »weder sie selbsten noch ihre Zuhörer wissen, woran sie eigentlich seynd.« Benützte Katharina ihre Denkfehler, um Sätze auszusprechen, deren Schluß den Anfang vernichtete, um Problemstellungen zu bauen, Lösungen zu erfinden, die sich selbst aufhoben? Schuf sie Blendwerk? Unterlag sie Selbstbetrug? Scheinbewegung auf der fortschrittlichen Bahn der Aufklärung war der lebhaften Frau zweifellos Bedürfnis, geistige Gymnastik.

Auch in der Kommission ließ sie durch den inspirierten Abgeordneten Korobin eine ihrer Scheinfragen wiederholen, die sie bereits der Freien Ökonomischen Gesellschaft gestellt hatte: Ob der Bauer nur Recht auf beweglichen oder auch auf unbeweglichen Besitz haben solle. Bedeutende Köpfe in der Kommission haben diese unsachliche Frage entlarvt. Fürst Michail Michajlowitsch Schtscherbatow »staunte«. So sehr Korobin sich um das Eigentum der Bauern bemühe, »so wenig Streben zeigt er zu ihrer Befreiung von Unterdrückung, wie sie durch Bestrafungen erfolgen kann ... Es ist müßig, das Wort Eigentum breitzutreten, wenn jemandes Körper einem anderen unterworfen ist, dann wird auch sein Eigentum diesem immer unterworfen sein.« Viele Stimmen gaben diese richtige Antwort auf Katharinas falsche Fragestellung. Ein paar Jahre zuvor hatte der Abbé Chappe d'Auteroche auf einer Forschungsreise nach Sibirien Informationen über die sozialen Zustände in Rußland gesammelt und notiert: »Die Herren ... nehmen ihren Sklaven manchmal auch das kleine Vermögen, das diese durch ihre Talente erwerben konnten.«

Zu einem heißesten in der Kommission verhandelten Gegenstand bot die Instruktion der Kaiserin nichts, zum Verkauf Leibeigener von der Scholle weg, aus der Familie heraus, einzeln. Peter I. hatte mit echtem Pathos dem Senat befohlen, diesen, zu seiner Zeit noch seltenen Mißbrauch zu verbieten. Die redlichen Denker in der Kommission, Gegner der Leibeigenschaft – und Verfechter, die wie Schtscherbatow in der Erziehung der Bauern ihre Aufgabe sahen, donnerten gegen diesen jetzt alltäglichen Sklavenmarkt, diesen »unwürdigen Handel mit Menschenblut« (Polenow), »Ursache so vieler strömender Tränen und Wehschreie« (Schtscherbatow). Aber dieser Lichtpunkt der Verhandlungen traf den blinden Fleck im Herrscherauge.

Inzwischen konnte jeder, der französisch verstand, in Chappe's Buch ›Voyage en Sibérie‹ Paris 1766 lesen: In Rußland »ist der Mensch nur noch Handelsware...« 1770 erschien in Petersburg eine Gegenschrift, das Gegengift ›Antidote‹. Die Wut der Widerlegung ist hilflos vulgär: »Hirnloser Abbé... Taugenichts, Ignorant!... Sie lügen wie ein Zahnreißer!... Es ist ein Unglück für die Wahrheit und die Öffentlichkeit, daß der Autor nicht ertrunken ist« (als sein Schiff unterging). Ohne zu wissen, daß das Manuskript auf Katharinas Schreibtisch gelegen hatte, nannte Diderot das ›Antidote‹: »Die schlechteste mögliche Arbeit im Ton, die seichteste an Substanz, die absurdeste in ihren Ansprüchen.« Chappe hatte richtig geurteilt. Der Leibeigene war in Rußland aus dem Personenrecht in das Sachrecht geraten. Annoncen, die Möbel, Wagen, Pferde, Jagdhunde etc. und im gleichen Satz Zimmerleute, Köche, Friseure, Zofen, Plätterinnen, Näherinnen etc. aus dem Handwerkerreservoir der Leibeigenschaft zum Verkauf anbieten, wird erst Katharinas Enkel Alexander I. verbieten, den faktischen Verkauf erst ihr Enkel Nikolaus I. Zur Zeit der Bauerndebatte in der Kommission schrieb der Tragödiendichter Sumarokow: »Die Leute wie das Vieh zu verkaufen, ist gewiß nicht recht, aber wo soll man Arbeitskräfte hernehmen, wenn die Bauern die Freiheit erhalten?... Die Gutsherren lehren doch ihre Leute rasieren, frisieren, kochen und so weiter... Stellt man Taglöhner an, werden sie, sobald man ihnen etwas beigebracht hat, zu vornehmeren Herren gehen, des höheren Lohnes wegen...«

Deputierte der Leibeigenen waren in die Kommission nicht berufen worden, obwohl eine unbekannte Hand in Katharinas Nähe damals schrieb: »Der allerhöchste Wille entscheidet, ob nur ein gewisser Teil des Bauerntums als ausschließlicher staatlicher Stand anzusehen ist oder das ganze Bauerntum ... oder ob das Bauerntum überhaupt (von der Kommission) auszuschließen ist.« Das war eine demütige Formulierung der Auffassung, die der Bauer Iwan Pososchkow einst fordernd an Peter I. gerichtet hatte: »Die Gutsherren sind nur zeitliche Besitzer der Bauern, ihr ewiger Eigentümer ist der Tsar.«

Daß die nichtberufene Mehrheit des Volkes ebenso dachte, erfuhr Katharina durch die immer wieder aufflammenden lokalen Unruhen, kraß dann durch den Aufstand des Kosaken Jemeljan Iwanowitsch Pugatschow, der sich 1773–74 über den ganzen Osten Rußlands ausbreitete. Wenig witzig spöttelte die Kaiserin in Briefen an Voltaire über »Monsieur le marquis de Pougatchef.« Pugatschow gab sich für Kaiser Peter III. aus. Weil er am Beginn seiner Regierung befohlen habe, daß die Bauern nicht mehr unter der Gewalt der Gutsbesitzer sein sollten, habe der Adel ihn vertrieben und für gut befunden, selbst Rußland zu regieren. Katharina, die »Tsarin der Gutsherren«, blieb in der Ideologie des Aufstands Nebenfigur. Das Märchen Pugatschows ist soziologisch richtig.

Im gleichen Sinn schrieb der Generalgouverneur Jakob Johann Sievers während des Aufstands an die Kaiserin, daß ein großer Teil ihrer Untertanen »ihrer Gnade beraubt« sei. »Ich erlaube mir zu sagen, daß die unbeschränkte Sklaverei den Staat zugrunde richtet.«

Die Bauern hatten an ihr unmittelbares Verhältnis zur Autokratie geglaubt – welchen anderen Sinn sollte die Selbstherrschaft haben, als zu jedem Stand unmittelbar in Beziehung zu treten. Katharina selbst schrieb 1763 an den Generalprokuror des Senats: »Ich habe ... keinen anderen Wunsch als den Wunsch meiner Untertanen, welcher Klasse immer sie angehören.« Das Gerücht: »In der (Großen) Instruktion ist ein gewisser Punkt!« hatte sich unter den Leibeigenen verbreitet. Später lernte man in den Hütten das Gedicht ›Die Tränen der Sklaven‹ auswendig: »Zu ihrem Vorteil ändern sie derzeit die Rechte, Zu Deputierten wählt man deshalb nicht die Knechte.«

Als Großfürstin hatte Katharina geschrieben: »Man binde mir die Hände, so viel man will, um mich zu hindern, Böses zu tun, aber man lasse mir Ellbogenfreiheit, Gutes zu tun: das ist etwas, dem jeder vernünftige Mensch zustimmen kann.« Als Kaiserin band sie sich von Anfang an die Hände, der Mehrheit ihrer Untertanen Gutes zu tun. Schon Kaiserin Anna Iwanowna hatte auf Wunsch des Adels das ›Einerbfolgegesetz‹ Peters I. von 1714 aufgehoben, die Bestimmung, daß die Gutsherren ihren unbeweglichen Besitz nur einem Sohn vererben dürfen, damit die gleiche Zahl Bauern, »die armen Untertanen«, nicht plötzlich statt einer »Tafel« fünf und mehr beliefern müssen. Kaiserin Jelisaweta Petrowna hatte den Leistungspielraum, den ihr Vater den Leibeigenen einräumte, vernichtet: das Recht, ohne Erlaubnis des Herren Handel zu treiben, sich in eine Stadtgemeinde einschreiben zu lassen, in das Heer einzutreten. Elisabeth hatte den Gutsbesitzern erlaubt, ungehorsame Bauern zur Verschikkung nach Sibirien zu stellen, sie wurden als Rekruten angerechnet. Katharina II. erteilte 1765, ein Jahr vor Einberufung der Großen Kommission, den Herren das Recht, Bauern »für sehr dreistes Benehmen« dem Admiralitätskolleg zur Zwangsarbeit abzugeben, ohne Gerichtsverfahren, und nach Belieben wieder zurückzufordern.

Noch in ihrer Instruktion hatte Katharina auf den Ukas Peters I. von 1722, der bestimmte, daß Verrückte und Bauernschinder unter Kuratel zu stellen sind, hingewiesen – mit der Randbemerkung: »Der erste Paragraph dieses Gesetzes wird erfüllt, und es ist unbekannt, warum der zweite wirkungslos geblieben ist.« Im Jahr der Kommissionseröffnung machte die Kaiserin den Leibeigenen bei Strafe der Auspeitschung und unbefristeten Zwangsarbeit unmöglich, gegen Willkür und Grausamkeit ihrer Herren vor Gericht Klage zu führen – wieder auf Rat Bestushews gegen Vorschläge Nikita Panins und dessen Bruders, des Generals Pjotr Iwanowitsch Panin, auch des Fürsten D. A. Golitzyn zur Beschränkung der Herrengewalt. Inszeniertes qui pro quo: in der Herzenssache weicht die Unbeeinflußbare scheinbar dem Druck des nüchternen Panin gegen die wildromantischen Brüder Orlow – in Staatssachen spielt sie gegen die vorausschauenden Brüder Panin den Reaktionär Bestushew aus und die Brüder Orlow, naive, im Volk anscheinend beliebte (Turgenjew, Aufzeichnungen eines Jägers) Nutznießer des autokratischen Regimes und der Herrenrechte. »... meine Rücksicht auf den Erfolg hat oft glauben machen, daß ich geführt sei, während ich in Wirklichkeit mit offenen Augen handelte ...«

Diese offenen Augen hatten schon in der Instruktion einen Blick auf die Gefahren der Leibeigenschaft geworfen. Ein neues Bauerngesetz, das der Senat während des Pugatschow-Aufstands vorbereitete, nannte die Kaiserin »gehässig« und »zur Unzeit ausgedacht ... die geringste Kleinigkeit könnte die Leibeigenen, »weil sie weder im Gesetz noch sonstwo Schutz finden, zur Verzweiflung treiben.« Man dürfe »drohendes Unheil nicht beschleunigen ... denn wenn wir uns nicht zur Minderung der Grausamkeit und zur Mäßigung einer dem Menschengeschlecht unerträglichen Lage verstehen, so werden sie auch gegen unseren Willen sich das früher oder später selbst nehmen.« Aber diese prophetische oder sachliche Äußerung der Kaiserin blieb ebenso auf dem Papier wie ihre leeren oder sich selbst verschlingenden Sätze. Der Kreislauf ihres sozialpolitischen Denkens: Die Lage der Leibeigenen ist Ursache der Unruhen und Aufstände, eine Änderung dieser Lage aber würde den totalen Aufruhr auslösen, öffnete sich nie zum sozialen Fortschritt.

Kein einziger Vorschlag der redlichen Denker in der Gesetzeskommission, vom Einhöfer[399] Maslow bis zum Fürsten Schtscherbatow, zur »Mäßigung« der Leibeigenschaft wurde verwirklicht. Nachdem der Aufstand Pugatschows niedergeschlagen, die konzentrierte Widerstandskraft der Bauern gebrochen war, vermehrte Katharina die Zahl der Leibeigenen, nicht nur wie bisher durch kaiserliche Präsente (sie hat insgesamt ca. 800 000 Staatsbauern verschenkt). Als sie die Mehrheit des Kosakenadels willig sah, alte Sonderrechte zugunsten allrussischer Privilegien aufzugeben, hob sie 1783 die Freizügigkeit der ukrainischen Bauern auf, eine Maßnahme, die einer Einführung der Leibeigenschaft gleichkam. Vergebens hatte der Deputierte der Kosakenfestung am Choper, Alejnikow, in der Großen Kommission erklärt, das Hetmanat und die übrigen ukrainischen und kosakischen Gebiete brauchten keine Leibeigenen, deren Besitz »eine Schande vor Europa« sei.

Katharina gebrauchte das Leibeigenschaftsrecht (krépostnoje práwo) als Mittel zur Zentralisierung – und als Mittel zur Ablenkung der Wünsche nach Anteil an der zentralen Gewalt.

Eine Adelsminderheit wollte Mäßigung der Leibeigenschaft und der Selbstherrschaft. Die Praktiker waren schon vor Einberufung der Kommission an der Kaiserin gescheitert. Der Innenpolitiker Nikita Panin, gegen dessen Staatsratsplan, ohne ihn zu nennen, Katharina im Namen eines Reichs, dessen natürlichste Regie-

rungsform die Selbstherrschaft sei, noch in ihrer Instruktion polemisierte – war ihr Außenminister geworden. Er war der Gesetzeskommission ferngeblieben. Sein Bruder, der General Pjotr Panin,
gewann als Adelsdeputierter des Kreises Moskau Einfluß auf die
Deputierten, nicht auf die Gesetzgeberin. Der Adelsdeputierte
des Kreises Jaroslaw, Fürst Michail Schtscherbatow, behielt,
bald gewitzigt durch die Manipulationskünste der Kommissions-
leitung, seinen Plan, in Lokalverwaltung und Senat gewählte
Adelsvertreter aufzunehmen, in der Tasche und blieb zeitlebens
Schreibtischtheoretiker. Der Rechtsgelehrte Desnitzkij überreichte zur Zeit der Tagung der Kaiserin ein Projekt, das einen
gewählten Senat vorschlug: sechshundert bis achthundert Männer wegen der Ausgedehntheit des Reichs.
Katharina hatte vor Eröffnung der Großen Kommission mit
Freunden, G. G. Orlow, A. I. Bibikow, der dann Kommissionsmarschall wurde, und anderen Marmontels eben erschienenen
›Bélisaire‹ übersetzt: »... die Quellen der Herrschaft« durch einen Senat, eine Volksversammlung »vervielfältigen, bedeutet nur,
Fehler vervielfältigen, denn jeder bringt die seinen mit ... Es ist
natürlich, daß der weiseste Mensch, der tapferste, der geschickte-
ste (l'homme le plus sage, le plus vaillant, le plus habile) das
Vertrauen erhalten und die Stimmen der größten Zahl auf sich
vereinigt hat. Was mich wundert, ist nicht, daß eine versammelte
Menge einem einzelnen die Aufgabe, allen zu befehlen, anvertraut, sondern, daß ein einzelner je diese Aufgabe auf sich
nehmen wollte ...« Vermutlich sahen die Übersetzer Katharina
im ›Bélisaire‹ wie in einem Fürstenspiegel. Der utopische Super-
lativ wird zum dekorativen – und politisch wirksamen. Der
Kommissionsmarschall Bibikow und Grigorij Orlow als Adelsdeputierter des Kreises Koporje haben dann gegen andere Titelvor-
schläge »die weise«, »die weiseste« der versammelten Menge
soufffliert. Peter der Große hatte im Thronfolgegesetz keine Stei-
gerungsstufen, nur den »geeigneten« Nachfolger gesucht.

Die entschlossene, durch Montesquieu und Marmontel gerecht-
fertigte, 1762 durch Akklamation, 1767 durch Titulierung legiti-
mierte, als »geeignetste« wie durch posthumen Fingerzeig
Peters I. bestimmte Despotin des Großreichs – ließ die Zentralbe-
hörden, die starken Schöpfungen Peters I., Senat und Kollegien,
verkümmern und machte die Provinz stark: den »kleinen Tsaren«

auf dem Dorf, den Adel als Stand in Gouvernement und Kreis. 1775 beglückte Katharinas persönlicher Fleiß in der neuen Gouvernementsordnung durch einen vielschichtigen Behördenbau, in dem Beamte und gewählte Standesvertreter Amtstische bekamen, die freie Bevölkerung mit dem Fortschritt des Jahrhunderts, der Gewaltenteilung. für die Leibeigenen blieb der Gutsherr Gesetzgeber, Richter, ausführendes Organ, Polizeichef einer in manchem Dorf nicht geheimen Folterkanzlei. In einem Satz ihres Instruktionsentwurfs, er wurde dann gestrichen, hatte die Kaiserin für den Leibeigenen die Gewaltenteilung in das Gewissen des Adeligen verlegen wollen: »Wenn das Gesetz dem Herrn gestattet, seinen Knecht grausam zu bestrafen, so soll der erstere dieses Recht als Richter üben, nicht aber als Besitzer ...«

1785 verlieh eine Gnadenurkunde dem Provinzadel die ständische Geschlossenheit: Gouvernement- und Kreisadelsversammlungen erhielten das Recht, unmittelbar an die Kaiserin Petitionen zu richten.

Katharina I. war arbeitsam. Sie überbewertete nur die Ergebnisse ihrer »législomanie« für die Wohlfahrt ihrer »kleinen Wirtschaft« (mon petit ménage) – ihre Selbstüberschätzung wird besonders peinlich, wenn sie in chinesischer Bescheidenheit posiert. Oder überschwätzte Katharina bloß ihre Skrupel?

In ihrer Großen Instruktion hatte sie geschrieben: »Gott verhüte«, daß nach Vollendung des Gesetzbuchs »ein Volk auf Erden gerechter und folglicher blühender wäre als das Unsrige ... ein Unglück, das ich nicht zu überleben wünsche.« Rußland bekam zu ihren Lebzeiten kein Gesetzbuch.

Die Kaiserin ließ die fortschrittlichen Begabungen in ihrer Umgebung unfruchtbar bleiben, ebenso die sachverständigen Talente unter den Deputierten und die in der kurzlebigen Versammlung rasch entwickelten öffentlichen Fähigkeiten auch manchen Neulings. Als die Kommission ihr »Licht« zu grell leuchten ließ, hatte Katharina das Plenum ausgelöscht, im Dezember 1768, in passendem Augenblick – ein Türkenkrieg war ausgebrochen. Das feierliche Versprechen, zu günstigerer Zeit die Abgeordneten wieder einzuberufen, hat sie niemals erfüllt, ein Vertrauensbruch, der »Rußland beleidigte« (Schtscherbatow). Der Deputierte Anitschkow bekundete öffentlich seine Freude, als er achtundzwanzig Jahre später von Katharinas Tod erfuhr. Die Kaiserin hätte, wie sie zu Beginn der Arbeit an ihrer Instruktion beabsichtigte, die Kodifikation einem Beamtenkörper anvertrauen können. Die Freundin der Philosophen sah davon ab, aus dem Recht, das sie gelten ließ, ein Buch machen zu lassen.

Fazit ihrer Innenpolitik: Ein durch Gesetz organisierter Adel trampelt auf einer vor dem Gesetz amorphen Leibeigenenmasse. Die Revision (Zählung der steuerpflichtigen männlichen Bevölkerung) von 1781-83 notierte in einer Gesamteinwohnerzahl von 12 838 529 Männern 6 678 239 »Privatbauern«, das heißt Leibeigene.

Kaufleute	107 408
Bürger	293 793
Odnodworzen und freie Landleute	773 656
Steuerfreie	310 830
Kronbauern	4 674 603
Privatbauern	6 678 239
insgesamt	12 838 529

(Storch, Historisch-statistisches Gemälde des Russischen Reichs, Riga 1797). Jeder zweite Russe und noch ein paar mehr waren samt Weib und Kind leibeigen, der »Gnade« der Kaiserin entzogen.

Auch die Wirkung ihrer »Gnadenurkunde für die Städte« blieb im Rahmen der Leibeigenschaft beschränkt. Die Mehrzahl der russischen Handwerker und Gewerbetreibenden waren Bauern, auf dem Dorf oder unterwegs »auf Wandergewerbe« – Staatsbauern, abhängig von ihrer seelensteuerpflichtigen Dorfgemeinschaft, oder leibeigene »Seelen« in ihrer Bewegungsfreiheit, Leistungsfreiheit dem Gutsherrn unterworfen. Im wirtschaftlichen Sinn konnte sich die russische Stadt bis zur Aufhebung der Leibeigenschaft, 1861, nicht entwickeln. Die Kaiserin hat auch Städte gegründet, »144« laut Brief vom 6. 7. 1781 an Friedrich von Grimm. Man spricht von Potjomkinschen Dörfern, man könnte von Jekaterinischen Städten sprechen.

Katharina war und blieb die »Tsarin der Gutsbesitzer«, ein Ausdruck der Manifeste Pugatschows, der sagen wollte, daß die Gutsbesitzer die Kaiserin beherrschten.

Eine Stelle der Memoiren bestätigt Pugatschows sozialkritische Terminologie. Als die Feder der Autobiographin in den Siebzi-

ger- oder Neunzigerjahren zum Jahresbeginn 1750 »gelangte«, schrieb sie zwei Seiten, die sie dann sogleich als »Abschweifung« bezeichnet, die allerdings aus dem Rahmen fallen. Im Jargon der Aufklärung kritisiert diese Abschweifung die soziale Atmosphäre der alten Hauptstadt Moskau, wo »Mann und Weib sich verweichlicht«, nur »Launen und Einfällen« folgt. »Nirgends in der bewohnten Welt ist der Boden für den Despotismus so günstig wie dort ... Denn gibt es etwa ein Haus, in dem keine Halseisen, Ketten, Peitschen ... vorrätig sind, um wegen des geringsten Vergehens diejenigen zu martern, welche die Natur dieser unglücklichen Klasse« (der Leibeigenen) »angehören läßt, die ihre Fesseln nicht ohne Verbrechen sprengen könnte.« – Hier ließe sich die »unförmige Vereinigung« der Ideen Katharinas beispielhaft erörtern, auch ihr inkonsequenter Gebrauch der Begriffe – Despotismus verwendet die aufgeklärte Despotin plötzlich ohne Differenzierung der Bedeutung als Schimpfwort. In einem Aperçu hatte sie geschrieben, daß alle Menschen »mit der Geburt die Freiheit mitbringen«, hier macht sie die »Natur« verantwortlich für eine sozial unglückliche Klasse, die sich nicht einmal bloß natürlich vermehrte, sondern oft sehr schnell durch kaiserliche Schenkungen, oder durch die Willkür der Gutsbesitzer, die bei einer Revision freie »Seelen« auf ihre Liste setzten, ein Federstrich konnte Sklaven machen ... »Kaum wagt man zu behaupten, daß sie ebensogut Menschen sind wie wir, und wenn ich das sage, so ist es auf die Gefahr hin, daß man Steine auf mich wirft.« Der Tragödiendichter Sumarokow gab seine Ansicht, daß man zwischen Herrenseele und Knechtseele unterscheiden müsse, daß das gemeine Volk keine edlen Gefühle habe, der Kaiserin schriftlich. »Was habe ich nicht von der Stimme einer unverständigen und grausamen öffentlichen Meinung leiden müssen, als in der Gesetzeskommission diesbezügliche Fragen behandelt wurden, und der adelige Pöbel, dessen Zahl unendlich viel größer war, als ich je hätte annehmen können ... zu ahnen begann, daß diese Besprechungen einige Besserung in die gegenwärtige Lage der Bauern bringen könnten.«
Katharina bemerkte nicht, daß sie um ihre Humanitas zu unterstreichen die Terminologie Pugatschows verschärfte, selbst sich als Zarin des »Adelspöbels« bezeichnete, vor dessen Steinwürfen sie verletzt zurückwich, von der »unglücklichen Klasse« die Hand ließ. Der französische Jurist Charles de Villiers, den die

Kaiserin zur Mitarbeit am Gesetzbuch nach Rußland berufen hatte, schrieb quasi unter ihren Augen, daß die unbeschränkte Herrengewalt über die Leibeigenen »in einer Monarchie mit der Autorität des Souveräns unvereinbar (incompatible)« sei. Katharinas Selbstherrschaft war Selbstbetrug oder Maske – oder beides.

Die »Abschweifung« geriet der Memoirenschreiberin zwischen die Schilderung einer Zahnziehung, bei der sie als Kreatur litt, und Erinnerungen an nervliche Belastungen in ihrer Existenz als Großfürstin, die sie durch »Lektüre guter Bücher« und »eine innere Vorahnung meiner künftigen Bestimmung« erleichterte.

Die Kühne in jeder akuten Gefahr, die mutlose Reformatorin hatte eine »starke Leidenschaft« für Rußland, »wie ein Spartaner für Lazedämonien« als Großfürstin. Spätere Bilder der Kaiserin sind nicht mehr so elegant, etwa der Auftrag an die Ärzte beim Aderlaß: »Zapfen Sie mir jeden Tropfen deutschen Bluts ab, ich will nur noch russisches Blut in meinen Adern haben.« Die junge Politikerin hatte die logischen Zusammenhänge verletzt, die alternde verletzte zudem den guten Geschmack. Auch ihre Neigung zur Orthodoxie war bei dem angeblichen Eindruck der Neokonvertitin, sie bemerke »fast keinen Unterschied zwischen dem griechischen und dem lutherischen Glauben«, nicht stehen geblieben. 1775, während sie ihre Fastenandachten verrichtet, bietet sie Friedrich von Grimm frisch geweihte Öle an, »heiligen Balsam« zur Behandlung seiner verschiedenen Leiden. Allerdings wäre zum Heilwunder »ein Senfkorn Glauben« nötig, das sie keine Hoffnung habe in einem Häretiker zu finden, »que Luther a défoisé« (den Luther entglaubisiert hat), die Kaiserin erfand ein französisches Verb, um ganz deutlich zu sein.

Katharinas innere Glaubenshaltung ist nicht feststellbar. Mercy hatte im Gespräch mit der Großfürstin »sogar in Ansehung ihrer Religion ein und andere sehr merkwürdige Reden« gehört. Als Herrscherin wollte Katharina nicht einmal russischen Aberglauben antasten. Peter III. soll die Absicht gehabt haben, alle Heiligenbilder, ausgenommen die Ikonen des Erlösers und der Gottesmutter, aus den Kirchen zu entfernen. Auch Peter I. hatte am Ende seines Lebens den Heiligenkult verbieten wollen. Katharina II. interessierte sich lebhaft für Meldungen von neuentdeckten wundertätigen Gebeinen.

Den lauten Atheismus ihrer westlichen Freunde ironisiert sie in ihrer Korrespondenz, verbietet sie dem Gast Diderot, der die Hoftafel schockierte. Deifizierungen ihrer Person, die sich nicht in den barocken Grenzen des antiken Himmels hielten, schreiende Blasphemien: »Wir sind Laienmissionare, die den Kult der Heiligen Katharina predigen« (Voltaire), »Te Catharinam laudamus, te dominam confitemur« (Voltaire), hat sie anscheinend nicht gerügt. Grimm schickte ihr sein »Credo: Ich glaube an Katharina die einzige, obwohl die zweite . . . Ich glaube auch an ihren Heiligen Geist . . . Unteilbare Trinität in einer Person, immer wirkend, am Morgen für die Wohlfahrt ihres Reichs, am Abend für den Charme ihres Hofs; außerhalb derer es kein Heil gibt und in der alle, die wie ich hoffen, Erlösung und Vergebung ihrer Fehler finden werden. So sei es. Amen.«

Bei seinen Besuchen in Petersburg bewundert Grimm Katharinas Konversation, »die sprudelnden Einfälle, die sich drängen und sozusagen aneinanderstoßen, indem sie sich aufeinander stürzen . . . Wäre ich doch fähig gewesen, diese Plaudereien mit der Feder festzuhalten . . .« Friedrich Melchior von Grimm ist Faktotum der Kaiserin im Westen, ihr Propagandist, russischer Resident in Gotha, später in Hamburg, russischer Oberst. »Meine erhabene Monarchin bezahlt mich dafür, daß ich es mit dem kaiserlichen Kopf aufnehme, dessen Marsch, das heißt dessen Sätze und Hüpfer (les sauts et les bonds) nur wenige Sterbliche wie ich zu betrachten und zu studieren Gelegenheit hatten, dessen Luftsprünge (gambades) abzumessen nicht jedermann gegeben ist, geschweige denn ihnen zu folgen.« – Eine bösartige Eloge, die an das trockene Urteil über die Geistesgaben der Großfürstin in Mercys Gesandtenberichten erinnert. Überhörte die Kaiserin, die peinlichste Huldigungen sich gefallen ließ (man weiß nicht, ob mehr im buchstäblichen oder mehr im ironischen Wortsinn gefallen ließ), geflissentlich versteckten Hohn? Nikita Panin hatte, wie sie selbst erzählt, zu ihrem Nakas bemerkt: »Ce sont des axiomes à renverser des murailles.« (Das sind Grundsätze, um Mauern umzustürzen.) Ein russischer Historiker bezeichnete diesen Ausspruch als »Witz«, nämlich als plumpe Schmeichelei und feinen Spott. Empört über Diderots Kritik hatte Katharina geschrieben: »Ich bleibe dabei, daß meine Instruktion nicht nur gut war, sondern ausgezeichnet, den Umständen richtig angepaßt« – allerdings hatten Fortschrittler und Reaktionäre sich auf den kurzatmigen Geist des Bolschoj Nakas, rund 650 Paragraphen auf einer Hand voll Bogen lose aneinandergefügt, berufen können. Traute Katharina ihrem Selbstbeifall oder wollte sie nur Mäuler, die vor Staunen oder Protest offen standen, stopfen? Waren ihre Dialoge und Monologe, die sie jenseits von Tatsachen und Zielen führte, Fehlleistungen oder Kunststücke – war sie »Tartuffe in Weiberrock und Krone« oder erfolgreiches Opfer eines natürlichen Mangels an Folgerichtigkeit – oder beides?

»Ich habe immer so viel wie möglich die Wahrheit gesagt.«

Ein Zeitgenosse sah in Katharinas Preisausschreiben über die Besitzrechte der Bauern, in den Bauerndebatten der Großen Kommission, »bösen Samen«, den die heimkehrenden Deputierten »bis in die entlegensten Gebiete« Rußlands ausstreuten, Ursache der Ermordung so vieler Gutsbesitzer – Provokation. Im letzten Regierungsjahrzehnt Katharinas sagte der Fanatiker Kretschetow, der Nakas der Kaiserin sei ohne Geltung geblieben, »entweder fürchtet sie, daß etwas Böses dabei herauskommt oder sie ist nicht imstande, ihn zu verwirklichen, am liebsten würde sie ihn wohl vernichten.« Tatsächlich war Katharinas Instruktion nur noch höchsten Regierungsbeamten zugänglich.

Provokation war auch Katharinas Spiel mit der Pressefreiheit. Die Kaiserin selbst war Verfasserin nicht übler leichter Komödien. Ihre historischen Dramen ›Rjurik‹ und ›Oleg‹, Imitation Shakespeares, wie sie kaum aus Selbstüberschätzung sagte, sondern zur Ablenkung, waren ihren erfüllten und unerfüllten politischen »Träumen« entsprungen. Rjurik, laut ältester Chronik Gründer des russischen Staats im neunten Jahrhundert, war aus dem Ausland gekommen, wie Katharina. Oleg, Fürst des zehnten Jahrhunderts, hatte Konstantinopel bezwungen – Katharina hatte ein »Griechisches Projekt«, ließ ihren zweiten Enkel Konstantin taufen... Die Liebe zu Tinte und Druckerschwärze trieb die Kaiserin auch, Journalistin zu werden. Sie gab Zeitschriften heraus. Im ›Sobesednik‹ (Gesellschafter) polemisierte sie tändelnd gegen ihre Untertanen. Aber niemand konnte der gekrönten Autorin »zahnloser Satire« die Freiheit nehmen, den Talenten der »Entlarvungsliteratur« Böses zu tun.

1790 erschien Radischtschews ›Reise von Petersburg nach Moskau‹. Das Buch ist in der Form der sentimental journeys geschrieben. Die Erlebnisse der Fahrt sind düster: Ein adelig gewordener ehemaliger Hofofenheizer wird von seinen gequälten Leibeigenen erschlagen. Die Witwe vertuscht den Mord, weil sie ihre Sklaven nicht an den Henker verlieren will, der milde Richter gerät in Verdacht, von der Witwe bestochen zu sein. – Ein Kurier bringt in eiligem Dienstauftrag Austern nach Petersburg und wird dafür im Rang befördert... Summe der Erfahrungen des Reisenden: »Ich habe an vielen Beispielen festgestellt, daß das russische Volk sehr geduldig ist, bis zum Äußersten duldet, wenn aber seine Geduld am Ende ist, kann niemand es hindern, sich der Grausamkeit zuzuwenden«, deckt sich mit Katharinas eigener Einsicht. Meinte Radischtschew, die alte Kaiserin gewinnen zu können? Nach dem Schicksalsbericht eines wegen unverschuldeter Krida flüchtigen Reisegefährten fragte er sich: »Ist es möglich, daß unter einer so mildherzigen Regierung, wie wir sie haben, solche Grausamkeiten geschehen!« Ein anderer Mitreisender gibt eine Ode, ›Freiheit‹, zu lesen mit der Bemerkung: »Wegen des Titels wurde der Druck in Moskau abgelehnt. Aber ich erinnere mich gut, daß im Nakas zur Abfassung eines neuen Gesetzbuchs gesagt wird: Freiheit bedeutet, daß alle den gleichen Gesetzen gehorchen.« Das Zitat enthält zwei Verfälschungen – absichtliche? Die Kommission wurde zur Abfassung des »Entwurfs« zu einem Gesetzbuch einberufen. Die gemeinte Stelle in Katharinas Instruktion lautet: »Freiheit ist das Recht, alles zu tun, was die Gesetze erlauben.« Die Ode an die Freiheit des »Reisegefährten« preist nicht nur die Tyrannenmörder Brutus und Tell.

>»Frohlockt gekettete Nationen
>Naturrechts Rache hat vom Throne
>Den Zaren aufs Schafott geführt.«

1790, noch lebte Ludwig XVI. Das Beispiel, »wie Völker sich rächen können« ist die Hinrichtung Karls I. von England. Cromwell ist für Radischtschew »ein Scheinheiliger, Heuchler, Kirchenräuber«, aber »ein großer Mann«, weil er »Karl im Gerichtsverfahren zum Tod verurteilte«. Die Kaiserin las die ›Reise von Petersburg nach Moskau‹ mit der Feder in der Hand und »beliebte« zu sagen, daß Radischtschew »ein Rebell schlimmer als Pugatschow« sei. Sein Todesurteil milderte sie zur Verbannung nach Sibirien. Sein Buch wurde nach Vernichtung der Auflage in Abschriften verbreitet zur begehrten Kostbarkeit der Untergrundliteratur. Radischtschews Verhalten während des Prozesses läßt vermuten, daß er die ›Reise‹ nicht veröffentlicht hätte, wäre er nicht vom Schein der Pressefreiheit geblendet gewesen.

1792 ließ Katharina den Publizisten Nowikow, Aufklärer auch durch Verlagsarbeit, Leihbibliotheken, philanthropische Leistungen, der Aufhebung der Leibeigenschaft durch Gesinnungswandel propagierte, in die Festung Schlüsselburg bringen.

Dem Denker einfacher Herkunft, Kretschetow, der forderte, daß der Treueid auf die Gesetze abgelegt werde (bestimmt kannte er Diderots ›Observations‹ nicht), der verlangte, daß der Titel der Monarchen künftig »Hüter der Gesetze« laute, daß das Volk in Rechtsschulen auf die Gesetzgebung vorbereitet werde, die Schulen der Kaiserin seien bloß »Honig ums Maul«, der auch die kürzeste legislatorische Äußerung Peters I.: »Der Adel ist nach Tüchtigkeit abzustufen«, endlich verwirklicht sehen wollte, Peter III. lobte und Katharina Mörderin nannte – erging es nicht schlimmer als Nowikow, er kam nach Schlüsselburg.

Der Dichter Denis Iwanowitsch Fonwisin, den Katharina »fürchtete, entging einem solchen Schicksal nur, weil er so außerordentlich bekannt war«, schreibt Puschkin. Diesen Gegner versuchte Katharina im Dialog zu besiegen. Sie veröffentlichte im ›Sobesednik‹ Fragen Fonwisins und ihre Antworten – zum Beispiel: »Warum besteht das Hauptbestreben des größten Teils der Adeligen nicht darin, ihre Kinder so schnell wie möglich zu Menschen zu machen, sondern darin, sie so schnell wie möglich, ohne daß sie dienen, zu Gardeoffizieren zu machen?« Antwort der Kaiserin: »Weil das eine leichter ist als das andere.« Frage: »Da wir einen ehrenhaften Menschen zur Monarchin haben, was hindert daran, zur allgemeinen Regel zu nehmen, daß man sich ihrer Gnade nur durch ehrenhafte Taten würdig macht, und nicht durch Betrug und Heuchelei?« Antwort: »Dies, daß zu jeder Zeit und in jedem Lande das Menschengeschlecht nicht vollkommen geboren wird.« Auf die Frage Fonwisins: »Warum sehen wir so viele vortreffliche Leute im Ruhestand?« antwortete Katharina für alle, die ihr »Licht« unter den Scheffel stellen mußten: »Wahrscheinlich, weil sie ihren Vorteil darin finden.« Hielt Katharina ihre platten Antworten, die zugleich Eingeständnisse der Mißstände waren, die Fonwisin vor seinen Fragezeichen konkret formuliert hatte, für Richtigstellungen eines philosophischen Geistes oder des gesunden Menschenverstandes, den sie ebenfalls sehr schätzte (auch der Großen Kommission als »Richtschnur« empfohlen hatte nebst ihrer »Instruktion und der Vaterlandsliebe«)? Auf Fonwisins offensten Hohn: »Warum haben in früheren Zeiten Narren, Schwätzer, Possenreißer keine Ränge erhalten, haben aber jetzt sehr hohe?« – fiel Katharina keine Antwort ein, nur eine Zurechtweisung: »Diese Frage wurde von der Freizüngigkeit gezeugt, welche unsere Vorfahren nicht kannten.« Aber die Kaiserin kam von den Fragen des Dichters nicht los, kam in den nächsten Nummern des ›Sobesednik‹ immer wieder auf den Herausforderer zurück, versuchte ihn totzureden, lächerlich zu machen. Wieder fragt man sich: wie tief reichte Katharinas Selbsttäuschung? Als Großfürstin hatte sie Hofschranzen durch »beißende Redensarten« unschädlich gemacht. Meinte sie auch den unbestechlichen Satiriker, Gesellschaftskritiker Fonwisin, dem Verfasser des ›Brigadier‹ und des ›Halbwüchsigen‹, der ›Hofgrammatik‹, geistig die Spitze bieten zu können? Oder versuchte sie nur, ihm Grenzen zu zeigen, die sie ihn vor dem öffentlichen Auge hatte überschreiten lassen?

1793 ließ der Senat das Drama ›Wadim‹, das die einstige Stadtrepublik Groß-Nowgorod, Opfer der moskauischen Großfürsten, verherrlichte, verbrennen – der Autor, Knjashin, war schon tot. Ihre »Vorliebe« für die republikanische Staatsform hat Katharina II. nur in in der Außenpolitik betätigt. In der Adelsrepublik Polen durchkreuzte sie die Anstrengungen König Stanislaw Poniatowskis, die Macht der Krone zu stärken, beseitigte alle Hindernisse ihrer Annexionspolitik, förderte die »glückliche Anarchie«, bis Polen von der politischen Karte gestrichen war. Ebenso unterstützte sie in Schweden wie einst Elisabeth die Konstitutionspartei. »Die Interessen des geliebten Onkels« Adolf Friedrich von Holstein-Gottorp waren nicht mehr die ihren. Den »Bruder und Vetter« Gustav III., dem der Staatsstreich gelang, nannte sie Pique-König.

Die Konstitution Ludwigs XVI. und die Republik Frankreich verabscheute Katharina II. Bei der Nachricht vom Sturm auf die Bastille umarmten in den Straßen St. Petersburgs Russen und Ausländer einander. Bei der Nachricht von der Hinrichtung Ludwigs XVI. schrie die Kaiserin auf: »Ein neuer Tschingis-Chan wird kommen!« 1794 schreibt sie an Friedrich von Grimm über einen solchen »überragenden Mann ... Ist er schon geboren? Wird er kommen?« Hat Katharina Napoleon vorausgesehen oder Montesquieu nachgeschlagen, Buch VIII, Kapitel 2 nachgelesen: daß »der Geist übertriebener Gleichheit« die Demokratien »zum Despotismus führt.«

Zwei Fürsten Golitzyn hatten mit der Waffe in der Hand am Sturm auf die Bastille teilgenommen. Ein Graf Stroganow war Mitglied des Jakobinerklubs und Bibliothekar der »amis de la loi«, er wurde später Freund des ältesten Enkels der Kaiserin, Alexander Pawlowitsch.

An diesem geliebten Enkel – Katharina hatte ihn den Eltern genommen, wie einst Elisabeth Paul nahm – begann die Kaiserin die Provokation der Humanität in einem durch die Leibeigenschaft sozial verseuchten Rußland an einer dritten Generation. Sie verfaßte Lehrbücher für das Kind: »Du bist nackt wie eine Handfläche geboren...«, und so weiter. Der kleine Alexander soll gefragt haben, wem er am ähnlichsten sei und über die Antwort, seiner Großmutter, außer sich vor Freude gewesen sein. Katharina spielte mit dem Gedanken, dem Sohn Paul die Nachfolge zu entziehen, den Enkel Alexander zum Thronerben einzusetzen. Sie starb, ohne eine Regelung getroffen zu haben. Ihr Wille wurde auch nicht »erraten«. Paul I. trat in ihrer Todesstunde die Regierung an, am 6. November 1796. Im Frühling dieses Jahres hatte Großfürst Alexander Pawlowitsch einem polnischen Freund anvertraut, daß er die Prinzipien seiner Großmutter verdamme, den Despotismus verachte, Polens Sieg gewünscht hätte...

Denkt man noch einmal nach, warum Puschkin, der wie Großfürst Alexander dachte, auch für Katharinas enorme außenpolitische Erfolge nur bittere Worte hatte: »Ein erniedrigtes Schweden und ein vernichtetes Polen, das sind die großen Rechte Katharinas auf die Dankbarkeit des Volks«, in seinem Roman diese Frau so anziehend zeichnete, liest man die ›Hauptmannstochter‹ noch einmal aufmerksam durch – dann fällt auf, daß der adelige Dichter auch den Henker seines Standes, Pugatschow anziehend zeichnete. Den Bräutigam der Hauptmannstochter, den Katharina im letzten Kapitel begnadigt, hatte auch Pugatschow auf der Höhe seines Erfolgs begnadigt, unter dem Galgen, an dem die Vorgesetzten des jungen Offiziers schon hingen, weil er in ihm den jungen Mann erkannte, der ihm einmal ein Glas Schnaps bezahlt und einen Hasenpelz geschenkt hatte. Pugatschow und Katherina üben in Puschkins Roman je eine kleine Tat der Großmut. Die Kaiserin und der Usurpator des Romans sind auch beide von angenehmem faszinierenden Äußeren. Das Lächeln Katharinas hat für die Hauptmannstochter »unerklärlichen Reiz«. Ihr Bräutigam lacht bei einem »so natürlich heiteren Lachen« Pugatschows unwillkürlich mit, »ohne zu wissen worüber.« Alexander Puschkin konnte mit dem Verständnis einiger Zeitgenossen für die fein angedeuteten Parallelen zwischen zwei historischen Figuren, die, was sie wollten »schrecklich wollen mußten« (Katharina), noch rechnen.

Hedwig Fleischhacker

Anmerkungen

Seite 9
[1] Siehe Stammtafel S. 12.

Seite 10
[2] Daten nach altem Stil.

Seite 35
[3] Mémoires de l'impératrice Catherine II, écrits par elle-même, et précédés d'une préface par A. Herzen. Londres 1859. –
Übersetzungen:
russisch, London 1859; – englisch, London 1859; – deutsch, Hannover 1859 (viele Neuauflagen, Stuttgart o. J.); – schwedisch, Upsala 1859; – dänisch, Kopenhagen 1859: – polnisch, Gródek 1886.

Seite 41
[4] An einem Montag, früh um ½3 Uhr, in dem Hause Nr. 791 (jetzt Große Domstraße 1).
Als Kommandant der Stadt nahm Fürst Christian August von Anhalt-Zerbst (damals preußischer Generalmajor und Chef des Infanterieregiments Nr. 8) später im Schloß Wohnung. –
Die Prinzessin wurde am 4. Mai getauft und erhielt die Namen *Sophie Augustá Friederika;* in der Familie wurde sie *Fieke* (Figgen) genannt.
[5] Madeleine und Elisabeth Cardel waren Töchter von Etienne (de) Cardel aus Rouen, der 1694–1734 ›Juge‹ der französischen Gemeinde in Frankfurt a. d. Oder war.
Seine jüngste Tochter Susanne war die erste Frau des Magdeburger reformierten Pfarrers, späteren Berliner Hofpredigers A. Fr. W. Sack.
[6] Wilhelm Christian Friedrich, geb. 17. November 1730.
[7] Madeleine Cardel heiratete 1733 Samuel *Colhard* (Kohlhardt), der 1733-1759 Bürgermeister von Demmin war; zwei Söhne ihrer Tochter, der schwedische Generalfeldzeugmeister Karl Friedrich *Kobes* und der preußische Generalleutnant Friedrich Philipp *Kobes* wurden 1791 bez. 1799 als *von Cardell* geadelt.

Seite 42
[8] Herzogin Albertine Friederike von Holstein-Gottorp, geb. Prinzessin von Baden-Durlach.
[9] (Stück V) »Im Jahre 1733 nahm mich meine Mutter mit nach Hamburg zu ihrer Großmutter. Ich besuchte mit ihr die Oper; aber als auf der Bühne eine Schlacht dargestellt wurde, fing ich an zu heulen, und wurde fortgeschafft.«

Seite 43
[10] Herzogin Elisabeth Sophie Marie, dritte Gattin des 1731 verstorbenen Herzogs August Wilhelm von Braunschweig-Wolfenbüttel.
[11] (Stück V) »Als ich vier Jahre alt war, kam der verstorbene König von Preußen nach *Stettin.* Man sagte mir, ich müsse ihm den Rock küssen. Er fragte nach mir, und ich wurde geholt. Ich trat zu ihm, und wie ich versuchte seinen Rock zu ergreifen und er abwehrte, wandte ich mich nach meiner Mutter um und sagte ganz böse zu ihr: »Sein Rock ist zu kurz, ich kann nicht heranreichen.« Ich weiß nicht, wer es ihm wiederholte, jedenfalls sagte er: »Das Mädchen ist naseweis«, und seitdem fragte er nach mir, wenn mein Vater nach Berlin kam, oder er selbst nach Stettin.«

[12] Friedrich August, geb. 8. August 1734.
[13] Am 27. August 1742, noch nicht zwölfjährig.
[14] Auguste Christine Charlotte (12.-24. November 1736).
[15] Skrofeln.

Seite 45

[16] In ihren Briefen an Grimm erzählt Katharina viel von diesem Lehrer, dem lutherischen Pastor Wagner, und nennt sich einmal »halb Mlle. Cardels, halb Herrn Wagners Schülerin«; sie erwähnt ferner ihren kalvinistischen Schreibmeister Monsieur *Laurent* (Lehrer an der französischen Gemeinde in Stettin).
[17] (Stück V) »Mit dreieinhalb Jahren soll ich schon imstande gewesen sein, Französisch zu lesen. Ich kann mich daran nicht erinnern.«

Seite 47

[18] Die Hochzeit fand am 8. November 1727 statt; der Fürst (geb. 29. Nov. 1690) war 37 Jahre alt.
[19] In der ersten Niederschrift ihrer Memoiren (Stück V) hatte Katharina über ihren Vater gesagt:
»Nie hat wirklich jemand mehr die höchste Achtung verdient, als er: strengste Rechtlichkeit leitete stets seine Schritte. Ich kann in Wahrheit sagen, daß ich ihn nie im Leben habe ein Wort aussprechen hören, das im Widerspruch mit diesem seinem Charakter gestanden hätte. Ich glaube, auch ein verwandtes Gefühl war wohl der Grund, daß er die republikanische Staatsform so liebte und ihr eifriger Anhänger war. Ob nun nur die Achtung für ihn der Grund ist, oder ob sich das anders erklärt, – jedenfalls habe ich mir nicht helfen können und auch immer eine Vorliebe für diese bewahrt, was wohl fast unglaublich erscheint, wenn man meine Stellung und meinen Ehrgeiz bedenkt!«
[20] Herzogin Elisabeth Marie Sophie, eine Tochter des Herzogs Rudolf Friedrich von Holstein-Norburg, war in erster Ehe vermählt (1701) mit Prinz Adolf August von Holstein-Plön (gest. 1704); in zweiter Ehe (1710) mit Herzog August Wilhelm von Braunschweig (gest. 1731), als seine dritte Gemahlin, dessen zweite Gemahlin Sophia Amalia (gest. 1710), Schwester von Katharinas Großvater mütterlicherseits (Christian August von Holstein-Gottorp) gewesen war.

Seite 48

[21] Das von Herzog August Wilhelm erbaute Residenzschloß auf dem Grauenhofe ist 1830 abgebrannt.
[22] Sie starb am 3. April 1767, fast 84 Jahre alt (geb. 12. September 1683).
[23] Luise Amalie Philippine, Gemahlin des 1758 verstorbenen Prinzen August Wilhelm.
[24] Herzogin Philippine Charlotte. – Katharina schrieb 1774 an Prinz Heinrich von Preußen:
». . . Ich habe allen Grund, eine lebendige Erinnerung an die Frau Herzogin von Braunschweig zu bewahren, die Umstände meines häufigen Verweilens an ihrem Hofe stehen mir noch lebhaft vor der Seele, und unter anderem erinnere ich mich, ihr im Alter von acht oder neun Jahren ewige Dankbarkeit gelobt zu haben, weil mir durch ihr Dazwischentreten eine sehr wohlverdiente Züchtigung erspart blieb, die mir meine verstorbene Mutter angedeihen lassen wollte.«.
[25] Sophie Antonie, vermählt (1749) mit Ernst Friedrich von Sachsen-Koburg-Saalfeld.

[26] Das muß eine Verwechslung sein. Denn von den beiden unvermählt gebliebenen Schwestern des Herzogs Karl war allerdings die eine, Therese Natalie, seit 1766 Äbtissin von Gandersheim, aber die andere, Christine Karoline Luise, starb 1766 als Dechantin des Stiftes Quedlinburg.

[27] Als Gemahlin König Friedrichs V.

[28] Ludwig Ernst war 1759-1766 Vormund Wilhelms V.

[29] Gemeint sind Prinz Albrecht, der 1745 bei Soor, und Prinz Friedrich Franz, der 1758 bei Hochkirch fiel.

[30] Christine Luise, Tocher des Fürsten Albert Ernst von Öttingen, Gemahlin des 1735 verstorbenen Herzogs Ludwig Rudolf.

[31] Elisabeth Christine.

[32] Charlotte Christine Sophie, vermählt mit dem Tzarewitsch Alexej Petrowitsch.

[33] Antoinette Amalie, vermählt mit Herzog Ferdinand Albrecht II. von Braunschweig-Bevern.

[34] Marie Anna, Tochter Ernst Ferdinands von Braunschweig-Bevern.

Seite 49
[35] Corvey wurde erst 1783 (1794) Bistum. Abt war 1737–1758 Kaspar v. Böselager.

[36] Es soll nach einer erhaltenen Nachricht in den 40er Jahren des 18. Jahrhunderts ein Mengden ›Oberkelner später Abt‹ in Corvey gewesen sein.

[37] (Stück V) »Im Jahre 1737 war ich zum ersten Male mit meiner Mutter in Berlin.«

[38] Sophie Dorothea, gest. 1757.

[39] Luise Ulrike, 1744 Gemahlin König Adolf Friedrichs von Schweden.

Seite 50
[40] Friedrich Ludwig, Prinz von Wales, heiratete Prinzessin Augusta am 8. Mai 1736.

[41] Es war ihr nicht beschieden Königin zu werden, denn ihr Gemahl starb bereits 1751, und ihr Sohn Georg III. folgte 1760 Georg II. auf dem Throne.

Seite 51
[42] Maria Elisabeth von Holstein-Gottorp.

[43] Sophie Christiane von Anhalt-Zerbst, geb. 1692.

Seite 53
[44] Herzog Karl Friedrich starb am 18. Juni 1739.

[45] Hedwig Sophie, Schwester Karls XII.

[46] Anna Petrowna.

[47] Karl Peter Ulrich (Kaiser Peter III.).

[48] König Friedrich Wilhelm I. starb am 31. Mai 1740 (!)

Seite 54
[49] 1739.

Seite 55
[50] In der ersten Fassung der Memoiren (als ihr Gemahl noch lebte) hatte Katharina über diese Begegnung geschrieben (Stück V): »Ich sah damals zum ersten Male den Großfürsten, der wirklich hübsch, liebenswürdig und wohlerzogen war.

423

Man erzählte sich geradezu Wunderdinge von dem elfjährigen Knaben, dessen Vater eben gestorben war. Meine Mutter, die damals sehr schön war, gefiel ihm; er machte ihr den Hof. Ich beachtete ihn kaum; aber ich hörte, wie meine Onkels und Tanten, Brümmer und alle ganz Intimen hie und da ein Wörtchen fallen ließen, das mich glauben machte, man könnte uns vielleicht füreinander bestimmen. Ich fühlte keinerlei Widerstreben dagegen. Ich wußte, daß er über kurz oder lang König von Schweden sein würde, und obwohl ich noch ein ganzes Kind war, schmeichelte doch der Titel Königin meinem Ohr. Seit jener Zeit neckte mich meine Umgebung mit ihm, und allmählich gewöhnte ich mich an den Gedanken, für ihn bestimmt zu sein.« – Aber in der letzten Niederschrift (aus ihren letzten Lebensjahren) sagt sie (Stück IV): »Ich habe Peter III. zum ersten Male gesehen, als er elf Jahre alt war, und zwar in Eutin bei seinem Vormund, dem Fürstbischof von Lübeck. Dieser hatte im Jahre 1739, einige Monate nach dem Tode des Herzogs Karl Friedrich, des Vaters von Peter, seine ganze Familie bei sich in Eutin versammelt, um ihr sein Mündel zuzuführen. Meine Großmutter, die Mutter des Fürstbischofs, und meine Mutter, seine Schwester, waren mit mir aus Hamburg dahin gekommen. Ich war damals zehn Jahre alt. Auch die Geschwister des Prinzen-Vormundes und Administrators von Holstein, Prinz August und Prinzessin Anna, waren zugegen. Damals bei dieser Familienzusammenkunft hörte ich sagen, der junge Herzog neige zum Trunke, und seine Umgebung verhindere ihn nur mit Mühe, sich bei Tische zu betrinken; er sei spöttisch und jähzornig, liebe seine Umgebung, namentlich Brümmer nicht, er besitze übrigens eine gewisse Lebhaftigkeit, habe aber ein zartes und kränkliches Aussehen. In der Tat war seine Gesichtsfarbe blaß, und er schien mager und von zarter Konstitution zu sein. Seine Umgebung wollte den Knaben als Erwachsenen erscheinen lassen, und deshalb wurde er belästigt und dem steten Zwange unterworfen, der ihn falsch machen mußte von seiner äußeren Haltung bis zu seinem Charakter.«

Seite 56
[51] Kaiser Karl VI. starb am 20. Oktober des Jahres 1740, Kaiserin Anna erst am 28. Oktober (dem 17. nach altem Stil).

Seite 57
[52] Die Vermählung des Prinzen August Wilhelm mit der Prinzessin Luise Amalie fand am 6. Januar 1742 (!) statt.
[53] Ludwig Eugen und Friedrich Eugen.
[54] 1766 schrieb Frau J. D. Bielke aus Hamburg an die Kaiserin: ». . . Ich bitte Eure Majestät untertänigst um die Erlaubnis, zu erzählen, daß ich die Ehre gehabt habe, vor etwa zwei Jahren den Prinzen Heinrich (von Preußen) zu sehen. Er sprach mir von Eurer Majestät mit einer so lebhaften Bewunderung, mit so viel Interesse, daß ich nicht umhin konnte zu denken, wenn er das Glück gehabt hätte, mit der scharmanten Prinzessin Sophie vereint zu sein, wäre er nicht der schrecklichen Dinge schuldig gewesen, die heute seinen Ruhm verdunkeln; aber Pope meint ja, alles was ist, ist gut!« – Darauf antwortete Katharina: ». . . Die Unterhaltung, welche Sie, wie Sie berichten, mit Prinz Heinrich gehabt haben, und das Interesse, das er für seine alte Bekannte hat, machen mir natürlich Vergnügen. Es ist nicht das erstemal, daß ich davon habe sprechen hören, aber ich finde, ebenso wie Pope, daß viele Dinge, die sind, gut sind; ich bedauere also nicht, daß die Kontertänze keine Folgen gehabt haben.«
[55] Am 24. Januar 1741(!).

⁵⁶ Der Erste Schlesische Krieg brach im Dezember 1740 aus; Glogau wurde am 9. März 1741 gestürmt.
⁵⁷ Anfang März 1741.
⁵⁸ Noch aus Stettin datiert ist ein Abschiedsbrief der Prinzessin an Gräfin Ulrika v. Mellin vom 20. März 1742.

Seite 58
⁵⁹ Anna Luise, geb. Föse.
⁶⁰ Am 8. November 1742.
⁶¹ Am 27. August 1742.
⁶² Elisabeth, geb. 17. Dezember 1742.
⁶³ Gest. am 7. November 1742.

Seite 59
⁶⁴ Der mit seinem Bruder und seinem Sohne am 12. Januar 1743 feierlich in Zerbst eingezogen war.
⁶⁵ Sophie Christiane von Anhalt-Zerbst.
⁶⁶ Hedwig Friederike, Tochter Herzog Friedrich Ferdinands von Württemberg-Weiltingen.
⁶⁷ In Zerbst hatte die Prinzessin Klavierunterricht bei dem Kapellmeister Johann Georg Roellig; als Sprachmeister wurde am fürstlichen Hofe am 12. August 1743 der Franzose Jean la Roche angenommen.

Seite 60
⁶⁸ Seit 1667.
⁶⁹ Karl Edzard, der Letzte des Hauses Greetsyl.
⁷⁰ Sophie Wilhelmine.
⁷¹ Gräfin Charlotte Sophie war nicht die Tochter, sondern die Enkelin des Grafen Anton von Aldenburg (gest. 1680), der ein legitimierter Sohn des Grafen Anton Günther von Oldenburg (gest. 1667) war.
⁷² Das ›Froichen‹ (Fräulein) Maria von Jever, gest. 1575.
⁷³ Graf Anton Posthumus von Aldenburg, gest. 1738.

Seite 61
⁷⁴ Karl Wilhelm Wolfgang v. Donop, geb. 1740 in Varel, sächsisch-meiningischer Geheimer Rat, wurde Erbe der Gräfin.

Seite 65
⁷⁵ Anna Petrowna starb zwanzigjährig am 15. Mai 1728, nachdem sie am 21. Februar einem Sohn das Leben geschenkt hatte.
⁷⁶ Friedrich Wilhelm von Bergholz, Tagebuch, welches er in Rußland von 1721 bis 1725 als holsteinischer Kammerjunker geführt hat. – Magazin für die neue Historie und Geographie, angelegt von D. Anton Friderich Büsching. Teil 19-22. Halle 1785-1788.
⁷⁷ Gustaf Adlerfelt hatte als Hofjunker Karls XII. von 1701-1709 ein Tagebuch geführt, das sein Sohn, der hier genannte C. E. Adlerfelt, ins Französische übersetzte und herausgab unter dem Titel: Histoire militaire de Charles XII., roi de Suéde. Amsterdam (1740).

Seite 66
[78] Prinz Karl von Holstein, gest. 1. Juni 1727.

Seite 67
[79] Am 7. (18.) November 1742.

Seite 68
[80] Dieses Porträt war schon am 15. Oktober 1742 durch den Legationsrat
Schriever in Berlin überreicht worden.

Seite 69
[81] »Augure de tout, que Pierre III sera ton époux.«

Seite 70
[82] Etwas anders hatten sich diese Besprechungen in Katharinas Erinnerung
gemalt, als sie zum ersten Male ihre Memoiren schrieb (Stück V): »Sie [meine
Mutter] sagte mir, die Sache sei allerdings wahr, man mache mir von hier aus
[aus St. Petersburg] derartige Anträge. Aber alles liege noch in weiter Ferne; es
sei auch zu sehr gewagt. Weder sie selbst, noch mein Vater oder mein Onkel
wollten etwas davon wissen. Es wäre sogar eine abschlägige Antwort erteilt
worden, ohne mich überhaupt zu befragen, wenn ich es nicht erraten hätte. Sie
fügte hinzu: »Was denken denn Sie darüber?« Ich antwortete ihr: »Wenn es Ihnen
nicht gefällt, stünde es mir schlecht an, es zu wünschen.« Sie erwiderte: »Es
scheint, Sie hätten nichts dagegen einzuwenden?« – Der Gedanke, sie zu verlassen,
namentlich aber meinen Vater, der mich zärtlich liebte, berührte mich in diesem
Augenblick so schmerzlich, daß ich anfing zu weinen. Mein Vater trat ein, küßte
mich und sagte, er werde mich zu einem so wichtigen Schritt nicht zwingen, und
meine Mutter würde reisen unter dem Vorwande, Ihrer Majestät für die Gnadenbeweise zu danken, die ihre Familie von ihr erfahren habe. Er fügte hinzu, falls ich
meine Mutter auch nicht zu begleiten wünschte, so hinge das nur von mir ab, wenn
ich aber mit ihr reiste und wieder zurückkehrte, so würde ich stets willkommen
sein. Er sei sich aller Bedenklichkeiten bewußt und wolle sich keinesfalls für später
den Selbstvorwürfen aussetzen, mich unglücklich gemacht zu haben. – Ich brach
in Tränen aus. Selten in meinem Leben bin ich so gerührt gewesen wie in diesem
Augenblick; tausend verschiedene Empfindungen bewegten mich, Dankbarkeit für
die Güte meines Vaters, Besorgnis, ihm zu mißfallen, die Gewohnheit, ihm blindlings zu gehorchen, die zärtliche Liebe, die ich immer für ihn gehabt hatte. Die
Hochachtung, die er wirklich verdiente, gewann schließlich die Oberhand.«
[83] Datiert: 3. Januar 1744.
[84] Am 10. Januar 1744.

Seite 71
[85] Maria Anna, die 1745 den Kurfürsten Maximilian Josef von Bayern heiratete.
[86] Axel Freiherr v. Mardefeldt.

Seite 73
[87] Von diesem Souper erzählte Katharina ausführlicher (Stück V): »Am Abend
ließ er [der König] mich bei der Tafel neben sich sitzen, sprach beständig mit mir,
fragte mich nach tausenderlei, redete von der Oper, von der Komödie, von Poesie,
Tanz, was weiß ich alles. Kurz, er sprach von tausenderlei Dingen, über die man

426

eben mit einem vierzehnjährigen Mädchen plaudern kann. Anfangs war ich sehr schüchtern mit ihm, aber dann gewöhnte ich mich, und schließlich unterhielten wir uns ganz freundschaftlich, so daß die ganze Gesellschaft große Augen machte, daß Seine Majestät ein Gespräch mit einem Kinde führte. Schließlich ging irgend jemand, ich weiß nicht wer, hinter uns vorbei. Der König rief ihn an und streckte den Arm nach einer Schale mit Eingemachtem aus, die vor mir stand; ich nahm diese und reichte sie ihm zu, worauf er sagte: ›Geben Sie sie dem Herrn da!‹ Er nannte mir dessen Namen, aber ich habe ihn vergessen. Er wandte sich dann jenem zu und sagte: ›Nehmen Sie die Gabe an aus der Hand der Amouren und der Grazien!‹ Ich errötete. Dann erhoben wir uns von der Tafel.«

[88] Am 16. Januar 1744.
[89] In Schwedt.
[90] Gräfin von Rheinbeck.
[91] Der Komet Chéseaux war sichtbar im Dezember 1743 und in den ersten Monaten 1744.
[92] Am 5. Februar 1744.

Seite 74
[93] Ursprünglich Oranienburg (jetzt Gouv. Riazan).
[94] Iwan VI.
[95] An der nördlichen Dwina, Gouv. Archangelsk.
[96] Am 9. Februar 1744.
[97] »Il faut enjamber, enjambez donc!«
[98] Am 10. Februar 1744.
[99] Dorpat wurde am 12. Juli 1704 von Scheremetew gestürmt.
[100] Am Freitag, den 3. Februar alten Stils (14. Februar neuen Stils) 1744.

Seite 75
[101] Nach Polen.

Seite 76
[102] 1 Arschin = 71 cm.
[103] Am 6. Februar (alten Stils) 1744.

Seite 77
[104] Stück V: »Im Golowinschen Palais.«

Seite 78
[105] (Stück V) »Während ihrer Unterhaltung widmete sich der Großfürst mir, und ich gefiel ihm so sehr, daß er deswegen die ganze Nacht nicht schlief, und Brümmer veranlaßte ihn, laut zu sagen, er wolle niemand anders haben, als nur mich allein. Er kam zu uns zum Souper; ich war erstaunt, ihn in allen seinen Reden so kindlich zu finden, obwohl er am nächsten Tage sein sechzehntes Lebensjahr vollendete. Trotzdem mißfiel er mir nicht ganz: er war hübsch, und ich hatte so oft sagen hören, daß er viel verspräche, daß ich das lange geglaubt habe.«
[106] *Baron* Christian Wilhelm v. Münnich.

Seite 79
[107] (Stück IV) »Der Großfürst schien sich über meine und meiner Mutter Ankunft zu freuen. Während der ersten zehn Tage erwies er mir sehr viel Aufmerksamkeit.

Sofort, noch während dieser kurzen Zeit, erkannte ich klar, daß er die Nation nicht
sehr hochschätzte, über die ihm zu herrschen bestimmt war, daß er am Luthertum
festhielt, daß er seine Umgebung nicht liebte und daß er noch sehr kindisch war.
Ich schwieg und hörte ihm zu: das gewann mir sein Vertrauen. Ich entsinne mich,
daß er mir unter anderem sagte, am meisten gefiele ihm an mir, daß ich seine
Cousine zweiten Grades sei; er könne also mit mir, als seiner Verwandten, ganz
offen sprechen. Dann erzählte er mir, er sei verliebt in eine Hofdame der Kaiserin,
die man damals vom Hofe entfernt hatte, nach dem Unglück ihrer Mutter, einer
Frau Lopuchin, welche nach Sibirien verschickt worden war. Er hätte sie gern
geheiratet, habe sich aber darein gegeben, mich zu nehmen, weil seine Tante es so
wünschte. Diese verwandtschaftlichen Erzählungen hörte ich errötend an und
dankte ihm für sein rasches Vertrauen. Aber im Grunde meines Herzens sah ich
mit Verwundern seine Unklugheit und seinen Mangel an Urteil in vielen Dingen.«
[108] Am 3. März 1744.
[109] Nach einem gleichzeitigen Zeitungsbericht erkrankte die Prinzessin am 6.
März. – Erst sehr viel später sah sie den Anlaß zu ihrer Erkrankung in allzu gewal-
tigem Lerneifer (Stück IV): »Um in der russischen Sprache schnellere Fortschritte
zu machen, erhob ich mich des Nachts aus meinem Bett, und während alles schlief,
lernte ich die Hefte auswendig, die mir Adadurow gegeben hatte. Weil mein
Zimmer warm war und ich noch gar keine Erfahrungen mit dem Klima gemacht
hatte, unterließ ich es, Strümpfe anzuziehen und lernte, so wie ich aus dem Bette
gestiegen war. Am dreizehnten Tage bekam ich eine Pleuritis . . .«

Seite 80
[110] Hermann Kaauw-Boerhaave, 1740 nach Rußland berufen.
[111] Hermann Boerhaave, 1701-1738 Professor in Leiden.

Seite 81
[112] Am Freitag, den 9. März 1744.
[113] Das wäre der 17. März gewesen (Ostern fiel auf den 25. März); der Zeitungsbericht nennt ausdrücklich den 19. als Tag der Krise.

Seite 83
[114] Am 1. Juni 1744.
[115] Arsenij (Alexej Mogilianskij).

Seite 84
[116] Prinzessin Anna Leopoldowna von Braunschweig, die Mutter des Kaisers
Iwan VI.

Seite 85
[117] Am 6. Juni 1744.
[118] Am 13. Juni 1744.
[119] Wasilij Adadurow ist Verfasser eines Lehrbuches: ›Anfangs-Gründe der Ruß-
schen Sprache‹, erschienen als Beilage seiner Übersetzung des Weißmannschen
deutsch-lateinischen Lexikons (Teutsch-Lateinisch-Rußisches Lexicon, St. Petersburg 1731).

Seite 87
[120] (Stück V) »Ich las in russischer Sprache, die ich nicht einmal verstand, ganz

fließend und mit tadelloser Aussprache fünfzig Quartseiten und sagte danach auswendig das Glaubenssymbol her.«

[121] An diesem Tage erhielt Prinzessin Sophie den Namen Katharina Alexejewna, angeblich (Stück V) »nur aus dem Grunde, weil mein bisheriger [Name] verhaßt war wegen der Ränke der Schwester Peters des Großen, die ebenso geheißen hatte«.

[122] Ambrosius (Andrej Juschkewitsch).

[123] (Stück V) ».. . danach wechselte die Kaiserin die Ringe. Der Ring, den ich vom Großfürsten bekam, war zwölftausend Rubel wert, und der andere, den er von mir erhielt, vierzehntausend.«

Seite 88

[124] Karl v. Holstein.

[125] Der Frieden von Åbo, 1743. – Das Friedensfest fing aber nicht am 17., sondern am 15. Juli 1744 an.

Seite 89

[126] Am 27. Juli 1744.

[127] Am 26. Juli 1744.

Seite 90

[128] Am 2. August 1744. – Kozeletz (Gouv. Tschernigow, früher Kijew), nicht Kozelsk (Gouv. Kaluga), wie Katharina irrtümlich schreibt!

Seite 92

[129] Am 8. September 1744.

[130] Seit dem 20. September 1744.

Seite 94

[131] Gräfin Praskowja Alexandrowna Bruce, geb. Gräfin Rumiantzowa (geb. 7./18. Oktober 1729) war fast gleichaltrig mit Katharina.

Seite 95

[132] (Stück IV) »Verschiedene Gründe hatten mich zu diesen Ausgaben genötigt. Erstens, ich war sehr schlecht ausgestattet nach Rußland gekommen. Wenn ich drei oder vier Kleider besaß, so war das schon das allerhöchste, und das an einem Hofe, an dem man sich täglich dreimal umkleidete. Ein Dutzend Hemden war meine ganze Wäsche; ich mußte das Bettzeug meiner Mutter benutzen. Zweitens war mir gesagt worden, in Rußland habe man Geschenke gern, und durch Freigebigkeit könne man sich Freunde erwerben und sich angenehm machen. Drittens hatte man mir die verschwenderischste Frau von Rußland beigegeben, die Gräfin Rumiantzow. Die war beständig von Kaufleuten umgeben und zeigte mir täglich eine Menge Dinge, die sie mir zu kaufen riet. Oft kaufte ich die Sachen nur, um sie ihr zu schenken, weil sie eben gern haben wollte. Dann kostete mich auch der Großfürst sehr viel, weil er arg auf Geschenke erpicht war. Auch schlechte Stimmungen meiner Mutter ließen sich leicht durch irgend etwas, was ihr gefiel, besänftigen. Und weil solche bei ihr recht häufig waren, namentlich gegen mich, so unterließ ich eben nicht, das von mir entdeckte Mittel auch anzuwenden.«

Seite 96

133 (Stück V) »Ich tat mein möglichstes, die zu gewinnen, mit denen ich mein Leben verbringen sollte. Meine Hochachtung und meine Dankbarkeit gegen die Kaiserin waren außerordentlich groß; sie war in meinen Augen wie eine Gottheit, der kein Makel anhaftet. Sie pflegte auch zu sagen, sie liebe mich fast mehr als den Großfürsten. Es freute sie, Gutes über mich zu hören; ich war aber recht schüchtern mit ihr. Der Großfürst liebte mich leidenschaftlich, und alles trug dazu bei, mich auf eine glückliche Zukunft hoffen zu lassen.«

134 Am 28. Oktober 1744; am 11. November verließ er das Bett, am 23. zum erstenmal das Zimmer, am 26. November fand ein Dankgottesdienst statt für seine Genesung.

135 Am 15. Dezember 1744.

Seite 97

136 Am 24. Dezember 1744.

Seite 98

137 Gemeint ist Conyers Middleton, Life of Cicero (London 1741), französisch vom Abbé Prévost (Paris 1743), eine deutsche Ausgabe (von Jh. Jak. Dusch) erschien erst 1757-1759!

138 Ch. Montesquieu, Considérations sur les causes de la grandeur des Romains et de leur décadence. Amsterdam 1754.

139 Gewiß in der berühmten Übersetzung von Amyot (Paris 1559, u. ö.).

140 Im Jahre 1758 (!). (Stück IV) »Viele Jahre später, nämlich im Jahre 1758, habe ich diesen Aufsatz wiedergefunden und war erstaunt über die tiefe Selbsterkenntnis, die er enthielt. Unglücklicherweise habe ich ihn in jenem Jahre mit meinen sämtlichen anderen Papieren verbrannt, weil ich mich wegen der unglücklichen Geschichte mit Graf Bestushew fürchtete, auch nur ein einziges in meinen Gemächern zu behalten.«

Seite 100

141 Am 27. Januar (d. h. am 7. Februar neuen Stils) 1745.

142 Falconet, der Schöpfer des Reiterstandbildes Peters des Großen in Petersburg, verließ 1778 Rußland.

Seite 101

143 Araja vertonte die erste *russische* Oper (1751, ›Titowo miloserdije‹ von F. G. Wolkow).

Seite 104

144 Die Abramowa (spätere Melgunowa).

Seite 107

145 Später schrieb Katharina (Stück IV): »Wir waren acht, mein Kammerdiener der neunte, und zwei Bediente folgten uns.«

146 (Stück IV): »Am meisten betrübte mich, daß sie uns beschuldigte, nach oben in die Gemächer des Großfürsten gegangen zu sein. Ich erklärte ihr, das wäre eine abscheuliche Verleumdung, und darüber war sie vor Wut ganz außer sich. Vergebens warf ich mich auf die Knie, um ihren Zorn zu besänftigen; sie hielt meine Unterwürfigkeit für eine Komödie und jagte mich aus dem Zimmer.«

Seite 108
[147] (Stück IV): »Je näher der Tag kam, in desto tieferen Trübsinn verfiel ich. Mein Herz prophezeite mir kein großes Glück, nur der Ehrgeiz hielt mich aufrecht. Ich besaß im Grunde meines Herzens etwas, ich weiß nicht was, das mich nie einen Augenblick hat zweifeln lassen, daß ich doch früher oder später durch mich selbst souveräne Kaiserin von Rußland werden würde.«

Seite 109
[148] Es haben sich einige Blätter mit kurzen Notizen Katharinas erhalten, an deren Hand wohl die Memoiren ausgearbeitet wurden. Dort findet sich die Eintragung: »1745. Bad vor der Hochzeit, die Kaiserin kommt mich sehen.«

Seite 111
[149] Am 26. August 1745.

Seite 113
[150] Das ist der große irrende Ritter der Katalaner, dessen Fahrten Johanot Martorell erzählt hat: Tirant lo Blanch, Valencia 1490. Die französische Nachahmung dieses Buches gab Graf A. Cl. de Caylus: Histoire du vaillant chevalier Tiran le Blanc. Londres (Paris um 1737).

Seite 114
[151] Am 28. September 1745.

Seite 115
[152] Am 30. September 1745.

Seite 119
[153] Brümmer wurde am 21. Mai 1746 entlassen.
[154] Kizliar am Terek (Kaukasien). Stück IV nennt Astrachan als Verbannungsort.

Seite 120
[155] Anna Leopoldowna war am 7. März gestorben, nachdem sie am 27. Februar einem Sohne (Alexej Antonowitsch, gest. 1787 in Horsens in Dänemark) das Leben gegeben hatte.
[156] Am 21. März 1746.

Seite 121
[157] Die 1723 verstorbene Gemahlin Iwans V., Mutter der Kaiserin Anna.
[158] Katharina Iwanowna (gest. 1733), Gemahlin des Herzogs Karl Leopold von Mecklenburg-Schwerin.

Seite 124
[159] Die Tschernyschows wurden entfernt am 23. Mai 1746.

Seite 125
[160] Maria Tschoglokowas Antellung als Oberhofmeisterin erfolgte am 26. Mai 1746.

Seite 126

[161] (Stück V) »Sie fing an mich auszuschimpfen und fragte, ob die Verhaltungs-maßregeln, nach denen ich mich richtete, von meiner Mutter stammten. Ich verriete sie an den König von Preußen; meine Schurkereien und Schleichwege seien ihr bekannt, sie wisse alles! Wenn ich zum Großfürsten ginge, so sei das seiner Kammerdiener wegen. Ich sei daran schuld, daß meine Ehe noch der Erfüllung entbehre (in dem Punkte, dessen Ursache nicht die Frau sein kann). Es sei nicht ihr Fehler, wenn ich den Großfürsten nicht liebte, denn sie habe mich nicht gegen meinen Willen verheiratet. Kurz, sie sagte tausend häßliche Dinge, von denen ich die Hälfte vergessen habe.«

[162] Aber früher (Stück V) hatte Katharina erzählt: »Ich war so schrecklich verzweifelt, daß das im Verein mit den mir eigenen heroischen Gefühlen mich zu dem Entschlusse brachte, mich zu töten. Ein Leben so voller Aufregungen und so viel Ungerechtigkeiten auf allen Seiten ohne jede Aussicht auf eine Änderung brachten mich auf den Gedanken, der Tod wäre einem solchen Dasein doch vorzu-ziehen. Ich legte mich also auf ein Kanapee, und nach einer halben Stunde tiefster Bekümmernis holte ich mir ein großes Messer, das auf meinem Tisch lag, und versuchte es mir mit großer Entschlossenheit ins Herz zu stoßen. Da trat gerade eines meiner Mädchen ein, ich weiß nicht weshalb, und fand mich in dieser schönen Lage vor. Das Messer, das weder sehr scharf noch sehr spitz war, ging nur mit Mühe durch meine Schnürbrust. Sie stürzte sich darauf; ich war fast besinnungslos und erschrak, als ich sie sah, denn ich hatte sie nicht bemerkt. Sie war kein dummes Mädchen (jetzt ist sie die Frau eines Obersten namens Kaschkin, der das Regiment Tobolsk befehligt). Sie versuchte mich von meinem unerhörten Gedanken abzu-bringen und brachte alle Trostgründe vor, die ihr nur einfielen. Allmählich bereute ich meine schöne Tat und ließ sie einen Eid schwören, nicht davon zu sprechen; sie hat ihn auch getreulich gehalten.«

Seite 129
[163] Am 9. Juli 1746.

Seite 130
[164] Um Kaiser Franz I. zur Thronbesteigung (1745) zu beglückwünschen.
[165] Johann Franz Freiherr ›v. Bretlach‹ oder ›v. Pretlack‹.

Seite 131
[166] Das heutige Baltischport.

Seite 132
[167] Am 30. Juli.

Seite 133
[168] Am 5. August nach Tzarskoje Selo.
[169] Am 9. August 1746.

Seite 137
[170] Am 1. Februar 1747.
[171] Die Muttergottes von Tichwin, nach der Legende gemalt vom Evangelisten St. Lukas, im Großen (Uspenskij-)Kloster.
[172] Im Jahre 1613.
[173] Evert Horn.

Seite 138
[174] Fürst Christian August starb am 16. März (n. St.) 1747.

Seite 139
[175] Sein Schwager: beide hatten eine Nabokowa zur Frau.

Seite 140
[176] Die Kammerfrau Elisabeth Frantz (Jelisaweta Iwanowna), »der damalige
Minister des Äußeren!«

Seite 141
[177] Im Juli 1747. Zum Statthalter von Hostein war Prinz August Friedrich im
November 1745 ernannt worden.
[178] Die Mündigkeitserklärung war im Juni 1745 (!) erfolgt.
[179] Im April 1747.

Seite 142
[180] Johann Freiherr v. Pechlin, dessen Sohn Detlef Philipp holsteinischer
Gesandter in Stockholm war.
[181] Instruktion vom 10. Mai 1746 (!).

Seite 145
[182] Die Briefe der Marquise de Sévigné (gest. 1696) an ihre Tochter, Gräfin de
Grignan, erschienen zuerst 1726.

Seite 150
[183] Am 11. November 1747.

Seite 151
[184] Am 4. November 1747.

Seite 152
[185] »Ihre Haarfarbe ist ein klares Schwarz, aber mit Glanz, was ihr jugendliches
Aussehen hebt und zu dem Reiz einer Brünetten die Zartheit der Blondine fügt.«
(1745, Fürstin Johanna Elisabeth). »Ihre Haare waren schwarz . . . sie hatte große
blaue, runde, sehr ausdrucksvolle Augen, schwarze sehr lange Wimpern . . .«
(1755, Graf Poniatowski). »Ihre Haare sind kastanienbraun und von größter
Schönheit; ihre Augenbrauen braun, ihre Augen braun und sehr schön . . .« (1762,
de Rulhière).

Seite 153
[186] Zaïre, Tragödie von Voltaire, 1732.

Seite 156
[187] Am 2. Februar 1748, von einer Tochter (Elisabeth, spätere Rajewskaja).

Seite 158
[188] Am 9. Mai 1748.

Seite 160
[189] Am 22. Mai 1748.

Seite 164
[190] Seit dem 27. Mai 1748.

Seite 166
[191] Nach Stück IV war es der ›Violoncellist‹ Dalloglio.

Seite 167
[192] Am 8. Juli 1748.

Seite 169
[193] P. de Bourdeilles, seigneur de Brantôme, Mémoires . . . Leyde 1665-1666. –
H. de Beaumont de Péréfixe, Histoire du roy Henry le Grand. Paris 1661.
[194] Am 20. Juli 1748.

Seite 172
[195] Geb. Schepeliowa.
[196] Geb. Glück.

Seite 174
[197] Wladislawowa (Wladislawlewa).
[198] Iwan Osipowitsch Pugowischnikow, vermählt mit Irina Stachijewna, Tochter
des Priesters Vater Stachij, dessen Söhne den Familiennamen ›Stachijew‹ führten.

Seite 176
[199] Geb. Balk-Polewa.
[200] Wohl am Mittwoch, den 9. November 1748.

Seite 177
[201] Am 13. Nobember 1748 wurde der Verhaftsbefehl erlassen, in die Festung
wurde Lestocq erst am 17. November gebracht.
[202] Lestocq blieb bis 1753 in der Festung von St. Petersburg und wurde dann nach
Welikij Ustiug (Gouv. Wologda) verbannt.

Seite 178
[203] Katharina Petrowna Wojnowa.

Seite 179
[204] In der Nacht vom 15. auf den 16. Dezember 1748.
[205] Vom 17. bis zum 23. November verweigerte Lestocq die Aufnahme von
Nahrung.

Seite 180
[206] Histoire générale d'Allemagne par le p. Jos. Barre. Paris 1748, 11 vol. (10
tom.). – [Stück IV] »Dann las ich Platos Werke«.

Seite 186
[207] Fürst Wasilij Wladimirowitsch Dolgorukow.

Seite 187
[208] Fürst Wasilij Michajlowitsch Dolgorukow-Krymskij.

434

[209] Feodor Jakowlewitsch Dubianskij.
[210] 25. März 1749.

Seite 189
[211] Am 22. Mai 1749.

Seite 190
[212] Fürst Iwan Alexejewitsch Dolorukow, 1739 gerädert.

Seite 191
[213] Natalia Borisowna, geb. Gräfin Scheremetewa, geb. 1714.
[214] Michail geb. 1731, Dmitrij geb. 1738.
[215] Am 21. Juni 1749.

Seite 192
[216] Mit Katharina Iwanowna Naryschkina (seit 27. Oktober 1746).

Seite 193
[217] Also am 29. Juni 1749.
[218] Bekannter unter dem Namen Nowyj Jerusalim (Neu-Jerusalem).

Seite 198
[219] Hedwig Elisabeth Biron.
[220] Ernst Johann Biron, im Juni 1741 nach Pelym, Gouv. Tobolsk, verbannt, seit 1742 in Jaroslawl.

Seite 199
[221] Sie entlief am 2. Juni 1749.
[222] Am 26. August 1749, mit dem Namen Katharina Iwanowna.
[223] 17. bis 22. September 1749.

Seite   202
[224] 8. Oktober 1749.

Seite 203
[225] Jetzt: Troitzkija-Tor.
[226] Praskowja. – Die Tochter dieses Paares ist die durch ihre wertvollen Memoiren bekannte Gräfin Warwara Nikolajewna Golowina (Souvenirs de la Comtesse Golovine. 3. éd. Paris 1910).

Seite 205
[227] Moritz August Benyowsky, ungarischer Abenteurer, nahm 1768 teil an der polnischen Konföderation gegen Rußland, wurde 1770 nach Kamtschatka verschickt, wo er eine Verschwörung anzettelte; nach Ermordung des Kommandanten Grigorij Nilow ging er 1771 mit siebzig Genossen nach Macao, Japan, Isle de France. 1774 ging er nach Madagaskar, wo er sich 1776 zum ›König‹ machte und 1786 umkam.
[228] Baturin starb 1772 auf der Überfahrt von Kanton nach Isle de France (nach Benyowskys Memoiren schon früher in Macao); siebzehn seiner Genossen kehrten 1773 nach Rußland zurück und wurden von Katharina begnadigt.

Seite 206
[229] Am 14. Dezember 1749.

Seite 207
[230] Am 18. Januar 1750.

Seite 210
[231] König Adolf Friedrich (gest. 1771).
[232] Am 17. Februar 1750.

Seite 212
[233] Alexander Petrowitsch Sumarokow, geb. 1718, der eigentliche Begründer des russischen Theaters. Seine erste Tragödie ›Chorew‹ (1747) wurde 1749 von den Kadetten aufgeführt.

Seite 216
[234] Am 14. März 1750.
[235] Diese Hochzeit soll schon am 29. Dezember 1749 (!) stattgefunden haben.

Seite 218
[236] Gründonnerstag, 12. April 1750.

Seite 219
[237] 14. April 1750.
[238] Sofia (Elisabeth) Tschoglokowa, später verehel. Zagriashskaja, war am 25. Februar 1750 geboren.

Seite 221
[239] Graf Joseph Bernes, vorher Gesandter in Berlin.
[240] Graf Rochus Friedrich zu Lynar kam am 7. Februar 1750 an.
[241] Carl Sigismund v. Arnim (auf Neusorge).

Seite 222
[242] Graf Lynar hat zwölf Kinder gehabt.
[243] Graf Moritz Carl zu Lynar, der Favorit der Regentin Anna Leopoldowna.

Seite 224
[244] Am 30. April 1750.

Seite 225
[245] 3. Juni 1750.
[246] Henriette Charlotte v. Arnim, geb. Gräfin von Hoym, geb. 1726.

Seite 227
[247] Am 6. Juni 1750.
[248] L'Espion du Grand-Seigneur et ses relations secretes. Par le Sieur Jean-Paul Marana. Amsterdam 1684.

436

Seite 230
[249] 1749 (!) war eine Sonnenfinsternis am 14. Juli (neuen Stils), 1750 am 8. Januar, 1751 am 25. Mai.

Seite 231
[250] Seit dem 29. Dezember 1749.

Seite 232
[251] Am 27. September 1750.

Seite 233
[252] Maria Dmitrijewna Kotzarewa.
[253] Praskowja Feodorowna, Gemahlin des Tzaren Iwan Alexejewitsch, des Bruders Peters des Großen.
[254] Bühren (Bieren) maßte sich eigenmächtig (1730) den Namen der herzoglichen Familie Gontaut-Biron an.

Seite 236
[255] Nikita Afanasjewitsch Beketow, geb. 1729.

Seite 237
[256] Geb. 1716, wenn auch ihre Grabschrift ›1722‹ sagt.

Seite 242
[257] Vom 30. April bis 8. Juni 1751.
[258] Am 18. Juni 1751.
[259] Anna Nikititschna, geb. Rumiantzowa.

Seite 243
[260] Natalia Alexandrowna Naryschkina.
[261] Aber erst 1760.
[262] Am 2. November 1751.

Seite 247
[263] Feodor Iwanowitsch Glebow.

Seite 249
[264] Wasilij Grigorjewitsch Schkurin bewies seine Anhänglichkeit vielfach. Als Katharina am 11. April 1762 von einem Sohne entbunden wurde (Alexej Grigorjewitsch, gen. Romanow, später Bobrinskij, seit 1796 Graf Bobrinskij), dessen Vater Grigorij Orlow war, wußte Schkurin durch eine List den Kaiser fernzuhalten, und nahm das Kind zu sich.

Seite 253
[265] Wohl Samuil Tschoglokow, geb. 1751, der 1767 in Sibirien unter die Soldaten gesteckt wurde.

Seite 255
[266] Am 27. Juli 1752.
[267] Am 30. Juli 1752.

Seite 256
[268] Anna Grooth, geb. Böckelmann (geb. 1731), Witwe des Malers Georg Christoph Grooth aus Stuttgart (gest. 1749), später verm. mit dem General Johann v. Müller (seit 1789 Baron Meller-Zakomelskij). Ihr Schwiegersohn wurde Baron Andreas Freedericks.
[269] Am 20. Oktober 1752.

Seite 257
[270] Am 20. Dezember 1752.
[271] Wera Tschoglokowa, geb. 12. Oktober 1752, wurde die erste Liebe von Katharinas Sohn Paul Petrowitsch und mußte, um dieser Neigung ein Ende zu machen, 1769 Graf Anton von Münnich heiraten.

Seite 262
[272] Also am 30. Juni 1753.

Seite 264
[273] Schah Nadir war seit 1747 tot.

Seite 265
[274] 10. September 1753.

Seite 267
[275] Pierre Bayle, Dictionnaire historique et critique, Rotterdam 1695–1697. 2 vol. (8ᵉ éd.; Amsterdam 1740. 4 vol.)
[276] Peter III. fand 1762 in den Gemächern der verstorbenen Kaiserin über 15 000 zum Teil nur einmal getragene Kleider.

Seite 277
[277] Am 10. Mai 1754.
[278] Katharina Iwanowna, geb. Kostiurina.
[279] Am 7. Juni.
[280] Vom 22. Juni bis zum 4. August 1754.

Seite 278
[281] Der 19. September war im Jahre 1754 aber ein Montag.

Seite 281
[282] Am 25. September 1754.

Seite 283
[283] Der französische Gesandte Marquis de L'Hôpital erwähnt 1757 in einer Depesche den Großfürsten Paul, »der, wie man sagt, von Herrn Saltykow ist«.
[284] Am 6. November 1754.

Seite 284
[285] Voltaire: Annales de l'Empire. Bâle 1753. – Histoire universelle, Paris 1754.
[286] Caesar Baronius, Annales ecclesiastici, a Christo nato ad annum 1198. Romae 1588-1607. Auf der stark gekürzten polnischen Bearbeitung von Skarga (1603) beruht auch die russische (1719).

438

²⁸⁷ Montesquieu, De l'Esprit des lois. Genève (1748).

Seite 287
²⁸⁸ Christian August v. Brockdorff, aus einem erloschenen Zweige der Familie: sein Großvater Heinrich (gest. 1671) ist der jüngere Bruder von Cay (gest. 1619), dessen Enkel Cay Lorenz (gest. 1725), seit 1672 dänischer Graf, 1706 in den Reichsgrafenstand erhoben wurde.
²⁸⁹ 1744.

Seite 289
²⁹⁰ Am Dienstag, den 23. Mai 1755.

Seite 292
²⁹¹ Sir Charles Hanbury Williams hatte am 12. Juni 1755 Antrittsaudienz.
²⁹² Graf Stanislaus August Poniatowski kam erst Ende Juni 1755 nach St. Petersburg.
²⁹³ Am 16. Juni 1755.

Seite 294
²⁹⁴ Poniatowski berichtet in seinen Memoiren: »Er [Bestushew] bemühte sich vergeblich, ihr [der Großfürstin] Liebhaber nach seiner Wahl zuzuführen, und er hatte zu dem Zwecke einen Grafen Lehndorff ausersehen, der an demselben Tage wie ich bei Hofe vorgestellt worden war, und dessen Lob die neugierigen Höflinge absichtlich noch an diesem Abend vor der Großfürstin sangen. Sie entgegnete: von den beiden habe ihr der Pole besser gefallen! Diese Worte, ohne jede Nebenabsicht gesagt, hatte Leo Alexandrowitsch Naryschkin gehört. Er machte sich bald mit mir bekannt, und um sich zu nähern, erzählte er mir das und berichtete mir auch weiterhin alles, was mir Hoffnung machen konnte . . . Ich wußte, daß ich einen Vorgänger in der Person Saltykows gehabt hatte, den die regierende Kaiserin Elisabeth entfernt hatte, unter dem Vorwand einer Mission nach Schweden, aber ich wußte nicht, daß die Großfürstin Grund hatte, mit ihm unzufrieden zu sein . . . Zu der Zeit hatte sie diejenige Stufe ihrer Schönheit erreicht, die für jede Frau, wenn es ihr überhaupt beschieden ist schön zu sein, den Höhepunkt bedeutet. Ihre Haare waren schwarz, ihre Haut blendend weiß und leuchtend rot, sie hatte große blaue, runde, sehr ausdrucksvolle Augen, schwarze sehr lange Wimpern, eine griechische Nase, einen Mund, der nach Küssen zu schmachten schien; ihre Arme und Schultern waren vollendet schön, sie hatte eine biegsame, ziemlich hohe Figur, und ihr Gang war sehr behend, aber voll Adel, der Klang ihrer Stimme angenehm, und ihr Lachen so fröhlich wie ihre Gemütsverfassung . . . Ein seltener Zufall wollte, daß ich, obwohl schon zweiundzwanzig Jahre alt, ihr darbrachte, was noch niemand gehabt hatte (im Manuskript ausgestrichen: des prémices que je n'avais perdues ni à Paris, ni à Londres).«
²⁹⁵ Am 10. November 1755.

Seite 297
²⁹⁶ Vertrag von Westminster, 16. Januar 1756.
²⁹⁷ Vertrag von Versailles, 1. Mai 1756.

Seite 298
²⁹⁸ Am 4. November 1756.
²⁹⁹ Graf Andrej Alexejewitsch Bestushew-Riumin hatte am 5. Mai 1747 Eudoxia Danilowna Razumowskaja geheiratet.

300 Fürstin Helene Kurakina.
301 Matriona Gerasimowna Streschentzewa war eine Kusine der Grafen Razumowskij (Bruderstochter der Mutter).

Seite 299
302 ›Madame Johanna‹ (Jaganna Petrowa) war schon Kammermädchen Katharinas I. gewesen.

Seite 301
303 Graf Gabriel Iwanowitsch Golowkin.

Seie 302
304 Graf Adam Horn (Sohn von Graf Arwid Bernhard Horn).
305 Herzogin Albertine Friederike von Holstein-Gottorp war am 22. Dezember
1755 gestorben.

Seite 303
306 Anfang August 1756.

Seite 304
307 Fürst Dmitrij Michajlowitsch Golitzyn, vermählt mit Prinzessen Smaragda-
Katharina Kantemir.

Seite 306
308 Ende Oktober oder Anfang November 1757 (!).
309 Vertrag zwischen England und Rußland vom 19. (30.) September 1755, ratifi-
ziert am 1. Februar 1756.
310 Rußland trat dem Vertrag von Versailles bei am 20. (31.) Dezember 1756.
311 Am 23. Dezember 1756; er hatte am 31. Dezember Antrittsaudienz.

Seite 307
312 Gottfried Heinrich Elend, 1749 als ›von Ellendsheim‹ geadelt.

Seite 309
313 Magnus Friedrich v. Holmer, verhaftet im Juni 1746, freigesprochen durch
Urteil vom 21. November/2. Dezember 1752.

Seite 310
314 Datiert: Petersburg, 24. Mai/4. Juni 1756. – v. Ellendsheim saß bis 1763 im
Gefängnis und wurde erst freigesprochen durch Urteil vom 25. November 1764!
315 Pelikan, Pelikan!

Seite 314
316 Am 6. Februar 1757.

Seite 315
317 Die Tochter ihrer Schwester Anna.

Seite 318
318 Am 29. Januar (9. Februar) 1757.
319 Am 6. Mai 1757.

440

Seite 320
[320] Am 29. August 1757.

Seite 322
[321] Graf Nikolas Esterhazy.
[322] Marquis de L'Hôpital.

Seite 323
[323] Durch Befehl vom 7. Oktober 1757.
[324] Angeblich am 6. August 1758 (?). Das ist Legende: er starb erst am 26. August 1760 (!).
[325] Am 10. (21.) Januar 1758.

Seite 325
[326] Maria Josepha, die älteste Tochter Kaiser Josephs I.

Seite 326
[327] Am 5. April 1758.
[328] Graf Poniatowski.
[329] Johann Moritz Prasse.
[330] Am 30. Mai 1758.

Seite 328
[331] Marquis de L'Hôpital schreibt in einer Depesche vom 27. Juli 1757: »Weil der Großfürst als impotent gilt, heißt es, die Großfürstin, die jetzt schwanger ist, sei es von Graf Poniatowski.«

Seite 329
[332] Am 14. (25.) August 1758.

Seite 330
[333] Graf Peter Alexandrowitsch Rumiantzow erhielt als Sieger im ersten Türkenkriege den Beinamen ›Zadunajskij‹.
[334] Am 8. September 1757 (!).

Seite 334
[335] Großfürstin Anna, geb. 9. Dezember 1757 (!), gest. 8. März 1759.

Seite 336
[336] Auch am Rande des Manuskriptes: ›1759‹, – es muß heißen: 1758! – Die Chronologie ist am Schluß dieses Stückes arg in Unordnung geraten.

Seite 337
[337] Die Hochzeit Buturlins war am Sonntag, den 15. Februar, die Strogonows am Mittwoch, den 18. Februar, und die Naryschkins am Sonntag, den 22. Februar 1758.
[338] Adolf Siegfried v. d. Osten (seit 1768 polnischer Graf).

Seite 338
[339] Am Sonnabend, den 14. Februar 1758.

Seite 344
[340] Durch Manifest vom 27. Februar 1758.

Seite 345
[341] Manifest vom 5. April 1759.
[342] Am 7. April 1758.
[343] Georg Christian v. Wolff.

Seite 350
[344] Diese beiden Bemerkungen sind im Manuskript russisch, unübersetzt.

Seite 353
[345] Dubianskij war vermählt mit Maria Konstantinowna Scharogorodskaja, der Tocher von Konstantin Feodorowitsch Scharogorodskij (gest. 1735), der auch Beichtvater Elisabeths gewesen war.

Seite 355
[346] Am 13. April 1758, dem Montag in der Karwoche.

Seite 356
[347] Fürstin Johanna Elisabeth war damals in Hamburg, sie kam erst im Juli 1758 nach Paris.

Seite 359
[348] Stepan Stepanowitsch Apraxin, geb. 13. Juli 1757 in Riga.

Seite 361
[349] L'abbé Prévost d'Exiles, Histoire générale des voyages . . . Paris 1745–70.21 vol.
[350] Die von Diderot und D'Alembert herausgegebene ›Encyclopédie ou Diction-naire raisonné des sciences, des arts et des métiers‹ erschien zuerst in Paris in den Jahren 1751-1772 in 58 Bänden.
[351] Alexander Romanowitsch Worontzow, geb. 1741; Semion Romanowitsch Worontzow, geb. 1744.

Seite 363
[352] Katharina war erst am 23. April (4. Mai) 1729 getauft worden.

Seite 364
[353] Am 17. April 1759 (!).

Seite 365
[354] Durch ›Provisionaldiploma‹ vom 16. November 1758 war dem Prinzen Karl als Herzog das Lehen von Kurland und Semgallen übertragen und die Investitur auf den 2. Januar 1759 angesetzt worden.
[355] Am 14. November 1759 (!)
[356] Am 23. Mai 1758.
[357] Die Erzählung bricht hier ab.

[358] Am 30. Mai 1758 nach Oranienbaum (S. 359).

[359] Graf Poniatowski erzählt in seinen Memoiren von dem nächtlichen Besuch bei der Großfürstin am Donnerstag, den 25. Juni (6. Juli) 1758: »In dieser Nacht traf ich unglücklicherweise im Walde von Oranienbaum auf den Großfürsten mit seinem ganzen Gefolge, allesamt halb betrunken. Man fragte meinen Kutscher, wen er fahre. Mein Läufer sagte, einen Schneider. Man ließ uns vorbei. Aber Elisabeth Worontzow, die Hofdame der Großfürstin und Mätresse des Großfürsten, die dabei war, machte grinsend ein paar Bemerkungen über den angeblichen Schneider, die den Großfürsten doch so verstimmten, daß ich, als ich nach einigen mit der Großfürstin verbrachten Stunden den abgelegenen Pavillon verließ, den sie damals unter dem Vorwande einer Brunnenkur bewohnte, mich nach wenigen Schritten plötzlich von drei Berittenen angegriffen sah, die, den Säbel in der Faust, mich am Kragen packten und so zum Großfürsten schleppten . . .«

[360] Poniatowski erzählt von diesem Peterstage (29. Juni 1758): ». . . Der Großfürst trat mir mit vergnügtem Gesicht entgegen und sagte: ›Du bist doch ein großer Narr, daß du mich nicht rechtzeitig ins Vertrauen gezogen hast. Hättest du das getan, so wäre dieser ganze Zank gar nicht erst entstanden.‹ Ich gab ihm recht (das kann man sich denken) und begann sofort die tiefe Klugheit der militärischen Dispositionen Seiner Kaiserlichen Hoheit zu rühmen, denen ich nicht hätte entwischen können. Das schmeichelte ihm derartig und versetzte ihn in so gute Laune, daß er nach einer Viertelstunde zu mir sagte: ›Aber wenn wir hier als gute Freunde zusammen sind, fehlt doch noch jemand.‹ Er geht darauf in das Zimmer seiner Frau, zieht sie aus dem Bett, läßt ihr nur die Zeit, Strümpfe, aber keine Schuhe, und einen Bataviarock ohne Jupon anzuziehen, bringt sie in diesem Zustand und zeigt sie mir mit den Worten: ›Also da ist sie! Ich hoffe, man wird mit mir zufrieden sein!‹ . . . Dann fingen wir alle sechs [L. A. Naryschkin, Graf Branicki und Elisabeth Worontzowa waren noch anwesend] an zu plaudern, zu lachen und tausenderlei Späße mit einer kleinen Fontäne in dem Salon zu haben, als hätten wir keine Sorge, und wir trennten uns erst um vier Uhr morgens. So toll das auch scheinen mag, ich erkläre doch, es ist die reine Wahrheit. Vom folgenden Tage an sahen mich alle freundlicher an. Der Großfürst ließ mich meine Ausflüge nach Oranienbaum noch etwa viermal wiederholen. Ich kam abends an, gelangte über eine Geheimtreppe in das Zimmer der Großfürstin und fand hier den Großfürsten mit seiner Mätresse. Wir soupierten zusammen, und dann ging er mit seiner Mätresse fort, indem er zu uns sagte: ›Nun, Kinder, ich glaube, ihr braucht mich nicht mehr!‹ und ich blieb, so lange ich wollte. Iwan Iwanytsch sagte mir Verbindliches, und Worontzow tat dasselbe. Ich konnte aber doch bemerken, daß das alles nicht ganz klar war und daß es für mich Zeit war abzureisen.«

[361] Graf Poniatowski verabschiedete sich in Petersburg am 2. (13.) Juli und reiste am 4. (15.) August 1758 ab.

[362] Fürstin Katharina Romanowna Daschkowa, geb. Worontzowa, erster ›Präsident der Russischen Akademie‹ (1783), bekannt als Memoirenschreiberin (Mémoires de la Princesse Dashkow. D'après le manuscrit revu et corrigé par l'auteur. Moskau 1881).

[363] In ihrem Buch ›Antidote‹ (1770) schreibt Katharina: »Im Augenblick des Ablebens der Kaiserin Elisabeth befanden sich Peter III. und seine Gemahlin am Bett der Sterbenden. . . . Als die vier Ärzte, die im Zimmer waren, erklärt hatten,

die Kaiserin sei tot, wurden die Türen des Vorzimmers geöffnet: die Mitglieder des Senats, die hohen Würdenträger des Staates und der ganze Hof traten ein. Es war keiner, der nicht deutliche Zeichen seines Schmerzes gegeben hätte; alles schluchzte. Der Kaiser zog sich zurück; die Kaiserin war mit ihm übereingekommen, sie würde im Zimmer der Verstorbenen bleiben, bis er in die Kapelle ginge . . . Die Kaiserin gab so bestimmte Befehle, daß nach weniger als zwei Stunden die ganze Stadt das Gemach betreten konnte, in welchem die Leiche der Kaiserin ausgestellt war. Dann ließ der Kaiser sie auffordern, in die Kapelle zu kommen . . . Dort wohnte sie den Gebeten bei und war einfache Zuschauerin, als die Anwesenden dem Kaiser den Treueid leisteten.«
[364] Seelenamt.

Seite 374
[365] Am 4. Januar 1762.
[366] Im März 1762.

Seite 375
[367] Manifest vom 18. Februar 1762 (angekündigt im Senat am 28. Januar).

Seite 376
[368] Eine Sashen ist 2,13 m.

Seite 377
[369] Ukas vom 21. März 1762.
[370] (Gräfin) Elisabeth Worontzowa.

Seite 378
[371] Am 9. Juni 1762, bei einem Festmahl zur Feier des Friedens mit Preußen, trank Peter auf die kaiserliche Familie. Katharina tat ihm sitzend Bescheid. Darauf sandte der Kaiser Gudowitsch, ihr ein Schimpfwort zu sagen, rief dann aber zur Sicherheit selbst laut über den Tisch: »dura (dummes Frauenzimmer)!«
[372] Peter war am 12. Juni 1762 nach Oranienbaum, Katharina am 17. nach Peterhof gegangen.
[373] Am 27. Juni 1762.
[374] Gemeint ist Grigorij, der aber der zweite der fünf Brüder Orlow war (geb. 1734); der älteste war Iwan (geb. 1733).
[375] Graf Kirill Razumowskij.
[376] Außer Alexej Orlow hatte Katharina auf dieser Fahrt den Kammerjunker Wasilij Bibikow, Fräulein Scharogorodskaja und den Kammerdiener Schkurin bei sich.

Seite 380
[377] Die Uniform, die Katharina trug, gehörte dem Kammerherrn Alexander Feodorowitsch Talyzin.
[378] Peter kam am 28. Juni 1762 um zwei Uhr nachmittags nach Peterhof.

Seite 381
[379] Gegen ein Uhr nachts.
[380] Michael Gawrilowitsch Koshuchow.
[381] Am Rande des Manuskriptes ist hier hinzugefügt: »Als dieser zu der Kaiserin kam, warf er sich ihr zu Füßen und sagte: ›Halten Sie mich für einen ehrlichen

Menschen?‹ Sie sagte: ›Ja.‹ ›Nun wohl‹, erwiderte er, ›rechnen Sie darauf, daß ich der Ihre bin. Wenn Sie mir vertrauen, will ich meinem Vaterlande viel Blutvergießen ersparen. Es macht Vergnügen, mit Leuten von Geist zusammen zu sein. Ich gebe Ihnen mein Wort, wenn Sie mich entlassen, bringe ich Ihnen Peter hierher, ich ganz allein!‹ Das hat er auch ausgeführt.«

[382] Mitgeteilt im Manifest vom 6. Juli 1762: »In der kurzen Zeit meiner Selbstherrschaft über das Russische Reich habe ich wirklich deren Schwere und Last erkannt, die meinen Kräften nicht entspricht, so daß ich weder als Selbstherrscher noch in irgendeiner andern Form das Russische Reich regieren kann. So empfand ich, daß innere Veränderungen in ihm zum Verfall seiner Unversehrtheit führten und mir ewige Schmach bringen mußten. Ich bin deshalb mit mir zu Rate gegangen und erkläre ohne Haß und ohne Zwang hiermit feierlich, nicht nur dem Russischen Reiche, sondern aller Welt, daß ich für mein ganzes Leben der Regierung über das Russische Reich entsage. Solange ich lebe, will ich weder als Selbstherrscher noch in irgendeiner andern Form über das Russische Reich herrschen und will niemals und mit niemandes Hilfe danach trachten. Das schwöre ich aufrichtig und ohne Heuchelei vor Gott und der ganzen Welt! Diese ganze Abdankung habe ich mit eigener Hand geschrieben und unterschrieben. Am 29. Tage des Juni im Jahre 1762. *Peter.*«

Seite 382

[383] Peter traf am 29. Juni 1762 abends in Ropscha ein, wo er am 6. Juli umkam. – Alexej Orlow hatte am 2. Juli gemeldet: ». . . unser Scheusal ist sehr krank geworden, und es hat ihn unvermutet eine Kolik befallen. Und ich fürchte, daß er diese Nacht am Ende stirbt, und fürchte mich noch mehr davor, er könne wieder aufleben«, und danach: ». . . er ist jetzt so krank, daß ich nicht glaube, daß er bis zum Abend leben wird, und ist schon fast ganz besinnungslos, wovon schon das ganze hiesige Kommando weiß, das Gott bittet, daß wir ihn möglichst bald loswerden.« Am 6. Juli schrieb er dann an Katharina: »Mütterchen, barmherzige Kaiserin! Wie soll ich erklären, beschreiben, was geschehen ist? Nicht wirst Du Deinem treuen Knecht glauben, aber wie vor Gott werde ich die Wahrheit sagen. Mütterchen! Ich bin bereit zum Tode, aber ich weiß selbst nicht, wie das Unheil geschehen ist. Wir sind verloren, wenn Du nicht Gnade für uns hast. Mütterchen, er weilt nicht mehr auf der Welt! Aber niemand hat das gedacht, und wie sollten wir auf den Gedanken kommen, die Hände gegen den Kaiser zu erheben! Aber, Kaiserin, das Unheil ist geschehen! Er kam bei Tisch mit Fürst Feodor [Bariatinskij] in Streit: wir konnten sie nicht mehr auseinanderbringen, und schon war er nicht mehr. Wir erinnern uns selbst nicht, was wir getan haben, aber wir alle bis zum Letzten sind schuldig und haben den Tod verdient. Habe Gnade mit mir, und sei es nur um meines Bruders willen! Ich habe mein Geständnis abgelegt, und zu untersuchen ist nichts. Verzeih oder befiehl rasch, ein Ende zu machen! Ich mag das Licht nicht sehn: wir haben Dich erzürnt und unsere Seelen auf ewig ins Verderben gestürzt.«

Am 7. Juli erging Katharinas Manifest: »Am siebenten Tage, nachdem Wir den Allrussischen Thron bestiegen hatten, erhielten Wir die Nachricht, daß der gewesene Kaiser Peter der Dritte mit seinem gewöhnlichen, schon früher häufig aufgetretenen Hämorrhoidalanfall an einer sehr schweren Kolik erkrankt sei. Deshalb, Unserer Christenpflicht eingedenk und des heiligen Gebotes, welches Uns die Sorge um das Leben des Nächsten zur Pflicht macht, befahlen Wir, sofort alles zu ihm zu schicken, was zur Verhütung gefährlicher Folgen dieses Anfalles und zu schneller ärztlicher Hilfe nötig war. Aber zu Unserer größten Trauer und Herzensbetrübnis erhielten Wir gestern abend die andere Nachricht, daß er nach dem Willen des Allerhöchsten Gottes verschieden ist . . .«

Seite 385
[384] Kirilow, Mappa geographica Imperii Rossici (um 1730).
[385] Manifest vom 7. November 1775.

Seite 386
[386] Ukas vom 2. Dezember 1762.

Seite 388
[387] Katharina ließ sich am 22. September 1762 in Moskau krönen.

Seite 389
[388] Die sog. Kupferbank in Moskau und Petersburg, begründet durch Ukas vom 21. Juni 1758, gab Darlehen in Kupfergeld gegen Wechsel, um den Umlauf des Kupfergeldes im Volke zu fördern.
[389] Manifest vom 21. Mai 1779.
[390] Manifest vom 31. Juli 1762.
[391] Ukas vom 24. August 1762.

Seite 390
[392] In erster Linie Montesquieu, De l'Esprit des Lois (1748), ferner: Beccaria, Dei delitti e delle pene, 1764, französisch von Morellet (Traité des délits et des peines, 1765); Voltaire, Essai sur l'histoire générale et sur les mœurs et l'esprit des nations, 1756, Bielefeld, Institutions politiques, 1760.
[393] Im Manuskript französisch: »Ce sont des axiomes à renverser des murailles.«

Seite 391
[394] Manifest vom 14. Dezember 1766.
[395] Die Sitzungen der Kommission wurden am 30. Juli 1767 eröffnet, im Dezember 1767 unterbrochen und im Februar 1768 in St. Petersburg wieder aufgenommen.
[396] Die französisch geschriebene ›Instruktion‹ erschien im Druck zuerst russisch von Kozitzkij und wurde im August an die Abgeordneten verteilt. Als erste Übersetzung erschien die deutsche Ausgabe: ›Ihrer Kaiserlichen Majestät Instruktion für die zur Verfertigung des Entwurfs zu einem neuen Gesetzbuch verordnete Kommission.‹ Moskau 1767. (Russisch und deutsch.)
[397] 1768-1774.
[398] Ukas vom 18. Dezember 1768.

Seite 405
[399] Einhöfer »Odnodwórzen« waren eine ursprünglich militärische Gruppe, die zur Zeit auf einer Rangstufe zwischen Adel und Bauerntum stand.

Personenverzeichnis zu den Memoiren

453

461

Zeittafel

1689-1725	Regierungszeit Peters I.
1725-1727	Regierungszeit Katharinas I.
1727-1730	Regierungszeit Peters II.
1727	Heirat von Christian August Fürst von Anhalt-Zerbst mit Johanna Elisabeth Prinzessin von Holstein-Gottorp
1729	Geburt von Sophie Auguste Friederike von Anhalt-Zerbst, der späteren Kaiserin Katharina II.
1730-1740	Regierung Anna Iwanownas
1740-1741	Regierung Iwans VI. unter der Regentschaft von Anna Leopoldowna
1740	Thronbesteigung von Maria Theresia und Friedrich II.
1741-1761	Elisabeth, die jüngere Tochter Peters I. wird durch Staatsstreich Kaiserin
1741-1743	Schwedisch-russischer Krieg
1742	Elisabeth holt ihren vierzehnjährigen Neffen, Herzog Peter Ulrich von Holstein-Gottorp als Thronfolger nach Rußland. Er führt jetzt den Namen Großfürst Peter Feodorowitsch.
1744-1758	Amtszeit von Kanzler Graf Alexej Petrowitsch Bestushew-Rjumin
1744	Sophie Prinzessin von Anhalt-Zerbst reist nach Rußland und tritt zum griechisch-orthodoxen Glauben über. Sie führt jetzt den Namen Katharina Alexejewna
1745	Vermählung des Großfürsten Peter mit Katharina
1756-1763	Siebenjähriger Krieg
1761	Tod Elisabeths. Nachfolger wird als Peter III. der Mann von Katharina
1762	Abdankung und Ermordung Peters III. Kaiserkrönung Katharinas in Moskau
1763-1783	Leitender Staatsmann Graf Nikita Iwanowitsch Panin
1764	Ermordung Iwans VI. Säkularisierung der Kirchengüter
1767	Verhandlungen der »Gesetzgebenden Kommission«
1768-1774	Russisch-türkischer Krieg
1772	Erste Teilung Polens
1773-1774	Niederschlagung des Kosakenaufstandes unter Jemeljan Pugatschow
1773	Diderot in Rußland
1780	Politik der bewaffneten Neutralität gegenüber dem amerikanischen Unabhängigkeitskrieg
1783	Annektion der Krim. Kolonisierung der neu gewonnenen südrussischen Gebieten durch Potemkin

st 1 Samuel Beckett,
Warten auf Godot
Dreisprachig · Vorwort · Bibliographie
Deutsche Übertragung von Elmar Tophoven
256 Seiten
»Samuel Beckett, dessen Drama ›Warten auf Godot‹ der
Anfang einer ins Unabsehbare führenden Entwicklung
des modernen Theaters war – auch darum soll dieses
folgenreiche Stück die neuen suhrkamp taschenbücher
einleiten –, Samuel Beckett ist der größte Dichter unserer
Jahrzehnte.« Joachim Kaiser

st 2 Max Frisch,
Wilhelm Tell für die Schule.
Prosa
Erstausgabe. 112 Seiten
Die Tell-Sage zählt zu den berühmtesten nationalen My-
then. Seit Schiller gilt sie als klassischer Besitz vom
Triumph des Freiheitswillens über Unterdrückung. An
den Schulen wird sie in dieser Form weitergereicht.
Gerade für die Schule erzählt Max Frisch den Wilhelm
Tell neu: ein nationaler Mythos wird demontiert.

st 3 Peter Handke,
Chronik der laufenden Ereignisse.
Filmbuch
Erstausgabe. 144 Seiten
Eine einfache Geschichte: Zwei junge Männer, Philip
Spade und Sam Beaumont, kommen nach San Fernando
und lernen dort die Kellnerin Kelly und »das Mädchen
mit dem Pferdeschwanz« kennen. Die Stadt scheint zunächst freundlich, bald jedoch treten ihre Herrschafts-
strukturen hervor. Der Versuch, sie zu verändern, schei-
tert. – Der Fernsehfilm wurde im Mai 1971 vom WDR
ausgestrahlt.

st 4 Hans Magnus Enzensberger,
Gedichte 1955–1970
192 Seiten
Der Band enthält nicht nur eine neue Auswahl aus seinen Gedichtbänden »verteidigung der wölfe«, »landessprache« und »blindenschrift«, sondern er bringt darüber hinaus gut dreißig Gedichte, die Enzensberger zwischen 1965 und 1970 schrieb und die hier, bis auf wenige Ausnahmen, zum ersten Mal veröffentlicht werden.

st 5 Thomas Bernhard,
Gehen
Erzählung. 112 Seiten
»Gehen« ist die jüngste, im Juli 1971 beendete Prosaarbeit von Thomas Bernhard. Wie die Texte von »Midland in Stilfs« stellt auch diese Erzählung die Frage nach einem Sinn des Daseins, der für Bernhard fließend ist. Bewegen, Fließen, »Gehen und nicht stehen«, so äußerte sich Bernhard über seine jüngste Arbeit.

st 6 Martin Walser,
Gesammelte Stücke
368 Seiten
Dieser Band faßt alle Theaterstücke zusammen, die Martin Walser in den letzten zehn Jahren geschrieben hat. Die Stücke, für deren Abdruck die jeweils letzte Textfassung zugrunde gelegt wurde, sind Ausdruck der Auseinandersetzung des Autors mit der dramatischen Tradition und dem Theater der Gegenwart.

st 7 Hermann Hesse,
Lektüre für Minuten
Ausgewählt von Volker Michels
240 Seiten
»Lektüre für Minuten« dokumentiert mit 550 thematisch angeordneten Maximen die gedankliche Essenz der Schriften Hermann Hesses. Zusammengestellt wurde dieser Reader während der Lektüre sämtlicher Bücher Hermann Hesses sowie des vollständigen unpublizierten Nachlasses.

st 8 Olof Lagercrantz,
China-Report
Bericht einer Reise.
Aus dem Schwedischen
von Dorothea Bjelfvenstam
144 Seiten
Als erster europäischer Journalist nach der Kulturrevolution erhielt Olof Lagercrantz, Chefredakteur der größten
schwedischen Tageszeitung, Dagens Nyheter, eine Einladung für einen längeren Aufenthalt in China. In 15
Aufsätzen, die in Dagens Nyheter veröffentlicht wurden,
berichtet Lagercrantz von seinen chinesischen Erfahrungen: vom chinesischen Alltag, wie von den Gründen und
Folgen der Kulturrevolution.

st 9 Jürgen Habermas,
Theorie und Praxis
480 Seiten
Das seit seinem ersten Erscheinen zum Klassiker ge-
wordene Buch von Jürgen Habermas ist eine Sammlung
historischer Studien über das Verhältnis von Theorie und
Praxis in den Gesellschaftstheorien, die von der Antike
über Scholastik, Aufklärung, Idealismus und Marxismus
bis zur verwissenschaftlichten Zivilisation der Gegenwart
reichen und die Grundlagen für eine systematische Untersuchung dieses politischen Zentralproblems bilden.

st 10 Alexander Mitscherlich,
Thesen zur Stadt der Zukunft
176 Seiten
Der Band faßt Mitscherlichs Publikationen zum Thema
Städtebau zusammen, soweit sie nach der »Unwirtlich-
keit unserer Städte« entstanden sind. Wer ernsthaft an
die Lösung der Probleme denken will, die der Zustand
der Großstädte und ihrer Bewohner heute aufgibt, wird
an Mitscherlichs Thesen nicht vorbeigehen können.

st 11   Theodor W. Adorno,
Erziehung zur Mündigkeit
Vorträge und Gespräche mit Hellmut Becker.
Herausgegeben von Gerd Kadelbach
160 Seiten
Diese Vorträge und Gespräche, die von 1959 bis 1969
vom Hessischen Rundfunk gesendet wurden, zeigen einen
»anderen« Adorno als die meisten seiner Bücher: er
wirkt unmittelbarer, kommunikativer, verständlicher; er
leitet den Leser – wie einst den Hörer – zum Mitdenken
und zum Selbstdenken an.

st 12   Ernst Bloch,
Subjekt – Objekt.
Erläuterungen zu Hegel
544 Seiten
»Diese Schrift erhebt nicht den Anspruch, ein Buch über
Hegel zu sein, sie ist eher eines zu ihm, mit ihm und
durch ihn hindurch. Sie intendiert die durch Hegel und
die Folgen bezeichnete Erhellung unseres geschichtlichen
Woher, Wohin, auch Wozu. Hegel leugnete die Zukunft,
keine Zukunft wird Hegel verleugnen.«
Ernst Bloch im Vorwort zu »Subjekt – Objekt«

st 13   Siegfried Kracauer,
Die Angestellten. Aus dem neuesten Deutschland
Mit einer Rezension von Walter Benjamin:
Die Politisierung der Intelligenz
144 Seiten
Kracauers Angestellten-Buch ist ein Klassiker der analy-
tisch-dokumentarischen Literatur, der seit seinem Er-
scheinen (1930) kaum etwas an Aktualität eingebüßt hat.
»Der Wirklichkeit wird hier so sehr zugesetzt, daß sie
Farbe bekennen muß«, schrieb damals Walter Benjamin.

st 14   Ludwig Wittgenstein,
Philosophische Untersuchungen
272 Seiten
Außer seinem berühmten Frühwerk, dem »Tractatus lo-
gico-philosophicus« (1918), hat Wittgenstein nur noch ein

Manuskript für den Druck vorbereitet, die »Philosophischen Untersuchungen«, die 1945–49 geschrieben und 1953
posthum veröffentlicht wurden. Sie sind das Hauptwerk
Wittgensteins, das die Philosophie unseres Jahrhunderts
entscheidend beeinflußt hat.

st 15   Claude Lévi-Strauss,
Strukturale Anthropologie
464 Seiten
Aus dem Französischen von Hans Naumann.
Die Sammlung von Aufsätzen enthält die Quintessenz
der Forschungen von Lévi-Strauss. Sie stellen eine ver-
gleichende Strukturanalyse aller Äußerungen des sozialen
Lebens dar, von den Verwandtschaftsbeziehungen und
Siedlungsformen bis zur Sprache, Religion, Kunst und
Kochgewohnheiten. All das sind Manifestationen der
unbewußten Tätigkeit des menschlichen Geistes, die als
eine Gesamtheit symbolischer Systeme oder als eine
Syntax betrachtet werden können.

st 16   Bertolt Brecht,
Geschichten vom Herrn Keuner
128 Seiten
Brecht hat von 1930 bis in die fünfziger Jahre hinein
»Geschichten vom Herrn Keuner« geschrieben; sie werden hier zum ersten Mal in einer separaten Ausgabe
vollständig veröffentlicht. Diese Geschichten zeigen
Brecht als Meister der kurzen Prosa: als Meister klarer,
sachlicher Formen und der aggressiven sozialen Kritik.

st 17   Ödön von Horváth,
Jugend ohne Gott
176 Seiten
Ödön von Horváth ist nicht mehr ein Geheimtip für
Kenner. So gut wie unentdeckt sind aber immer noch
seine Kurzprosa und die Romane. »Jugend ohne Gott«
ist Horváths zweiter Roman. Noch 1938, unmittelbar
nach Erscheinen, wurde er in 8 verschiedene Sprachen
übersetzt.

st 18 Bernard Shaw,
Die Aussichten des Christentums
Deutsche Übersetzung von Siegfried Trebitsch
144 Seiten
In fünf, der Reihenfolge des »Neuen Testaments« entsprechenden Kapiteln analysiert Shaw die vier Evangelien und die Briefe des Apostels Paulus. Mit der ihm eigenen Originalität und Schärfe weist Shaw die klassenorientierte Entstellung der ursprünglichen Lehre Jesu unter der Orthodoxie der Kirchensysteme nach.

st 19 Allerleirauh
Viele schöne Kinderreime
versammelt von Hans Magnus Enzensberger
400 Seiten
»Neben und seit ›Des Knaben Wunderhorn‹ ist uns kein Buch bekannt, das in solcher Gründlichkeit und Fülle Kinderverse und Sprüchlein aus vielen Jahrhunderten enthält. Es ist dazu mit 380 kleinen, unbekannten Holzschnitten aus dem 18. und 19. Jahrhundert geschmückt, die es zu einem hochwertigen Bilderbuch machen.«
Aargauer Tagblatt

st 20 Jürgen Becker,
Eine Zeit ohne Wörter
270 Seiten
Eine Zeit ohne Wörter: unter diesem Titel veröffentlicht Jürgen Becker eine Serie von Fotos, die er in einer »Zeit ohne Wörter« aufgenommen hat. Er demonstriert mit seinen Fotos nicht nur die bloße Anwesenheit der Dinge, sondern er versucht vor allem darzustellen, wie sie unter veränderten Umständen, zu verschiedenen Zeiten, in wechselnden Stimmungen wahrnehmbar werden.

st 23 Studs Terkel,
Der große Krach
Aus dem Amerikanischen von Dieter Hildebrandt
240 Seiten
Dieses Buch beschreibt in einer Fülle von Interviews

den tiefen Schock, den die Amerikaner in den Tagen und Jahren der Weltwirtschaftskrise erlitten haben; dabei wird deutlich, daß das Trauma bis heute nachwirkt. Ein Buch, das nicht nur Auskunft gibt über den »großen Krach«, sondern auch über die Gefahr »schweigender Mehrheiten«.

st 24 Hans Henle,
Der neue Nahe Osten
528 Seiten
Hans Henle erweist sich mit seinem Buch »Der neue Nahe Osten« als der bedeutendste deutsche Nahostspezialist. Zum ersten Mal wird hier die gesamte arabische Unabhängigkeitsbewegung im Wechselspiel mit den ehemaligen Kolonialmächten und den neuen Weltmächten zusammenhängend dargestellt. Die verschiedenen Wege zur Unabhängigkeit, vom neo-kolonialistischen Kompromiß bis zum sozialistischen Experiment werden miteinander verglichen und auf ihre Erfolgschancen hin geprüft.

st 25 Katharina II. in ihren Memoiren
480 Seiten
Die hier gebotene Auswahl aus den Memoiren der Zarin Katharina II. von Rußland gibt ein abgerundetes Bild von ihrem Leben, von ihren frühesten Kindheitstagen bis zum Beginn des verwickelten und intrigenreichen Aufstiegs zu ungeahnter Macht, wie es sich ihr selbst in späteren Jahren spiegelte. Die Sitten- und Hofgeschichte des europäischen 18. Jahrhunderts.

st 37 E. Fromm, D. T. Suzuki, R. de Martino,
Zen-Buddhismus und Psychoanalyse
240 Seiten
Der amerikanische Psychoanalytiker Erich Fromm, Richard de Martino, Professor für Philosophie und Religionswissenschaft an der japanischen Universität von Kyoto, und D. T. Suzuki, einer der bedeutendsten Vertreter des Zen-Buddhismus im Westen, unternehmen in diesem Buch den Versuch, die wesentlichen Züge des

Zen-Buddhismus zu zeichnen und eine Brücke zwischen östlicher Religiosität und westlicher Wissenschaft zu schlagen, indem sie die Frage beantworten, welchen Wert die Begegnung von Zen und Psychoanalyse haben könnte.

st 40   Gunnar Myrdal,
Politisches Manifest über die Armut in der Welt
(gekürzte Ausgabe)
288 Seiten
Das Buch ist die Kurzfassung von Gunnar Myrdals grundlegender dreibändiger Studie »Asian Drama«, die die ökonomische Basis der asiatischen Länder untersuchte. Myrdal (Friedenspreisträger des Deutschen Buchhandels 1970) macht reichlich unkonventionelle Vorschläge, wie die reichen Nationen ihre Beziehungen zu den armen Ländern gestalten müssen, wenn sie überleben wollen.